ERWIN ROMMEL

DU MÊME AUTEUR

Erich von Manstein. Le stratège de Hitler
Perrin, 2006.

BENOÎT LEMAY

ERWIN ROMMEL

PERRIN
www.editions-perrin.fr

ISBN : 978-2-262-02452-9

Pour Claudine
Pour Béatrice
Pour mes parents

SIGLES ET ABRÉVIATIONS

BA-MA	*Bundesarchiv-Militärarchiv* (Archives militaires fédérales allemandes) à Fribourg-en-Brisgau.
Gestapo	*Geheime Staatspolizei* (police secrète d'État).
IMT	*Der Prozess gegen die Hauptkriegsverbrecher vor dem Internationalen Militärgerichtshof* (Procès des grands criminels de guerre devant le Tribunal militaire international) de Nuremberg.
MGFA	*Militärgeschichtliches Forschungsamt* (Office de recherche d'histoire militaire allemande) à Potsdam.
NA	*National Archives* (Archives nationales) à Washington.
OKH	*Oberkommando des Heeres* (haut commandement de l'armée de terre).
OKW	*Oberkommando der Wehrmacht* (haut commandement des forces armées).
OTAN	Organisation du traité de l'Atlantique Nord.
NSDAP	*Nationalsozialistische Deutsche Arbeiterpartei* (Parti national-socialiste des ouvriers allemands).
SA	*Sturmabteilung* (section d'assaut du parti nazi).
SD	*Sicherheitsdienst* (service de sécurité de la SS).
SS	*Schutzstaffel* (section de protection du parti nazi).

NOTE DE L'AUTEUR

Dans le cadre de cet ouvrage, l'équivalence des rangs militaires suivants a été utilisée :

Reichsmarschall	Feld-maréchal du Reich	
Generalfeldmarschall	Feld-maréchal	maréchal (distinction)
Generaloberst	Colonel-général	général d'armée
General (*der Infanterie*, etc.)	Général	général de corps d'armée
Generalleutnant	Lieutenant-général	général de division
Generalmajor	Major-général	général de brigade
Oberst	Colonel	
Oberstleutnant	Lieutenant-colonel	
Major	Major	commandant
Hautpmann ou Rittmeister	Capitaine	
Oberleutnant	Lieutenant	
Leutnant	Second lieutenant	sous-lieutenant

1

UN JEUNE OFFICIER TRÈS PROMETTEUR

Johannes Erwin Eugen Rommel naquit à midi le dimanche 15 novembre 1891 à Heidenheim, une petite ville située à environ 75 kilomètres à l'est de Stuttgart et à 35 kilomètres au nord d'Ulm, dans le centre géographique et historique de la Souabe. Celle-ci était davantage une expression territoriale que politique. Mais ses habitants étaient tout aussi fiers de leurs racines que loyaux envers le royaume du Wurtemberg, auquel le duché médiéval de la Souabe avait été incorporé depuis très longtemps. Vingt ans après la proclamation du IIe Reich, ces Allemands conservaient d'ailleurs le privilège de disposer, même en temps de paix, de leur propre armée.

Le père de Rommel, qui se prénommait également Erwin, était professeur de mathématiques, comme son père, et jouissait d'une petite notoriété régionale. En 1886, il avait épousé Helena, la fille aînée de Karl von Luz, président du gouvernement du Wurtemberg et descendant d'une vieille famille noble. De ce mariage naquirent cinq enfants. Le premier de la famille, Manfred, mourut en bas âge. À ce fils succéda une fille, Helena, comme sa mère, qui devait enseigner les arts et le travail manuel à la *Waldorfschule* de Stuttgart, une école privée dont la méthode d'enseignement était fondée sur la pédagogie anthroposophique. Après Erwin vinrent deux frères : Karl, après avoir servi comme pilote d'avion de reconnaissance en Turquie et en Mésopotamie lors de la Première Guerre mondiale, deviendrait dentiste, tandis que Gerhard, le plus jeune de la famille, abandonnerait l'agriculture pour exercer le métier de chanteur d'opéra à Ulm, mais sans jamais accéder à la notoriété.

Les renseignements sur la petite enfance du jeune Erwin sont rares ou bien suspects de réécriture hagiographique. Ses parents affectionnant les promenades en forêt, Erwin passait sans doute ses journées à courir librement dans le jardin ou à se promener dans les vieilles rues de la ville ou encore dans la campagne avoisinante. De constitution délicate, petit pour son âge, il était frêle, ce qui ne l'empêchait pas de grimper à la cime des arbres. Sa sœur le surnommait l'« ours blanc » à cause de la pâleur de son teint et de la blondeur de ses cheveux que mettaient davantage en évidence ses yeux bleu clair. Aimable et docile, il parlait lentement et toujours après avoir longuement réfléchi.

Un épisode, survenu – dit-on – à l'âge de cinq ans, témoigne d'un certain aplomb. Lors d'une promenade, il se tailla un franc succès auprès de ses camarades timorés. Le groupe de jeunes enfants croisa deux ramoneurs, le visage noirci de suie, les habits d'une saleté grisâtre. Épouvantés, ses amis prirent la poudre d'escampette. Rommel, pour sa part, haussa les épaules et, s'approchant cérémonieusement et calmement, serra la main des deux hommes.

À l'automne 1898, son père fut nommé directeur du célèbre *Realgymnasium* d'Aalen, une école secondaire où l'enseignement des matières modernes avait pris le pas sur les plus classiques et qui était située à une quinzaine de kilomètres au nord de Heidenheim. Regrettant la liberté dont il avait joui jusque-là dans sa ville natale, Rommel ne se plaisait guère à l'école d'Aalen, d'autant plus qu'il avait du mal à s'accoutumer à la discipline assez rigide qui y régnait. Il était souvent en retard pour terminer ses exercices en classe et les efforts qu'il faisait pour rattraper les autres élèves lui coupaient l'appétit et le sommeil. Nonchalant, distrait et incapable de se concentrer sur un sujet précis, il faisait le désespoir de son père qui voulait que son fils soit un exemple pour tous les élèves de l'école.

Il était à ce point négligent qu'il devint la tête de Turc de sa classe. « Si Rommel réussit une dictée sans faute, déclara son professeur aux autres élèves de la classe, nous louerons un orchestre et partirons à la campagne pendant toute la journée[1]. » Rommel s'assit alors bien droit et s'appliqua de son mieux, si bien qu'il réussit parfaitement sa dictée à laquelle il ne manqua pas une virgule. Mais comme l'excursion promise n'eut pas lieu, il retomba aussitôt dans son indifférence habituelle. Bien que son professeur estimât qu'il gâchait ses capacités, il demeurait un garçon rêveur, qui ne semblait porter aucun intérêt aux matières scolaires, sauf à l'histoire. En fait, il ne pensait qu'à revenir à Heidenheim.

En 1905, à l'âge de 14 ans, en même temps qu'il se prenait d'intérêt pour les mathématiques et découvrait le ski, le tennis et l'aviron, Rommel se passionna pour l'aviation. Avec son meilleur ami August Keitel (qui n'avait aucun lien de parenté avec le futur feld-maréchal Wilhelm Keitel), il construisit des modèles réduits, puis l'année suivante un planeur grandeur nature avec lequel il fit de nombreux essais de vol dans un champ tout près d'Aalen. Il se vanta plus tard d'avoir réussi à faire voler l'appareil en bois, quoique sur une petite distance. Précisons qu'on était trois ans après que les Américains Wilbur et Orville Wright eurent mis au point le premier aéroplane. Rommel collectionnait les illustrés traitant des vols des zeppelins, ces grands dirigeables rigides et métalliques devenus les symboles de la puissance allemande dans les airs. Son intérêt pour les machines volantes était tel qu'il voulait devenir ingénieur en aéronautique et entrer aux usines Zeppelin de Friedrichshafen, dans le sud-ouest du Wurtemberg, sur les bords du lac de Constance. Mais son mathématicien de père ne partageait aucunement son enthousiasme pour l'aviation, n'y voyant tout au plus qu'un simple passe-temps. Le jeune Rommel ne put donc accompagner Keitel son ami.

Le père avait d'autres projets pour le fils. Il voulait que celui-ci s'engageât dans l'armée de terre dès sa scolarité terminée. Non seulement cela lui ouvrait une carrière, mais les exercices rassasieraient ce féru de grand air et de sport. Mais s'il avait été lieutenant dans l'artillerie avant de choisir le professorat, sa famille n'avait cependant pas de tradition militaire, et elle n'avait aucun ami influent dans l'armée. Elle était loin, par l'éducation et l'entourage, de la caste des officiers prussiens, même si, dans l'armée du Kaiser, les officiers talentueux issus de la bourgeoisie pouvaient parfois prétendre à des grades élevés. L'armée de terre représentait l'élite du pays en raison de sa puissance incontestée en Europe depuis qu'elle avait réalisé l'unité des États allemands. De même, la place centrale qu'elle occupait dans l'État et les relations privilégiées qu'elle avait avec le Kaiser, en sa qualité de chef d'État et de commandant suprême, lui procuraient un grand prestige au sein de la population allemande. Ainsi, rien d'étonnant que la Prusse donnât le ton à l'armée impériale et jusqu'à un certain point à l'Empire allemand lui-même.

Dans une lettre recommandant son fils comme élève officier dans les rangs de l'armée du Wurtemberg, son père le présentait comme « économe, fiable et bon en gymnastique[2] ». L'artillerie et le génie rejetèrent tour à tour la candidature du jeune Rommel, mais en mars 1910 le 124e régiment d'infanterie du Wurtemberg, basé à Weingarten tout près de Karlsruhe, l'invita à se présenter à l'examen médical obligatoire. Les médecins découvrirent une hernie inguinale, ce qui nécessita une opération que son père se chargea de payer. Ce dernier signa également les papiers qui l'engageaient à couvrir les frais de son fils, notamment son uniforme d'élève officier et son équipement. Le 19 juillet 1910, six jours après avoir pris congé de l'hôpital, Rommel, âgé de 18 ans et demi, rejoignit son régiment.

Comme tous les élèves officiers du Reich, il devait d'abord servir dans le rang comme simple soldat avant de pouvoir suivre les cours à l'école militaire. Vêtu du *Feldgrau* (gris de campagne), c'est-à-dire du traditionnel uniforme de campagne, et coiffé du célèbre casque à pointe, il apprit à marcher au pas de l'oie, à tirer au fusil Mauser et à la mitrailleuse Maxim. Les marches étaient épuisantes, mais il aimait l'exercice physique. Il se distinguait par son aptitude à résister à la fatigue, une endurance qui impressionnait les instructeurs. Promu caporal en octobre 1910, Rommel fut ensuite nommé sergent en décembre de la même année. Comme son père l'avait espéré, le choix imposé se transformait en vocation. En mars 1911, Rommel intégra la célèbre école de guerre royale des élèves officiers de Dantzig (Gdansk). Il passait pour un jeune homme sérieux et appliqué, qui s'efforçait de se conduire aussi bien que possible. Si ses résultats étaient bons aux exercices pratiques, ils l'étaient beaucoup moins aux examens théoriques, ce qui l'obligeait à travailler avec acharnement.

À Dantzig, les cadets devaient régulièrement aller à des bals donnés au mess des officiers et auxquels les filles des familles respectables de la ville étaient invitées à assister. C'est à l'occasion de l'un de ces bals, en avril 1911, que Rommel fit la connaissance d'une ravissante jeune femme âgée d'à peine 17 ans dont il tomba aussitôt amoureux. Née à Dirschau, en Prusse-Occidentale, le 6 juin 1894, Lucie Maria Mollin était la fille d'un grand propriétaire terrien. Svelte et gracieuse, elle avait les cheveux noirs et un regard charmant qui mettaient en évidence ses origines italienne et polonaise. Son père, qui avait déjà été directeur d'une école secondaire tout comme celui de Rommel, était décédé alors qu'elle était enfant. À Dantzig, Lucie poursuivait des études d'anglais, de français et de latin pour devenir professeur de langues, une profession respectable pour une fille issue d'une bonne famille. En outre, elle excellait en danse, ayant déjà remporté plusieurs compétitions, notamment de tango. Au début, elle trouva Rommel trop sérieux, mais ne tarda pas à tomber amoureuse de lui. Elle était amusée par la manière dont il portait le monocle à la prussienne. Mais il le cachait toujours dès qu'un officier supérieur les croisait dans la rue, les cadets n'étant pas autorisés à porter le monocle !

Rommel souhaitait qu'ils se fiancent, mais Lucie n'était pas certaine de vouloir se marier dans un proche avenir, d'autant plus que sa mère ne voyait pas d'un bon œil cette relation. Elle considérait sa fille comme encore jeune, et le Wurtemberg lui semblait bien loin de la Prusse-Occidentale, et pas seulement pour des raisons géographiques. Qui plus est, Lucie venait d'une famille catholique très stricte, tandis que Rommel était issu d'une famille évangélique protestante. Et à cette époque, les mariages entre conjoints n'appartenant pas à la même confession étaient peu fréquents et parfois mal considérés dans certains milieux, notamment celui des Mollin. À son retour à Weingarten, Rommel entretint une correspondance quotidienne avec Lucie en prenant soin d'adresser les lettres à *Meine liebste Lu* (Ma bien-aimée Lu) non pas à son domicile, mais directement au bureau de poste, afin que sa mère ne pût les intercepter.

En novembre 1911, Rommel réussit ses examens avec des notes légèrement au-dessus de la moyenne : au tir au fusil et en manœuvres, écrivait son commandant, Rommel était « assez bon » ; en gymnastique, en escrime et en équitation, il était également « assez bon ». « Physiquement, il est cependant d'une taille moyenne, mince et plutôt délicate. Mais il a du caractère, une immense force de volonté et travaille avec beaucoup d'enthousiasme. En outre, il est méthodique, ponctuel, consciencieux et possède un bel esprit de camaraderie. Il est aussi doté d'une bonne intelligence et pourvu d'un sens du devoir très strict. » En somme, le cadet Rommel était « un soldat compétent[3] ».

En janvier 1912, il reçut son brevet de sous-lieutenant et rejoignit ensuite son régiment d'infanterie, le 124e, encaserné dans un ancien monastère à Weingarten. Au cours des deux années suivantes, il fut chargé d'y instruire les recrues, une tâche à laquelle il s'attela avec un grand soin et qui lui permit de se faire remarquer par la façon dont il parvenait à se faire aimer des hommes. Mais il n'avait pas grand-chose de commun avec ses camarades officiers qui le trouvaient trop sérieux pour son âge. Ne fumant pas et ne buvant qu'à l'occasion, Rommel se consacrait avec une sorte de dévouement monastique à sa carrière. Il gagna ainsi rapidement une réputation d'ascète auprès des autres lieutenants.

Ce qui ne l'empêcha pas, à l'été 1912, de commencer une liaison avec une adolescente, Walburga Stemmer, une vendeuse de fruits et légumes de Weingarten. En juillet 1913, le père de Rommel fut informé de cette relation amoureuse et pressa son fils d'y mettre fin. Mais celui-ci refusa. Son père ignorait alors que Walburga était enceinte de cinq mois. Il ne l'apprit jamais et décéda subitement après une opération le 5 décembre 1913 (son épouse allait lui survivre vingt-sept ans, passant de vie à trépas en 1940, alors que Rommel était déjà major-général).

Trois jours plus tard, Walburga donna naissance à une fille prénommée Gertrud. Pendant un certain temps, Rommel envisagea la possibilité de quitter l'armée, qui avait des règles de conduite strictes concernant l'honneur et la morale d'un officier, afin de pouvoir épouser une femme qui lui avait donné un enfant hors des liens sacrés du mariage. Il imaginait déjà la vie avec Walburga : « Notre petit nid doit être impeccable. Comme je suis heureux[4] ! » Mais ses camarades du corps des officiers lui firent comprendre qu'une telle décision, alors que la menace d'une guerre européenne devenait de plus en plus sérieuse, serait perçue comme une désertion. Après bien des hésitations, Rommel se décida à rester dans l'armée, sans rompre les ponts avec Walburga et sa fille auxquelles il expédiait des mandats et des nouvelles régulières. Walburga prit soin pour sa part de ne jamais révéler l'identité du père de sa fille. Pour la connaître, il a fallu attendre le décès de Gertrud, en 2000, et consulter les 150 lettres et photographies que sa fille illégitime avait gardées chez elle, à Kempten im Allgäu, dans le sud-ouest de la Bavière[5]. Le 3 août 1914, le jour où l'Allemagne déclarait la guerre à la France, Rommel mit au courant sa sœur Helena et lui demanda – si jamais il était tué – de faire le nécessaire pour que les 10 000 marks-or de son assurance-vie fussent versés à Walburga, par tranches mensuelles de 50 marks, afin que Gertrud puisse recevoir une bonne éducation[6].

À la veille du conflit, Rommel faisait toujours figure d'oiseau rare pour ses camarades, y compris pour son commandant, qui insistait sur son talent naturel pour le métier des armes : « Il fait preuve de caractère, d'une grande volonté et de zèle. Il travaille avec beaucoup d'énergie [...], que ce soit comme chef de peloton ou de patrouille. » Il était conforté dans sa haute opinion de Rommel depuis que ce dernier avait dominé un exercice militaire en manœuvrant plus habilement que le meilleur commandant de compagnie du régiment. En conclusion, il notait que Rommel était « un jeune officier très prometteur ». Et il ajoutait : « Il est un camarade digne d'estime qui vit selon ses moyens[7]. »

Pour ses supérieurs, s'il avait de la chance, Rommel pourrait un jour être promu au rang de major. Il était toutefois très peu probable, dans leur esprit, qu'il obtienne l'entrée dans le très sélectif État-Major général. Mais qu'il se révèle avec la guerre un soldat d'exception, se distingue par plusieurs actions d'éclat et se trouve promis aux plus hautes distinctions de l'armée impériale, c'était une chose qui ne leur vint même pas à l'idée.

2

POUR LE MÉRITE

Le 1er mars 1914, le sous-lieutenant Rommel fut détaché auprès du 49e régiment d'artillerie de campagne à Ulm, tout près de sa ville natale. Il prit alors plaisir aux chevauchées et aux manœuvres de batterie ainsi qu'au démontage des canons de campagne. Il commanda un peloton de la 4e batterie et apprit à mieux coordonner les opérations entre l'infanterie et l'artillerie. Le 31 juillet, il reçut l'ordre de rejoindre le 124e régiment d'infanterie. Le lendemain, en pleine mobilisation, Rommel décrivait l'atmosphère qui régnait dans la caserne : « Tous les jeunes ont le visage qui rayonne de joie et de bonheur. Ils sont impatients d'entrer en action. Y a-t-il quelque chose de plus merveilleux que de faire face à l'ennemi à la tête de tels soldats ? » Le lendemain soir, les soldats du 124e partirent pour la guerre « fraîche et joyeuse ». Rommel raconta à quel point les chants et la musique retentissaient agréablement à leurs oreilles : « La population nous escortait par milliers. Un flot interminable de trains militaires roulait déjà à brefs intervalles en direction de la frontière occidentale menacée. C'est au son des hourras sans fin que le régiment partit à la tombée de la nuit[1]. »

Le 124e régiment d'infanterie, qui était constitué de trois bataillons groupant chacun quatre compagnies, faisait partie du XIIIe corps du Wurtemberg, lui-même incorporé à la 5e armée impériale, sous le commandement nominal du prince héritier de Prusse. La 5e armée formait le pivot du mouvement tournant autour de Verdun, qui, selon le « plan Schlieffen », devait amener l'aile droite allemande, à travers la Belgique et le nord de la

France, bien au-delà de la Seine, à l'ouest de Paris. Ensuite, cette aile marchante, pivotant vers l'est, au sud de Paris, devait encercler et détruire les forces françaises restantes, acculées sur le front Metz-Vosges-frontière suisse le long duquel était déployée l'aile gauche allemande, dont la mission était de contenir les tentatives de percées françaises en Alsace-Lorraine et en Sarre. L'objectif était la liquidation rapide de l'armée française de sorte que le Reich pût ensuite se tourner contre la Russie avec le gros de ses forces.

Le 22 août 1914, à l'aube, Rommel fut envoyé en reconnaissance du côté de Bleid, près de Longwy dans la vallée de la Meuse. Il y avait un épais brouillard et Rommel, qui patrouillait depuis plus de vingt-quatre heures, souffrait d'une intoxication alimentaire et se trouvait si fatigué qu'il pouvait à peine tenir en selle. Après avoir repéré quelques fermes à la lisière du village, il amena son peloton à proximité de celle qui était la plus rapprochée, l'arrêta et s'avança prudemment avec trois hommes, se cachant derrière une haie puis longeant les fermes jusqu'à un tournant, où il aperçut une vingtaine de soldats français au repos, buvant du café et ne se doutant pas de la menace qui pesait sur eux. Plutôt que d'envoyer l'un de ses hommes chercher les autres soldats du peloton, il décida de profiter de l'opportunité d'engager le combat contre l'ennemi, qui n'était pas en position. Rommel et ses trois hommes ouvrirent le feu, avant de se mettre à couvert. Par cette attaque à l'improviste, ils tuèrent ou blessèrent presque la moitié des soldats français. Lorsque les autres, qui avaient réussi à s'abriter derrière des escaliers et des murets de maisons proches, ouvrirent le feu à leur tour, Rommel et ses hommes rejoignirent le reste du peloton, avant de repasser à l'attaque, ouvrant les portes à grands coups de botte et jetant des torches enflammées dans les maisons, avant de prendre d'assaut une position ennemie à la grenade et à la baïonnette. Peu après avoir dispersé une colonne d'infanterie, ils furent rejoints par d'autres unités du 124e régiment d'infanterie. Des combats acharnés s'ensuivirent au cours desquels Rommel, épuisé, perdit connaissance. Lorsqu'il se réveilla, les dernières troupes françaises évacuaient le village. Bleid passa alors entièrement sous le contrôle des Allemands. Le 124e régiment d'infanterie y avait néanmoins subi de lourdes pertes : 25 % de ses officiers et 15 % de ses soldats étaient morts ou blessés.

Par la suite, Rommel multiplia ce genre d'initiatives. Son chef de bataillon, le major Salzmann, qui s'en remettait souvent à lui pour les missions périlleuses, l'avait déjà proposé pour la Croix de fer de 2e classe. Au début septembre, Rommel était nommé adjudant du 2e bataillon du 124e régiment d'infanterie et servait ainsi d'auxiliaire immédiat au commandant responsable. Il agissait en tant qu'officier de liaison des diverses unités, dirigeait les patrouilles de reconnaissance et accompagnait les compagnies du bataillon dans leurs marches ou dans leurs manœuvres.

Le 24 septembre 1914, Rommel fut isolé lors d'un combat rapproché contre cinq soldats français dans un bois près de Varennes. Il réussit à en abattre deux, puis, une fois les cinq balles de son Gewehr 98 tirées, il chargea à la baïonnette les trois autres Français. Blessé par balle à la cuisse gauche, il parvint par chance à fuir. Secouru par deux de ses hommes, il fut aussitôt envoyé dans un hôpital de l'arrière pour se faire soigner. Quelques jours plus tard, il reçut la Croix de fer de 2e classe.

Rommel rejoignit le 13 janvier 1915 son bataillon sur le front de l'Argonne, alors que la guerre s'était transformée en combats de tranchées. À peine deux semaines plus tard, commandant de la 9e compagnie, il rampait sous le feu de l'ennemi jusqu'à une position française. Se faufilant ensuite à travers une ouverture dans les barbelés ennemis, profonde d'une trentaine de mètres, son peloton prit d'assaut quatre blockhaus, repoussa une contre-attaque de tout un bataillon français alors qu'il était encerclé, et reprit l'une des positions dont il avait été délogé. À court de munitions, il regagna ses lignes pour parer une nouvelle attaque de l'ennemi, n'ayant perdu qu'une douzaine d'hommes. Cette prouesse lui valut la Croix de fer de 1re classe ; c'était le premier lieutenant de son régiment à recevoir cette distinction.

Cette action d'éclat démontrait son aptitude à exploiter une situation, notamment à frapper l'ennemi avec rapidité et au point le plus vulnérable, ainsi qu'à semer la panique dans les rangs de celui-ci, sans ménager les risques qu'il prenait à la tête de petits détachements d'assaut. Au combat, il faisait preuve d'initiative et ne manquait pas d'audace, convaincu que le succès est remporté par celui qui sait saisir les opportunités et les exploiter au maximum. Dans les situations difficiles, son instinct lui dictait d'attaquer et de compenser toute infériorité en nombre par l'effet de surprise et la rapidité d'exécution. Dans la boue ou dans la neige, sous les tirs de l'ennemi, il trouvait dans l'action héroïque un moyen de dépasser la peur et le danger. Plus tard, il devait théoriser ce sentiment : « La guerre moderne fait rendre à l'homme son maximum d'audace et de volonté. »

À cette époque, Rommel s'élevait déjà au-dessus de la majorité des jeunes officiers allemands, à en croire Theodor Werner, l'un de ses commandants du régiment : « Lorsque je l'ai vu pour la première fois (en 1915), il était mince et avait l'air presque d'un écolier. Animé d'un zèle ardent, il était toujours impatient et pressé d'agir. À certains égards, son entrain se répandait dans tout le régiment [...] jusqu'à ce que tout le monde soit inspiré par son initiative, son courage et ses actions de bravoure éblouissantes. » Ce même Werner, qui allait plus tard devenir l'officier d'ordonnance de Rommel, ne tarissait pas d'éloges à son égard : « Quiconque était envoûté par sa personnalité devenait un véritable soldat. Même si la pression exercée sur lui était immense, il paraissait inépuisable. Il semblait savoir exactement où se trouvait l'ennemi et de quelle manière celui-ci allait probablement réagir. Ses plans d'opérations étaient souvent le fruit de son intuition [...]. Il avait une imagination exceptionnelle, ce qui l'amenait dans les situations extrêmes à trouver des solutions inattendues qui prenaient l'ennemi complètement par surprise. Quand il y avait du danger, il se trouvait toujours au front, là où il nous ordonnait de le suivre. Il ne semblait tout simplement pas connaître la peur. Ses hommes l'idolâtraient et avaient une confiance inébranlable en lui[2]. » Ils disaient d'ailleurs de lui : « Le front se trouve là où est Rommel[3]. »

En juillet 1915, il fut blessé par un éclat d'obus au tibia, mais sans gravité, lors d'une attaque dans l'Argonne. Deux mois plus tard, il était promu au grade de lieutenant et se trouvait à la tête de la 4e compagnie du 1er bataillon du 124e régiment d'infanterie. Mais il n'eut guère l'occasion de s'y illustrer, car il fut affecté dès le 4 octobre 1915 au bataillon de montagne royal du Wurtemberg, qui était en formation à Müsingen, en Allemagne. Cette unité d'élite était plus importante qu'un bataillon normal d'infanterie, puisqu'elle disposait de six compagnies de tirailleurs et de six sections de mitrailleurs destinées à former plusieurs groupes de combat autonomes. Au sein du bataillon de montagne, Rommel dirigeait la 2e compagnie et s'entraînait dans les montagnes autrichiennes de l'Arlberg. Il devait en faire une troupe d'assaut qui serait employée comme fer de lance dans des missions contre des objectifs militaires importants. Fin décembre, le bataillon fut déployé sur le front des Vosges. Dans le secteur montagneux de la crête de Hilsen, où le froid était vif et la neige épaisse, Rommel et ses hommes durent se contenter de nombreuses patrouilles à skis et de quelques raids, souvent de nuit, contre les positions françaises.

Quelques semaines après le redéploiement du bataillon de montagne sur le front de l'Est, dans les Carpates, Rommel, qui venait d'avoir 25 ans, eut droit à une courte permission à Dantzig afin d'épouser, le 27 novembre 1916, Lucie Maria Mollin, avec laquelle il était resté en contact malgré sa brève liaison avec Walburga Stemmer. Âgée de 22 ans, Lucie était toujours aussi charmante, elle possédait un grand sens de l'humour et surtout une force de caractère. Car se décider au mariage ne fut pas chose aisée. Non seulement elle devait s'accommoder du fait qu'il avait une fille illégitime, mais elle était désormais excommuniée pour s'être mariée selon les rites du protestantisme.

Au retour au front de Rommel, ils entretinrent une correspondance quotidienne qui dura tout au long de leur mariage et qui explique sans doute l'influence qu'on lui a prêtée sur les décisions de son mari. « Il était remarquable de voir à quel point Erwin était aux petits soins pour elle, racontait une proche amie de Lucie. Il prononçait sans cesse cette phrase : “Tout ce que tu veux, Lucie !” » Au fil du temps, Lucie devint très autoritaire et moins accommodante. Si elle se brouillait avec une amie, celle-ci devait être frappée d'ostracisme par les proches et les autres amis de la famille Rommel.

À la mi-décembre, Rommel rejoignit le bataillon de montagne sur le front de Roumanie. Ce pays s'était joint aux Alliés dans leur combat contre les Puissances centrales à la suite de la victorieuse offensive russe de l'été 1916. Après avoir franchi les cols des Carpates et remporté plusieurs succès contre les troupes austro-hongroises, l'armée roumaine avait été bousculée par les renforts dépêchés par le Reich à partir de l'automne 1916, au point de perdre Bucarest.

En France, Rommel avait fait l'expérience d'une guerre de positions et connu les réalités des tranchées. Sur le front roumain, il était appelé à combattre dans une guerre de mouvement. Il profita de cette opportunité pour mettre en pratique une nouvelle méthode pour percer les défenses ennemies. Elle consistait à s'infiltrer à travers les lignes ennemies en compagnie de quelques hommes à qui il faisait poser une ligne téléphonique au fur et à mesure de la progression. Une liaison était ainsi établie avec l'arrière, ce qui permettait de recevoir des renforts ou de bénéficier de l'appui de l'artillerie au moment et à l'endroit décisifs.

Dans les Carpates, où les sommets et les vallées devaient être solidement tenus, parfois à plus de 1 500 mètres d'altitude, il lui arrivait de manœuvrer sur les pentes les plus raides, accessibles seulement à des montagnards chevronnés. Il n'hésitait jamais à se lancer à l'attaque sur les arrières de l'ennemi, convaincu que celui qui ouvre le feu le premier a toutes les chances de créer la surprise et de l'emporter. S'il était contraint de mener une attaque frontale, il ordonnait à ses mitrailleuses lourdes d'ouvrir le feu sur l'ensemble du secteur tout en concentrant le tir sur son point le plus vulnérable. Ses troupes de choc le prenaient ensuite d'assaut, et détachaient des mitrailleurs qui, une fois la brèche ouverte, soumettaient les flancs de l'adversaire à un tir d'enfilade. Le reste des troupes d'assaut exploitaient la percée et poursuivaient rapidement leur avance loin derrière les lignes ennemies, sans se soucier de la menace qui pouvait peser sur leurs propres arrières. Cette tactique de la pénétration en profondeur était celle que les divisions de panzers allaient appliquer lors de la Seconde Guerre mondiale.

Le 7 janvier 1917, Rommel se signala une fois de plus au combat. Pour s'emparer du petit village de Gagesti, situé dans la vallée de Putna, il resta allongé dans la neige par – 10 °C jusqu'à 22 heures, à quelques pas seulement des positions roumaines. Dès qu'il estima que les Roumains étaient endormis, il fit ouvrir le feu sur le village par ses mitrailleuses et par ses soldats déployés en tirailleurs, tandis que le reste de ses troupes montaient à l'assaut des positions ennemies en poussant des hurlements. Les défenseurs, tirés de leur sommeil par le feu des Allemands, ne purent opposer qu'une faible résistance. La surprise fut totale : 360 soldats roumains se rendirent à Rommel, alors que sa 2e compagnie n'enregistra aucune perte. Eu égard à cette action audacieuse, le bataillon de montagne mérita l'honneur d'être cité à l'ordre de l'armée impériale.

Même s'il n'était qu'un simple lieutenant, sa réputation était telle que la plupart des officiers supérieurs de son bataillon lui demandaient fréquemment son avis sur la meilleure tactique à adopter selon la situation du moment. Ils appréciaient son talent pour reconnaître le terrain, pour juger de l'endroit et du moment opportuns pour lancer une attaque, et pour prendre l'ennemi par surprise. Ils avaient aussi de l'estime pour son excellent sens de l'orientation et pour son endurance physique. Ainsi étaient-ils prêts à lui confier le commandement de quatre compagnies.

Au combat, Rommel avait une confiance excessive en lui-même et se faisait de sa destinée une idée qui l'amenait à se croire invulnérable. Après avoir vu la mort de près et l'avoir frôlée à maintes reprises, il en venait même à croire, par une sorte de fatalisme ou de déterminisme psychologique, qu'il était sous la protection de la Providence, ce qui l'amenait parfois comme chef de troupes à manifester un optimisme déraisonnable, voire irrationnel dans l'évaluation de ses options tactiques et à prendre par conséquent des risques inutiles. Il avait par ailleurs l'intime conviction que la puissance de la volonté se révélait presque toujours l'élément décisif dans une bataille. Pour ses compagnons d'armes, il flottait autour de lui une espèce d'aura d'invincibilité, ce qui semblait expliquer la raison pour laquelle il n'hésitait jamais à braver le danger ou la mort et à s'élancer sous le feu, comme s'il avait un sixième sens pour anticiper les actions de l'ennemi, ce qui contribuait grandement à son héroïsation précoce par ses camarades[4].

À la fin de septembre 1917, le bataillon de montagne fut envoyé dans les Alpes juliennes, un théâtre des opérations beaucoup plus exigeant que celui des Carpates roumaines. Engagée sur le front italien depuis le printemps 1915, l'armée austro-hongroise avait subi de très lourdes pertes et n'avait cessé de reculer devant les nombreux et violents assauts des troupes italiennes dans la région frontalière délimitée par le fleuve Isonzo. Ce front propice à la défense, puisque constitué de montagnes escarpées, de précipices abrupts, de ravins étroits, de torrents impétueux et de brouillards épais, avait permis aux unités austro-hongroises de contenir les offensives italiennes malgré la perte de Gorizia à l'été 1916. Mais en août 1917, la onzième bataille de l'Isonzo avait ébranlé les défenses et les forces de l'Autriche-Hongrie, en permettant aux Italiens de conquérir le plateau de la Bainsizza entre Gorizia et Tolmino. La menace d'une rupture complète du front suivie d'une débâcle était telle que le haut commandement austro-hongrois avait été contraint d'appeler l'Allemagne à son secours.

L'État-Major général du Reich avait alors décidé d'envoyer sept divisions allemandes qui, associées à six divisions autrichiennes, allaient former la 14e armée placée sous le commandement du général Otto von Below. Les divisions allemandes comprenaient des unités d'élite, notamment l'illustre Alpenkorps : le corps des Alpes bavarois au sein duquel servait le bataillon de montagne royal du Wurtemberg.

Profitant de l'obscurité de la nuit pour échapper à la détection des patrouilles aériennes italiennes, la 14e armée se déploya dans les vallées profondes en deçà de l'Isonzo, dans le secteur de Caporetto-Tolmino défendu par deux divisions italiennes, épuisées et décimées par les combats de l'été 1917. La 14e armée passa à l'offensive le 24 octobre. Après six heures de bombardements, les divisions austro-allemandes, par un épais brouillard et une pluie glaciale, montèrent à l'assaut des points d'appui italiens établis dans la vallée méridionale de l'Isonzo. Sans se soucier des flancs de l'ennemi qui, débordés et encerclés, furent abandonnés à des troupes de deuxième échelon, les unités de pointe s'emparèrent des postes de commandement et des centres de ravitaillement ainsi que des positions d'artillerie de l'armée italienne.

L'Alpenkorps devait attaquer au centre du dispositif, constitué de plusieurs blockhaus retranchés derrière des fortifications naturelles, chacune d'elles étant défendue par des dizaines de milliers de troupes italiennes, telles la cote 1114 (sa hauteur en mètres), la crête du mont Kolovrat et les monts Kuk et

Matajur. Le général von Below voulait capturer ces positions stratégiques et entendait bien décorer en conséquence les officiers qui s'illustreraient dans la conquête de celles-ci. Il n'ignorait pas que la rivalité était particulièrement féroce entre les jeunes officiers bavarois, wurtembergeois et silésiens qui constituaient les rangs des diverses unités de l'Alpenkorps.

À l'avant-garde de celui-ci marchait le régiment de gardes de l'infanterie royale de Bavière, soutenu par le bataillon de montagne royal du Wurtemberg. Mais protéger les arrières des Bavarois n'intéressait guère Rommel. Toujours intrépide et ne voulant pas rester à la traîne, il persuada son chef, le major Theodor Sproesser, de lancer une opération indépendante contre les positions italiennes. Durant la nuit, Rommel repéra à la tête d'une patrouille de reconnaissance une trouée dans le dispositif défensif de l'ennemi. Dès l'aube, son détachement, composé de quatre compagnies, s'infiltra dans l'ouverture et pénétra derrière les lignes ennemies en semant la panique dans les rangs italiens. Prenant un bataillon à revers, il fit plus de 500 prisonniers, dont 12 officiers. Six compagnies, placées pour l'occasion sous le commandement de Rommel, poursuivirent la percée et forcèrent 50 officiers et 2 000 soldats de la brigade des Bersaglieri à déposer les armes. Le front ainsi rompu, le reste des troupes du bataillon de montagne s'empressèrent d'occuper les positions abandonnées par l'adversaire.

Mais Rommel dut se passer de décoration. Celle-ci fut accordée au sous-lieutenant Ferdinand Schörner (le futur feld-maréchal) qui avait conquis la fameuse cote 1114. Rommel, qui avait sans doute joué le rôle décisif dans l'effondrement des lignes italiennes, en fut outré. Selon lui, la médaille Pour le Mérite aurait dû lui revenir de droit, d'autant plus que les troupes bavaroises de Schörner piétinaient devant les fortifications ennemies jusqu'à son intervention.

Ce n'était que partie remise. Le général von Below avait promis cette médaille à l'officier qui parviendrait à s'emparer du mont Matajur, clé de voûte de la défense ennemie située à près de 1 700 mètres d'altitude. Le 26 octobre au matin, après une marche forcée en montagne, Rommel encercla à l'aide de ses mitrailleuses 35 officiers et 1 500 soldats de la brigade Salerno retranchés sur une position fortifiée et les obligea à la reddition après un bref combat au cours duquel il ne perdit qu'un seul de ses hommes. Peu après, ayant vaincu les dernières résistances et capturé 1 200 Italiens supplémentaires, il ordonna de tirer quatre fusées éclairantes, une blanche et trois vertes, pour signaler la prise du mont Matajur.

Son euphorie fut toutefois de courte durée. Le lendemain, le général Erich Ludendorff, le chef de l'État-Major général de l'armée allemande, annonça la capture du mont Matajur non par le lieutenant Rommel, mais par le lieutenant Walther Schnieber, un commandant de compagnie silésien qui reçut la récompense promise par le général von Below. Aux yeux de Rommel, il s'agissait d'une confusion, car Schnieber avait enlevé le mont Calonna. Rommel s'étant plaint à Sproesser, ce dernier lui conseilla d'abord d'oublier cette histoire, puis se résolut à rédiger un rapport. Pas facile à contenter, Rommel adressa une plainte formelle au commandant de l'Alpenkorps, dans laquelle il s'attribuait tout le mérite de la conquête du mont Matajur et revendiquait par conséquent la Pour le Mérite. Mais sa protestation fut vaine, car il ne reçut aucune réponse.

Sa rancœur contre l'establishment militaire n'était toujours pas retombée après la guerre. Rommel était persuadé que les généraux refusaient de reconnaître ses talents supérieurs de combattant. Aussi demanda-t-il à l'historien officiel de l'armée allemande de réparer ce qu'il considérait comme une injustice en rectifiant en sa faveur certains faits historiques des événements militaires. Il persuada aussi le gouvernement du Reich d'ajouter quatorze pages supplémentaires dans lesquelles son rôle était davantage mis en relief. On y décrivait de manière épique comment le lieutenant Rommel avait capturé un régiment italien de la brigade Salerno fort de 35 officiers et de 1 500 hommes qui, au moment de se rendre, s'étaient précipités pour l'étreindre et le hisser sur leurs épaules, contents (*sic*) d'être battus par un tel soldat et soulagés que la guerre fût terminée pour eux[5]. Rommel travaillait déjà à l'édification de sa légende et de sa statue en « Bonaparte du XXe siècle ».

Revenons à la bataille de Caporetto, qui tournait à la déroute pour les Italiens. Le 9 novembre 1917, à la tombée de la nuit, Rommel et ses hommes traversèrent à l'aide de cordes les eaux glacées du fleuve. Pour empêcher l'ennemi de déborder sa troupe de choc à la faveur de l'obscurité, Rommel fit ouvrir le feu sur les maisons qui bordaient la route afin d'illuminer le champ de bataille. Puis à l'aube, après avoir disposé habilement les mitrailleuses en divers endroits, il donna l'assaut. Il parvint à encercler le village de Longarone et s'en empara. Pour la perte de 13 soldats et d'un officier, il captura 8 000 Italiens. Cet exploit-là fut le bon. Le 18 décembre 1917, le lieutenant Rommel et le major Sproesser reçurent au nom du Kaiser la fameuse médaille Pour le Mérite. « À cette époque, raconta plus tard Rommel, c'était une décoration sans précédent pour un bataillon. » Un honneur pleinement mérité, comme il se plaisait à le rappeler sans fausse modestie : « Lorsque j'étais un jeune homme, je savais déjà comment diriger une armée[6]. »

La citation à l'ordre de l'armée impériale mentionnait que Rommel avait été décoré pour l'ensemble de ses initiatives. Celui-ci préférait n'attribuer cette décoration qu'à la capture du mont Matajur. Mais lorsqu'il était en compagnie d'Italiens, il éprouvait toujours un malin plaisir à leur expliquer qu'il l'avait reçue pour ses seuls faits d'armes à Longarone. Aussi peu diplomate que content de lui, il arborait en sautoir sa croix de Malte en émail bleu électrique ornée d'or sur un ruban noir et argent. Plus tard, il confia à Hans Seitz, un vieil ami d'école : « Tu ne peux pas imaginer à quel point les officiers sont jaloux de ma Pour le Mérite. Il n'y a absolument aucun esprit de camaraderie[7]. » Peu nombreux sont ceux qui reçurent cette médaille au cours de la Grande Guerre, la plupart étant des héros de l'aviation, comme Manfred von Richthofen, dit le « Baron rouge ».

Le 11 janvier 1918, Rommel fut affecté à sa grande déception à l'état-major du 64e corps d'armée, dont les quartiers étaient établis à Colmar, en Alsace-Lorraine, au sein duquel il resta jusqu'à la fin du conflit. Même à cette période tardive de la guerre, des officiers de carrière comme Rommel, ayant une longue expérience du combat, étaient régulièrement affectés à des postes d'état-major. Rommel ne se plaisait guère dans ses nouvelles fonctions, d'abord comme officier d'ordonnance puis en tant que troisième officier d'état-major auprès du chef des opérations. Il ne s'y sentait pas vraiment dans son élément, lui qui n'avait jamais apprécié la théorie. Au surplus, il détestait la paperasserie et s'ennuyait de l'ivresse du combat, et sa promotion au grade de capitaine en octobre n'y changea rien. Le 21 décembre 1918, plus d'un mois après la fin de la guerre, il rejoignait son régiment d'origine, le 124e. Une autre guerre commençait.

3

UN OFFICIER APOLITIQUE ?

Pour Rommel, l'armistice de Rethondes signé le 11 novembre 1918 au nom du Reich par Matthias Erzberger, le représentant de la nouvelle République allemande proclamée deux jours plus tôt par le social-démocrate Philipp Scheidemann, était une trahison ignominieuse. Il estimait que son pays, préservé d'une invasion, sorti vainqueur de la guerre à l'Est contre la Russie et occupant toujours la Belgique et une partie du nord-est de la France à l'automne de cette même année, n'avait pas été vaincu militairement, mais s'était trouvé contraint à capituler du fait de la défection des politiques et des civils.

À l'instar de la plupart de ses pairs, il accréditait l'idée d'un « coup de poignard dans le dos » diffusée depuis septembre par les deux principaux responsables militaires, le feld-maréchal Paul von Hindenburg et le général Erich Ludendorff. Selon cette légende, qui trouvait un écho de plus en plus large en Allemagne, l'armée du Kaiser avait dû se plier à la volonté de paix des dirigeants politiques, en particulier des sociaux-démocrates présents au gouvernement à partir d'octobre. Son moral aurait été systématiquement sapé par la gauche politique, à commencer par les sociaux-démocrates, les communistes et les pacifistes. La révolution qui avait éclaté le 3 novembre 1918 en avait fourni la « preuve » décisive en précipitant la chute de la monarchie.

Rommel croyait à un point tel à cette thèse du « front intérieur » responsable de l'effondrement national – qui préservait par le fait même du déshonneur l'armée et ses chefs – qu'il écrivait encore au printemps 1925 après l'élection de Hindenburg à la présidence de la République : « [...] L'arrivée au pouvoir du héros de [la bataille de] Tannenberg est le signe du renouveau de la puissance allemande. Notre armée va ainsi retrouver la place primordiale qui doit être la sienne. Durant quatre ans, nous n'avons remporté que des succès face aux Alliés. L'armistice de 1918 n'est pas la conséquence d'une défection des militaires, mais des politiciens[1]. »

Tout comme bon nombre de ses camarades officiers, Rommel refusait d'admettre que l'équilibre des forces s'était renversé au profit des Alliés après l'entrée en guerre des États-Unis ou que les ressources en hommes et en matériel de guerre du Reich étaient presque épuisées à la fin du conflit. Et que les effets du blocus des puissances occidentales sur l'économie de guerre allemande avaient eu pour conséquence de livrer le pays au rationnement, à la hausse des prix, à la misère et à l'agitation sociale, celle-ci caractérisée par les grèves d'ouvriers, les campagnes pacifistes et les mouvements révolutionnaires.

La chute du pouvoir impérial, la proclamation de la République et les insurrections communistes, qui firent pratiquement basculer l'Allemagne dans une guerre civile, se révélèrent un véritable traumatisme pour des officiers comme Rommel qui, après avoir combattu quatre longues années au front pour la patrie allemande, retournèrent dans leur pays et ne s'y reconnurent plus. Ils avaient l'impression que le monde qui leur était familier avant de partir pour le front s'était effondré à leur retour. Mais ce qui leur semblait encore plus terrible c'était le sentiment d'avoir combattu en vain, malgré le courage, la bravoure, l'esprit de sacrifice, le dévouement, l'abnégation et le patriotisme dont ils avaient fait preuve devant l'ennemi.

Non seulement ils se sentaient trahis, mais ils recherchaient des boucs émissaires qui, selon eux, ne pouvaient être que les révolutionnaires communistes, et par extension tous les mouvements démocratiques, libéraux, socialistes et pacifistes. Rommel avait d'ailleurs eu l'occasion de mesurer l'ampleur du mécontentement lorsqu'en décembre 1918 il avait dû traverser l'Allemagne en proie à des troubles révolutionnaires pour rejoindre son épouse à Dantzig, où elle était tombée gravement malade. Comme bon nombre de militaires en uniforme, il fut souvent insulté par la population et même menacé d'arrestation.

Il réussit à ramener avec lui Lucie et décida de l'installer chez sa propre mère à Weingarten. À ses yeux, c'étaient ces forces qui avaient voulu renverser le régime monarchique de l'Empire allemand et par le fait même réduire le rôle de l'armée au sein de la société allemande. Aveuglés par le sentiment d'avoir été trahis, ces officiers ne voulaient pas reconnaître que les sociaux-démocrates, qui formaient la première force politique de la République, s'étaient engagés dans une âpre lutte contre les révolutionnaires communistes, en particulier contre ceux du mouvement spartakiste, qui voulaient établir en Allemagne une république socialiste sur le modèle de la Russie bolchevique. Ils ne faisaient ainsi aucune distinction entre les sociaux-démocrates et les communistes, et estimaient que leur trahison commune de la patrie allemande était responsable des troubles intérieurs d'après guerre.

Le traité de Versailles, imposé par les Alliés occidentaux et signé par la délégation allemande le 28 juin 1919, constitua une humiliation insupportable pour Rommel. Ce « Diktat » tenait l'Allemagne pour unique responsable de la guerre et anéantissait sa puissance militaire en laissant subsister une petite armée de 100 000 hommes dont 4 000 officiers, tous volontaires et recrutés pour douze ans, le service militaire obligatoire étant interdit et l'État-Major général dissous. Conçue comme une simple force de police, la Reichswehr était chargée de maintenir l'ordre intérieur, sans artillerie lourde, ni chars d'assaut, ni avions.

Le 124e régiment d'infanterie de Rommel disparut à peu près en même temps que le royaume qu'il servait, le Wurtemberg devenant un État libre parlementaire dans l'État fédéral de la République de Weimar – là où avait été adoptée la Constitution en juillet 1919 –, une démocratie libérale parlementaire de 17 *Länder*, ou États. Non seulement les autorités d'autrefois n'existaient plus, mais l'unité du Reich était menacée à l'intérieur par des mouvements séparatistes, notamment en Bavière et en Rhénanie, et à l'extérieur par les politiques des puissances victorieuses. Avec la disparition de l'ordre ancien, la stabilité et la sécurité intérieures faisaient place au chaos et aux révolutions, en particulier celles des communistes du mouvement spartakiste ou des groupes de la droite ultranationaliste issus tout particulièrement des corps francs. Rommel et plusieurs de ses camarades furent donc appelés par le gouvernement légalement constitué pour rétablir l'ordre. Ce choix ne doit pas surprendre : Rommel était légaliste ; il rêvait de voir surgir un nouveau Bismarck, mais, en attendant, il obéissait aux ordres d'une république honnie. Il rejoignait ainsi la position du colonel-général Hans von Seeckt, ce Prussien aristocrate à qui avait été confié le commandement de l'armée de terre : pas de discussions politiques dans les rangs de la Reichswehr. Il s'appliqua par conséquent à la tenir à l'écart des querelles de partis et à y maintenir l'esprit de l'ancienne armée impériale, la transformant en État dans l'État. Dans son premier ordre du jour à l'intention du corps des officiers en avril 1920, il mentionnait d'ailleurs que les débats politiques dans la Reichswehr étaient incompatibles avec l'esprit de camaraderie et la discipline, et ne pouvaient ainsi que nuire à l'entraînement militaire. Évidemment, cela n'enlevait rien au fait que le nouveau régime ne recueillait pas l'adhésion des officiers. Mais Seeckt s'était engagé à ne pas tenter de putsch, pour autant que l'autonomie de la Reichswehr fût respectée au sein de la République.

Le mutisme de Rommel en matière de politique s'expliquait aussi par la nécessité de préserver à tout prix l'unité nationale, forgée seulement, selon lui, dans les tranchées de la Grande Guerre. Rommel ne devait jamais varier sur ce point et, en 1944 encore, il confiait à un camarade son inquiétude : si l'Allemagne perdait encore une fois la guerre, l'unité du pays n'y résisterait pas et la nation allemande s'effondrerait[2].

Le 25 juin 1919, Rommel prit le commandement d'une compagnie de sécurité intérieure du 25e régiment d'infanterie dans la ville de Friedrichshafen. Pour la première fois de sa carrière, il dirigea de jeunes hommes peu ou pas habitués à recevoir des ordres. On lui avait en effet confié une poignée d'anciens marins « rouges », des communistes acquis à la cause révolutionnaire, dont beaucoup s'étaient mutinés. Il fut chargé de les faire rentrer dans le rang. Lorsqu'il leur apparut pour la première fois, bardé de sa Pour la Mérite et de ses Croix de fer de 1re et de 2e classe, ils se mirent à le conspuer, refusèrent de faire le pas de l'oie, voulurent élire un commissaire politique et tinrent même une réunion révolutionnaire. Rommel y assista et demanda à prendre la parole. Il monta alors à la tribune d'où il déclara qu'il avait bien l'intention de commander à des soldats et non à des criminels. Sa verve porta ses fruits, puisqu'il parvint dès le lendemain à les faire parader, musique en tête. Ils apparaissaient si bien domptés que l'inspecteur Hahn, le chef de la police de Stuttgart, félicita Rommel pour cette remarquable transformation[3].

Au printemps 1920, les services de ce dernier furent également requis dans des opérations contre des rebelles en Rhénanie-Westphalie, notamment dans le Münsterland. Son adjudant, Ernst Streicher, décrivit un épisode en particulier durant lequel Rommel utilisa des tuyaux d'arrosage contre les incendies de la même manière que des mitrailleuses pour disperser les révolutionnaires qui avaient pris d'assaut l'hôtel de ville de Gmünd[4].

Rommel, qui avait acquis la réputation d'un expert des combats au corps à corps lors de la Grande Guerre, fut heureux d'appartenir à la phalange de la Reichswehr prévue par les clauses limitatives du traité de Versailles. Pour réduire les effectifs du corps des officiers d'un peu plus de 34 000 à 4 000, plusieurs excellents gradés avaient dû être remerciés. Dans ce processus de sélection, les officiers d'état-major avaient obtenu la préférence sur ceux qui n'étaient pas diplômés de l'École de guerre supérieure de Berlin, la célèbre *Kriegsakademie.* Mais en raison de ses faits d'armes durant la guerre, Rommel avait été choisi. Étant donné que l'armée était devenue au fil des ans une raison d'être et de vivre intimement liée à sa vision du monde, on imagine mal comment un Rommel ancien combattant aurait pu se réinsérer dans l'Allemagne de Weimar...

Le 1er janvier 1921, lorsqu'il prit le commandement d'une compagnie de tirailleurs du 13e régiment d'infanterie de Stuttgart, un rapport d'évaluation de la Reichswehr le présentait ainsi : « Un jeune soldat d'esprit sérieux très différent des fiers-à-bras sans doute utiles en temps de guerre, mais se pliant difficilement à la discipline et aux mornes exercices du temps de paix[5]. » Les rigueurs de la guerre avaient fait de Rommel un homme dur, râblé et robuste. Il compensait sa petite taille par une voix aiguë et par des manières rudes, repassant au dialecte souabe seulement quand il était entre amis.

Comme toujours, Rommel s'estimait désavantagé. Question d'origine sociale, d'ancienneté, de copinages, selon lui. Malgré plusieurs tentatives, il ne fut pas reçu à l'école de guerre supérieure, qui dissimulait ses activités en raison d'une interdiction du traité de Versailles, pour y suivre une formation d'officier d'état-major. En fait, il n'avait jamais réussi aux examens à se classer parmi les premiers 10 à 15 %[6]. Cet échec l'affecta d'autant plus qu'il ne put être intégré à l'état-major général (« l'office des troupes »), puisque, en principe, cette instance avait été supprimée à Versailles : « Je savais que Rommel avait des réserves sur l'État-Major général [...] et qu'il avait essuyé plusieurs rebuffades, en particulier de la part de l'école de guerre supérieure, ce qui avait engendré en lui beaucoup d'amertume [...][7]. » Il est vrai que les officiers de l'État-Major général, qui étaient encore pour la plupart des aristocrates, voyaient généralement d'un mauvais œil l'arrivée de nouveaux concurrents talentueux qu'ils considéraient comme des parvenus. Et Rommel n'avait pas d'ancêtres célèbres. En revanche, ses supérieurs voyaient en lui un excellent commandant de troupes.

Rommel tira les leçons de la Grande Guerre perdue par son pays. Puisque son expérience de celle-ci s'était limitée strictement au champ de bataille et à la caserne, elles étaient purement militaires. Il dénonça l'immobilisme de l'état-major, arc-bouté sur ses principes tout au long du conflit au mépris de toute sagesse militaire : « Malgré tout le mérite des liens étroits entre la tradition et l'éthique du soldat, écrivait-il, la direction militaire se doit de les rompre, car à notre époque les chefs d'armée doivent développer de nouvelles méthodes et par conséquent rendre les autres obsolètes pour la simple raison que les possibilités qui s'offrent au commandement en temps de guerre sont constamment changées par le progrès technique[8]. »

Selon Rommel, l'armée impériale dans sa vieille structure dominée par l'aristocratie n'avait pas été en mesure de relever les défis de la guerre moderne. Il était également d'avis que la tendance du très aristocratique corps des officiers à se raccrocher à un mode de pensée traditionnel en ce qui concernait l'organisation de l'armée empêchait une compréhension adéquate de l'expérience de la Première Guerre mondiale.

Il était somme tout profondément irrité par le rôle dominant de la noblesse. Il estimait que les officiers de cette classe sociale occupaient des postes d'état-major non pas en raison de leurs mérites sur le champ de bataille, mais en tant que droit ou privilège qu'ils acquéraient en naissant. À ses yeux, les privilèges de la noblesse sapaient la motivation des officiers issus de la classe moyenne du simple fait que les plus hautes fonctions dans l'armée et les plus hauts échelons de la hiérarchie militaire leur étaient difficilement accessibles. Cela était d'autant plus contre-productif que la guerre moderne requérait la mobilisation du plus grand nombre possible de citoyens, quel que soit leur rang social. Seule une étroite coopération sans distinction de classes entre les commandants et leurs hommes permettrait à l'armée de remporter des succès. À cet égard, Rommel était convaincu que la mobilité sociale, qui n'avait pas véritablement existé lors de la guerre, était absolument nécessaire pour favoriser cette étroite coopération. Cependant, l'aristocratie était parvenue à conserver ses privilèges dans l'armée de la République : un quart des officiers de la Reichswehr étaient issus de la noblesse. Or, celle-ci ne représentait que 0,74 % de la population.

Par souci d'homogénéité sociale, l'État-Major général avait toujours refusé de nommer aux postes de commandement les plus importants des officiers talentueux s'ils n'étaient pas issus de familles aristocratiques et *a fortiori* s'ils étaient anticonformistes. De cette manière, il était en mesure d'imposer sa conception de la guerre, ses valeurs militaristes et ses vues conservatrices, voire réactionnaires, qui s'opposaient à toute tentative de démocratisation des institutions politiques. À un point tel que la plupart des officiers de l'armée, peu importe leur rang social, en venaient à partager une culture et des attitudes communes, qui plaçaient les mérites à la guerre, l'esprit de sacrifice, l'héroïsme et la morale bien souvent au-dessus de la technologie et de l'armement.

Rommel était convaincu, comme la plupart de ses compagnons d'armes, que l'Allemagne aurait la chance de prendre sa revanche dans un proche avenir. Ces hommes considéraient non seulement la guerre comme une prérogative de la souveraineté des États, mais légitime pour l'avenir du Reich en tant que grande puissance européenne. Dans les années 1930, Rommel écrirait à propos des obligations qui résultaient de la Première Guerre mondiale : « À l'Ouest, à l'Est et au Sud reposent les soldats allemands qui ont suivi jusqu'au bout le chemin de l'accomplissement loyal du devoir envers la nation et le pays. Les survivants et les futures générations nous enjoignent de ne pas faire moins que ces hommes quand il viendra le temps de faire des sacrifices pour l'Allemagne[9]. »

Dans la Reichswehr, les chances de promotion étaient très minces. Pendant neuf ans, Rommel resta capitaine et commandant d'une compagnie de tirailleurs du 13e régiment d'infanterie encasernée à Stuttgart. Il prit certes le commandement d'une compagnie de mitrailleurs en 1924, mais elle était issue du même régiment d'infanterie.

Dans l'intention d'approfondir ses connaissances militaires, il s'intéressa aux mitrailleuses lourdes, et apprit à tirer avec celles-ci et à les démonter. Outre l'art militaire, il étudia également tout ce qui concernait les moteurs à combustion interne, exactement comme s'il avait démonté puis remonté sa nouvelle motocyclette, sans avoir oublié ni une vis ni un écrou. Il trouva même le temps d'apprendre à ses hommes comment construire des baraquements militaires lors de patrouilles à skis dans les montagnes et des bateaux pliants.

La vie de garnison permettait à Rommel de consacrer beaucoup de temps à Lucie. Ils quittaient Stuttgart chaque fois qu'ils le pouvaient pour les environs de la Forêt-Noire ou bien des randonnées à skis et des balades équestres, loisirs campagnards qu'ils préféraient au théâtre, au cinéma ou aux mondanités.

En juillet 1927, crapahutant sur sa fameuse motocyclette, Rommel fit visiter à son épouse le théâtre de ses faits d'armes en Italie. Mais les officiers allemands étaient, on l'imagine, peu appréciés et lorsqu'il sortit son appareil photo à Longarone, les habitants leur demandèrent de quitter rapidement les lieux.

Depuis la fin de la guerre, Rommel avait gardé la nostalgie de l'esprit de camaraderie des combattants du front. En septembre 1927, il fonda une association d'anciens de son bataillon de montagne et consacra une partie de son temps libre à entrer en contact avec ceux qui avaient servi dans cette unité d'élite. Une réunion et un défilé furent organisés à Stuttgart tous les ans.

Le 24 décembre 1928, Rommel sablait le champagne : après douze ans de mariage naissait l'enfant tant désiré, un garçon prénommé Manfred. Seul enfant du couple, ce juriste deviendrait, après guerre, haut fonctionnaire du Land du Bade-Wurtemberg, puis maire de Stuttgart sous la bannière conservatrice de l'Union chrétienne-démocrate de 1974 à 1996. Une ombre assombrit cependant cet événement heureux. Deux mois auparavant, Walburga Stemmer, la mère de la fille illégitime de Rommel, était décédée des suites d'une pneumonie. Non seulement Rommel avait été son seul véritable amour, mais elle avait caressé l'espoir jusqu'à sa mort qu'il reviendrait vivre avec elle. La nouvelle que Lucie Rommel était enceinte l'avait cependant beaucoup affectée. Avait-elle perdu la volonté de vivre pour cette raison ? Après sa mort, Erwin et Lucie allaient veiller sur la petite Gertrud, âgée de 15 ans, désormais élevée par sa grand-mère à Weingarten. En public, ils la présentaient comme leur nièce, et de ce fait comme la cousine de Manfred, qui fut tenu dans l'ignorance pendant de longues années[10]. Rommel resta régulièrement en contact avec sa fille, signant ses lettres : *Dein Onkel Erwin* (« Ton oncle Erwin »). Gertrud lui écrivit aussi des douzaines de lettres, et lui tricota une écharpe à carreaux qu'il devait fréquemment porter sur les champs de bataille d'Afrique du Nord et de Normandie. Elle se maria avec un marchand en gros de fruits et légumes et donna naissance à un fils, Josef Pan, en 1939. Exerçant la même profession que son père à Kempten im Allgäu, Josef confia en 2001 : « Lorsque Manfred naquit en 1928, [Walburga] prit une dose massive de médicaments [en fait deux mois avant la naissance de Manfred]. La raison officielle de sa mort était qu'elle avait succombé à une pneumonie. Plus tard, le médecin révéla à ma mère qu'elle s'était suicidée[11]. »

Dans les dossiers confidentiels de la Reichswehr, diverses évaluations annuelles confirment le diagnostic posé avant 1914 sur Rommel. En septembre 1929, son commandant de bataillon le décrivait comme « une personne de confiance et tranquille, qui est toujours modeste et plein de tact dans sa manière de se conduire ». Il poursuivait en louangeant ses « très grands talents militaires », en particulier son coup d'œil juste pour reconnaître le terrain. « Il a déjà démontré durant la guerre qu'il est un commandant de combat exemplaire. Il a donné de très bons résultats à former et à entraîner sa compagnie [...]. » Somme toute, le commandant en question considérait que Rommel pourrait faire un bon instructeur militaire[12].

Ce fut chose faite un mois plus tard, à l'école d'infanterie de Dresde, l'ancienne capitale du royaume de Saxe, poste qu'il allait occuper pendant quatre ans. Cette institution avait été transférée trois ans auparavant de Munich pour des raisons politiques. En novembre 1923, les jeunes diplômés de l'école d'infanterie avaient sympathisé avec l'homme qui, conduisant une marche vers le mémorial militaire de la *Feldherrnhalle* (le « Hall des chefs de guerre »), avait tenté de prendre le pouvoir d'abord à Munich, puis dans toute l'Allemagne. Son nom était Adolf Hitler, chef du parti national-socialiste, mouvement le plus extrémiste de la droite ultranationaliste allemande. Mais Rommel ignorait les idées propagées par l'ancien caporal autrichien. Campé dans sa posture militaire, il se faisait une règle de ne jamais évoquer les sujets politiques en public.

Dans ses nouvelles fonctions, il s'appliquait à former les jeunes élèves officiers et à en faire de bons commandants de compagnie. « Vous devez apprendre à épargner du sang ! » leur répétait-il. C'est l'une des leçons qu'il avait tirées de la dernière guerre : il voulait des commandants différents de ceux qui avaient envoyé leurs hommes se faire massacrer dans des assauts qui aboutissaient à des carnages. Pour cela, il s'évertuait à expliquer à ses lieutenants comment bien se retrancher. Aussi privilégiait-il, dans son enseignement sur la tactique d'infanterie, l'aspect pratique à celui de la théorie, comme il l'expliquait lui-même : « Nous voulons faire de nos cadets non pas des Moltke, mais de bons lieutenants qui commanderont convenablement leurs sections et au mieux leurs compagnies[13] ! »

Rommel, qui avait manifestement hérité du sens pédagogique de son père et de son grand-père, était l'un des instructeurs les plus populaires. Son enseignement reposait en grande partie sur son expérience personnelle. L'ancien virtuose des opérations mobiles à la tête de petites unités sur des terrains accidentés donnait notamment un cours sur la méthode qu'il avait utilisée pour capturer plusieurs blockhaus dans la forêt de l'Argonne ou sur l'emploi des mitrailleuses lourdes dans la montagne. Il ne parlait jamais plus d'une dizaine de minutes à ses cadets sans recourir à des illustrations ou à des croquis qu'il projetait sur un écran. De cette manière, il parvenait à captiver son auditoire, si bien que les autres instructeurs s'empressèrent d'imiter sa méthode.

L'exposé de Rommel qui avait le plus de succès était celui qui portait sur le mont Matajur : « Vous ne pouvez comprendre Rommel, notait un de ses collègues, qu'en prenant en considération son assaut contre le mont Matajur. Il est toujours resté au fond le lieutenant de cette époque-là qui prend des décisions instantanées et qui agit sous l'impulsion du moment[14]. » Dans un rapport confidentiel de septembre 1931, le commandant de l'école d'infanterie, le lieutenant-général Wilhelm List, écrivait : « Ses cours magistraux sur la tactique d'infanterie, dans lesquels il décrit son expérience personnelle acquise au combat, donnent aux cadets beaucoup de matière à réflexion, d'un point de vue non seulement tactique, mais également idéologique. C'est toujours un grand plaisir d'y assister. » Un an plus tard, l'instructeur principal ajoutait : « Il a une forte personnalité, même parmi des officiers triés sur le volet [...]. Il est le type de commandant simple et direct, qui inspire la confiance et éveille l'enthousiasme des autres. Instructeur d'infanterie et de combat remarquable, il fait constamment des suggestions et forme par-dessus tout le caractère des cadets. [...] Il est respecté par ses collègues et adoré par ses cadets[15]. »

Soit, mais malgré sa promotion au grade de major en avril 1932, Rommel rongeait son frein. Ses rêves de grande carrière s'étaient dissous dans le train-train scolaire. Neuf mois plus tard, les cartes étaient rebattues.

4

LE GÉNÉRAL DU FÜHRER

Lorsqu'il apprit, le 30 janvier 1933, la nomination d'Adolf Hitler à la Chancellerie, Rommel nota : « [...] l'arrivée au pouvoir de Hitler est une chance pour le pays. Il semble être appelé par Dieu afin que le Reich retrouve sa puissance séculaire. L'armée ne peut que se réjouir de cette nouvelle. C'est un grand jour pour l'Allemagne[1]. » Son désintérêt postulé pour la chose politique ne l'avait pas empêché de reconnaître en Hitler un « patriote » ; peut-être serait-il le nouveau Bismarck qui rétablirait l'armée à la place primordiale qui lui revenait de droit au sein de l'État allemand[2].

Quand Hitler s'adressa, le 3 février, aux responsables militaires afin de leur annoncer son intention d'établir en Allemagne un « régime autoritaire des plus fermes », d'y supprimer le « dévastateur cancer démocratique » et d'en extirper le « marxisme jusqu'à la racine », il reçut leur entière approbation. D'autant qu'il leur faisait part, lors de la même occasion, de sa volonté de restaurer la puissance de l'armée et d'en faire le pilier d'une nation militarisée, puis la base de la domination et de l'expansionnisme allemands en Europe.

L'abolition de la démocratie parlementaire et des libertés fondamentales et la mise en place d'un régime totalitaire régi par le parti nazi furent saluées non seulement par Rommel, mais par l'ensemble du corps des officiers, qui avait toujours refusé de prendre véritablement parti en faveur du système républicain. Entre Hitler et les officiers supérieurs, avides de réarmer l'Allemagne et soucieux de préparer la prochaine guerre, il y avait une profonde identité de vues et d'objectifs qui reposait sur une *Weltanschauung* (« conception du monde ») commune, au cœur de laquelle on retrouvait notamment l'antiparlementarisme, l'antimarxisme et l'antisémitisme. De même étaient-ils d'accord sur les moyens à mettre en œuvre pour réviser le traité de Versailles et établir l'hégémonie allemande en Europe centrale et orientale : la création et l'utilisation de la puissance militaire. L'armement et la politique extérieure s'inscrivaient ainsi dès le début dans une logique militaire expansionniste[3].

Voilà qui ravivait les ambitions individuelles et les stratégies corporatistes. L'accélération du réarmement et l'accroissement des effectifs, notamment à la faveur du départ de l'Allemagne de la conférence sur le désarmement à Genève et de la Société des Nations en octobre 1933, favorisèrent l'avancement des carrières militaires, et par le fait même l'adhésion des officiers au régime nazi. Les investissements massifs et l'élargissement rapide des contingents accrurent en effet les chances de promotion et, pour des officiers issus de la classe moyenne comme Rommel, il y avait l'espoir additionnel que Hitler supprimerait les privilèges des aristocrates au sein de l'armée. Après tout, qui était mieux placé que lui pour moderniser la structure d'un corps au sein duquel la noblesse donnait le ton, sachant qu'il était un simple caporal de la Grande Guerre issu des masses populaires et qui de surcroît avait toujours manifesté son intention de réconcilier en Allemagne le nationalisme avec le socialisme ?

Le 1er octobre 1933, Rommel reçut le commandement du 3e bataillon du 17e régiment d'infanterie alpine à Goslar, sur la bordure occidentale du massif du Harz en Basse-Saxe. Les chasseurs de ce bataillon d'élite étaient censés être – peu importait leur grade – d'excellents skieurs. À cheval et avec un fusil dans les forêts du massif montagneux d'Allemagne centrale, Rommel passa deux années enchanteresses. Cela commença le jour même de son arrivée : ses officiers découvrirent un homme de 42 ans et doutèrent qu'il pût commander un bataillon d'athlètes. Ils lui proposèrent alors une excursion à skis, sur des pentes couvertes de neige fraîche et épaisse. Rommel accepta et fit la descente par trois fois. Lorsqu'il proposa une quatrième, les officiers de son bataillon, épuisés, déclinèrent l'invitation. La légende était soigneusement « astiquée ». Au reste, son effet était toujours aussi impressionnant : « Il est à tous les égards cent fois supérieur au commandant de bataillon moyen », écrivait, en septembre 1934, le commandant du régiment à propos de Rommel. Un an plus tard, son successeur soulignait : « Son bataillon de chasseurs est en fait le "bataillon de Rommel". Il est éminemment qualifié pour devenir un commandant régional ou un instructeur principal[4]. »

C'est à Goslar, le 30 septembre 1934, lors d'une cérémonie militaire au cours de laquelle les troupes de cette ville de garnison furent présentées à Hitler, que Rommel rencontra celui-ci pour la première fois. Lorsque les détails de l'escorte chargée d'accompagner et de protéger le Führer furent décidés, un délégué de la SS vint informer Rommel que devant les soldats de son bataillon de chasseurs chargés de former la garde d'honneur marcheraient des gardes du corps de la SS afin d'assurer la sécurité de Hitler. Vexé par ce manque de confiance, Rommel répliqua que son bataillon de chasseurs pouvait très bien s'en charger et refusa de ce fait que ses hommes fussent supplantés par des membres de la SS. Mis au courant de l'affaire, Hitler le fit convoquer par Heinrich Himmler, le chef de la SS, et Joseph Goebbels, le ministre de la Propagande. Lorsque ceux-ci le reçurent à leur hôtel, ils se montrèrent extrêmement courtois et l'invitèrent même à déjeuner. Ils reconnurent que faire défiler des soldats d'un bataillon d'élite derrière un détachement de la SS était une erreur, certainement imputable à un subordonné un peu trop zélé.

Il ne fait aucun doute que lors de l'entretien, Rommel fit une grande impression sur Goebbels. D'ailleurs, c'est probablement ce dernier qui persuada Himmler de lâcher pied devant Rommel, car ce major couvert de médailles à l'allure jeune et martiale correspondait au héros germanique que ses propagandistes voulaient patronner pour que l'armée fût tenue autant que possible en grande estime par la population du IIIe Reich[5].

Au cours de l'inspection, non seulement les hommes du bataillon de chasseurs se tenaient devant les SS, mais Rommel marchait en deuxième ligne, à quelques pas seulement du Führer. Après un salut militaire et une poignée de main, ce dernier le félicita pour l'excellente tenue de sa troupe et échangea avec lui quelques mots sur sa médaille Pour le Mérite. Certes, l'entretien fut bref et purement formel, mais Hitler laissa entendre à Rommel que sa fidélité au régime ne serait pas oubliée[6].

La promesse fut vite tenue. Le 15 octobre 1935, Rommel – promu au grade de lieutenant-colonel le 1er mars précédent, trois ans seulement après avoir été élevé au rang de major – fut nommé instructeur principal à l'école de guerre de Potsdam. Sa satisfaction était triple, en raison du prestige de l'institution, de la protection manifestée par Hitler (même s'il enjoignait à sa femme de se montrer discrète : « Ultra secret ! File ainsi à Potsdam, mais garde cela pour toi ! ») et de la signification idéologique de cette nomination. En effet, l'école venait d'être rétablie après que Hitler, répudiant les clauses militaires du traité de Versailles, eut annoncé le 15 mars précédent la remilitarisation du Reich. Outre l'accroissement des effectifs en temps de paix à 550 000 hommes, il avait également rétabli le service militaire obligatoire, qui conduisit à l'incorporation de 650 000 hommes à l'automne 1935 et, après qu'il eut été porté d'un à deux ans, de 1 200 000 à l'automne 1936. Accompagnant ce réarmement provocateur, la Reichswehr, force de protection, cédait la place à la Wehrmacht, littéralement « les forces armées ». Rommel, enthousiasmé par ces mesures et fort oublieux de son légalisme jadis revendiqué, parlait du « soldat au front Adolf Hitler » comme « du précurseur du présent et de l'avenir[7] ».

Avec l'élargissement des contingents, 250 jeunes cadets assistaient désormais aux cours magistraux donnés par Rommel dans la salle des Feld-Maréchaux, aux murs ornés des portraits de quarante maréchaux. Rommel était populaire non seulement pour ses qualités pédagogiques, mais en raison de son non-conformisme hiérarchique : « Ces hommes de marbre ont le même caractère, froid et désagréable », dit-il au sujet des officiers d'état-major qui se distinguaient des autres par les deux bandes verticales rouges cousues sur leur pantalon. Lorsque ses élèves officiers lui citaient Clausewitz, la référence militaire des officiers d'état-major, Rommel leur répondait : « Cela m'est égal de savoir ce que pensait Clausewitz, ce qui m'importe avant tout est de savoir ce que vous pensez[8]. » En fait, il révérait Napoléon ; jeune lieutenant déjà, il avait accroché au mur de sa chambre la reproduction de la fameuse gravure où l'empereur prisonnier à Sainte-Hélène contemple la mer. C'était Lucie qui avait apporté de sa Prusse natale le portrait du héros national, Frédéric le Grand. Rommel, Lucie et leur fils Manfred s'étaient installés à proximité de l'école et vivaient de la même manière qu'à Goslar : la famille se mêlait peu à la société berlinoise et n'entretenait de relations mondaines ni avec les généraux de la Wehrmacht ni avec les notables de la capitale du Reich. Rommel ignorait les vertus de l'esprit de corps sur les carrières militaires.

Au reste, il n'avait guère de raisons de s'en préoccuper, vu les effets bénéfiques de sa précoce allégeance au « patriote Hitler », celui qui, le 21 mars 1933, le « jour de Potsdam », avait évoqué devant le vieux Hindenburg, président du Reich et héros national, la tradition prussienne avec vénération. En se focalisant ainsi sur la seule facette d'un Hitler revanchiste, Rommel pouvait adopter une posture conforme autant à ses intérêts qu'à la légende du personnage : aucune phrase antisémite recensée, quelques jugements peu amènes sur « certaines personnes peu fréquentables » qui entouraient Hitler et, surtout, pas d'inscription au parti.

Moyennant quoi, Rommel avait attentivement suivi les cours de rééducation dispensés par le parti et n'ignorait rien des exactions ou autres pogroms entrepris dès 1933. Il n'y a donc rien d'étonnant si Rommel fut soulagé d'apprendre la nouvelle de la mort de Röhm et de ses acolytes lors de la Nuit des longs couteaux le 30 juin 1934. La version officielle diffusée par Goebbels lui convenait : les SA auraient comploté pour renverser Hitler et prendre le pouvoir afin de conduire une « seconde révolution » anticapitaliste et de remplacer l'armée professionnelle par une armée populaire incarnée par la SA. En militaire discipliné, il jugeait tout simplement qu'ils avaient mérité leur sort. Ignorant le fait que la Reichswehr avait prêté son concours logistique à la SS dans cette opération, il critiqua devant son adjudant le massacre commis, jugeant que Hitler était allé trop loin selon un raisonnement paradoxal et révélateur : « Le Führer n'avait pas à faire cela. Il ne réalise certainement pas à quel point il est puissant, sinon il aurait exercé sa force d'une manière beaucoup plus généreuse et légitime[9]. »

Lorsque Hindenburg décéda le 2 août 1934 et que Hitler cumula dès lors les fonctions de chef d'État et de commandant suprême des forces armées, Rommel et ses compagnons d'armes n'hésitèrent pas, à l'initiative de Werner von Blomberg, le ministre de la Reichswehr, et de son adjoint, Walter von Reichenau, à jurer fidélité à Hitler : « Je prête devant Dieu ce serment sacré d'obéir sans condition à Adolf Hitler, Führer du Reich et du peuple allemand, commandant suprême des forces armées, et d'être prêt en brave soldat à risquer à tout moment ma vie pour respecter ce serment[10]. » C'étaient bien des fils de l'époque impériale : ils avaient besoin d'un ersatz de monarque. Redoublant la loyauté traditionnelle des militaires à l'égard du pouvoir, le serment donnait une dimension sacrée à la relation entre Hitler et l'armée. C'est pourquoi plus tard, même devant la perspective de la défaite, voire d'une disparition de la nation, la majorité des officiers continueraient de se croire liés par le serment[11].

La correspondance de Rommel confirme cette vassalisation volontaire. Certes, compte tenu de la censure postale, on n'imagine pas trouver des critiques contre le Führer. Mais le ton employé par Rommel déborde les remarques convenues. Il ne démord pas de sa satisfaction à voir le Reich gouverné comme un régiment. Et s'il y a des erreurs ou des bavures, le chef ne saurait en être tenu pour responsable : « Le Führer est malheureusement entouré par une bande de crapules. Mais la plupart de ces bonzes du parti sont des vestiges de la vieille époque, de celle où le mouvement menait des combats de rue[12]. » Rommel semblait ainsi vouloir croire que ce problème se résoudrait avec le temps tant que Hitler resterait au pouvoir...

Plusieurs anecdotes illustrent le rôle d'homme lige tenu par Rommel dans ces années 1933-1936. En septembre 1936, il fut ainsi chargé d'accompagner et de protéger le convoi de Hitler lors d'un grand rassemblement du parti à Nuremberg. Il s'agissait d'une tâche de pure routine pour ce lieutenant-colonel qui avait en fait la responsabilité de mettre en place les mesures de sécurité concernant l'escorte du Führer. Un beau jour, ce dernier décida de faire une promenade en voiture et donna pour instructions à Rommel de s'assurer qu'il n'y ait pas plus d'une demi-douzaine de véhicules qui le suivent. À l'heure convenue, Rommel aperçut sur la route une multitude d'excellences, prêtes à former caravane. Il laissa passer les six premières voitures, puis barra la route, ce qui lui valut injures et menaces de rapport au Führer. Rommel répliqua qu'il avait déployé deux chars d'assaut un peu plus loin au bas de la route pour barrer celle-ci au cas où l'on forcerait le passage interdit. Le soir même, Hitler fit venir Rommel dans ses quartiers et le félicita pour avoir exécuté aussi bien ses ordres.

Mais ces modestes succès n'avaient pas suffi à intéresser durablement Hitler. Il fallut, début 1937, la publication chez un éditeur de Potsdam de *Infanterie greift an* (*L'infanterie attaque*). Écrit au présent, sur un ton passionné et saisissant, et de surcroît bien illustré par des croquis et des cartes, c'était un manuel de tactique d'infanterie, probablement l'un des meilleurs jamais parus. Ce fut un succès de librairie : près de 500 000 exemplaires furent vendus, notamment à des officiers de la Wehrmacht et à des anciens combattants, dont Adolf Hitler. Ce dernier fut captivé en particulier par la description détaillée de certaines batailles de la Grande Guerre qui éveillèrent les souvenirs de « l'époque la plus joyeuse de sa vie ». Son officier d'ordonnance auprès de la Luftwaffe, le major Nicolaus von Below, pouvait renchérir puisqu'il avait été l'un des étudiants de Rommel à Dresde. En outre, celui-ci mentionnait son nom au Führer à chaque fois que ce dernier demandait de lui suggérer des « officiers du front compétents qui n'ont acquis par le passé aucune expérience d'état-major[13] ».

Rommel, satisfait au plus haut point par son succès de librairie, confia à Kurt Hesse, un collègue instructeur : « C'est incroyable tout l'argent que l'on peut toucher en vendant des livres. À vrai dire, je ne sais tout simplement pas quoi en faire. Je ne pourrai certainement pas le dépenser entièrement, car je suis suffisamment heureux avec ce que j'ai déjà. Il faut dire que je n'aime pas nécessairement l'idée de gagner de l'argent pour un livre dans lequel je décris comment d'autres bonshommes ont perdu leur vie au combat[14]. » Ces belles paroles ne l'empêchaient pas d'être avisé : pour réduire les impôts payés sur ses droits d'auteur, il demanda à Voggenreiter de ne lui payer annuellement que 15 000 Reichsmark ; de verser le reste sur un compte à son nom et d'y accumuler les intérêts.

Le 25 février 1937, en plus de ses fonctions, Rommel était nommé officier de liaison spécial du ministère de la Guerre auprès de Baldur von Schirach, le chef des 5 400 000 garçons de la Jeunesse hitlérienne. Le ministère de la Guerre avait en effet décidé que ces adolescents devaient recevoir une instruction prémilitaire, en plus de la pratique sportive, nouvelle occasion de raviver la grandeur prussienne. La bataille de Königgratz n'avait-elle pas été remportée dans les salles de classe des écoles primaires ? À cette fin, le ministère de la Guerre avait confié à Rommel la charge de placer la Jeunesse hitlérienne sous le contrôle de la Wehrmacht.

Mais la collaboration entre Rommel et Schirach tourna court dès le début. Schirach, qui avait seize ans de moins que Rommel, était issu d'une riche famille d'officiers aristocrates prussiens. Son père avait épousé la fille d'un avocat américain et quitté l'armée pour devenir directeur du théâtre impérial de Weimar un an après sa naissance. Et s'il avait adhéré au parti nazi, c'était peu après un dîner organisé pour Hitler dans la maison familiale en 1925. Il s'était rapidement révélé un propagandiste et un organisateur remarquable à la tête des étudiants hitlériens, si bien que Hitler lui avait taillé sur mesure le poste de chef de la Jeunesse.

Rommel avait l'air tellement prussien que Schirach n'en crut pas ses oreilles lorsqu'il l'entendit parler le dialecte souabe dès leur première rencontre à Kochelsee en avril 1937 : « Rommel resta à dîner, ajouta Schirach. Mon épouse attira son attention sur la vue splendide sur les montagnes bavaroises depuis notre fenêtre. Cela ne rompit pas la glace avec lui. “Merci, mais je connais très bien les montagnes”, dit-il sans même jeter un coup d'œil par la fenêtre. Henriette eut ensuite la malencontreuse idée de lui demander comment il avait reçu la Pour le Mérite. Il pérora alors sur ce sujet pendant deux heures. Je trouvai son histoire plutôt intéressante, mais ce genre de péroraison militaire était une faute de goût pour Henriette, qui piqua du nez. » Un mois plus tard, Schirach présenta sans enthousiasme Rommel aux 3 000 chefs de la Jeunesse hitlérienne à Weimar.

Circonstance aggravante, Rommel suggéra de faire appel aux jeunes lieutenants de la Wehrmacht pour former la Jeunesse hitlérienne. Schirach pensait que les jeunes officiers de l'armée avaient mieux à faire de leurs fins de semaine que d'entraîner des hordes de gamins à se mettre au garde-à-vous. Rommel répliqua : « On leur en donnera tout simplement l'ordre. » C'en était trop pour Schirach, qui parvint à mettre Rommel hors jeu, au grand agacement de celui-ci : « Il parcourut alors le pays pour parler à mes chefs de la Jeunesse hitlérienne. Ses discours traitaient toujours de la même chose, comment il avait pris d'assaut le mont Matajur [...]. Ils étaient certes disposés à l'idolâtrer mais mes chefs les plus intelligents s'étaient plaints de cet activisme. Rommel propageait une sorte d'éducation prémilitaire qui aurait transformé ma Jeunesse hitlérienne en une sorte de jeune Wehrmacht[15]. »

L'animosité qui existait entre les deux hommes ne s'estompa jamais, même pour des broutilles. Invité à une représentation théâtrale, Rommel, à qui on avait attribué une place à la seconde rangée, constata que Schirach était assis au premier rang et que la chaise à droite de celui-ci était libre. Le lieutenant-colonel alla s'asseoir à côté du chef de la Jeunesse hitlérienne et lança à haute voix : « Je représente la Wehrmacht, et celle-ci occupe la première place dans l'État[16]. » Il ne devait jamais renoncer à son idée, comme en témoignent une lettre à un général expédiée en 1938 et, plus tard, ce jugement d'Alfred Jodl, le chef des opérations à l'OKW : « [Schirach] essaie de rompre l'étroite coopération entre la Wehrmacht et la Jeunesse hitlérienne instaurée par le colonel Rommel[17]. »

Cette péripétie ne ralentit en rien l'ascension vertigineuse de Rommel. Promu au rang de colonel le 31 juillet 1937, il fut choisi pour commander temporairement le bataillon de la garde personnelle du Führer lors de l'occupation des Sudètes, cette région frontalière de la Tchécoslovaquie peuplée majoritairement d'Allemands, à la suite des accords conclus à Munich les 29 et 30 septembre 1938. Cette mission qui consistait à accompagner et à protéger Hitler dans sa tournée des anciennes villes allemandes était une véritable bénédiction, car elle le propulsait dans le cercle des hauts dignitaires du régime nazi, à commencer par Himmler qu'il côtoyait même à table dans le train spécial de Hitler.

Les victoires diplomatiques remportées par Hitler impressionnaient Rommel comme des millions d'autres Allemands. L'annexion au Reich de l'Autriche puis celle des Sudètes démontraient la justesse de son jugement et son flair politique exceptionnel. Il avait tenu parole en brisant les chaînes du « Diktat » de Versailles. Les foules en liesse qui accueillirent le

Führer en libérateur à Asch, à Eger ou à Karlsbad émurent Rommel, convaincu de vivre aux premières loges des événements historiques grandioses. En décembre 1938, le Führer lui dédicaça une photographie qu'il lui remit dans un cadre en argent en guise de souvenir de ces moments mémorables. Cette marque d'estime le flatta à un point tel que, durant la Seconde Guerre mondiale, il allait inscrire ce cadeau sur la liste des « choses les plus importantes » que sa femme devait absolument mettre en sécurité dans l'éventualité d'un raid aérien[18].

Ce voyage conforta l'admiration de Rommel pour son chef : « Hitler possède un pouvoir magnétique sur les foules, qui découle de la foi en une mission qui lui aurait été confiée par Dieu. Il se met à parler sur le ton de la prophétie. Il agit sur l'impulsion et rarement sous l'empire de la raison. Il a l'étonnante faculté de rassembler les points essentiels d'une discussion et de lui donner une solution. Une forte intuition lui permet de deviner la pensée des autres. Il sait manier avec habileté la flatterie. Sa mémoire infaillible m'a beaucoup frappé. Il connaît par cœur les livres qu'il a lus. Des pages entières et des chapitres sont photographiés dans son esprit. Son goût des statistiques est étonnamment développé : il peut aligner des chiffres très précis sur les troupes de l'ennemi, les diverses réserves de munitions, avec une réelle maestria qui impressionne l'État-major [général] de l'armée[19]. »

Le « fan » qui allait jusqu'à signer à cette date ses cartes postales d'un : « *Heil Hitler !* Cordialement vôtre, E. Rommel » n'était pas pour autant un « officier nazi ». Le nazisme recueillait son soutien par réflexe puisque c'était l'idéologie de son chef. Mais il n'avait qu'une vague idée théorique. Aussi, du 15 au 23 janvier 1937, puis du 29 novembre au 2 décembre 1938, Rommel et ses collègues suivirent à Berlin des cours d'endoctrinement. Après avoir écouté le 1er décembre les observations de Hitler dans la grande salle du ministère de la Guerre, il nota deux phrases qui lui avaient fait une impression particulièrement forte : « Le Führer a parlé hier : le soldat d'aujourd'hui doit être politisé afin qu'il soit toujours prêt à combattre pour nos nouvelles politiques. La Wehrmacht allemande est l'épée brandie par la nouvelle *Weltanschauung* allemande[20]. » Une conception du monde que Rommel affectait de considérer dans des perspectives strictement militaires, feignant d'ignorer que le mépris des hommes en était l'essence même[21], comme le confirma quelques jours plus tard un épisode anecdotique.

À l'invitation d'officiers suisses, Rommel avait effectué une tournée de conférences. Ici aussi son livre avait été un succès : quelques officiers s'étaient cotisés pour lui offrir une montre en or en remerciement pour l'ouvrage et l'armée avait fait sienne les conclusions de Rommel. À son retour, celui-ci expédia à ses supérieurs un rapport aussi enthousiaste qu'incidemment révélateur sur la nature exacte de son « apolitisme » : « Bien que les officiers de l'armée suisse aient mis l'accent dans une conversation avec moi sur leur désir d'indépendance et sur la nécessité d'une défense nationale, ils se sont montrés très impressionnés par les événements considérables qui se sont produits en Allemagne. Les jeunes officiers, en particulier, ont témoigné de la sympathie pour notre nouvelle Allemagne. Certains parmi eux ont également parlé de notre question juive avec une remarquable compréhension[22]. »

Le 10 novembre précédent, Rommel avait été nommé commandant de l'école de guerre de Wiener-Neustadt, petite ville d'une région montagneuse au sud-ouest de Vienne. L'excellente réputation qu'il avait acquise à Potsdam en faisait un choix judicieux. En vue de la prochaine guerre, Hitler jugeait que Rommel pourrait mieux que quiconque inculquer à la jeune génération d'officiers les idées modernes d'une guerre de mouvement reposant sur les concepts de flexibilité et de rapidité[23].

Rommel avait l'ambition de faire de Wiener-Neustadt la plus moderne des écoles de guerre du Reich, voire de l'Europe. Non seulement il était loin des intrigues du pouvoir, mais il avait un commandement indépendant, à l'abri de toute intervention des autorités supérieures.

Dès son arrivée, il s'installa dans une résidence entourée d'un immense jardin, pas très loin du château fort Maria-Theresia, là où logeait l'école de guerre. À son habitude, il n'avait que très peu de contacts avec les chefs nazis locaux, mais entretenait de bonnes relations avec les autres officiers instructeurs. Seul changement notable, une passion soudaine pour la photographie, qu'il s'agisse des soldats en manœuvre ou de sa famille. Le nombre des albums, le soin apporté à leur classement thématique et jusqu'à l'exposition organisée par le maire de Wiener-Neustadt, tout cela montre une perception aiguë de cet outil propagandiste récent, toujours à l'exemple du Führer et de ses photographies si efficacement mises en scène.

Même s'il était loin de Berlin, Rommel demeurait un homme de confiance pour Hitler. En mars 1939, il fut de nouveau chargé de commander temporairement le bataillon de la garde personnelle du Führer, d'abord lors de son entrée à Prague à la suite de l'occupation militaire de la Bohême-Moravie, puis à Memel, lorsque le Reich annexa cette ville de la Baltique autrefois allemande, mais occupée après la guerre par la Lituanie. De ces expéditions, Rommel retenait particulièrement le courage et l'audace de Hitler. Lorsque le dictateur nazi était arrivé à la frontière tchécoslovaque, le détachement de la SS qui devait lui servir d'escorte était en retard à cause d'une tempête de neige. Le général Erich Hoepner, commandant d'un corps de panzers, avait suggéré néanmoins à Hitler de poursuivre sa route jusqu'à Prague afin de montrer qui était désormais le maître. Himmler et les autres généraux avaient jugé l'idée folle et s'y étaient opposés farouchement. Rommel allait plus tard se targuer d'être celui qui avait persuadé le Führer de l'accompagner jusque dans l'ancien palais des rois de Bohême. « Je lui ai dit : "Vous n'avez pas d'autre choix. Il n'y a pour vous, *mein Führer*, que la route menant jusqu'au cœur même du pays, dans la capitale même, la citadelle de Prague." Je l'ai persuadé en quelque sorte de rouler avec moi. Il s'en est remis à ma protection et ne m'a jamais oublié à cause de ce conseil[24]. » À Goslar, Rommel marchait en deuxième ligne ; quatre ans et demi plus tard, les actualités allemandes montraient Hitler et Rommel entrant côte à côte dans le château de Prague.

Au fur et à mesure que Rommel côtoyait Hitler et qu'il apprenait à le connaître, il croyait distinguer en lui quelques-uns de ses traits propres, à commencer par la simplicité affichée du dictateur. L'argent et les biens semblaient n'avoir aucune valeur pour Hitler, qui donnait l'impression de n'avoir aucun caprice ou de ne jamais succomber à la moindre tentation. Les conditions de travail et de vie au quartier général étaient très spartiates. Le mobilier était simple, fonctionnel et restreint au plus strict minimum, en l'occurrence une armoire, une table, une chaise et un lit. Hitler le végétarien ne mangeait que la ration quotidienne du soldat, soit la plupart du temps une soupe à l'orge perlé, du pain dur et de l'eau minérale. En route, il n'emportait avec lui que ses effets personnels essentiels, qu'il transportait dans une petite valise. Cet ascétisme de soldat toujours en campagne lui semblait identique au sien.

Rommel se rendit également compte qu'il avait la même opinion que Hitler à propos de la nature du réarmement. Ce dernier mettait l'accent sur la nécessité de motoriser la Wehrmacht et de développer une force blindée et aérienne opérationnelle. Or, tous les deux s'opposaient sur cette question à certains responsables de l'État-Major général qui insistaient pour que l'artillerie lourde, le génie, les troupes des chemins de fer et les services de renseignements ne fussent pas en reste.

Rommel et Hitler avaient aussi d'autres points communs, comme leur grande admiration pour Napoléon. Le Führer avait été passionné par la biographie de Napoléon écrite par l'auteur nazi Philipp Bouhler et intitulée *Kometenpfad eines Genies* (*Le Parcours fulgurant d'un génie*). D'ailleurs, il aimait bien citer le leitmotiv de l'Empereur : « Activité, activité, vitesse ! » Pour sa part, Rommel souscrivait à la conception que se faisait Napoléon du commandement militaire, notamment lorsque celui-ci disait qu'on ne pouvait pas commander la Grande Armée des Tuileries, comme Rommel du temps qu'il était un commandant de compagnie lors de la Grande Guerre[25]...

Le 23 août 1939, Rommel fut encore promu par Hitler, qui le nomma major-général tout en le faisant de nouveau affecter à son quartier général pour l'attaque contre la Pologne : « J'ai quitté la Chancellerie du Reich en qualité de général tout neuf, portant un uniforme de général flambant neuf », écrivit-il fièrement à Lucie immédiatement après sa convocation à Berlin le jour même[26]. À 15 h 45 le 25 août 1939, Rommel se présenta à Hitler en tant que commandant du quartier général du Führer. Quarante-cinq minutes plus tôt, Hitler avait annoncé à son ministre des Affaires étrangères, Joachim von Ribbentrop, sa décision de déclencher l'attaque contre la Pologne à l'aube du

26 août. À 16 h 45, sur l'ordre de Hitler, Rommel mit en marche le train du bataillon qui servait d'escorte au Führer en direction de Bad Polzin, un petit village de Poméranie, pas très loin de la frontière polonaise, où certaines unités de la Wehrmacht se massaient en vue de l'offensive. Le bataillon regroupait 16 officiers, 93 sous-officiers et 274 simples soldats. Il était équipé de 4 canons antichars de 37 mm, de 12 canons antiaériens de 20 mm et d'autres armes.

À l'instar de la majorité de ses camarades de la Wehrmacht, Rommel brûlait d'en découdre avec les Polonais. Il était en faveur d'une opération militaire visant à restituer à l'Allemagne des territoires qui lui avaient été arrachés par la Pologne en vertu du « Diktat » de Versailles. Il approuvait donc une campagne militaire destinée à supprimer ce qu'il nommait « l'insupportable corridor polonais » et à redonner au Reich la ville de Dantzig, berceau de sa carrière d'officier et de sa relation amoureuse avec Lucie[27]. Ses lettres témoignent d'un optimisme béat. Du fait de l'écrasante supériorité en nombre et en matériel de la Wehrmacht par rapport à l'armée polonaise, il s'attendait à une campagne brève. À Heinz Linge, valet de chambre et officier d'ordonnance personnel du Führer, il fit un pronostic : « Dans quatorze jours, tout sera fini[28]. » Par ailleurs, il était sûr que Hitler parviendrait à éviter un conflit généralisé en Europe, estimant que les puissances occidentales voyaient dans l'Allemagne un rempart contre le bolchevisme. Mais dans le cas où la Grande-Bretagne et la France décideraient d'intervenir militairement au côté de la Pologne, il ne doutait pas que le Reich puisse également les combattre sans aucune difficulté. Somme toute, il était persuadé que le Führer, en attaquant la Pologne, faisait ce qui était le mieux pour l'Allemagne. À ses yeux, Hitler ne pouvait agir que dans l'intérêt du pays.

Sa promotion n'était probablement pas étrangère à un tel optimisme. Selon les directives de Hitler, la nomination de Rommel au grade de major-général était rétroactive en date du 1er juin 1939. « Je trouve cela très honnête », écrivit Rommel. Ce dernier avait d'ailleurs du mal à cacher un vif plaisir, car Schörner, son rival de la campagne d'Italie, n'avait été promu qu'au grade de colonel. Rommel n'ignorait pas que son avancement était dû au Führer et, comme il l'écrivait à son épouse, il en était très honoré : « On m'a dit que je dois remercier uniquement le Führer pour ma dernière promotion. Tu ne peux imaginer le grand plaisir que cela me procure. La reconnaissance qu'il témoigne pour mon travail est le plus haut degré d'honneur que je pourrais souhaiter obtenir[29]. » Certes, mais il fallait de toute façon des généraux pour commander une armée passée à 2,8 millions d'hommes.

Quand Rommel arriva enfin à Bad Polzin le soir du 25 août, il apprit que la Chancellerie du Reich avait téléphoné une heure plus tôt pour annoncer que l'invasion de la Pologne était soudainement ajournée. Rommel en fut tout décontenancé. En fait, vers 18 heures ce jour-là, deux nouvelles parvenues de Londres et de Rome avaient fait reculer Hitler. La Grande-Bretagne avait signé un traité officiel avec la Pologne (il s'agissait d'un pacte militaire d'assistance mutuelle en cas d'agression de l'Allemagne), et l'Italie avait refusé d'entrer en guerre du côté du Reich. Pendant une semaine, ce fut l'impasse, Hitler hésitant à se lancer dans une éventuelle guerre sur deux fronts.

Comme plusieurs autres généraux, Rommel rongeait son frein. « À part le privilège de déjeuner à la table du Führer, il n'y a pas grand-chose de neuf, confiait-il à Lucie le lendemain. Les troupes attendent impatiemment l'ordre d'avancer, mais nous soldats devons simplement patienter. Il y a quelques problèmes, et ils prendront un certain temps à être résolus. Évidemment, le Führer prendra la bonne décision quelle qu'elle soit[30]. » Cinq jours plus tard, le 31 août, Rommel n'en restait pas là : « Je suis enclin à croire que tout cela se calmera et que nous finirons par récupérer le Corridor [polonais] exactement comme nous l'avons fait avec le territoire des Sudètes l'an dernier. Si les Polonais, les Britanniques et les Français avaient vraiment eu le courage d'agir, alors ces derniers jours étaient de très loin le meilleur moment pour eux[31]. » Le jour même, il ajoutait : « Le Führer sait ce qui est bon pour nous[32] ! »

Peu après, le téléphone sonna encore une fois dans la salle d'attente de la gare de chemin de fer où il avait installé son bureau : « L'invasion commence demain à 4 h 50. »

Rommel était encore tout excité le surlendemain : « Que penses-tu des événements du 1er septembre, écrivait-il à son épouse, du discours de Hitler ? N'est-il pas merveilleux que nous ayons un tel homme[33] ? »

Admiratrice inconditionnelle du Führer, jusqu'à prier quotidiennement à son intention, Lucie était à l'unisson, malgré l'entrée en guerre des Anglais et des Français : « Malgré tout, nous avons tous espéré jusqu'au bout qu'une seconde guerre mondiale pourrait être évitée – nous avons tous espéré que le bon sens aurait prévalu en Grande-Bretagne et en France [...]. Le Führer est parti hier soir pour le front polonais. Que Notre Seigneur le protège, et toi aussi, mon Erwin bien-aimé. » Elle avait discuté du discours de Hitler avec ses amis et les commerçants du quartier, et tous étaient d'accord pour dire que le Führer avait agi honorablement. « Ils m'ont tous suppliée de te demander de l'implorer qu'il ne s'expose pas à des dangers inutiles. Notre nation ne peut absolument pas le perdre. Nous frémissons rien qu'à la pensée de ce qui pourrait se produire dans un tel cas[34] ! »

Rommel s'attendait à ce que Hitler ne fît qu'une seule visite de courtoisie formelle aux combattants du front. Or, à sa grande surprise, le dictateur nazi resterait durant trois semaines. Tous les jours ou presque, il montait dans un véhicule blindé, semi-chenillé, et s'aventurait dans les forêts infestées de tireurs isolés ennemis ou sur les routes parsemées des débris calcinés de l'armée polonaise, ou encore sur les rives du San pour regarder ses troupes d'assaut le traverser. C'est donc à maintes reprises durant la campagne qu'il se rendit en première ligne, ce que Rommel, mi-figue, mi-raisin, traduisait par un : « Il m'a causé beaucoup d'ennui [...] Il voulait toujours se trouver parmi les troupes avancées. Il semblait prendre plaisir à se trouver sous le feu de l'ennemi[35]. »

Du quartier général du Führer, Rommel avait une vue d'ensemble de la *Blitzkrieg* et en particulier de la nouvelle tactique appliquée par la Wehrmacht en Pologne, qui réhabilitait la guerre de mouvement brève et vive pratiquée jadis par un Frédéric le Grand, un Napoléon ou plus encore par un Moltke. De cette guerre moderne fondée sur l'emploi d'unités blindées et de troupes d'assaut rapides avec l'appui direct de bombardiers en piqué, il tira ces conclusions : « L'importance d'une parfaite coopération entre l'aviation et les blindés est désormais évidente. Répandre la confusion sur les arrières est souvent plus démoralisant pour les forces adverses que les pertes subies. Il faut pousser à fond l'exploitation de la percée des troupes motorisées, sans tenir compte des îlots ennemis de résistance que l'infanterie a pour charge de réduire. Les chars doivent être utilisés en masse et non en ordre dispersé[36]. » Il était ainsi conforté dans son opinion selon laquelle le choc, la surprise, la flexibilité et la rapidité s'avéraient les éléments décisifs dans une bataille.

Hitler entretenait l'admiration de Rommel avec de petites faveurs : « Hitler lui permettait de prendre part aux analyses de la situation, l'invitait à manger et lui fournissait des informations qui lui donnaient l'impression qu'il était tout particulièrement privilégié. Il lui expliquait l'effet combiné des chars, des troupes d'assaut et des bombardiers en piqué, et lui faisait comprendre que des victoires rapides pourraient empêcher l'ennemi de copier sur lui, Hitler, sa stratégie et sa tactique. J'avais l'impression que Rommel buvait avec avidité les paroles du Führer[37]. »

Que les prédictions faites par Hitler devant les membres de son quartier général s'accomplissent les unes après les autres émerveillait Rommel. Comme le Führer le leur avait assuré, les Britanniques et les Français n'avaient jusqu'à maintenant tiré aucun coup de fusil pour les Polonais. « Je pense que la guerre tournera court dès que la Pologne sera vaincue, ce qui ne saurait tarder », écrivait Rommel le 6 septembre[38]. Quatre jours plus tard, il revenait à la charge : « Je crois que je serai à la maison avant l'hiver. La guerre se déroule exactement comme nous l'avions planifiée. En fait, elle dépasse même nos plus belles espérances. [...] Les Russes vont probablement attaquer bientôt la Pologne. [...] Tous les soirs, il y a ici une longue conférence de guerre. Je suis autorisé à y assister et même à dire mon mot de temps en temps. C'est extraordinaire de voir l'assurance avec laquelle il [Hitler] s'occupe des problèmes[39]. »

Après qu'ils eurent visité le front de Varsovie, Rommel revint sur le sujet ; le professeur à l'école de Guerre et l'auteur reconnu s'effaçaient devant un admirateur inconditionnel flatté que Hitler prenne le temps de discuter avec lui : « Le Führer est de la meilleure des humeurs possibles. J'ai maintenant des brins de conversation assez fréquents avec lui. Nous avons des rapports assez étroits[40]. » Sa joie de faire désormais partie des proches de Hitler était manifeste : « Je suis très souvent avec le Führer, même lors des discussions les plus privées. Qu'il se confie à moi compte énormément pour moi, beaucoup plus que d'avoir été promu au rang de [major-] général[41]. »

Rommel manifestait sa joie avec une telle exubérance qu'il fermait les yeux sur les opérations de nettoyage ethnique dans les territoires occupés par l'armée allemande. Toujours selon la fiction commode du « seul » point de vue de soldat. À ses yeux, les exactions nazies en Pologne ne semblaient pas graves au point de porter ombrage à tous les bienfaits des politiques de Hitler pour le Reich. Pourtant, il ne pouvait ignorer, pas plus que les autres généraux allemands d'ailleurs, la participation de plusieurs unités de la Wehrmacht aux opérations de liquidation des « éléments jugés indésirables » parmi la noblesse, le clergé, l'intelligentsia et surtout la communauté juive. D'autant plus que cette implication de la Wehrmacht n'était rendue possible qu'en raison du silence complice ou de l'approbation ouverte des chefs militaires et de leurs commandants au front.

Le 11 septembre, Rommel observait ainsi avec une naïveté confondante (?) qu'il y avait un peu partout des masses de Polonais en civil : « La plupart sont probablement des soldats qui ont trouvé moyen d'enfiler des vêtements civils après que la chance de la bataille eut tourné contre eux. Ils ont déjà été rassemblés et déportés par notre police. » Quelques jours plus tard, il constatait : « La guerre de guérilla en Pologne ne durera pas très longtemps. Tous les hommes aptes à porter les armes sont rassemblés et soumis aux travaux forcés sous notre supervision[42]. » Quant au sort qui attendait les Polonais une fois qu'ils étaient déportés, Rommel ne s'en préoccupait pas outre mesure. Il y avait une « question polonaise », et la Wehrmacht l'avait résolue[43].

Le 14 septembre, à la demande de Lucie, Rommel rendit visite à l'oncle de celle-ci, un prêtre catholique polonais, Edmund Rosczynialski, quelque part dans le « corridor polonais » récemment « libéré » par les troupes de la Wehrmacht. Après la campagne, le prêtre en question disparut sans laisser de traces. Pour obtenir des informations sur son compte, Rommel écrivit le 1er mai 1940 à l'aide de camp du Reichsführer-SS Himmler. Ce n'est que deux mois et demi plus tard qu'il reçut une lettre de la SS l'avisant en des termes très froids que toutes les démarches pour retrouver l'oncle de son épouse avaient échoué. Elle soulevait cependant cette hypothèse : « Il est possible qu'il ait été victime des aléas de la guerre ou des rigueurs de l'hiver[44]. » En fait, il avait sans doute été liquidé comme des milliers d'autres par les *Einsatzgruppen* – les groupes d'intervention du SD dans les territoires occupés. Mais Rommel préféra ne pas se poser plus de questions.

Le 19 septembre, la campagne de Pologne tirait à sa fin : « Aujourd'hui marque notre entrée dans la magnifique ville de Dantzig. Le Führer va parler au monde entier. J'ai pu discuter avec lui environ deux heures hier soir de questions militaires. Il est extraordinairement aimable avec moi [...]. Je doute fort que je reste encore bien longtemps à l'école de guerre [de Wiener-Neustadt] lorsque la guerre sera finie[45]. » Le 23 septembre, l'armée polonaise était presque décimée, à l'exception des éléments qui s'étaient retranchés à Varsovie et qui opposaient une résistance farouche malgré les bombardements massifs de la capitale polonaise par la Luftwaffe et l'artillerie lourde. Plongé dans une douce béatitude, Rommel écrivit à son épouse : « Le Führer est de charmante humeur. Nous mangeons maintenant à sa table deux fois par jour. Hier soir, on m'a permis de m'asseoir à côté de lui. Les soldats ont de nouveau de l'importance[46]. » Rommel avait tout d'un courtisan des temps modernes qui était attaché non pas à la cour d'un souverain, mais au quartier général d'un dictateur. Comme les courtisans de l'Ancien Régime, il cherchait constamment à recevoir des faveurs de la part de l'autocrate et se réjouissait de la moindre occasion où celui-ci lui témoignait de la reconnaissance.

En contrepartie, il affichait une loyauté inconditionnelle. Au cours de l'une des nombreuses tournées d'inspection de Hitler, Rommel se permit même de traiter de haut le puissant Martin Bormann. Lorsque la voiture de ce grand dignitaire du parti nazi essaya de se mettre dans la file derrière celle de Hitler en route pour le port de Gdingen (Gdynia) qui venait d'être conquis par la Wehrmacht, Rommel se mit carrément en travers du chemin et lança à Bormann avec un air de condescendance :

«Je suis le commandant du quartier général du Führer. Ce n'est pas une excursion d'école maternelle. Vous allez faire ce que je vous dis[47] », le tout suivi d'injures. Rommel s'empressa alors de demander que le lieutenant-colonel Rudolf Schmundt, son ami et principal officier d'ordonnance du Führer auprès de la Wehrmacht, fût informé de l'incident. Le colonel Walter Warlimont, témoin de la scène et scandalisé par le comportement de Bormann, fit un rapport sur cet épisode, tandis que Schmundt se chargeait de mettre Hitler au courant de l'affaire[48]. Bormann ne pardonna jamais cet affront de Rommel.

Rommel était en faveur auprès de Hitler, et cela attirait des jalousies, même chez des « amis » comme ce Schmundt : « Mes relations avec Schmundt sont actuellement tendues. Je ne sais pas pour quelles raisons. Mon rôle auprès du Führer devient apparemment trop important. Il n'est pas impossible que le quartier [général] exige un changement [...]. Bien entendu, j'aimerais connaître ma situation. Je n'ai aucunement l'envie de me faire pousser à droite et à gauche par des hommes plus jeunes[49]. »

Rommel passa quelques jours en permission avec sa famille à Wiener-Neustadt. Le 2 octobre, il s'envola pour Varsovie afin de préparer la parade de l'armée allemande victorieuse avant de dîner le soir même à la Chancellerie du Reich en compagnie de Hitler. Son compte rendu montre à quel point le pseudo-apolitique était devenu le « général du Führer » : « Varsovie a été sévèrement endommagée. Environ une maison sur dix a été incendiée et s'est effondrée. Il n'y a plus de magasins. Leurs vitrines ont volé en éclats et les commerçants clouent des planches en travers des fenêtres. Depuis deux jours, il n'y a plus d'eau, de lumière, de carburant ou de nourriture. [...] Le maire estime à 40 000 le nombre de tués et de blessés. [...] Les habitants ont poussé un soupir de soulagement quand nous sommes arrivés et les avons secourus[50]. » S'il y avait de la casse, c'était la faute à la guerre et, de toute façon, les décisions lumineuses du Führer étaient censées réduire ces « péripéties » ; s'il y avait des crimes de guerre ou pire, c'était la faute du parti. À ses yeux, le Führer représentait tout ce qui était bon dans la nouvelle Allemagne, tandis que les bonzes du parti étaient responsables de tout ce qui était mauvais[51]. Ainsi, ce n'était pas Hitler qu'il rendait responsable des atrocités à l'Est, mais les personnes de son entourage. « Le Führer oui ! Le parti non[52] ! » Cette devise aidait plusieurs hauts gradés, y compris Rommel, à ignorer les exactions du régime.

Le 5 octobre 1939 eut lieu à Varsovie la parade de la victoire de la Wehrmacht à l'issue de laquelle les actualités allemandes montrèrent le major-général Rommel au garde-à-vous devant la tribune de Hitler. Le lendemain, Rommel rentra à Berlin où Hitler prononça un discours au Reichstag dans lequel il fit des propositions de paix à la Grande-Bretagne et à la France – maintenant que la Pologne n'existait plus. Rommel était sûr que Hitler réussirait à leur faire entendre raison. « Je suis très heureux de t'apprendre que le discours de Hitler est sérieusement pris en considération à Paris et à Londres, écrivait-il à Lucie le 8 octobre. [...] Les neutres sont en faveur de la paix. J'ai assisté hier pendant une heure et demie à la conférence de Hitler. Le Führer est de bonne humeur et assez confiant[53]. » Le lendemain, il nota ceci : « Mis à part la conférence de guerre de Hitler, qui est toujours très intéressante et qui peut durer jusqu'à deux heures, il n'y a rien à faire ici. Nous attendons toujours que l'autre camp prenne une décision à la lumière du discours de Hitler[54]. » Mais les espoirs de trouver un compromis avec la Grande-Bretagne et la France s'évanouirent quand celles-ci rejetèrent tour à tour les propositions de paix du Führer. Ce dernier se résolut alors à déclencher une offensive à l'Ouest (qu'il projetait déjà depuis quelques semaines) dès que possible.

L'attentat à la bombe contre Hitler qui eut lieu dans la soirée du 8 novembre 1939 à la *Bürgerbräukeller* de Munich consterna Rommel. Perpétré par un excentrique menuisier de Königsbrunn dans le Wurtemberg du nom de Georg Elser, cet attentat échoua du simple fait que Hitler avait non seulement avancé, mais écourté son traditionnel discours et quitté presque aussitôt la réunion annuelle commémorant le putsch manqué du 9 novembre 1923. La bombe d'Elser avait éventré la colonne située derrière la tribune où Hitler s'était tenu quelques minutes auparavant ainsi qu'une partie de la toiture juste au-dessus. L'explosion avait fait 8 morts et 63 blessés, dont 16 grièvement. Lorsque la bombe explosa, Hitler était parti depuis à peine dix minutes. « L'idée que l'attentat à la bombe ait pu réussir m'est tout simplement insupportable juste d'y penser », écrivait Rommel à Lucie le lendemain[55].

Le 23 novembre, Hitler réunit à la Chancellerie du Reich quelque deux cents officiers de haut rang de la Wehrmacht afin de les convaincre de la nécessité d'attaquer l'Ouest au moment le plus favorable. Rommel était convaincu que Hitler avait raison de vouloir régler leur compte aux puissances occidentales, mais il était minoritaire. Le lendemain, Rommel prit à son compte les affirmations du Führer dans une lettre écrite à l'intention de son épouse : « J'ai assisté hier à un grand discours prononcé devant les commandants militaires et leurs chefs d'état-major. Le Führer n'a pas mâché ses mots. Cela me semble cependant avoir été extrêmement nécessaire, car lorsque je discute avec mes collègues généraux, j'en trouve rarement un qui se donne corps et âme à lui[56]. » Dans cette perspective et depuis octobre, Rommel avait évoqué son souhait de se retrouver à la tête d'une division déployée sur le front de l'Ouest contre les Alliés. Le chef du personnel de l'armée lui avait répondu que le commandement d'une division de montagne à Innsbruck ou à Munich serait beaucoup plus approprié, étant donné ses brillants exploits dans les Carpates et dans les Alpes juliennes durant la Grande Guerre. Rommel voulait, lui, ce qu'il y avait de mieux, une division de panzers.

Il eut cependant l'occasion de présenter sa demande à Hitler, qui lui promit que sa demande ne serait pas oubliée. Mais le chef du personnel fit la sourde oreille et justifia sa décision en précisant que Rommel était un officier d'infanterie et qu'il ne connaissait par conséquent rien aux chars, et encore moins à leur emploi tactique sur un champ de manœuvre. Hitler ne tint pas compte de cette objection et imposa sa volonté : le 6 février 1940, Rommel reçut un télégramme l'avisant de prendre le commandement de la 7e division de panzers en garnison à Bad Godesberg, dans la banlieue sud de Bonn, sur la rive gauche du Rhin, en date du 10 février.

Ce jour-là, les nouvelles troupes de Rommel défilèrent devant lui. Rommel leur fit une mauvaise impression. Car contrairement aux autres généraux qu'ils avaient connus, Rommel les accueillit en les saluant, bras droit levé, d'un « *Heil Hitler*[57] *!* »

Mais ce n'était qu'un hors-d'œuvre ; le nouveau commandant annonça à ses subordonnés son intention d'inspecter dès le lendemain matin le secteur de la 7e panzers malgré leurs protestations, car c'était un dimanche. Il aggrava son cas en faisant allusion sur un ton méprisant au fait que la plupart des hommes qui constituaient les rangs de sa division venaient de Thuringe, une région allemande qui n'était pas connue, selon lui, pour avoir produit des soldats exceptionnels[58]. Aussi se fit-il un devoir de les soumettre à un entraînement intensif afin de les préparer le mieux possible pour l'offensive à l'Ouest.

Le 17 février, Rommel fut convoqué à la Chancellerie du Reich pour être présenté à Hitler en même temps que tous les autres généraux nouvellement nommés à un poste de commandement. « Jodl a été sidéré d'apprendre ma nouvelle affectation », écrivit-il avec une grande satisfaction à Lucie[59]. Le chef des opérations à l'OKW ne fut pas le seul ; bien des hauts gradés à l'OKW et à l'OKH éprouvaient du ressentiment contre le favori du Führer. C'est peu dire que Rommel s'en moquait tant qu'il recevait des marques tangibles de la faveur du chef. Après la cérémonie, ce dernier lui remit un cadeau bien particulier pour le remercier du travail accompli à son quartier général. Il s'agissait d'un exemplaire de *Mein Kampf* qu'il avait pris soin de dédicacer personnellement comme suit : « *Herrn General* Rommel – en souvenir de notre amitié[60]. »

Avant de rentrer le soir même à Bad Godesberg, Rommel passa prendre chez son éditeur à Potsdam une dizaine d'exemplaires de son ouvrage *Infanterie greift an* afin d'apporter de la lecture à ses subordonnés. Il voulait leur donner ainsi un aperçu de la manière dont il entendait utiliser ses chars dans la campagne de France, c'est-à-dire comme un commandant d'infanterie d'une troupe d'assaut. Plusieurs années plus tard, le général et baron Leo Geyr von Schweppenburg raconta une anecdote qui en disait un peu plus sur le style de commandement qui allait caractériser Rommel à la tête d'unités de panzers. Il s'agissait d'une conversation qu'il avait écoutée lorsqu'il attendait à la Chancellerie du Reich, ce 17 février 1940. À cette occasion, Rommel demanda en aparté au lieutenant-général Rudolf Schmidt, qui avait été son commandant à l'époque où il servait dans le 13e régiment d'infanterie : « Dites-moi général, quelle est la meilleure manière de commander une division de panzers ? » Schmidt lui murmura en guise de réponse : « Vous allez constater qu'il y a toujours deux solutions possibles qui s'offrent à vous. Choisissez la plus audacieuse – c'est toujours la meilleure[61]. »

5

LA « DIVISION FANTÔME »

Lorsqu'il prit le commandement de la 7e division de panzers, Rommel s'aperçut qu'au lieu des deux régiments blindés qui composaient chacune des neuf autres divisions de panzers de la Wehrmacht, la sienne n'en comprenait qu'un seul – bien qu'il regroupât trois bataillons de chars et non deux. Il s'agissait du 25e régiment blindé du lieutenant-colonel Karl Rothenburg. Ce Prussien âgé de 45 ans et ancien policier (il avait quitté le métier des armes après l'armistice de novembre 1918 et servi dans la police durant quatorze ans avant de rejoindre l'armée en 1935) était un as dans le maniement des régiments blindés. Et tout comme Rommel, ce décoré de la Pour le Mérite avait échappé à la mort tellement de fois qu'il n'avait peur de rien, car la mort ne lui inspirait aucune terreur.

Rommel apprit également à sa grande surprise que des 218 chars du 25e régiment blindé, environ la moitié étaient du modèle tchèque Skoda 38 (t). Rapides du fait qu'ils étaient légers (9 tonnes), les Skoda 38 (t) étaient armés d'un canon de 37 mm et bénéficiaient d'un blindage avant de 25 mm. On était loin des 19 tonnes du Panzer IV B, armé d'un canon de 75 mm court et d'un blindage avant de 30 mm, seul capable selon Rommel de rivaliser avec les meilleurs chars français, surtout le B2 (32 tonnes, canon de 47 mm ou de 75 mm court et blindage avant de 60 mm). Rommel estimait toutefois que sa division était plus mobile et mieux entraînée que les unités blindées françaises qu'il devait affronter, puisqu'elle était l'une des quatre divisions motorisées transformées en divisions de panzers après la campagne de Pologne afin de porter leur nombre de six à dix pour l'offensive à l'Ouest.

La 7e panzers et une autre, la 5e du lieutenant-général Max von Hartlieb étaient sous l'autorité du XVe corps blindé du général Hermann Hoth, fer de lance de la 4e armée du colonel-général Günther von Kluge, qui était déployée sur le flanc droit du groupe d'armées A, à qui incombait le rôle décisif dans l'offensive à l'Ouest. Le plan d'opérations de la campagne était le fruit des cogitations brillantes et hétérodoxes du plus talentueux des stratèges de Hitler : le major-général Erich von Manstein. Tandis que les forces alliées contreraient l'attaque allemande attendue à travers la Belgique, les divisions de panzers du groupe d'armées A fonceraient à travers les forêts des Ardennes, considérées comme impraticables, en direction des plaines du nord de la France et des côtes de la Manche, coupant ainsi les arrières des forces alliées et les repoussant sur la trajectoire du groupe d'armées B, avançant par le nord. Mis au point par l'OKH, le « plan Manstein » donnait à Hitler ce qu'il voulait : une attaque-surprise dans la région la plus inattendue et qui, même si elle n'était pas sans risque, avait la hardiesse du génie. Le fameux « coup de faucille » avait en fait été adopté par Hitler et imposé à un État-Major général de l'armée de terre récalcitrant, dont le plan d'opérations initial ressemblait à bien des égards au « plan Schlieffen » appliqué par l'armée du Kaiser en 1914, en ce sens qu'il envisageait que la principale poussée de l'attaque serait donnée par le groupe d'armées B sur l'aile droite.

Jour après jour, Rommel supervisait les exercices de ses chars à Wahner Heide, tout près de Cologne ; il s'imprégnait des ouvrages traitant de la théorie et de la pratique de la guerre des blindés, et développait même quelques-unes de ses propres idées sur la surprise tactique. Il amenait ses unités en formation de combat à travers champs et mettait au point les grandes manœuvres ainsi que les procédures de canonnage et de communication par radio. Le soir, il donnait des instructions à tous ses officiers, de l'échelon de régiment jusqu'à celui de simple section. Il s'occupait par la suite de la paperasserie jusqu'à 23 heures. Le lendemain matin, debout dès 6 heures, il jogguait dans les sentiers forestiers le long du Rhin. À 48 ans, Rommel était encore dans une excellente condition physique. Il écoutait également au poste autoradio les informations allemandes et étrangères à 7 heures et encore une fois à 12 h 30 quand il revenait de déjeuner.

À l'évidence, il estimait avoir les compétences nécessaires pour commander sa division de panzers. Il se sentait aussi en mesure de jeter tout son poids dans la balance quand cela s'avérait nécessaire. Ainsi, le 27 février 1940, lorsqu'un commandant de bataillon le mécontenta, il le releva de ses fonctions sur-le-champ et le fit déguerpir en moins de quatre-vingt-dix minutes. Il nota par écrit : « La nouvelle de ce licenciement rapide fera bientôt le tour et certains se botteront le derrière[1]. »

Idéologiquement aussi, il y avait du flottement. Des membres du parti nazi furent ainsi affectés à son état-major, ce qui ne manqua pas d'alimenter les conversations, sauf chez Rommel : « Ce n'est pas mon problème. Je n'ai pas besoin de retenir ma langue, mais certains devront se tenir sur leurs gardes. Il semble que le national-socialisme soit encore une affaire un peu étrangère à certains d'entre eux[2]. »

Provenant de divers ministères du Reich à Berlin, ces fonctionnaires du régime avaient trouvé le moyen de servir d'intermédiaire entre l'agence centrale de la propagande nazie et le commandant de la 7e division de panzers. Informés des bonnes relations entre Rommel et Hitler, ils estimaient pouvoir retirer un avantage appréciable en combattant sous les ordres d'un tel général. Notamment le lieutenant Karl Hanke, secrétaire d'État au ministère de la Propagande et plus tard gauleiter de Silésie, et le caporal-chef Karl Holz, éditeur en chef du tabloïd antisémite *Der Stürmer* et ultérieurement gauleiter de Franconie. Considérant que la présence dans son état-major de ces représentants du parti ne pouvait certainement pas nuire à l'avancement de sa carrière ou à la narration dans les journaux de ses futurs exploits militaires, Rommel entendait veiller sur eux. Il mit Hanke dans un Panzer IV, tout en faisant de lui son principal aide de camp.

Les succès militaires remportés par Hitler depuis le début de la Seconde Guerre mondiale fascinaient Rommel. Après la Pologne, le Danemark et la Norvège furent occupés en avril 1940. Le Reich avait voulu empêcher les Britanniques d'obtenir des bases en Norvège, et améliorer par le fait même sa position géostratégique en mer du Nord tout en sécurisant ses importations de minerai de fer suédois. Devant ce qui lui semblait une compréhension supérieure des enjeux stratégiques de la guerre moderne, Rommel écrivait : « Si nous n'avions pas le Führer, je ne sais pas s'il y aurait un autre Allemand qui maîtriserait de manière aussi brillante l'art de la direction politique et militaire[3]. »

Début mai 1940, Rommel était fin prêt à se lancer à l'assaut de l'Europe de l'Ouest pour la deuxième fois. Le 9, tandis qu'en compagnie de Rothenburg il observait encore une fois les chars et l'artillerie en manœuvres, il reçut, à 13 h 45, le mot codé « Dortmund » ; l'offensive commencerait à 5 h 35 le lendemain matin. Il rentra en voiture à la caserne de Bad Godesberg, prit du papier et écrivit à son épouse : « Nous partons dans une demi-heure. Au moment où tu recevras cette lettre, tu sauras déjà ce qui est en jeu. Ne t'inquiète pas. Les choses se sont toujours bien déroulées jusqu'à maintenant et tout se passera bien. [...] Au crépuscule, nous nous mettrons en route. Cela fait combien de temps que nous attendons cela[4] ? » Cette lettre aurait pu être signée par n'importe quel général de la Wehrmacht.

De la zone où était déployée sa 7e division de panzers jusqu'à la frontière belge, Rommel avait baptisé la route qui lui avait été attribuée pour son avance DG7 – *Durchgangsstraße* (voie express). Cela contrevenait aux directives de l'OKH, mais Rommel se proposait de pousser par cette DG7 tout droit jusqu'aux côtes de la Manche en avant de tous ses rivaux.

En Belgique et en France, Rommel agit une fois encore de façon intuitive, au vu de la situation. Sa façon de faire n'était d'ailleurs guère différente de celle qui avait été la sienne durant la Grande Guerre. Lors de la campagne de l'Ouest, le major-général dirigea sa division de panzers comme s'il s'agissait d'une compagnie d'infanterie et appliqua la même tactique d'infiltration qu'il avait utilisée du temps qu'il était lieutenant. Cette manière peu orthodoxe d'engager les chars devint un cauchemar pour ses adversaires français qui agissaient pour leur part avec méthode. Sa technique consistait à pousser en avant sans se préoccuper des risques sur ses flancs ou sur ses arrières, estimant que le choc causé au moral de l'ennemi compenserait largement les risques encourus. Sa division s'enfonça donc à travers les lignes de l'ennemi comme un long index, parfois à une telle allure qu'il se détachait du coup de poing donné par la 4e armée de Kluge, parfois sans liaison à l'arrière pour assurer un soutien logistique. Des mouvements rapides et énergiques de l'ennemi auraient pu couper ce « doigt », mais comme l'avait escompté Rommel, l'adversaire était trop déconcerté et paniqué pour agir résolument.

Rommel se trouvait presque toujours aux avant-postes du front, à la pointe des combats. Il donnait ses ordres en criant du haut de la tourelle de son véhicule de commandement, un Panzer III spécialement adapté pour cette fonction, ou bien du haut de la tourelle du véhicule de commandement de Rothenburg, un Panzer IV. Il survolait aussi à l'occasion le champ de bataille à bord d'un avion de reconnaissance léger de la Luftwaffe, un Fieseler Storch, et se posait quelquefois parmi les chars qui étaient en première ligne afin de mieux examiner la situation sous toutes ses faces.

Rommel avait pour tâche de traverser la Meuse dès que possible en utilisant l'effet de surprise, et d'établir ensuite des têtes de pont sur la rive ouest avant que l'ennemi ait pu y installer une défense solide. Il avait fixé deux passages : l'un immédiatement au sud de l'île de Houx, l'autre à Leffe, à la lisière nord de Dinant – soit à environ 3 kilomètres au sud de l'île de Houx. Ses avant-gardes se heurtèrent le jour même aux éléments de reconnaissance de la Ire division légère de cavalerie française : « À notre premier choc avec les forces mécanisées françaises, nota Rommel le soir même, nous ouvrîmes le feu tout de suite, ce qui les amena à se retirer en hâte. J'ai constaté maintes et maintes fois que dans ces combats, le succès est remporté par celui qui s'avère le premier à mettre l'adversaire sous son feu[5]. »

Après avoir parcouru une distance d'environ 115 kilomètres, les panzers échouèrent à traverser la Meuse le 12 mai. Certes, une compagnie blindée envoyée en avant-garde atteignit la Meuse à Dinant dès 16 h 45, mais les ponts venaient d'y être détruits. Il en allait de même pour ceux de Houx. Rommel était donc contraint de forcer le passage au moyen de troupes transportées sur des canots pneumatiques, l'effort principal étant porté sur le groupe qui devait traverser à Dinant. Le lendemain matin, une première vague réussit à traverser le fleuve vers 4 h 30 à la faveur d'une épaisse brume matinale. Mais ensuite les soldats de Rommel restèrent bloqués sur l'autre rive, n'osant quitter leur abri à cause du feu nourri de l'ennemi. À partir de là, il semblait presque impossible de franchir la Meuse, large à cet endroit d'une centaine de mètres, en pagayant jusqu'à la rive ouest sur des canots pneumatiques.

Les Français avaient mis leurs mitrailleuses en position dans les maisons situées sur la rive opposée et faisaient feu depuis des blockhaus qui avaient été aménagés dans les rochers, bien au-dessus du fleuve. L'artillerie française, supérieure à celle des Allemands et dont les observateurs avancés, depuis les ruines du château de Bouvines, pouvaient voir de loin les lieux de passage des troupes de Rommel, était particulièrement redoutable. La division ne disposait que de deux détachements d'artillerie légère et l'appui de la Luftwaffe était très faible, car ce jour-là la quasi-totalité des bombardiers avaient été concentrées sur Sedan, le secteur du XIXe corps blindé du général Guderian, qui jouait le rôle décisif dans l'offensive.

Rommel avait beau effectuer des va-et-vient constants entre les deux points de passage et désigner en personne les positions que les unités blindées devaient prendre, l'opération était sur le point d'échouer. Les officiers étaient fortement ébranlés par les pertes subies par leurs unités. Comme le rapportait Rommel dans son journal, peu après s'être rendu à Dinant : « Les obus tirés par l'artillerie française à l'ouest de la Meuse tombaient avec une grande précision sur la ville et plusieurs de nos chars détruits se trouvaient sur la route conduisant à ce fleuve. [...] Nos canots étaient détruits les uns après les autres par les tirs de flanc des Français et la traversée cessa par la suite[6]. »

Ce n'est qu'après avoir fait venir à l'avant de nouveaux chars et quelques pièces d'artillerie pour le bombardement des blockhaus que Rommel put ordonner une nouvelle tentative. Pour entraîner ses soldats démoralisés, il prit « personnellement le commandement du 2e bataillon du 7e régiment de fusiliers. Je rejoignis la compagnie, qui était sur l'autre rive depuis l'aube, à bord de l'un des premiers canots [...][7] ».

Rommel passa une grande partie de l'après-midi du 13 mai auprès du groupe qui traversait au nord. Bien que l'artillerie française continuât à faire feu sur le lieu de passage sans être inquiétée outre mesure, il fit construire un bac par les soldats du génie, entrant dans l'eau jusqu'aux hanches et mettant la main à la pâte, donnant ainsi une impulsion déterminante à ses troupes. Quand le bac fut prêt, Rommel traversa le premier avec son char de commandement. Le soir, deux têtes de pont avaient déjà été établies : l'une au sud de l'île de Houx par le 6e régiment de fusiliers et le 7e bataillon de motocyclistes ; l'autre à Dinant par le 7e régiment de fusiliers. Mais c'est là que Rommel fit porter l'effort principal à cause de l'excellence des voies de communication. Il ordonna ainsi pendant la nuit la construction d'un pont militaire entre Leffe et Bouvines, tandis qu'une trentaine de chars traversaient la Meuse sur des bacs jusqu'à 8 heures le lendemain matin.

Pour le jour suivant, Hoth avait donné l'ordre de réunir les deux têtes de pont et de les élargir suffisamment vers l'ouest pour que les lieux de passage ne fussent plus sous le feu de l'ennemi. Or, Rommel n'avait pas attendu d'avoir fait traverser le fleuve à une quantité suffisante de troupes et de matériel, car il faisait encore nuit quand des éléments du 7e régiment de fusiliers effectuèrent une attaque préalable sur Onhaye. Située à 5 kilomètres à l'ouest de Dinant, cette petite ville fut prise après un dur combat contre des unités de la Ire division légère de cavalerie. Il poussa ensuite 7 kilomètres plus à l'ouest jusqu'à Morville, enfonçant par le fait même la deuxième ligne de résistance française. Pendant ce temps, le pont militaire fut terminé peu avant 20 heures, ce qui permit à Rommel, grâce aux véhicules blindés et motorisés maintenant disponibles, d'exploiter davantage la percée en progressant en profondeur.

Au cours de l'assaut contre Onhaye, Rommel avait failli être tué. Alors qu'il roulait dans un Panzer III derrière la tête de la colonne de chars en direction de la lisière d'une forêt, des canons antichars et des batteries de 75 mm avaient ouvert le feu : « Des obus tombaient partout et mon char fut touché à deux reprises, la première fois sur le rebord supérieur de la tourelle, la deuxième dans le périscope. Le conducteur accéléra aussitôt et se dirigea vers le buisson le plus proche. Mais il avait à peine parcouru quelques mètres que le char glissa le long d'une pente raide à la lisière ouest de la forêt et se coucha sur le côté de telle façon que l'ennemi, dont les canons étaient positionnés à environ 500 mètres, devait forcément le voir. Un petit éclat d'obus qui avait touché le périscope m'avait fait une blessure à la joue droite, qui saignait abondamment[8]. » Il eut tout juste le temps de sortir du char pour échapper au feu de l'ennemi.

Ce jour-là, quand il s'avéra que le matériel destiné à la construction des ponts sur la Meuse ne suffirait dans un premier temps qu'à bâtir un seul et unique pont militaire, Rommel, après une intervention opiniâtre auprès de Hoth, obtint que la totalité lui fût allouée. Hartlieb émit des protestations, mais sans succès. Et il lui fallut en plus demander une autorisation pour que les chars lourds de sa division pussent eux aussi emprunter le pont militaire de la division voisine. Rommel en profita aussitôt pour mettre ces derniers sous ses ordres afin d'activer l'offensive de sa division. Les protestations véhémentes de la 5e division le laissèrent indifférent. Il se plaignit même de l'apparente passivité de la division voisine qui était toujours en arrière, expliquant à Hoth que ses troupes ne pouvaient quand même « pas toujours faire la guerre seules[9] ». Rommel avait pour lui la logique opérationnelle, car les quelques chars auxquels on avait fait traverser la Meuse ne suffisaient pas pour une percée simultanée en deux points.

Rommel s'était taillé un franc succès en ce début de campagne : il avait réussi à franchir la Meuse plus rapidement que Guderian à Sedan, sans appui aérien. En outre, il était confronté à des conditions plus difficiles sur le plan du terrain, avec des rochers qui se dressaient comme un mur sur la rive ouest de la Meuse. Cette comparaison est encore plus intéressante d'un point de vue opérationnel. Tandis que Guderian, l'expert en blindés, avait commis l'erreur d'avoir attendu que le pont militaire eût été construit pour faire traverser ses chars, Rommel, l'officier d'infanterie, avait décidé en revanche de faire d'abord traverser une partie de ses chars avec des bacs, ce qui lui permit de profiter de la percée initiale[10]. S'ajoutait à cela un sens opérationnel aigu. Pour faciliter le passage du fleuve, il avait fait ouvrir le feu sur les maisons surplombant la rive ouest afin de procurer un rideau de fumée à ses troupes – tout comme à Longarone en novembre 1917. Pour découvrir quels étaient les villages ennemis qui étaient défendus, il ordonnait à son régiment blindé de faire feu, ce qui obligeait les défenseurs à révéler leur position. Cette tactique marchait à tous les coups.

Dans l'après-midi du 15 mai, Rommel surprit la Ire division

cuirassée française qui était en train de faire le plein à Flavion. La moitié des 170 chars ne pouvaient manœuvrer, faute de carburant. Le reste engagea néanmoins le combat contre le 25e régiment blindé de Rothenburg et parvint même à le malmener. Cependant, en fin d'après-midi, quand les premiers chars de la 5e division de panzers arrivèrent au nord de sa position, ils anéantirent presque tous les Français grâce à l'intervention des Stukas à l'issue d'une bataille qui dura jusqu'au soir. Avec le 25e régiment blindé, Rommel effectua alors une manœuvre époustouflante : contournant le flanc sud de la division ennemie, il fonça loin vers l'ouest en direction de Philippeville-Cerfontaine, coupant ainsi les lignes de communication. La panique déclenchée dans les rangs de l'ennemi incita plusieurs unités à battre en retraite. Qui pis est, les chars de Rommel atteignirent la zone Philippeville-Cerfontaine avant que les divisions encore intactes de la IXe armée française n'aient eu le temps de s'y replier. La nouvelle ligne de défense prévue par le haut commandement ennemi avait ainsi été dépassée par les chars de Rommel avant que ses propres troupes aient pu l'occuper.

Le 16 mai au soir, Rommel franchit la frontière française à Clairfayts. Peu après, il aperçut le prolongement de la ligne Maginot, avec ses blockhaus bétonnés, ses tourelles à éclipses, ses champs de mines et ses réseaux de barbelés. À l'encontre des directives de ses supérieurs, Rommel ne put résister à la tentation d'exécuter une attaque à l'improviste. Un général moins téméraire aurait probablement effectué l'attaque seulement le lendemain afin de bénéficier de meilleures conditions, grâce notamment à l'appui de l'artillerie lourde et des Stukas qui avait bel et bien été promis. En contrepartie, il aurait dû renoncer à l'effet de surprise. Certes, Rommel était un spécialiste des attaques-surprises, mais ce qu'il voulait tenter maintenant était une nouveauté dans l'histoire militaire : un assaut massif de chars au clair de lune contre une position bien aménagée.

La surprise fut totale. À 18 h 30, le détachement d'avant-garde de Rommel attaqua au beau milieu des premières lignes de l'ennemi. Les chars allemands s'infiltrèrent à travers le système fortifié français et détruisirent plusieurs blockhaus. Tandis que les éléments à l'arrière de la zone fortifiée étaient contenus par des tirs d'artillerie, des soldats du bataillon de fusiliers motorisés tirèrent profit de l'obscurité qui tombait pour attaquer des positions antichars et des nids de mitrailleuses. Pendant ce temps, les soldats du génie n'étaient pas en reste, utilisant des charges concentrées et des lance-flammes pour mettre hors de combat des abris bétonnés. De même, ils firent des brèches à l'explosif dans le barrage de ceinture et réussirent à détruire le barrage routier à l'ouest de Clairfayts. Poussant en avant par cette brèche tout en faisant feu des deux côtés, les chars allemands pénétrèrent à travers les ouvrages défensifs. Vers 23 heures, ils enfoncèrent une deuxième ligne fortifiée à Solre-le-Château. La voie vers l'Ouest leur était désormais ouverte : « La campagne toute plate s'étendait autour de nous à la clarté de la lune. Nous avions franchi la ligne Maginot ! C'était difficile à croire. Il y a vingt-deux ans, nous étions restés quatre ans et demi devant ce même ennemi, avions remporté victoire sur victoire et quand même perdu la guerre. Et voilà que nous avions percé la célèbre ligne Maginot et que nous nous enfoncions en territoire ennemi. Ce n'était pas qu'un beau rêve. C'était la réalité[11]. »

Or, immédiatement après, Rommel et ses chars se heurtèrent à une position d'artillerie française. Comme il l'avait si souvent fait durant la Grande Guerre, Rommel opta pour la fuite en avant et ordonna à ses chars d'avancer à toute vitesse sur les mitrailleuses françaises en maintenant un feu nourri. Il remporta un succès complet et remarqua au sujet de cette technique peu utilisée à l'époque, qui consistait pour les chars à canonner en roulant : « Cette méthode que j'avais ordonnée – avancer vers l'ennemi en faisant feu de tous les canons – [...] a fait des merveilles. Elle coûte beaucoup de munitions, mais épargne des hommes et des chars. Jusqu'ici, l'ennemi n'a pas trouvé de riposte à ce procédé. Lorsque nous le heurtons de cette manière, ses nerfs lâchent et même ses chars lourds se rendent. S'il savait seulement à quel point notre blindage est mince comparativement au sien ! » C'est ce qu'il écrivit au lieutenant-colonel Schmundt, principal aide de camp du Führer, tout en lui demandant d'intervenir auprès de Hitler pour que celui-ci exigeât de l'OKH qu'il octroie un second régiment blindé à sa division de panzers : « C'est hors de question de passer par la filière habituelle, car il y a trop de ruban adhésif rouge[12] ! »

En dépit de l'obscurité, Rommel décida de continuer à avancer sur la route d'Avesnes. Il fut motivé par le principe selon lequel réussir une percée ne sert à rien si l'on n'exploite pas aussitôt le succès par un assaut en profondeur. Dans ce cas, il fallait tirer profit de la confusion de l'ennemi et poursuivre la progression afin de jeter un désordre considérable dans les rangs de l'adversaire et le priver ainsi du temps nécessaire pour constituer une nouvelle ligne de défense.

Au cours de son avancée vers Avesnes, la chance lui sourit encore une fois. Le hasard avait voulu en effet que la Ve division d'infanterie motorisée française eût installé un bivouac de nuit le long de cette route. Ses véhicules étaient garés les uns derrière les autres à gauche et à droite de la route. Des éléments de la XVIIIe division d'infanterie et de ce qui restait de la Ire division cuirassée passaient également la nuit parmi eux. Les chars allemands firent alors irruption, fonçant à toute allure à travers les files de véhicules. Sur l'ordre de Rommel, le 25e régiment blindé ouvrit le feu et sema la panique dans les rangs de l'ennemi. Un rapport décrivait l'épisode en question : « Des centaines et des centaines de soldats et de civils français sont réveillés en sursaut par le régiment blindé fonçant à toute vitesse sur les routes ; allongés dans les ornières et les fossés, à droite et à gauche de l'itinéraire suivi par les chars, ils ont le visage déformé par la peur. Le feu du régiment blindé pénètre loin des deux côtés des routes et sème un désarroi sans bornes dans la nuit[13]. »

Même les soldats allemands étaient ahuris. Le colonel Hesse, qui faisait désormais une tournée des champs de bataille avec un groupe de correspondants de guerre allemands, écrivait à ce sujet : « Je n'avais encore jamais vu une scène comme celle se déroulant le long de la route suivie par Rommel au cours de son avance. Ses chars avaient foncé directement sur une division française rencontrée sur la même route et avaient simplement continué à rouler sans en tenir compte. Sur les neuf ou dix kilomètres suivants, il y avait des centaines de camions et de chars ; certains avaient roulé dans les fossés, d'autres étaient calcinés, dans beaucoup gisaient des morts ou des blessés. Sortant des champs et des forêts, surgissaient sans cesse des Français, les mains en l'air, une angoisse terrible inscrite sur le visage. À l'avant, on entendait la détonation courte et aiguë des canons de nos chars que Rommel dirigeait personnellement. Il se tenait droit dans son char de commandement avec deux officiers de son état-major, sa casquette d'officier avait glissé sur la nuque, et [il] encourageait la poursuite de l'offensive. »

En fait, Rommel se trouvait tellement loin à l'avant que les correspondants de guerre allemands ne pouvaient tout simplement pas aller à la même allure que lui. Hesse trouvait qu'il était presque impossible de le rattraper : « Il était toujours 10 kilomètres en avant de nous. À un moment donné, des forces françaises avec des chars bousculèrent son détachement d'avant-garde, qui constituait le fer de lance de son attaque et la principale force de sa division. Même cela ne l'empêcha pas de poursuivre son avance. Son seul commentaire fut le suivant : "Ils vont devoir se battre du mieux qu'ils le peuvent[14]." »

Vers minuit le 17 mai, les chars de Rommel entrèrent dans Avesnes. À la tête des éléments les plus avancés, Rommel s'enfonça et ne s'arrêta que sur les collines situées à l'ouest de la ville. Comme entre-temps les liaisons avaient été interrompues à l'intérieur de la colonne, il attendit impatiemment pour permettre aux unités qui suivaient de rattraper les autres. Environ une heure plus tard, quand il entendit le cliquetis de chars à l'approche, il poursuivit son avance, croyant que le lien entre ses formations avait été établi. Or, il s'agissait en fait de chars français, dont quelques puissants B2. Ils entraînèrent l'un des trois bataillons de chars du 25e régiment blindé, resté à Avesnes, dans un long combat qui causa de nombreuses pertes. Rommel dut alors arrêter l'avance et envoyer des renforts. Le lieutenant Hanke, profitant de l'obscurité, parvint à attaquer les Français sur leurs arrières avec un Panzer IV et à cribler de balles les chenilles de quelques chars B2, une action d'éclat pour laquelle Rommel allait le recommander pour la croix de chevalier de l'ordre de la Croix de fer. À 4 heures, le combat de chars dans les rues d'Avesnes fut finalement remporté par la 7e division de panzers.

Ses messages radio envoyés au XVe corps blindé pour obtenir de nouvelles instructions restant sans réponse, Rommel décida alors d'exploiter la situation. Fonçant à travers les rangs d'un ennemi désemparé, il poussa jusqu'à Landrecies, 18 kilomètres plus loin, pour s'emparer du pont sur la Sambre, d'une grande importance pour la suite des opérations. Une fois de plus, le détachement d'avant-garde de Rommel rencontra des troupes françaises et le même scénario se répéta : « Les troupes françaises étaient complètement paralysées de peur par notre apparition soudaine. Elles déposaient leurs armes et marchaient à côté de notre colonne vers l'est. Nulle part elles n'opposèrent une résistance. Les chars ennemis que l'on rencontrait sur la route étaient rapidement mis hors de combat. L'avance se poursuivit sans arrêt vers l'Ouest. Des centaines et des centaines de troupes françaises, avec leurs officiers, se rendaient dès notre arrivée. »

Lors de ce même épisode, Rommel relata qu'un lieutenant-colonel français avait essayé de le défier après l'avoir interpellé : « Je lui demandai son rang et son affectation. Ses yeux trahissaient la haine et une fureur impotente. Il donnait l'impression d'être un type véritablement fanatique. Comme il y avait de fortes chances que notre colonne se dispersât de temps en temps à cause du trafic dense sur la route, je décidai à la réflexion de l'emmener avec nous. Il était déjà parti à l'est sur une distance d'une cinquantaine de mètres quand le colonel Rothenburg le rappela et lui fit signe de monter dans son char. Mais il refusa sur un ton cassant de venir avec nous et après lui avoir ordonné à trois reprises de monter dans le char, il ne resta plus rien d'autre à faire que de l'abattre[15]. »

Vers 6 heures, la 7e panzers fut la première unité de la Wehrmacht à avoir franchi la Sambre et à être en mesure de poursuivre son avance. Fort de ce succès, Rommel rassembla ses commandants de chars et leur indiqua les prochains objectifs à atteindre : « Votre route est maintenant celle qui passe par Le Cateau-Arras-Amiens-Rouen-Le Havre[16]. » Aussi fantaisistes fussent-ils à ce moment-là, ces objectifs militaires n'en seraient pas moins atteints au cours des quatre prochaines semaines. Rommel continua sa progression sur une douzaine de kilomètres vers l'ouest et ne fit arrêter son détachement d'avant-garde qu'au moment où il atteignit les collines à l'est du Cateau.

La conquête d'une tête de pont sur la Sambre était déterminante pour la suite des opérations en France. Cependant, Rommel se rendit compte à quel point il se trouvait à ce moment-là dans une situation délicate. Non seulement son détachement d'avant-garde avait épuisé ses munitions et son carburant, mais seuls deux bataillons de chars et quelques sections de motocyclistes l'avaient suivi lors de l'avancée vers la Sambre. Le troisième bataillon de chars et le gros du groupe de reconnaissance étaient restés bloqués en route. Mais ce n'était pas tout. Dans sa fougue, il n'avait pas remarqué qu'il avait effectué la totalité de l'avancée – une percée longue d'environ 50 kilomètres et large d'à peine 3 kilomètres – seul avec le détachement d'avant-garde. Par conséquent, le gros de sa division de panzers, y compris les deux régiments de fusiliers, se trouvait encore en territoire belge devant la « ligne Maginot prolongée » et installé depuis longtemps pour la nuit. Sans parler de la 5ᵉ division de panzers de Hartlieb, qui se trouvait à une cinquantaine de kilomètres en arrière de son détachement d'avant-garde en dépit de ses moyens, et de la qualité de ses chars.

Au poste de commandement de la 7ᵉ division de panzers restée à Froid-Chapelle régnait la plus grande agitation. Le chef des opérations de Rommel, le major Otto Heidkämper, était maintenant le seul responsable (car il n'y avait pas de chef d'état-major dans les unités de l'armée allemande au-dessous de l'échelon du corps d'armée) et se voyait dans l'incapacité de répondre aux questions fébriles du XVᵉ corps blindé qui voulait savoir où avait disparu son commandant avec ses chars et qui distribuait ses consignes, ignorant que Rommel les avait anticipées. Son chef injoignable depuis la fin de la soirée du 16 mai, Heidkämper, livré à lui-même, s'en tint strictement aux ordres et ne fit suivre la division en direction d'Avesnes qu'à 8 heures le 17 mai.

Rommel, lui, était exaspéré de constater le retard de ses troupes alors qu'il les imaginait quelque part derrière sur la route vers Landrecies. Il fulminait contre Heidkämper qui n'avait pas fait le nécessaire pour assurer à son détachement un approvisionnement suffisant en munitions et en carburant. Lorsque Heidkämper lui remit le 13 juin, presque un mois plus tard, un rapport où il critiquait la manière dont Rommel avait exercé son commandement durant la nuit du 16 au 17 mai, celui-ci confia à sa femme : « J'ai actuellement beaucoup de problèmes avec mon chef des opérations. Il m'a envoyé une longue missive sur ses activités [...]. Je me débarrasserai de lui dès que je le pourrai. Ce jeune major d'état-major, terrifié à l'idée que quelque chose puisse arriver à l'état-major et à lui-même, est resté une trentaine de kilomètres derrière le front, perdant ainsi contact avec le groupe de combat que je commandais à proximité de Cambrai. Au lieu de me faire parvenir des renforts au front, il est allé au quartier général du corps [blindé de Hoth] et y a semé la panique en déclarant que ma division se trouvait en danger. Et il croit toujours qu'il s'est conduit en héros. Décidément, je vais devoir étudier dans le détail les documents de manière à remettre le garçon à sa place[17]. »

En réalité, comme Rommel ne lui avait pas donné d'instructions précises sur ce qu'il fallait faire au cas où cette situation se présenterait, Heidkämper – brillant officier promis à un bel avenir de général – avait eu de bonnes raisons de croire que la division se trouvait effectivement en danger. Outre son mépris habituel pour les officiers d'état-major, Rommel avait fait preuve ici d'une totale méconnaissance de la manière dont devait fonctionner un état-major, faute de formation initiale et par désinvolture ultérieure. D'ailleurs, Heidkämper ayant envoyé une copie de son rapport à Hoth, Rommel ne put se débarrasser de lui et n'eut d'autre choix que de se réconcilier avec son chef des opérations : « L'affaire de Heidkämper a été tirée au clair hier [...]. J'ai le sentiment que tout ira bien maintenant. Je suis allé voir Hoth et nous avons eu une longue discussion sur toute cette histoire. Je suis content que la paix soit de retour dans le camp. Cependant, il était nécessaire d'imposer mon autorité[18]. » Curieuse manière de voir midi à sa porte...

Cela dit, en ce 17 mai, Rommel décida vers 7 heures de remettre temporairement le commandement du détachement d'avant-garde à Rothenburg. Il voulait aller chercher le reste de sa division à Avesnes. Son véhicule de commandement, une automitrailleuse à huit roues, n'était accompagné en l'occurrence que d'un Panzer III. Commença alors la plus folle aventure de Rommel pendant la campagne de l'Ouest. Son détachement d'avant-garde se trouvait loin à l'ouest, complètement isolé, comme une île au beau milieu d'un océan représenté ici par l'arrière-pays ennemi. Entre-temps, sur la route qu'avaient empruntée les chars allemands lors de leur avancée, marchaient de nouveau – dans le sens inverse de Rommel – des éléments de troupes françaises en train de se replier vers l'ouest. Mais au lieu de faire demi-tour, celui-ci, qui avait sans doute perdu tout sens du danger, poursuivit imperturbablement sa route vers l'est. Il fonça ainsi à travers des colonnes de soldats français médusés, faisant quelquefois ouvrir le feu, contournant les endroits dangereux où on tirait sur lui. Quand il tombait par surprise sur un ennemi supérieur, il fonçait résolument sur lui et ordonnait à son chef sur un ton impératif de se rendre avec ses hommes. Il réussit à chaque fois à abuser les Français : « À une courte distance à l'est de Marbaix [environ 10 kilomètres à l'ouest de Landrecies], une voiture française venant de notre gauche traversa la route juste devant mon véhicule blindé. Nous l'interpellâmes et elle s'arrêta. Un officier en descendit et se rendit. Derrière la voiture arrivait dans un nuage de poussière toute une colonne de camions. Je décidai aussitôt de la diriger vers Avesnes. Hanke sauta dans le premier camion pendant que je restais un certain moment au carrefour, criant et signalant aux troupes françaises qu'elles devaient déposer leurs armes, que pour eux la guerre était terminée. [...] Il était impossible de voir à travers la poussière la longueur de la colonne. Après 10 ou 15 véhicules, je pris la tête de la colonne et poursuivis la route jusqu'à Avesnes[19]. »

S'il réussissait à chaque fois à intimider l'adversaire sans en avoir pourtant les moyens, Rommel ne s'exposait pas moins à des risques considérables : « Il aurait suffi d'un seul Français à la gâchette facile pour mettre fin à l'instant même à la carrière de Rommel. Celui-ci ne pensait absolument pas à cacher son rang ou sa personne. Par son uniforme élégant, par sa haute casquette à visière, par ses décorations et sa voix haute, il se distinguait nettement de ses commandants de chars. Mais il continuait à vivre sa vie protégée comme par un sortilège[20]. » De tels épisodes n'étaient pas isolés et leur recension a contribué à forger le mythe de « l'invulnérable héros ». Ainsi ce jour où Rommel se tenait debout sur le sommet du talus d'une voie ferrée, dirigeant la bataille pendant que ses hommes se faisaient abattre un à un par des tireurs écossais isolés. Ou lorsqu'il monta sur un char allemand immobile sous une grêle de balles et donna des coups secs et durs sur la tourelle afin de savoir pourquoi elle ne canonnait pas l'ennemi. Ou encore celui où son nouvel aide de camp, le lieutenant Most, s'affaissa sur le sol juste à côté de lui, blessé mortellement, ce qui lui attira ce commentaire laconique : « Le major Schraepler est déjà revenu [il avait été blessé quelques jours auparavant alors qu'il se tenait à côté de Rommel] : son successeur a été tué à un mètre de moi[21]. » Ou enfin celui au cours duquel Rommel et le major Erdmann, qui commandait son bataillon de reconnaissance, se hâtèrent de se mettre à l'abri du feu de l'artillerie lourde ennemie au moment même où un obus d'un canon Howitzer de 155 mm tombait tout près d'eux ; le dos déchiqueté, Erdmann mourut sur le coup, tandis que Rommel, par miracle, s'en sortit indemne.

Au terme de sa folle aventure, Rommel finit par entrer dans Avesnes avec derrière lui une colonne de 40 camions français. Il retrouva alors les premiers éléments de ses unités qui arrivaient peu à peu. À l'OKH comme à l'OKW, le soulagement était d'autant plus vif que la disparition de Rommel sans laisser de traces avait provoqué une grande agitation dans les hautes sphères de la Wehrmacht. Sur un point au moins, Allemands et Français étaient d'accord : le chef de la 7e division de panzers dirigeait bien une « division fantôme ».

Les succès remportés par Rommel étaient impressionnants : le I^e^ corps de la IXe armée, qui avait déjà été sévèrement touché par les combats précédents en Belgique, s'était désagrégé, comme la Ire division cuirassée. Ajoutons-y des éléments de trois divisions d'infanterie, de deux divisions légères et 3 500 prisonniers. Quant aux pertes de cette « division fantôme », elles s'élevaient à seulement 40 tués et 75 blessés.

L'offensive nocturne de Rommel semble avoir eu une grande importance dans l'évolution vers une guerre de mouvement opérationnelle moderne. Sa conduite des combats au cours de la nuit du 16 au 17 mai représentait en effet une véritable révolution dans la conception de la guerre depuis le premier conflit mondial en ce sens que le principe psychologique de la panique et du désarroi s'imposait aux dépens du principe physique d'anéantissement ; l'effet indirect devenait ainsi plus important que l'effet direct[22].

Après sa fougueuse avancée jusqu'au Cateau depuis Avesnes, Rommel fut arrêté par ses supérieurs durant deux jours pour permettre à ses unités de se regrouper et de faire face à une éventuelle contre-attaque française sur son flanc sud. Les commandants des autres divisions de panzers du groupe d'armées A furent également tenus de respecter cet ordre de l'OKW. Le 19 mai, Rommel poussa en avant, s'empara de Cambrai le jour même en faisant 650 prisonniers, puis atteignit le sud d'Arras le lendemain en capturant 500 prisonniers de plus. Pour le 21 mai, il reçut la mission d'attaquer en direction du nord, en effectuant un mouvement de rotation autour d'Arras par l'ouest, et de prendre les points de passage de la rivière Scarpe à Acq, petit village situé à plus de 10 kilomètres au nord-ouest d'Arras. Ce mouvement en demi-cercle dans le sens des aiguilles d'une montre représentait toutefois une opération qui n'était pas sans risque, car durant toute la manœuvre de bascule, le flanc droit se trouvait exposé à une éventuelle contre-attaque depuis la ville, malgré la couverture assurée en principe par la 5e division.

Or, les panzers de Hartlieb furent retardés. Cela, on s'en doute, ne changea rien aux plans de Rommel. Il décida d'entreprendre une attaque préalable sur les ponts d'Acq avec le seul 25e régiment blindé ; les deux régiments de fusiliers suivraient plus tard. Le risque était donc accru du fait que la majorité des formations de la division restaient en arrière sans un seul char d'assaut. Outre une confiance excessive en ses capacités et une sous-estimation de celles de l'ennemi à ce stade de la campagne, la décision aventureuse de Rommel s'explique peut-être aussi par le fait que jusqu'ici la chance lui avait toujours étonnamment souri. Or, cette fois-ci, la chance tourna. Les IVe et VIIe bataillons du régiment royal blindé forts de 88 chars lancèrent une contre-attaque dans le secteur sud d'Arras afin de percer vers la Somme et de s'extirper de la poche à l'intérieur de laquelle le gros des armées alliées se trouvaient prises. Les chars anglais enfoncèrent les colonnes des 6e et 7e régiments de fusiliers, étirées en longueur, dans leur flanc droit qui était sans protection. Ils semèrent également la confusion dans les rangs de la division motorisée SS Totenkopf, qui devait assurer la protection du flanc gauche. Paniqués, de nombreux SS prirent la fuite.

Pour contrer l'offensive de l'ennemi, plusieurs pièces d'artillerie allemandes avaient pris position. Mais le désarroi s'était emparé des servants des canons antichars. Parmi les chars britanniques, il y avait quelques mastodontes qui avançaient sans s'arrêter sur les positions allemandes. Les canonniers allemands avaient beau tirer de tous leurs tubes, c'était en vain, tous les projectiles ricochaient sans produire aucun effet. Il s'agissait des chars de type Matilda, qui étaient munis d'un canon de 40 mm et dont le blindage avant de 78 mm était le plus résistant de tous les modèles engagés dans la campagne de l'Ouest. Dans un rapport d'opérations de la 7ᵉ division de panzers, on pouvait lire la remarque suivante : « Même à faible distance, nos propres canons antichars ne sont pas assez efficaces contre les chars lourds anglais. Les fronts défensifs que nous avons formés sont percés par l'ennemi, les pièces d'artillerie détruites par des tirs ou écrasées, la plupart des servants abattus[23]. »

Au début, Rommel accompagnait ses chars, mais comme l'infanterie ne suivait pas, il revint en arrière et vers 16 heures découvrit l'assaut anglais. Il se rendit là où se déroulaient les combats, en première ligne parmi ses soldats. Il s'exposait en personne au danger ; ses hommes, inspirés par son exemple, ne pouvaient faire autrement que de tenir bon. Si les lignes allemandes avaient bel et bien été percées par les chars ennemis, ils réussirent cependant à repousser l'infanterie britannique qui marchait dans leur sillage. Contrairement à la division SS, aucune panique n'avait éclaté dans les rangs de l'infanterie de Rommel. La situation n'était cependant pas sans danger. C'est justement lorsque les chars anglais ouvrirent le feu sur les lignes allemandes où Rommel faisait le va-et-vient entre ses unités que le lieutenant Most, qui se trouvait juste à côté de lui, s'écroula soudain, touché à mort.

S'exposer ne suffisait pas à renverser le cours des choses ; Rommel prit les bonnes décisions. Il organisa d'abord une ligne de défense à l'avant constituée de canons antichars et de pièces de canons antiaériens légers. Elle permit ainsi d'arrêter plusieurs chars légers. Il fit aussi construire en profondeur une deuxième ligne de défense avec des pièces d'artillerie et des canons antiaériens de 88 mm. Quand les Britanniques foncèrent contre ces positions, ils perdirent en quelques minutes seulement une vingtaine de chars, détruits en grande partie par les pièces de 88 mm utilisées pour la première fois comme des armes antichars. De même, il fit appel à la Luftwaffe qui intervint peu après avec les Iᵉʳ et VIIIᵉ corps aériens. À ce moment-là, l'offensive britannique était déjà repoussée. Les Stukas bombardèrent alors les chars anglais en train de reculer.

Entre-temps, Rommel avait également donné l'ordre au 25e régiment blindé, qui avait atteint les collines d'Acq, situées au sud de la Scarpe, de rebrousser chemin afin de couper la retraite aux formations britanniques qui décrochaient. Près d'Agnez, à environ 7 kilomètres à l'ouest d'Arras, il se heurta toutefois à des éléments de la IIIe division légère mécanisée française, dont les quelque 60 chars qui devaient assurer le flanc droit des Britanniques. Les chars de Rothenburg ne parvinrent à s'imposer qu'après un âpre et meurtrier combat. Ils durent ensuite percer un barrage antichar britannique entre Duisans et Warlus, et lorsqu'ils arrivèrent dans l'obscurité sur le champ de bataille d'Arras, déjà abandonné par les chars anglais, l'issue de ce que l'on a appelé le « combat de chars d'Arras » était décidée depuis longtemps.

Au cours de la seule journée du 21 mai, la 7e division de panzers avait subi les pertes de loin les plus sévères de toute la campagne de l'Ouest. Elles s'élevèrent exactement au même chiffre que l'ensemble de toutes celles subies durant les quatre premiers jours de l'offensive à l'Ouest, y compris le franchissement de la Meuse. Cela représentait 89 tués, 116 blessés et 173 disparus, dont 90 allaient parvenir à rejoindre leurs unités[24]. À cela venaient s'ajouter une vingtaine de chars perdus sur le champ de bataille d'Arras (contre une soixantaine pour les Britanniques et une vingtaine pour les Français).

S'il était le véritable vainqueur de la bataille d'Arras, Rommel ne portait pas moins une part de responsabilité dans la situation de crise engendrée par l'attaque des chars britanniques. Mais c'est précisément dans une telle situation de crise que la présence d'un commandant de haut rang en première ligne revêt une grande importance. À Arras, le principe de la « conduite depuis l'avant » que pratiquaient les commandants allemands, contrairement à leurs homologues français ou britanniques, avait fait ses preuves. Mais aucun d'entre eux, pas même Guderian, ne l'avait mis en pratique de façon aussi extrême que Rommel. Tandis que les commandants alliés étaient en général à des kilomètres du centre de l'action, Rommel avait rapidement pu saisir la situation et réagir aussitôt en prenant les décisions nécessaires. Il avait ainsi transformé en victoire le désastre qui se dessinait. Il avait le don de pressentir les changements de situation, ce qui lui permettait d'apparaître par surprise au bon endroit et au bon moment, et, grâce à son intervention, de donner au combat le tournant décisif.

Il aimait à répéter qu'aucun amiral n'avait gagné une bataille navale en restant sur la côte[25]. Lorsqu'il aperçut Hesse, Rommel lui cria : « La place du commandant dans cette guerre est ici, directement au front. Je ne crois pas en la stratégie élaborée depuis un fauteuil. Laissons cela aux officiers de l'État-Major général. » Pendant que Hesse s'empressait de noter ses propos, Rommel lui lança : « Nous devons voir la guerre actuelle du point de vue de la cavalerie – c'est-à-dire diriger les divisions de panzers comme des escadrons de cavalerie en donnant des ordres depuis un char en mouvement, comme les généraux le faisaient autrefois à cheval[26]. »

Le colonel-général Ludwig Beck, l'ancien chef de l'État-Major général de l'armée de terre, lui avait déjà dit que la tâche d'un commandant de division était de planifier les attaques en utilisant des cartes et un téléphone ; ce dernier n'était donc pas obligé de quitter le quartier général de sa division[27]. Ce n'était manifestement pas le style de Rommel. Comme il l'écrirait plus tard, son approche ignorait les méthodes « théoriques superflues » et privilégiait un commandement exercé au front qui permettait de saisir toutes les opportunités tactiques et renforçait l'esprit combatif et de corps de ses troupes[28].

Il y avait cependant un revers à la médaille. L'ambition démesurée de Rommel l'avait en effet amené à amplifier considérablement les dangers dans le dessein de donner à sa prestation encore plus de relief qu'elle n'en avait déjà. Ainsi envoya-t-il des rapports exagérément catastrophistes à ses supérieurs, mentionnant que plusieurs centaines de chars l'avaient attaqué. En réalité, lors de la bataille d'Arras, les Alliés avaient aligné un peu moins de 150 chars, soutenus faiblement par l'infanterie et l'artillerie, et privés de l'appui de l'aviation. Pourtant, dans ce que l'on a appelé le *Rommel Album* qu'il remit à Hitler après la campagne de France, il y a un tableau apocalyptique avec cinq flèches rouges qui sont censées représenter les divisions cuirassées britanniques en train d'attaquer ses colonnes d'infanterie.

Or, la 7e division avait dû livrer bataille non pas à cinq divisions blindées, mais à seulement deux bataillons de chars britanniques et à des éléments d'une division légère mécanisée française[29].

Lors de cette phase critique de l'opération, Hitler et de nombreux hauts gradés de l'OKW craignaient que cette action ne fût le prélude à une grande attaque de flanc des divisions de panzers. Cette inquiétude les avait déjà amenés le 17 mai à interrompre durant deux jours la progression des chars allemands. Depuis, ils attendaient chaque jour la contre-attaque opérationnelle des Alliés, qu'ils estimaient inévitable. Le retard que prenait celle-ci n'était pas sans effet sur leurs nerfs. D'après les chiffres exagérés annoncés par Rommel, il devait s'agir d'une contre-attaque d'ordre opérationnel, ce qui déclencha chez ses supérieurs une réaction disproportionnée. Lorsque ces chiffres furent démentis par les rapports du XVe corps blindé de Hoth et par ceux de la 4e armée de Kluge, et que l'assaut des chars anglais à Arras fut repoussé, il était trop tard, car Hitler et plusieurs de ses conseillers étaient déjà affolés. Ces derniers, qui ne démordaient pas de l'idée qu'un énorme danger menaçait les flancs, firent arrêter la progression des divisions de panzers vers les ports de la Manche pendant environ vingt-quatre heures. Après le premier ordre d'arrêt du 17 mai, voilà que les chars allemands étaient une nouvelle fois retenus quatre jours plus tard. Sans cette intervention, le célèbre « ordre d'arrêt » de Dunkerque du 24 mai – qui fut maintenu pendant deux jours et qui permit aux Alliés de sauver jusqu'au 4 juin 338 682 hommes en les envoyant en Angleterre – serait resté sans conséquence, puisque ce port de la Manche se serait déjà retrouvé aux mains des Allemands. Aussi paradoxal que cela puisse paraître, l'échec de la contre-attaque britannique du 21 mai et les rapports de Rommel n'ont pas seulement provoqué l'« ordre d'arrêt » d'Arras, mais ils ont aussi exercé une influence indirecte à Dunkerque[30].

Le 22 mai, la 7e division de panzers traversa la Scarpe et atteignit le mont Saint-Éloi, où elle dut livrer de violents combats pour s'en emparer. Elle profita ensuite de l'« ordre d'arrêt » de Dunkerque pour réparer ses chars, refaire le plein d'essence et renouveler ses stocks de munitions. Elle comptabilisa aussi ses pertes : 60 officiers tués ou blessés et 1 500 soldats tués ou blessés sur des effectifs initiaux d'environ 13 000 hommes, soit 12 % des effectifs : « C'est très peu, nota Rommel, comparativement à ce qui a été accompli[31]. »

Lorsque l'« ordre d'arrêt » fut levé le 26 mai, Rommel reprit son avance en direction de Lille et établit une tête de pont sur le canal de La Bassée. Un régiment de fusiliers réussit à traverser, mais pas le bataillon de mitrailleurs déployé à sa droite, gêné dans son action par le feu nourri de tireurs isolés. Le journal de cette unité relate que Rommel était alors arrivé sur les lieux : « Il se plaignit que nous n'en faisions pas assez pour combattre les tireurs britanniques isolés et grimpa sur le sommet du talus de la voie ferrée, puis, se tenant debout au beau milieu du feu ennemi, il se mit à indiquer les cibles aux servants des canons antichars des 4e et 7e compagnies. Leurs canonniers étaient abattus les uns après les autres, mais le général semblait immunisé contre les tirs isolés de l'ennemi[32]. »

Dans l'après-midi du 27 mai, les troupes de Rommel avaient établi deux ponts de fortune. Au vif dépit de Hartlieb, qui était plus gradé que Rommel, Hoth plaça temporairement les deux régiments blindés de la 5e division de panzers sous le commandement de Rommel pour l'attaque de Lille. C'était un renforcement considérable de la 7e division de panzers, et Rommel était très impressionné par le grand nombre de chars des deux régiments. Il tint conférence avec les commandants de char des deux divisions de panzers et se disputa avec le colonel Johannes Streich, le commandant du 15e régiment blindé, qui lui reprochait de mal lire les cartes. À la fin de la conférence, son aide de camp, le lieutenant Hanke, apparut soudainement, salua Rommel et annonça à voix haute : « Sur l'ordre du Führer, je vous décore *Herr General* de la croix de chevalier. » Rommel devenait ainsi le premier commandant de division à recevoir cette haute distinction de l'ordre de la Croix de fer au cours de la campagne de l'Ouest. Plusieurs officiers eurent cependant un sourire forcé, car ils présumaient que Rommel avait obtenu cette médaille grâce à la faveur bien évidente du parti nazi au sein duquel il avait de hautes protections, à commencer par celle de Hanke, le bras droit de Goebbels.

À 18 heures, Rommel reprit son avance vers le nord-ouest

depuis le canal de La Bassée. Lille était l'une des plus importantes villes industrielles françaises, et Rommel était bien déterminé à être le premier à y faire son entrée. Lorsque ses chars atteignirent leurs objectifs provisoires, Rommel apprit que les divisions de ses rivaux s'étaient installées en bivouac pour la nuit. Il s'en réjouit vivement et décida de continuer seul l'attaque. Cela entrava la fuite de l'ennemi vers Dunkerque, où l'évacuation des troupes britanniques et françaises à travers la Manche avait déjà commencé. Maintenant loin des principales forces allemandes, Rommel finit par se trouver entre deux feux, celui de l'ennemi d'un côté et celui de son propre camp de l'autre. Il était brisé de fatigue, mais tenait absolument à être le premier commandant allemand à entrer dans Lille. « Après une heure et demie de sommeil, j'ai emmené des troupes fraîches au front, avec de l'essence et des munitions pour les chars », écrivit-il à Lucie[33]. C'est cette nuit-là que le major Erdmann fut tué à un mètre de lui.

Le lendemain matin, brûlant d'impatience, il entra lui-même en voiture à Lille. La guerre faillit alors prendre fin pour lui, les rues de la ville fourmillant encore de soldats ennemis. Il fit rapidement marche arrière et s'échappa sain et sauf. Par son coup de main, il avait néanmoins pris au piège la moitié de la Ire armée française. Les divisions d'infanterie s'avancèrent pour occuper Lille, permettre aux troupes de Rommel de prendre quelques jours de repos et... de se plaindre : « J'ai combattu pendant des jours et des jours, continuellement en mouvement dans un char, une voiture blindée ou d'état-major. Je n'ai tout simplement pas eu le temps de dormir. Dans une division mécanisée, il faut être terriblement rapide. Je l'ai été jusqu'ici, d'où les succès fous de la 7e division de panzers – dont le public ne sait toujours absolument rien[34]. »

Rommel en profita pour écrire un rapport provisoire sur sa campagne militaire depuis le début de l'offensive à l'Ouest. Il avait fait 6 849 prisonniers, capturé 48 chars légers et détruit 18 chars lourds et 295 chars légers. « Ce qui n'est pas mauvais pour des Thuringiens », écrivit-il. Il s'empressa ensuite d'envoyer des copies de son rapport à Hitler et à Schmundt, avant d'expliquer le motif de sa démarche à Lucie : « J'ai dû agir rapidement, sinon il se produira la même chose [qu'à la suite de la cote 1114 ou du mont Matajur][35]. » Le souvenir de la Pour le Mérite décernée par deux fois par erreur à un autre officier à l'automne 1917 lui était manifestement resté sur le cœur.

Hitler fut impressionné par le rapport de Rommel, si bien que ce dernier fut le seul commandant de division à être invité à le rencontrer le 2 juin 1940 lors d'une conférence avec les hauts responsables de la Wehrmacht à Charleville-Mézières dans les Ardennes. Cet entretien avait pour but de discuter de la suite des opérations en vue d'anéantir ce qui restait des forces franco-britanniques à l'issue de la prise de Dunkerque. Rommel en éprouva évidemment une satisfaction profonde et jubilait encore quand il relata le lendemain à son épouse l'honneur que lui avait fait le Führer en l'invitant à cette conférence : « La visite du Führer s'est avérée formidable. Il m'a accueilli par ces mots : "Rommel, nous avons été très inquiets pour vous pendant l'attaque." Son visage entier était rayonnant et j'ai dû par la suite l'accompagner. J'ai été le seul commandant de division à qui on a demandé de le faire[36]. » Hitler lui avait aussi déclaré au sujet de son offensive nocturne du 16 au 17 mai sur Avesnes et sur la Sambre à Landrecies : « Votre raid m'a coûté une nuit blanche. Je ne voyais aucune manière pour vous extirper de ce traquenard. » Malgré cette remarque, Hitler ne tarissait pas d'éloges pour son général préféré. Durant la conférence, il annonça à ses généraux que la deuxième phase de la campagne de l'Ouest commencerait le 5 juin. La Wehrmacht aurait alors pour mission de donner le coup de grâce à l'armée française. « Il sera facile de trouver un compromis avec la Grande-Bretagne, déclara Hitler. Mais la France doit être écrasée, puis elle doit payer la note[37]. »

Après l'encerclement de l'aile nord des Alliés contre les côtes de la Manche, la campagne de France était déjà décidée et les opérations visant à encercler l'aile sud des Alliés, qui s'étendait le long de la ligne Maginot de Sedan à la Suisse, n'étaient plus qu'un épilogue. Cependant, durant cette deuxième phase de l'offensive allemande, le moral combatif des soldats français fut bien plus élevé que lors des combats le long de la Meuse en bordure des Ardennes, où beaucoup d'entre eux s'étaient trouvés dans une espèce d'état de choc. Par ailleurs, ils avaient entre-temps modifié leur tactique de défense. Abandonnant leur méthode de combat linéaire et statique, ils échelonnaient désormais leur défense en profondeur en aménageant des points d'appui en damier dans les localités et les petits bois, en défense circulaire.

Que ce fût Rommel qui s'adaptât le plus rapidement à cette nouvelle tactique défensive de l'armée française était très révélateur de sa flexibilité au combat. Pour éviter les routes larges et les aspérités du terrain, il attaquait tout simplement à travers champs. Il eut l'idée de mettre en pratique le *Flächenmarsch* (la « zone de marche »), qui consistait pour la division de panzers à foncer à travers la campagne vallonnée et ouverte en formation rectangulaire. Elle mettait en ligne un front de 2 kilomètres tout en occupant une profondeur de 20 kilomètres. Les bataillons de chars étaient déployés au-devant et sur chacun des côtés, tandis que les bataillons antichars et de reconnaissance, à l'arrière, fermaient la marche. Les régiments de fusiliers avançaient au milieu du rectangle, leurs véhicules de transport suivant les traces des chenilles des chars. La division de panzers progressait ainsi à travers les collines et les vallées en prenant soin d'éviter les grandes routes et les villages, de même que les obstacles naturels qui pouvaient servir de points d'appui aux Français. Elle ouvrait le feu sur les positions de l'ennemi, laissant sur son passage de nombreux débris calcinés et encore fumants de l'armée française, chars d'assaut, véhicules de transport, canons et autres équipements.

Jamais une division de panzers n'avait progressé aussi rapidement que celle de Rommel. Elle parcourait en moyenne 70 à 80 kilomètres par jour. Elle se déplaçait à une telle vitesse qu'elle semait constamment la panique dans les rangs de l'ennemi. À certains égards sa poussée en profondeur prenait le caractère d'une course-poursuite.

À l'aube du 5 juin 1940, Rommel attaqua dans le secteur entre Longpré et Hangest-sur-Somme, en empruntant deux ponts de chemin de fer sur la Somme que les Français avaient omis de faire sauter. Sa division fut cependant immobilisée pendant quelques heures dans une étroite tête de pont par l'artillerie ennemie. Les combats furent acharnés et ses hommes capturèrent des prisonniers noirs en grand nombre. C'étaient des coloniaux français qui se battaient pour une mère patrie qu'ils voyaient pour la première fois. Certains auteurs imputent à tort le massacre de plusieurs prisonniers sénégalais à Airaines et dans un village avoisinant les 7 et 8 juin à la 7e division de panzers[38]. Or, les unités impliquées dans ces exactions étaient les 2e et 46e divisions d'infanterie et peut-être aussi les 6e et 27e divisions d'infanterie. Quant à la division de Rommel, à ce moment-là, elle se trouvait déjà à une cinquantaine de kilomètres plus au sud[39].

Négligeant les poches de résistance pouvant subsister ici et là, la 7e division de panzers passa à proximité de Forges-les-Eaux, situé à 65 kilomètres au sud de la Somme. Dans la nuit du 8 au 9 juin, elle atteignit Elbeuf, à environ une vingtaine de kilomètres au sud de Rouen, et se trouva par le fait même au bord de la Seine. Elle était la première unité allemande à atteindre ce fleuve, qu'elle aurait d'ailleurs pu franchir par un coup de main si les Français n'étaient pas parvenus à faire sauter les ponts de la ville peu avant son arrivée. À Elbeuf, une femme sortit précipitamment de sa maison qui se trouvait du côté droit de la rue, s'approcha de la voiture de commandement de Rommel, puis lui saisit le bras en lui demandant avec un regard anxieux : « Vous êtes anglais ? » Rommel hocha la tête en signe de refus. « Oh ! les barbares ! » s'écria alors la vieille dame qui se hâta aussitôt de rentrer dans sa maison[40].

Le front français fut enfoncé après trois jours de combats acharnés. Comme le IXe corps d'armée français du général Marcel Ihler et la LIe division écossaise du major-général Victor Fortune – la dernière grande unité britannique combattant encore en France – se trouvaient isolés et acculés à la mer à la suite de la percée de la 7e division de panzers, Rommel était bien décidé à tout mettre en œuvre pour éviter qu'elles embarquent pour l'Angleterre.

Le 10 juin, il atteignit le bord de la mer dans une ville nommée Les Petites Dalles, à mi-chemin entre Dieppe et Le Havre. Survint alors un épisode loufoque très caractéristique de l'ambitieux Rommel. Sur son ordre, le 25e régiment blindé fonça tout droit vers la côte de la Manche et, une fois celle-ci atteinte, Rothenburg roula à bord de son Panzer IV sur la plage et ne s'arrêta qu'au moment où les vagues clapotèrent tout autour de son char. Rommel, qui l'accompagnait, monta alors au sommet de la tourelle afin d'être photographié pour la presse allemande.

Sa division de panzers fit ensuite marche arrière et fonça en direction de Fécamp qu'elle encercla. Elle tint ensuite le port sous le feu de son artillerie et refoula deux contre-torpilleurs britanniques qui furent obligés de s'éloigner.

Le lendemain, les chars et l'artillerie de Rommel dominaient les falaises qui surplombent Saint-Valery-en-Caux, d'où ils pilonnèrent la ville et le port. Malgré la défense acharnée des Alliés, la poche se rétrécit inexorablement du fait des bombardements massifs de l'artillerie lourde et des Stukas appelés en renfort par Rommel. Les troupes franco-britanniques continuèrent néanmoins d'opposer une résistance farouche dans l'attente d'un rembarquement à la faveur de la nuit. Le miracle de Dunkerque ne se reproduisit pas, une brume épaisse empêchant l'arrivée des navires. Au matin du 12 juin, lorsque Rommel se rendit en voiture dans les rues étroites de la ville encombrées par les chars, les véhicules de transport, les canons et tout l'équipement militaire que l'ennemi espérait rembarquer pour l'Angleterre, la résistance avait presque cessé, faute de ravitaillement en munitions. Le commandant du IXe corps d'armée se rendit finalement à Rommel sur la place du marché, suivi peu après par le commandant de la LIe division écossaise. À la grande joie de Rommel, les caméras filmèrent la scène pour les actualités allemandes.

Au total, la 7e division de panzers captura à Saint-Valery-en-Caux 12 généraux, dont Ihler et Fortune, 46 000 hommes, 100 canons, 58 chars, 368 mitrailleuses et plus de 1 000 camions. Fortune n'avait pas aimé devoir se rendre à un général aussi jeune que Rommel. Aussitôt en sa présence, il lui avait donné une tape sur l'épaule en s'exclamant : « Vous êtes beaucoup trop rapide, jeune homme. » Au même moment, un Français lui avait demandé par simple curiosité quelle était sa division. « Sacrebleu ! s'était-il alors écrié après que Rommel lui eut répondu. La division fantôme encore une fois. D'abord en Belgique, ensuite à Arras et sur la Somme, et maintenant ici. Nos chemins se sont croisés maintes et maintes fois[41]. »

Pendant quatre jours, les troupes de Rommel apprécièrent le soleil, les plages des côtes de la Manche et les caves à vins des hôtels de Normandie. À 5 h 30 le 16 juin, elles reprirent leur avance, traversèrent la Seine à Rouen en empruntant le pont militaire construit par les soldats du génie et foncèrent vers le sud. Le lendemain, Rommel apprit que la France avait demandé l'armistice. Conformément aux instructions de Hitler suivant lesquelles la Wehrmacht devait occuper rapidement tout le littoral atlantique de la France, c'est-à-dire de la Manche jusqu'au golfe de Gascogne, Rommel couvrit cette distance à une vitesse folle. Le 17 juin, sa division de panzers établit un exploit sans précédent : elle traversa la Normandie et entra dans la presqu'île du Cotentin, parcourant ainsi lors de cette seule et même journée 260 kilomètres. Le 18 juin, elle arriva aux abords de Cherbourg, le port en eau profonde le plus important de France. Hitler ordonna à Rommel de s'en emparer par un coup de main. Brisant quelques résistances improvisées, sa division obtint la capitulation de la forteresse dès le lendemain, capturant du même coup 30 000 hommes dont le préfet maritime, le vice-amiral Le Bigot, et le commandant des forces navales du Nord, l'amiral Abrial.

Le 20 juin, après la prise de Cherbourg, Rommel écrivit à son épouse : « Je ne sais pas si la date est exacte, car j'ai plutôt perdu la notion du temps après ces derniers jours. La division a mené l'assaut contre Cherbourg d'un seul trait sur une distance de 360 à 380 kilomètres et s'est emparée de la puissante forteresse malgré une forte résistance. Il y a eu pour nous quelques mauvais moments à passer, car l'ennemi a eu d'abord une supériorité en effectif de 20 à 40 fois. Par-dessus tout, il disposait de 20 à 35 fortins opérationnels et plusieurs batteries. Cependant, en pressant les choses, nous avons réussi à exécuter l'ordre spécial du Führer qui était de prendre Cherbourg le plus vite possible [...][42]. »

Avec la capture de Cherbourg, la guerre à l'Ouest prit fin pour Rommel et sa division de panzers, l'armistice franco-allemand étant conclu le 22 juin. Deux jours plus tard, ils arrivèrent à Bordeaux en Aquitaine, après avoir traversé les Pays de la Loire et le Poitou-Charentes. À l'issue de cette campagne de six semaines, la 7e division de panzers de Rommel comptait 682 tués, 1 646 blessés et 296 disparus ainsi que 42 chars totalement détruits et 60 endommagés. En revanche, elle avait capturé 97 648 prisonniers, 277 canons de campagne, 64 canons antichars, 458 chars et véhicules blindés, plus de 4 000 camions et 1 500 voitures[43].

En dépit de ce succès, des critiques se faisaient entendre dans le corps des officiers. Plusieurs généraux étaient en fait jaloux de la gloire que le favori de Hitler avait acquise durant la campagne de France. D'autres en revanche étaient favorablement impressionnés par les prouesses de Rommel, comme le général Georg Stumme, qui avait commandé avant lui la 7e division de panzers. Même Hoth, son supérieur, prodigua en public des louanges à Rommel au cours d'un dîner de l'état-major de la division à l'été 1940 : « Il a dit que Stumme, mon prédécesseur – qui était considéré comme une véritable dynamo en Pologne –, est un vieux cheval de trait boiteux comparativement à moi [...]. Bien sûr, tout cela a été dit sous l'influence de beaucoup d'alcool, mais mes commandants ont éprouvé beaucoup de plaisir à entendre leur commandant de corps porter un jugement aussi favorable pour les exploits de notre division. » Mais en privé, Hoth exprimait des réserves intéressantes. Dans un rapport confidentiel sur Rommel en juillet 1940, il écrivait que celui-ci était beaucoup trop prédisposé à agir par impulsion. Rommel pourrait être éligible pour le commandement d'un corps, ajoutait Hoth, seulement s'il acquérait « une plus grande expérience et plus de discernement ». Il concluait son rapport en soulignant la fâcheuse tendance de Rommel à s'attribuer tout le mérite et à passer sous silence la contribution des autres dans ses succès militaires.

Le colonel-général Kluge, le commandant en chef de la 4e armée, auquel était rattaché le XVe corps blindé, se faisait l'écho de cette dernière critique. Quand Rommel lui demanda une préface pour son manuscrit sur la campagne de l'Ouest, Kluge accepta, mais lui fit gentiment remarquer que plusieurs des schémas et des références du manuscrit avaient été falsifiés à l'avantage de la 7e division de panzers. Le rôle joué par la Luftwaffe, et en particulier par les Stukas, lui dit-il, n'était pratiquement pas souligné. Quant à la progression de sa voisine de gauche, la 32e division d'infanterie, elle fut en réalité beaucoup moins lente qu'il ne le prétendait. Kluge n'était pas davantage prêt à cautionner les remarques caustiques de Rommel concernant sa voisine de droite, la 5e division de panzers[44]. Le colonel Streich confirma les réserves de Kluge : « Durant la guerre, un livre intitulé *Die Gespensterdivision* (*La Division fantôme*) fut publié. Dans celui-ci, plusieurs opérations exécutées avec succès par notre 5e division de panzers furent revendiquées avec cynisme par la 7e division de panzers. Que cette dernière eût subi des pertes beaucoup plus lourdes que n'importe quelle autre division à l'Ouest, y compris les divisions d'infanterie, démontre à quel point Rommel la commandait d'une manière impitoyable[45]. »

Le manuscrit de Rommel était un journal de guerre réécrit et savamment enjolivé. Mis au courant, le général Franz Halder, le chef de l'État-Major général, refusa de lui faire parvenir les photographies officielles qu'il avait demandées pour la préparation de son manuscrit[46]. Cela ne découragea pas Rommel. À la fin de l'automne 1940, il envoya son manuscrit à Hitler afin de porter à sa connaissance les actions d'éclat accomplies par sa division sur les champs de bataille de Belgique et de France. Tout comme pour son rapport provisoire de la fin mai 1940, avec son manuscrit Rommel cherchait une fois de plus à attirer sur lui l'attention du Führer. Puisque c'était à Hitler et uniquement à lui qu'il devait, quelques mois avant la campagne de l'Ouest, son affectation à la tête d'une division de panzers, il tenait à lui exposer ses faits d'armes pour montrer à quel point il avait eu raison de lui accorder cette faveur. Il espérait également de cette manière que Hitler lui confierait bientôt un commandement plus important dans la Wehrmacht. Pour lui faire parvenir son manuscrit, il ne passa d'ailleurs pas par la filière habituelle, mais par le colonel Schmundt, le doyen des adjudants de Hitler.

Entre Schmundt et Rommel, il y avait un profond respect mutuel qui reposait sur une vieille amitié. À l'instar de Rommel, Schmundt tenait le Führer pour un grand homme, voire pour un idéaliste, et considérait comme un honneur de pouvoir servir un chef d'État aussi extraordinaire. Et tout comme Rommel, il méprisait l'entourage immédiat du Führer et qualifiait les proches conseillers de ce dernier de vauriens, la plupart d'entre eux étant d'anciens et de loyaux collaborateurs depuis les toutes premières années de la lutte du parti nazi pour la prise du pouvoir en Allemagne. Par-dessus tout, il avait une certaine influence sur Hitler, qui le tenait en haute estime. Rommel ne l'ignorait pas et entretenait des relations suivies avec Schmundt, entre autres parce qu'il pouvait tirer profit de cette amitié pour entrer directement en contact avec Hitler lorsqu'il le jugeait nécessaire et opportun. Cela lui permettait de contourner ainsi les responsables de l'OKW ou de l'OKH, qui éprouvaient à chaque fois du mécontentement, quand ce n'était pas de l'exaspération[47].

C'est Schmundt qui informa Rommel de la réaction de Hitler à son manuscrit : « J'ai pu remettre au Führer l'histoire de votre division relatée clairement comme tout pendant qu'il était encore au Berghof [...]. Vous ne pouvez imaginer avec quelle joie le Führer l'a lue. » Hitler faisait effectivement grand cas des succès de Rommel et considérait même la contribution de ce dernier dans la victoire à l'Ouest comme décisive parce qu'il lui avait donné raison dans sa décision de lui confier trois mois avant la campagne de l'Ouest le commandement d'une division de panzers. Le 20 décembre 1940, Hitler écrivit à Rommel pour le remercier de ce manuscrit et en profita pour le féliciter de ses exploits : « Je vous remercie beaucoup de m'avoir envoyé un recueil des combats de votre 7e division de panzers dans la campagne de l'Ouest. Vous m'avez ainsi donné l'occasion de revivre une fois de plus la marche victorieuse de votre division. Vous pouvez être fier de ce que vous avez accompli[48]. » C'est avec extase que Rommel rapporta à Lucie l'honneur que lui avait fait Hitler en prenant le temps de lire son manuscrit et de lui écrire ensuite un mot à ce sujet : « Que le Führer ait trouvé le temps, malgré sa charge de travail, de s'intéresser à l'histoire de ma division de panzers et de m'écrire me rend énormément fier [...][49]. »

On reprochait également à Rommel de favoriser les membres du parti nazi servant dans sa division. Par exemple, lors de l'assaut final à Saint-Valery-en-Caux, Rommel donna à Hanke le commandement d'une compagnie de chars en dépit de la protestation de celui-ci qui ne s'estimait pas assez qualifié pour s'acquitter d'une telle mission. Lorsqu'un éclat d'obus coinça la tourelle de son Panzer IV, Hanke paniqua et s'arrêta, bloquant ainsi l'avance de tout le régiment blindé. Rothenburg dut alors envoyer son adjudant en personne pour déplacer le char de Hanke qui encombrait la voie.

Ce dernier fut également au centre de l'une des actions les plus scandaleuses de Rommel. Quand celui-ci le recommanda pour la croix de chevalier de l'ordre de la Croix de fer – un autre exemple de son favoritisme pour les représentants du parti nazi –, il envoya la citation par courrier spécial au quartier général du Führer, évitant ainsi d'utiliser la filière habituelle. Mais tout de suite après, il fut froissé par Hanke. Le lieutenant aurait déclaré qu'en sa qualité de secrétaire d'État au ministère de la Propagande, il détenait en principe un rang supérieur à celui de Rommel en tant que major-général, ce qui lui donnait ainsi théoriquement le pouvoir de le relever de son commandement. Mis au courant de l'affaire, Rommel envoya immédiatement un adjudant au quartier général du Führer afin d'intercepter sa propre citation pour la médaille de Hanke. Ses troupes gardèrent du ressentiment pour ce caractère vindicatif de Rommel[50]. « Cette histoire est devenue de notoriété publique au sein de la division », raconta un commandant de char.

Nombreux étaient les militaires de haut rang qui éprouvaient de la jalousie pour Rommel du simple fait que la machine de propagande nazie le glorifiait plus que tout autre général de la Wehrmacht, au point où elle semblait vouloir faire de lui l'idole de tous les Allemands. L'ascension fulgurante de Rommel vers les sommets de la gloire avait pour toile de fond son ambition démesurée d'une part et les objectifs de la propagande nazie de l'autre. Rommel était un général qui se distinguait par son style de commandement moderne et hétérodoxe – un style qui se révéla supérieur à celui, infiniment plus rigide et dépassé, de ses adversaires français et britanniques lors de la campagne de l'Ouest. Or, Rommel, qui n'était ni un aristocrate prussien ni un produit de l'État-Major général, représentait à merveille le nouveau type de commandant militaire que les autorités du IIIe Reich voulaient promouvoir. Celles-ci le présentaient comme un homme qui avait de la volonté et de la détermination, des qualités qui lui permettaient de triompher d'un ennemi supérieur en effectif et en matériel de guerre. Elles voulaient ainsi montrer aux Allemands que le facteur décisif sur le champ de bataille était la confiance absolue en la victoire. De même, elles décrivaient le « général de panzers » comme le représentant typique de la *Blitzkrieg* ou de la guerre de mouvement opérationnelle moderne, et utilisaient de ce fait son image comme une arme psychologique contre l'ennemi.

En tant que dictateur, Hitler estimait que le ministère de la Propagande ne devait pas trop mettre en valeur les autres personnalités importantes du régime pour éviter qu'elles lui portent ombrage. Par conséquent, les photographies des commandants de la Wehrmacht ne pouvaient être publiées sans son autorisation formelle. La seule exception était Rommel. Non seulement il encourageait Goebbels à concentrer son attention sur celui-ci, mais il participait également au choix éditorial concernant son général préféré. En effet, c'est lui qui devait impérativement donner son approbation pour la diffusion des dernières actualités de la semaine, qui critiquait, commentait et faisait des suggestions. Rien d'étonnant à ce qu'une photographie montrant Hitler et Rommel côte à côte lors d'une visite faite par le premier à ses commandants sur le front de l'Ouest au début de juin 1940 fasse la une des journaux[51].

En privé, Goebbels affirmait que Rommel était un « général moderne ». Il faisait évidemment référence à la largeur d'esprit de celui-ci lorsqu'il s'agissait de se faire valoir par l'entremise de la propagande nazie. Pour sa part, Rommel se prêtait volontiers à cette propagande, croyant à juste titre que la popularité qu'il acquerrait grâce à Goebbels contribuerait à l'avancement de sa carrière.

On se souvient de l'intérêt porté par Rommel à la photographie. Muni d'un appareil offert par Goebbels et qu'il portait en bandoulière pendant toute la campagne, Rommel réalisa une sorte de journal illlustré de celle-ci, assurant ainsi sa propagande auprès de l'opinion allemande. Un an plus tard, en effet, le mensuel *Frankfurter Illustrierte* publia quelques-unes de ses photographies. Lucie écrivit à son mari le jour de la parution du numéro : « Manfred l'a sorti du panier à provisions et, après quelques secondes, il s'est mis soudainement à pousser des cris de joie : “Maman ! Regarde, c'est papa !” J'ai d'abord pensé que tu nous rendais l'une de tes visites-surprises favorites. Mais il m'a alors montré une photographie de toi en première page en train de prendre des photographies depuis la tourelle de ton char[52]. » C'était en effet une photographie inhabituelle d'un général de la Wehrmacht.

Rommel appréciait encore plus de se faire photographier. La plupart de ses camarades du corps des officiers n'aimaient guère qu'il fût disposé à se prêter de la sorte à la propagande du régime. Mais Rommel n'avait cure de ces critiques et s'efforçait d'accaparer autant que possible l'attention des équipes photographiques et cinématographiques du ministère de la Propagande, qui se concentraient évidemment sur lui. Les journalistes qui étaient affectés auprès de lui n'étaient pas autorisés à écrire des articles ou à prendre des photographies quand il se trouvait loin du champ de bataille. Parfait instrument de la propagande nazie, il demandait souvent de filmer de nouveau une scène lorsqu'il considérait ne pas s'être montré suffisamment à son avantage la première fois. En fait, sa vanité, sa prétention et sa suffisance étaient telles que les hommes de Goebbels prétendaient parfois le filmer uniquement dans l'intention de le mettre de bonne humeur. Qu'il vécût des moments merveilleux lorsqu'il était filmé, en particulier après avoir remporté une bataille, cela ne fait aucun doute. Il informait alors fièrement son épouse que la scène avait entièrement été filmée et qu'elle serait certainement diffusée dans les prochaines actualités de la semaine.

Durant la campagne de l'Ouest, la 7ᵉ division de panzers se démarqua très rapidement des autres unités de la Wehrmacht en raison du commandement peu orthodoxe de Rommel et des relations particulières de celui-ci avec le ministère de la Propagande. Le fait que cette division au sein du XVᵉ corps blindé devînt rapidement le fer de lance de la 4ᵉ armée n'y est pas non plus étranger. Le franchissement de la Meuse par la 7ᵉ panzers fut un succès militaire aussitôt exploité par la propagande nazie, qui, au début de l'offensive, insistait toutefois davantage sur la force de frappe de la nouvelle Wehrmacht. Elle décrivait par exemple les chars d'assaut de Hitler comme étant aussi « rapides qu'une flèche », voire comme des « cavaliers de l'Apocalypse », ou encore comme une tornade qui « balaie la France[53] ».

Mais Rommel ne tarda pas à se retrouver une fois de plus sous le feu des projecteurs de la propagande de Goebbels à la suite de la percée spectaculaire de sa division de panzers à travers les lignes ennemies. Son style de commandement ajoutait une composante à la *Blitzkrieg.* À la puissance de ses chars et des Stukas venaient s'additionner ses attaques inattendues. La propagande nazie reprenait à son compte le surnom de « division fantôme » pour qualifier la 7ᵉ division de panzers, dans le but bien évident d'inquiéter l'ennemi. Les journaux décrivaient de quelle manière le commandant de cette « division fantôme », avançant à toute allure dans l'obscurité de la nuit ou à la lumière diffuse du matin, apparaissait subitement et inopinément loin derrière les lignes de l'ennemi après avoir « manœuvré avec grâce et à une vitesse incroyable[54] ». Un poème en neuf strophes fut même publié dans un journal souabe d'une compagnie de fusiliers à motocyclette. En fait, c'était une parodie d'une chanson populaire d'Hans Albers intitulée *Auf der Reeperbahn nachts um halb eins* (*Sur le chemin de Reeper à minuit trente*). Les couplets furent changés en l'honneur de Rommel :

> Sur le chemin de Rommel à deux heures trente dans la nuit
> Les fantômes passent à toute allure à côté de lui
> Rommel est en première ligne comme d'habitude
> Tandis que tous les autres suivent avec promptitude
> Sur le chemin de Rommel à deux heures trente dans la nuit[55].

Au fur et à mesure que la campagne progressait, les propagandistes nazis se concentraient de plus en plus sur Rommel. Dans les reportages radiodiffusés ou de la presse écrite, on le décrivait comme un commandant dur avec lui-même et impitoyable lorsqu'il se lançait à la poursuite de ses adversaires : « Le général s'occupe des autres, qui s'attendent encore à être sauvés. À la tête de sa division de panzers, il capture ses propres prisonniers qu'on voit arborer un rictus. » Il représentait la « stratégie révolutionnaire » de la guerre éclair au point que son nom finit même par devenir un synonyme de la *Blitzkrieg*. Afin de distinguer le style de commandement de Rommel sur le champ de bataille, on forgea l'expression *Rommeln* (« faire un Rommel »), qui décrivait une avance rapide et audacieuse loin derrière les lignes de l'ennemi qui bouleversait ses plans de guerre défensifs[56].

Il va sans dire que pour les propagandistes nazis, les succès de Rommel sur les champs de bataille de la France s'avéraient un véritable cadeau : « Sa formule magique est la vitesse, et l'audace est sa marque de commerce. Il déstabilise l'ennemi, le prend au dépourvu et de vitesse, apparaît soudainement loin sur ses arrières, l'attaque, le déborde et l'encercle. Il utilise son génie et tout ce qu'il a en sa possession, et ne se laisse pas abattre par la nuit, le brouillard, les rivières et autres obstacles. Ainsi, ses chars se frayent un long chemin taché de sang à travers la carte de l'Europe de la même manière qu'un chirurgien pratiquant une incision au scalpel[57]. »

Le portrait de Rommel correspondait à l'archétype du soldat du IIIe Reich vanté par le régime nazi. L'un des correspondants de guerre, le baron Hanns Gert von Esebeck, interprétait l'image de Rommel comme suit : « Son visage met en évidence un front haut et lisse, un nez fort et énergique, des pommettes proéminentes, une bouche étroite et des lèvres serrées au-dessus d'un menton qui fait montre de détermination. Les rides gravées autour de ses narines et sur les coins de sa bouche s'atténuent en un sourire espiègle. Ses yeux bleus et clairs, qui jettent un regard froid et lourd, pénétrant et fixe, révèlent le caractère astucieux de cet homme et [...] donne à sa tête de Colleoni, [le plus célèbre condottiere de Venise (N.d.A.)] avec une chaleur agréable[58]. »

Les reportages dans les publications nationales et locales établirent très tôt un parallèle entre le commandant de compagnie de la Première Guerre mondiale et le commandant de division de la Seconde Guerre mondiale. Dans un journal de l'ancien bataillon de montagne royal du Wurtemberg, Hermann Aldinger, un compagnon d'armes de Rommel de la Grande Guerre, écrivait : « Il est maintenant plus fonceur qu'il y a vingt ans. » *Der Gebirgler*, le nom de ce même journal, célébrait Rommel en grande pompe sur sa page frontispice. Sous le titre « Il n'y a qu'un seul Rommel », on pouvait lire les mots d'Aldinger : « Vous auriez dû le voir se tenir debout sur sa voiture de commandement, souvent complètement seul dans un champ tout grand ouvert[59]. »

Et que dire du ton dramatique de cette glorification de Rommel écrite également par un officier ayant servi avec lui durant la Grande Guerre et qui maintenant le rencontrait de nouveau : « Comme un film, son histoire se poursuit : des actes isolés de bravoure brillent vivement ; il y a les tragédies individuelles, les crises et la mort. Je regarde dans ses yeux. Il a toujours ce regard intrépide que je voyais il y a bien des années.

Mais quelque chose dans celui-ci est éclipsé par l'importance absolument grandiose des événements d'aujourd'hui[60]. »

Les citoyens de Heidenheim, le lieu de naissance de Rommel, étaient également très fiers de lui. En décembre 1940, le maire fit une surprise aux soldats originaires de la ville en envoyant à chacun d'eux par la poste un paquet-cadeau pour la fête de Noël. Préparés et organisés par les fonctionnaires locaux du parti nazi, les paquets contenaient une branche de sapin, des cigares, des *Magenbrot* (des biscuits souabes pour célébrer les fêtes de fin d'année) et une carte postale en couleurs représentant le fringant major-général Rommel peint par un artiste très connu à l'époque du nom de Wolf Willrich. Le portrait de Rommel avait pour objectif de remonter le moral des soldats à un moment où la troisième année de la guerre approchait rapidement. À la carte postale était annexé un texte qui citait Rommel en exemple aussi bien pour sa bravoure que pour son audace et qui invitait chaque soldat à l'imiter[61]. « Et maintenant, mes remerciements sincères pour la carte de Rommel. C'est notre général, tel qu'il vit et respire. Dur et impitoyable avec lui-même et ses hommes, mais un véritable homme et un bon camarade. C'est avec ce visage qu'il a tiré une fusée éclairante, la seule arme disponible, dans la fente visuelle d'un char français qui s'est aussitôt renversé. [...] C'est Rommel, "notre Rommel" ! Maintenant, je formule une demande : puis-je avoir une carte pour chacun de mes autres camarades [...] ? » écrivait un soldat à l'expéditeur du paquet-cadeau[62].

Ayant commandé la division de panzers la plus combative et dynamique de la Wehrmacht durant l'offensive de l'Ouest, Rommel était naturellement tout désigné pour devenir la vedette d'un grand film de propagande. Dès le début d'août 1940, le ministère de Goebbels s'occupa de tourner un long métrage intitulé *Sieg im Westen* (*Victoire à l'Ouest*). Les scènes furent filmées dans les endroits où s'étaient véritablement déroulées les batailles de la campagne. Les hommes de Goebbels mirent les bouchées doubles afin de compléter le tournage à la fin du même mois. Rommel, à qui Goebbels avait demandé personnellement de collaborer au film, joua un rôle majeur, à la fois devant et derrière les caméras. Il rejoua le franchissement de la Somme et la course à la Manche, indiqua comment reconstituer les batailles de sa « division fantôme » et montra à ses troupes comment interpréter convenablement leur rôle devant les caméras. Dans le but de donner davantage de réalisme au film, Rommel fit appel à des prisonniers de guerre d'un bataillon des troupes coloniales françaises pour jouer la scène de leur reddition dans un village. Une fois de plus pour les caméras, les chars de Rommel chargèrent, leurs canons ouvrant le feu sur les positions ennemies. Aux soldats noirs, Rommel demanda d'abandonner au moment opportun leurs positions et d'accourir vers les chars allemands les mains en l'air et avec des regards apeurés. Cependant, ils chargèrent leur rôle et en firent trop, en particulier lorsqu'ils se mirent à hurler de terreur devant les chars. Rommel interrompit alors le tournage de la scène et leur expliqua patiemment, en recourant aux interprètes auprès de lui, que les acteurs devaient montrer leurs émotions beaucoup plus subtilement. La scène de la bataille fut finalement filmée avec une telle intensité que plusieurs prisonniers de guerre perdirent la vie, ce qui ne diminua pas sa satisfaction à l'issue du tournage : « Nous n'avons pas ménagé nos efforts pour montrer comment ça s'est réellement passé. Il y avait encore aujourd'hui des Noirs pour le tournage. Les gars se sont bien amusés et ont aimé tout particulièrement leur faire lever les mains une fois de plus[63]. »

Dans l'attente de l'invasion de l'Angleterre, Rommel consacrait ses loisirs à chasser avec des propriétaires fonciers français, ceux qui avaient tendance à être proallemands et viscéralement anticommunistes, ou à mettre à jour, à son quartier général établi dans une maison de ferme, sa propre histoire de la campagne de l'Ouest. « Veux-tu voir comment j'écris ? » demanda-t-il à Hesse en pointant une rangée de boîtes sous son lit. « Tiens ! Prenons le 23 mai. Premier dossier : les ordres reçus de mes supérieurs et les rapports envoyés à eux. Deuxième dossier : les ordres donnés aux troupes et leurs rapports envoyés à moi. Troisième dossier : les cartes et les croquis du 23 mai. Quatrième dossier : mes photographies. Cinquième dossier : les autres articles d'intérêt historique, comme les lettres trouvées sur les morts, les ordres ennemis capturés, et les informations de chez nous sur ma division et moi-même. » Il lui expliqua alors : « Tout cela m'occupera à la retraite. Je vais écrire une suite à *Infanterie greift an*[64]. »

Durant cette période, les partisans de Rommel chez les jeunes officiers de la Wehrmacht étaient plus nombreux que jamais. Ils venaient de loin et en grand nombre pendant leurs permissions pour le rencontrer ou le voir ne serait-ce qu'un instant. Flatté par sa popularité grandissante, sans cesse alimentée par la presse qui louangeait constamment ses glorieux et brillants exploits, Rommel témoignait de l'intérêt à ses nombreux admirateurs, s'informait de leur épouse et de leur famille, s'enquérait de leurs permissions ou de leurs médailles. Mais cette célébrité lui attirait jalousie et animosité aussi bien à l'OKW qu'à l'OKH. Hesse, qui était désormais le chef de presse de l'armée allemande, lui écrivit pour le prévenir de la malveillance à son égard qui régnait dans les instances dirigeantes de la Wehrmacht. Rommel l'imputait au ressentiment éprouvé par le vieil État-Major général envers les officiers pleins de promesses qui gravissaient rapidement les échelons de la hiérarchie militaire, mais qui lui étaient étrangers de par leurs origines sociales.

À l'été 1940, au cours duquel il entraînait sa division pour l'invasion de l'Angleterre, Rommel se montrait toujours aussi assoiffé d'honneurs et de distinctions. Mais cette soif resta inassouvie. Le 19 juillet, lors d'une séance à la Chancellerie du Reich, Hitler éleva le feld-maréchal Hermann Göring au grade nouvellement créé de feld-maréchal du Reich ainsi que douze colonels-généraux à celui de feld-maréchal. À la grande déception de Rommel, Hitler n'accorda cependant aucune promotion à des officiers ayant un grade au-dessous de général ou de commandant de corps d'armée. À la fin d'août, Rommel fut encore une fois atteint dans son orgueil quand il apprit que Friedrich Paulus et Karl Kriebel, deux de ses amis d'avant guerre, avaient été promus au rang de lieutenant-général. Il fut davantage piqué au vif du fait qu'il s'agissait de deux officiers de l'État-Major général de l'armée de terre. Il exprima alors son amertume à Lucie : « Comme d'habitude, il semble que nous, les soldats au front, ne soyons bons que comme chair à canon. Aussi longtemps que cette clique sera au sommet, les choses ne changeront jamais[65]. »

Aussi, lorsqu'il reçut un télégramme qui lui enjoignait de se présenter à la Chancellerie du Reich le 9 septembre 1940, il était tellement convaincu que Hitler allait lui remettre à cette occasion les feuilles de chêne à sa croix de chevalier de l'ordre de la Croix de fer qu'il acheta une nouvelle barrette pour son uniforme. Mais il fut de nouveau déçu, car Hitler voulait seulement faire le point avec ses généraux. Rommel fut néanmoins honoré de pouvoir s'asseoir à sa gauche pour le déjeuner et de se retrouver à sa droite pour la conférence de guerre qui suivit immédiatement : « Ce n'était qu'une rencontre officielle. Aucune nouvelle médaille n'a donc été décernée. » Puis il ajouta sans convaincre : « Ce n'est pas important pour moi[66]. »

Au moment où Hitler tenait conférence avec ses généraux à la Chancellerie du Reich, la bataille aérienne au-dessus de la Manche et du sud de l'Angleterre faisait rage depuis quelques semaines déjà. Rommel était très optimiste quant à l'issue de cette bataille d'Angleterre : « Le Führer m'a montré les résultats que nous avons obtenus jusqu'ici. Le nombre d'objectifs militaires à Londres que nous avons déjà détruits est remarquable. Et tout cela n'est probablement qu'un début[67]. »

Après cette conférence, Rommel en profita pour rencontrer son vieil ami Hesse dans la banlieue de Berlin. Hesse lui parla en particulier des rumeurs qui circulaient à l'OKH selon lesquelles Hitler aurait l'intention de prêter son concours à Mussolini en Afrique du Nord. Rommel le rassura aussitôt : « Pas un seul homme et pas un seul sou pour l'Afrique ! C'est ce que le Führer vient juste de me dire en personne. » Hesse lui demanda alors de quelle manière Hitler envisageait de vaincre l'Angleterre. Rommel répondit sur un ton affirmatif : « Il dit qu'il brisera la Grande-Bretagne en mille morceaux et enveloppera le pays dans un linceul[68]. »

Manifestement, Rommel avait une confiance inébranlable en Hitler. Il n'était d'ailleurs pas le seul. Les campagnes militaires expéditives en Pologne et en France avaient eu pour résultat que la grande majorité des hauts gradés de la Wehrmacht considéraient désormais Hitler – pour reprendre les mots prononcés à l'été 1940 par le feld-maréchal Wilhelm Keitel, le chef de l'OKW – comme le « plus grand chef d'armée de tous les temps ». De même, cette conviction que Hitler était un « génie stratégique » infaillible les amenait à obéir aveuglément à ses ordres. Après tout, le Reich n'était-il pas parvenu à vaincre la France en seulement six semaines de combats, ce qu'il n'avait pas été en mesure d'accomplir pendant quatre longues années de guerre lors du précédent conflit mondial ?

À la mi-septembre 1940, Rommel retourna sur les côtes de la Manche pour poursuivre les préparatifs relatifs à l'invasion de l'Angleterre. À Rouen, il supervisait les exercices d'embarquement et de débarquement de ses troupes ainsi que de ses chars et de ses camions sur des chalands et des péniches, c'est-à-dire sur des moyens de fortune qui avaient été convertis tant bien que mal pour l'opération amphibie projetée à travers la Manche. Il ne savait cependant pas que Hitler avait abandonné dès la fin juillet l'idée d'envahir l'Angleterre et qu'il se concentrait depuis lors sur les préparatifs d'une attaque contre l'Union soviétique, persuadé qu'elle serait écrasée aussi rapidement que la France.

Rommel et ses hommes passèrent l'hiver en Gironde. Après une brève permission à Wiener-Neustadt, il rentra à Bordeaux. À son grand regret, il ne put célébrer les fêtes de fin d'année avec sa famille. Le 6 janvier 1941, il écrivit à sa femme et souligna en particulier le mode de vie arriéré des Français de la région bordelaise : « Nous attendons pour demain des visiteurs distingués qui inspecteront nos quartiers. Nous sommes loin d'être confortablement installés. Les vignerons de la région passaient probablement leur vie il y a mille ans dans les mêmes misérables taudis que ceux d'aujourd'hui – maisons primitives construites en moellons de grès avec des toits plats en tuiles rondes, exactement semblables à celles des Romains. Beaucoup de villages n'ont même pas d'eau courante et les habitants se servent encore de vieux puits. Aucune maison n'est aménagée pour se protéger contre le froid. Les fenêtres ferment mal et l'air siffle à travers les fentes[69]. »

Au début de février 1941, un an à peine après la première présentation du film sur la Luftwaffe durant la campagne de Pologne, la première du film *Sieg im Westen* avait lieu au Ufa-Palast à Berlin. Pour cette grande occasion, des bannières arborant le svastika et des drapeaux de guerre du IIIe Reich avaient été drapés devant le cinéma. La fanfare militaire jouait pour accueillir les hauts gradés de la Wehrmacht et les dignitaires du parti nazi. Quand le film fut subséquemment présenté dans les autres cinémas de la capitale du Reich, les bureaux de vente des billets furent littéralement assaillis par des masses de gens. Les Allemands regardaient le film en sachant que Hitler venait juste de donner à leur « général de panzers » un nouveau commandement en Afrique du Nord.

6

L'HANNIBAL DES TEMPS MODERNES

En un sens, Rommel avait eu raison d'envoyer à Hitler son manuscrit, en espérant récolter un commandement plus important dans la Wehrmacht. Le 5 février, Rommel était en permission chez lui à Wiener-Neustadt depuis deux jours quand il reçut durant la soirée la visite d'un aide de camp de Hitler. Celui-ci lui enjoignait de se présenter dès le lendemain à Berlin afin d'y rencontrer Hitler et le feld-maréchal Walther von Brauchitsch, le commandant en chef de l'armée de terre.

Les jours suivants, Rommel informa Lucie des rebondissements avec un souci presque puéril de l'allusion codée : « L'avion a atterri à l'aéroport de Staaken à 12 h 45. Je suis allé rencontrer d'abord le commandant en chef, qui m'a donné des instructions sur mon nouveau poste ; puis le Führer. Ça avance ! Mes effets personnels arrivent ici. Je ne peux emporter avec moi que le strict nécessaire. Tu peux imaginer que tout cela me fait tourner la tête. [...] Ma permission a donc été encore une fois écourtée. Ne sois pas fâchée, il doit en être ainsi. Le nouveau poste est extrêmement important[1]. » Le lendemain, nouvel indice : « J'ai dormi la nuit dernière sur mon nouveau poste. Celui-ci sera une façon de suivre un traitement pour mon rhumatisme[2]. » Lucie se rappela qu'un médecin avait déjà conseillé au général d'aller prendre le soleil en Afrique. Voilà pour les sables, restait encore à comprendre ce que l'Allemagne allait y faire.

Le 10 juin 1940, au vu des succès de la Wehrmacht, Mussolini déclara la guerre à la France, déjà à genoux, et à la Grande-Bretagne. Il espérait, la victoire acquise, obtenir sa part du butin, notamment des avantages en Méditerranée qu'il avait décrété être le *Mare Nostrum* des Italiens. La Tripolitaine et la Cyrénaïque, qui formaient la colonie italienne de Libye, constituaient des pièces maîtresses dans sa vision géostratégique. Ainsi donnait-il le branle aux préparatifs d'une attaque contre les Britanniques en Égypte, dans l'espoir de s'installer sur le canal de Suez.

Le 12 septembre, le maréchal Rodolfo Graziani, le commandant des troupes italiennes en Afrique du Nord, déclencha l'offensive contre l'Égypte. En moins d'une semaine, elle fut arrêtée à Sidi-Barrani, à environ 100 kilomètres de l'autre côté de la frontière. Hitler offrit à Mussolini, son allié, une unité de panzers en soutien.

Suggestion repoussée avec hauteur par le Duce qui affirmait projeter une deuxième offensive à la fin décembre. Au lieu de quoi, le 28 octobre, Mussolini envahit la Grèce depuis l'Albanie. Le Führer, placé devant le fait accompli, était furieux de cet impair stratégique dans les Balkans : « Rien pour la Libye et rien pour l'Albanie », dit-il à ses chefs de l'OKH le 1er novembre.

Sauf que l'armée britannique avait profité de l'arrivée de renforts pour organiser une contre-attaque le 9 décembre. Les troupes du lieutenant-général O'Connor gagnèrent du terrain à un point tel qu'au dixième jour des opérations elles assiégeaient déjà la forteresse de Bardia, d'où Graziani avait déclenché son offensive. Mussolini se résolut à accepter la division de panzers et aussi du matériel de guerre pour équiper ses propres forces.

Hitler ne daigna pas répondre avant le 9 janvier 1941, après qu'il eut appris la chute de Bardia le 5 janvier et le début du siège de Tobrouk trois jours plus tard. Il décida alors d'envoyer une petite force blindée en Libye, le mois suivant. Mais la retraite italienne tournait à la débâcle : le 22 janvier, la garnison de Tobrouk se rendit aux Britanniques ; trois jours plus tard, le major-général Hans von Funck, commandant de la 5e division légère, remit un rapport d'évaluation où, après sa visite sur place, il concluait que la force de blocage proposée par le Führer serait insuffisante : il manquait au moins une division de panzers.

Quoique impressionné par les propos de Funck, Hitler jugeait celui-ci trop pessimiste et sous le coup de la retraite italienne. L'important était d'expédier en Libye un commandant à poigne, des troupes fraîches et bien équipées. Ainsi prit forme l'opération « Tournesol ». C'est le major-général Johannes Streich, un Prussien âgé de 49 ans, qui fut choisi. On décida également de mettre sur pied un état-major pour assurer le commandement du corps expéditionnaire allemand. Hitler ordonna qu'il fût placé sous les ordres de Rommel et justifia son choix en rappelant que celui-ci était un « commandant incroyablement dur, qui a commandé sa division de panzers en France comme un détachement de reconnaissance et avancé jusqu'à la côte de la Manche sans égard pour le danger ou l'épuisement physique[3] ».

Une fois de plus, Hitler n'avait pas tenu compte des recommandations de l'État-major général. Von Brauchitsch et Halder avaient indiqué en premier choix von Manstein, l'auteur du plan victorieux de mai 1940. Leur second choix se portait sur Funck. Mais le Führer ne faisait pas confiance à Manstein, en raison de sa trop grande indépendance d'esprit et de caractère, ni davantage à Funck, on l'a vu.

Selon Hitler, les conditions climatiques et la topographie particulière d'Afrique du Nord exigeaient un homme de la trempe de Rommel. À ses yeux, ce dernier était perpétuellement optimiste et n'hésitait surtout pas à employer des tactiques non conventionnelles pour se rendre maître d'une situation critique. En 1942, il confia à un diplomate italien avoir considéré sérieusement la candidature de Manstein : « Mais j'ai choisi Rommel parce qu'il sait comment inspirer ses troupes [...]. C'est une aptitude absolument essentielle pour tout commandant d'une unité qui doit combattre dans des conditions climatiques particulièrement difficiles comme celles d'Afrique du Nord [...][4]. » Dans une lettre du 5 février 1941 à Mussolini, Hitler vantait les qualités de Rommel, « le général des forces blindées le plus audacieux que nous ayons dans l'armée allemande[5] ».

C'est ainsi que Hitler convoqua Rommel à la Chancellerie du Reich le 6 février. Il lui décrivit la situation militaire en Afrique du Nord et le détail de sa mission. Pour flatter son orgueil, le Führer lui confia qu'il était l'homme le plus capable de s'adapter rapidement aux conditions particulières du théâtre des opérations africain. Rommel rapporta évidemment cette déclaration à son épouse.

Plus tard, il lui raconta que Hitler avait nommé son corps

expéditionnaire l'Afrikakorps, par égard à l'époque où il avait servi dans l'Alpenkorps. Par cette appellation, Hitler combinait adroitement les traditions de la vieille et de la nouvelle Allemagne. C'était en même temps donner un coup de patte à son allié, puisque l'Alpenkorps avait combattu avec succès les Italiens lors de la Première Guerre mondiale.

Rommel quitta la Chancellerie du Reich avec les directives écrites du feld-maréchal Keitel, le chef de l'OKW, qui lui serviraient lorsqu'il aurait affaire avec les Italiens à Rome et en Libye : « Les troupes allemandes ne seront pas engagées dans une bataille vaine. » Il faisait ainsi allusion à l'intention des Italiens de ne défendre que Tripoli. Cette région était trop étroite pour que la Luftwaffe pût y avoir une base aérienne. Si les Italiens persistaient, Rommel devait annoncer à Graziani le retrait allemand.

Avec le titre officiel de « commandant des troupes allemandes en Libye », Rommel quitta la capitale du Reich. Comme on pouvait s'y attendre, vu son désir ardent de gravir les échelons de la hiérarchie militaire, il tenait *mordicus* à cette désignation, même après que son commandement fut officiellement nommé Afrikakorps le 19 février 1941. Or, dans le jargon militaire, commandant *(Befehlshaber)* était un rang plus élevé que commandant de corps *(Kommandierender General)*. Mais ambitieux comme il l'était, Rommel ne s'en formalisait pas outre mesure.

Étant donné la gravité de la situation et la léthargie du commandement italien, Rommel avait déjà décidé une première entorse à sa mission qui le confinait essentiellement à une reconnaissance ; il prendrait le commandement au front dès l'arrivée des premières troupes allemandes. Le major-général Rintelen, à qui il avait fait part de cette intention à Rome, lui avait conseillé d'y renoncer, disant que « c'est la façon de perdre à la fois son honneur et sa réputation[6] ». C'était mal connaître Rommel, dont la fraîche promotion au grade de lieutenant-général le 9 février accroissait l'impétuosité.

Lorsqu'il atterrit à Tripoli le 12 février 1941, foulant le sol africain pour la première fois, les Italiens battaient toujours en retraite vers ce port. Rommel se rendit compte que le moral dans les cercles militaires à Tripoli était bas, plusieurs officiers italiens ayant déjà fait leurs bagages dans l'espoir de pouvoir rentrer rapidement au pays. Graziani venait d'être remplacé par le général Italo Gariboldi, qui n'était pas connu pour son doigté. Quand Rommel lui parla de son plan d'établir une ligne de défense avancée à Syrte, loin à l'est de Tripoli, le nouveau commandant des forces italiennes en Afrique du Nord haussa les épaules d'un air de doute et lui suggéra d'aller y jeter lui-même un coup d'œil.

C'est justement ce que Rommel se proposait de faire l'après-midi même. À bord d'un bombardier Heinkel 111, il ne trouva nulle part la moindre fortification de campagne autour du port de Tripoli. À l'est de celui-ci, il remarqua une ceinture de sable qui pourrait s'avérer utile comme obstacle naturel aux véhicules ennemis. Le long du littoral méditerranéen, il aperçut la Via Baldia, cette grande route côtière qui allait de Tripoli jusqu'à la frontière égyptienne. Somme toute, il était conforté dans son intention de fortifier Syrte.

Le soir même, il dîna avec les généraux italiens dans un hôtel de Tripoli. Ceux-ci ne lui firent pas une grande impression. L'ambiance n'était guère chaleureuse et Rommel mit rapidement un terme aux papotages lorsqu'il répondit « Longarone ! » à un homologue italien qui s'enquit de l'endroit où il avait reçu sa Pour le Mérite[7]. Cette soirée fut en quelque sorte annonciatrice de l'avenir, car Rommel allait toujours avoir des rapports tendus avec les généraux italiens, quand il ne serait tout simplement pas à couteaux tirés avec eux.

Rommel entendait profiter de son nouveau commandement pour remporter de grands succès militaires. Cependant, le théâtre des opérations nord-africain était avant tout celui de l'Italie et Rommel se trouvait formellement placé sous les ordres du Commando Supremo à Rome. Aussi s'inquiétait-il déjà de la possibilité que les Italiens puissent s'attribuer le mérite de ses futures victoires militaires. Il fit part de son souci à Schmundt et lui demanda de faire le nécessaire. Deux jours après être rentré en Allemagne, Schmundt en glissa un mot à Hitler et put lui confirmer dans un message du 19 février : « Le Führer va s'assurer que cette fois-ci il n'y ait plus aucune déformation historique en ce qui concerne l'attribution des mérites[8]. »

Schmundt, à qui Rommel avait remis une longue liste d'exigences avant son retour en Allemagne, lui écrivit par la même occasion : « Je suis arrivé au Berghof dimanche et j'y ai trouvé le Führer qui attendait déjà fébrilement des nouvelles ! Je lui ai rapporté exactement ce que vous avez dit, et le Führer est évidemment enchanté de l'initiative dont vous avez fait preuve, *Herr General*, en vous attaquant à votre nouvelle tâche. Il concentre toute son attention sur le théâtre de guerre libyen et appréhende les deux prochaines semaines. » Schmundt ajoutait : « [..] le Führer m'a autorisé à satisfaire à toutes vos demandes[9]. » Hitler consentit en fait à expédier immédiatement en Libye par bateau des armes antichars, des mines, le 5e régiment blindé ; la 15e division de panzers suivrait.

Le 14 février, un navire allemand débarqua dans le port de Tripoli le premier détachement de l'Afrikakorps : le 3e bataillon de reconnaissance et le 39e bataillon antichar de la 5e division légère, plus six mille tonnes d'équipement de guerre – camions, voitures blindées, canons, fusils, munitions, tentes, mousselines. Dès le lendemain, Rommel montra à quel point il était le général le plus fertile en ruses et en stratagèmes.

Tout d'abord, il fit défiler ses premières unités dans les rues de Tripoli, non sans avoir ordonné préalablement aux chars qui étaient passés en revue de se mettre immédiatement de nouveau en ligne à l'arrière de la colonne qui formait la parade militaire pour donner l'illusion qu'elle était sans fin. Ses chars firent ainsi plusieurs fois le tour des mêmes pâtés de maisons de la capitale libyenne avant de rouler en direction de l'est jusqu'à Syrte, qui se trouvait approximativement à 400 kilomètres à l'est de Tripoli et à 250 kilomètres à l'ouest d'El-Agheila, là où étaient déployées les forces britanniques les plus proches. Son objectif était de donner l'impression aux observateurs qu'il disposait d'une force de combat imposante.

Ensuite, pour tromper la reconnaissance aérienne de l'ennemi, il fit construire plusieurs centaines de modèles de chars en bois ou en carton dans le but de conforter cette impression. Certains de ces modèles étaient stationnaires, tandis que d'autres étaient montés sur des châssis de Volkswagen. Les camions et les motocyclettes roulèrent parmi ces modèles de chars en bois ou en carton, alors que les véritables chars blindés laissaient méthodiquement des traces dans le sable pour leurrer la reconnaissance aérienne de l'ennemi. Pour grossir davantage l'importance de sa force blindée, Rommel fit également monter sur des camions des moteurs d'avion à hélices qui soulevaient des nuages de poussière énormes.

Succès garanti : un message radio décrypté par les services de renseignements de l'Afrikakorps confirmait qu'un agent britannique avait informé Londres du débarquement de plus de 1 000 chars allemands. Si ce chiffre fut rapidement révisé à la baisse, il incita toutefois l'ennemi à ne pas bouger[10].

Ce que Rommel ignorait à ce moment-là, c'est que les Britanniques avaient déjà retiré quelques-unes de leurs meilleures unités de Libye pour les envoyer en Grèce. Quand ils apprirent que Hitler avait envoyé un corps expéditionnaire allemand en Afrique du Nord, il était déjà trop tard pour remédier à cette nouvelle situation. Non seulement ils n'avaient pas exploité les difficultés des Italiens en Libye pour pousser jusqu'à Tripoli et les expulser du même coup de leur dernière possession en Afrique du Nord, mais ils avaient laissé un minimum de forces pour tenir la Cyrénaïque. Ainsi, la VIIe division blindée était retournée en Égypte à la fin de février pour se reposer. Sa place était occupée par une partie de la IIe division blindée nouvellement arrivée et inexpérimentée, tandis que le reste de cette unité était parti en Grèce. *Idem* chez les Australiens. Quant à O'Connor, il avait été relevé par le général sir Philip Neame, qui n'avait encore jamais exercé de commandement dans la guerre du désert.

Ce dernier replia aussitôt le gros de ses troupes à Agedabia, une petite ville située à environ 150 kilomètres au nord-est d'El-Agheila, où il ne laissa qu'une petite force. Mais il ne s'attendait pas pour autant à une attaque allemande imminente, comme en fait foi un rapport de la situation envoyé à Londres par le général sir Archibald Wavell, le commandant en chef des forces britanniques au Moyen-Orient. Le 2 mars 1941, après avoir averti ses supérieurs que des troupes allemandes commençaient à débarquer à Tripoli, Wavell soulignait que Rommel attendrait en toute logique d'avoir concentré deux divisions ou plus avant d'essayer de lancer une attaque sérieuse, et concluait que les difficultés rencontrées rendaient une telle attaque invraisemblable avant la fin de l'été. Les chiffres concernant les forces allemandes débarquées jusqu'alors à Tripoli justifiaient son opinion. Aucun général inspiré par la prudence n'oserait en effet lancer une attaque avec des forces aussi modestes. Mais malheureusement pour Wavell, Rommel était un général audacieux, parfois téméraire, qui adorait bluffer l'ennemi.

Les Anglais ne bougeant pas, Rommel ordonna au major-général Streich de partir en reconnaissance vers l'est le long de la côte depuis Syrte avec les premières unités arrivées de sa 5e division légère. Streich atteignit facilement Mugtaa le 4 mars, sans même rencontrer l'ennemi. À cet endroit, un marais salant quasiment impraticable pour les véhicules s'étendait de la Via Baldia jusqu'à l'intérieur du désert, procurant ainsi à Rommel une nouvelle position de défense. Plein d'entrain, il écrivait à Lucie : « Le front est maintenant à 800 kilomètres à l'est [de Tripoli]. Mes troupes arrivent. C'est le *tempo* qui importe maintenant. » Il était également tout fier de lui rapporter ceci : « [...] le Führer est très heureux du retournement de la situation qui s'est produit depuis mon arrivée ici [...]. Il approuve mes mesures à tous points de vue[11]. »

Rommel commençait déjà à rêver de grandioses conquêtes militaires. Le 5 mars, lors de la projection du film *Sieg im Westen*, il proclama aux hauts gradés italiens invités à la séance qu'ils regarderaient un jour un film intitulé *Sieg in Afrika* (*Victoire en Afrique*)[12]. Quand un jeune lieutenant, qui venait à peine d'être chassé d'Érythrée par l'armée britannique, se présenta à Rommel comme officier d'état-major, celui-ci se fit fort non seulement de vaincre l'ennemi en Afrique du Nord, mais aussi de reconquérir les anciennes colonies allemandes. « Nous allons avancer jusqu'au Nil, déclara-t-il sur un ton convaincu. Ensuite, nous allons tourner à droite et tout reconquérir[13]. » Le 9 mars, dans une lettre à Berlin, il précisa ses objectifs pour la campagne d'Afrique du Nord : « Mon premier objectif est la reconquête de la Cyrénaïque ; mon second, l'Égypte septentrionale et le canal de Suez. » Même si le canal de Suez se trouvait à 2 500 kilomètres à l'est de Tripoli, il pesait évidemment chacun de ses mots. « Assurer le ravitaillement d'une telle campagne sera une opération extrêmement difficile, admettait-il. Mais le plus gros des combats aura lieu en Cyrénaïque, là où il y a de l'eau en abondance[14]. »

Le 11 mars, le 5e régiment blindé de la 5e division légère arriva enfin à Tripoli, avec 120 chars, la moitié étant des Panzer III et des Panzer IV, le reste des chars de combat légers. Rommel disposait alors d'un régiment blindé, de deux bataillons de mitrailleurs, de deux bataillons de reconnaissance, d'un bataillon antiaérien et de trois batteries d'artillerie, soit une force légèrement inférieure à celle qu'il avait sous son commandement lors de la campagne de France. Quant au nombre de chars, il représentait un peu plus de la moitié de celui de la 7e panzers.

Les troupes allemandes fraîchement débarquées en Afrique du Nord manquaient de filtres pour protéger les carburateurs des véhicules motorisés des tempêtes de sable, ainsi que de chenilles larges pour que les blindés ne s'enlisent pas immédiatement dans les dunes. Elles n'étaient pas non plus préparées à combattre dans le désert. Non seulement elles n'étaient pas encore accoutumées aux nouvelles conditions climatiques, mais leur équipement n'était pas adapté à la chaleur, au sable et au vent du désert nord-africain. En outre, plusieurs soldats et officiers allemands se faisaient des illusions sur la guerre qui les attendait dans le désert, à commencer par Rommel lui-même qui y voyait l'opportunité de suivre un traitement pour son rhumatisme, ignorant sans doute la fraîcheur des nuits dans le désert.

Le 19 mars, Rommel s'envola pour Berlin. Il y rencontra le lendemain Hitler et les chefs de l'OKH. Au début de la conférence, le Führer lui conféra les fameuses feuilles de chêne qu'il convoitait depuis la fin de la campagne de l'Ouest. Rommel était le dixième haut gradé de la Wehrmacht à les recevoir. En présence des autres officiers, le Führer ne tarit pas d'éloges sur son général préféré, en particulier pour son travail en Afrique du Nord[15].

Ce fut cependant son seul moment agréable de la journée, car Brauchitsch et Halder refroidirent son ardeur et son enthousiasme en refusant de donner suite à ses plans de conquêtes militaires et en persuadant Hitler de faire de même. Après la guerre, Halder, ce chef d'État-Major général extrêmement compétent issu d'une famille d'officiers bavarois, raconta en détail cet épisode, non sans cacher son aversion pour Rommel : « À ce moment-là, j'avais fait comprendre au feld-maréchal von Brauchitsch que, vu la domination de la Méditerranée par l'ennemi, nous ne pouvions envoyer [en Afrique du Nord] et [y] ravitailler que trois ou quatre divisions au maximum [...]. Certes, la situation militaire devait tôt ou tard se détériorer pour les Italiens. Mais plus longtemps nous pourrions éviter leur défaite, ne serait-ce que pendant plusieurs années, mieux iraient les choses pour nous [...]. Rommel nous expliqua qu'il allait bientôt conquérir l'Égypte et le canal de Suez, puis nous parla ensuite de l'Afrique de l'Est allemande. Je ne pus m'empêcher de lui faire un sourire quelque peu impoli, et lui demandai de quoi il avait besoin à cette fin. Il estimait avoir besoin de deux autres corps de panzers. Je lui demandai alors : "Même si nous les avions, comment allez-vous les ravitailler ?" À cette question, je reçus la réponse classique : "Cela m'est tout à fait indifférent. C'est vous que ça regarde[16] !" »

Ce que Rommel ne savait pas encore à ce moment-là, c'est que Hitler et les chefs de l'OKH préparaient depuis plusieurs mois déjà une grande offensive contre l'URSS pour la fin du printemps 1941 qui nécessitait un maximum de forces opérationnelles disponibles. En outre, ils étaient accaparés par les préparatifs de la campagne contre la Grèce qu'ils allaient déclencher au début d'avril 1941 pour occuper ce pays et en chasser les forces britanniques qui y avaient pris pied quelques semaines auparavant. Par conséquent, Brauchitsch et Halder donnèrent des instructions à Rommel qui lui intimaient tout simplement de tenir sa ligne de défense actuelle et de préparer des opérations localisées, à échelle réduite. Ces instructions verbales furent renforcées le lendemain par des ordres écrits. Rommel retourna donc en Libye fort mécontent et déterminé à désobéir pour montrer ce dont il était capable contre un ennemi supérieur en effectifs et en matériel de guerre.

Mais il comprenait mal les véritables desseins du Reich. De toute évidence, il surestimait grossièrement l'importance de la Grande-Bretagne dans la stratégie globale de Hitler. En envoyant un corps expéditionnaire allemand pour prévenir la perte de l'Afrique du Nord, le Führer espérait seulement préserver son alliance avec l'Italie et gagner du temps pour défaire l'Union soviétique, ce qui lui permettrait d'isoler la Grande-Bretagne. En d'autres termes, avec l'annihilation de la Russie bolchevique, Hitler voulait faire comprendre à Winston Churchill, le Premier ministre britannique, qu'il serait vain pour son pays et pour l'Empire de continuer la guerre contre l'Allemagne. Il entendait ainsi exploiter son objectif principal à l'Est afin d'obtenir ce qui avait pourtant été un moment la condition préalable à cette opération militaire : la conclusion d'un accord avec la Grande-Bretagne.

Non seulement Rommel n'était pas encore au courant de la campagne imminente contre la Russie soviétique, mais il pensait occuper une position-clé sur le dernier théâtre des opérations terrestre dans la guerre contre le seul ennemi du Reich, la Grande-Bretagne. D'où sa réflexion sur « l'importance » de ce nouveau poste[17]. Il interprétait les intentions du Führer comme une stratégie de conquête de l'Égypte et du canal de Suez. Tablant sur des renforts, en particulier grâce à l'arrivée d'autres divisions de panzers, il entendait passer à l'attaque dans les plus brefs délais. Étonnamment, il adopta cette ligne de conduite alors qu'on se souvient que Hitler et les chefs de l'OKH lui avaient clairement prescrit, le 20 mars, de ne pas mener des opérations de grand style et qu'ils lui avaient annoncé aucun renfort significatif avant l'automne 1941.

À son retour, Rommel s'aperçut que les Britanniques avaient poursuivi leur mouvement de repli. El Agheila, un fort et un point d'eau à 30 kilomètres à l'est de Mugtaa, tomba entre les mains des faibles forces de Streich le 24 mars. Les troupes britanniques se replièrent sur Mersa-el-Brega, 50 kilomètres plus à l'est. La facilité avec laquelle Streich s'était emparé d'El-Agheila incita Rommel à pousser plus avant. Il était clair pour lui que les Anglais surestimaient ses forces blindées, réelles ou pas, car les Allemands disposaient de forces aériennes équivalentes à celles des Britanniques, ce qui leur permettait de dissimuler à l'ennemi leur faiblesse au sol.

Conformément aux instructions de Berlin et à celles du général Gariboldi, Rommel n'était pas autorisé à lancer une attaque contre Mersa-el-Brega avant la fin mai, c'est-à-dire avant l'arrivée de la 15e division de panzers. Mais attendre jusqu'à la fin mai, jugeait-il, c'était laisser le temps aux Anglais de faire venir des renforts et de construire une ligne de défense qui se révélerait peut-être imprenable pour ses troupes, même à effectifs complets. Ne tenant pas compte des ordres de ses supérieurs, il décida de reprendre son avance[18].

Le 31 mars, Rommel ordonna à Streich d'attaquer Mersa-el-Brega. Les Britanniques abandonnèrent leur position et Streich fit miner le secteur et y installa des canons antiaériens pour les empêcher de revenir. De bonne humeur, Rommel se rendit au poste de commandement de Streich le lendemain midi. « Quand allons-nous nous rencontrer à Agedabia ? » lui demanda-t-il dès son arrivée. Agedabia était à environ 80 kilomètres au nord-est de la Via Baldia, c'est-à-dire bien au-delà de la ligne d'arrêt fixée par Halder. Streich, qui ne savait pas si Rommel parlait sérieusement, répondit : « Nous allons devoir voir si c'est possible. » Après le départ de Rommel, Streich donna l'ordre à ses troupes de reprendre leur avance le lendemain matin, 2 avril. Il n'en avisa pas Rommel et celui-ci ne le contacta pas avant son retour aux avant-gardes de la 5e division légère. Jouant la surprise, il s'exclama d'un ton autoritaire : « Qu'est-ce qui se passe ici ? » Streich répondit avec vivacité : « Je pensais que nous ne devions pas donner à un ennemi en retraite la moindre possibilité de se retrancher sur une nouvelle position. J'ai donc fait avancer ma division jusqu'ici, et je suis sur le point d'attaquer Agedabia. » Rommel lui répondit : « Ce ne sont pas mes ordres, mais j'approuve[19]. » Trois heures plus tard, Streich s'emparait d'Agedebia, juste au moment où son chef réapparaissait, ce qui lui permit dans ses Mémoires sur la campagne africaine de s'attribuer tout le mérite de l'intervention.

Rommel prit alors pleinement conscience du mouvement de repli général amorcé par les Britanniques en Cyrénaïque. Évidemment, ceux-ci s'efforçaient de garder le reste de leurs forces intactes. Agedebia était le point de départ d'une demi-douzaine de routes dans le désert coupant à travers la Cyrénaïque. Rommel était bien décidé à en tirer parti pour progresser vers l'est, malgré l'opposition ferme de Gariboldi. Le 3 avril, Rommel se décida pour une attaque sur trois fronts à travers la Cyrénaïque. S'il agissait assez rapidement, il pourrait très bien y anéantir toutes les forces ennemies. La poussée le plus au sud couperait à travers le désert, empruntant une ancienne route pour les caravanes qui conduisait d'Agedabia jusqu'à la frontière égyptienne en passant par Ben-Gania, Bir-Tengeder, Bir-

Hakeim et Bir-el-Gubi. Un *bir* était un point d'eau, du moins en théorie. Rommel confia au comte Gerhard von Schwerin, un lieutenant-colonel prompt à prendre la mouche, mais qui avait du métier, la charge d'une force germano-italienne. Streich commanderait un autre détachement sur une route parallèle. Enfin, ayant appris d'un prêtre italien que Benghazi, la capitale de la Cyrénaïque, était en cours d'évacuation, il y expédia un bataillon de reconnaissance.

Rommel savait très bien qu'il désobéissait à ses supérieurs. Mais ses prévisibles succès militaires, selon lui, prouveraient qu'il avait eu raison d'agir ainsi : « Depuis le 31 mars, nous attaquons avec des succès remarquables. Nos supérieurs à Tripoli et à Rome, et peut-être même à Berlin, seront frappés de consternation. J'ai pris le risque d'avancer, en dépit des ordres et des instructions qui m'ont été préalablement donnés, parce qu'il y avait une belle occasion à saisir. Il n'y a pas de doute qu'ils vont finir par approuver mon initiative en disant qu'ils auraient fait à ma place exactement la même chose. Nous avons déjà atteint notre premier objectif, que nous n'étions pourtant pas censés atteindre avant la fin de mai[20]. »

À Berlin, l'avance de Rommel jeta la consternation. Les dirigeants de la Wehrmacht craignaient que l'impétueux général en vienne à essuyer un revers de fortune par sa témérité, ce qui dérangerait les plans d'invasion des Balkans et de l'URSS qui avaient nécessité une préparation minutieuse de plusieurs mois. Keitel lui envoya un message radio pour lui rappeler les directives de Hitler : « Les offensives limitées que cela nécessite ne doivent pas excéder les capacités de votre petite force [...]. Par-dessus tout, vous devez éviter tout risque d'exposer votre flanc droit, comme cela ne manquerait pas de se produire en tournant au nord pour attaquer Benghazi. » Évidemment, si les troupes anglaises devaient se retirer de la Cyrénaïque, une toute nouvelle situation se présenterait à l'Afrikakorps. Mais même dans ce cas, Rommel devait impérativement attendre de recevoir de nouvelles directives de ses supérieurs avant d'entreprendre quoi que ce soit[21].

À ce moment précis, Gariboldi faisait une scène à Rommel et lui enjoignait de se conformer à ses ordres et de ne pas poursuivre son avance sans son autorisation. L'altercation qui suivit fut interrompue par le message radio de Keitel, occasion inespérée d'un nouveau coup de bluff. Rommel lut le message et annonça à Gariboldi qu'il était mentionné que le Führer lui avait donné une « liberté d'action pleine et entière[22] ». Gariboldi resta sans réaction et, plus curieux encore, Rommel se persuada qu'il en était ainsi : « Le Führer m'a adressé ses plus vives félicitations pour mes succès inattendus. Il m'a également donné des directives concernant de nouvelles opérations qui correspondent tout à fait à mes idées. Comme le territoire en notre possession s'agrandit, nous pouvons maintenant manœuvrer[23]. »

La perspective d'attaquer immédiatement à travers le désert de Cyrénaïque consternait les propres commandants de Rommel. Streich objecta qu'il avait besoin d'au moins quatre jours pour réapprovisionner la 5e division légère, car tous ses dépôts se trouvaient très loin derrière, sur la frontière entre la Tripolitaine et la Cyrénaïque. Rommel lui ordonna d'un ton cassant de décharger immédiatement en plein désert tous les camions de la division et de les réexpédier à vide pour ramasser l'essence et les munitions de ces dépôts. Streich rétorqua : « Ma division sera alors laissée en plan pendant au moins une journée. » Mais Rommel insista : « C'est la façon d'éviter une effusion de sang et de conquérir la Cyrénaïque ! »

La Cyrénaïque présentait un paysage lunaire ; le djebel El-Akhdar était une chaîne de montagnes largement fissurée, brisée seulement par quelques vallées dans lesquelles le sable, généralement blanc ou jaune rougeâtre, retardait la croissance de toute végétation. La mobilité était presque limitée à la route du désert. Plus on avançait vers l'est, plus le paysage devenait inhospitalier. Alors que sur une cinquantaine de kilomètres à l'est de Benghazi l'œuvre de la colonisation italienne sautait aux yeux, autour de Derna et de Tobrouk il n'y avait aucune trace d'habitation humaine. Même les pins chétifs tombaient sous le vent, tandis que les arbustes épineux atteignaient à peine la hauteur des genoux.

Pendant une semaine en ce début d'avril 1941, les troupes de Rommel avancèrent avec peine à travers le désert. La chaleur dépassait parfois les 40 degrés et, la nuit, il gelait. Outre les vipères, les scorpions et les nuages de mouches, se levaient soudainement des tempêtes de sable qui pouvaient durer des jours. Les grains de sable s'infiltraient alors partout, même dans les montres portées au poignet. Ils pénétraient dans les tentes, les yeux et le nez, obstruaient les carburateurs des véhicules motorisés et se répandaient sur les pare-brise comme de la pluie, bloquant par le fait même toute visibilité au conducteur.

L'entreprise risquée de Rommel commença le 4 avril. Schwerin progressait déjà vers l'est, sa tâche étant de couper à travers le désert jusqu'à l'autre littoral à Tmimi et d'y bloquer la route côtière aux troupes britanniques qui se repliaient en toute hâte et dans la confusion. Le 8e bataillon de mitrailleurs du colonel Gustav Ponath s'était également lancé à l'assaut vers l'est avec des camions transportant suffisamment d'essence, de nourriture et d'eau pour une progression de 500 kilomètres. Son objectif était d'atteindre Derna, qui se trouvait également sur l'autre littoral. Rommel avait assuré à Schwerin que le ravitaillement lui serait apporté par pont aérien. Puisque les camions de la 5e division légère n'étaient toujours pas revenus des dépôts d'approvisionnement, Rommel chercha Streich, le trouva en train de somnoler et lui ordonna de « vider tous les réservoirs d'essence du reste de vos transports automobiles dans vos chars et véhicules de combat, et avancer tout de suite par Ben Gania jusqu'à la côte, entre Derna et Tobrouk. Le reste de votre division pourra rattraper vos avant-gardes quand les camions seront revenus des dépôts de carburant ». Un général italien interrompit alors Rommel : « Mais ce chemin est un piège mortel. Nous l'avons saturé de mines isothermes durant notre retraite il y a deux mois ! » Rommel balaya d'un geste cette objection[24].

À la nuit tombante, les chauffeurs, habitués aux routes asphaltées de l'Europe, sortirent les uns après les autres de la chaussée ferme de la Via Baldia pour s'avancer dans le désert de sable. Très vite, les roues des véhicules s'enfoncèrent dans le sable jusqu'aux moyeux. Les camions qui suivaient s'efforcèrent de les contourner, mais ils s'embourbèrent eux aussi jusqu'aux essieux. Les tracteurs avancèrent dans l'obscurité pour les tirer de là. Streich, qui voyait ses forces s'enliser et s'éparpiller sur un large territoire en quelques heures à peine, était furieux et ordonna à tous les véhicules d'allumer leurs phares et aux camions d'utiliser leurs treuils pour se tirer les uns les autres du bourbier. Ils perdirent bientôt les routes du désert de vue, et les cartes fournies par les Italiens n'étaient aucunement utiles.

Guidés par la boussole ou les étoiles, certains parvenaient tant bien que mal à avancer, mais d'autres étaient coincés en plein désert, souffrant de la soif et de la faim. Des explosions illuminèrent soudainement le ciel alors qu'un convoi sautait sur des mines isothermes. Puis un camion de munitions explosa, créant une boule de feu qui éclaira le désert dans un rayon de plusieurs kilomètres. Au point du jour, le gros des forces de Streich se trouva immobilisé, à court d'essence.

La chaleur du soleil posait d'autres problèmes. À Ben Gania, les chars devaient s'arrêter, les moteurs à combustion interne surchauffant. Pis encore, Rommel ne réussissait pas à entrer en contact avec son quartier général par la radio, et celui-ci ne pouvait pas le joindre non plus. Tout cela mettait la confusion dans les rangs de l'Afrikakorps au point que Rommel se demandait combien de ses hommes réussiraient à atteindre l'autre côte après une traversée du désert de quelque 350 kilomètres. Il survola alors plusieurs fois celui-ci dans un Junker 52 pour repérer ses troupes et les diriger vers leur objectif. Mais quelle était la bonne direction ? Il n'y avait qu'un seul poteau indicateur en plein désert. Mais pas un seul chemin en vue.

L'objectif semblait être l'ancien fort de construction turque d'El-Mechili, un tas de pierres blanches en ruine qui s'élevait au-dessus des mirages du désert, un point central d'où rayonnaient sept chemins vers les côtes et l'intérieur du désert de Cyrénaïque. Rommel croyait qu'il ne s'y trouvait qu'une faible garnison. Il se leva dès 4 heures le 5 avril et écrivit à Lucie : « De grandes choses se passent en ce moment en Afrique. Espérons que nous réussirons l'attaque que nous venons de déclencher[25]. »

La reconnaissance aérienne révéla ce même jour que le fort d'El-Mechili était occupé par des troupes de garnison qui semblaient assez puissantes. Rommel décida néanmoins de se concentrer sur El-Mechili, contre l'avis de son état-major. Celui-ci préférerait faire de Tobrouk le premier objectif, de manière à bloquer la route côtière à cet endroit pour empêcher l'ennemi de s'échapper, et de ne laisser qu'une force masquée à El-Mechili. Rommel restait irrésolu pour ce qui était de la suite des opérations. Deux fois le 6 avril il donna des ordres différents au bataillon de mitrailleurs de Ponath. D'abord, il lui intima l'ordre d'attaquer El-Mechili, ensuite celui de foncer plutôt sur Derna. Puis il dépêcha un officier auprès de Schwerin pour lui enjoindre de tourner au nord et d'attaquer El-Mechili.

À 6 h 30 le 6 avril, Rommel ne se trouvait plus qu'à 25 kilomètres au sud du fort, mais il était presque seul. Son Afrikakorps était encore coincé à travers le désert. Au bout de quelque temps, le lieutenant Hans-Otto Behrendt, un égyptologue qui servait d'interprète, arriva avec quelques camions, les premiers du détachement de Schwerin. Rommel lui donna pour instructions de contourner El-Mechili afin de bloquer ses issues vers l'est. À 7 h 30, un autre de ses aides de camp trouva Streich immobilisé dans un lac salé asséché à quelques kilomètres de distance.

Rommel convoqua alors Streich et Schwerin à une conférence tumultueuse. Ses deux subordonnés étaient légèrement vêtus d'une culotte courte kaki, tandis qu'il était en grand uniforme, avec des bottes d'équitation, une culotte et une tunique épaisses et grises. Sous un soleil brûlant, il leur ordonna d'attaquer le fort à 15 heures. Mais Streich refusa, lui signalant que ses chars et ses véhicules étaient toujours éparpillés à l'arrière sur plus de 150 kilomètres à travers le désert, avec des châssis endommagés, des moteurs qui ne tournaient pas rond, et sans essence. Rommel explosa en injures et traita Streich de lâche. C'en était trop pour celui-ci, qui dégrafa aussitôt sa croix de chevalier de l'ordre de la Croix de fer et rétorqua : « Personne n'a jamais osé me dire cela auparavant. Retirez vos paroles ou bien je la jette à vos pieds », dit-il en montrant du doigt sa croix. Rommel retira ce qu'il avait dit en marmonnant.

Puisque Streich et Schwerin n'étaient pas en mesure de passer à l'attaque à la tête de leurs forces respectives pour le moment, Rommel décida de capturer en personne le fort le soir même avec les quelques sections qu'il avait sous la main. « Cette opération a échoué », peut-on lire dans le journal de guerre de Streich. Rommel n'en fit évidemment aucune mention dans ses Mémoires. Il envoya à deux reprises le lendemain un lieutenant dans le fort avec un ultimatum pour bluffer les Britanniques. À chacune de celles-ci l'officier fut renvoyé les yeux bandés, la seconde fois avec le message suivant : « Aucune intention de se rendre. »

Le 8 avril, Rommel s'envola plusieurs fois à la recherche du fer de lance de son corps expéditionnaire, le 5e régiment blindé du colonel Herbert Olbrich. Ce n'est qu'au coucher du soleil qu'il le repéra enfin. Atterrissant sur un terrain jonché de grosses pierres, il prit violemment Olbrich à partie, et songea à se débarrasser de ce Silésien, comme Streich, au moment opportun. La nuit venue, il se posa près du poste de commandement de Streich. Huit chars étaient maintenant arrivés ; un nouvel assaut fut décidé pour le lendemain.

Rommel se leva dès l'aurore et écrivit une lettre à Lucie : « Je ne sais pas si la date est exacte. Nous avançons à travers le désert sans fin jour après jour et avons perdu les notions de temps et d'espace. [...] Aujourd'hui sera une autre journée décisive. Après une progression de 360 kilomètres à travers le désert de sable et de pierres, nos forces principales arrivent et se préparent à marcher au combat. [...] Ce sera une autre Cannes, d'un style moderne[26]. » La bataille de Cannes était la plus célèbre victoire d'Hannibal sur les Romains.

Vers 6 heures, Rommel décolla pour survoler la zone de combat. Son aide de camp, le lieutenant Hermann Aldinger, relata plus tard l'épisode : « Le Storch décolle pour jeter un coup d'œil au front et à la disposition des troupes. Le pilote se fait adresser le signe : "Descends !" À peine est-il descendu que les troupes italiennes (par méprise) se mettent à tirer sur nous avec tout ce qu'ils ont. Des projectiles percutent les ailes et, grâce à des acrobaties aériennes, le pilote réussit de justesse à nous tirer de ce mauvais pas. Au loin, à l'ouest, apparaissent des nuages de poussière : il doit s'agir de nos troupes. Quelle n'est pas la surprise du général de constater qu'il s'agit en fait de troupes britanniques se dirigeant vers l'ouest. Des traînards ? Ou une contre-attaque britannique ? Il se doit de prévenir nos troupes venant de l'ouest de ce danger. Treize kilomètres plus loin, le général les trouve enfin et ordonne de se poser. Le pilote ne voit pas un gros rocher et le Storch y laisse son train d'atterrissage. »

Aldinger raconta également la suite des événements : « Nos troupes transportent un canon de 88 mm, mais elles racontent au général qu'il a été mis hors d'action la nuit dernière dans des combats contre les Britanniques. Elles se dirigent maintenant vers le nord afin de rejoindre les autres troupes. Le général demande : “Quel transport avez-vous ?” “Un camion.” “Alors foutons le camp d’ici. Les Britanniques seront là dans cinq minutes, ils ne doivent pas nous trouver. Nous allons faire un détour à travers le désert. Je connais le chemin.” Tout est chargé à bord, et une course folle commence. En cours de route, nous ramassons trois ou quatre autres camions qui se sont égarés. En dépit de toutes ces aventures, le général retourne sain et sauf à notre poste de commandement. »

Le dénouement est pour ainsi dire dramatique : « Pendant ce temps, nous pouvons voir une tempête de sable se lever – un *ghibli*. L’état-major du général est prêt à partir. Nous n’avons pas parcouru 800 mètres que nous sombrons soudainement dans une violente tempête. Tout notre état-major est dispersé et nous nous retrouvons seuls. Nous pouvons seulement deviner dans quelle direction nous allons à l’aide de la boussole et de l’indicateur de vitesse. Nous zigzaguons, nous plissons nos yeux pour voir devant, parfois le ciel s’éclaircit, parfois il devient rouge foncé. Dans la tempête de sable, nous tombons sur trois estafettes, leurs têtes baissées, leurs motocyclettes couvertes ; nous les emmenons avec nous et avançons à tâtons vers le terrain d’aviation. Nous y trouvons d’autres traînards. Nous leur demandons comment se déroule l’attaque. Personne ne sait. Nous avançons lentement à tâtons le long d’une ligne téléphonique et soudainement nous nous apercevons que nous sommes juste en dehors du fort d’El-Mechili. Il y a des armes et de l’équipement qui traînent, et des centaines de prisonniers se blottissant contre terre pendant que la tempête de sable fait rage et couvre tout – comme un blizzard dans un brouillard dense. Dans la cour du fort, le commandant de division (le général Streich) annonce au général : “El-Mechili est tombé. Nous avons fait 1 700 prisonniers, incluant 70 officiers et un général, et avons capturé des quantités de canons, de camions et de nourriture[27].” »

Rommel avait donc manqué la victoire à El-Mechili. Il en était de même pour la force blindée d’Olbrich ; elle n’arriva pas avant midi. Les tourelles de ses chars s’étaient de toute façon enrayées durant la tempête de sable. Rommel approuva la décision d’Olbrich de démonter et nettoyer les tourelles, et envoya la force de Schwerin et un détachement à la poursuite de l'ennemi le long du chemin désertique menant jusqu'à Derna sur la côte. Les Britanniques avaient déjà quitté les lieux, et les Arabes s'attroupaient autour des camions de la Wehrmacht pour vendre des œufs, des oranges, des dattes. Le bataillon de mitrailleurs de Ponath, après des combats acharnés, prit pied à l'aérodrome de Derna et annonça fièrement la capture de 900 prisonniers, dont 4 autres généraux – parmi lesquels sir Philip Neame et sir Richard O'Connor, qui était récemment revenu d'Égypte sur l'ordre de Wavell pour conseiller Neame. Ponath ajouta que ses troupes étaient exténuées et que ses mitrailleuses avaient épuisé presque toutes leurs munitions. Mais Rommel était implacable. Il intima l'ordre à Ponath de se remettre en marche tout de suite vers l'est, le long de la grande route en direction de Tmimi et de Tobrouk.

Déçu par le manque d'ardeur au combat de Streich et d'Olbrich, ou plutôt par leur manque d'empressement à exécuter ses ordres sans discussion, Rommel confia le commandement des unités de tête gagnant la grande route depuis le désert au major-général Heinrich von Prittwitz und Gaffron, qui venait tout juste d'arriver en Libye et en avance sur sa formation, la 15e division de panzers. C'était une vraie gifle pour Streich. Mais les succès faciles que Rommel avait remportés contre un ennemi très surpris et maladroit l'avaient gonflé à bloc. Dans son esprit, seule la vitesse comptait. Pour le 9 avril, son intention était donc d'opérer une diversion à l'ouest de Tobrouk avec les divisions d'infanterie italiennes Brescia et Trento, tandis que la 5e division légère contournerait ce port par le désert et attaquerait inopinément du côté sud-est. « Pendant ce temps, je pensais que la 5e division légère était en marche pour Tmimi », écrivit-il plus tard, oubliant manifestement qu'il avait lui-même consenti au démontage des tourelles des chars[28]. Du coup, lorsque sur le chemin du retour il trouva le 5e régiment blindé en plein nettoyage, il se mit une fois de plus en colère contre Streich.

Jusque-là, son attaque audacieuse s'était tout de tout même avérée irrésistible. Le 11 avril, les Anglais avaient été chassés entièrement de Cyrénaïque, à l'exception d'un détachement encerclé dans le port de Tobrouk. L'avance initiale de Rommel et son exploitation en profondeur avaient causé une émotion d'autant plus grande que le commandement britannique avait écarté la possibilité d'une offensive précoce. En moins de deux semaines, les Anglais avaient reculé de 1 000 kilomètres – soit tous les territoires conquis en deux mois – et se retrouvaient repoussés à la frontière de l'Égypte. Avec cette attaque inopinée, Rommel avait ainsi pris l'ennemi au dépourvu, mais pour une raison à laquelle il n'aurait jamais songé. Toutes ses communications secrètes avec l'OKW étaient encodées au moyen de la machine Enigma, considérée comme parfaitement sûre. Les messages étaient communiqués par radio en code à Rome, puis transmis par télégraphe au quartier général de Hitler. Or, dans le domaine de Bletchley Park, à une soixantaine de kilomètres au nord-ouest de Londres, l'ennemi avait construit une machine du nom d'Ultra, capable de décrypter les messages chiffrés d'Enigma, ensuite transmis aux commandants britanniques affrontant Rommel. Au début d'avril 1941, ceux-ci avaient ainsi été avertis que Rommel devait tenir Benghazi. Ne connaissant pas encore le tempérament du commandant allemand ni son habitude de désobéir aux ordres, Wavell et ses supérieurs présumèrent qu'il allait obtempérer. Ce qui expliqua l'effondrement soudain des défenses britanniques en Cyrénaïque aussitôt que Rommel avança.

Churchill télégraphia à Wavell le 7 avril pour lui signaler que Tobrouk « doit être tenue jusqu'à la mort sans idée de retraite ». Dans la nuit du 8 avril, le gros de la IXe division australienne, qui s'était replié sans encombre de la région de Benghazi, arriva à Tobrouk, où il s'empressa d'utiliser les défenses permanentes italiennes. Le rejoignit par mer une brigade d'infanterie, suivie de détachements des Ier et VIIe régiments de la Royal Tank, avec l'aide desquels il fut possible de mettre sur pied une force blindée de quelque 50 chars. La décision de s'accrocher à ce port et de conserver cette position comme une épine dans le flanc de l'ennemi allait avoir une influence capitale sur le déroulement de la campagne africaine au cours des douze mois suivants.

Rommel n'en avait pas conscience. Le 10 avril, il était toujours confiant dans son succès complet en Cyrénaïque : « L'ennemi se replie, c'est certain. Nous devons le poursuivre avec tous les moyens qui sont à notre disposition. Notre objectif est le canal de Suez, et tous les hommes doivent en être informés[29]. »

Pendant qu'il dictait ses instructions dans le journal de guerre de l'Afrikakorps, le bataillon de mitrailleurs de Ponath s'approchait à 18 kilomètres de Tobrouk, avant de tomber sous le feu de l'artillerie lourde ennemie. Malgré ce pilonnage régulier, Ponath parvint à avancer ses troupes d'assaut de 2 kilomètres en direction de Tobrouk, mais les mines antichars et le feu des mitrailleuses ennemies balayaient la route à cet endroit. Les hommes de Ponath se mirent à l'abri et attendirent le soutien de l'artillerie lourde.

Plus loin en arrière, le long de la grande route asphaltée, Prittwitz arriva au poste de commandement de Schwerin. Ce descendant d'une vieille famille de la noblesse silésienne était dans la plus profonde perplexité : « Rommel m'a envoyé prendre le commandement de l'attaque. Mais je viens juste d'arriver en Afrique – je ne sais rien des troupes ou du terrain. » Schwerin lui fit un exposé de l'état de la situation, après quoi il réussit à dormir un peu. Au lever du soleil, Rommel surgit dans l'ouverture de la tente de Prittwitz et se mit à vociférer, cherchant à savoir la raison pour laquelle l'attaque de Tobrouk stagnait. « Les Britanniques s'échappent », hurlait-il. Prittwitz, rouge de confusion, emprunta la voiture et le chauffeur de Schwerin, direction Tobrouk. Ils s'enfonçaient dans l'inconnu ; Rommel n'avait pas de cartes ni de photos aériennes de la forteresse. Les mitrailleurs de Ponath, stupéfaits de voir la voiture avec le fanion d'un général, hurlèrent : *« Halt ! Halt ! »* Prittwitz se leva et cria à son tour : « Allons ! En avant ! L'ennemi s'échappe[30] ! » À l'instant même où il repartait, un obus antichar britannique détruisit sa voiture, les tuant, lui et son chauffeur.

Schwerin apprit tout de suite la mauvaise nouvelle. « Je voyais rouge, se souvint-il après la guerre. J'allai tout droit à la fameuse Maison Blanche où Rommel avait établi son quartier général. Rommel arriva en voiture, et je l'informai que le général qu'il venait tout juste d'envoyer au front était déjà mort. C'était la première fois que je le voyais effondré. Il devint blême, tourna les talons et partit de nouveau en voiture sans dire un mot. »

Rommel alla au sud de Tobrouk dans son nouveau *Mammut* – un camion de commandement blindé britannique gros et carré, récupéré à El-Mechili – pour étudier la configuration des lieux. Son détachement comprenait plusieurs camions et un canon de 20 mm. Un guetteur aperçut deux petits véhicules roulant à toute vitesse derrière eux, cahotant dans des traces de pneus et les rejoignant. Dans ses jumelles, Rommel pouvait voir que l'un d'eux était une voiture de commandement britannique et que l'autre ressemblait à son équivalent allemand. S'il était courageux, il savait aussi faire montre de prudence. « Préparez le canon », ordonna-t-il pendant que tous les camions s'arrêtaient. En un rien de temps, les deux voitures fondirent sur eux et s'arrêtèrent en dérapant. De l'une d'elles descendit Streich, rouge de colère, annonçant la nouvelle de la mort de Prittwitz. Rommel l'interrompit : « Comment osez-vous rouler après moi dans une voiture britannique ? J'étais sur le point de faire ouvrir le feu du canon sur vous. » Streich rétorqua sans broncher : « Dans ce cas-là, *Herr General*, vous auriez réussi à tuer vos deux commandants de panzers le même jour[31] ! »

Rommel devait capturer Tobrouk pour deux raisons essentielles. Ce port était le plus important de Cyrénaïque et coupait la grande route côtière sur une distance de 36 kilomètres, ce qui contraignait les convois de camions de ravitaillement qui avançaient en direction de la frontière égyptienne à effectuer un détour d'environ 80 kilomètres dans le désert en empruntant un chemin en mauvais état. Aussi longtemps que Tobrouk se trouvait entre les mains de l'ennemi, Rommel ne pouvait reprendre son offensive vers l'Égypte et la vallée du Nil, car la garnison de ce port pouvait recevoir des renforts par la mer et lancer des attaques contre les voies de communication de l'Afrikakorps.

Au début, il ne lui vint pas à l'esprit que la garnison de Tobrouk avait reçu l'ordre de combattre jusqu'au bout. Jusqu'à la fin avril, il pensa que les Britanniques avaient retraité de Cyrénaïque jusqu'à ce port afin d'y organiser une évacuation comparable à celle de Dunkerque. Il allait essuyer de nombreuses pertes en vies humaines et consommer une grande quantité de munitions avant de se rendre compte de son erreur d'appréciation. En outre, tout cela soulevait un problème capital qu'il avait initialement refusé d'aborder, celui du ravitaillement.

Rommel négligea d'autant plus ce problème qu'il était le héros de la presse allemande. L'opinion publique évaluait les succès du général en des termes très simples, et comme l'Afrikakorps progressait à toute allure vers l'est en direction de l'Égypte, les grandes distances parcourues par Rommel semblaient témoigner de son génie militaire. Ses troupes avaient foncé vers le sud au-delà de Tobrouk et s'étaient emparées de Bardia le 12 avril. Le lendemain, le fort Capuzzo, qui barrait la route traversant la frontière égyptienne, tomba entre les mains de l'Afrikakorps, qui ouvrit une brèche dans les barbelés de la frontière. Solloum, la première ville en territoire égyptien, fut également capturée. Mais dans le désert, et il en était de même pour la guerre navale, les distances parcourues avaient peu d'importance, de même que le nombre de prisonniers capturés. Ce qui comptait le plus était la destruction des chars, des canons et des avions de l'ennemi, sans lesquels une armée ne pouvait pas combattre.

Le matériel de guerre des forces britanniques, en particulier dans la forteresse de Tobrouk, n'était pas entièrement détruit, loin de là. À preuve, les premiers assauts échouèrent. Il s'agissait des premières rebuffades jamais essuyées par un général de la Wehrmacht depuis le début de la Seconde Guerre mondiale. À son habitude, Rommel se défaussa sur ses commandants : « Étonnamment, certains de mes commandants ont voulu faire une pause afin de renouveler leurs stocks de munitions, faire le plein de carburant et réparer leurs véhicules, même si une poussée immédiate de notre part avait de bonnes chances de réussite[32]. » Plusieurs années plus tard, en lisant le livre de Rommel, Streich griffonna avec indignation dans la marge : « Ce sont des absurdités scandaleuses ! Et le carburant ? » Comme il le souligna : « C'était toujours le trait saillant : il n'y avait tout simplement pas assez de carburant pour le pipeline des rêves de Rommel. Et ce n'était pas la faute de “certains” de ses commandants, mais de Rommel uniquement[33]. »

Rommel vivait maintenant dans une petite caravane de construction italienne qui protégeait contre le froid, la température chutant régulièrement au-dessous de zéro la nuit. Il l'installa – ainsi que son quartier général – dans une ravine rocailleuse peu profonde, juste au sud du front de Tobrouk, où les avions ennemis, dont les raids étaient de plus en plus nombreux, ne pouvaient les trouver facilement.

Plusieurs fois dans la même journée, étendu de tout son long par terre, le visage tanné par le soleil brûlant et par le vent du désert, Rommel empoignait ses jumelles pour observer Tobrouk. Il examinait les fortifications, notait les ouvrages de défense, scrutait les retranchements. Il repoussait sa casquette d'officier en arrière selon un angle tel que le soleil se reflétait sur ses grosses lunettes en plexiglas de motocycliste, elles aussi raflées à El-Mechili, qui allaient devenir une sorte de signe distinctif du personnage.

Les combats de la deuxième semaine d'avril secouèrent Rommel et ébranlèrent la confiance que ses hommes avaient en lui. Il chargea Streich de lancer la première attaque le 11 avril. Ce dernier envoya par le sud le 8e bataillon de mitrailleurs de Ponath et, sur une voie parallèle, à la droite de celui-ci, tous les chars disponibles du 5e régiment blindé d'Olbrich. La reconnaissance aérienne semblait indiquer que les Britanniques évacuaient Tobrouk par mer. « Il vous faudra agir sans tarder ! insista Rommel auprès de Streich. Faites un boucan de tous les diables ! » À 16 h 45, les forces de Streich se mirent en branle. Mais elles se retrouvèrent rapidement sous le feu nourri de l'ennemi et ne parvinrent pas à franchir un profond et très large fossé antichar, derrière lequel il y avait une barrière de fils de fer barbelés. Streich fut contraint d'interrompre l'attaque, ses hommes étant coincés et incapables de se replier.

Le lendemain, une tempête de sable se déchaîna. Rommel ordonna un nouvel assaut à 15 h 30, bien décidé à en tirer profit comme couverture. Juste avant le déclenchement de l'attaque, la tempête s'apaisa. Streich demanda alors : « Devons-nous toujours attaquer ? » Rommel resta froid et imperturbable : « L'attaque doit être exécutée à tout prix. » Streich se conforma strictement à cet ordre malgré lui et enjoignit aux soldats du génie de faire sauter les obstacles antichars. Les obus de l'artillerie britannique s'abattaient sur eux comme de la grêle. À cela venait s'ajouter l'intervention des bombardiers ennemis. Malgré tout, Rommel lui intima l'ordre plus tard dans la même journée : « Votre division doit prendre Tobrouk ! »

Le résultat fut le même. À 18 heures, Olbrich rentra au quartier général bredouille. Ses chars n'avaient pas réussi une fois de plus à percer les défenses de la forteresse, cette tentative s'avérant particulièrement coûteuse. Le 5e régiment blindé, qui avait entrepris ces batailles avec 161 chars, n'en alignait désormais plus que 40. De ses 71 meilleurs chars – le Panzer III –, il ne lui en restait plus que 9. Par conséquent, Streich refusa d'obtempérer à l'ordre de Rommel lui intimant de lancer un nouvel assaut tant que celui-ci ne serait pas préparé soigneusement. Il exigea des photographies aériennes pour reconnaître en profondeur les défenses ennemies, l'appui des Stukas pour bombarder les canons et les casemates de l'adversaire, ainsi que pour assurer une couverture aérienne aux troupes terrestres qui avançaient dans la zone fortifiée.

Cependant, les mitrailleurs de Ponath se trouvaient toujours en fâcheuse posture, à quelques centaines de mètres des lignes ennemies. Pour cette raison, Rommel ne pouvait faire autrement que de renouveler son attaque pour les tirer de cette situation difficile. La nuit, ils gelaient, tandis que le jour ils devaient se coucher à plat ventre et se tenir immobiles sous le soleil brûlant, car le moindre mouvement attirait sur eux une pluie de balles. Le sol était tout simplement trop dur pour creuser des terriers.

À midi le 13 avril, le dimanche de Pâques, Ponath fut rappelé au quartier général de Rommel. Lorsqu'il rampa de nouveau jusqu'à ses troupes à 17 heures, il donna les directives de Rommel à son adjudant-major, couché à plat ventre dans la poussière et dans le sable tout juste à côté de lui. Rommel avait ordonné une nouvelle attaque contre Tobrouk. Avant celle-ci, de 18 heures à 18 h 5, 6 bataillons d'artillerie se mettraient à pilonner la barrière de fils de fer barbelés. Les soldats du génie se porteraient en avant afin de faire sauter les obstacles antichars, tandis que les mitrailleurs de Ponath s'infiltreraient de l'autre côté et établiraient une tête de pont dont le régiment blindé d'Olbrich tirerait parti juste avant l'aube. Rommel s'apprêtait ainsi à se mesurer avec 500 mitrailleurs et environ 20 chars à 34 000 Britanniques.

Ce soir-là, alors que commençait l'opération, Rommel convoqua tous ses commandants à son *Mammut* et leur exposa son plan d'attaque pour l'aube. Il souligna que la reconnaissance aérienne avait une fois de plus indiqué que l'ennemi semblait se retirer de Tobrouk par mer. « Si l'ennemi se retire véritablement, dit-il à Streich, alors nous poursuivrons jusqu'au bout et d'un seul coup avec nos chars du régiment ce soir[34]. » Il confia le commandement de l'attaque à Streich et disparut avec son véhicule de commandement.

Vers minuit, l'adjudant-major de Ponath se présenta au poste de commandement de Streich et annonça que le 8e bataillon de mitrailleurs avait ouvert une brèche dans le fossé antichar sans que l'ennemi eût opposé la moindre résistance. La tête de pont allemande avait une largeur d'environ 500 mètres. Mais, flairant l'embuscade, Streich interdit d'exploiter davantage la percée avant le point du jour.

À 3 h 30, une heure avant que le régiment blindé dût s'engouffrer dans la brèche, Rommel était encore confiant. « La bataille pour Tobrouk va probablement prendre fin aujourd'hui, écrivit-il à Lucie. Les Britanniques ont lutté avec opiniâtreté et nous ont pilonnés à souhait avec leur artillerie. Toutefois, nous allons mener à bien cette bataille[35]. »

Une heure plus tard, les chars d'Olbrich entrèrent en action. Rommel avait accordé à Streich un régiment d'artillerie italien et une batterie antiaérienne comme appui rapproché. Dès l'aurore, Rommel partit en voiture d'El-Adem en direction de Tobrouk. À partir des coups de feu, il pouvait voir que les mitrailleurs de Ponath s'étaient profondément engouffrés dans le fossé antichar. Il alla ensuite voir la division blindée italienne Ariete, qui venait tout juste d'arriver, et lui ordonna de suivre de près le 5e régiment blindé dans la brèche.

Les combats sanglants du matin tournèrent cependant à l'avantage de l'adversaire. À l'aube, les troupes britanniques parvinrent à colmater la brèche derrière le bataillon de mitrailleurs, empêchant ainsi sa fuite. Peu après, la force blindée d'Olbrich fut contrainte par les canons antichars de l'ennemi à rebrousser chemin, d'autant plus que celui-ci jeta dans la bataille des avions et des chars Matilda de qualité supérieure aux Panzer III. Olbrich partit en voiture rencontrer Rommel pour lui expliquer très clairement l'échec de son attaque. Il avait vu de ses propres yeux la destruction de presque tout le bataillon de mitrailleurs. Des 500 hommes de Ponath, seuls 116 avaient pu s'échapper la nuit suivante, les autres étant morts ou faits prisonniers. Bien qu'elle eût combattu héroïquement, la batterie antiaérienne avait perdu la plus grande partie de son équipement. Olbrich lui-même avait perdu la moitié de ses chars, et les tourelles de la plupart des autres étaient coincées.

Rommel était en colère et perplexe. Refusant de s'avouer vaincu, il ordonna à Streich d'attaquer de nouveau à 16 heures – à défaut de capturer Tobrouk, au moins pour aider les mitrailleurs survivants de Ponath à s'échapper. Streich ne s'opposa pas explicitement à cet ordre de Rommel. Il en déclina simplement toute responsabilité. Plus tôt, il avait déclaré au responsable des opérations de Rommel, le major Ehlers : « *Herr General* Rommel peut ne pas apprécier de l'entendre, mais il est de mon devoir en tant qu'officier le plus ancien après lui de le signaler : si les Britanniques avaient eu un tant soit peu d'audace, ils auraient pu se frayer un chemin depuis leur forteresse à travers la brèche et progresser non seulement au-delà du reste de ma division, mais capturer le quartier général de l'Afrikakorps aussi bien que le mien. Cela aurait signifié la fin de la présence allemande en Libye et celle de la réputation du *Herr General*. Soyez gentil de dire cela à votre général. » Ehlers revint avec ce message pour Streich : « Rommel vous donne pour instructions de revenir à une "défense offensive". » Streich tourna les talons et partit en hochant la tête en signe de contrariété[36].

Olbrich soutenait Streich dans son refus d'attaquer de nouveau. Schwerin s'insurgeait lui aussi contre l'ordre de Rommel. Tous considéraient qu'un nouvel assaut contre les défenses de Tobrouk, dont ils ne savaient rien, serait un crime. À leurs yeux, un tel assaut ne pourrait qu'aboutir à un autre carnage. Pour la première fois, une faction anti-Rommel se dessinait parmi les troupes. Elle estimait que Rommel avait envoyé ses meilleurs hommes au massacre, alors qu'il aurait dû préparer son attaque soigneusement ; résultat : le brave commandant du 8e bataillon de mitrailleurs, le lieutenant-colonel Ponath, était mort, de même que la plupart de ses hommes. Elle critiquait aussi la tendance de Rommel à ignorer constamment l'avis de ses commandants de chars, comme celui du très compétent major Ernst Bolbrinker. En somme, une crise de confiance se faisait jour au sein du commandement de l'Afrikakorps, à tel point que la nouvelle attaque ordonnée par Rommel n'eut pas lieu.

Ce dernier n'était pas disposé à admettre la moindre faute et continuait à rejeter la responsabilité de la défaite sur ses commandants. « Durant l'offensive en Cyrénaïque et tout particulièrement au début du siège de Tobrouk, devait-il expliquer au ministère de la Guerre en juillet 1941, il y a eu de nombreux cas où mes ordres clairs et précis n'ont pas été exécutés par mes commandants ou avec promptitude. Il y a eu des cas qui ont frôlé la désobéissance et d'autres où certains de mes commandants se sont effondrés devant l'ennemi[37]. »

Rommel télégraphia à Berlin un message dans lequel il demandait l'envoi de renforts. Il se lamentait d'être tellement préoccupé par Tobrouk que malgré les occasions inespérées qui étaient fournies par la situation générale, il ne pouvait pas reprendre son offensive vers l'est. Le ton plaintif de sa requête provoqua des éclats de rire au sein du haut commandement de l'armée de terre : enfin il avait été remis à sa place et s'était fait rabaisser le caquet pour de bon. Halder, le chef de l'État-Major général, cita dans son journal les mots de Rommel en y ajoutant ce commentaire sarcastique : « Maintenant, il est enfin obligé d'admettre que ses forces ne sont pas assez puissantes pour lui permettre de profiter des "occasions favorables" offertes par la situation générale. C'est l'impression que nous avons ici depuis pas mal de temps[38]. »

Dans les jours suivants, Rommel poursuivit ses efforts afin de préserver son amour-propre en trouvant des boucs émissaires à son échec devant Tobrouk. Il blâma tout particulièrement Streich et Olbrich pour le massacre du 8e bataillon de mitrailleurs. « Mes commandants ne m'apportent pas tout le soutien dont j'ai besoin, se plaignit-il à Lucie. J'ai proposé que certains d'entre eux soient transférés[39]. » Il se brouilla avec son chef d'état-major, le lieutenant-colonel von dem Borne, qui était pourtant reconnu comme un officier calme et circonspect. Il renvoya chez lui son officier responsable des opérations, le major Ehlers, à l'insu de l'OKH. Il s'avéra qu'Ehlers avait suggéré dans le journal de l'Afrikakorps que si Rommel ne s'était pas baladé à travers le désert jusqu'à El-Mechili le 5 avril, il aurait été possible d'atteindre Tobrouk avant l'ennemi et d'éviter ainsi de s'enliser dans les défenses de la forteresse.

Rommel regagna toutefois la confiance qu'il avait perdue. Le 16 avril, il assura à son épouse que le succès à Tobrouk était assuré : « La bataille de Tobrouk s'est apaisée un peu. L'ennemi s'embarque. Par conséquent, nous pouvons espérer prendre la forteresse très bientôt[40]. » Rendant visite le jour même à ce qui restait du 8e bataillon de mitrailleurs, il ne ménagea pas ses encouragements : « Nous serons au Caire dans huit jours – faites passer le mot[41]. » Mais il ne se donna pas la peine de rendre visite au quartier général de Streich qui se trouvait tout près du sien, bien que ce fût le cinquantième anniversaire du commandant de la 5e division légère. Streich en déduisit alors que ses jours étaient comptés.

« *Herr Generalleutnant* Rommel regrette les pertes subies par notre bataillon, rapporta un mitrailleur officier à Streich, et nous a dit : "Vous ne devez pas vous laisser démoraliser pour autant. C'est la destinée du soldat. Des sacrifices doivent parfois être consentis." » Rommel avait ensuite blâmé le mauvais commandement du bataillon pour ne pas avoir d'abord ouvert une brèche plus grande dans les défenses ennemies. « Il nous a expliqué cela sur sa carte avec des petites marques faites au crayon. Quand le lieutenant Prahl lui a fait remarquer que le bataillon n'avait tout simplement pas à sa disposition les moyens pour élargir la brèche, il a répliqué : "La division aurait dû alors s'en occuper[42]." »

Rommel rêvait déjà à de nouveaux exploits militaires. Le revers qu'il avait essuyé à Tobrouk n'avait entamé en rien son ambition démesurée. Il respirait la confiance en soi, notamment lorsque deux généraux de haut rang de la Luftwaffe atterrirent sur le continent africain deux jours plus tard, Hoffmann von Waldau, le sous-chef de l'État-Major général de la Luftwaffe, et le feld-maréchal Erhard Milch, l'adjoint de Göring. Celui-ci relata plus tard la rencontre : « Le temps que j'ai passé avec lui fut bref, mais agréable, puisque nous nous sommes très bien entendus. Il était très content de l'accroissement de la puissance des avions de chasse, étant l'un de nos généraux les plus sensibilisés sur l'armée de l'air. Mais il était plutôt idéaliste quant à ses desseins. Penché de très près sur ses cartes – il manquait terriblement de perspicacité –, il s'exclama : "Regardez, Milch, voilà Tobrouk. Je vais m'en emparer. Voilà la passe d'Halfaya. Je vais également m'en emparer. Voilà Le Caire. Je vais m'en emparer. Et voilà – voilà le canal de Suez. Je vais aussi m'en emparer." Que pouvais-je dire de plus que ceci : "Et je suis ici. Emparez-vous également de moi[43] !" » Et les deux hommes éclatèrent de rire.

À l'OKH, où la grogne ne s'estompait pas, l'atmosphère n'était pas à la gaieté, loin de là. Le 23 avril, Halder nota dans son journal que Rommel n'était tout simplement pas à la hauteur : « Rommel ne nous a pas envoyé un seul rapport clair et précis depuis plusieurs jours. J'ai le sentiment que tout est en pagaille. Les rapports des officiers qui combattent sur ce théâtre aussi bien que les lettres personnelles laissent clairement apparaître que Rommel n'est aucunement à la hauteur de la situation. Il court çà et là toute la journée entre ses unités largement dispersées, lance des raids de reconnaissance du terrain et déploie ses forces sur une ligne trop mince. Personne n'a un tableau complet de la répartition de ses troupes et de leurs forces au combat[44]. »

Même si la forteresse de Tobrouk était encerclée par des unités allemandes numériquement faibles et que d'autres détachements du corps expéditionnaire étaient parvenus à progresser jusqu'à la frontière égyptienne, Halder considérait que Rommel aurait dû réaliser dès le départ que les forces de l'Afrikakorps, qui avaient été envoyées en Afrique du Nord pour y remplir une mission essentiellement défensive, n'étaient pas assez puissantes pour mener à bien son offensive. En ordonnant des attaques répétées contre les fortifications de Tobrouk, Rommel avait épuisé ses unités à tel point que pour la première fois depuis le début de la Seconde Guerre mondiale une formation allemande courait le danger d'être anéantie. Halder était de ce fait anxieux de freiner toute action outre-mer qui pourrait nécessiter des renforts aux dépens des formations allemandes du principal théâtre des opérations. À la veille de l'attaque contre l'URSS, la Wehrmacht avait en effet besoin de toutes ses forces, et l'envoi de renforts en Libye entraînerait un alourdissement des transports maritimes que les Italiens ne seraient sans doute pas en mesure d'assurer, d'autant plus que la majorité des escadrilles de la Luftwaffe en Méditerranée avaient été dirigées sur les Balkans[45]. À cela venait s'ajouter l'aversion instinctive de Halder pour la tendance de Hitler à soutenir des chefs dynamiques comme Rommel qui ne se conformaient pas au moule de l'État-Major général de l'armée de terre.

Halder envoya donc en visite en Afrique du Nord son adjoint, le lieutenant-général Friedrich Paulus, pour découvrir ce qui se passait vraiment au sein de l'Afrikakorps. Paulus et Rommel se connaissaient, pour avoir été respectivement capitaine et commandant d'une compagnie dans le même régiment à Stuttgart de 1927 à 1929. Halder était d'avis que Paulus serait peut-être en mesure de ramener Rommel à la raison : « Il est probablement le seul homme qui a suffisamment d'influence pour détourner de son chemin ce soldat devenu fou à lier[46]. »

Pour sa part, Rommel, qui était résolu à démontrer avec empressement ses aptitudes sur un champ de bataille, bravait les chefs de l'OKH entre autres parce qu'il exerçait son commandement en Afrique du Nord en partant d'un principe erroné, ignorant de la stratégie globale du commandement suprême de la Wehrmacht. Son incompréhension se manifesta en particulier quand Hitler déclencha une offensive dans les Balkans le 6 avril 1941. Rommel croyait enfin connaître la raison pour laquelle il n'avait pas reçu les renforts qu'il sollicitait depuis plusieurs semaines. Dans une lettre à Lucie datée du 25 avril 1941, il écrivait que la campagne des Balkans, tout comme la sienne en Afrique du Nord, avait été conçue pour affaiblir les positions britanniques dans le canal de Suez. Il était donc toujours incroyablement optimiste quant à la prochaine offensive contre Tobrouk : « J'ai rarement eu autant de soucis militaires que dans les derniers jours. Cependant, les choses se présenteront probablement différemment bientôt. La Grèce sera sans doute occupée très rapidement. Il sera ensuite possible de nous fournir davantage de renforts. Paulus doit arriver dans quelques jours. La bataille pour l'Égypte et le canal entre maintenant dans sa phase critique et nos adversaires tenaces résistent en utilisant tout ce qu'ils ont à leur disposition[47]. » Il réitéra cet espoir après l'arrivée de Paulus, ce qui laisse penser que ce dernier ne lui glissa aucun mot au sujet de l'opération « Barbarossa », le nom de code du plan d'attaque de l'Union soviétique prévue à la fin de juin 1941. Au reste, Rommel demeura dans le noir, même après le déclenchement de celle-ci. Il ne lui viendrait pas à l'idée que l'Afrique du Nord était un théâtre des opérations secondaire pour Hitler et ses chefs militaires. C'est seulement lorsque la campagne de Russie deviendrait une véritable guerre d'usure à partir de l'hiver 1941-1942 qu'il prendrait enfin conscience que le sort des batailles sur le continent africain était forcément dépendant de l'issue de la guerre sur le front russe[48].

Paulus arriva en Libye le 27 avril, chargé par le haut commandement de l'armée de terre de rappeler Rommel à l'obéissance et de l'empêcher de lancer d'autres assauts sur Tobrouk. Rommel avait déjà les nerfs très tendus, non seulement à cause de ses démêlés aussi bien avec ses supérieurs à Berlin qu'avec ses subalternes de l'Afrikakorps, mais également en raison des conditions climatiques extrêmes dans le désert. Qu'il eût échappé à la mort à deux reprises dans la dernière semaine expliquait également cet état. Au moment où il s'arrêtait pour discuter avec des officiers d'infanterie qui s'étaient retranchés à l'ouest d'El-Adem, une salve de l'ennemi tomba directement sur eux. Un lieutenant fut tué sur le coup, tandis qu'un autre perdit un bras. Puis, lorsqu'il rentra d'une visite à Bardia, des avions de chasse britanniques descendirent en piqué à la faveur d'un soleil aveuglant et mitraillèrent son *Mammut* à basse altitude. Son conducteur fut touché avant même qu'il eût lui-même eu le temps de fermer la porte d'acier. Un conducteur de camion et une estafette furent tués sur le coup. La radio du camion fut détruite. Rommel mit lui-même un bandage sur la sérieuse blessure à la tête de son chauffeur et prit la place du conducteur.

Il ne restait désormais plus à Rommel que de faibles forces pour tenir Bardia et la frontière égyptienne, et elles essuyaient le feu des chars, des bombardiers et même des canons des navires de guerre ennemis. Le 24 avril, il avait demandé une nouvelle fois des renforts à Berlin, soulignant en particulier la gravité de la situation à Bardia et à Tobrouk en raison de l'accroissement des forces britanniques. Il avait également demandé un pont aérien pour le transport jusqu'en Afrique de la 15e division de panzers, l'élargissement de la 5e division légère en une véritable division de panzers, de puissants renforts de la Luftwaffe et des opérations de U-boote le long de la côte. Et il avait ajouté brièvement : « On ne peut pas compter sur les troupes italiennes. » Quand Hitler fut informé le lendemain de la situation critique de Rommel, l'un de ses officiers d'état-major nota dans son journal : « Le Führer a employé de gros mots. » Deux jours plus tard, les principaux éléments de la 15e division de panzers commençaient à arriver par avion à Benghazi.

Les écarts de langage de Hitler en présence des officiers de l'OKH n'étaient probablement rien comparativement aux jurons lâchés par les commandants de Rommel, maintenant qu'ils avaient enfin reçu du haut commandement italien les plans détaillés des défenses de Tobrouk : ils pouvaient désormais voir ce à quoi ils s'étaient heurtés. Les ingénieurs italiens avaient conçu et construit 128 positions-clés communiquant d'un bout à l'autre d'un périmètre de 50 kilomètres. De même que les fossés antichars protégeant chacune des positions-clés, les passages étaient tous recouverts de bois et d'une mince couche de sable pour les dissimuler. Ils abritaient des postes de canons antichars et de mitrailleuses, et ils avaient tous été terminés à ras de terre pour les rendre invisibles aux assaillants, du moins jusqu'à ce qu'ils se trouvent directement dessus. Il y avait des réseaux de barbelés très denses autour de ceux-ci. Ce n'était donc pas étonnant que les tentatives de Rommel pour prendre d'assaut Tobrouk eussent toutes été repoussées.

C'est à peu près à ce moment-là que Rommel avait réuni ses commandants pour discuter de son plan de bataille qui consistait en une attaque dirigée contre le coin sud-ouest des défenses de Tobrouk sous le couvert de l'obscurité. Au cours de la conférence, Streich avait fait remarquer : « Il y a quelques jours, certains de mes officiers et moi-même avons jeté un coup d'œil au terrain au sud-est de Tobrouk. Il est plat et nous donne l'occasion de faire avancer nos troupes la nuit, tout droit sur leurs fortifications, sans se faire remarquer ; elles pourront alors attaquer à l'aube. » Rommel l'avait réprimandé sur un ton des plus méprisants : « Je ne veux entendre aucune de vos idées. Je veux seulement vous entendre dire de quelle manière vous envisagez de mettre à exécution mon plan[49]. » L'ironie voulut que, après l'échec de toutes ses idées opérationnelles, ce fût le plan de Streich que Rommel exécutât plus tard avec succès, une fois que le commandant de la 5e division légère eut quitté l'Afrique du Nord.

Entre Paulus et Rommel, les rapports étaient plutôt tendus. Ils étaient tous les deux du même grade, quoique Paulus eût été nommé lieutenant-général cinq mois avant Rommel. Mais comme le premier était l'adjoint de Halder, il était en situation de révoquer le second à n'importe quel moment. Rommel n'avait donc pas d'autre solution que d'obéir à Paulus. Il se doutait bien d'ailleurs que cette visite était le résultat d'une intrigue de l'État-Major général de l'armée de terre. Rommel envoya néanmoins Paulus inspecter le périmètre de la forteresse assiégée pour qu'il pût se faire lui-même une opinion sur la situation. De même, il lui fit part de son intention de lancer une grande offensive contre le secteur sud-ouest de Tobrouk le 30 avril. Bien que sceptique, Paulus finit par donner son accord pour un nouvel assaut.

Peu satisfait de Streich, Rommel le remplaça temporairement au commandement de la 5e division légère par le major-général Heinrich Kirchheim. Décoré de la Pour le Mérite, celui-ci venait tout juste d'arriver en Libye. L'attaque se déroulerait de nuit et aurait d'abord pour objectif la conquête de la cote 209, le Ras-el-Mdauuar. De cette colline, l'ennemi harcelait les lignes de communication de l'Afrikakorps. Rommel était confiant dans son succès, écrivant à Lucie au matin du 30 avril : « Nous avons bon espoir. L'artillerie de l'ennemi est devenue très silencieuse. Il est vrai que nous lui faisons mener une vie infernale[50]. »

Il se rendit directement en première ligne pour observer la bataille depuis son *Mammut*. Il rampa sur les derniers cent mètres pour rejoindre les troupes de choc de Kirchheim qui étaient coincées près d'un bunker. À 9 heures, un bataillon de mitrailleurs s'empara de la cote 209 par l'arrière. Commença alors la principale opération vers le nord-est pour capturer Tobrouk. Mais la pénétration était trop étroite et à mesure qu'elles progressaient, les troupes se heurtaient à davantage de points d'appui fortifiés bien dissimulés.

Une tempête de sable se leva brusquement et enveloppa le reste de la bataille. Rommel restait cramponné à la cote 209, un succès qui lui permit de faire plusieurs centaines de prisonniers. Mais d'un ton péremptoire, Paulus lui ordonna de suspendre l'attaque. Si le coin sud-ouest du périmètre restait en sa possession, il était évident que ses troupes n'étaient pas assez puissantes pour s'emparer de Tobrouk. Elles avaient essuyé de lourdes pertes, au point d'alarmer l'État-Major général de l'armée de terre, Halder rapportant dans son journal : « L'Afrikakorps a annoncé des pertes de 53 officiers et de 1 187 hommes dans les combats offensifs contre Tobrouk. Très élevées[51] ! » Pis encore, les dépôts de munitions avaient tellement été sollicités pour repousser les contre-attaques de l'ennemi que Rommel était aux prises avec sa première véritable crise d'approvisionnement.

Rommel doit être tenu pour responsable des difficultés de ravitaillement auxquelles il était aux prises pour ne pas s'être limité à sa mission initiale qui consistait à contenir les forces de l'ennemi en Libye. Bien qu'elle fût brillante, son avance jusqu'à Tobrouk ne lui avait pas permis de remporter une victoire décisive sur l'ennemi. Elle avait plutôt allongé d'environ 1 200 kilomètres ses lignes de communication déjà très étirées. Benghazi était plus près que Tripoli, mais les Italiens refusaient d'y diriger des convois de ravitaillement pour des raisons qui recevaient l'assentiment de Paulus : le port avait une capacité très limitée, la voie maritime pour s'y rendre était plus longue et le danger d'une attaque britannique beaucoup plus grand. Il ne restait donc que la longue route terrestre du port de Tripoli jusqu'à Tobrouk, soit 1 800 kilomètres. Pour franchir cette distance, non seulement 35 % des camions de transport se retrouvaient constamment en réparation, mais entre 30 et 50 % de tout le carburant débarqué en Afrique du Nord était gaspillé entre Tripoli et le front de Tobrouk[52].

Pour comprendre à quel point ses lignes de communication étaient mises à rude épreuve, il faut savoir que l'Afrikakorps avait besoin d'un minimum de 24 000 tonnes d'approvisionnement par mois. Pour constituer les stocks en vue d'une prochaine offensive, 20 000 tonnes supplémentaires lui étaient nécessaires. La Luftwaffe avait pour sa part besoin de 9 000 tonnes de l'approvisionnement. À cela venaient s'ajouter les 63 000 tonnes dont avaient besoin les troupes et la population civile italiennes en Libye, ce qui portait le total de l'approvisionnement requis mensuellement à 116 000 tonnes. Or, les installations portuaires de Tripoli ne permettaient pas de décharger plus de 45 000 tonnes par mois. Quant aux représentants allemands à Rome, ils ne s'estimaient pas en mesure de fournir plus de 20 000 tonnes par mois aux troupes de Rommel, c'est-à-dire moins que le strict nécessaire.

Ce problème, c'est Rommel lui-même qui en était la cause, et la seule idée de l'aborder de front le mettait en rage. Aussi préférait-il charger les Italiens, auxquels incombait la responsabilité des navires ravitailleurs en Méditerranée. Il en viendrait même à suggérer un retrait des troupes italiennes d'Afrique du Nord afin de laisser toute la place à l'Afrikakorps, non pas tant parce qu'elles n'étaient pas fiables au combat, mais parce qu'elles représentaient des « bouches inutiles » à nourrir.

Les crises temporaires en matière de ravitaillement se produisaient essentiellement à cause de l'île de Malte, dont les bases navale et aérienne britanniques ne seraient jamais neutralisées complètement. Néanmoins, tout au long de la campagne d'Afrique, la marine italienne allait très bien accomplir sa tâche : en moyenne, chaque convoi ravitailleur était escorté par plus d'un navire de guerre, un coefficient qui ne serait jamais atteint par les Alliés. Des 206 402 hommes envoyés en Afrique, 189 162 arrivèrent à bon port (92 %) ; des 599 338 tonnes de carburant, 476 703 arrivèrent à bon port (80 %) ; 243 633 tonnes de camions et de chars étaient arrivées sur un total de 275 310 tonnes (88 %) ; 149 462 tonnes d'armes et de munitions étaient arrivées sur un total de 171 060 (87 %). Si on tient compte des seules forces allemandes, Rommel reçut 82 % du ravitaillement en carburant et 86 % de celui en vivres, en munitions et en armes[53]. Par conséquent, ces chiffres ne justifient aucunement l'hypothèse énoncée à maintes reprises par Rommel pour expliquer ses difficultés de ravitaillement : « la traîtrise italienne[54] »

Pour les troupes de Rommel assiégeant Tobrouk, une guerre de positions commençait alors. Dans leurs discussions, certains officiers de son état-major faisaient parfois une comparaison avec la bataille de Verdun. Il n'y avait pourtant pas de tranchées, que du sable et des pierres, sans parler des mouches ou du soleil brûlant qui pelait le nez et gerçait les lèvres de ses hommes. Plusieurs étaient fatigués et souffraient de troubles gastriques : « Ils se produisent à peu près une fois par mois et te rendent faible pendant quelque temps », expliquait le colonel Maximilian von Herff, basé à Solloum sur la frontière égyptienne. Après trois jours de cela récemment, je me suis senti si mal que je me suis évanoui trois fois le même jour [...] mais je m'en suis remis sans me faire porter malade. En tout cas, nous tous, les guerriers d'Afrique, les officiers aussi bien que les hommes, serons contents de partir d'ici. Nous disons : "Plus jamais l'Afrique !" » Herff s'arrangea pour obtenir un billet de retour quelques semaines plus tard et devint chef du personnel dans la Waffen SS.

Même les hommes de l'Afrikakorps ayant la moitié de son âge avaient bien du mal à s'acclimater. La nourriture était constituée de biscuits, d'huile d'olive (car le beurre deviendrait rance), de sardines en boîte, de café, de confitures, de fromage doux en tube et de viande en conserve estampée « AM » que les troupes ne parvenaient pas à identifier – et que certains traduisaient par *Alter Mann* (« vieil homme »). Il n'y avait bien sûr ni œufs, ni jambon ou lait, sans parler de fruits ou de légumes frais : « Notre équipement est déplorable à tous les égards en comparaison de celui des Britanniques, écrivait Herff. Regardez leur réapprovisionnement en eau minérale, en conserves et en fruits, des choses qui nous font cruellement défaut. Ce manque devient encore plus évident avec la détérioration de la santé de nos plus jeunes alors qu'il fait de plus en plus chaud. Même nos jeunes de 25 ans perdent leurs dents, et leurs gencives ne cessent de saigner. Ce ne sera pas un été facile. »

L'échec de ses tentatives précédentes obsédait Rommel d'autant qu'il pouvait deviner le ton du rapport de Paulus à l'OKH. Même Herff écrivit une lettre à Berlin sur les pertes que son régiment avait essuyées jusqu'ici en Afrique : « Nous avions déjà perdu plus de 1 000 hommes dans l'Ouest, puis le torpillage d'un convoi m'en a coûté 250 autres ainsi que ma compagnie d'artillerie, et Tobrouk à lui seul m'a coûté presque 450 hommes. Personne ici n'a compris ces premières attaques contre Tobrouk : malgré le fait que la force et la garnison de la forteresse étaient bien connues, chaque bataillon fraîchement arrivé fut envoyé attaquer sans qu'il parvienne naturellement à percer les défenses de l'ennemi. Le résultat est qu'il n'y a pas une seule unité à Tobrouk qui n'a pas été sévèrement malmenée [...]. Nombreux sont les ordres impulsifs donnés par l'Afrikakorps qui, pour nous, les jeunes officiers, n'ont ni queue ni tête[55]. » Cette lettre à charge de Herff fut jointe au dossier de Rommel.

Paulus soumit son rapport à Halder le 11 mai. Dans celui-ci, il se montrait très critique à l'égard de Rommel : « La situation en Afrique du Nord est très peu satisfaisante. En outrepassant ses ordres, Rommel a créé une situation dans laquelle les capacités de ravitaillement actuelles sont insuffisantes. Rommel n'est pas à la hauteur de sa tâche[56]. » Paulus, un Prussien, parlait même de son ancien compagnon d'armes avec une franchise brutale lorsqu'il confia à des proches : « Ce Souabe imbécile [...] agit comme s'il n'avait besoin d'écouter personne. » Paulus, qui voulait depuis longtemps obtenir un commandement sur le front, hésita même à proposer à l'OKW de prendre lui-même le commandement de l'Afrikakorps. Mais son épouse s'opposa à cette intention : « Ne touche pas à ça ! Qu'est-ce que tu y gagnerais si jamais tu devais te faire pincer en Afrique [...][57] ? »

En empruntant la Via Baldia de Tobrouk jusqu'à la prochaine grande ville vers l'est, en l'occurrence Bardia, il fallait parcourir environ 100 kilomètres. D'un bout à l'autre du trajet, la mer n'était jamais très loin sur la gauche, de même que l'escarpement assez raide sur la droite. Après Bardia, la route s'élevait sur une quinzaine de kilomètres jusqu'à ce qu'elle rencontre la Trigh Capuzzo, le vieux chemin emprunté par les troupeaux de chameaux à travers le haut plateau. Dans cette région, les Italiens avaient construit un fort en pierres pour défendre la frontière entre la Tripolitaine et l'Égypte qui se trouvait à seulement 3 kilomètres. La frontière était constituée de vastes réseaux de barbelés construits originellement pour empêcher les guerriers rebelles senousis d'entrer en Libye.

À quelques centaines de mètres de l'autre côté de la frontière, en Égypte, la route piquait vers le port de Solloum, avant de s'élever jusqu'à une altitude de 200 mètres. Cette route allait jusqu'au Caire, mais quelques kilomètres après Solloum, un autre embranchement bifurquait à droite et montait l'escarpement en une succession de virages en épingles à cheveux. C'était la passe d'Halfaya que les troupes du colonel Herff avaient capturée à la fin d'avril. Il n'y avait qu'à Solloum et à Halfaya que les chars pouvaient facilement monter l'escarpement jusqu'au plateau du désert et avoir ainsi accès à la Libye. D'où l'importance du front de Solloum : s'il cédait, Rommel devenait vulnérable à une attaque britannique de l'Égypte ; il devrait alors lever le siège de Tobrouk et se retirer sur une ligne à Ain-el-Gazala ou même se replier encore plus à l'ouest. Conformément aux instructions de Paulus, il avait élaboré des plans pour la fortification du front de Solloum – c'est lui-même qui avait fait les croquis, s'inspirant des bunkers de Tobrouk qu'il avait inspectés sous le feu de l'ennemi quelques jours auparavant.

Quand Rommel inspecta le front de Solloum le 22 mai, Herff venait d'infliger un revers cuisant aux Britanniques. Un mois auparavant, Rommel avait donné l'ordre à Herff d'adopter une « défense offensive » et d'envoyer des détachements opérer des raids loin derrière les lignes ennemies. Herff fit preuve d'initiative. Il tira parti de la première tempête de sable pour attaquer les Britanniques et voler plusieurs de leurs camions. Il fit creuser de nouvelles positions, et instruisit sa force mixte germano-italienne d'environ 6 000 hommes. D'ailleurs, il ne tarissait pas d'éloges sur les Italiens : « Avec patience et énergie, j'ai réussi à faire d'eux des soldats braves et compétents ; ils ont tenu bon jusqu'au bout contre l'ennemi et savaient comment mourir sans avoir peur[58]. »

Cela valut la peine car, le 15 mai, les Britanniques décidèrent d'attaquer le front de Solloum avec 55 chars de la VIIe division blindée et de la XXIIe brigade de la Garde avant l'acheminement complet en Libye de la 15e division de panzers. La moitié des chars engagés dans l'opération étaient de redoutables Matilda, dont l'épais blindage était à l'épreuve des canons antichars allemands, sauf du 88 mm monté sur roues. Pour Rommel, il était évident qu'il s'agissait d'une tentative pour porter secours à la garnison de Tobrouk. Il était conforté dans son opinion par les communications radio de l'ennemi déchiffrées par ses services de renseignements.

Herff prit la bonne décision en amorçant un repli afin d'esquiver le choc de l'ennemi et en lançant au lever du jour suivant une contre-attaque inopinée sur le flanc des assaillants. Dans l'après-midi du 15 mai, il tenait déjà la situation bien en main. Il replia ses troupes à la tombée de la nuit et de bonne heure le 16 mai contre-attaqua le flanc de l'ennemi avec le soutien du 8e régiment blindé, si bien que dans la soirée il avait déjà repris tout le terrain perdu à l'exception de la passe d'Halfaya.

Au cours de cette première bataille frontalière, Rommel fut pris de panique. À un intervalle de deux ou de trois heures, il envoya à Berlin des télégrammes tantôt alarmants et inquiétants, tantôt rassurants et triomphants. Son état d'excitation nerveuse passagère faillit lui coûter son poste, lui qui était déjà en disgrâce auprès des hauts gradés de l'OKH, notamment en raison des nombreuses lettres de protestation qui s'empilaient à Berlin. Le feld-maréchal Brauchitsch lui adressa le 25 mai un message de six pages dans lequel il lui enjoignait à l'avenir d'être modéré et mesuré dans ses communications tout en faisant preuve d'une certaine continuité. Il lui demanda également de ne pas perdre son sang-froid lorsque l'ennemi lançait une attaque-surprise contre ses forces : « Vous devez éviter, sous l'influence immédiate des événements, de dresser un état de la situation trop optimiste ou trop pessimiste[59]. »

Blessé par ces critiques, Rommel était encore de très mauvaise humeur lorsqu'il écrivit le lendemain à son épouse : « Hier soir, j'ai reçu un bon savon de von Brauchitsch pour une raison qui dépasse l'entendement. Apparemment, les rapports que je leur envoie et qui rendent compte de l'état de la situation telle qu'elle se présente véritablement ne leur conviennent aucunement. Par conséquent, nous resterons bouche cousue et présenterons nos rapports de manière la plus brève[60]. »

Heureusement pour la renommée de Rommel, son commandant du front de Solloum lança une contre-attaque qui prit l'ennemi par surprise. Au cours de leur repli consécutif à l'échec de l'opération « Brevity », les Britanniques avaient laissé la XXIIe brigade de la Garde tenir garnison à Halfaya. Le 27 mai, ses troupes entrèrent en action à 4 h 30 et capturèrent la passe moins de deux heures plus tard. L'ennemi se replia le long de la plaine côtière en direction de Sidi-Barrani, abandonnant derrière lui 9 canons, 7 chars Matilda et de nombreux camions dont ils avaient grand besoin. Un exploit qui valut à Herff la croix de chevalier de l'ordre de la Croix de fer.

La reconquête d'Halfaya contribua à sauvegarder le prestige de Rommel. Il se permit même d'être un peu trop désinvolte dans sa réponse au télégramme du commandant en chef, ce qui n'arrangea pas son cas : « Mon affaire avec l'OKH n'est toujours pas réglée. Ou bien ils ont confiance en moi ou bien pas du tout. Si ce n'est pas le cas, alors je leur demande de tirer leurs propres conclusions. Je suis très curieux de savoir ce qui va en résulter. Il est tellement facile de ronchonner lorsqu'on n'a absolument rien fait pour aider[61]. »

En Allemagne, Rommel avait acquis une notoriété considérable et sans pareille pour un général de la Wehrmacht. Sa célébrité était assidûment entretenue par les correspondants de guerre, les photographes et les cameramen attachés à l'Afrikakorps. Ce n'est d'ailleurs pas une coïncidence si son principal aide de camp était le sous-lieutenant Alfred-Ingemar Berndt. Celui-ci n'était pas seulement un directeur de la propagande extrêmement habile et astucieux, mais servait d'intermédiaire direct entre Rommel et Goebbels. En tant que chef de division au ministère de la Propagande, Berndt avait été responsable de la censure de toute la presse écrite du Reich. Ambitieux et carriériste, il était également reconnu comme un zélateur fanatique du national-socialisme. À l'Afrikakorps, il était chargé plus précisément de tenir le journal de Rommel. Au fil de la campagne d'Afrique, il allait impressionner favorablement Rommel par son courage au combat et devenir non seulement un commandant de compagnie, mais l'un de ses plus proches confidents. De même, Rommel allait recourir souvent à lui comme messager entre d'une part l'Afrikakorps, de l'autre le ministère de la Propagande et le quartier général du Führer.

Pour la propagande nazie, la campagne nord-africaine offrait un contexte particulier et unique pour accroître dans un sens purement national-socialiste la popularité de Rommel en tant que « général de panzers » et représentant typique de la *Blitzkrieg*. L'Afrique éveillait en Allemagne des résonances coloniales profondes et Rommel apparaissait aux yeux de nombreux Allemands comme le nouveau colonel Paul von Lettow-Vorbeck, le fameux commandant de l'armée du Kaiser en Afrique de l'Est allemande durant la Première Guerre mondiale.

Toutefois, les propagandistes de Goebbels n'avaient pas pour seul but de soigner l'image de Rommel. Lorsqu'elles débarquèrent à Tripoli, les troupes allemandes foulaient le sol d'un autre continent. L'Afrique symbolisait alors l'expansion considérable de la sphère d'influence de l'Allemagne. Après la conquête de la Cyrénaïque par Rommel au début d'avril 1941, les actualités allemandes montrèrent un soldat de l'Afrikakorps en train de rayer sur un poteau indicateur les mots « *Wavell's Way* » et de les remplacer par « *Rommels Weg* » de manière à mettre en évidence que l'Afrique du Nord avait désormais un nouveau maître[62]. Dans les films, les images de palmiers courbés par le vent, de minarets blancs et s'élançant vers un ciel sans nuage, d'oasis enchantées au milieu des plaines de sable et d'enfants bédouins succédaient aux prises de vues d'œufs frits sur la carrosserie d'un char d'assaut, dont la cuisson nécessitait pourtant un chalumeau. Tout cela donnait l'illusion d'une grande aventure où étaient insérées des images de tanks qui s'élançaient vers l'Égypte en soulevant d'énormes nuages de poussière au rythme enthousiasmant de la chanson composée spécialement pour cette campagne, l'*Afrikalied*.

Dans ces mêmes actualités, le lieutenant-général Rommel se trouvait bien entendu constamment en première ligne, à la pointe des combats. Peu importe les circonstances, il était toujours au front, en plein cœur de l'action : roulant à la tête de ses unités de panzers en bravant le danger dans un véhicule exposé aux tirs de l'ennemi ; observant un duel d'artillerie avec ses jumelles dans une pose de commandant de campagne se découpant nettement sur le fond bleu du ciel ; expliquant ses nouveaux plans d'attaque sur une carte en prenant de grands airs de chef de guerre ; ou inspectant triomphalement des chars britanniques détruits par ses troupes[63].

Il n'y avait pas que les actualités qui peignaient la situation en Afrique sous des couleurs où alternaient visions idylliques et clichés héroïques. Les reportages du baron Hanns-Gert von Esebeck, qui accompagnait Rommel depuis la campagne de France, étaient d'un lyrisme romantique des plus kitsch, mais qui seyait parfaitement aux objectifs de la propagande nazie. Il écrivait sur le soleil qui brillait au-dessus de « l'horizon comme un disque laiteux dans la brume des nuages du matin » et qui « délivre lentement les paysages de l'enchantement de la nuit ». « Au bout de la route qui s'étire au-delà des petites collines comme un large et scintillant lacet de soulier se trouve le fort d'El-Agheila, une tour grande et massive entourée de murs d'argile et de briques comme si elle [...] avait été érigée dans un conte arabe des Mille et Une Nuits. Dans le désert, au loin, des petites tornades s'amusent dans le vent matinal et les couleurs des plaines sans fin changent du gris à la première lueur du soleil levant au jaune à la lumière du jour, puis étincellent soudainement comme une myriade de gouttes de rosée brillantes dans lesquelles les silhouettes des petits buissons épineux et fauves ressemblent à des taches d'encre. Inaperçu, le ciel est passé à un bleu profond et les versants du djebel El-Akhdar lointain scintillent maintenant sous les rayons brillants d'un soleil de plomb[64]. »

Et bien sûr, Rommel occupait invariablement une place centrale dans ces scènes romanesques. Des spécialistes du ministère de la Propagande fournirent même l'explication de la raison pour laquelle il faisait partie intégrante de cette épopée nord-africaine. Parmi les quelque 80 mots arabes signifiant « sable », ils prétendaient en avoir découvert un qui, en vieil arabe, signifiait « Rommel »[65].

À partir de la fin de mars 1941, les correspondants de guerre firent de nombreux reportages sur la campagne de Rommel en Afrique du Nord, qui était en fait le seul théâtre des opérations terrestre du Reich depuis la campagne de mai-juin 1940. Ils faisaient l'éloge du « général de panzers » qui, malgré une infériorité numérique par rapport à l'ennemi, s'élançait vers l'est à la tête de ses unités blindées avec impétuosité. Ils établissaient une comparaison entre la bataille de Tobrouk, la bataille dans le « sable des Carthaginois », et la bataille de Cannes lors de laquelle Hannibal avait défait les Romains au moyen d'une attaque en tenaille et en dépit d'une infériorité en nombre.

Le lieutenant Alfred Tschimpke, qui avait déjà écrit un livre sur la 7e division de panzers de Rommel dans la campagne de l'Ouest, fit plusieurs reportages où il traçait le portrait d'un Rommel dont le trait distinctif était qu'il se trouvait toujours à l'avant. « Lorsque nous prenions part à une opération quelconque sur le flanc d'un régiment et que nous posions toutes sortes de questions par des voies détournées pour trouver la division, alors on nous répondait toujours : “Elle est là, à l'avant !” “Et où est le général ?” “Encore plus à l'avant[66] !” »

« Rommel : un général en avant ! », c'est ainsi qu'on le présentait dans un article de journal qui le comparait à son adversaire britannique Wavell pour mieux faire ressortir son commandement moderne et hétérodoxe. L'article en question rappelait d'ailleurs ce que disaient souvent ses troupes : « À notre droite, il n'y a rien ; à notre gauche, il n'y a rien ; derrière nous, il n'y a rien ; devant nous, il y a Rommel[67] ! »

Alors que toute la presse allemande encensait Rommel pour ses succès dans le désert, ses troupes piétinaient déjà depuis quelque temps devant Tobrouk. Un commandant d'une compagnie d'un régiment blindé raconta ce que ses compagnons d'armes et lui-même avaient véritablement vécu sous le commandement de Rommel en avril 1941. Il souligna en particulier à propos des ordres formels de celui-ci leur intimant de renouveler sans cesse leur attaque contre la forteresse de Tobrouk : « Le temps nous a semblé interminable jusqu'au moment où nous sommes parvenus à nous engouffrer dans la brèche et à nous extirper lentement de la ligne de feu. Il n'y a pas un seul véhicule de combat parmi tous ceux qui sont revenus qui ne porte pas des cicatrices majeures. Nous sommes abattus par le nombre de nos camarades qui sont portés disparus. Les pertes sont terribles. [...] Nos vieux vétérans de la Grande Guerre prétendent n'avoir jamais vu un jour aussi sombre[68]. »

Le même officier ajouta que la réalité dépassait tout ce que ses compatriotes en Allemagne pouvaient imaginer, ne serait-ce qu'à cause des reportages des propagandistes de Goebbels qui exposaient la situation de la campagne africaine sous des couleurs trompeuses. En fait, chaque jour passé en Afrique était un combat contre l'adversité. Quand les soldats n'avaient pas à affronter une tempête de sable, c'étaient des nuages de mouches ou la monotonie déprimante du quotidien qui les harcelaient, les tourmentaient, voire rendaient leur vie impossible. La chaleur était difficilement supportable. Le métal devenait parfois tellement chaud qu'on ne pouvait le toucher sans se brûler la main. Les soldats étaient également souvent aux prises avec la soif et la faim. « Plus tard, de retour à la maison, j'ai vu les actualités qui montraient de quelle manière les soldats faisaient frire des œufs sur un char brûlant. Les spectateurs ont éprouvé à ce moment-là beaucoup de plaisir. Tout le monde semblait alors penser que cela devait être tellement agréable là-bas. J'aurais pu hurler de rage ! Où étions-nous censés pouvoir nous procurer ces œufs, et particulièrement les gros ? »

La réalité de la guerre n'intéressait pas la propagande : « Tout cela ne constitue vraiment pas des sujets photographiques qui conviennent aux correspondants de guerre. [...] On vous présente par conséquent des photographies de palmeraies, d'oasis, de chameaux, d'ânes, d'Arabes ou encore de Tripoli, de Benghazi ou de Derna, et cela, afin de vous laisser croire que c'est notre monde[69]. »

C'est ainsi que la première crise de la Wehrmacht depuis le début de la Seconde Guerre mondiale fut dissimulée au moyen de jolies photographies et de reportages sur les grands succès militaires. Les gains territoriaux gigantesques, qui étaient pourtant sans signification dans la guerre du désert, permirent aux propagandistes nazis de mettre sous le boisseau les premiers revers de l'armée allemande du simple fait que Rommel avait avancé de presque 1 200 kilomètres à la tête de l'Afrikakorps. Ainsi, plusieurs Allemands, dont le portrait qu'ils se faisaient de Rommel était celui propagé par la propagande nazie, étaient d'avis que le moment était venu de lui ériger un « monument biographique ». « Je veux créer une œuvre d'une valeur durable qui montrera le caractère typique du jeune général de notre époque en le présentant comme un exemple pour les futures générations, ce qui constituera ainsi un point de départ d'une vague d'enthousiasme et d'exaltation militaires [...]. » Telle était la proposition faite par un colonel au commandant de l'Afrikakorps[70].

À l'étranger, nombreux étaient ceux qui commençaient à prêter attention à Rommel et à demander des informations sur ce général qui donnait tant de fil à retordre aux troupes britanniques. Le ministère de la Propagande forgea, à l'intention des correspondants de guerre installés à Berlin, un curriculum vitae de Rommel publié dans l'hebdomadaire *Das Reich* en avril 1941. On pouvait y lire que Rommel était issu d'une famille de la classe ouvrière et qu'il avait quitté l'armée après la Première Guerre mondiale pour étudier à l'université de Tübingen. Il était ensuite devenu l'un des premiers chefs de file de la SA, ayant adhéré à l'idéologie nationale-socialiste à la faveur de ses relations d'amitié très étroites avec Hitler. Goebbels était parvenu à faire du nom « Rommel » un synonyme d'invincibilité de la Wehrmacht aussi bien dans le Reich qu'à l'étranger. Pour l'opinion publique, les termes « Afrique » et « Rommel » (le « maître de la guerre du désert », comme le correspondant de guerre Esebeck aimait bien surnommer le commandant de l'Afrikakorps) étaient devenus progressivement interchangeables[71]

Lorsqu'il lut cette biographie inventée, Rommel fut très contrarié par la manière dont la propagande nazie s'était approprié l'histoire de sa vie. Manifestement, il ne semblait pas comprendre que la renommée dont il jouissait était justement redevable en grande partie à la propagande nazie et que de ce fait son image était dans une large mesure la création de celle-ci. Jusque-là, il n'avait tiré profit de la propagande que pour favoriser l'avancement de sa carrière. Maintenant, il était amené pour la première fois à prendre conscience des inconvénients de la diffusion à outrance de son image et de ses faits d'armes par le ministère de Goebbels.

Cette affaire le mettait mal à l'aise au point qu'il demanda à son adjudant, le major Schraepler, d'écrire à son épouse afin de l'informer de son état d'âme. Le 22 avril, Schraepler écrivit ainsi à Lucie : « Le dernier numéro de *Das Reich* qui vient d'être publié contient un article sur votre époux que vous devez certainement avoir déjà lu. Votre mari est très en colère à propos de celui-ci et a écrit le mot “absurdité” dans la marge. J'en ai déjà discuté avec Berndt, l'adjoint du chef de presse du Reich qui sert ici dans l'état-major du corps. L'Allemagne tout entière connaît les brillants exploits de votre époux et elle n'a pas besoin d'un nègre pour écrire des assertions fausses à propos de ceux-ci[72]. »

Réflexion faite, Rommel demanda sans ambages au ministère de la Propagande à Berlin des explications concernant cette histoire inventée de toutes pièces. Le ministère de la Propagande se tira avec habileté de cette affaire épineuse en lui répondant que c'était le lieutenant Tschimpke qui avait fourni ces informations ; celui-ci serait donc davantage en mesure de lui donner des explications. Rommel convoqua Tschimpke, qui nia et écrivit par la suite au ministère de la Propagande pour s'enquérir de la raison pour laquelle on l'avait mis dans cette situation fâcheuse et conflictuelle avec Rommel. Le Dr Otto Meisner prit six mois pour lui répondre que le contenu de l'article sur Rommel pouvait difficilement faire du tort à la réputation d'un homme d'une telle excellence. Au contraire, insistait-il, la teneur de l'article allait accroître sa popularité à l'extérieur du Reich en faisant de lui un personnage beaucoup plus familier et sympathique. Meisner conclut sa lettre par une remarque cynique qui démontrait bien que Rommel était un objet de propagande. Il aurait été merveilleux d'un point de vue de la propagande, soulignait-il, que les assertions, qui de l'aveu général étaient fausses, fussent en fait véridiques. Dans un tel cas, la carrière de l'officier Rommel aurait parfaitement correspondu à l'idéal national-socialiste. Tschimpke fit ensuite parvenir la lettre à Rommel, qui la garda soigneusement dans ses papiers personnels[73].

Même si sa biographie romancée dans *Das Reich* lui était restée en travers de la gorge, il trouvait agréable d'être présenté par la propagande nazie comme le « maître de la guerre du désert », ne serait-ce qu'en raison de la gloire qu'il en tirait. En outre, il ne contredisait pas l'assertion de plusieurs personnes selon laquelle il parlerait parfaitement l'arabe. Sans doute parce qu'elle expliquait en partie sa popularité parmi les Arabes. La plupart de ceux-ci détestaient les Britanniques parce qu'ils voyaient en eux des occupants, et accueillaient les Allemands comme des libérateurs. En réalité, Rommel connaissait à peine une cinquantaine de mots arabes[74]. Mais qu'est-ce que cela pouvait bien faire à Goebbels, lui qui préférait peindre un tableau romancé de Rommel et de son Afrikakorps ?

En Afrique du Nord, Rommel recevait de ses admirateurs des lettres par milliers. Le Cercle des femmes nazies lui expédiait des colis de chocolats par la poste, bien qu'il soit difficile d'imaginer dans quel état lui parvenaient ces chocolats compte tenu de la chaleur accablante du désert. Parmi ses nombreuses admiratrices, il y avait une fillette de dix ans qui, après avoir vu son idole dans les actualités, lui écrivit d'Augsbourg : « Je ne crains pas de recevoir une réponse froide de votre part comme c'est le cas avec les autres. À vous, général Rommel, je peux vous parler du fond de mon cœur. Je vous admire ainsi que votre Afrikakorps, et vous souhaite infiniment que vous puissiez remporter la victoire[75]. » Et Rommel, le « général du peuple », prit le temps de répondre à la petite fille d'un ton tout aussi chaleureux.

Il savait toutefois que la victoire n'était pas à portée de main, du moins à brève échéance. La Luftwaffe faisait ce qu'elle pouvait pour détruire les réserves d'eau de Tobrouk et empêcher les navires ravitailleurs britanniques d'entrer dans le port. Mais il reconnaissait que l'Afrikakorps avait à faire à forte partie avec la garnison de Tobrouk : « Les troupes australiennes se battent magnifiquement bien et leur entraînement est de loin supérieur au nôtre[76] », dit-il en privé à Lucie. Il se préparait donc à une guerre de siège longue et épuisante, et instruisait ses troupes des anciennes tactiques d'infanterie qui avaient connu un certain succès dans des situations similaires lors de la Première Guerre mondiale. Il leur enseignait de quelle manière se retrancher et tenir bon, et comment éviter des carnages inutiles.

Durant la première moitié de juin 1941, Rommel effectua quelques changements dans le commandement des unités de l'Afrikakorps alors qu'il se préparait à une éventuelle attaque de l'ennemi. Les derniers contingents de la 15e division de panzers étaient arrivés. Placée sous le commandement du major-général Walter Neumann-Silkow, la 15e division de panzers se déploya derrière le front de Solloum. Quant à la 5e division légère, Rommel prit ses dispositions pour mettre un terme à ce qu'il appelait « la crise dans le corps des officiers » de l'Afrikakorps. Il fit passer en cour martiale un commandant de bataillon de chars pour avoir craqué durant la dernière offensive contre Tobrouk le 1er mai et refusé d'attaquer les chars Matilda « inattaquables ». Il nomma le major Bolbrinker commandant du 5e régiment blindé après que son prédécesseur, le colonel Olbrich, se fut fait porter malade pour éviter, selon les termes de ce dernier, une « nouvelle flatterie » de Rommel. Et il se débarrassa du major-général Streich au prétexte que celui-ci avait contesté ses ordres. Au moment du départ de celui-ci, Rommel le réprimanda : « Vous étiez beaucoup trop préoccupé par le bien-être de vos troupes. » Streich lui répliqua sur un ton glacial : « Je ne peux imaginer des paroles plus louangeuses pour un commandant de division[77]. »

Alors que son *Mammut* cahotait sur les routes du désert, Rommel eut le sentiment que les Britanniques étaient sur le point de déclencher une offensive de grand style. Il avertit le Commando Supremo qu'il en avait eu la « prémonition ». En réalité, ses services de renseignements avaient déchiffré plusieurs messages radio de l'ennemi qui permettaient d'envisager sérieusement une telle éventualité et qui incitaient par le fait même à se préparer en conséquence. Le 6 juin, ils l'avisèrent d'un changement dans le dispositif de l'adversaire. Une semaine plus tard, ils déchiffrèrent des messages radio d'unités blindées britanniques à Habata demandant des munitions. Habata était le seul endroit, à part Solloum et Halfaya, où les chars pouvaient monter jusqu'au plateau du désert libyen. Rommel écrivit à Lucie : « Les Britanniques se sont ébranlés jusqu'à 65 kilomètres dans le désert. L'ennui est que je ne sais pas s'ils se retirent ou s'ils préparent une nouvelle attaque. Nous les attendons de pied ferme[78] ! »

Il s'agissait en fait de l'opération « Battleaxe ». Conformément aux instructions de Churchill de détruire les forces de Rommel, un convoi était arrivé dans le port d'Alexandrie quelques semaines auparavant, apportant 238 chars, dont 135 Matilda, ce qui représentait un accroissement considérable des forces britanniques. Mais Wavell exprimait un doute quant aux chances de remporter un succès aussi complet, espérant à tout le moins que l'offensive conduite par la IVe division indienne et la VIIe division blindée réussirait à repousser l'Afrikakorps au-delà de Tobrouk.

Le 14 juin, Rommel fut informé par ses services de renseignements que toutes les unités britanniques avaient été prévenues par radio que « Peter » aurait lieu le lendemain. Étant donné que ce même nom avait précédé l'attaque britannique de la mi-mai, Rommel alerta le soir même le front de Solloum et ordonna à ses réserves mobiles de se tenir prêtes.

À 4 h 30 le lendemain, la bataille attendue par les forces de Rommel commença par une attaque britannique sur deux fronts, le premier, celui de la plaine côtière et le second, celui du haut plateau. Vers 9 heures, il apparaissait très clairement qu'il s'agissait d'une offensive de grande envergure. C'était la première fois qu'une troupe de la Wehrmacht était confrontée à un tel assaut et devait par conséquent livrer une bataille défensive majeure.

Tout au long de la première journée, des combats acharnés et sanglants de chars et d'infanterie firent rage sous une chaleur torride et suffocante. Rommel ne semblait pas avoir beaucoup de chances de l'emporter. Aux 190 chars d'assaut de l'ennemi, il n'en opposait que 150, dont seulement 95 étaient de véritables chars de combat. Face aux mastodontes britanniques, il ne disposait que de 12 canons de 88 mm.

Il les avait ventilés par batterie à Halfaya et sur la crête d'Hafid – deux positions dont les Anglais avaient justement l'intention de s'emparer dès le début de leur offensive – et derrière le front de Solloum. Pour ce qui était des autres positions-clés le long de la ligne de Solloum, il avait installé les nouveaux Pak 38, des canons antichars de 50 mm. De surcroît, la ligne n'était qu'à moitié achevée et très mal approvisionnée en munitions, en nourriture et en eau. Mais elle était tenue par un « caractère », le capitaine Wilhelm Bach, commandant du 1er bataillon du 104e régiment de fusiliers. Bach était un ancien pasteur évangélique, brave et qui avait su gagner l'affection de ses hommes au point que ceux-ci l'appelaient « papa[79] ». Fumant le cigare et ayant un fort accent du Bade, il ne criait ni ne jurait jamais, mais exprimait ses désirs d'un ton calme. Sans doute aussi parce qu'il ne manquait jamais une occasion de prêcher par l'exemple, ses ordres étaient exécutés sur-le-champ.

Au soir du 15 juin, Rommel était plus optimiste quant à l'issue de la bataille. Non seulement les positions fortifiées de la passe d'Halfaya avaient tenu, mais sur les 12 Matilda qui s'étaient élancés en direction du haut plateau, 11 avaient été détruits par les 4 pièces de 88 mm bien dissimulées de Bach, tandis que 4 Matilda sur 6 s'étant approchés de la plaine côtière avaient subi le même sort dans un champ de mines posées par Rommel comme piège antichar. Le soir même, Neumann-Silkow annonça que la 15e division de panzers avait détruit 60 chars ennemis. Fort de ce succès, il projetait de lancer une contre-attaque. Rommel, qui avait résisté à l'envie de se précipiter vers le champ de bataille de Solloum, restant à son quartier général à 160 kilomètres du front, donna son approbation par radio et passa une nuit blanche. « Le sort de la bataille se décidera aujourd'hui, écrivit-il à Lucie au beau milieu de la nuit. Ce sera un combat acharné[80]. »

Neumann-Silkow prit l'initiative des opérations dès l'aube. Son plan était de s'emparer du fort Capuzzo, qui avait été capturé la veille par les Britanniques, de forcer les barbelés de la frontière et de lancer une attaque contre le long flanc gauche de l'ennemi.

Mais il fut repoussé et perdit 45 chars dans l'affaire ; au même moment, la 5ᵉ division légère était tenue en échec près de Sidi-Omar.

Pour Rommel, il n'y avait pas de doute, il s'agissait du moment décisif de la bataille. Si les Britanniques concentraient leurs forces sans perdre de temps et reprenaient l'offensive en poussant résolument vers l'ouest, l'Afrikakorps devrait lever le siège de Tobrouk. Rommel prit alors une décision capitale. Tablant sur la nervosité des Anglais concernant leur flanc gauche, il ordonna à la 15ᵉ division de panzers de se retirer de Capuzzo et d'avancer vers le sud à la faveur de la nuit afin d'être parallèle à la ligne de marche de la 5ᵉ division légère. Au point du jour, ces deux divisions lanceraient conjointement une attaque en tenaille contre le flanc gauche de l'ennemi, puis s'élanceraient en direction de la côte à Halfaya afin de couper la ligne de retraite des Anglais. Le succès de ce plan dépendait en grande partie de la capacité des troupes de Bach de tenir bon la passe d'Halfaya et la plaine côtière tout en y fixant un maximum de troupes ennemies.

La 5ᵉ division légère se mit en route à l'heure, à 4 h 30. Une heure et demie plus tard, elle atteignait son premier objectif, Sidi-Souleiman. La 15ᵉ division de panzers atteignit aussi son premier objectif. Rommel, toujours à son quartier général, fut informé grâce à des messages radio britanniques interceptés que l'ennemi avait été pris par surprise et se débandait. En fait, dès qu'il s'était rendu compte de la menace d'enveloppement, le haut commandement anglais avait donné l'ordre à ses troupes d'effectuer une retraite précipitée. Vers le milieu de l'après-midi, les deux divisions de Rommel arrivèrent à Halfaya. Rommel venait de remporter sa première véritable bataille de chars en dépit de la supériorité des Britanniques en nombre et en équipement et de l'appui de la Royal Air Force qui avait dominé largement l'espace aérien au-dessus du champ de bataille grâce à une supériorité en nombre d'appareils de 2 contre 1.

Le lendemain, le 18 juin, Rommel quitta son quartier général pour rendre visite à ses troupes victorieuses. Malgré leur état d'exténuation à la suite de ces trois jours de bataille, elles lui firent un accueil triomphal, ce qui rasséréna leur chef. Lui qui s'était limité au cours de cette bataille à envoyer un seul message radio laconique par jour à ses supérieurs à Berlin n'avait plus assez de qualificatifs pour décrire sa victoire : il déclara avoir détruit entre 180 et 200 chars ennemis et révisa quelques jours plus tard ce chiffre à 250. En réalité, bien que les deux tiers des chars britanniques fussent hors d'usage à la fin de la bataille, seuls 87 avaient été détruits. Mais comme les Allemands n'avaient perdu que 12 chars, cela ne diminuait en rien l'exploit de Rommel[81].

« J'ai été pendant trois jours sur la route à parcourir le champ de bataille, écrivait Rommel à son épouse le 23 juin. Les troupes de l'Afrikakorps éprouvent une joie immense depuis cette dernière victoire. Les Britanniques ont pensé qu'ils pourraient nous écraser avec leurs 400 chars *(sic)*. Nous ne pouvions pas leur opposer une telle quantité de blindés. Mais nos dispositions et la résistance opiniâtre des troupes allemandes et italiennes, qui ont été encerclées pendant des jours, nous ont permis de mener une opération décisive avec toutes les forces mobiles dont nous disposions encore. Laissons maintenant l'ennemi venir de nouveau – il recevra une correction encore plus sévère[82] ! »

Rommel avait remporté la victoire en raison de son choix tactique en attirant les forces blindées de l'ennemi dans des pièges antichars, puis en manœuvrant durant la nuit pour les surprendre et les attaquer sur leur flanc dès l'aube. Du même coup, il avait conjuré la menace représentée par les Matilda.

Au cours des jours suivants, un major britannique capturé demanda à voir la pièce qui avait détruit son char. Quand on lui montra le canon antiaérien de 88 mm utilisé dans un rôle mobile comme arme antichar, il s'exclama avec indignation : « Ce n'est pas juste, vous employez des canons antiaériens contre des chars[83] ! » Le haut commandement britannique, qui considérait qu'une arme aussi lourde ne pouvait être utilisée qu'à partir d'une position enterrée, présuma que c'étaient les Panzer III et les Panzer IV qui avaient délivré le coup de grâce à ses Matilda. L'idée ne l'avait donc pas effleuré que l'Afrikakorps pût utiliser des canons antiaériens pour tirer sur ses chars. Par conséquent, Rommel et ses chars inspiraient désormais à l'étranger un respect mêlé de crainte.

« Tout succès qui n'est pas remporté simplement en raison

d'une supériorité en matériel a son origine non seulement dans la planification du commandement victorieux – le courage des troupes est ici mis de côté –, mais aussi dans les actions qui ne sont pas celles du vainqueur, c'est-à-dire celles qui peuvent être qualifiées d'erreurs du vaincu[84]. » Cette analyse de Rommel s'appliquait à la campagne nord-africaine et à la façon très méthodique des Britanniques de conduire la guerre. Un général britannique ayant combattu dans la guerre du désert confirma cette remarque : « Aussi bien pour la rapidité des décisions que pour la vélocité des manœuvres, les Allemands surclassaient complètement leurs adversaires, en grande partie parce que Rommel, plutôt que de déléguer son commandement à ses subordonnés, exerçait personnellement le commandement de ses forces blindées. Les généraux britanniques n'étaient pas moins capables que les Allemands. Mais leur formation militaire était démodée. Elle était fondée sur la guerre de tranchées de 1914-1918 et non pas sur la guerre de mouvement qu'ils devaient désormais livrer avec des forces blindées[85]. »

Les succès militaires de Rommel s'expliquaient aussi par la concentration de ses forces sur le champ de bataille, de même que par sa conduite flexible des combats. Même s'ils pouvaient parfois le surprendre sur le plan tactique, les Britanniques étaient néanmoins incapables de profiter de leur avantage. En dispersant leurs forces blindées le long du front, ils ne parvenaient jamais à obtenir une concentration suffisante de chars en un point du territoire pour rompre les défenses de Rommel, puis pour exploiter la percée en avançant loin derrière ses lignes.

Si les tactiques opérationnelles des Allemands contrastaient avec celles des Britanniques, elles présentaient toutefois un désavantage de taille : le ravitaillement devait arriver à suivre et à satisfaire la demande des troupes en vivres, en carburant et en munitions. Cette condition *sine qua non* était particulièrement évidente dans le cadre des opérations menées par Rommel. Déjà, lors de la campagne de l'Ouest, il s'était avéré très difficile d'approvisionner en carburant les divisions de panzers. Or, ce problème était tout particulièrement criant en Afrique du Nord, où les lignes d'approvisionnement incluaient une longue traversée par mer et une longue route dans le désert.

À la suite de la bataille de chars de Solloum de la mi-juin 1941, la popularité de Rommel en Allemagne atteignit des sommets. À trois reprises, en avril, en mai et en juin 1941, son sort n'avait tenu qu'à un fil. Mais à chaque fois, il avait eu les nerfs plus solides que ceux de ses ennemis. La fanfare militaire célébrant sa victoire à Solloum retentissait encore depuis les stations de radio du Reich que plusieurs auteurs en Allemagne l'élevaient déjà au rang des plus grands chefs de guerre de l'histoire militaire, un honneur qui lui apportait évidemment une grande satisfaction d'amour-propre.

Pour Hitler, la victoire de Solloum confirmait qu'il avait eu raison d'avoir imposé son choix à un haut commandement de l'armée de terre récalcitrant. Dans l'euphorie du moment, il proposa la promotion de Rommel au grade de général de panzers. Mais à l'OKH, les officiers s'insurgèrent devant l'idée que Rommel fût promu du grade de lieutenant-général à celui de général en l'espace de six mois seulement. Manifestement, le ressentiment éprouvé par l'OKH contre Rommel au cours des derniers mois ne s'était guère apaisé. Loin de là. Dès la mi-mai 1941, Halder avait suggéré à von Brauchitsch qu'un second chef d'état-major, en l'occurrence le major-général Alfred Gause, fût affecté au haut commandement italien en Libye. En outre, il prit part à des discussions pour constituer un quartier général d'armée à part entière en Libye qui serait placé sous les ordres du feld-maréchal Wilhelm List, le récent vainqueur de la campagne de Grèce et l'ancien supérieur de Rommel à l'école d'infanterie de Dresde.

La fortune des armes sauva Rommel. L'idée de mettre sur pied un quartier général d'armée à part entière en Libye n'eut pas de suite. « Le Führer a tout simplement répondu à cela que Rommel ne sera pas entravé par un poste de commandement supérieur », nota plein d'amertume Halder dans son journal[86]. Quant à Gause, il fut bel et bien envoyé en Afrique du Nord. Mais il était tout sauf un intrigant. Aussi le hasard avait voulu qu'il arrivât à la caravane de Rommel le 15 juin, soit le premier jour de la bataille de Solloum. Il s'émerveilla donc devant les qualités de chef de guerre dont fit preuve Rommel durant cette bataille de chars et estima que celui-ci était parfaitement capable de se rendre maître de la situation. Il s'empressa même de mettre à la disposition de Rommel l'ensemble des effectifs de son état-major, c'est-à-dire 43 officiers, 150 simples soldats et 20 civils.

Halder rappela Gause à Berlin pour s'enquérir de ses impressions : « Les relations personnelles sont embrouillées par les manies du général Rommel et par son ambition pathologique, lui confia ce dernier. Ses défauts le font apparaître peu sympathique. Mais personne n'ose croiser le fer avec lui en raison de ses méthodes brutales et du soutien dont il jouit à l'échelon le plus élevé[87]. » Cette dernière remarque en disait long sur l'envie que Rommel inspirait aux autres généraux de la Wehrmacht du simple fait qu'il avait ses entrées chez Hitler.

En fin de compte, le haut commandement de l'armée de terre décida de constituer un groupe de panzers qui serait placé sous les ordres de Rommel. Bien qu'un groupe de panzers soit plus petit qu'une armée de panzers, sa mise sur pied ne laissait toutefois d'autre choix que de promouvoir Rommel au rang de général de panzers en date du 24 juin 1941. À la tête du groupe de panzers Afrika, Rommel commanderait ainsi l'Afrikakorps, le XXe corps motorisé italien, le XXIe corps d'infanterie italien et la garnison italienne à Bardia. Quelques jours plus tard, il apprenait de son principal aide de camp que Hitler en personne avait persuadé les échelons supérieurs de la nécessité de lui accorder cette promotion : « Comme je viens tout juste de l'apprendre du lieutenant Berndt, qui a visité le Führer et Goebbels, je dois remercier uniquement le Führer pour ma récente promotion [...]. Tu peux imaginer à quel point je suis heureux – mériter sa reconnaissance pour ce que je fais et pour la manière dont je le fais est au-delà de mes rêves les plus fous[88]. »

Entre-temps, Rommel apprit que Hitler avait envahi l'Union soviétique. Ses commandants étaient abasourdis, certains se montraient même pessimistes. Rommel, comme d'habitude, était optimiste. Il comptait sur le génie de Hitler en tant que commandant suprême des forces armées allemandes pour procurer au Reich une victoire rapide et décisive sur l'URSS. « Une attaque contre la Russie qui n'arrange pas Churchill », se réjouissait-il. Il réalisait toutefois que la campagne de Russie aurait probablement pour conséquence de retarder le renforcement significatif de ses forces en Afrique du Nord et du même coup l'exécution de son plan de conquête de l'Égypte. « Je ne vais certainement pas me pointer au quartier général du Führer avec mes soucis[89]. »

Il comprenait enfin la raison pour laquelle Hitler et l'OKH avaient refusé au printemps de lui envoyer des renforts, notamment en chars et en artillerie lourde. À vrai dire, Hitler et ses chefs militaires pensaient déjà à l'après-« Barbarossa » – au moment où, après la défaite de l'URSS, la Wehrmacht se lancerait dans une campagne le long des routes empruntées deux mille quatre cents ans plus tôt par Alexandre le Grand et ses hoplites. Ce projet démesuré prit forme consécutivement à une directive secrète du commandement suprême de la Wehrmacht datée du 11 juin 1941, onze jours avant le déclenchement de l'opération « Barbarossa ». Cette directive mettait en perspective le rôle de Rommel en Libye. Conformément à celle-ci, il devrait d'abord capturer Tobrouk et examiner ensuite les différentes façons d'envahir l'Égypte, tandis que la Wehrmacht, après avoir conquis le Caucase, progresserait vers le sud-ouest à travers la Turquie, la Syrie et la Palestine pour attaquer l'Égypte depuis l'est[90]. Le 28 juin, Halder donna pour instructions à Rommel de soumettre un plan à cet effet[91]. « Nous avançons considérablement en Russie, souligna Rommel à Lucie deux jours plus tard. Probablement plus rapidement que ce que nous espérions. Cela est très important pour nous ici, étant donné que nous allons devoir tenir bon en attendant que la campagne de Russie soit terminée[92]. »

Pendant ce temps, le dossier personnel de Rommel à Berlin s'épaississait en raison des nombreuses plaintes adressées par certains de ses officiers subalternes à la direction de la Wehrmacht. La plupart de ceux-ci avaient été interrogés en privé par l'État-Major général de l'armée de terre à leur retour d'Afrique, notamment Streich, Kirchheim (le successeur temporaire de Streich), Olbrich, Borne (le chef d'état-major de Rommel), Schwerin, Herff et Harald Kuhn (commandant d'un bataillon de chars).

Schwerin dénonçait le « mini-Verdun » qu'était devenu Tobrouk : « Le taux de pertes en généraux et en commandants ici est tel que je peux estimer précisément quand mon tour viendra. » Herff critiquait le « commandement erratique » de

Rommel et ses « décisions grotesques » qui avaient coûté de nombreuses vies dans la bataille de Tobrouk, ainsi que sa fâcheuse tendance à traduire en cour martiale ceux qui à ses yeux avaient échoué au combat. « Cela n'était pas dans les habitudes de l'armée allemande avant. Nous en sommes tous horrifiés. » Streich considérait cette habitude de Rommel comme étant « carrément prolétarienne ». Quand Brauchitsch lui demanda au quartier général du Führer : « Faisait-il si chaud là-bas au point que vous vous êtes simplement tous tapé sur les nerfs ? » Streich répondit : « Non, *Herr Feldmarschall.* Mais je dois dire une chose – il y a une énorme différence entre être un chef de compagnie brave et aventureux et un commandant de campagne d'un génie sublime[93]. »

Kuhn dénigrait l'habitude du commandant de l'Afrikakorps de se trouver au front et non pas à son poste de commandement quand sa présence y était requise pour prendre des décisions importantes : « Quand nous observions et entendions que Rommel préférait pendant les jours d'une bataille décisive se trouver loin en avant pour diriger individuellement les chars et les troupes de choc au lieu de prendre auprès de son état-major les décisions requises par la situation générale [...] alors nous nous demandions s'il était véritablement un si grand chef d'armée. »

Au sujet des nombreuses attaques ordonnées obstinément par Rommel pour s'emparer en vain de la forteresse de Tobrouk en dépit des forces insuffisantes mises à sa disposition, Kuhn mentionnait : « Nous avons pris Rommel en haine lorsqu'il nous a fait payer pour son jugement aveugle dû maintes et maintes fois à son obstination inflexible. Il a sacrifié des milliers de vies et du matériel irremplaçable avec une brutalité sans bornes uniquement pour satisfaire son ambition personnelle [...]. Il nous a entraînés dans des situations qui ont souvent menacé la survie de l'ensemble de l'Afrikakorps. Il a imposé son autorité d'une manière injuste et scandaleuse quand il a rétrogradé les hommes responsables qui avaient simplement osé élever la voix [...] dans de nombreux cas seulement pour lui donner des avertissements et des conseils bien intentionnés[94]. »

Le général Bodewin Keitel, chef du personnel et frère du feld-maréchal Wilhelm Keitel, se montra officiellement assez indulgent pour mettre toute cette médisance sur le compte du rude climat africain et de la tension nerveuse due aux batailles. « Mais dans l'Afrikakorps, souligna-t-il dans un mémorandum confidentiel, il y a bien également un autre fardeau : c'est la personnalité du général ainsi que sa manière de l'exprimer et de donner des ordres. » Notamment sa manie d'assigner des ordres impossibles à exécuter, puis de les révoquer dans la foulée. Ou bien son penchant à insulter des commandants de haut rang et à les menacer de les relever de leurs fonctions, comme Kirchheim. Ainsi, les officiers qui avaient été traduits en cour martiale par Rommel furent presque tous acquittés. Bodewin Keitel tira la conclusion suivante : « Il est remarquable que dans le cas d'un officier, un commandant de bataillon du 5e régiment blindé, une recommandation pour la croix de chevalier, une accusation pour lâcheté et son licenciement se soient succédé tour à tour. Dans un autre cas, un général de haut rang [il s'agit ici sans doute de Kirchheim], qui a été décoré de la Pour le Mérite, a été menacé de licenciement au téléphone de façon tout à fait inintelligible, alors que dès le lendemain matin Rommel a nié devant lui avoir tenu un tel langage[95]. »

Von Brauchitsch prit donc un malin plaisir à réprimander sévèrement Rommel. Le 9 juillet 1941, il lui envoya un message radio : « [...] en conséquence des décisions et des plaintes présentées en cour martiale, et particulièrement des nombreuses requêtes pour relever de leurs fonctions des officiers qui ont fait leurs preuves et pour lesquels on a une haute opinion, et même en prenant en considération les conditions particulières là-bas et la nécessité d'un commandement sévère dans de tels cas, j'ai l'impression que les mesures n'ont pas été prises correctement. Plus les conditions sont difficiles, plus les nerfs sont tendus. C'est le devoir de tout supérieur de s'assurer si des interventions telles que des menaces ou des requêtes pour limoger des officiers qui se sont distingués au combat ou encore des critiques sévères ou des ordres hâtifs sont opportuns ; ou si une conversation instructive soutenue en toute sérénité, dans un esprit de camaraderie et sans agressivité, n'est pas plus susceptible d'atteindre l'objectif escompté. Je considère qu'il est de mon devoir d'attirer votre attention sur ces points, non seulement dans l'intérêt de l'Afrikakorps, mais également dans votre intérêt personnel[96]. »

Rommel n'entendait pas tolérer un tel affront et lui envoya trois jours plus tard une réponse insolente, sachant très bien qu'il pouvait compter sur l'appui de Hitler dans l'éventualité où Brauchitsch oserait prendre des mesures disciplinaires contre lui. « À cause de ma nouvelle promotion, se targua-t-il dans sa lettre adressée à Brauchitsch, je suis passé par-dessus un tas de mes camarades. Elle excite sûrement beaucoup de jalousies [...][97]. » C'était effectivement le cas. Par exemple, au cours d'une conférence secrète de l'État-Major général à la fin de 1941, Goebbels se plaignit que les responsables de la censure dans la Wehrmacht eussent oublié de faire mention du cinquantième anniversaire de Rommel, alors que l'anniversaire d'un petit fonctionnaire de la Luftwaffe avait été souligné dans la presse nazie.

Mais il faut dire que Rommel trouvait probablement un certain plaisir à attiser la discorde avec les officiers supérieurs de l'État-Major général de l'armée de terre. Il pouvait d'ailleurs se le permettre tant et aussi longtemps qu'il était en faveur auprès du Führer. Et bien entendu, tout le monde dans le corps des officiers de la Wehrmacht savait très bien que Rommel était dans les bonnes grâces de Hitler et que pour cette raison il était malavisé d'entrer en conflit avec lui.

L'activation de son groupe de panzers Afrika, dont le commandement devint effectif en date du 15 août, souleva quelques questions d'étiquette et de préséance si chères à Rommel. « Je ne sais pas au juste si cela fait de moi un commandant en chef *(Oberbefehlshaber)* ou non, se demandait-il le 11 août. Normalement, ce titre n'est attribué qu'à un commandant d'armée. » Rommel adopta les deux titres et attendit les réactions. Sur son papier à lettres à en-tête, il se contentait d'un simple « commandant » *(Befehlshaber)*. Mais dans son tout premier ordre donné le 15 août, il commença avec ce titre prétentieux : « Ordre d'armée n° 1. »

Comme d'habitude, il s'en tira à bon compte. Six jours plus tard, dans une lettre adressée à son épouse, il entrevit les conséquences de cette situation ambiguë : « Je suis très content de ma nouvelle nomination. Tous les autres qui occupent des postes semblables ont le grade de colonel-général. Si les choses se déroulent bien ici, je vais moi aussi probablement être élevé à ce rang après la fin de la guerre[98]. » Jetant un coup d'œil à sa première fiche de paie à la fin de septembre, il s'aperçut qu'il touchait la solde d'un commandant d'armée. « Parfois, je crois rêver », jubila-t-il dans une lettre à Lucie. Sa tactique consistant à jouer des coudes portait ses fruits parce que tout le monde savait qu'il jouissait du soutien de Hitler. En outre, la Libye était très loin, et les hauts responsables de la Wehrmacht étaient hypnotisés par l'allure de l'avance de leurs troupes en Russie bolchevique.

Parmi les généraux italiens cependant, plusieurs étaient agacés par l'avancement rapide de Rommel. Pour une raison ou pour une autre, cet officier, qui était arrivé avec une division légère en février pour les tirer d'embarras, était devenu de fait le commandant des forces de l'Axe en Afrique du Nord. Cela avait pour conséquence une hostilité entre Rommel et le haut commandement italien qui était basé loin à l'arrière dans l'ancienne Cyrène. Le 12 juillet, le général Gariboldi, le commandant italien en Afrique du Nord qui était devenu sympathique à Rommel, fut soudainement remplacé par le général Ettore Bastico, un ami personnel de Mussolini. Ce nouveau commandant avait la réputation d'être difficile, arrogant, autoritaire et parfois même violent. Il était donc évident que son caractère s'accorderait mal avec celui de Rommel, qui avait lui aussi une très forte personnalité. Officiellement le supérieur de Rommel, Bastico le convoqua à Cyrène fin juillet et lui fit comprendre qu'il se proposait de le remettre à sa place. « Un voyage à Berlin devient impératif », écrivit Rommel à l'issue de son entretien avec Bastico[99].

Le 28 juillet 1941, il s'envola ainsi pour le Reich. Il passa deux brèves journées auprès de son épouse à Wiener-Neustadt. Lucie, qui eut l'impression que son mari ne se sentait pas très bien, l'exhorta à consulter un médecin. Rommel savait qu'elle avait raison, mais refusa de l'écouter. « Je ne fais pas confiance aux médecins », lui dit-il. Puis, le 31 juillet, il s'envola pour la Prusse-Orientale afin d'y rencontrer le Führer à son quartier général de Rastenburg. La poignée de main de Hitler lui fit l'effet d'un bon tonique. Le Führer le félicita chaleureusement pour sa victoire à Solloum et lui montra les cartes des grandes batailles sur le front russe, où des opérations d'encerclement de grande envergure étaient en train de briser les reins à l'Armée rouge. Mais ces grandes manœuvres d'enveloppement soulevaient par le fait même dans son esprit le problème suivant : de quelle manière prendre au piège et encercler l'armée britannique en Afrique du Nord ? Peu avant son départ, Hitler lui donna l'autorisation de prendre des dispositions en vue de préparer un nouvel assaut contre Tobrouk. Pour cela, il l'envoya rencontrer Mussolini et le général Ugo Cavallero, le chef du Commando Supremo, à Rome le 6 août 1941.

Le Duce et Cavallero, qui s'appuyaient manifestement sur un rapport rédigé par Bastico, estimaient qu'aucune attaque contre Tobrouk ne serait possible dans un avenir prévisible à cause des difficultés de transport et de leur exclusion de Bizerte. Ils s'interrogeaient même sur la possibilité d'abandonner Solloum et de lever le siège de Tobrouk afin de se replier sur une ligne temporaire à l'ouest de cette dernière ville. Mais le Duce se laissa facilement impressionner par Rommel, qui, tout au long de sa description détaillée de la situation, se fit fort de tenir le front de Solloum, même contre des forces supérieures, pourvu qu'il fût assuré d'un ravitaillement suffisant. Comme d'habitude, Rommel était parvenu à ses fins.

7

LE HÉROS NATIONAL

À son retour à Bardia en août 1941, Rommel était mal en point. Ses médecins avaient diagnostiqué une jaunisse et prescrit une diète et du repos. Il suivit le premier conseil, mais ignora le second. En résulta un état de fatigue générale couplée à des problèmes gastriques, comme ses compagnons d'armes. Lorsqu'ils apprirent son état, ceux-ci lui firent cadeau de fruits, d'œufs, de pommes de terre et de poulets vivants, obtenus au terme de marchandages difficiles avec les commerçants arabes. Ce n'étaient pas des soldats d'élite triés sur le volet, même s'ils en éprouvaient quelque peu le sentiment en servant sous ses ordres. Le major Friedrich Wilhelm von Mellenthin, son nouvel officier de renseignements, en donna plus tard l'explication : « Il n'était pas facile de donner satisfaction à Rommel, et pourtant les hommes de l'Afrikakorps le vénéraient presque. Il était très exigeant envers son état-major et tous ceux qui travaillaient avec lui. Mais il ne se ménageait jamais. Il était debout de bonne heure le matin jusqu'à tard le soir. [...] Il avait une vitalité extraordinaire et des mœurs spartiates, comme en témoignait la simplicité de ses habitudes de vie, notamment son alimentation et ses boissons. Ses hommes savaient qu'il n'attendait d'eux rien de moins que ce qu'il exigeait de lui-même. Il était toujours parmi eux. Il était né pour commander[1]. » Meinhard Glanz, un ancien de l'Afrikakorps, ajoutait : « Il n'était pas le type pédant qui se croit plus malin ou plus doué que tout le monde. Être un commandant signifie s'occuper de ses soldats et partager leur sort. C'est ce que Rommel a fait. » Pour ses soldats, Rommel était un combattant présent en première ligne, partageant les mêmes souffrances, les mêmes angoisses et les mêmes rations. « Rommel était pour nous un père et même plus que cela. Il comptait tellement pour nous, les vétérans de la campagne d'Afrique, que même aujourd'hui le lien invisible d'une communauté [...] nous tient ensemble. Celui-ci apparaît spontanément du fait de notre expérience commune dans les batailles du désert. » Le mythe du « commandant Rommel », esquissé pendant la Grande Guerre, avait pris consistance[2].

La popularité de Rommel auprès de ses troupes s'expliquait aussi par le fait qu'il ne craignait pas le danger, risquant même fréquemment sa vie : « Rommel était un général qui commandait depuis le front et qui se lançait à l'assaut à la tête de ses troupes, racontait Glanz. Pour nous, les jeunes soldats, il était l'exemple même du commandant militaire. » Et Rommel se précipitait en avant pour exhorter ses troupes à le suivre. Karl Zimmermann, qui servit sous ses ordres, se rappelait bien des années plus tard les qualités particulières de Rommel : « Il n'était pas un général du genre à rester bien à l'arrière et à donner des ordres de cet endroit. Il se trouvait toujours dans une position avancée à côté de simples soldats[3]. » Malgré son grade de général, Rommel côtoyait fréquemment ses soldats et leur marquait un intérêt dont plusieurs ne se considéraient pas dignes. « Il avait vraiment le don de parler aux soldats, rapporta son ancien camarade Kurt Hesse, de leur demander comment allaient leur femme et leurs enfants, de se renseigner sur le dernier congé et de s'intéresser aux décorations de guerre des hommes qui, à de telles occasions, l'entouraient[4]. »

Rommel impressionnait favorablement les hommes qui étaient sous ses ordres par son énergie indomptable et sa volonté de fer ainsi que par ses capacités physiques, à son âge, surtout si on considère le climat hostile de la guerre du désert. À bien des égards, Rommel se voulait un exemple aussi bien pour ses soldats que pour ses officiers. En dépit des efforts parfois surhumains qu'il exigeait de ses troupes, celles-ci avaient développé un esprit de corps qui leur donnait la force nécessaire pour dominer à l'occasion un adversaire disposant d'une supériorité numérique en hommes et en matériel de guerre. Ses hommes avaient du respect pour lui, comme en témoignait cette marque d'affection lorsqu'ils parlaient de lui dans leurs conversations en l'appelant par son prénom. Bien qu'il incarnât l'autorité, « Erwin » était néanmoins à leurs yeux l'un des leurs. Il n'était jamais à court de mots quand ses subordonnés lui demandaient conseil et essayait toujours de réduire à leur plus simple expression des idées complexes. S'il pouvait être dur pour ses hommes quand les choses ne se déroulaient pas comme prévu, il ne manquait toutefois jamais de les féliciter pour avoir rempli leur tâche. Homme d'une grande simplicité, rien ne lui faisait plus plaisir que de bavarder avec des compatriotes en dialecte souabe. Cette impression partagée par les anciens combattants n'est pas sans analogie avec la façon dont s'est cristallisée, en France, la légende du « petit caporal » : un mélange d'irrationnel (la vista et la chance du général) couplé à une familiarité magnanime réservée aux frères d'armes.

Rommel ne rechignait pourtant pas à pousser ses hommes jusqu'au bout de leurs forces. Lorsqu'il aperçut à bord de son Storch une unité motorisée qui venait de faire halte au cours d'une attaque, il vola en rase-mottes et laissa tomber un morceau de papier à ses troupes au repos : « Si vous ne reprenez pas votre route immédiatement, je descends tout de suite ! Rommel. » Les hommes de cette unité motorisée firent rapidement circuler cette histoire dans les rangs des autres formations de l'Afrikakorps. Rommel survolait fréquemment le champ de bataille pour mieux coordonner les opérations de ses troupes. Quand ses unités se perdaient dans le désert, il les trouvait et leur indiquait la bonne direction. Il se posait parfois au beau milieu d'une formation en mouvement afin d'admonester son commandant pour la lenteur de sa progression. L'ennemi qui battait en retraite vers l'est, lui faisait-il alors remarquer, ne devait pas leur glisser entre les doigts. En dépit de ses succès en Afrique du Nord, il reconnut plus tard qu'en plusieurs occasions il n'avait pas la moindre idée de l'endroit où se trouvaient certaines de ses troupes. Dans la guerre du désert, les deux armées adverses se serraient de tellement près par moments qu'il n'était pas toujours possible de discerner la ligne de front. De nombreuses fois, Rommel atterrit à bord de son Storch presque au beau milieu d'une unité ennemie à cause du vent et du sable qui obscurcissaient la visibilité et lui faisaient perdre la direction à suivre Et à chaque fois, il réussit à redécoller avant que l'ennemi ait pu ouvrir le feu sur son appareil, et à rejoindre ainsi les lignes germano-italiennes. C'était ce genre d'épisodes qui suscitaient l'admiration de ses jeunes soldats.

Ces derniers étaient cependant affligés par des problèmes de santé et l'accroissement considérable du nombre de ceux qui se faisaient porter malades inquiétait fortement Rommel. En septembre, une division entière fut frappée par une épidémie de diphtérie et de jaunisse. Pour les seules troupes allemandes, 11 066 hommes sur un total de 48 500 furent signalés malades au cours du mois suivant, soit 23 % des effectifs[5]. La santé des officiers semblait tout aussi préoccupante. Le général Ferdinand Schaal, le successeur de Rommel à la tête de l'Afrikakorps, était trop malade pour prendre la relève. Rommel le remplaça par le général ayant le plus d'ancienneté, Philipp Müller-Gebhard, mais la dysenterie contraignit ce dernier à quitter la Libye dès la mi-septembre. Du coup, le corps expéditionnaire allemand fut sans commandant pendant deux mois.

Malgré de maigres renforts venus d'Allemagne, Rommel parvint à mettre sur pied une nouvelle division, la 90ᵉ légère. Celle-ci n'avait pas de chars et comprenait seulement quatre bataillons d'infanterie motorisés. Elle avait cependant une puissance de feu imposante, car elle disposait de trois bataillons d'artillerie de campagne, d'un bataillon antichar et d'un bataillon de canons de 88 mm servant aussi bien dans un rôle antichar que dans un rôle antiaérien. De leur côté la 21ᵉ division de panzers (l'ancienne 5ᵉ légère) et la 15ᵉ division de panzers disposaient chacune de deux bataillons de chars, de trois bataillons d'infanterie motorisée, de trois bataillons d'artillerie de campagne, d'un bataillon antichar et d'un bataillon de reconnaissance blindé. Seules ces deux divisions de panzers étaient subordonnées à l'Afrikakorps. Outre l'Afrikakorps et la 90ᵉ division légère, Rommel disposait aussi, comme commandant en chef du groupe de panzers Afrika, de six divisions italiennes : l'Ariete et la Trieste, qui formaient le XXᵉ corps motorisé ; la Pavia, la Bologna et la Brescia, qui formaient le XXIᵉ corps d'infanterie et qui assiégeaient Tobrouk ; et la Savona, qui tenait garnison à Bardia. Bien que le XXᵉ corps motorisé fût placé directement sous les ordres du général Bastico, il n'en était pas moins sous le commandement *de facto* de Rommel.

À la suite de l'activation du groupe de panzers Afrika le 15 août, Rommel mit aussitôt en place un nouvel état-major, dont la plupart des officiers provenaient de celui du major-général Gause. Son nouveau chef d'état-major était justement Gause, qui rentra rapidement dans ses bonnes grâces malgré les deux bandes verticales rouges cousues sur son pantalon : « Je m'entends rudement bien avec mon nouveau chef d'état-major, ce qui est d'une extrême importance pour moi[6]. » Âgé de 45 ans et originaire de Prusse-Orientale, Gause était très compétent. Il n'avait pas tardé à gagner la confiance de Rommel, notamment en lui révélant les propos tenus par Streich peu avant son arrivée en Libye : « Vous ne supporterez pas Rommel très longtemps ! »

Le nouveau chef des opérations de Rommel était le lieutenant-colonel Siegfried Westphal. Malgré son air arrogant et son esprit suffisant, il avait une intelligence remarquable et était un organisateur de premier ordre. Cet élégant officier saxon de 39 ans, qui se révélerait comme l'un des meilleurs produits de l'État-Major général, allait se rendre très tôt indispensable au quartier général du groupe de panzers Afrika.

Au tout début d'octobre 1941, un jeune et remarquable colonel de 42 ans débarqua en Libye afin d'occuper le poste de chef d'état-major de l'Afrikakorps, qui était toujours la force de frappe principale du groupe de panzers Afrika. Il s'agissait de Fritz Bayerlein, un sous-officier de la Première Guerre mondiale qui deviendrait l'un des commandants les plus connus de Rommel. Malgré son comportement obséquieux devant Rommel, il n'excellerait pas moins dans ses fonctions. Il avait acquis une solide expérience de la guerre de blindés sous les ordres du colonel-général Guderian, d'abord en France et ensuite en Russie. Le jour même où Bayerlein arriva en Libye, Rommel écrivit : « Guderian et Bayerlein ont eu avec Streich les mêmes problèmes que moi[7]. » Il se prit à l'instant même d'amitié pour Bayerlein.

Celui-ci était directement subordonné au lieutenant-général Ludwig Crüwell, le tout nouveau commandant de l'Afrikakorps. Âgé de 49 ans et du type cavalier, Crüwell était issu d'une famille de Dortmund qui avait fait fortune dans l'imprimerie. L'OKH le tenait en haute estime et voyait en lui l'un de ses meilleurs commandants d'unités de panzers. Du fait de son rôle important dans la conquête de la Serbie et de la Grèce au printemps 1941, il avait été décoré de la croix de chevalier de l'ordre de la Croix de fer, à laquelle on avait ensuite ajouté les Feuilles de chêne pour ses faits d'armes accomplis en Russie au cours de l'été suivant. D'un point de vue intellectuel, il était cent fois supérieur à Rommel. Ce fait, ajouté à l'ambition démesurée de Bayerlein, son chef d'état-major, qui allait rapidement avoir de l'influence sur Rommel, aurait quelquefois pour conséquence de mettre ce dernier dans une position psychologique désavantageuse. Crüwell allait même parfois faire preuve d'une indépendance d'esprit frôlant la désobéissance. Mais probablement en raison d'un certain complexe d'infériorité et du fait qu'il respectait son jugement, Rommel allait le tolérer à la tête de l'Afrikakorps.

Rommel avait déménagé de Beda Littoria et établi son quartier général avancé à Gambut, une ville infestée de punaises auxquelles Rommel faisait la guerre jusque dans son lit. Celle-ci se poursuivit jusqu'à ce qu'il exterminât le « dernier des Mohicans[8] ». Pour s'en débarrasser pour de bon, il versa de l'essence sur le cadre de son lit en fer et y mit le feu. « Maintenant, seules leurs piqûres sur mon corps restent pour me rappeler ces insectes répugnants », écrivit-il à son fils à la fin d'août[9]. Mais Gambut avait l'avantage de se trouver à mi-chemin entre les deux endroits où allaient se livrer les grandes batailles à venir : Tobrouk et la frontière. À Gambut, les Allemands et les Italiens avaient construit laborieusement leurs dépôts d'approvisionnement et leurs ateliers de réparation – de grandes usines bien camouflées pourvues de machines-outils, d'appareils de levage lourds et de vastes réserves de pièces de rechange pour les véhicules. Même des chars ou des camions gravement endommagés pouvaient être tirés du champ de bataille au beau milieu des combats et réexpédiés au front en bon état en quelques jours seulement.

À Gambut, son quartier général était à portée de tir des canons de la garnison britannique de Tobrouk. Mais il se mettait en route tous les jours dans son *Mammut*, cahotant à travers le désert d'avant-poste en avant-poste, suivant les anciens sentiers des chameaux où des équipes allemandes et italiennes munies de marteaux-piqueurs et d'explosifs construisaient une route qui contournait Tobrouk. Il revenait ensuite sur le front de Solloum pour surveiller les travaux de construction de nouvelles positions de défense et s'assurer que chacune d'elles était suffisamment approvisionnée en eau, en nourriture et en munitions pour une bataille de huit jours. Il mit lui-même la main à la pâte pour déployer en première ligne des canons italiens remis en état après avoir été abandonnés ici et là dans le désert depuis la retraite de l'hiver. Partout où il allait, il rencontrait ses troupes en train de s'entraîner en vue de la grande attaque qu'il projetait de lancer contre Tobrouk aussitôt que son artillerie et ses munitions arriveraient d'Allemagne.

Il n'en suivait pas moins les grandes batailles d'encerclement de la Wehrmacht à l'Est. « Le mur est couvert de plusieurs cartes, en particulier de la Russie, sur lesquelles nos progressions sont indiquées au fur et à mesure », écrivit-il à Manfred le 24 octobre[10]. Que les divisions de panzers de ses rivaux assiègent Kiev ou Leningrad exaspérait sa jalousie : « C'est dommage que je ne puisse être là et que je doive faire du surplace ici. » Mais ces victoires en Russie bolchevique soulevaient en même temps son admiration : « Quatre armées encerclées », jubila-t-il le 20 septembre à la suite de la prise de Kiev, résultat de la manœuvre en tenaille des divisions de Guderian et de Kleist. « Je parie que les Russes ne doivent plus avoir le sourire[11] ! » Pour frapper à son tour l'imagination afin d'imposer le respect et l'admiration, Rommel voulait s'emparer le plus rapidement possible de Tobrouk.

Son plan de bataille demeura pratiquement inchangé de juillet 1941, lorsqu'il le soumit à l'État-Major général de l'OKH, à octobre, au moment où il le distribua à ses commandants, voire jusqu'en juin 1942, quand il fut finalement en mesure de le mettre à exécution. Ce plan consistait d'abord en des bombardements massifs destinés à réduire les défenses de Tobrouk. Après un pilonnage de l'artillerie lourde, la 90e division légère ouvrirait une brèche dans le secteur sud-est du périmètre à l'intérieur de laquelle la 15e division de panzers se frayerait un chemin – exactement comme l'avait suggéré Streich fin avril 1941. La protection du flanc gauche de l'offensive allemande serait assurée par le XXIe corps d'infanterie italien commandé par le général Enea Navarini. La poussée allemande se ferait tout droit en direction du port et Tobrouk devrait ou bien se rendre ou bien mourir de faim. Rommel tablait en privé sur une bataille de deux jours.

L'ennui, lui fit remarquer judicieusement le général Bastico, c'est que les Britanniques n'allaient pas rester là à ne rien faire et le laisser s'en tirer à bon compte. Ils allaient probablement essayer de le prendre à revers à partir de l'Égypte dès le début de son attaque contre Tobrouk ou bien le devancer en déclenchant une offensive de grand style avant qu'il ne fût prêt à prendre d'assaut la forteresse. Rommel lui expliqua alors de quelle manière il entendait parer une attaque de l'ennemi. Il déploierait une réserve mobile dans le désert, bien placée, de façon à faire échouer une quelconque manœuvre des Britanniques depuis l'Égypte. Et en prolongeant la ligne des fortifications de Solloum dans le désert, il forcerait l'adversaire à faire un détour tellement long que celui-ci ne serait pas en mesure de surgir sur ses arrières avant au moins trois jours, un délai au terme duquel il se serait déjà emparé de Tobrouk. Mais en réalité, il était convaincu que l'engagement des Britanniques au Moyen-Orient était beaucoup trop important pour qu'ils aient la possibilité de lancer une quelconque offensive en Afrique du Nord.

Les troupes italiennes qui combattaient directement sous son commandement étaient d'autant plus favorablement impressionnées par Rommel qu'elles ne voyaient pas souvent un général italien sur le champ de bataille et que Bastico avait établi ses quartiers à 2 500 kilomètres derrière la ligne de front. Elles étaient également sensibles au fait que Rommel mangeait la même ration alimentaire que ses soldats, à la différence de leur armée où les portions et la nourriture distribuées aux officiers, aux sous-officiers et aux soldats étaient différentes. Pour elles, Rommel connaissait leurs limites et ne leur demandait jamais d'accomplir des missions impossibles. Suivant un processus pas très différent de celui que nous avons analysé pour les soldats allemands, la considération tourna au mythe, comme en témoignait le surnom « Santo Rommel » que lui auraient donné des soldats d'une unité d'élite italienne, la Bersaglieri. Wilfried Armbruster, l'un des interprètes de Rommel, se souvint après la guerre des nombreuses lettres d'admiration de soldats italiens reçues par celui-ci[12]. D'ailleurs, un rapport des services de renseignements allemands révéla en octobre 1943 le fait étonnant que plusieurs soldats italiens étaient d'avis que leur pays devait être gouverné par des commandants allemands de premier plan, « tels que Göring ou Rommel[13] ».

Rommel sut parfaitement exploiter cette aura supplémentaire acquise à Solloum : « La position cruciale dans cette bataille était la passe d'Halfaya, que le capitaine Bach et ses hommes ont tenue durant des combats acharnés. Le bataillon d'artillerie du major Pardi nous a rendu service de manière remarquable dans ces combats, ce qui prouve que les troupes italiennes peuvent faire bonne impression quand elles sont bien commandées. Si les Britanniques avaient été en mesure de prendre la passe d'Halfaya comme ils l'avaient planifié, la situation aurait été très différente[14]. »

Cela, on s'en doute, ne changeait pas d'un pouce sa vision négative du soldat italien, forgée pendant la Grande Guerre, mais réservée désormais aux hiérarques de Berlin. Au printemps 1942, il déclarait à Goebbels : « Plutôt que de se lancer à l'assaut des Anglais en Afrique du Nord, ils se sont terrés en récitant leur chapelet[15]. » Un an plus tard, Goebbels nota dans son journal une conversation qu'il avait eue avec Rommel : « Il a exprimé une opinion des plus dénigrantes sur les Italiens. Il n'a absolument aucune considération pour eux[16]. »

En revanche, il ne se gênait pas pour dire à haute voix tout le mal qu'il pensait des généraux italiens, ce qui lui permettait – vieille recette chez lui – de jouer les simples soldats italiens contre les gradés. Il mentionna ainsi à Milch que les premiers avaient « l'étoffe de magnifiques soldats ». Son interprète Ernst Franz rappela plus tard comment, après la capture par l'ennemi d'une position tenue par une unité d'élite italienne – la Bersaglieri –, le commandant de celle-ci implora l'indulgence de Rommel : « Croyez-moi, mes hommes ne sont pas des lâches. » Rommel répliqua : « Qui a parlé de lâches ? Ce sont vos supérieurs à Rome qui sont à blâmer pour vous avoir envoyés au combat avec un armement aussi misérable[17]. » Il s'avéra en effet que certaines unités italiennes tenant la ligne de défense de Solloum étaient équipées de pièces d'artillerie capturées à des troupes australiennes durant la Première Guerre mondiale : elles étaient bien entendu inefficaces contre des blindés modernes.

Du coup, lorsque Rommel déclenchait une offensive en Afrique du Nord, il ne se donnait parfois même pas la peine d'aviser préalablement le Commando Supremo. Évidemment, il contribuait de cette manière à envenimer davantage des relations déjà très tendues avec ses alliés italiens. Galeazzo Ciano, le gendre de Mussolini et son ministre des Affaires étrangères, notait dans son journal le 27 décembre 1941 que les généraux italiens s'emportaient contre Rommel quand celui-ci devait replier ses troupes, car ils lui reprochaient de ne pas tenir compte dans ces circonstances des unités italiennes les moins mobiles. Pour eux, c'était la preuve que Rommel était un « fiasco en tant que commandant[18] ».

Rommel n'était guère courtois dans ses relations avec Bastico – qu'il surnommait en privé « Bombastico » – et les supérieurs de ce dernier. « Le haut commandement italien est contrarié, car il n'a pas grand-chose à dire, observait Rommel avec satisfaction. Nous sommes toujours brimés [...]. Mais nous ne le tolérerons pas. Peut-être vont-ils chercher le moyen de se débarrasser de moi. » À vrai dire, Bastico portait un jugement défavorable sur l'intérêt de Rommel pour Tobrouk, lui reprochant son obsession de vouloir capturer ce port coûte que coûte. Dans un échange de lettres le 6 septembre, il préconisa plutôt d'attaquer l'Égypte sans s'occuper au préalable de Tobrouk. Mais à son insu, Rommel envoya Gause à Rome où on lui confirma une décision prise antérieurement par Hitler et Mussolini : les forces de l'Axe devaient absolument s'emparer de Tobrouk avant de reprendre leur avance vers la vallée du Nil. À Rome, on assura également à Gause que le ravitaillement permettrait de déclencher l'attaque au début de novembre 1941. Et Rommel éprouva une satisfaction profonde d'avoir obtenu gain de cause aux dépens de Bastico, qui était en principe son supérieur. Cette rebuffade de Bastico le ferait encore jubiler quelques semaines plus tard : « Ses lettres deviennent carrément insultantes, dit-il en gloussant. Il essaie évidemment de susciter une querelle. Ça me va ! C'est lui qui s'en sortira très mal[19]. »

À la fin de septembre, Rommel commença à recevoir des

informations de Berlin et de Rome selon lesquelles les Britanniques préparaient une offensive de grande envergure. Mais il ne tint aucun compte de ces avertissements, se persuadant que l'ennemi n'était pas en mesure de lancer une attaque avant plusieurs semaines, voire plusieurs mois. Sa préoccupation concernait le ravitaillement, qui, contrairement aux assurances des Italiens, soulevait d'énormes difficultés. Les attaques aériennes britanniques à partir de l'île de Malte présentaient des risques considérables pour les convois, car plusieurs chasseurs de la Luftwaffe avaient été transférés sur le front russe en juin. Certes, le port de Benghazi était maintenant utilisé tout aussi bien que celui de Tripoli, mais sa capacité était limitée. Et la situation ne s'améliora guère en octobre, puisqu'un quart des navires ravitailleurs furent coulés[20].

Mais le Führer vint en aide une fois de plus à Rommel. Averti par ses chefs militaires que la seule chance des Anglais de renverser incessamment la situation était d'attaquer les forces de Rommel très prochainement, Hitler ordonna le transfert en Méditerranée depuis le front de l'Est de la 2e flotte aérienne du feld-maréchal Albert Kesselring. Ce dernier était l'un de ses meilleurs chefs de la Luftwaffe, et Hitler décida par la même occasion de le nommer commandant en chef du front du Sud. En outre, il enjoignit au grand-amiral Erich Raeder, le commandant en chef de la Kriegsmarine, de transférer en Méditerranée une vingtaine de U-boote, ignorant les protestations de l'amiral Karl Dönitz, qui tenait à concentrer tous les U-boote dans l'Atlantique Nord, pour les opérations dirigées contre les convois destinés au ravitaillement de la Grande-Bretagne. La stratégie indépendante poursuivie par Rommel sur le continent africain entraînait désormais des conséquences pour les autres théâtres des opérations.

En octobre, les services de renseignements allemands et italiens prévinrent Rommel à maintes reprises que les Britanniques renforçaient leurs troupes en Égypte. Ces multiples avertissements l'agaçaient au plus au haut point, car ils contrecarraient ses plans. Il préféra par conséquent les négliger tout en se persuadant que les Anglais avaient pour le moment beaucoup d'autres soucis. Sa fixation sur la forteresse de Tobrouk, le premier et le seul objectif militaire qui lui avait résisté jusqu'ici, expliquait sans doute pourquoi il s'obstinait déraisonnablement. En outre, le commandant d'artillerie, le major-général Karl Boettcher, venait d'arriver pour diriger la puissance de feu de l'Axe contre Tobrouk. À la mi-novembre, Rommel disposerait en tout de 461 gros canons allemands et italiens prêts à faire pleuvoir sur la ville une grêle d'obus.

Le 20 octobre, le haut commandement italien confirma à Bastico l'attaque imminente des Britanniques. Mais six jours plus tard, Rommel émit ses directives pour l'assaut de Tobrouk. « À mon avis », dit-il au général Gastone Gambara, le chef d'état-major de Bastico, « l'attaque peut commencer le 20 novembre sans que l'on coure aucun risque. » L'OKW tenta une dernière fois de le faire changer d'avis. Il lui demanda s'il ne serait pas avisé de reporter l'attaque à l'année suivante, compte tenu de la supériorité aérienne grandissante des Britanniques en Afrique du Nord. Sa réponse fut catégorique : « La supériorité terrestre de l'Axe est si grande que Tobrouk va probablement se rendre en moins de deux jours. »

Après avoir envoyé sa réponse à Berlin, Rommel s'envola pour Rome. Il y passa deux semaines merveilleuses à faire du tourisme en compagnie de Lucie. Il appela plusieurs fois l'attaché militaire allemand à Rome et le Commando Supremo : les discussions tournaient autour des problèmes de ravitaillement. Le 8 novembre, un convoi au complet de l'Axe avec à son bord 40 000 tonnes d'approvisionnement fut envoyé par le fond. Les Italiens interrompirent alors les opérations de convoyage jusqu'à nouvel ordre. En fait, pas un seul navire de ravitaillement n'atteignit la Libye avant la mi-décembre ; aucun n'y avait jeté l'ancre depuis le 16 octobre précédent.

Cavallero revint à la charge à propos de l'offensive britannique, mais Rommel lui assura que non seulement Tobrouk serait prise en quarante-huit heures tout au plus, mais que les Anglais n'oseraient jamais courir le risque de lancer une attaque sans être certains de pouvoir se ménager une position de repli en cas de difficulté. Le 11 novembre, Bastico l'avertit en urgence et lui présenta à l'appui des photographies aériennes de voies ferrées dans le désert, de nouveaux aérodromes et dépôts d'approvisionnement, ainsi que des rapports de messages radio décryptés qui attestaient que les Britanniques étaient sur le point de déclencher une offensive de grand style ayant pour but de remporter une victoire décisive en Afrique du Nord.

Des données similaires furent aussi présentées au quartier général du groupe de panzers Afrika. Des photographies aériennes du 11 novembre permettaient de découvrir un nouvel aérodrome britannique abritant une centaine d'avions au sud de la dépression de Kattara. D'autres photographies aériennes montraient une voie ferrée en construction dans le désert qui allait de Mersa Matruh jusqu'aux barbelés de la frontière. Certaines de ces photographies furent présentées à Rommel alors qu'il se trouvait encore dans la capitale italienne. Le major-général Johann von Ravenstein, qui était lui aussi en permission à Rome avec son épouse, raconta plus tard avoir vu Rommel prendre d'un geste vif ces photographies et les lancer violemment sur le sol en s'exclamant : « Je refuse même de les regarder[21] ! »

Le 13 novembre, Rommel rendit visite à Cavallero à Rome et s'efforça tant bien que mal de le persuader de la nécessité d'aller de l'avant avec l'attaque contre Tobrouk. Puis le 15 novembre, jour de son cinquantième anniversaire, il rencontra Mussolini. Le Duce lui confirma alors que la forteresse de Tobrouk devait être attaquée aussitôt que possible. Les jeux étaient faits. Les troupes de choc de Rommel commencèrent immédiatement à avancer vers leurs points de départ pour l'offensive. Ses services de renseignements signalèrent à son quartier général le 17 novembre qu'une division sud-africaine avait été identifiée en train de s'ébranler dans le désert depuis Mersa Matruh. Grisé par le succès à venir, l'état-major de Rommel ne tint aucun compte de l'avertissement.

Mais où se trouvait Rommel à ce moment-là ? Il avait quitté Rome de bonne heure le 16 novembre, mais un orage avait contraint son avion à se poser pour la nuit dans la ville dévastée de Belgrade. Le lendemain, des problèmes mécaniques l'avaient obligé à atterrir à Athènes, où il avait passé la nuit. Il n'était parvenu à rentrer en Libye que le 18 novembre, où il avait appris aussitôt la nouvelle d'un raid lancé la veille par un commando britannique contre son ancien quartier général à Beda Littoria.

Cette opération militaire éclair, menée loin en territoire allemand, s'était déroulée par une nuit pluvieuse de la mi-novembre.

La Libye connaissait alors les pires pluies torrentielles depuis bien des années. Les longs lits arides des oueds étaient devenus des torrents d'eau impétueux qui faisaient couler de la boue jusque dans les bivouacs des troupes et sur les parois des chars et des camions ; les terrains d'aviation étaient inondés et les lignes téléphoniques arrachées.

À minuit et demi, une demi-douzaine de silhouettes avaient sauté sur la sentinelle allemande postée à l'entrée du bâtiment. Un officier britannique vivant dans la ville et déguisé en Arabe leur avait indiqué le bâtiment en question comme étant le quartier général de Rommel. La sentinelle tenta de donner l'alarme. Un feu de salve l'envoya rouler par terre dans le corridor.

Cependant, les coups de fusil réveillèrent les hommes au rez-de-chaussée du bureau du chef de la section armurier. Lorsque le sergent-chef Kurt Lentzen jeta un coup d'œil avec une lampe de poche, il fut atteint par une rafale de tirs, ainsi qu'un lieutenant. Des grenades à main furent lancées dans la pièce et explosèrent avec un grand fracas. Puis toutes les lumières du bâtiment s'éteignirent, les hommes du commando ayant fait sauter le générateur.

Le vacarme avait alerté l'ingénieur en chef du groupe de panzers Afrika, le major Barthel, et l'intendant militaire adjoint de Rommel, le capitaine Weiz, tous les deux en conférence à l'étage. Ils sonnèrent l'alarme, mirent sous clef leurs dossiers secrets et prirent chacun un pistolet. À l'aide de leur lampe de poche, ils purent voir à l'étage inférieur un corps gisant à l'extérieur du bureau de la section armurier alors que la fusillade se poursuivait autour du bâtiment. Ils attendirent jusqu'au moment où les coups de feu et les éclats de voix cessèrent. Le temps qu'ils descendent l'escalier, le corps avait disparu ; il n'y avait plus que de longues traces de sang. Le bureau de la section armurier était en désordre, de l'eau d'un radiateur fracassé coulait sur le plancher, se mêlant au sang de deux Allemands. À l'extérieur gisaient deux morts et un capitaine britannique blessé, vêtu de kaki et portant des chaussures à semelles de crêpe. Des autres intrus, il n'y avait aucune trace.

L'état-major de Rommel examina les havresacs des deux hommes et y trouva des explosifs, des amorces, des détonateurs, des grenades. Sur le corps d'un Britannique tué, il trouva de l'argent italien et égyptien, la photographie d'une femme, et une plaque en cuivre qui permit de l'identifier : Geoffrey Keynes, le chef d'un commando de douze hommes. Les investigations établirent que les deux hommes et leurs compagnons avaient débarqué de sous-marins britanniques avec pour instructions d'éliminer Rommel et Bastico, et de faire sauter un important pylône télégraphique à la veille d'une offensive britannique de grand style. Keynes avait été tué par l'un de ses propres hommes dans la confusion, et le raid audacieux s'était soldé par un échec.

Rommel lut avec perplexité les rapports des investigations. Pourquoi Beda Littoria ? L'ennemi croyait-il vraiment qu'il commandait ses troupes à partir d'un quartier général sûr à quelque 330 kilomètres à l'arrière du front ? Il est vrai que les Italiens avaient laissé à sa disposition l'austère bâtiment de la préfecture et qu'il y avait installé le quartier général de son groupe de panzers Afrika le 14 août, mais il l'avait eu immédiatement en aversion. La nourriture était trop bonne – il prétendit même se sentir comme un véritable « ploutocrate militaire » – et la vue, à plus de 600 mètres au-dessus du niveau de la mer, trop fastueuse. Beda Littoria était « bien trop hors de danger – bien trop », dit-il à Lucie. Après n'y avoir passé que dix jours, il avait cédé la préfecture à l'état-major de son intendant et transféré ses propres officiers d'état-major mécontents dans un nouveau quartier général situé beaucoup plus près du champ de bataille, dans une hôtellerie carrée et peinte en blanc à El-Gazala.

À son arrivée en Libye, Rommel croyait disposer encore de plusieurs jours pour mener à bien les préparatifs de son assaut contre Tobrouk. Mais il fut pris de vitesse par les forces britanniques en Égypte qui avaient été réorganisées en VIIIe armée. Au matin du 18 novembre, l'ennemi avait déjà forcé les barbelés de la frontière et progressé rapidement à l'intérieur de la Libye. Un peu plus de 100 000 hommes et quelque 700 chars s'apprêtaient à lui donner une leçon.

Pour leur nouvelle offensive en Afrique du Nord, baptisée opération « Crusader », les Britanniques, considérablement renforcés en hommes et en matériel de guerre depuis l'été, jouissaient désormais d'une forte supériorité terrestre et aérienne. Ils engageaient dans la bataille 738 chars et en tenaient plus de

200 en réserve, tandis que Rommel disposait seulement de 249 chars allemands ainsi que de 137 italiens. Pour appuyer leur attaque au sol, ils comptaient sur 600 avions opérationnels, alors que Rommel ne pouvait leur opposer que 110 appareils de la Luftwaffe et 154 italiens[22].

La bataille fit rage pendant trois semaines, prenant réellement fin le 8 décembre lorsque Rommel fut contraint de battre en retraite. Si le déroulement de l'opération « Crusader » ne se passa pas selon le scénario habituel des grandes batailles, il confirma néanmoins l'un des dictons préférés de Rommel : « Il n'est pas possible d'élaborer un plan de bataille qui peut durer plus longtemps que le premier jour. » Le plan d'opérations de son adversaire ne dura même pas aussi longtemps que cela. Le lieutenant-général sir Alan Cunningham, à qui avait été confié le commandement de la VIIIe armée, avait ordonné au XIIIe corps d'armée d'immobiliser les forces de l'Axe qui défendaient les positions frontalières pendant que le XXXe corps contournerait dans le désert ces points d'appui fortifiés pour écraser les troupes de Rommel et faire la jonction avec la garnison de Tobrouk qui devait sortir à sa rencontre.

Dans le dessein de détruire les forces blindées de Rommel, Cunningham avait l'intention d'employer ses trois brigades blindées en formant un triangle, chacune d'elles occupant l'un des trois sommets, et de surcroît sur le champ de bataille de son choix, convaincu que l'Afrikakorps serait contraint et forcé de s'y présenter en temps voulu afin d'engager le combat. Il avait choisi le champ de bataille de Gabr-Saleh, un emplacement dans le désert sans intérêt stratégique et situé à 100 kilomètres au sud-est de Tobrouk. Il espérait déduire correctement la stratégie de Rommel de sa réaction à l'approche du XXXe corps d'armée débordant la ligne de défense germano-italienne de Solloum et se dirigeant vers Gabr-Saleh. Mais Rommel ne s'aperçut même pas de la manœuvre de l'ennemi et lorsque Ravenstein lui proposa finalement d'envoyer le 5e régiment blindé sur Gabr-Saleh, il rétorqua instinctivement : « Nous ne devons pas dévoiler nos intentions trop tôt à l'ennemi[23]. »

Le refus de Rommel d'engager le fer très tôt dans la bataille avait abasourdi l'ennemi. Le commandant du XXXe corps d'armée, le lieutenant-général Willoughby Norrie, prit alors l'initiative de forcer la main à Rommel. Il ordonna à ses troupes de pousser au-delà de Gabr-Saleh et d'attaquer Sidi-Rezegh, à moins de 20 kilomètres seulement du périmètre de Tobrouk, afin d'obliger Rommel à défendre cette position à tout prix. Norrie modifia ainsi le plan initial et divisa ses forces blindées en trois corps distincts et divergents. La force de frappe des chars anglais en fut réduite d'autant. Comme Rommel devait le faire remarquer à un officier britannique capturé : « Quelle différence cela fait-il que vous soyez à deux chars contre un si vous les dispersez et que vous me laissez les détruire un par un ? Vous m'avez offert trois brigades l'une après l'autre[24]. »

À vrai dire, durant les premiers jours de l'opération « Crusader », Rommel était perplexe et surtout furieux contre cette offensive britannique qui contrecarrait la sienne. Il laissa même à Crüwell, le commandant de l'Afrikakorps, une très grande liberté d'action et poursuivit pendant trois jours la planification de son attaque contre Tobrouk, même quand la brigade blindée britannique s'empara de Sidi-Rezegh, un plateau à seulement 16 kilomètres sur ses arrières.

Mais heureusement pour lui, dans une guerre de mouvement comme celle du désert, les forces de l'ennemi n'étaient pas encore de taille à se mesurer aux siennes. Dans l'après-midi du 19 novembre, le 5e régiment blindé de Fritz Stephan, envoyé en reconnaissance, se heurta à une brigade blindée britannique au sud de Gabr-Saleh et détruisit 23 chars contre seulement deux pertes. Cette première bataille révéla des particularités qui étaient de bon augure pour le groupe de panzers Afrika. Tout d'abord, le 5e régiment blindé ne craignit pas de rester sur le champ de bataille au crépuscule, tandis que la brigade blindée britannique se retira pour prendre tout de suite une formation tactique défensive. Cela permit aux Allemands de récupérer et de réparer leurs chars mis hors de combat et abandonnés ici et là sur le champ de bataille, exercice dans lequel ils étaient passés maîtres. Mais par-dessus tout, ils avaient démontré beaucoup d'habileté pour coordonner le feu de leur artillerie lourde avec celui de leurs chars, infligeant par conséquent de lourdes pertes aux forces britanniques.

Au début de l'opération « Crusader », Rommel et Crüwell avaient des divergences de vues sur les intentions de l'adversaire. Rommel était encore d'avis le 20 novembre que l'attaque de l'ennemi n'était pas une véritable tentative pour rompre le siège de Tobrouk. Or, Crüwell était persuadé du contraire, et il décida de concentrer ses forces de manière à affronter tour à tour chacune des trois brigades blindées britanniques. Ce faisant, à 14 h 35, il ordonna à Ravenstein et à Neumann-Silkow, les commandants respectifs des 21ᵉ et 15ᵉ divisions de panzers, de converger vers Gabr-Saleh. « Je refuse de rester là à ne rien faire et de regarder l'ennemi avancer tranquillement vers Tobrouk », s'exclama Crüwell.

Ce ne sont pas les arguments pourtant convaincants de Crüwell ou bien les rapports alarmants de la reconnaissance aérienne qui amenèrent Rommel à réaliser le grand danger auquel s'exposait son groupe de panzers Afrika, mais plutôt les nouvelles radiodiffusées par la BBC au Caire. Le bulletin d'information du soir faisait mention d'une offensive de grand style dans le désert conduite par la VIIIᵉ armée, dont les troupes aguerries avaient mission de détruire les forces de l'Axe en Afrique du Nord.

Rommel se résolut alors à passer à l'action. Durant la nuit du 21 novembre, il téléphona à Crüwell pour l'entretenir de la « situation critique » et lui intima l'ordre de faire rouler dès l'aube les deux divisions de panzers de l'Afrikakorps vers le nord, soit de Gabr-Saleh vers Tobrouk. « Votre objectif sera le centre de l'aérodrome de Sidi-Rezegh », lui dit-il au téléphone. Les forces britanniques, qui occupaient déjà cet aérodrome, amorcèrent leur déploiement en vue d'un dernier effort destiné à faire lever le siège de Tobrouk.

Avant l'aube, Rommel rejoignit la colline Belhamed, où l'artillerie de Boettcher s'était enterrée à environ 5 kilomètres au nord de l'aérodrome. Il donna l'ordre à Boettcher de tourner ses canons pour bombarder celui-ci. Regardant dans ses jumelles vers le sud à 7 h 45, alors que le jour se levait, il put observer l'infanterie et les chars de l'ennemi se mettre en ligne à l'aérodrome pour entreprendre une poussée jusqu'à Tobrouk. Ils s'ébranlèrent peu après. Presque simultanément, la garnison ennemie de Tobrouk, sur les arrières de Rommel, lança ses chars afin de rompre le siège et de rejoindre la force de l'aérodrome près d'El-Duda, une colline faiblement tenue par l'infanterie de

Rommel. Celle-ci était donc véritablement prise en sandwich. Mais en levant ses jumelles pour regarder à l'horizon vers le sud, par-dessus l'aérodrome, il aperçut ce qu'il cherchait : les énormes nuages de poussière soulevés par l'Afrikakorps qui arrivait à toute vitesse à la rescousse.

Au cours de cette matinée, Rommel prit par deux fois le commandement de la contre-attaque de l'Afrikakorps entre Belhamed et El-Duda, contrecarrant la tentative de l'ennemi pour ouvrir un corridor depuis l'aérodrome de Sidi-Rezegh jusqu'à la forteresse de Tobrouk. Il parcourut le champ de bataille, prenant provisoirement le commandement des voitures blindées du bataillon de reconnaissance du lieutenant-colonel Irnfried von Wechmar. Il confia quatre canons antiaériens de 88 mm à cette unité et les regarda tailler les chars anglais en pièces.

Pendant ce temps, l'artillerie lourde de Boettcher pilonnait l'aérodrome de Sidi-Rezegh. Rommel pouvait voir les flammes des explosions alors que les chars de l'Afrikakorps chargeaient le périmètre de l'aérodrome et ouvraient le feu à une distance de 2 000 mètres. En fin de matinée, la VIIe brigade blindée britannique n'avait plus que 10 chars en état de marche. Mais une autre brigade blindée était censée arriver du nord le lendemain pour se jeter dans la bataille. Elle devait attaquer l'Afrikakorps sur ses arrières, si bien que celui-ci serait également pris en sandwich.

Rommel fut incapable de fermer l'œil de la nuit. Il savait trop bien que la moindre erreur pouvait lui coûter la bataille et peut-être même la campagne. À 7 heures, il était déjà de retour sur la colline Belhamed pour s'assurer que les artilleurs de Boettcher savaient ce qu'ils devaient faire. La colline procurait une excellente position stratégique pour la bataille à venir. Durant la matinée, il changea à deux reprises son plan de bataille. Et à midi, il finit par ordonner à la 21e panzers de Ravenstein de lancer une attaque immédiate contre l'aérodrome. Elle débuta à 14 h 20 avec les 57 chars du 5e régiment blindé de Stephan.

Ce fut le moment décisif de la bataille. Les canonniers britanniques faisaient feu de tout bois pendant qu'ils recevaient la charge des chars de Stephan. Mais la plupart de ces braves hommes tombèrent où ils avaient combattu, les corps de plusieurs d'entre eux furent retrouvés calcinés parmi les débris de leurs obusiers de 25 livres. La XXIIe brigade blindée britannique arriva alors à l'aérodrome en provenance du sud avec 107 chars. Mais il était trop tard. Les canonniers survivants eurent à peine le temps de se réjouir que les canons antichars de Rommel ouvraient le feu. Les chars anglais ne pouvaient rivaliser avec la puissance de feu déployée par les Allemands. Le résultat de la bataille était alors inéluctable.

Au crépuscule, l'aérodrome de Sidi-Rezegh était de nouveau entre les mains de Rommel. Les 15e et 21e divisions de panzers de son Afrikakorps avaient encore 173 chars opérationnels, contre 144 chars des VIIe et XXIIe brigades blindées de la VIIe division blindée britannique. Grâce à une tactique supérieure consistant à placer discrètement des canons antichars en avant de ses chars et sur le flanc de l'adversaire, il avait pu retourner la situation aux dépens de la VIIIe armée britannique.

Dans la soirée de ce 22 novembre, il félicita Ravenstein à son poste de commandement. Mais un autre succès l'attendait. Crüwell, qui n'avait pas été en contact avec Rommel la majeure partie de la journée, avait envoyé de son propre chef la 15e division de panzers en maraude vers l'ouest tard dans l'après-midi. Par pur hasard, elle arriva directement sur les arrières du bivouac de la IVe brigade blindée de l'ennemi. Dans la mêlée qui s'ensuivit, éclairée par les phares, les chars en flammes ainsi que par le feu des mitrailleuses et des canons, Crüwell captura 50 véhicules de combat blindés, mais aussi le quartier général de la brigade. La dernière force blindée cohérente de l'ennemi n'avait donc plus de commandement.

Le lendemain se déroula la plus grande bataille de chars de la campagne d'Afrique. C'était le « *Totensonntag* » (le « dimanche des Morts »), le jour où les Allemands commémoraient traditionnellement ceux qui étaient morts à la guerre et c'est le nom qu'on donna au choc du 23 novembre. Cette bataille offre un autre exemple d'une victoire remportée après avoir dérogé aux ordres de Rommel. En effet, Crüwell et Bayerlein n'avaient pas vu Rommel depuis quatre jours. À 22 h 30 le 22 novembre, ce dernier avait dicté de longues directives pour la bataille à venir. Conformément à celles-ci, les deux divisions de panzers de l'Afrikakorps devaient pousser vers le sud à la rencontre de la division blindée italienne Ariete, qui avançait pour sa part en direction du nord depuis El-Gubi. Se trouvant entre deux feux, l'ennemi serait ainsi détruit par cette attaque convergente. Mais Crüwell ignora les directives de Rommel. À 3 heures du matin, il transmit ses propres consignes en vue de réaliser une grande manœuvre d'enveloppement. Quand il reçut vers 4 h 30 la missive de Rommel, Crüwell nota qu'il y avait trop de détails « totalement sans rapport » avec la situation du moment et les mit de côté. Il quitta par la suite son quartier général en compagnie de Bayerlein pour observer la bataille qu'il entendait livrer à sa manière.

Rommel passa la majeure partie de la journée au poste de commandement de la 21ᵉ division de panzers. Comme il le déclara à Boettcher, il s'attendait à ce que l'artillerie décidât de l'issue de la bataille. En outre, il planifiait déjà la suite des opérations : son objectif était d'annihiler les forces blindées britanniques encerclées au sud de Sidi-Rezegh le jour même et le lendemain ; après cela, il entendait attaquer rapidement en direction de Sidi-Omar et préparer l'assaut contre Tobrouk. Boettcher le prévint qu'ils allaient se trouver exposés à une pénurie de munitions s'ils renouvelaient leur attaque contre Tobrouk.

Vers 11 heures, sous un ciel de plomb et par un vent glacial, Crüwell avait déjà détruit les faibles échelons assurant le ravitaillement de l'ennemi. Puis il concentra méthodiquement ses forces de manière à ce que ses trois formations blindées, c'est-à-dire la division Ariete et les 5ᵉ et 8ᵉ régiments blindés de la 15ᵉ division de panzers, se missent en ligne de front à proximité de Bir-el-Gubi, orientées au nord et prêtes à engager l'ennemi dans la direction de Sidi-Rezegh. L'artillerie et les canons mobiles de 88 mm les accompagnèrent vers le champ de bataille. Ce qui était peu orthodoxe dans le plan de Crüwell, c'était son ordre suivant lequel les deux régiments d'infanterie devaient être transportés par camion derrière les chars et ne devaient pas mettre pied à terre tant qu'ils seraient sous le feu nourri de l'infanterie. Un ordre qui semblait suicidaire, mais auquel ses hommes obéirent sans discuter.

De tout cela, Rommel n'avait pas la moindre idée. En début d'après-midi, il se plaignait de ne pas pouvoir entrer en contact avec l'Afrikakorps. Ni lui ni Crüwell ne savaient que le quartier général mobile de l'Afrikakorps, doté de camions radio, avait été capturé à l'aube par une force ennemie non détectée avançant vers Sidi-Rezegh.

À 15 heures, le marteau à trois têtes de Crüwell se mit à frapper vers le nord un violent coup sur l'enclume de Rommel – l'artillerie immobile et l'infanterie occupant les escarpements de Sidi-Rezegh. Entre eux, il y avait l'ennemi, qui s'était bien retranché et qui les attendait de pied ferme. Les chars de Crüwell roulèrent vers le nord, prirent de la vitesse et chargèrent l'ennemi. Celui-ci ouvrit le feu et une grêle d'obus et de balles s'abattit de plein fouet sur eux. La fumée des explosions d'obus et des véhicules calcinés assombrissait cette scène de bataille infernale. Les chars de Crüwell furent atteints violemment, mais la plupart continuèrent de rouler en convergeant vers l'ennemi. Les camions d'infanterie, qui avançaient en cahotant sur le gravier dur et mouillé, essuyèrent le feu de celui-ci.

Déjà, à ce moment-là, les troupes de Crüwell avaient entamé les premières lignes de défense britanniques. À 18 heures, l'attaque frontale de Crüwell se soldait par l'annihilation des restes de la VIIe division blindée britannique et de la majeure partie de la Ire division sud-africaine.

Rommel apprit la nouvelle au quartier général de Ravenstein à 18 h 50. Il ferma les yeux sur l'insubordination de Crüwell et rompit trois jours de silence avec Lucie en lui écrivant cette lettre succincte : « La bataille semble être sortie de sa période de crise. Je vais très bien, je suis de bonne humeur et j'ai une confiance absolue. Plus de 200 chars ennemis ont été détruits jusqu'ici. Nos fronts ont bien tenu[25]. »

À la tombée de la nuit, alors que les chars en flammes projetaient des ombres rougeâtres qui prolongeaient la pénombre dans le désert au sud de Tobrouk, Rommel regagna son propre quartier général. Il cherchait maintenant à exploiter le succès tactique de Crüwell. Il se décida pour un raid tellement audacieux et téméraire qu'il n'en discuta que très brièvement avec son état-major. Le lendemain matin, il lancerait ses deux divisions de panzers sur la Trigh-el-Abd – la route du désert qui était parallèle à la côte, à quelque 70 kilomètres à l'intérieur des terres – jusqu'aux barbelés de la frontière à Sidi-Omar, c'est-à-dire à l'extrémité du désert sur le front de Solloum. Il détruirait ainsi l'ennemi, qu'on croyait en train de se masser à cet endroit, et couperait les lignes de communication des unités britanniques qui avaient envahi la Libye pour rompre le siège de Tobrouk. Cela lui donnerait une victoire décisive sur l'ennemi avec la destruction complète de la VIIIe armée.

En manœuvrant pour que la bataille prenne une nouvelle tournure spectaculaire, Rommel voulait frapper l'esprit du haut commandement adverse tout autant que l'arrière de ses forces et ses lignes de communication. La conquête de la Cyrénaïque au printemps précédent lui avait montré que la vitesse et la surprise pouvaient triompher de la planification et de la préparation. Peu avant minuit, il donna ses premières instructions. Il informa également Westphal et les autres officiers de son état-major d'une décision qui les inquiétait. Mais il réfuta leurs objections : « Je prendrai moi-même le commandement de l'Afrikakorps et commencerai la poursuite. Je serai probablement absent du quartier général jusqu'à demain soir ou au plus tard jusqu'au matin suivant[26]. » Il n'y a pas de doute que Rommel ignorait la présence d'une importante force néo-zélandaise avançant vers Tobrouk depuis Bardia. Il surestimait aussi la désorganisation de l'armée britannique et négligeait celle de sa propre force. Mellenthin, son officier de renseignements, qualifia plus tard le plan audacieux de Rommel d'une de ses plus graves erreurs, soulignant que celui-ci « avait alors perdu le sens des réalités[27] ».

Ce n'était cependant pas le cas de Crüwell, qui arrivait à peine du champ de bataille. Son Afrikakorps avait perdu dans la journée son quartier général mobile, ses camions radio et 72 des 162 chars qui lui restaient. En outre, la 15e division de panzers avait perdu ses camions radio, ainsi que plusieurs de ses meilleurs officiers qui étaient tombés au champ d'honneur pendant l'assaut frontal de l'après-midi.

Crüwell était un commandant énergique et réfléchi. La première fois qu'il entendit parler du plan de bataille hasardeux de Rommel, c'est lorsqu'il s'introduisit sans invitation dans une réunion convoquée par celui-ci sur la route qui contournait Tobrouk au lever du soleil le 24 novembre. Il s'y opposa et proposa plutôt une simple opération visant à éliminer ce qui restait des forces britanniques aux alentours de Sidi-Rezegh. « Nous devons nettoyer le champ de bataille et récupérer l'énorme butin avant que l'ennemi n'ait le temps d'aller le chercher lui-même », dit-il énergiquement. Mais Rommel n'était pas du même avis et s'adressa à Ravenstein sur un ton persuasif : « Vous avez la chance de terminer cette campagne ce soir[28] ! » Les dés étaient jetés.

À 10 h 30, le 24 novembre, alors que le soleil perçait les nuages gris, commença la folle opération de Rommel, la ruée jusqu'aux barbelés de la frontière. Rommel était debout dans sa voiture décapotée, se tenant bien droit, le visage en plein vent, dirigeant la 21e panzers. Crüwell suivait avec tout ce qui lui restait de son quartier général, c'est-à-dire son propre *Mammut*, un camion radio, deux estafettes et deux voitures. La 15e division de panzers de Neumann-Silkow passa la matinée à réparer ses chars endommagés et à se ravitailler en carburant et en munitions ; à midi, elle suivit la voie tracée par Ravenstein, se dirigeant vers la frontière. À ce moment-là, l'entreprise la plus hasardeuse de Rommel dans la campagne d'Afrique était bien amorcée.

Rommel avait amené avec lui Gause, son chef d'état-major. En son absence, c'était Westphal, son jeune chef des opérations, qui assumait la responsabilité du groupe de panzers Afrika. Pendant plusieurs jours par la suite, Westphal essaierait frénétiquement d'entrer en contact avec Rommel pour demander des directives. Mais personne ne savait où il se trouvait. Mellenthin se rappela plus tard : « Blottis dans nos manteaux, dans l'autobus en bois qui nous servait de quartier général à El-Adem, Westphal et moi examinions la situation avec une appréhension croissante. » Maintenant que Rommel était parti, la véritable tentative des Britanniques pour rompre le siège de Tobrouk était sur le point de commencer.

Rommel roulait à toute allure sans se soucier de la protection de ses flancs, alors qu'il fonçait tout droit sur l'axe du XXXe corps d'armée. Par suite du raid inattendu de l'Afrikakorps, l'ennemi se mit à fuir vers l'est et le sud-est, dans une indescriptible pagaille. Les forces aériennes britanniques décollaient de la piste sur alerte et encombraient le ciel en direction de l'est, de l'autre côté de la frontière. Le commandant en chef de la VIIIe armée, le lieutenant-général Cunnigham, partit lui aussi à bord d'un bombardier Blenheim, décollant parmi une file de camions qui s'enfuyaient en désordre à travers la piste d'atterrissage de Gabr-Saleh.

À 16 heures, Rommel et Ravenstein atteignirent la frontière à Bir-Sheferzen, à 40 kilomètres de la mer, après avoir parcouru une centaine de kilomètres à travers le désert. Le réseau de barbelés s'étendait à perte de vue aussi bien vers le nord que vers le sud. Jusqu'ici, le jeu en avait valu la chandelle. Téméraire comme il était, Rommel envoya Ravenstein vers le nord-est, c'est-à-dire de l'autre côté de la frontière, en Égypte même, avec pour instructions de se poster au sud-est d'Halfaya, la passe à travers l'escarpement méditerranéen donnant sur Solloum, avant la tombée de la nuit. Il s'agissait ainsi de couper la retraite et le ravitaillement à la VIIIe armée britannique, et d'augmenter du même coup la menace contre les arrières de l'ennemi. Cependant, ce n'était pas une opération sans danger pour Ravenstein, qui n'avait à sa disposition qu'un seul camion, celui dans lequel il avait pris place. Il n'avait pour le moment ni chars ni pièces d'artillerie, les 2 000 véhicules de sa division s'échelonnant encore derrière lui le long de la Trigh-el-Abd et s'évertuant à le rattraper. Mais Ravenstein obéit sur-le-champ.

Une heure plus tard, le *Mammut* de Crüwell s'arrêta aux fils de fer barbelés. Rommel le retrouva et lui annonça : « Je viens tout juste d'envoyer Ravenstein à Halfaya. » Crüwell fut stupéfait. Son Afrikakorps, tout juste victorieux d'une grande bataille la veille, était à présent éparpillé sur une centaine de kilomètres à travers le désert, de Gabr-Saleh à Halfaya. Mais Rommel s'efforça de le rassurer en lui disant que l'Afrikakorps et le XXe corps motorisé italien allaient « encercler et détruire » l'ennemi. Il ne s'était même pas donné la peine de demander à la division italienne postée près de là, la Savona, où se trouvait exactement l'ennemi. Il présumait à tort que les Britanniques étaient tous dans la zone extérieure aux fortifications frontalières. « Les divisions de panzers entraîneront l'ennemi dans les champs de mines de notre front de Solloum et les forceront ainsi à se rendre », déclara-t-il[29]. Crüwell s'exécuta et poursuivit sa route jusqu'en Égypte.

Pendant quelque temps, Rommel resta à la frontière, attendant impatiemment que sa force de frappe le rattrapât. Mais le 5e régiment blindé de Stephan, qui ne comptait plus que 30 chars, était arrêté dans le désert libyen, provisoirement à court d'essence et de munitions. La division Ariete avait été retardée en cours de route, rencontrant la résistance inattendue de la Ire brigade sud-africaine. La 15e division de panzers avec ses 56 chars n'était pas non plus arrivée à la frontière. En outre, Rommel avait ordonné à un bataillon de reconnaissance d'occuper Habata dans la soirée et de bloquer cette position-clé, le seul autre chemin d'évasion de l'ennemi menant du plateau libyen jusqu'à la plaine côtière égyptienne. Faute d'essence et de munitions, le bataillon de reconnaissance s'était toutefois immobilisé.

Rommel ne se laissa pas décourager par ces déboires et partit avec Gause en reconnaissance en Égypte après le coucher du soleil. Mais la colonne de direction de sa voiture cassa net. Sa voiture d'escorte avait été laissée quelque part à l'arrière, tandis que les derniers camions de la division de panzers s'étaient évanouis dans le lointain. Son chauffeur dut donc descendre du véhicule toutes les centaines de mètres et redresser les roues avant en donnant des coups de pied. Puis le moteur tomba soudainement en panne. Il faisait très froid. Rommel et Gause frissonnaient. Heureusement pour eux, Crüwell vint à passer avec son *Mammut* et les prit avec lui. Pas moins de 10 officiers et de 5 simples soldats représentant l'essentiel du commandement du groupe de panzers Afrika étaient entassés dans un *Mammut* du côté ennemi des barbelés de la frontière. La nuit venue, ils ne parvinrent pas à trouver le passage dans ces barbelés pour repasser en Libye. Rommel prit lui-même le volant, mais en vain. Si bien qu'il arrêta le moteur et y renonça pour la nuit. Lui et ses compagnons décidèrent de dormir. En fait, ils étaient tout juste au nord du fort Maddalena, où se trouvait le quartier général avancé de la VIIIe armée. Durant la nuit, ils pouvaient entendre les estafettes et les cliquetis des camions ennemis qui passaient à proximité de leur *Mammut.* Comme celui-ci était un véhicule de commandement qui avait été capturé aux Anglais, on ne lui prêta aucune attention particulière. Au point du jour, Rommel démarra le moteur. Il trouva bientôt le passage et regagna sans encombre la Libye.

Le lendemain, 25 novembre, fut une journée infernale pour Westphal, qui était au quartier général du groupe de panzers Afrika, à une distance de 120 kilomètres. Mais Rommel était dans son élément. Pour lui, c'était comme être de nouveau un commandant de compagnie, rassemblant ses troupes dispersées ici et là et leur pointant l'ennemi du doigt. Il ordonna qu'un détachement fonçât à toute allure devant Maddalena jusqu'à l'oasis de Giraboud, à 200 kilomètres au sud, une initiative qui devrait accroître la confusion et l'inquiétude qui régnaient déjà au quartier général de la VIIIe armée. Mais comme personne ne pouvait se passer de troupes, de véhicules, de munitions et de carburant, le raid n'eut pas lieu. Les colonnes de ravitaillement tardant à arriver, Rommel dut limiter l'envergure de sa contre-attaque.

La 15e division de panzers arrivant enfin à la frontière, Rommel s'entretint avec Neumann-Silkow. Il lui enjoignit de pousser vers le nord et d'encercler l'ennemi à Solloum par l'ouest. Il lui expliqua que la 21e division de panzers de Ravenstein compléterait la manœuvre d'enveloppement de l'ennemi à Solloum par l'est. « Fais un boucan de tous les diables », lui suggéra-t-il. Il répéta cela à Crüwell le lendemain : « Nous devons utiliser tous les camions et les convois de ravitaillement à notre disposition pour faire un boucan de tous les diables. Cela trompera l'ennemi sur notre véritable force et l'amènera à se rendre[30]. » Crüwell émit de sérieuses réserves sur cette opinion.

Les combats de la journée ne furent guère glorieux. Le seul succès digne de mention pour la 15e division de panzers fut la destruction d'un atelier de campagne où un peu plus d'une douzaine de chars étaient en réparation. Pendant ce temps, Rommel donna pour instructions au major Mildebrath, le nouveau commandant du 5e régiment blindé – le colonel Stephan venait tout juste d'être blessé mortellement –, de laisser tomber l'idée d'opérer sa jonction avec la division de panzers de Ravenstein et d'attaquer plutôt Sidi-Omar, ce qui l'obligeait à avancer à travers un champ de mines qu'il avait lui-même posées et à prendre d'assaut les obusiers de campagne d'un ennemi qui s'était retranché sur une solide position. Dès qu'il arriva à une distance d'environ 800 mètres de celle-ci, les obusiers britanniques de 25 livres ouvrirent le feu. À la nuit tombante, le régiment de Mildebrath n'avait plus que 10 chars. En outre, il n'avait reçu ni essence ni munitions, les camions ravitailleurs ayant été envoyés en d'autres secteurs du front. En définitive, l'opération militaire contre Sidi-Omar s'avéra ruineuse.

Le fait le plus marquant du 26 novembre fut le repli inattendu de la 21e division de panzers de Ravenstein d'Halfaya jusqu'en Libye. Qui avait donné cet ordre ? C'est un mystère. Rommel était en furie et exigea une enquête. Quelques mois plus tard, son rapport de la bataille indiquerait aigrement que cette affaire n'avait jamais été tirée au clair de manière satisfaisante. Pourtant, la suite des événements permettait de l'éclaircir quelque peu.

Tout au long de la journée précédente, Westphal avait tenté frénétiquement d'entrer en contact radio avec Rommel et de l'avertir d'un grave danger sur le front de Tobrouk. Une importante force néo-zélandaise avançant depuis la région de Bardia s'était emparée de la plupart des positions-clés au sud de Tobrouk, incluant l'aérodrome de Sidi-Rezegh et la colline Belhamed si difficilement capturés. Westphal faisait appel à Crüwell et à Rommel pour qu'ils envoient une division de panzers attaquer cette force néo-zélandaise sur les arrières du groupe de panzers Afrika.

C'est dans cette triste situation que Rommel rejoignit le *Mammut* de Crüwell à la frontière à 10 h 30. Ils ne s'étaient pas vus depuis une journée. Crüwell lui montra les messages alarmistes de Westphal. Mais Rommel ne s'émut pas outre mesure. Certes, il admettait la gravité de la situation à Tobrouk, mais s'obstinait à vouloir d'abord détruire les forces de l'ennemi à la frontière. Il lui suggéra encore « de faire un boucan de tous les diables » pour duper l'ennemi. Puis, avec la 15e division de panzers de Neumann-Silkow, il roula vers le nord en direction de la côte, atteignant la forteresse de Bardia vers 13 heures. La division de panzers y fit le plein de carburant et se réapprovisionna en munitions.

Rommel se trouvait toujours à Bardia dans la soirée quand Ravenstein se présenta : « *Herr General*, je suis heureux de vous annoncer que je suis ici avec ma division ! » Rommel était abasourdi, lui qui croyait que la 21e division de panzers était du côté égyptien de la frontière. « Que faites-vous ici ? » lui demanda-t-il. Ravenstein lui montra un message de Westphal qui ordonnait le retour en Libye de sa division de panzers. « C'est un piège que nous ont tendu les Anglais, lui cria Rommel. Ou bien l'ordre a été donné par ce damné Westphal. Si c'est le cas, je vais le traduire en cour martiale[31]. »

Westphal avait en effet envoyé cet ordre de son propre chef, une initiative courageuse pour un lieutenant-colonel de 39 ans, qui de surcroît n'était pas sans risques pour la suite de sa carrière d'officier. Évidemment, son ordre disparut des dossiers du groupe de panzers Afrika, ayant probablement été détruit par l'un de ses assistants. Dans les rapports de bataille de Ravenstein, il était cependant précisé que la 21e division de panzers avait reçu l'ordre dans l'après-midi du 26 novembre de faire une percée jusqu'à Bardia. Elle s'était mise en branle à 17 heures, au soleil couchant, et avait fait une percée jusqu'en Libye. Ses unités de fantassins et de mitrailleurs avaient essuyé de lourdes pertes. Durant la nuit, Westphal avait également envoyé un message radio à la 15e division de panzers. Tout en soulignant que le commandant en chef du groupe de panzers Afrika était alors injoignable, il lui avait prescrit d'avancer tout de suite pour atténuer la pression qui pesait sur le front de Tobrouk. Contrairement au précédent, ce second ordre de Westphal fut conservé.

Quoi qu'il en soit, Rommel réalisa que le retour prématuré de Ravenstein en Libye signifiait la fin de son raid jusqu'aux barbelés de la frontière, voire jusqu'à l'intérieur des terres égyptiennes. Il était encore en colère quand il retourna à l'autobus de Westphal à El-Adem. L'un des officiers de l'état-major de Rommel relata plus tard cet épisode : « Il ne salua personne. Il monta en silence dans l'autobus des opérations et jeta un coup d'œil aux cartes de bataille. Gause se tenait derrière lui. Nous faisions signe à Gause de parler à Rommel pour lui expliquer la décision de Westphal. Mais ce ne fut pas nécessaire. Rommel annonça soudainement qu'il était fatigué et qu'il allait se reposer. » Lorsqu'il ressortit de son autobus, il ne fit plus mention de cette affaire, au grand soulagement de tout le monde[32].

Ce silence était éloquent. En réalité, en négligeant d'amener avec lui un officier de renseignements, Rommel avait contribué dans une certaine mesure à assurer l'échec de sa contre-attaque. Il s'était ainsi fait des idées fausses sur la véritable puissance de l'ennemi et sur la disposition des forces de celui-ci. Le fait qu'il n'eût pas reçu une formation d'officier d'état-major lui avait fait ici cruellement défaut. En outre, il n'avait pas accordé d'importance aux principaux dépôts de ravitaillement de l'adversaire placés pourtant sous son nez tout juste avant l'opération « Crusader ». Deux grands dépôts se trouvaient à seulement 20 kilomètres au sud de Gabr-Saleh, où passait la Trigh-el-Abd. Ils étaient clairement indiqués sur des documents capturés par la 15e division de panzers le 20 novembre et envoyés aussitôt au quartier général de Rommel. Un autre dépôt britannique se trouvait sur la route empruntée par le 5e régiment blindé de la 21e division de panzers le 24 novembre. Ses chars avaient mis en déroute le personnel de ce centre d'approvisionnement, mais n'avaient pas prêté attention aux stocks de carburant et de munitions, sans parler d'une prison où se trouvaient 900 prisonniers germano-italiens. « Nom de Dieu ! s'exclama Bayerlein après la guerre. Si nous avions su à propos de ces dépôts, nous aurions pu remporter la bataille[33]. » Pourtant, en tant que chef d'état-major de l'Afrikakorps, Bayerlein ne pouvait pas avoir été tenu dans l'ignorance de l'existence de ces trois grands dépôts de ravitaillement.

Rommel était au mieux de sa forme, et les derniers jours de novembre montrèrent un virtuose de la guerre de mouvement. Pourtant, sur le papier, son champ d'action était plutôt limité. L'Afrikakorps n'avait plus que 40 bons chars de combat et 20 chars légers, si bien que l'ennemi avait une supériorité de 7 à 1. La division néo-zélandaise avançait vers Tobrouk depuis Bardia avec 80 chars Valentine et Matilda, tandis que la VIIe division blindée avait profité de deux jours de réapprovisionnement et alignait désormais 130 chars. La garnison de Tobrouk, qui était finalement parvenue dans la nuit du 26 novembre à ouvrir un couloir à travers le rideau des assiégeants jusqu'aux forces néo-zélandaises, comptait 70 chars de combat, dont 20 légers.

Bien qu'il dût lutter contre des forces largement supérieures aux siennes, Rommel réussit tout de même à remporter des succès étonnants. Ce véritable tour de force s'explique par diverses raisons. Tout d'abord, le facteur psychologique doit être pris en considération. Rommel avait acquis la réputation d'un commandant audacieux qui excellait dans l'art de prendre l'ennemi par surprise en lançant des attaques inopinées et foudroyantes, comme en témoignait sa ruée jusqu'aux barbelés de la frontière. Mais il avait aussi de très bons chars, d'excellents commandants et des soldats courageux. Ses troupes étaient aguerries et manœuvraient d'une manière admirable sur le champ de bataille. D'ailleurs, la coopération entre ses chars et ses canons mobiles durant les combats était parfaitement rodée. De plus, Rommel avait une grande aptitude à changer facilement ses tactiques pour pouvoir s'adapter aux circonstances, et à utiliser tous les moyens disponibles pour parvenir à ses fins, même s'ils n'étaient pas adaptés. À l'inverse du général allemand, les commandants britanniques avaient des méthodes lourdes et orthodoxes. Les opérations militaires du lendemain, le 27 novembre, allaient en offrir un bel exemple.

Dans l'après-midi, les 50 chars de la 15e division de panzers amorcèrent leur repli vers l'ouest en direction de Tobrouk, mais ils furent bloqués après seulement 30 kilomètres par les 45 chars de la XXIIe brigade blindée. Lorsque la IVe brigade blindée avec ses 77 chars surgit sur le flanc de cette division de panzers, celle-ci se retrouva alors en mauvaise posture. Plusieurs de ses chars se firent malmener. Mais à sa grande surprise, l'ennemi interrompit soudainement son attaque et se replia vers le sud. C'était la tombée de la nuit, et les Anglais, comme à leur habitude, se retirèrent dans un endroit protégé pour laisser reposer leurs chars jusqu'à l'aube. Cela permit évidemment aux Allemands de reprendre leur route vers l'ouest à la faveur de l'obscurité.

Un autre facteur qui ne doit pas être négligé était le moral d'acier de Rommel. Contrairement à plusieurs commandants britanniques, Rommel demeurait foncièrement optimiste, convaincu d'avoir reconquis l'initiative stratégique. « La bataille fait rage dans le désert autour de Tobrouk et sur le front de Solloum depuis le 19 novembre, écrivit-il à Lucie le 27 novembre. Je pense que le pire est passé et que la bataille aura une importance décisive sur l'ensemble de la situation de la guerre. Je vais très bien. Je viens tout juste de passer les quatre jours de la contre-attaque dans le désert sans même avoir rien pour me laver. Mais nous avons obtenu des succès remarquables. [...] Nous avons déjà amorcé nos nouvelles opérations[34]. » Il est facile de comprendre à quel point cet aveuglement de Rommel pouvait exaspérer ses officiers subalternes qui pesaient froidement toutes les circonstances tout en faisant preuve de pondération.

Quand Crüwell se rendit à l'aérodrome de Gambut afin d'y

rencontrer Rommel le 28 novembre, il avait bien l'intention de lui expliquer la gravité de la situation. Mais Rommel, qui se faisait encore des illusions sur les possibilités opérationnelles de ses forces, proposa d'encercler les troupes néo-zélandaises au moyen d'une attaque sur leurs arrières. Crüwell, qui tenait à éviter la dispersion de ses deux divisions de panzers, suggéra plutôt de les concentrer, puis d'attaquer les forces néo-zélandaises à partir de l'est afin de les acculer contre la forteresse de Tobrouk. Vers 21 heures, Rommel envoya à Crüwell son plan de bataille, mais ce dernier n'y prêta pas attention, prétextant qu'il lui était parvenu trop tard. Une fois de plus, Crüwell ne tint pas compte des idées opérationnelles de son supérieur. Et pour s'assurer que son propre plan serait appliqué, il somma ses deux commandants de panzers, Ravenstein et Neumann-Silkow, de venir le rencontrer à 8 heures le lendemain matin.

Ravenstein ne se présenta jamais. Sa Mercedes-Benz fut retrouvée inoccupée et criblée de balles. « Les Britanniques ont capturé von Ravenstein », conclut Rommel sans émotion[35]. Bien qu'il n'ait jamais aimé les aristocrates, Rommel confia néanmoins à son fils peu avant sa mort que Ravenstein s'était révélé l'un de ses plus brillants généraux[36]. Ce dernier était par ailleurs le premier général allemand à tomber aux mains des Alliés.

Le 29 novembre, la 15e division de panzers s'ébranla vers l'ouest le long de la Trigh Capuzzo, suivie à sa droite par la 21e division de panzers. Crüwell leur avait donné comme objectifs à atteindre El-Duda et Belhamed. La 21e division de panzers, qui n'avait plus que 9 chars de combat, fut arrêtée très tôt dans sa marche par l'ennemi. Mais la 15e division de panzers, qui comptait 31 bons chars de combat et 12 chars légers, progressa de manière satisfaisante.

Étrangement, le déroulement de la bataille laissait apparaître clairement que c'était le plan de Rommel et non celui de Crüwell qui était mis à exécution. En fait, Neumman-Silkow avait intercepté le plan d'opérations de Rommel envoyé à Crüwell la veille, et décidé de le suivre. Décidément, les commandants de l'Afrikakorps agissaient en toute liberté quand venait le temps d'interpréter ou d'appliquer les ordres qui leur étaient transmis.

Peu avant midi, Rommel se rendit au front et y observa la

bataille en compagnie de Crüwell. Il envisageait la situation avec son optimisme habituel : « La bataille semble très bien se dérouler, écrivit-il à Lucie. Le coup décisif se produira probablement aujourd'hui. J'ai une confiance inébranlable[37]. » Or, la bataille décisive n'eut pas lieu. La 15e division de panzers s'empara d'El-Duda en attaquant par l'ouest, mais en fut repoussée peu après par l'adversaire. Pour sa part, la 21e division de panzers avait à peine progressé en direction de l'ouest. D'ailleurs, le pessimisme régnait au quartier général de Crüwell quand Rommel lui rendit visite le lendemain. « La bataille se poursuit encore et nous allons devoir faire tous nos efforts pour la remporter, écrivit-il à son épouse. Nos chances sont bonnes, mais les troupes sont mortes de fatigue après douze jours de combats. Je suis en forme, plein d'entrain et prêt à tout[38]. »

En fin de compte, c'est autant l'adaptabilité de Rommel que la rigidité du commandement adverse qui scellèrent le destin de la division néo-zélandaise isolée sur la crête de Sidi-Rezegh. Rommel persista dans sa manœuvre d'enveloppement et ordonna à 10 h 30 un tir de barrage contre les positions de l'adversaire qui dura plus de cinq heures. Comme l'ennemi ne parvint pas à concentrer ses forces blindées assez rapidement pour atténuer la pression qui pesait sur les Néo-Zélandais, l'étau se resserra autour des assiégés. Les canons de l'artillerie lourde allemande pilonnèrent sans relâche les défenses de l'ennemi à Sidi-Rezegh, au point que les cratères de bombes évoquaient un paysage lunaire. Les munitions des obusiers de 25 livres de l'ennemi venant à manquer, la 15e division de panzers entra en action à 3 h 40. Après plusieurs heures de combats acharnés, les chars de Neumann-Silkow se rendirent finalement maîtres de Sidi-Rezegh. La victoire était cependant incomplète, car une partie des troupes néo-zélandaises délogées de la crête avaient réussi à s'enfuir vers Belhamed.

Le dernier acte de la bataille se déroula le lendemain, le 1er décembre. Les bataillons d'infanterie de Neumann-Silkow prirent pied sur le versant de la colline Belhamed peu avant l'aube. Ils furent rejoints par le 8e régiment blindé de la 15e division de panzers. À 8 h 30, ils se frayèrent un chemin jusqu'à l'autre côté de la colline. Les Néo-Zélandais furent alors complètement encerclés à Belhamed, d'autant plus qu'ils étaient coupés du couloir qui s'étendait entre eux et les forces de Tobrouk. Seule une force blindée pouvait les sauver. Une brigade blindée arrivait justement du sud à ce moment-là. Mais dans la confusion de la bataille, elle se replia par erreur peu après, par le chemin d'où elle était venue.

Pour une fois, malgré ce résultat inespéré, Rommel fit preuve de mesure en écrivant à son épouse le 2 décembre : « Nous avons réussi hier à détruire les restes d'une et peut-être même de deux divisions britanniques sur le front de Tobrouk, ce qui nous a permis de redresser la situation. Mais autant que je puisse en juger, les Britanniques ne vont pas renoncer de sitôt. Toutefois, nous combattons désormais dans de meilleures conditions et allons certainement en sortir vainqueurs[39]. »

Les combats de novembre avaient exténué les troupes de Rommel. Quatre cent soixnte-treize morts, 1 680 blessés et 962 disparus. Elles avaient aussi perdu 142 chars et une quantité considérable d'autres équipements. C'était une donnée alarmante, étant donné que le ravitaillement ne parvenait pas à être acheminé jusqu'en Libye. Cependant, Rommel considérait qu'il maîtrisait parfaitement la situation. Il voulait donc livrer une dernière grande bataille afin de libérer le front de Solloum. Mais il savait qu'il devrait d'abord relever le moral de ses soldats exténués par les derniers combats. Ainsi ordonna-t-il que cette proclamation fût distribuée à toutes ses troupes : « Au cours des combats acharnés et continus entre le 18 novembre et le 1er décembre, 814 chars de combat et voitures blindées ont été détruits, et 127 avions ont été abattus. Aucun état estimatif du butin en armes, en munitions et en véhicules ne peut être donné pour le moment. Cependant, les prisonniers excèdent les 9 000, incluant trois généraux. Ce grand triomphe est attribuable à votre courage, à votre endurance et à votre persévérance. Mais la bataille n'est pas encore terminée. Alors, en avant, et donnons le coup décisif à l'ennemi[40]. »

Pour la troisième fois, son opinion sur la manière de donner le coup de grâce à l'adversaire différa de celle de Crüwell. Rommel suggéra de diviser ses forces de telle manière que Neumann-Silkow pût prêter secours aux garnisons de la frontière avec l'aide des éléments non blindés des deux divisions de panzers, tandis que les autres formations attaqueraient l'ennemi à

El-Duda et un peu plus loin au sud. Crüwell protesta avec force contre cette idée en soutenant que l'Afrikakorps devait en tout premier lieu maîtriser la situation critique au sud-est de Tobrouk. Il insista du même coup sur la nécessité de ne pas répéter l'erreur d'abandonner à l'adversaire le champ de bataille sur lequel l'Afrikakorps avait remporté des victoires successives, c'est-à-dire en se lançant dans une vaste opération avant même d'avoir détruit complètement l'ennemi. Si Rommel avait néanmoins de bonnes raisons de mettre en branle ce qui s'apparentait à un autre raid jusqu'aux barbelés de la frontière, poursuivit Crüwell, alors il devait engager à cette fin l'ensemble de l'Afrikakorps, à l'exception de ses chars, qui nécessitaient des réparations.

Rommel ne tint aucun compte des arguments avisés de Crüwell et en subit les conséquences le jour suivant, le 3 décembre. Il tenta alors trois opérations avec des forces insuffisantes, au terme desquelles il ne réalisa aucune percée significative. Ces échecs cuisants successifs le ramenèrent toutefois à la réalité. Très tard le jour même, il prit la décision d'abandonner tout le terrain occupé par ses forces à l'est de Tobrouk. Le quartier général de l'Afrikakorps évacua Gambut et des mesures furent prises afin de sauver les dépôts d'armes et de munitions ainsi que le matériel dans cette région. D'humeur noire, Rommel écrivit à Lucie : « La bataille se poursuit et comme elle se déplace davantage vers l'ouest, nous avons dû regrouper nos forces durant la nuit dernière. J'espère que nous réussirons[41]. »

Le lendemain, Rommel fut informé par des messages radio de l'ennemi et des rapports de la reconnaissance aérienne allemande qu'une puissante force ennemie s'approchait depuis le sud. Celle-ci effectuait un mouvement tournant destiné à couper ses lignes de communication et de retraite. Rommel décida de se replier vers l'ouest et de concentrer les chars qui lui restaient en envoyant vers le sud l'Afrikakorps dans une attaque visant à disloquer la manœuvre d'enveloppement de l'adversaire. Dans la nuit du 4 décembre, le groupe de panzers Afrika s'esquiva donc vers l'ouest, levant par le fait même le siège de Tobrouk dès le lendemain soir. En effet, après avoir d'abord reçu l'ordre de maintenir le siège aussi longtemps que possible pour permettre le retrait vers l'ouest de l'artillerie lourde et la destruction des dépôts d'approvisionnement et des chars qui n'avaient pu être réparés, la 90e division légère fut autorisée à son tour à se replier vers l'ouest à 22 h 15 le 5 décembre.

Une discussion qui s'était déroulée quelques heures plus tôt avait précipité la décision de Rommel de lever le siège de Tobrouk. Un officier de l'état-major italien, le lieutenant-colonel Giuseppe Montezemolo, arriva à son quartier général afin de lui transmettre un message du Commando Supremo à Rome. D'après ce message, Rommel ne devait pas s'attendre à recevoir des approvisionnements ou des renforts de l'autre côté de la Méditerranée avant au moins un mois. Étant donné qu'il ne restait plus à l'Afrikakorps que 40 de ses 249 chars et des réserves de munitions largement insuffisantes, Rommel proposa alors d'abandonner non seulement Tobrouk, mais aussi toute la péninsule de la Cyrénaïque. Il n'était plus davantage question de tenir bon le long de la frontière égyptienne. D'ailleurs, Rommel avait déjà ordonné à la division italienne Savona de se replier jusqu'à la forteresse côtière de Bardia, à une trentaine de kilomètres de Solloum, pour la simple raison que les approvisionnements sur le front de Solloum avaient été entièrement épuisés. À Montezemolo, Rommel précisa que les pertes du groupe de panzers Afrika étaient de l'ordre de 4 000, incluant 16 commandants. Mais c'était avant qu'il n'apprît le lendemain que Neumann-Silkow avait été mortellement blessé par un éclat d'obus.

Bastico fut sidéré par le compte rendu de Montezemolo de sa rencontre avec Rommel et en fit part à son supérieur à Rome. Cavallero accepta à contrecœur de lever le siège de Tobrouk, mais ordonna que Rommel n'abandonne pas toute la Cyrénaïque et conserve à tout le moins le port de ravitaillement de Benghazi aussi longtemps que possible.

Le 7 décembre, Bastico fut dépêché auprès de Rommel. Celui-ci avait replié son quartier général dans un ravin tout près de Gazala, à une trentaine de kilomètres à l'ouest de Tobrouk. Il avait fait préparer antérieurement des points d'appui à Gazala pour constituer une ligne de défense provisoire. Lorsque Bastico arriva sur les lieux, Rommel le fit attendre délibérément une bonne quinzaine de minutes, puis le fit monter dans l'autobus qui lui servait de quartier général. La discussion qui suivit entre les deux hommes fut houleuse. D'un ton véhément, voire impétueux, Rommel rejeta la cause de sa défaite entièrement sur les généraux italiens et dénonça leur incompétence de même que leur refus de coopérer avec lui. Bastico l'interrompit aussi vivement, mais Rommel lui répondit qu'après s'être battu pour la victoire pendant trois semaines, il avait maintenant pris la décision de replier ses divisions jusqu'à Tripoli. Puis il mit un terme à l'entretien en vociférant : « Nous n'avons pas gagné la bataille. Par conséquent, il ne nous reste plus qu'à battre en retraite[42]. » De fait, il avait eu beau manœuvrer plus habilement que les Britanniques sur le champ de bataille, la victoire avait été remportée par ces derniers, car leurs réserves avaient décidé de l'issue du combat[43].

Pour la première fois dans la Seconde Guerre mondiale, Rommel retraitait, une expérience quelque peu humiliante, comme en témoignait cette remarque dans une lettre écrite à Lucie le 23 décembre : « J'ai l'impression que nous allons réussir à nous extirper de la manœuvre d'enveloppement de l'ennemi et à sauver le gros des troupes. Si nous parvenons à nous tirer d'affaire, alors il s'agira pour moi d'un beau cadeau de Noël. C'est dans ce genre de situation qu'on apprend à devenir modeste[44]. »

La première ligne de défense sur laquelle se replia Rommel était donc celle de Gazala. Mais il réalisa très vite que ses troupes étaient à court de carburant et de munitions et ne pouvaient résister aux attaques de l'ennemi. De plus, les unités italiennes non motorisées représentaient un véritable fardeau pour son groupe de panzers Afrika, puisqu'elles ralentissaient ses manœuvres de repli. Sans parler des 14 000 soldats qu'il avait laissés dans les points d'appui fortifiés le long du front de Solloum et dans la forteresse de Bardia. Pis encore, quelques-uns de ses meilleurs hommes étaient tombés au champ d'honneur. Outre le major-général Neumann-Silkow de la 15e division de panzers, le major-général Max Sümmermann, de la 90e division légère, avait également trouvé la mort dans les derniers jours, tué au cours d'un raid de la Royal Air Force. Quant à ses commandants qui avaient survécu aux récents combats, plusieurs étaient frappés par les fléaux du désert. Même le lieutenant-général Crüwell était malade. « Ne te fais pas de souci pour moi, écrivit Rommel à Lucie le 12 décembre. Tout va bien aller. Nous ne sommes pas encore sortis de la crise. Elle va probablement se poursuivre pendant encore quelques semaines. Mais j'ai toujours bon espoir de tenir bon[45]. »

D'une manière ou d'une autre, Rommel réussit tant bien que mal dans la première moitié de décembre à contrecarrer les tentatives de l'ennemi pour déborder la ligne de défense de Gazala, même si elle ne s'étendait que sur 20 kilomètres et qu'elle se terminait en plein désert. Bien qu'elles fussent désormais hors de portée de l'artillerie lourde de la forteresse de Tobrouk, ses troupes étaient complètement épuisées par les combats acharnés des dernières semaines. La pluie tombait à verse presque tous les jours et le désert se transformait par endroits en bourbier. La nuit, il faisait si froid que Rommel dormait dans son uniforme et dans son manteau.

Cette situation difficile lui donnait du tourment. Mais elle n'entamait pas pour autant son moral. En fait, il savait très bien qu'il avait encore toute la confiance du Führer. Lors de son discours du 11 décembre, où il déclarait la guerre aux États-Unis, Hitler n'avait-il pas mentionné son nom ? En outre, Rommel s'estimait capable de se rendre maître de la situation. Certes, il disposait de très peu de carburant et de munitions, mais un navire transbordeur arriva au port de Benghazi le 19 décembre et y déchargea 22 chars de combat pour l'Afrikakorps.

Rommel n'entendait pas rester longtemps sur la position de Gazala. C'est d'ailleurs ce qu'il avait fait comprendre à Bastico le 7 décembre. Il avait d'autre part informé Berlin quelques jours plus tard de son intention d'abandonner toute la Cyrénaïque. Les militaires italiens, qui suggéraient de tenir à tout prix la ligne de défense de Gazala, étaient d'avis que si Rommel se retirait de cette position, les troupes italiennes non motorisées se trouveraient à la merci de l'ennemi. Mais Rommel ne tenait pas pour autant à les sacrifier inutilement. Il se proposait plutôt de les faire reculer en bon ordre par la route côtière, tandis que l'Afrikakorps et le XXe corps motorisé italien livreraient des combats retardateurs afin d'empêcher l'encerclement.

Ce dessein rendait ses propres généraux tout aussi perplexes que les hauts gradés italiens. Quand il donna l'ordre à l'Afrikakorps de mettre en branle les préparatifs d'une nouvelle retraite stratégique dans l'après-midi du 14 décembre, Crüwell lui fit aussitôt savoir qu'un repli sur de nouvelles positions n'était absolument pas nécessaire, compte tenu des lourdes pertes qu'ils avaient infligées aux Britanniques. Bastico se mit en colère contre Rommel qui ne l'avait pas consulté au préalable. Quant à Cavallero, il jugeait que Rommel agissait à la hâte et déplorait son incompréhension des implications politico-stratégiques de l'entrée en guerre du Japon, d'autant plus que les Britanniques manifestaient déjà leur volonté de transférer des unités de combat d'Afrique du Nord vers l'Extrême-Orient.

Le 16 décembre, le chef du Commando Supremo s'envola pour la Libye afin de s'entretenir avec Rommel de vive voix. D'entrée de jeu, Cavallero lui déclara sans ambages que la nouvelle de la perte de la Cyrénaïque éclaterait comme une bombe en Italie. Rommel lui rétorqua que la perte de la Tripolitaine ferait l'effet d'une plus grosse bombe encore. Comme Cavallero ne parvint pas à le faire changer d'idée ni à lui proposer une solution de remplacement, son ordre de repli entra en vigueur à minuit.

Rommel entendait se replier dans l'étranglement de la vallée de Mersa-el-Brega. Située à la frontière orientale de la Tripolitaine, cette position était idéale pour attendre des renforts. Elle avait déjà servi de tremplin à sa première offensive et jouerait de nouveau ce rôle. Il commença donc son repli en direction de l'ouest dans la nuit du 17 décembre, l'Afrikakorps et le XXe corps motorisé italien passant par la route du désert, pendant que les divisions d'infanterie italiennes battaient en retraite par la route côtière.

Le groupe de panzers Afrika ne se retira toutefois pas de la Cyrénaïque sans encombre. Plusieurs camions et chars de combat s'embourbèrent en cours de route et durent être montés au treuil. Le carburant et les munitions faisaient cruellement défaut par moments. De jour, les avions ennemis harcelaient les troupes de Rommel en les mitraillant au sol ou en les bombardant. Mais heureusement pour celles-ci, la poursuite de l'adversaire était lente. Le nouveau commandant de la 90e division légère, le colonel Johann Mickl, en donna l'explication à son état-major le 20 décembre : « Les Britanniques nous surpassent largement en nombre. La question est de savoir pourquoi ils nous poursuivent si lentement ? Maintes et maintes fois, ils nous ont permis d'échapper à l'encerclement. Il n'y a qu'une seule explication à cela : ils ont une crainte révérencielle de Rommel, en particulier pour sa capacité à les surprendre – c'est la raison pour laquelle ils nous poursuivent avec hésitation[46]. »

Il y avait toutefois d'autres facteurs qui entraient en ligne de compte. Les Anglais commençaient eux aussi à manquer de munitions et leurs troupes risquaient de se trouver bientôt immobilisées par manque de carburant. De même, les batailles sanglantes du dernier mois, qui leur avaient permis de reprendre Sidi-Rezegh le 8 décembre et de dégager peu après Tobrouk, avaient épuisé tout autant leurs soldats que ceux de Rommel.

Au cours du recul du groupe de panzers Afrika, une file de camions de l'armée empruntèrent la Via Baldia, la grande route qui longeait la côte. Ils étaient surchargés de caisses de bœuf, de fruits et de légumes en conserve ainsi que de pommes de terre fraîches, de bières et de cigarettes. Lorsque les troupes britanniques entrèrent à Benghazi le 24 décembre, ils ne trouvèrent que des dépôts d'approvisionnement complètement vides. Le lendemain, Rommel écrivit à Lucie avec une ironie désabusée : « Les Britanniques ont été très déçus de n'avoir pu ni couper notre retraite à Benghazi ni y trouver du pétrole ou de la nourriture[47]. »

Pendant un certain temps, Rommel envisagea de prendre position à Agedabia, à 60 kilomètres au sud de Benghazi. D'un point de vue tactique, Agedabia était une position-clé. Il savait que l'évacuation de cette ville aurait pour corrélatif l'abandon de toute la Cyrénaïque. En revanche, son occupation offrirait l'opportunité de reprendre Gazala en temps voulu. Dans son *Mammut*, il parcourut la ligne de combat, vérifiant les positions des canons et essayant de stabiliser les défenses de son groupe de panzers Afrika.

Mais ses alliés lui donnaient du souci. Le Commando Supremo à Rome exprimait des réticences à l'égard de sa retraite stratégique, tandis que les généraux italiens ne lui faisaient toujours pas confiance. Pis encore, certaines formations italiennes montraient des signes de désintégration, comme en témoignaient le pillage et les échanges de coups de feu à Benghazi. Le manque de fiabilité des Italiens fut d'ailleurs la principale raison qu'il donna à Mussolini lorsqu'il lui demanda l'autorisation de se replier encore davantage à l'ouest si cela s'avérait nécessaire, et de permettre la reddition des garnisons assiégées à Bardia, à Solloum et à Halfaya dans l'éventualité où leurs vivres et leurs munitions viendraient à manquer. « Je ne veux pas être responsable du sacrifice inutile de quelque 15 000 Allemands et Italiens là-bas », dit-il tout bonnement au Duce à propos des garnisons de la frontière égyptienne[48].

Le 28 décembre, Rommel lança une contre-attaque qui prit l'ennemi par surprise. Crüwell avait remarqué une brèche entre les deux brigades blindées ennemies avançant vers Agedabia ; il jeta l'Afrikakorps sur l'une d'elles et l'encercla deux jours plus tard. Les Allemands détruisirent 60 chars et n'en perdirent eux-mêmes que 14. Ce revers de la VIIIe armée procura un moment de répit. Rommel ordonna alors de décrocher furtivement et d'évacuer complètement la Cyrénaïque. Son intention était de réorganiser ses forces le long d'une nouvelle ligne de défense s'étendant de Mersa-el-Brega jusqu'à l'intérieur du désert et de les préparer en vue d'une attaque au printemps. En outre, pour protéger la Tripolitaine, il entendait ériger une sorte de « mur de l'Est » en déposant le long de la ligne de défense plus de 100 000 mines.

Mais pour le moment, ses commandants avaient besoin de prendre du repos afin de récupérer leurs forces. Le major-général Gause s'était envolé pour l'Italie et ensuite pour l'Allemagne. En principe, il devait y rencontrer Hitler afin de lui faire un exposé de l'état de la situation en Afrique du Nord. Mais en réalité, il fut invité à profiter de l'occasion pour se délasser quelque peu, les combats ininterrompus depuis le début de l'opération « Crusader » l'ayant vraisemblablement mis à bout de nerfs. Crüwell, récemment promu au grade de général de panzers, était toujours malade. Il était tellement affaibli par la jaunisse qu'il fut carrément cloué au lit en début d'année. À l'instar de Crüwell, le lieutenant-colonel Westphal avait également contracté la jaunisse. Quant à l'état-major de la 21e division de panzers, il dut être remanié en entier, plusieurs de ses officiers ayant subi des moments de dépression nerveuse à la fin de novembre. « Je vais être bientôt le seul parmi les officiers allemands à avoir combattu ici du début jusqu'à la fin », écrivit Rommel le 10 janvier[49].

La retraite forcée de Rommel laissait les garnisons germano-italiennes de la frontière égyptienne isolées, puisqu'elles étaient désormais à plus de 750 kilomètres du reste du groupe de panzers Afrika, et dans une situation sans espoir. Après des combats violents, Bardia capitula le 2 janvier, tandis que les deux derniers postes, ceux de Solloum et d'Halfaya, se rendirent le 17 du même mois. Quelque 4 300 Allemands et 10 400 Italiens furent faits prisonniers. Cela portait le nombre de soldats capturés sur les positions frontalières à environ 20 000, y compris ceux qui avaient été capturés antérieurement à Sidi-Omar, et le total des pertes du groupe de panzers Afrika à 36 472, contre 17 700 du côté de la VIIIe armée. Mais près des deux tiers des pertes des forces de l'Axe étaient représentées par des Italiens et sur les 14 760 Allemands, une grande partie était du personnel administratif. Quant à celles subies par les Britanniques au cours des six semaines de batailles, elles étaient représentées essentiellement par des combattants et comprenaient de nombreux et chevronnés vétérans de la guerre du désert qu'il était difficile de remplacer. Pour les chars de combat, les Allemands et les Italiens en avaient perdu respectivement 220 et 120 ; les Britanniques en avaient perdu pour leur part plus de 800. Dans les airs, les forces de l'Axe dénombraient la perte de 330 appareils, dont environ 230 pour la seule Luftwaffe, tandis que la Royal Air Force en avait perdu 300[50].

Le mouvement de repli de Rommel se passa comme prévu. À la faveur d'une tempête de sable qui fit rage pendant deux jours, ses arrière-gardes se retirèrent d'Agedabia sans encombre. L'ensemble de son groupe de panzers Afrika prit alors position sur la ligne de défense de Mersa-el-Brega, à la frontière de la Tripolitaine. Seuls probablement des soldats expérimentés pouvaient apprécier le véritable exploit que venait de réaliser Rommel en accomplissant une retraite en bon ordre de 500 kilomètres à travers le désert en un mois – non seulement sans que ses forces en sortissent trop affaiblies, mais aussi en infligeant des pertes aux assaillants tout en faisant échec à leurs nombreuses manœuvres d'enveloppement.

Même s'il était parvenu à sauver le gros des troupes italiennes non motorisées, Bastico et ses camarades généraux italiens ne lui témoignaient aucune reconnaissance. Rommel se moquait d'ailleurs d'eux dans la même lettre du 10 janvier : « Quand je pense que nous avons replié nos troupes de 500 kilomètres sur une bonne ligne de défense sans avoir subi de lourdes pertes et en dépit du fait que la majeure partie de celles-ci étaient non motorisées ! Que nos soi-disant généraux râlent tout le temps ne me surprend guère. Il est tellement facile de critiquer[51]. »

Étonnamment, Hitler ne tarissait toujours pas d'éloges sur Rommel, même après son repli et l'abandon de toutes ses conquêtes territoriales. Il lui envoya un message personnel le 1er janvier dans lequel il lui adressait ses meilleurs vœux pour le nouvel an. Dans ce même message, il lui confiait que le groupe de panzers Afrika provoquait toute son admiration, et lui témoignait une fois de plus toute sa confiance : « Je sais que je peux encore compter sur mon groupe de panzers pour la nouvelle année[52]. » Il exprima même au chef d'état-major de Rommel son approbation relativement à la retraite stratégique accomplie par ce dernier. « Le Führer est très élogieux et admiratif », telles furent les paroles de Hitler rapportées par Gause dans une lettre adressée à son commandant en chef. « Dites à Rommel que je l'admire », cita également Gause dans cette même lettre[53]. C'est évidemment un Rommel radieux qui s'empressa alors de répéter à son épouse les propos tenus par le Führer à son égard dans une lettre du 19 janvier : « Gause a écrit de Rome. Apparemment, le Führer a approuvé tout ce que j'ai fait, et il est très élogieux et admiratif », faisant ici référence à sa retraite de Cyrénaïque[54].

Même le camp adverse prodigua des louanges à Rommel, ce qui était plutôt exceptionnel. Dans le journal de l'Afrikakorps en date du 17 décembre, il en était fait mention : « Selon les dépêches de l'ambassadeur des États-Unis au Caire, nous avons lancé une attaque directement à travers la XXIIe brigade blindée britannique. Il l'a décrite comme un chef-d'œuvre. » Les Allemands s'étaient procuré cette information inédite parce que en septembre des agents italiens avaient pénétré dans l'ambassade américaine à Rome par effraction et y avaient photographié les copies du *Black Code*. Pendant de nombreux mois par la suite, les spécialistes du renseignement italiens et allemands seraient en mesure de décrypter les communications radio secrètes américaines. Très utiles étaient les rapports envoyés au département de la Guerre à Washington par l'attaché militaire américain au Caire. Observateur lucide et perspicace du champ de bataille, le colonel Bonner Fellers se tenait au courant de tous les plans d'opérations des forces britanniques contre celles de Rommel, et prévoyait même les manœuvres possibles du groupe de panzers Afrika. Bien entendu, cela procurait un avantage significatif à Rommel et expliquerait dans une certaine mesure ses prochains succès militaires.

Sans doute pour valoriser ses faits d'armes, Rommel ne fit pas du tout mention des dépêches américaines dans son journal ou même dans ses Mémoires. Cependant, Hitler et les chefs de la Wehrmacht étaient au fait de celles-ci. En juin 1942, durant un déjeuner, le Führer déclara à Göring : « Espérons que la légation des États-Unis au Caire nous tiendra bien au courant de la planification militaire des Britanniques grâce à ses télégrammes médiocrement encodés. » L'un des officiers de renseignements de Rommel se souvint plus tard à ce propos : « Rommel avait l'habitude d'attendre tous les soirs les dépêches. Nous les considérions comme la "bonne source". »

Au début de janvier 1942, Rommel était persuadé que le temps jouait en sa faveur, en raison du retournement de situation en Méditerranée provoqué par l'entrée en scène de la 2e flotte aérienne et des U-boote. Il attribuait à leur action – et notamment au bombardement de Malte – l'arrivée à Tripoli, le 5 janvier, de navires marchands qui déchargèrent 54 chars de combat, dont 51 Panzer III et Panzer IV, 19 voitures blindées, de nombreux canons antichars, des munitions, des denrées alimentaires et du carburant[55].

Durant les jours suivants, Rommel inspecta ses unités qui s'étaient retranchées sur la nouvelle position de Mersa-el-Brega. Le 15 janvier, après avoir survolé la ligne de défense, il exprima son mécontentement à Westphal concernant l'état du terrain et, par suite des recommandations pressantes de celui-ci, donna pour instructions à l'Afrikakorps de se préparer à lancer des raids dans toutes les directions possibles[56]. Il s'attendait à une reprise des combats très prochainement et n'ignorait pas que les Britanniques étaient certainement en train de renouveler leurs stocks d'armements et de munitions, bien que ses services de renseignements l'eussent informé, *via* les messages de Fellers, des soucis britanniques en la matière.

Rommel avait bien l'intention de tirer profit des problèmes d'approvisionnement de l'ennemi pour reprendre tout le terrain perdu. Il savait que les lignes de communication des Britanniques s'étendaient sur une distance de plus de 1 650 kilomètres et que leurs forces aériennes en Afrique du Nord avaient été récemment réduites, la Royal Air Force ayant transféré plusieurs de ses avions en Extrême-Orient.

Pendant plusieurs nuits et contre son habitude, Rommel étudia des cartes, photos de la reconnaissance aérienne et rapports des services de renseignements. Il demanda que les chars de combat tout récemment débarqués à Tripoli se portent immédiatement en avant. Selon ses estimations, l'Afrikakorps disposerait de 140 chars contre 360 pour les Britanniques. Mais cette infériorité en nombre ne le dissuadait pas de frapper un grand coup : « La situation tourne de plus en plus à notre avantage, et j'ai plusieurs plans en tête dont je n'oserais jamais parler pour le moment à mes officiers, car autrement ils pourraient penser que je deviens fou. Mais ce n'est pas le cas. C'est tout simplement que, contrairement à eux, je fais des projets à l'avance. Tu me connais. [...] C'est dans les petites heures que mes meilleurs plans surgissent dans mon esprit[57]. »

Le lendemain matin, il mit au courant Crüwell – qui était toujours cloué au lit pour cause de jaunisse – et Bayerlein de ses intentions. « Le groupe de panzers attaquera l'ennemi massant ses troupes au sud-ouest d'Agedabia, leur annonça-t-il. En ce moment, les Britanniques sont inférieurs en nombre par rapport à nous. Nous allons les surprendre et les annihiler[58]. »

Pour préserver l'effet de surprise, il dressa la liste des seuls commandants qui devaient être mis dans le secret. Il interdit également à l'artillerie de répliquer aux canons de l'ennemi autrement que par des tirs discontinus. Non seulement il proscrivit tout mouvement de camions en direction de l'ennemi durant le jour, mais il fit rouler les convois vers l'ouest avec ostentation jusqu'à la nuit tombante, puis les envoya aussitôt dans la direction opposée à la faveur de l'obscurité. De même, il insista pour que les chars de combat et les canons fussent bien camouflés. Par-dessus tout, il ne révéla rien de son plan d'attaque, ni au haut commandement de Berlin ni à celui de Rome. Par conséquent, aucun message radio ne fut envoyé par Enigma. Et à l'approche du jour fatidique, le 21 janvier, il demanda de mettre le feu à certains bâtiments et navires le long de la côte afin de faire croire à l'ennemi que les forces de l'Axe amorçaient un vaste mouvement de repli vers l'ouest.

À 8 h 30, les chars de l'Afrikakorps s'ébranlèrent et opérèrent ensuite une manœuvre en tenaille vers Agedabia. Rommel prit la tête de l'une des deux colonnes blindées, celle empruntant la grande route côtière, et la conduisit à travers les champs de mines. À sa gauche, il y avait la mer à perte de vue ; à sa droite, le désert. « J'ai une confiance totale : Dieu nous protégera et nous accordera la victoire », écrivait-il deux heures plus tôt[59]. L'autre colonne blindée attaqua simultanément, à quelques kilomètres sur sa droite.

Grâce à leur contre-attaque-surprise, les deux colonnes culbutèrent l'ennemi et reprirent Agedabia dès le lendemain. La Ire division blindée britannique, qui n'était pas entraînée à la guerre du désert, fut surprise au petit déjeuner. Les Britanniques s'étaient en effet persuadés qu'il faudrait des mois aux Allemands pour lancer une nouvelle attaque, en raison des pertes subies lors de l'opération « Crusader ». Ils avaient oublié le talent de Rommel pour retourner une situation et riposter. L'Afrikakorps ne s'arrêta que lorsqu'il n'eut plus de carburant. En exploitant l'effet de surprise, il était parvenu à repousser l'ennemi sur plus de 400 kilomètres vers l'est. Les unités anglaises avaient fui dans le désert à une telle vitesse que la première tentative d'encerclement de Rommel échoua. Mais pas la seconde, au terme de laquelle l'Afrikakorps comptabilisa ses gains. Après cinq jours de combats, il avait détruit 299 chars de combat et véhicules blindés ainsi que 147 canons, et capturé 935 prisonniers. Ses propres pertes étaient dérisoires : 3 officiers et 11 simples soldats tués, 3 chars détruits.

Malgré le succès de cette contre-attaque, les Italiens étaient exaspérés par la fâcheuse tendance de Rommel à agir en toute liberté sans leur en référer d'abord, alors qu'il était pourtant placé sous l'autorité nominale du haut commandement italien. Le 23 janvier, Cavallero s'envola pour l'Afrique du Nord en compagnie de Kesselring afin de s'entretenir avec Rommel. Le chef du Commando Supremo était chargé d'un message de Mussolini. Dès qu'il se trouva en présence de Rommel, Cavallero l'admonesta : « Faites en sorte de vous en tenir à une simple sortie, puis retournez directement à Mersa-el-Brega. » Évidemment, Rommel s'insurgea, prit un air prétentieux et rétorqua : « J'ai l'intention de harceler l'ennemi aussi longtemps que mes troupes et les approvisionnements le permettront. » Et d'ajouter : « Puisque la plupart des combats seront livrés par des troupes allemandes, seul le Führer peut me donner l'ordre de mettre fin à mon offensive[60]. » Cavallero quitta alors le quartier général de Rommel en furie.

Si celui-ci faisait preuve de présomption, c'est parce que, la veille de l'arrivée de Cavallero, alors qu'il venait à peine de lancer sa contre-attaque, son groupe avait été formellement élevé au rang d'armée, ce qui lui conférait désormais la charge de commandant en chef *(Oberbefehlshaber)* de l'armée de panzers Afrika. Qui plus est, Hitler avait ajouté les Glaives à sa Croix de fer déjà fournie. C'était le premier officier de l'armée de terre à obtenir cette distinction.

Son état-major tenta toutefois de le faire changer d'avis sur la poursuite de son offensive. Le major Otto, son intendant militaire, annonça à Crüwell que ses forces ne seraient pas en mesure de continuer leur attaque, le Duce ne pouvant pas promettre pour février un approvisionnement au niveau de celui du mois précédent. Rommel ordonna alors à l'Afrikakorps de se contenter de récupérer le butin. Mais il se ravisa dès qu'un télégramme de Fellers mentionna l'éventualité d'une évacuation de Benghazi par les Anglais. Le 27, il décida de foncer vers Benghazi, piller les dépôts de vivres et de munitions, puis de se retirer aussitôt.

Une tempête de sable se leva peu après le départ, à laquelle succéda une pluie battante. Malgré le mauvais temps, tout laissait prévoir que la manœuvre réussirait. En effet, Bayerlein commandait une force qui avait pour tâche de leurrer l'adversaire sur le véritable objectif de l'offensive de l'Afrikakorps en s'élançant en direction de Mechili. La feinte réussit à tromper l'ennemi, qui envoya en toute hâte des renforts marcher à la rencontre des troupes de Bayerlein, tandis que celles de Rommel fonçaient sans encombre.

Au nord de Benghazi, de longues colonnes de la IVe division indienne s'acheminaient le long de la grande route côtière qui menait à Derna. Son état-major croyait à tort que les forces de Rommel s'approchaient lentement d'Agedabia. Aussi fut-elle sidérée de voir débouler à Coefia les quelques chars de combat et voitures blindées de Rommel qui avaient traversé les montagnes de la Cyrénaïque en profitant de la pluie torrentielle. À cet endroit, la Via Baldia était élevée et des fossés bordaient la route ; coincées, les troupes indiennes furent décimées en moins d'une heure.

Le long de la route, des flammes et des explosions illuminaient le ciel au-dessus du port. Une fois de plus, Benghazi était tombé aux mains de Rommel avec toutes les réserves qui s'y entassaient : 1 300 camions qui s'avéreraient très utiles pour le transport des troupes et du ravitaillement en tout genre. Le soir même, les stations de radio du Reich interrompirent leurs émissions pour annoncer à leurs auditeurs la nouvelle de la victoire de Rommel à Benghazi. Le lendemain, Hitler couvrait Rommel d'éloges à la radio : « [...] nous sommes heureux de savoir depuis hier que notre colonel-général Rommel... » – ici vingt secondes d'interruption tant les cris de joie l'empêchaient de poursuivre – « ... et ses braves unités de chars et motorisées italiennes et allemandes du moment ont pu faire un demi-tour et contre-attaquer, alors que tous les tenaient pour battus[61]. » De surcroît, Hitler promut Rommel au grade de colonel-général. Personne avant Rommel n'avait été élevé à ce rang si rapidement. Rommel devenait donc le plus jeune officier supérieur de la Wehrmacht à avoir atteint ce grade. Quand le lieutenant-général Walther Nehring, qui arrivait tout juste du front de l'Est, s'entretint avec Hitler le 5 février de la nouvelle fonction qu'il devait assumer – il s'agissait du commandement de l'Afrikakorps –, le Führer lui donna cet ordre explicite : « Dites à Rommel que je l'admire[62]. » Évidemment, Rommel était euphorique et souligna à Lucie son plaisir d'avoir pu « faire sa part pour le Führer, la nation et la nouvelle idée[63] ». Quant à son idée de départ, celle de se retirer du port de Benghazi après l'avoir mis à sac, Rommel n'en fit plus mention.

Lucie s'extasiait tout autant : « Nous sommes tous vraiment fiers de toi, mon cher Erwin, de même que la nation allemande en entier, comme en témoigne la tempête d'applaudissements quand le Führer a mentionné ton nom dans son grand discours d'hier et parlé de "*notre* colonel-général Rommel". C'était tellement merveilleux pour nous deux ici d'écouter le discours hier après-midi et de nouveau dans la soirée. » Son époux faisait la une de la plupart des journaux du Reich. De nombreux admirateurs déposaient des gerbes de fleurs devant sa maison, tandis que son téléphone et le carillon de la porte d'entrée sonnaient sans arrêt. Elle en vint alors à se persuader que son Erwin était forcément sous la protection du Seigneur, qu'il avait certainement été choisi par la divine providence pour assurer à l'Allemagne la victoire finale. Quelques jours plus tard, elle lui écrivit ces mots : « Aujourd'hui, ils t'ont rendu un hommage spécial à l'émission de musique du soir. Ils ont joué des pièces de musique et les initiales des compositeurs [Rossini, Orff, Marszlek, Mozart, Egk et Lehar] épelaient "le nom de notre héros populaire, le colonel-général Rommel" [...]. Tu ne peux imaginer à quel point tout cela me fait tourner la tête. C'est comme un beau rêve et je fais mes prières pour que le Seigneur soit avec toi et te vienne en aide pour mener à bien ta mission pour le Führer, la nation et la patrie. Ce sont mes prières quand je me réveille tous les matins et quand je me couche la nuit[64]. »

Fort de son dernier succès et de la gloire qu'il en tirait, Rommel faisait encore de grands projets, alors que Hitler lui avait de nouveau confié la mission de fixer le plus grand nombre possible de troupes britanniques. La Cyrénaïque, qui s'avançait comme un balcon en saillie dans la Méditerranée et dont les terrains d'aviation étaient indispensables pour dominer Malte et la partie orientale de cette mer, était son prochain but. Et derrière, Tobrouk bien sûr, l'Égypte et le Nil...

Les Italiens, qui devraient assurer le ravitaillement nécessaire, étaient toujours aussi peu enthousiastes. Pour Rommel, il était clair que le haut commandement italien allait mettre un frein à ses préparatifs, et qu'il devrait sans doute s'envoler pour le quartier général du Führer pour remédier à cette situation. Sa frustration était encore évidente le 10 février : « J'ai des problèmes avec Rome, qui n'est pas d'accord avec la manière dont je dirige les choses et qui aimerait bien me voir abandonner une fois de plus la Cyrénaïque[65]. »

À ce moment-là, Rommel s'aveuglait sur la réalité des choses en considérant l'Afrique du Nord comme la clé de la campagne de Russie, qui était devenue une guerre de positions consécutivement à l'échec de la *Blitzkrieg* à la fin de l'automne 1941. Pour résoudre le « problème russe », il élabora alors un plan stratégique qu'il décrivait plus tard en détail à la fin de l'été 1944 dans son analyse de la campagne d'Afrique.

Il s'agissait tout d'abord de procéder à la concentration de forces aériennes sur le théâtre des opérations de la Méditerranée en y transférant des formations de la Luftwaffe déployées en France, en Norvège et au Danemark. En considération de l'effort de guerre du Reich, s'assurer la maîtrise de l'espace aérien au-dessus de la Méditerranée devrait compenser largement l'affaiblissement de la puissance aérienne allemande dans les pays susmentionnés. Il importait ensuite de transférer en Afrique du Nord plusieurs des unités blindées et motorisées qui étaient déployées en particulier en France ou qui restaient en réserve en Allemagne. Il n'y avait aucun risque, car les Alliés occidentaux n'étaient aucunement en mesure à cette époque de la guerre de mettre en branle une invasion de grand style en France ou dans n'importe quel autre pays européen. Puis il convenait que Malte soit attaquée et prise afin de sécuriser pour de bon les grandes voies de communication des forces de l'Axe qui passaient à travers la Méditerranée.

Après avoir rempli ces conditions, il serait possible de vaincre et de détruire l'armée britannique en Afrique du Nord, et du même coup d'ouvrir la voie menant au canal de Suez. En dominant tout le littoral méditerranéen, le transport des renforts d'Europe jusqu'en Afrique du Nord pourrait s'effectuer pratiquement sans encombre et sans interruption. Il serait alors possible d'avancer en Perse et en Irak dans le dessein de couper les lignes de communication des Russes avec le port de Basra, de s'emparer des champs pétrolifères de la région et d'y aménager une base d'opérations pour une attaque dans le sud de la Russie. L'objectif stratégique final serait d'attaquer le front méridional du Caucase dans l'intention de capturer Bakou et ses champs pétrolifères. Une telle offensive porterait un grand coup à l'URSS, et de surcroît à une région vitale pour son économie de guerre. Une grande partie de ses chars de combat seraient dans l'impossibilité de poursuivre la lutte par manque de carburant, tandis que le gros de ses forces aériennes serait cloué au sol pour la même raison. Voilà qui permettrait de donner le coup de grâce au colosse russe par une attaque concentrique[66].

L'analyse stratégique de Rommel, fondée sur des renseignements incomplets, fut rejetée par Hitler. Une telle « idée fantaisiste » – c'était du moins de la sorte que les officiers supérieurs de l'OKW qualifiaient le projet de Rommel – démontrait à quel point la manière de celui-ci de considérer la guerre dans sa globalité, en particulier d'un point de vue géographique, était limitée. Les Britanniques et les Américains étaient vraisemblablement déterminés à défendre coûte que coûte leurs positions au Moyen-Orient ainsi que les gisements pétrolifères de cette région. De plus, le plan de Rommel exigeait une nouvelle répartition des ressources du Reich en hommes et en matériel alors que celles-ci étaient déjà largement insuffisantes pour la campagne de Russie. D'ailleurs, si ces ressources avaient existé, elles auraient été attribuées en grande partie au front de l'Est en raison de la hiérarchie des buts de guerre de Hitler : l'annihilation de l'Union soviétique et l'éradication du « judéo-bolchevisme » comme conditions *sine qua non* de la conquête d'un *Lebensraum* (« espace vital ») en Europe de l'Est devant permettre au Reich de devenir une grande puissance continentale autarcique. D'ailleurs, le dessein de Rommel exigeait la destruction de l'Empire britannique, ce que Hitler ne voulait justement pas. Ce dernier espérait toujours parvenir à une entente avec la Grande-Bretagne et n'approuvait par conséquent que des attaques limitées en Afrique du Nord qui pourraient amener Londres à se rendre à la raison.

Les succès de Rommel sur le continent africain cadraient avec la stratégie globale de Hitler dans la mesure où ils avaient pour résultat de mettre les troupes britanniques dans une mauvaise posture. Son offensive au printemps 1941 et la tension créée à

Londres par celle-ci avaient déjà amené le Führer à espérer pendant un instant que la Grande-Bretagne pourrait se retirer de la guerre. Quand, début février 1942, Rommel chassa les Anglais de la Cyrénaïque, Hitler était convaincu que le gouvernement de Churchill tomberait prochainement, principalement à cause des revers militaires en Afrique et en Extrême-Orient. Il croyait que le nouveau gouvernement mettrait aussitôt fin à la guerre contre le Reich. Obtenir un accommodement avec la Grande-Bretagne devenait d'autant plus important que Hitler tenait absolument à remporter la guerre à l'Est lors de la seconde campagne prévue à l'été 1942. Hitler déclara au général Nehring le 5 février 1942 qu'il était crucial de capturer Tobrouk et d'avancer aussi loin que possible. En fait, il considérait que si l'Égypte menaçait de tomber entre les mains des forces de l'Axe alors que les Britanniques retraitaient en Extrême-Orient, la pression exercée sur le gouvernement de Londres serait tellement forte qu'il devrait engager des pourparlers de paix avec le Reich.

Mais à cette époque, Mussolini n'avait aucune envie d'employer davantage de ressources en hommes et en matériel en Afrique. Il préférait attendre la victoire escomptée du Reich sur l'URSS. Il s'attendait d'ailleurs à ce que l'Allemagne suive sa ligne directrice, qui consistait essentiellement à défendre la Tripolitaine. Hitler se voyait donc contraint de demander à Rommel de limiter quelque peu les objectifs de sa prochaine offensive afin de préserver la bonne entente avec l'Italie. Car le Führer ne pouvait pas perdre sa principale alliée, en raison des conséquences désastreuses en Europe méridionale qui en résulteraient, étant donné de surcroît la configuration militaire en Europe de l'Est[67].

Les renforts arrivaient lentement. Avec les majors-généraux Georg von Bismarck et Gustav von Vaerst, venus prendre le commandement de la 21e et de la 15e division de panzers, débarquèrent 1 300 parachutistes de la Luftwaffe, des vétérans ayant participé à l'invasion de la Crète. Très bien équipés, ils étaient munis des armes les plus modernes que les officiers de Rommel aient jamais vues. Les camions capturés récemment à l'ennemi furent répartis entre les unités motorisées, tandis que les chars de combat et les voitures blindées furent repeints aux couleurs de l'Afrikakorps.

Dans l'attente des préparatifs, Rommel s'envola pour Rome le 15 février. Trois jours plus tard, il rencontrait Hitler à Rastenburg. Occasion pour le Führer de faire filmer sa remise des Glaives à son général préféré. Les images montrent un Rommel bombant le torse puis la longue poignée de main chaleureuse entre les deux hommes[68].

Sa photo était en une de l'*Illustrierter Beobachter* et les lettres de ses admirateurs arrivaient par centaines, au point qu'il avait du mal à trouver le temps nécessaire pour toutes les lire et se plaignait, faussement affligé, des contraintes de cette *starisation*. « Un secrétaire n'est pas suffisant. Des lettres d'amour de toutes sortes écrites par des femmes s'accumulent[69]. » Quelques jours plus tard, il envoya même à Lucie un paquet à lire : « Les actualités ont particulièrement enlevé aux plus jeunes femmes toute maîtrise d'elles-mêmes[70]. »

Goebbels était d'avis non seulement que Rommel pouvait offrir des avantages notables pour la propagande de guerre, mais aussi que la nation allemande avait besoin de héros militaires alors que le Reich entrait dans la troisième année d'un conflit mondial. Le 28 novembre 1941, il avait déjà demandé à Keitel et à Jodl de faire quelque chose afin « d'élever Rommel au rang de héros national », pour satisfaire aussi l'armée de terre car la Luftwaffe et la Kriegsmarine avaient les leurs[71]. Bien entendu, Rommel était disposé à jouer ce rôle.

Avant de concentrer son énergie sur le « général de panzers », la propagande nazie dut cependant attendre quelques semaines à cause de l'attaque-surprise déclenchée par les Britanniques à la mi-novembre. Avec la contre-attaque-surprise de fin janvier, le ministère de la Propagande sauta sur l'occasion, car le peuple allemand avait, selon Goebbels, pris conscience que la situation se dégradait sur le front de l'Est. Les actualités commencèrent alors à présenter des reportages sur le théâtre des opérations nord-africain à intervalles de plus en plus rapprochés. De main de maître, elles accordaient à l'avancée de Rommel beaucoup plus d'importance qu'elle n'en avait réellement ou bien, au moyen de cartes et d'un montage efficace, elles faisaient croire que l'Afrique du Nord était beaucoup plus qu'un simple théâtre d'opérations secondaire.

Rommel appartenait désormais au petit cercle des plus grands généraux de l'histoire allemande. La revue des forces aériennes allemandes combattant en Méditerranée, *Adler im Süden*, consacra un article principal à Rommel, sur l'ordre de Goebbels car l'état-major de la Luftwaffe n'avait pas beaucoup d'estime pour celui qui avait les faveurs de Hitler et du ministère de la Propagande. À ses yeux, Rommel s'attribuait tout le mérite de ses succès et ne faisait jamais mention du rôle joué par la Luftwaffe. L'article en question établissait un parallèle entre Rommel et les grands chefs de guerre du passé : « Comment se serait passée la bataille de Sedan sans Moltke, celle de Tannenberg sans Hindenburg, celle de Waterloo sans Blücher et Gneisenau [...], comment se dérouleraient les combats en Afrique du Nord sans la brillante maîtrise des armes du colonel-général Rommel ? » Ce dernier était élevé au rang des plus grands militaires prussiens et devint par le fait même « l'exécuteur de la volonté de l'Histoire[72] ».

Cette *starisation* bénéficiait du renfort inattendu de la presse britannique. Le correspondant de guerre du *Daily Express*, Alan Moorehead, écrivait à propos de la fameuse retraite de Cyrénaïque : « Il faut vraiment avoir été là pour voir ces retraites. Elles étaient à maintes reprises interrompues par des contre-attaques mortellement précises, et les colonnes de chars volantes bloquaient constamment notre avance. L'affirmation selon laquelle les Allemands sont vaincus une fois qu'ils commencent à se replier est une absurdité dangereuse. Ce n'est pas rendre service aux troupes britanniques de répéter encore de nos jours une telle ineptie. L'état-major de Rommel n'a jamais commis l'erreur de nous sous-estimer[73]. »

Même le général sir Claude Auchinleck, le nouveau commandant en chef des forces britanniques au Moyen-Orient, concédait à Rommel qu'il savait tirer avantage des occasions d'« une manière brillante ». Il soulignait en particulier le fait que son adversaire était parvenu à éviter à maintes reprises l'encerclement des troupes britanniques en dépit d'une violente tempête de sable dans les environs d'Agedabia. Le 23 janvier, deux jours après le déclenchement de la contre-attaque-surprise de Rommel, l'agence United Press concluait : « On doit admettre que le général Rommel montre encore une fois dans cette bataille toutes les qualités de chef de guerre[74]. » Le lendemain, Auchinleck écrivit à Churchill que l'ennemi avait, de manière imprévisible, continué son avance et jeté temporairement le désordre dans les rangs des forces britanniques. « Une fois de plus, reconnut-il, Rommel a réussi grâce à une manœuvre astucieuse. » Propos qui semèrent le doute chez le Premier ministre : « Je trouve très inquiétant le rapport de la VIIIe armée qui parle du repli de Benghazi et de Derna. On ne m'a donné aucune raison de penser que la situation se développerait de cette façon. Il m'apparaît clairement que nous sommes dans une situation délicate que je n'ai anticipé d'aucune manière. [...] Pourquoi tout le monde se replie-t-il si rapidement[75] ? »

En s'appuyant sur des déclarations provenant des cercles militaires, Reuters annonça peu après que l'initiative des opérations en Libye était maintenant passée dans le camp de Rommel. Churchill fut aussitôt contraint de se justifier devant la Chambre des communes. Bien entendu, il ne voulut pas admettre publiquement que la Grande-Bretagne n'avait pas suffisamment de troupes sur place, mais fit un portrait si élogieux de Rommel qu'il cautionnait son passage au panthéon des grands chefs de guerre de l'histoire militaire. Comme l'opposition insistait, Churchill riposta : « Je ne peux pas vous dire quelle est la situation en ce moment sur le front occidental en Cyrénaïque. Nous avons contre nous un adversaire très audacieux et habile, et, puis-je ajouter, malgré les horreurs de la guerre, un grand général[76]. »

Les États-Unis prêtaient également attention à Rommel, surnommé par un commentateur de la radio le « chenapan des généraux ». Les journalistes et les correspondants de guerre américains considéraient que plusieurs grands soldats et commandants s'étaient illustrés en Afrique du Nord, mais tous convenaient que Rommel sortait du lot. C'était aussi un moyen de rabattre le caquet au « cousin » anglais enclin à considérer par principe que le soldat américain était au-dessous de tout. Pour le coup, l'aura de Rommel faisait de l'ombre à la superbe britannique : « La VIIIe armée britannique l'idolâtre. Elle l'admire parce que celui-ci l'a battue et aussi parce qu'elle a été surprise d'avoir battu à son tour un général d'une telle compétence[77]. » On s'en doute, une telle réputation ne rendait pas service aux troupes britanniques combattant dans le désert nord-africain.

Auchinleck dut mettre en garde ses officiers contre les conséquences néfastes sur l'esprit combatif de leurs hommes subissant le magnétisme du « général de panzers ».

En mars, il rédigea une circulaire révélatrice à l'intention de tous ses commandants : « Il existe un véritable danger que notre ami Rommel devienne une sorte de magicien ou de croque-mitaine pour nos troupes qui parlent beaucoup trop de lui. Il n'est nullement un surhomme, bien qu'il soit incontestablement très énergique et compétent. Et même s'il était un surhomme, il serait très regrettable que nos troupes lui attribuent des pouvoirs surnaturels. Je désire que vous contribuiez par tous les moyens en votre pouvoir à bannir une fois pour toutes l'idée selon laquelle Rommel serait plus qu'un simple général. En fait, il est un général très désagréable, comme nous l'avons appris de nos propres officiers. Ce qui importe maintenant est de faire en sorte que nous ne parlions pas toujours de Rommel quand nous évoquons l'ennemi. Nous devons parler des "Allemands" ou des "forces de l'Axe" ou encore de "l'ennemi" et cesser de nous hypnotiser sur Rommel. Veillez, je vous prie, à ce que cet ordre soit immédiatement exécuté à tous les échelons. Tous les commandants doivent comprendre que, d'un point de vue psychologique, c'est une affaire de la plus haute importance. » Le post-scriptum d'Auchinleck est à lui seul un aveu : « Je ne suis pas jaloux de Rommel[78]. » Lorsque Rommel reçut de ses services de renseignements une copie de cet ordre à la fin de ce même mois, on comprend que le post-scriptum l'ait fait sourire[79].

Ainsi Goebbels avait vu juste : Rommel était une arme de choix dans la guerre mondiale psychologique. À preuve l'apparition, à ce moment, d'un surnom adopté par les deux camps, comme si la cristallisation héroïque était forcément unanime. Rommel devint le « Renard du désert » – et il l'est resté dans la mémoire des anciens combattants. À preuve, les propos de Douglas Walter, un soldat de la VIIIe armée : « Les gens dans notre quartier général ne cessaient d'insister sur le fait qu'il n'était pas imbattable. Mais nous ne les croyions pas[80]. »

Évidemment, Rommel se réjouissait de sa renommée mondiale. Il était après Hitler l'Allemand le plus connu aux États-Unis en 1942. Cette popularité flattait énormément sa vanité, comme en fait foi sa lettre à Lucie du 25 janvier : « La presse étrangère a de plus en plus une bonne opinion de moi[81]. »

Goebbels était au moins aussi satisfait : « Rommel continue d'être la coqueluche des agences de presse ennemies. Il est aujourd'hui aussi bien connu aux États-Unis qu'à Londres ou à Berlin. Il est l'une des rares figures de l'armée allemande à jouir d'une réputation mondiale[82]. » Et Goebbels de tracer le parallèle avec Douglas MacArthur, à ses yeux de plus en plus érigé en une sorte de général de film hollywoodien : « Je laisse ces messieurs se révéler tels qu'ils sont vraiment à nos services de propagande. Les Américains cherchent à faire de lui le plus grand général de la guerre. En réalité, il n'a rien d'autre à présenter comme actions héroïques et accomplissements qu'une assez brève résistance à Corregidor et une fuite ignominieuse. Qu'est-ce que les Américains pourraient accomplir s'ils avaient un Dietl ou un Rommel !!! On peut voir à quel point nous sommes encore véritablement modestes dans nos tendances propagandistes [...][83]. »

Bien entendu, ce « culte » de Rommel excitait plus que jamais la jalousie de nombreux autres généraux de la Wehrmacht, qui considéraient en particulier ce désir de se faire constamment remarquer comme tout à fait contraire à l'éthique du soldat. À l'automne 1941, alors qu'il prévoyait une entrée triomphale à Moscou, Guderian, le commandant en chef de la 2e armée de panzers qui pouvait concurrencer par moments Rommel, jugea bon d'écrire à son épouse : « Je ne voudrais en aucun cas faire l'objet d'une propagande à la Rommel[84]. » Manifestement, Rommel avait beaucoup moins de scrupules à cet égard, lui qui était avant tout un « général moderne ». Pour la « défense » du grand homme, des auteurs allèguent que Rommel, contrairement à Guderian, aurait refusé une dotation du Führer durant la guerre ; mais aucun document ne permet d'établir ce fait[85].

La réputation du « général de panzers » en Allemagne était telle que Otto Dietrich, le chef de presse du Reich, se vit contraint de freiner le mouvement : pas question de susciter de faux espoirs militaires chez les Allemands. Cela valait en particulier pour les succès de Rommel en Libye qui ne devaient pas être présentés comme le prélude à une reconquête de la Cyrénaïque[86]. Précaution inutile quelques jours plus tard, quand cette région tomba de nouveau entre les mains de Rommel. « Il a encore tiré un lapin de son chapeau », déclara un commentateur de la radio américaine. Dans la presse étrangère, il soulevait l'admiration comme jamais auparavant : le *Times* lui consacra un éditorial et *The Observer*, une esquisse biographique[87]. Aucun ennemi depuis Napoléon n'avait ému autant les Britanniques[88]. Pendant que Rommel consolidait ses positions au printemps, les correspondants de guerre étaient sur ses talons. Que ce soit « Dans le Bunker à Tobrouk » ou « En patrouille de reconnaissance avec le général Rommel », les reportages, souvent illustrés, étaient la plupart du temps montés en épingle et parfois même publiés en feuilleton dans les quotidiens et dans les magazines[89].

Même lorsque Benghazi et Derna furent reconquis, Dietrich conseilla une certaine retenue. La presse devait donc dresser un état de la situation en Afrique du Nord sur un ton à la fois froid et calme, et en s'en tenant strictement aux faits, de manière à éviter tout excès d'euphorie. Pour le chef de presse du Reich, ce serait une grave erreur de faire miroiter à la nation des objectifs militaires qui ne pourraient pas être atteints. Il interdit par conséquent d'utiliser dans les journaux les mots « canal de Suez »[90]. L'intention sous-jacente de cette directive contre-propagandiste paradoxale était de couper court à l'idée très répandue que Rommel, comme le soutenait un journal de la marine, « pourrait même accomplir des tâches surhumaines » et prendre l'Égypte aux Britanniques[91].

Conquérir l'Égypte était exactement ce que Rommel avait en tête. Il avait eu deux mois pour préparer son offensive. Mais comme les effectifs de l'Afrikakorps n'étaient pas encore au complet, il fut contraint d'en retarder le déclenchement. Devant ses commandants, il se faisait fort de détruire les forces britanniques et de se rendre maître une fois pour toutes de l'Afrique du Nord : « Nous attaquerons dans environ deux mois. Nos objectifs seront de défaire et de détruire l'armée britannique ainsi que de prévenir sa fuite dans Tobrouk, puis de capturer ce port. Ce sont les seules forces dont dispose l'ennemi pour assurer la défense de l'Égypte. Nous pourrons ensuite poursuivre notre avancée jusqu'en Égypte au moment opportun après la prise de Tobrouk[92]. »

À la fin de mars, il s'établit à Umm-er-Rzem, près de Derna.

Une semaine plus tard, il remania son armée de panzers Afrika afin de ne pas révéler à l'adversaire s'il renforçait tout simplement ses défenses ou s'il préparait une nouvelle attaque. Il savait toutefois que l'attaque contre la ligne de défense de Gazala, établie par le commandement ennemi et qui s'étendait de la côte jusque dans le désert à environ 70 kilomètres à l'ouest de Tobrouk, ne serait pas facile, loin de là. Le long de cette position fortifiée, d'Ain-el-Gazala sur la côte jusqu'à Bir-Hakeim dans le désert, les Britanniques avaient déjà enfoui un demi-million de mines, un exploit qui l'abasourdissait, d'autant plus que l'ennemi avait moitié plus de chars. En plus de cela, cette ligne de défense coupait à travers tous les bons chemins du désert. Il était donc confronté à une situation dans laquelle il n'était que deux partis possibles : ou bien lancer une simple attaque frontale, ou bien effectuer un long mouvement tournant dans le désert à l'extrémité sud de Bir-Hakeim.

Le 15 avril, Rommel prit finalement sa décision et en fit part au général Navarini, le commandant du XXIe corps d'infanterie italien : « Nous allons recourir à des feintes tactiques pour amener l'ennemi à déployer le gros de ses forces à Ain-el-Gazala. Certains éléments du corps motorisé italien seront utilisés à cette fin, bien que la majorité de ses unités se tiennent prêtes à marcher vers le sud afin de contourner le flanc de l'ennemi et de l'attaquer à revers. C'est dans le Sud que le coup de grâce lui sera donné. Nous devons l'empêcher de se retirer dans Tobrouk. À cet égard, des colonnes de troupes rapides prendront les devants en poussant jusqu'à Tobrouk [...]. L'armée britannique doit être détruite et Tobrouk doit tomber ! » Il s'agissait probablement de sa décision la plus risquée depuis qu'il exerçait ses fonctions en Afrique du Nord. D'ailleurs, Gause écrivit après la guerre : « Sa décision de faire exécuter par l'ensemble de la force blindée de son armée une manœuvre d'enveloppement à l'extrémité sud était exceptionnellement audacieuse, notamment en raison du fait que ses lignes de communication devraient également contourner le flanc de l'ennemi à Bir-Hakeim. S'il perdait cette bataille, c'est toute l'Afrique qu'il risquait alors de perdre[93]. »

À la fin d'avril, Mussolini rencontra Hitler à Berchtesgaden afin de discuter des opérations militaires en Méditerranée. À l'issue d'une conférence tenue secrète, ils convinrent que l'attaque de Rommel devait se dérouler avant l'invasion planifiée de Malte, qui était une source d'irritation constante pour les lignes de communication maritimes de l'armée de panzers Afrika. D'un point de vue stratégique, la capture de Malte sécuriserait le ravitaillement des forces de Rommel, indispensable pour qu'elles puissent entreprendre par la suite la conquête de l'Égypte. Cependant, Hitler n'avait aucunement l'intention de tenter l'invasion de Malte, une opération militaire comportant à ses yeux beaucoup trop de risques. Les pertes considérables subies par les troupes allemandes lors de la conquête de la Crète l'avaient persuadé d'éviter à l'avenir de telles opérations militaires. Dans ce cas, s'il avait approuvé l'opération « Hercules » – le nom de code donné à l'invasion de Malte –, c'était uniquement pour ouvrir la voie à la prochaine attaque de Rommel contre la forteresse de Tobrouk, une opération militaire à laquelle le Commando Supremo aurait autrement refusé d'accorder son appui[94].

La décision issue de cette rencontre entre les deux dictateurs concordait tout à fait avec le plan opérationnel de Rommel. Le 5 mai, il l'exposa à grands traits à ses commandants de corps en leur montrant sur une carte les manœuvres successives : l'opération « Alpha » – l'encerclement et la destruction de l'armée ennemie ; l'opération « Bêta » – la prise de Tobrouk. Il leur donna ensuite pour instructions de mettre au courant leurs commandants de division et de brûler tous les ordres écrits après que ces derniers en auraient pris connaissance. Si Gause, son chef d'état-major, lui avait fait bien comprendre qu'il compromettait sérieusement sa réputation, Westphal, son chef des opérations, était néanmoins d'avis qu'à tout prendre, il n'avait pas d'autres options que celle d'attaquer, car rester sur la défensive plus longtemps pourrait mettre en péril l'armée.

Alors que les journées orageuses de mai se succédaient dans le désert de Cyrénaïque, Rommel sentit la nervosité presque palpable qui gagnait les rangs de ses troupes. En fait, il s'agissait de savoir qui allait attaquer le premier : lui ou l'ennemi. « Les Britanniques nous attendent, et nous les attendons[95] », reconnut-il dans une lettre à Lucie le 12 mai.

Malte étant partiellement subjuguée par les bombardements

massifs de la 2e flotte aérienne de Kesselring, les approvisionnements destinés aux forces de l'Axe arrivaient à bon port comme jamais auparavant. Rommel était donc confiant dans son succès. Il estimait que les forces de l'ennemi lui faisant face consistaient en trois ou quatre divisions, parmi lesquelles la division sud-africaine et des éléments d'autres divisions britanniques s'étaient retranchés sur des positions fixes. En fait, selon lui, les forces mobiles de l'adversaire se limitaient à seulement une ou deux divisions blindées échelonnées très en arrière. Le succès de son plan d'opérations, pensait-il, résidait dans une large mesure dans la capacité de ses troupes à attirer la grande majorité de ces forces mobiles britanniques non seulement près du littoral méditerranéen, mais aussi le plus à l'ouest possible.

Pendant que les préparatifs de sa prochaine offensive allaient bon train, Rommel se préoccupa de son fils. Âgé de 13 ans, Manfred venait d'entrer dans les rangs des troupes de la Jeunesse hitlérienne à Fahnlein et ses lettres trahissaient sa très grande joie concernant son nouvel uniforme, ses camps de scouts, ses excursions de reconnaissance ou d'exploration. Cependant, ses résultats en géographie, en mathématique et en latin étaient tout juste satisfaisants, tandis que ceux en éducation physique ou en sténographie étaient plutôt médiocres. « Les évaluations des enseignants concernant Manfred font dresser les cheveux sur la tête, souligna Lucie. “Cet élève, dit-elle en citant un rapport, ne fait pas le moindre effort pour s'améliorer en éducation physique. Il parle fort et n'est pas discipliné.” » Rommel remarqua que Manfred brillait en ski et en natation. Il en déduisit que l'enseignant de gymnastique avait été injuste et insultant, ayant osé dire que Manfred n'irait jamais nulle part dans la vie à moins qu'il se fasse pistonner. « On s'attendrait à ce que ces enseignants fassent preuve d'un peu de bon sens », se plaignit-il. À son instigation, Lucie s'entretint avec les enseignants à propos de leurs rapports défavorables sur Manfred et, tirant profit de l'autorité dont son mari jouissait, parvint à les amener à reconsidérer leurs évaluations. Cela contenta Rommel, qui en tira une conclusion vérifiant exactement le pronostic du professeur de gymnastique : « En fait, l'école devrait être flattée et fière de pouvoir compter mon fils parmi ses élèves. D'autres écoles se bousculeraient pour avoir cette chance. Mais cette institution est maintenant entièrement tombée entre les mains des prêtres et des clercs. Elle n'est pas du tout proallemande, sans parler d'un point de vue national-socialiste[96]. »

Rommel réalisait quand même que ses trois dernières années passées loin de son fils commençaient à avoir des conséquences sur le comportement de celui-ci. Il lui écrivit donc, cette fois en appuyant l'avis des professeurs : « Comme tu as pu le constater, tes enseignants ont eu raison de se plaindre de toi. Tu dois faire tes devoirs dans toutes tes matières et te conduire convenablement. C'est ta principale tâche dans cette guerre. Je suis particulièrement content d'entendre que tu te plais beaucoup à servir dans la Jeunesse hitlérienne. Plus tard, ce service te servira énormément dans la vie. » Que pouvait-il bien lui dire d'autre ? À l'instar de sa mère, Manfred eut aussi droit à un tableau de la situation en Afrique du Nord : « Notre ravitaillement s'étant amélioré dernièrement, j'ai moins de soucis. Nous allons bientôt pouvoir régler nos comptes avec l'ennemi[97]. »

8

AU ZÉNITH DE LA GLOIRE

Rommel avait fixé son offensive au 26 mai 1942. À 20 h 30, il donna le signal à ses 10 000 véhicules de se mettre en branle vers le sud. Le XXe corps motorisé, avec 225 chars italiens, roulait à sa gauche, tandis que l'Afrikakorps, avec 340 chars allemands, et la 90e division légère, fonçait à sa droite. Derrière lui, les XXIe et Xe corps d'infanterie italiens étaient en mouvement sur la ligne de Gazala depuis 14 heures et s'appliquaient, pour entretenir la diversion, à soulever d'énormes nuages de poussière à l'aide de moteurs d'avion à hélices montés sur des camions qui tournaient en rond dans le désert. Le soir, il n'y avait plus qu'un seul bataillon de chars italien dans le secteur, le bataillon de chars allemand étant parti discrètement à 19 heures pour rejoindre Rommel aux alentours du flanc ennemi.

Tout au long de mai, Rommel avait insisté auprès de ses commandants sur la nécessité d'être dans les délais. El-Adem, par où passait la route de contournement au sud de Tobrouk, devait être atteint à 8 h 30, de manière à ce que l'encerclement de l'ennemi fût réalisé au plus tard dans l'après-midi. Tout semblait se passer comme prévu. À 3 heures, par un beau clair de lune, Rommel atteignit la première ligne d'arrêt. À proximité de Bir-Hakeim, elle consistait en un avant-poste dans le désert situé à environ 70 kilomètres au sud de Tobrouk. Non seulement Rommel avait déjà réussi à déborder le front ennemi, mais il n'avait rencontré aucune résistance. Sa force blindée y fit une pause, le temps de s'approvisionner en carburant.

L'Afrikakorps était disposé en ligne avec la 21e division de Bismarck sur la gauche et la 15e de Vaerst sur la droite. Chaque division était en formation rectangulaire : derrière les 340 chars de combat suivaient les unités d'artillerie, du génie et des transmissions, tandis que les formations antichars et d'infanterie (en camion) étaient déployées sur les flancs. Au centre, il y avait les milliers de camions employés au ravitaillement. À 4 h 30, après avoir fait le plein de carburant, la force blindée de Rommel se mit de nouveau en marche, cette fois-ci en prenant la direction du nord. Elle progressa par le fait même derrière les positions fortifiées de l'ennemi sur la ligne de Gazala.

Mais à partir de ce moment-là, tout alla de travers pour Rommel. Ses services de renseignements lui avaient fait un compte rendu incomplet des positions et des forces de l'ennemi : leurs cartes avaient omis une brigade de chars britannique. Ce n'était pas tout. Rommel ne réussit que partiellement à conduire son adversaire dans le piège qu'il lui avait tendu. Rencontrant sur leur chemin une résistance inattendue, ses unités blindées progressèrent à peine. Rommel ne parvint donc pas à percer jusqu'à la mer et à isoler de ce fait les forces britanniques déployées derrière la ligne de Gazala comme il avait espéré le faire.

Il était déjà 11 h 30 lorsque la 90e division légère atteignit El-Adem. Pour leur part, les 21e et 15e divisions de panzers se firent malmener par les chars américains du type Grant, des mastodontes de 30 tonnes possédant un blindage avant de 51 mm et dotés d'un canon de 75 mm. C'était la première fois que les forces de l'Axe se trouvaient en face de ces nouveaux chars américains qui surclassaient n'importe lequel des meilleurs chars de Rommel, même le nouveau Panzer III (J) Special (22 tonnes, blindage avant de 50 mm, canon long de 50 mm) reçu juste à temps pour le début de son offensive. Or, il n'avait pas été averti par ses services de renseignements de l'existence des chars Grant. Alors que l'ennemi en alignait 167 sur un total non pas de 650 chars comme rapporté par ses services de renseignements, mais plutôt de 849, il ne pouvait y opposer pour sa part que 19 Panzer III (J) Special et 40 Panzer IV, le reste étant essentiellement des Panzer III[1]. Ses chars se trouvèrent ainsi sous un feu destructeur à trop longue portée pour riposter et ne réussirent à avancer qu'après avoir amené trois batteries de 88 mm.

À la fin de cette première journée de bataille, Rommel n'avait progressé que de 5 kilomètres au nord de la Trigh Capuzzo au prix de lourdes pertes, et se trouvait encore à plus de 30 kilomètres de la mer. Il avait déjà perdu un tiers de ses chars de combat. Ses divisions de panzers étaient à court de carburant et de munitions, les colonnes de ravitaillement ayant décroché en cours de route. Si bien que ses chances de remporter une victoire rapide s'étaient déjà évanouies. En fait, au lieu de défaire les forces britanniques par une manœuvre d'enveloppement audacieuse autour de la ligne de Gazala, c'était son armée qui était maintenant sous la menace d'un encerclement.

Westphal admit que l'offensive avait échoué lamentablement[2]. Aussi se persuada-t-il que si les forces de l'Axe se trouvaient en mauvaise posture, c'était uniquement à cause du manque d'esprit combatif des Italiens. Selon lui, les deux corps d'infanterie italiens déployés à l'ouest de la ligne de Gazala n'avaient fait aucun véritable effort pour la prendre d'assaut frontalement, ce qui avait permis à l'ennemi d'envoyer ses réserves blindées vers le sud afin de contrer l'attaque principale de Rommel. Il critiquait également le manque d'ardeur au combat du XXe corps motorisé italien participant à la manœuvre décisive au sud de Bir-Hakeim. « Pendant deux jours, expliqua-t-il, nous avons perdu tout contact avec eux, malgré le fait que nous les avons ravitaillés avec des camions radios allemands. À ce moment-là, nous ne pouvions savoir qu'ils se cacheraient[3]. »

Rommel, qui parcourait le champ de bataille à toute allure depuis le début de son offensive, semblait ne plus être maître de la situation. Le général Hoffmann von Waldau, le commandant des forces de la Luftwaffe en Afrique du Nord, notait le lendemain dans son journal : « Il est difficile d'évaluer la situation en raison de l'absence totale de rapports provenant du quartier général de l'armée de panzers. » Puisqu'il ignorait où se trouvait la ligne de front des forces de l'Axe, ses forces aériennes ne pouvaient prêter leur assistance à Rommel. Le jour d'après, Waldau formula la même critique dans son journal, mais cette fois en envoyant ses bombardiers en piqué. À plusieurs reprises, ils déversèrent par erreur des tonnes de bombes sur les positions allemandes. Temporairement abattu, Rommel dut rappeler ses chars vers l'ouest et laisser l'infanterie d'appui tenir bon autant que possible sur le champ de bataille. Rommel, qui s'inquiétait de ce qui arrivait à ses deux divisions de panzers, roula tard le 28 mai en direction d'une colline à partir de laquelle il pourrait observer la bataille dans le désert. Il décida de concentrer ses forces le lendemain et de les approvisionner avec les camions de réserve en leur faisant emprunter la route qu'il venait tout juste de prendre. Il y avait 1 500 camions de ravitaillement chargés au maximum qui attendaient au sud du champ de bataille. La nuit venue, Rommel se chargea lui-même de l'énorme convoi de camions ravitailleurs sous la mitraille des chars ennemis, puis il fit le point avec Gause, Westphall et Bayerlein. Il était évident que l'attaque de Crüwell dans leur direction à partir de l'ouest pour leur venir en aide ne s'était pas concrétisée. Et pour cause, puisqu'il avait été fait prisonnier par les Britanniques. Rommel décida donc d'abandonner son plan de bataille originel : il entendait déployer ses canons antichars de manière à ce qu'ils forment un barrage entre les chars britanniques à l'est et ses propres forces, ce qui lui permettrait d'ouvrir une large brèche à travers les champs de mines à l'ouest et de rétablir la principale voie de communication de ses troupes.

Déclenchée le lendemain matin, le 30 mai, son opération commença toutefois très mal. Son quartier général fut soumis aux bombardements de l'artillerie et de l'aviation britanniques, à la suite desquels trois hommes furent tués. Sa tentative de percer les lignes ennemies se heurta à une position solidement fortifiée, consistant en des champs de mines et des réseaux de barbelés qui se trouvaient entre les routes de la Trigh-el-Abd et de la Trigh Capuzzo. Les Arabes de la région appelaient cette dépression peu profonde ayant la forme d'une soucoupe la Got-el-Ualab, traduit en « chaudron » par les troupes de Rommel. Celui-ci perdit 11 chars avant de se rendre compte que les cartes préparées par ses services étaient inexactes. Il s'ensuivit une bataille acharnée avec la brigade ennemie qui défendait cette position solidement fortifiée.

C'est alors que le feld-maréchal Kesselring passa voir Rommel. Ces deux militaires de haut rang avaient des caractères très opposés. Âgé de 56 ans, Kesselring était un Bavarois reconnu comme l'un des produits les plus accomplis de l'armée allemande, que ce soit à titre d'officier d'état-major ou d'organisateur. Son courage était légendaire et son optimisme, contagieux.

Si pour certains, son optimisme était une inclination innée, pour d'autres il n'était que de façade, limité à un sourire permanent découvrant largement ses dents. En outre, il jouissait d'une aussi grande popularité auprès de ses troupes que Rommel. Il était en quelque sorte un soldat-général. Affable et paternel, il connaissait les simples soldats par leur nom. Hitler l'avait envoyé à Rome en lui confiant la charge de commandant en chef du front du Sud, notamment afin d'assurer le ravitaillement des troupes de Rommel. Et avec Kesselring, l'approvisionnement des forces de l'Axe en Afrique du Nord s'était considérablement amélioré. Cependant, Rommel avait le sentiment que Kesselring cherchait à se donner de grands airs de commandant suprême de la Wehrmacht sur le théâtre des opérations du Sud. Mais « Albert le souriant », comme on le surnommait, était un officier supérieur intègre, et non pas un intrigant. Il voyait en Rommel un bon commandant de campagne, mais à qui il manquait une expérience comme officier d'état-major. Et cela lui causait une véritable inquiétude. À la suite de la capture de Crüwell par l'ennemi, c'est lui qui avait pris temporairement le commandement des forces à l'ouest de la ligne de Gazala. Or, il était abasourdi par le fait que Rommel ne semblait plus être maître de la situation. « D'après ce que des témoins oculaires m'ont raconté des événements au quartier général de Rommel le premier jour de la bataille de chars, leurs récits dépassent l'entendement », écrivit-il plus tard[4]. Il demanda à rencontrer Rommel en toute hâte, décolla à bord de son Storch – qu'il pilotait lui-même comme toujours – et se dirigea à l'extrémité sud du front.

Rommel partit en voiture vers l'ouest à travers le champ de mines et retrouva Kesselring au quartier général du Xe corps d'armée. Les généraux italiens les regardaient avec curiosité. Rommel mangeait calmement un sandwich, sans doute pour manquer de respect à Kesselring. Mais celui-ci savait agir avec tact et circonspection. Il se plaça volontairement sous le commandement de Rommel. Hors de portée de voix des Italiens, Kesselring suggéra à Rommel de reprendre le contrôle de son armée. Ils discutèrent ensuite de tactique. Kesselring manifesta son enthousiasme pour le plan de bataille de Rommel. Dans les grandes lignes, il s'agissait pour l'armée de panzers Afrika de se mettre à couvert d'un barrage de canons antichars, de laisser les unités britanniques s'user contre celui-ci, puis de lancer une contre-attaque pour achever leur destruction.

Le 31 mai, Rommel renouvela son attaque contre la brigade ennemie qui défendait le « chaudron ». Le lendemain, les escadrilles de bombardement de Waldau entrèrent enfin en action et Rommel parcourut le champ de bataille de section en section pendant que sa principale force d'assaut essayait de se frayer un chemin en direction des positions de défense anglaises. L'adversaire, qui s'était bien retranché, opposa comme prévu une résistance farouche. Westphal fut grièvement blessé par un éclat d'obus, mais Rommel insista sur la nécessité de poursuivre l'attaque. Une décision judicieuse, car les soldats ennemis, exténués de fatigue par les combats et à court de munitions, sortirent péniblement de leurs tranchées les mains en l'air. Pas moins de 3 000 hommes furent faits prisonniers. Mais ce qui importait, c'était la tête de pont que les troupes de Rommel venaient tout juste de conquérir : elles étaient maintenant en mesure d'ouvrir une brèche d'environ 10 kilomètres dans la ligne de fortifications qui s'étendait de Gazala jusqu'à Bir-Hakeim.

Plus tard dans l'après-midi, l'artillerie lourde britannique se mit à pilonner les lignes allemandes, éventrant du même coup l'autobus servant de quartier général à l'armée de panzers Afrika. Gause fut blessé gravement et Rommel, qui en était venu à le considérer comme irremplaçable, déplora sa perte. Trois autres de ses officiers furent également tués. Une réorganisation du commandement devenait indispensable : Bayerlein remplaça Gause au poste de chef d'état-major, tandis que Mellenthin succéda à Westphal à titre de chef des opérations.

Pendant que ses unités blindées étaient réorganisées et remises en bon état, Rommel réfléchissait à sa prochaine manœuvre. Il rédigea aussi un communiqué spécial qui proclamait la capture de la ligne de Gazala. Mais il dut le laisser en attente le lendemain en raison de l'incertitude des combats. L'artillerie britannique pilonnait en effet sans relâche la brèche qu'il avait ouverte à travers les champs de mines, essayant manifestement d'arrêter ses convois de ravitaillement.

La presse internationale s'interrogeait pour savoir si Rommel avait remporté la victoire ou non. Le 2 juin, Moscou déclara que Rommel avait été capturé – les Russes l'avaient confondu avec

Crüwell. Ce dernier était arrivé au Caire, et lorsqu'on lui montra le célèbre hôtel Shepheard, il jeta un coup d'œil aux chambres luxueuses et s'écria : « Cela ferait un magnifique quartier général pour Rommel ! » Cette remarque plut tellement à Hitler qu'il la fit diffuser[5].

Rommel décida de prendre d'assaut le fort de Bir-Hakeim, le point d'appui fortifié qui était situé à l'extrême sud de la ligne de fortifications britannique. À cette fin, il estimait qu'une opération menée par deux divisions non blindées avec l'appui d'escadrons de bombardiers en piqué suffirait amplement. À l'évidence, il faisait peu de cas de la Ire brigade des Forces françaises libres qui regroupait 3 600 hommes et tenait garnison à Bir-Hakeim. Or, une semaine plus tard, la bataille ferait encore rage et la résistance héroïque de la garnison française ne tarderait pas à devenir célèbre dans les annales de l'histoire militaire.

Pendant que les troupes d'assaut germano-italiennes butaient sur la forteresse de Bir-Hakeim, les Britanniques lancèrent de bonne heure le 5 juin une contre-attaque à travers les champs de mines pour chasser Rommel de sa tête de pont. Mais en raison d'une mauvaise planification et coordination, 58 de leurs 70 chars lourds furent mis hors de combat par les canons antichars de Rommel et par un champ de mines imprévu. Une seconde force blindée attaqua aussitôt à l'est du périmètre de la tête de pont de Rommel, mais elle ne réussit guère mieux que la précédente.

Exploitant la confusion qui régnait chez les assaillants, Rommel lança dans l'après-midi une riposte en tenaille contre les forces ayant pénétré dans le « chaudron ». Cette contre-attaque vigoureuse dispersa l'une des brigades de la Ve division indienne, puis se referma dans le dos d'une autre qui fut anéantie le lendemain, ainsi que toute l'artillerie d'appui de la division. La capture d'une centaine de canons et de 4 000 hommes représentait un butin non négligeable. En fait, cette attaque concentrique de Rommel avait infligé aux Britanniques des pertes tellement sévères qu'elle représentait le moment décisif de l'offensive.

Pendant la bataille dans le « chaudron », les combats à Bir-Hakeim perdirent de leur intensité. La défense énergique et obstinée des 3 600 Français, retranchés derrière leurs casemates, bunkers et tranchées, ahurissait et vexait Rommel. Surtout, la résistance opposée par la garnison commandée par le colonel Marie Pierre Kœnig posait des problèmes pour l'ensemble des opérations germano-italiennes. Kesselring donnait des signes d'impatience, car la bataille de Bir-Hakeim immobilisait des escadrilles de la Luftwaffe dont il aurait bientôt besoin pour prendre d'assaut l'île de Malte. Rommel refusait cependant d'engager ses chars de combat, à cause du nombre de mines enterrées autour de Bir-Hakeim. Il fixa au 8 juin la nouvelle date butoir pour la prise du fortin.

Durant cette journée et celle du lendemain, les Stukas attaquèrent à plusieurs reprises, sans résultat notable. Excédé par les récriminations de Waldau, Rommel se résolut alors à engager dans le combat un bataillon de chars et d'artillerie, et demanda une nouvelle fois un appui aérien. Sa requête fut accueillie fraîchement par Kesselring : « Je suis mécontent que les nombreuses et fructueuses attaques des Stukas [on en était à 1 030 sorties, *N.d.A.*] n'aient pas été exploitées par des assauts d'infanterie de la même intensité. Par conséquent, la Luftwaffe n'est pas en mesure d'exécuter d'autres missions importantes. » Il concéda une nouvelle attaque pour le 10 juin dans une note qui ressemblait à un ultimatum : « Demain, je m'attends à ce que l'attaque de grande envergure de la Luftwaffe soit suivie d'un assaut de panzers d'une force suffisante pour capturer une fois pour toutes Bir-Hakeim[6]. »

Ce ne fut pourtant qu'une demi-victoire. Le lendemain, dans la nuit du 11 juin, le colonel Kœnig ordonna à sa garnison, qui était à court de munitions et de vivres, et de surcroît exténuée par dix jours de combats, de s'esquiver à l'abri de l'obscurité. Quelque 2 619 des survivants de la forteresse réussirent à franchir les positions ennemies. Rommel avait conquis Bir-Hakeim, mais avec trois jours de retard sur le programme des opérations établi par Kesselring. Pour ce même Rommel, l'ancien instructeur et expert des assauts d'infanterie contre des positions solidement défendues, la résistance opiniâtre opposée par la garnison française laissait un goût amer.

Durant les derniers jours de combats, les troupes de Rommel avaient saisi des documents britanniques secrets qui donnaient aux troupes de la VIIIe armée des instructions concernant les interrogatoires de leurs prisonniers. Selon ces instructions, les Britanniques devaient faire subir un interrogatoire serré aux soldats ennemis capturés pendant qu'ils étaient encore profondément bouleversés et distraits. Ils ne devaient pas leur donner à manger ou à boire, ni les laisser dormir. L'état-major de Rommel envoya ce texte par message radio à Berlin le 5 juin. Il eut un grand retentissement, car dès le lendemain un ordre du Führer enjoignait aux troupes de Rommel de ne rien donner à boire ou à manger aux prisonniers britanniques, et de ne pas les laisser dormir tant que la directive de l'ennemi ne serait pas annulée. Rommel n'eut pas à transiger avec sa conscience, puisque les Britanniques revinrent aux traitements d'usage avec les prisonniers.

Cette réaction en annonçait une seconde, beaucoup plus radicale. Le 9 juin, l'OKW envoya un message secret qui concernait les nombreux réfugiés politiques allemands censés combattre dans les rangs des Forces françaises libres. Le Führer exigeait que ceux-ci fussent liquidés au combat ou abattus plus tard sur l'ordre de l'officier allemand qui se trouvait le plus près. L'ordre visait aussi les autres combattants des Forces françaises libres, sous le prétexte fallacieux que leur conduite en ferait des partisans, selon le droit international, eu égard aux conditions de l'armistice du 22 juin 1940. La transmission de cet ordre par écrit étant interdite, les commandants devaient recevoir leurs instructions oralement. Il n'y a aucune copie de ce message dans les dossiers de Rommel et pas un seul de ses officiers d'état-major ayant survécu à la guerre ne se souviendrait d'avoir entendu parler d'une telle directive. Sous réserve de découverte ultérieure, on peut présumer que Rommel a détruit l'ordre en question sans en souffler mot à quiconque et ignoré la directive, s'en remettant aux Italiens[7]. On rapprochera cette hypothèse d'un autre épisode survenu quatre mois plus tard. Le Führer donna pour instructions le 18 octobre d'exécuter tous les commandos britanniques capturés derrière les lignes allemandes. Westphal informa Rommel de cet ordre contraire au droit international, et lui recommanda « de le brûler ». « Rommel fit un signe d'approbation », indique son chef d'état-major dans ses Mémoires. Westphal mit alors le feu au message radio avec son briquet[8].

Certes, le témoignage est à prendre avec des pincettes compte tenu de la position de Westphal. Mais il est plausible si l'on se rappelle que le Reich ne livrait pas une guerre raciale à la Grande-Bretagne, contrairement à la Russie bolchevique, où la Wehrmacht conduisait une guerre d'anéantissement. Les crimes de guerre restaient une exception en Afrique du Nord. Les prisonniers britanniques étaient donc traités selon les règles de la convention de Genève. Et parmi eux, plusieurs émigrés allemands et autrichiens de confession juive, qui avaient toutefois anglicisé leur nom, ainsi qu'un bataillon juif de Palestine dont les soldats étaient reconnaissables à la marque distinctive qu'ils portaient sur le bras de leur uniforme. Or, on ne recense chez eux aucun cas de sévices ou d'exécution sommaire après capture par les soldats allemands. Isaac Levy, rabbin militaire au sein de la VIIIe armée, l'a confirmé après guerre : « Il y a une chose sur laquelle j'aimerais insister, et cela je le dis avec le plus grand respect et avec le plus grand sens des responsabilités [...]. À tout le moins, de ce que j'ai vu de l'Afrikakorps, il n'y avait ni de signes ni un quelconque soupçon qui permettrait de dire que ses soldats étaient antisémites[9]. »

Le dernier point relève d'une généralisation abusive, car il y avait forcément dans l'armée de panzers Afrika un certain pourcentage de soldats antisémites, celle-ci étant tout comme l'ensemble de la Wehrmacht un miroir de la société allemande d'alors. Par exemple, des soldats en permission à Tripoli avaient manifesté leur « dégoût » du fait que les lois antisémites italiennes de 1938 et surtout leur interprétation autorisaient les Juifs libyens « à exploiter librement leurs magasins déloyaux et à comploter contre l'État fasciste[10] ». Aucun acte de violence visant les 26 000 Juifs libyens n'a toutefois été recensé[11].

D'une manière générale, Rommel – en accord avec les commandants italiens – évitait de se mêler des affaires locales et avait décidé de « passer outre le plus souvent aux actes de violence occasionnels des tribus arabes[12] ». Disposition d'esprit confirmée dans ses souvenirs de guerre : « Il est très important de ne pas exercer de représailles contre des otages dès la première manifestation d'activité de partisans, sinon on provoque un sentiment de vengeance et renforce les francs-tireurs. Il vaut mieux passer outre à un incident dont on ne connaît pas les auteurs que de recourir à des représailles contre des innocents[13]. »

Voilà qui permet de comprendre pourquoi, plusieurs décennies après la fin des hostilités, les anciens adversaires étaient encore tous d'accord pour décrire la campagne d'Afrique comme « une guerre très correcte, une guerre sans tache », selon l'Allemand Heinz Blumacher. Charles Squire, un ancien soldat de la VIIIe armée, corrobora cette opinion : « Nous combattîmes selon les règles de la guerre. Les batailles n'eurent pas de répercussions sur les civils, les femmes et les enfants. » Après qu'ils furent relâchés, les anciens prisonniers de guerre britanniques furent unanimes à dire qu'ils avaient été traités par les Allemands de façon irréprochable : les blessés étaient tout aussi bien soignés que les blessés allemands ; les prisonniers étaient bien nourris, on leur donnait même des cigarettes et de la bière. Le colonel-général Hans von Arnim, qui allait remplacer Rommel à la tête des forces de l'Axe en Afrique du Nord, le confirma : « C'était devenu la coutume dans la campagne d'Afrique de traiter les prisonniers de guerre ennemis comme des gentlemen. Rommel avait agi de même avec les généraux britanniques après son offensive sur El-Mechili. Les généraux britanniques avaient également procédé ainsi à l'égard des Allemands capturés[14]. »

Ce côté chevaleresque de la guerre du désert a été souvent porté au crédit de Rommel, sans documents pour l'étayer[15]. Peut-être l'aura du général a-t-elle joué en ce sens, car Rommel ne remit jamais en question le régime qu'il servait, même si celui-ci exigeait de lui l'exécution d'ordres qui étaient de toute évidence criminels. Comme ceux-ci n'ont pas été appliqués en Afrique, il est tentant d'en déduire que Rommel n'a pas voulu agir contre sa conscience. Quant aux crimes du régime dans les territoires occupés de la Russie bolchevique, en particulier le massacre des Juifs, il en avait forcément eu des échos. Son état-major écoutait parfois les nouvelles de la BBC dans lesquelles on dénonçait les nombreux massacres à l'Est. Comme le souligna Westphal dans ses Mémoires, les officiers qui étaient transférés du front de l'Est à l'Afrique du Nord assuraient que « ces informations n'étaient que le fruit de la propagande ennemie[16] ». Rommel et ses subordonnés préféraient sans doute se persuader qu'il en était ainsi...

La prise de Bir-Hakeim rendait disponibles des forces qui permettaient à Rommel de s'occuper enfin de la ligne de Gazala. Outre les 60 blindés italiens et les 25 Panzer II, il disposait encore de 124 chars de combat. Les 12 et 13 juin, tout juste avant le déclenchement de son attaque principale destinée à prendre l'ennemi à revers sur la ligne de Gazala, Rommel livra deux batailles où les Britanniques perdirent 140 chars de plus – il ne leur en restait désormais plus que 70. Pour la première fois, Rommel avait la supériorité numérique en matière de chars. Maître du champ de bataille, il pouvait, à la différence de l'adversaire, récupérer et réparer un grand nombre de ses chars endommagés et abandonnés dans le désert. Très tôt le lendemain matin, l'ennemi replia le reste de ses troupes sur la ligne de Gazala et évacua l'important dépôt de ravitaillement avancé qu'il avait établi à Belhamed, au sud-est de Tobrouk.

Le 15 juin, Rommel écrivit à Lucie : « Nous avons gagné la bataille et l'ennemi se disperse. Nous éliminons maintenant les restes encerclés de l'armée britannique[17]. » Le 17, l'Afrikakorps et la division Ariete s'ébranlèrent vers l'est afin de compléter l'encerclement de Tobrouk. Ariete recula et Rommel joignit par radio ses panzers pour leur ordonner de continuer. À 18 h 30, il fit lui-même pivoter la 21e division vers le nord. Pour accélérer l'allure, car le temps pressait avant le départ de la Luftwaffe, il amena son propre groupe de combat directement au front et fonça vers la côte, passant devant des Britanniques stupéfaits dans leurs véhicules blindés. À 8 h 5 le 18 juin, Rommel appelait Kesselring pour lui annoncer l'encerclement de la forteresse. Il put alors lancer son attaque contre cette position qui était pour lui un cuisant souci.

Rommel avait exposé les grandes lignes de son plan d'opérations à ses commandants plusieurs semaines auparavant. L'attaque contre Tobrouk serait lancée du sud-est avec l'Afrikakorps à droite et le XXe corps motorisé italien à gauche. Il leur avait assuré que la forteresse était beaucoup moins puissante qu'au printemps 1941. Les coriaces troupes australiennes n'étaient plus là. Les défenses, consistant en des champs de mines et en des réseaux de barbelés, avaient été réduites pour renforcer la ligne de Gazala. Les fossés antichars s'étaient ensablés par suite des tempêtes.

Cette fois, Rommel n'entendait pas répéter les erreurs qui avaient rendu vains la plupart des efforts de la Luftwaffe à Bir-Hakeim. Il demanda une attaque massive des Stukas contre les points d'appui fortifiés du secteur sud-est de Tobrouk à 5 h 20. L'artillerie tirerait des obus fumigènes avant l'entrée en action des escadrilles afin de délimiter la zone des défenses à bombarder. Le lendemain à midi, Kesselring rencontra Rommel et approuva ses intentions. L'assaut serait donné à l'aube du 20 juin.

Avant l'attaque, Rommel reprit ses opérations en direction de la frontière égyptienne dès l'après-midi du 19 juin. Son dessein était de faire croire à l'ennemi qu'il poursuivait la VIIIe armée battant en retraite. À la tête de son groupe de combat, il avança vers Bardia en s'efforçant de soulever d'énormes nuages de poussière à gauche et à droite de la Via Baldia. Les deux divisions de panzers le suivaient. En cours de route, il s'empara des aérodromes avancés de la Royal Air Force à Gambut. Puis à 16 h 30, alors qu'il n'était plus qu'à 30 kilomètres de Bardia, il ordonna à ses deux divisions de faire demi-tour en direction de Tobrouk, laissant seulement quelques éléments de la 90e division légère et d'autres petites unités poursuivre leur chemin vers Bardia.

À 2 heures du matin, Rommel arriva à son poste de commandement à Hatian. Il essaya de dormir, mais l'excitation habituelle à la veille d'une attaque le tint éveillé. Vers 3 h 30, il apprit que les divisions de panzers avaient atteint leurs lignes d'attaque. Il par vint ensuite à dormir un moment. À 4 h 30, il était déjà dans sa voiture. « C'est vraiment le jour décisif, écrivit-il à Lucie peu avant. J'espère que la chance va encore me sourire. Je suis très fatigué, autrement ça va[18]. »

À 5 h 20 le 20 juin, l'artillerie allemande et italienne ouvrit le feu. Environ une demi-heure plus tard, les Stukas apparurent dans le ciel et descendirent en piqué pour larguer des bombes sur leurs cibles. Ne rencontrant aucune résistance de la part des canons antiaériens ou des chasseurs ennemis, ils atteignaient directement les bunkers. Ce bombardement massif fut suivi d'un assaut d'infanterie. Les soldats du génie réussirent à construire un pont en acier sur un fossé antichar. À 7 h 55, les chars allemands pénétrèrent dans la forteresse.

Fidèle à son habitude, Rommel était sur place pour accélérer le mouvement. Il roula à la tête de son groupe de combat dans le secteur de la 15e division de panzers. Puis, accompagné par la voiture du lieutenant Berndt, il conduisit un camion transportant des troupes dans la brèche, et observa les chars et une compagnie de fusiliers attaquer à travers les champs de mines et les bunkers déjà capturés à l'arrière de la ligne de défense. Les assiégés ripostèrent par un feu nourri, tentant désespérément de colmater la brèche.

À 9 heures, Rommel était sûr de remporter la victoire. Il convoqua un correspondant de guerre de la *Grossdeutschen Rundfunk* (la plus grande radio allemande, qui était en fait la radio officielle de l'État) et, avant même la capitulation de la garnison, prononça quelques mots bien choisis : « Aujourd'hui, mes troupes ont couronné leurs efforts par la capture de Tobrouk », s'exclama-t-il en prenant un air victorieux alors que la bataille faisait encore rage autour de lui. « Le soldat peut mourir, mais la victoire de notre nation est assurée[19]. » Une estafette apporta jusqu'à l'aérodrome le disque sur lequel avait été enregistrée la déclaration de Rommel et s'envola directement pour Berlin pour sa radiodiffusion.

Tout allait parfaitement pour Rommel. Il y avait un peu partout des camions abandonnés et des canons en flammes ainsi que des nuages de fumée soulevés par les éclatements d'obus. À 14 h 45, les chars de Bismarck avancèrent vers un escarpement d'où Rommel pouvait voir clairement l'inclinaison de la pente menant jusqu'au port. Des colonnes de prisonniers ennemis marchaient devant lui. Cinq heures plus tard, le port tombait. Rommel croyait tenir son triomphe sur les Britanniques en Afrique du Nord.

À la lueur d'une bougie, il prit un repas préparé à partir des provisions prises aux Britanniques. Mais il était absorbé dans ses pensées. Avant de quitter la table, il se tourna vers Bayerlein, son chef d'état-major, et lui dit : « Vous savez, ce n'est pas seulement les commandants qui produisent un triomphe comme celui-ci. Vous devez avoir des troupes qui acceptent tous les sacrifices que vous leur imposez – la privation, les épreuves, le combat et même la mort. Je dois tout à mes soldats[20]. »

Il était dans un tel état d'excitation qu'il ne parvint pas à fermer l'œil. Des détonations se firent entendre tout au long de la nuit, l'ennemi pris au piège faisant exploser ses dépôts de munitions et de carburant. Des nuages de fumée planaient au-dessus du port, éclairés par les incendies. À la faveur des reflets, Rommel pouvait distinguer les silhouettes des cheminées et des mâts des navires partiellement coulés.

Au lever du soleil, il partit en voiture pour la ville. À 9 heures, il rencontra le major-général Hendrik Klopper, le commandant de la IIe division sud-africaine et de la garnison de Tobrouk, sur la Via Baldia, à 7 kilomètres à l'ouest du port. Klopper, pour qui la poursuite de la lutte était sans espoir et la retraite impossible, offrit de capituler, signalant qu'il avait déjà ordonné à ses troupes de faire cesser toute résistance. Rommel lui intima alors l'ordre de placer sa voiture derrière la sienne. En route pour la ville, ils passèrent devant de longues colonnes de prisonniers. À 9 h 40, l'état-major de l'armée de panzers Afrika envoya un message radio à Berlin : « Toute la forteresse de Tobrouk s'est rendue, plus de 25 000 prisonniers, incluant plusieurs généraux[21]. »

En fait, 33 000 hommes dont cinq généraux.

Rommel établit son quartier général à l'Albergo Tobrouk, et prit soin de rédiger à l'intention de ses troupes un ordre du jour ciselé, en date du 21 juin : « Soldats ! La grande bataille de Marmarique a eu pour couronnement votre conquête rapide de Tobrouk. Au total, nous avons fait plus de 45 000 prisonniers et détruit ou capturé plus de 1 000 véhicules blindés de combat et environ 400 canons. Au cours de la longue et âpre lutte des quatre dernières semaines, votre courage et votre ténacité incomparables vous ont permis de porter des coups terribles à l'ennemi. Votre esprit combatif lui a fait perdre le noyau de son armée qui s'apprêtait à passer à l'offensive. Par-dessus tout, ses forces blindées ont été détruites. J'adresse mes plus vives félicitations aux officiers et aux soldats pour cet accomplissement grandiose. Soldats de l'armée de panzers Afrika ! C'est maintenant le moment d'achever la destruction de l'ennemi. Nous ne nous reposerons pas avant d'avoir anéanti les restes de la VIIIe armée britannique. Je vous demande de faire un dernier grand effort pour nous permettre de réaliser cet objectif ultime[22]. » Il donna alors des directives enjoignant à toutes les unités de l'armée de panzers Afrika de se regrouper et de se préparer à poursuivre leur avance en territoire égyptien.

En Allemagne, la nouvelle de la prise de Tobrouk n'avait pas encore été radiodiffusée. Lucie, sans nouvelles de son mari depuis plusieurs jours, savait seulement qu'il avait de nouveau investi Tobrouk. Elle se rappelait les lourdes pertes essuyées l'année précédente « Ils ont dit que tu as déjà pris Sidi-Rezegh ! écrivit-elle. Je me demande bien, mon chéri, où tu es en ce moment[23]. » Le 21 juin, à midi, la radio annonça un communiqué spécial du quartier général du Führer. Elle supposa que Sébastopol, la forteresse de Staline en Crimée, venait de tomber entre les mains de von Manstein. Mais la fanfare précédant le communiqué était celle utilisée à l'occasion d'une victoire du Reich sur la Grande-Bretagne. Peut-être les U-boote avaient-ils encore envoyé 100 000 tonnes de navires britanniques par le fond ? Quand le speaker trompetta que Rommel s'était emparé de Tobrouk, Lucie se sentit – écrit-elle – défaillir de bonheur. Cette confidence scripturale résume assez le sentiment des Allemands.

Les photographes de la propagande, qui avaient été sur les talons de Rommel dans la dernière phase de la bataille, avaient pu immortaliser ce moment historique. Les actualités allemandes montraient ainsi le « général de panzers » dans toute sa splendeur : Rommel sur le sommet d'un tertre, sa pose héroïque se profilant sur le ciel ; Rommel sur un char, après la capture du port ; Rommel en voiture blindée dans la ville en compagnie de Berndt et de Bayerlein. « Rommel ne connaît aucun répit, la bataille doit se poursuivre », proclamait la bande sonore. Lucie et Manfred se rendirent dans un cinéma permanent et la lettre qu'elle lui écrivit se lit comme un éditorial de *Das Reich* : « Plein de fierté et d'admiration, le peuple en entier – et nous deux en particulier – a du respect pour toi qui as accompli l'exploit incroyable de capturer Tobrouk en si peu de temps. Je me demande quel effet cela te fait de savoir que tu es entré dans Tobrouk avec tes braves hommes[24]. »

Dans l'après-midi du 21 juin, les troupes germano-italiennes chargèrent leur butin. Il y avait assez d'essence pour 150 kilomètres ; à cela s'ajoutaient farine blanche, cigarettes, tabac, confiture et vêtements. Et, divine surprise, des caisses de bouteilles brunes courtaudes avec l'étiquette bleue typique de la Löwenbräu munichoise achetée par les Britanniques à Lisbonne.

Les rapports de la Luftwaffe du 21 juin laissaient supposer que les Britanniques, sidérés par la rapidité de la chute de Tobrouk, ne seraient peut-être même pas en mesure d'opposer de résistance sur la frontière égyptienne. Conscient que Rommel voudrait probablement profiter de cette opportunité, Kesselring s'envola pour Tobrouk à midi et rappela à Rommel la priorité désormais accordée à Malte, jusqu'en août au moins. Tant que cette île ne serait pas prise, ses propres lignes de communication seraient continuellement exposées à des attaques aériennes et maritimes. Rommel, on s'en doute, n'était pas d'accord : « Maintenant que nous avons mis l'ennemi en fuite, il y a une belle occasion à saisir pour pousser tout droit jusqu'au canal de Suez. » Au reste, il ne s'adressait pas « vraiment » à Kesselring et se souciait peu de ce que celui-ci pouvait bien penser ou décider. Et pour cause, il avait déjà envoyé un membre de son état-major à Berlin, porteur d'une lettre personnelle à Hitler qui lui demandait l'autorisation d'envahir immédiatement l'Égypte.

Un mois auparavant, on se souvient que Mussolini en personne avait, par écrit, borné l'avancée aux barbelés de la frontière. De son point de vue, les questions de Malte et du fuel étaient des préalables indispensables à toute action ultérieure. Bien que les pertes en navires ravitailleurs en juin ne fussent guère plus élevées que celles de mai, la pénurie de pétrole avait pour conséquence que les navires de guerre italiens escortaient moins de convois de ravitaillement ; on était tombé de 150 000 à 32 000 tonnes. En outre, les cargaisons étaient déchargées dans le port, éloigné de Tripoli et non pas dans celui de Benghazi[25]. Le maréchal Cavallero, le chef du Commando Supremo, attira l'attention de Hitler sur ces deux problèmes dans une lettre qu'il lui fit parvenir le 21 juin.

Or, Hitler venait tout juste de recevoir la lettre de Rommel soulignant le moral d'acier de ses troupes et décrivant le butin saisi à Tobrouk, ce qui lui donnait le moyen de poursuivre l'ennemi en territoire égyptien – pourvu que Mussolini fût d'accord. Le 23 juin, un télégramme à Mussolini présentait la victoire de Rommel comme le moment décisif de la guerre en Afrique du Nord : « La chance au combat ne sourit qu'une seule fois à un commandant d'armée. Celui qui ne la saisit pas à ce moment-là risque de la perdre pour toujours[26]. »

Rommel obtint donc ce qu'il voulait. Le Duce avait donné son accord parce qu'il pensait récupérer à usage domestique la gloire de la conquête de l'Égypte, ce qui aurait validé la propagande orchestrée autour du mythe impérial romain ressuscité. Le comte Ciano, le ministre italien des Affaires étrangères, précise dans son journal que Mussolini admirait celui « qui roule toujours dans son véhicule blindé à la tête de ses troupes combattantes ». Pour Mussolini, Rommel était tout simplement un exemple à suivre pour les généraux italiens : « Il est véritablement responsable de l'attaque ; en dépit des protestations du haut commandement. Il craint d'ailleurs que personne ne sache comment ou n'ose exploiter le succès complètement. Mussolini n'a confiance qu'en Rommel[27]. »

Dans l'esprit de Rommel, l'ennemi était pratiquement vaincu et la menace représentée derechef par Malte pouvait être ignorée du fait des approvisionnements de toute sorte et du matériel saisis à Tobrouk. Il se sentait même capable de réaliser une avance qui aboutirait en quelques jours à la conquête de l'Égypte. En privilégiant la manœuvre aux dépens de la logistique, il se faisait, à son habitude, des illusions tant sur la rapidité des délais que sur la quantité de ravitaillement en vivres, en munitions et en carburant pouvant être livrée à ses troupes par les camions empruntant les routes à l'est de Benghazi. Au pire, il comptait sur des sous-marins et des avions de transport.

Le 22 juin, la capture de Tobrouk était à la une de tous les quotidiens du Reich et constituait l'événement saillant des bulletins d'information des stations de radio allemandes. En première page du *Völkischer Beobachter*, un titre très large et en gros caractères annonçait : « La glorieuse victoire de Rommel : Tobrouk[28] ! » Dans le *Chemnitzer Tageszeitung*, Rommel était glorifié comme « le héros d'Acroma et de Tobrouk[29] ». Dans un autre article de presse, il ressortait que la chute de Tobrouk avait causé aux Britanniques un plus grand choc que le rembarquement de Dunkerque ou la reddition de Singapour. Elle était d'ailleurs décrite comme une opération militaire qui leur avait « coupé le souffle » ou encore comme un coup de couteau qui leur avait été donné « en plein cœur[30] ».

En Grande-Bretagne, la nouvelle de la chute de Tobrouk

avait en effet jeté la consternation. Churchill était abattu moins par la défaite militaire que par son effet sur la réputation de l'armée britannique. « À Singapour, 85 000 hommes se sont rendus à des forces japonaises numériquement inférieures. Maintenant à Tobrouk, une garnison de 25 000 soldats aguerris a jeté ses armes devant un ennemi probablement inférieur de moitié en nombre. [...] La défaite est une chose ; la couardise en est une autre[31]. »

À Wiener-Neustadt, Lucie reçut de tous les gauleiters et généraux environnants, tel le général Streccius, des félicitations appuyées : « Le nom de Rommel comptera parmi ceux des plus grands guerriers de tous les temps. » On déposa des gerbes de fleurs devant sa maison ; ses voisins – les Furstenberg – l'invitèrent pour la soirée avec une douzaine d'amis, afin d'écouter les reportages enregistrés à Tobrouk. Lutz Koch, le correspondant de guerre personnel de Rommel, décrivait la chute de la ville en tant que témoin oculaire et Lucie entendit son époux sur le champ de bataille. À la fin de l'émission, *Herr* Furstenberg se leva, descendit à la cave et remonta une bouteille de champagne[32].

Rommel fit les frais d'une conversation au cours d'un dîner à la Chancellerie du Reich le 22 juin. Goebbels louangea le protégé de Hitler et vanta indirectement le succès de sa stratégie de propagande pour détourner l'attention de la nation allemande du front russe. Selon lui, des feld-maréchaux comme Brauchitsch ou Rundstedt ne pouvaient concurrencer la renommée de Rommel : « Quand la presse ne dit rien au sujet d'hommes comme Brauchitsch ou Rundstedt [...] le public ne parle plus d'eux. » En revanche, Rommel jouissait d'une telle réputation que son nom « est devenu dans l'esprit de notre population la personnification du soldat allemand qui a du succès ». Hitler remarqua alors que si Rommel était devenu à ce point le centre d'attention, c'était aussi parce que, selon lui, les dirigeants britanniques pensaient « pouvoir expliquer plus facilement leurs défaites à leur population en faisant en sorte que Rommel soit le point de mire[33] ».

Hitler et Goebbels écoutèrent la même émission que Lucie. À la fin, Goebbels ajouta d'un ton satisfait : « Il n'y a guère un autre général qui comprend autant que Rommel l'importance de l'usage de la propagande. Il est un général moderne au sens strict du terme[34]. » Hitler leva alors la main pour réclamer le silence et indiqua du doigt le haut-parleur avec un large sourire. La fanfare annonçait un communiqué spécial du quartier général du Führer...

À 2 500 kilomètres de là, Rommel dormait, trop fatigué pour se joindre à ses officiers, qui, rassemblés autour du poste de radio de la voiture de Berndt, écoutaient l'émission spéciale diffusée de Berlin. À 21 h 45, Rommel fut soudainement réveillé par des cris de joie. Le présentateur de la radio allemande avait lu un télégramme de Hitler adressé à Rommel : « En reconnaissance de votre commandement et de vos opérations décisives au combat ainsi qu'en reconnaissance des actions héroïques de vos troupes de combat sur le théâtre des opérations africain, je vous promeus feld-maréchal en date de la journée d'aujourd'hui. Adolf Hitler[35]. »

Lorsqu'on lui annonça qu'il allait recevoir du Führer son bâton de maréchal, Rommel aurait déclaré à ses officiers : « J'aurais préféré qu'il m'envoie plutôt une division[36]. » D'autres témoignages, comme celui de son interprète, le lieutenant Armbruster, sont sans doute plus près de la vérité du moment lorsqu'ils évoquent la « joie enfantine » de Rommel à l'annonce de sa promotion. En témoigne la première lettre que cet incorrigible vaniteux adressa à son épouse et signée non par le « Ton Erwin » habituel, mais par un « Ton feld-maréchal ». « Être devenu feld-maréchal est comme un rêve pour moi, confia-t-il dans cette même lettre. Tous les événements formidables des dernières semaines traînent derrière moi comme un rêve[37]. » « En avant pour la victoire du Führer, du peuple et du Reich », telle fut sa réponse au télégramme de félicitations de son Führer[38].

À 50 ans, Rommel était le plus jeune feld-maréchal de la Wehrmacht. C'était sa cinquième promotion en trois ans. Évidemment, il savait très bien que sa montée en flèche dans la hiérarchie militaire était uniquement due au Führer. Être promu à ce grade était l'honneur suprême pour un soldat. Personne ne pouvait songer à un rang supérieur ; il n'y avait qu'un Hermann Göring pour accéder à la dignité de feld-maréchal du Reich après la campagne de France. En Prusse, les feld-maréchaux ne pouvaient être mis à la retraite ou être destitués. Ils conservaient leur rang pour la vie et avaient droit à un officier d'ordonnance, à une voiture, à un chauffeur et à bien d'autres privilèges. C'était l'hommage traditionnel qui était rendu à tout commandant ayant conquis une puissante forteresse ou remporté une grande bataille. Celui qui était nommé feld-maréchal devenait en quelque sorte immortel.

Avec la chute du dernier bastion de la résistance britannique qui était la clef de voûte de tout le système défensif de l'ennemi en Libye, la route du Caire et du canal de Suez était désormais grande ouverte. C'est du moins ce que faisaient remarquer avec une insistance particulière les journaux allemands dès leur édition du 22 juin[39]. Or, Goebbels redoutait une fois de plus que la dynamique relative à la couverture du dernier succès de Rommel amenât la population allemande à fonder de folles espérances sur la suite des opérations en Afrique du Nord. Le ministre de la Propagande ordonna donc le lendemain aux journalistes de faire en sorte que la chute de Tobrouk ne donnât pas l'impression au public allemand que l'Angleterre était sur le point de capituler[40].

Rommel était cependant convaincu d'avoir mis l'ennemi en déroute. Dans l'après-midi du 22 juin, sans même avoir demandé au préalable l'autorisation de Hitler ou celle de Mussolini, il donna des directives à l'Afrikakorps pour la poursuite de l'offensive. Les deux divisions de panzers s'ébranlèrent à 19 h 30, se dirigeant vers le sud des barbelés de la frontière égyptienne. Il n'y avait jusque-là aucune trace de l'ennemi, quoique des fusées éclairantes éclatassent fréquemment dans le ciel de nuit au-dessus des deux divisions. Les Britanniques savaient ainsi de toute évidence ce que Rommel manigançait.

L'attaque fut déclenchée à 14 heures et, peu avant 19 h 30, les forces de l'Axe traversèrent la frontière de l'Égypte. Le lendemain, Rommel aperçut dans le ciel ce qu'il n'avait pas vu depuis une semaine : des avions ennemis. La Royal Air Force reprit ses opérations sur une grande échelle. À 18 heures, 15 bombardiers légers du type Douglas Boston attaquèrent. Rommel se précipita pour se mettre à l'abri, et la plupart des bombes tombèrent tout autour de son groupe de combat. Tout à coup, un chasseur ennemi passa comme un éclair, ses mitrailleuses faisant feu de tout bois. Armbruster, toujours sous le choc, nota dans son journal : « Un avion de chasse a volé tout juste au-dessus de la voiture de Rommel, à moins de six mètres d'altitude. J'ai cru que tout était fichu. » Il n'y avait aucune trace de la Luftwaffe. En fait, en envahissant l'Égypte, Rommel avait pris les escadrilles de Waldau au dépourvu. La progression fulgurante de son armée avait largement dépassé la vitesse à laquelle Waldau pouvait avancer ses aérodromes.

Sidi-Barrani fut capturé sans difficulté, mais le port était en ruine. Le lendemain matin, l'aviation de l'ennemi entra de nouveau en action. Il y eut huit raids de bombardiers contre l'Afrikakorps, qui dut faire une halte de plusieurs heures dans le désert égyptien par manque de carburant. Elle essuya de lourdes pertes en hommes et en matériel. Pendant la journée suivante, les raids aériens se multiplièrent. Le commandant du corps motorisé italien, le lieutenant-général Ettore Baldassare, et plusieurs de ses officiers furent tués. Mais Rommel était persuadé d'avoir mis l'ennemi en fuite et refusait de s'alarmer pour la perte de la supériorité aérienne. Son optimisme était contagieux. Il rassura Kesselring, Cavallero et Bastico, qui avaient pris l'avion pour le rencontrer le 26 juin : « Si mon armée de panzers réussit à percer les lignes de l'ennemi aujourd'hui, au 30 juin nous serons au Caire ou à Alexandrie[41]. » Il était toujours convaincu que les choses allaient tourner favorablement quand il écrivit à Lucie le lendemain : « Nous sommes toujours en marche et espérons continuer jusqu'à ce que nous atteignions notre dernier objectif. Cela exige évidemment beaucoup d'efforts, mais c'est la chance d'une vie. L'ennemi résiste désespérément avec son aviation. P.-S. – Il sera possible d'aller en Italie en juillet. Prends les passeports[42] ! »

Mais Rommel s'aventurait dans un territoire sur lequel aucun soldat de l'Axe n'avait encore mis les pieds. En outre, le général Auchinleck, le commandant en chef des forces britanniques au Moyen-Orient, avait pris personnellement le commandement des opérations dans le désert. À la différence de son prédécesseur, qui entendait tenir une ligne de défense à Mersa-Metruh, facilement contournable, Auchinleck avait décidé de replier ses forces en Égypte pour se préparer à une guerre de positions dans la région d'El-Alamein – une position qui ne pouvait être débordée par l'ennemi à cause de la mer au nord et des profonds marais salants asséchés et infranchissables de la dépression de Kattara au sud. Ainsi, lorsque Mersa-Metruh tomba entre les mains de Rommel le 29 juin, il n'y eut que 6 000 prisonniers.

Grâce au décryptage de messages radio par ses services de renseignements, Rommel apprit que les Britanniques s'esquivaient en direction de l'est. Il ordonna alors à l'Afrikakorps de les rattraper, puis de les anéantir. Mais les troupes anglaises déposèrent, au cours de leur retraite stratégique, des mines en grande quantité afin de ralentir son avance. Qui plus est, son armée était à bout de forces : l'Afrikakorps avait un peu moins de 60 chars d'assaut et les troupes, incommodées par un soleil brûlant et par une chaleur étouffante, étaient exténuées par les combats.

Malgré ces difficultés, Rommel était confiant : « Nous venons de gagner la bataille de Mersa-Metruh et nos unités d'avant-garde sont seulement à 200 kilomètres d'Alexandrie. Nous allons devoir livrer encore quelques batailles avant d'atteindre notre objectif, mais je pense que le pire est désormais derrière nous. Certains combats exigent beaucoup d'efforts, au point où nous nous retrouvons dans un état d'épuisement extrême. Mais il y a des moments plus calmes qui nous permettent de reprendre nos forces. Nous sommes déjà à 500 kilomètres à l'est de Tobrouk. Le réseau de routes et de chemins de fer britannique est de premier ordre[43] ! » Le lendemain, il exultait : « Mersa-Metruh est tombé entre nos mains hier, [...]. Il ne reste plus que 150 kilomètres jusqu'à Alexandrie[44] ! »

Rommel étudia les cartes d'El-Alamein, dernière position de défense de l'ennemi avant le Nil, puis convoqua ses commandants. Il leur annonça sa décision d'attaquer avant l'aube du 1er juillet. La conférence se termina brusquement par un raid aérien, Rommel et ses subordonnés devant se mettre à l'abri du feu ennemi. De toute évidence, l'armée de panzers Afrika avait perdu sa force d'impulsion au moment même où les raids aériens de l'ennemi s'intensifiaient.

Mais comme Rommel se trouvait à seulement 150 kilomètres de la puissante base navale anglaise d'Alexandrie, les Britanniques le croyaient en mesure de se rendre maître de l'ensemble de l'Égypte en en chassant leurs dernières troupes. Dans cette éventualité, Auchinleck avait dressé une longue liste des infrastructures à détruire : les stations de radio, les systèmes télégraphique et téléphonique, les installations pétrolifères et d'essence, les dépôts et les camions d'approvisionnement. Autrement, des ouvrages de défense étaient construits à proximité des pyramides. Dans la capitale égyptienne, l'état d'urgence avait été déclaré et les troupes britanniques avaient pris leurs dispositions pour maintenir l'ordre.

Dans l'esprit de Rommel, les Égyptiens en avaient assez de l'autorité britannique et attendaient son arrivée avec une impatience à peine dissimulée. Ainsi espérait-il des émeutes qui s'ensuivraient qu'elles scelleraient la défaite de la VIIIe armée. Il demanda d'ailleurs à Berlin de recourir par l'entremise du ministère des Affaires étrangères du Reich à une propagande active en Égypte.

Le 30 juin, à l'aérodrome de Derna, ses soldats assistèrent stupéfaits à l'arrivée de Mussolini. Arborant des rangées de médailles, le Duce était accompagné d'un cheval arabe blanc sur lequel il avait l'intention de faire prochainement son entrée au Caire à la tête de son armée victorieuse. Une telle assurance venait évidemment du fait que Rommel s'approchait d'Alexandrie.

À Londres, Churchill dut lutter pour conserver ses fonctions de Premier ministre. La chute de Tobrouk avait laissé planer un doute sur ses capacités à diriger sa nation dans la guerre. Selon les sondages d'opinion, la moitié de ses concitoyens ne lui faisaient plus confiance. Quant à la presse, elle était très sévère à son endroit. Dans ce contexte, l'opposition déposa une motion de censure, observant que le Premier ministre avait certes gagné un débat après l'autre, mais avait néanmoins perdu une bataille après l'autre. Mais le 2 juillet, Churchill quittait la Chambre des communes en faisant de la main le signe de la victoire. Il avait échappé à la censure en rejetant la responsabilité des insuccès sur ses généraux (Klopper, Ritchie et même Auchinleck), mais aussi en les attribuant au talent opérationnel de Rommel.

Cette justification fit les gros titres du *Berliner Börsenzeitung* : « Churchill déclare rejeter le blâme sur Rommel ! » L'habitude de Churchill de parler constamment de Rommel comme d'un commandant exceptionnellement doué donna lieu quelques jours plus tard à bien des commentaires au quartier général du Führer à Rastenburg. « Churchill, nota Hitler, trace toujours le portrait de Rommel comme un génie militaire. Rommel a fini ainsi par se faire un nom. Imaginez ce qui se passerait si nous faisions beaucoup de battage autour du maréchal soviétique Timochenko. À la fin, nos propres soldats en viendraient à le considérer comme une sorte de surhomme. »

Hitler poursuivit sa réflexion sur les objectifs que se proposait le Premier ministre britannique en faisant continuellement valoir Rommel : « Churchill agit ainsi afin de ne pas être contraint d'admettre que les Britanniques reçoivent une correction de la part des soldats italiens en Libye et en Égypte. En mettant l'accent sur Rommel, il espère peut-être aussi semer la discorde entre les Italiens et nous. Mais le Duce est suffisamment perspicace pour ne pas se laisser tromper par cette manœuvre. Par conséquent, il a reconnu à plusieurs reprises devant le monde entier les exploits de Rommel. Par suite des machinations de Churchill et de la bonne volonté du Duce, Rommel s'est attiré un immense respect parmi les nations primitives de l'Afrique du Nord et du Proche-Orient. Cela démontre à quel point il est dangereux de mettre tant l'accent sur un adversaire capable comme l'a fait Churchill dans le cas de Rommel. Un nom commence de cette manière à acquérir soudainement une signification qui est égale en valeur à plusieurs divisions[45]. »

La situation des troupes britanniques était néanmoins suffisamment grave pour que Churchill en personne décide de se déplacer au Caire. Sir Ian Jacob, un proche confident du Premier ministre, indiqua dans son journal les propos tenus à ce moment-là par Churchill et cités plus tard par ce dernier dans ses Mémoires : « La seule préoccupation du Premier ministre est de vaincre Rommel [...]. Il fait les cent pas, déterminé à trouver un moyen d'y parvenir et s'écrie : "Rommel, Rommel, Rommel, Rommel ! Quoi d'autre importe plus que de le vaincre[46] ?" »

Il va sans dire que pour Churchill, il y avait urgence à redresser la situation, d'autant plus que ses concitoyens étaient nombreux à considérer la chute de Tobrouk comme un tournant dans la guerre du désert. À leurs yeux, tout portait à croire que les jours de la domination coloniale britannique sur le Nil avaient pris fin. Le mercredi 1er juillet, la manchette du *Daily Mail* titrait : « À 160 kilomètres d'Alexandrie – Rommel a progressé de 50 kilomètres depuis lundi. » On soulignait dans l'article que si le feld-maréchal poursuivait son avance à la même vitesse, il atteindrait probablement Le Caire à la tombée du jour[47].

En fait, Rommel était dans une impasse. Son armée de panzers Afrika avait atteint les défenses d'El-Alamein avec seulement 55 chars allemands et 30 chars italiens. Les soldats étaient harassés de fatigue, mouraient de soif et étaient brûlés par un soleil de plomb. À 3 heures du matin le 1er juillet, les fusiliers, les mitrailleurs et les autres troupes de la 90e division légère montèrent dans leurs camions et s'ébranlèrent vers El-Alamein en prenant tout de suite leur formation de combat. Aveuglés par une tempête de sable, ils se heurtèrent de plein fouet aux défenses de l'ennemi. Pour la première fois, un vent de panique souffla dans les rangs des troupes allemandes. Des sections de la 90e division légère se désagrégèrent et prirent la fuite vers l'arrière. Leurs commandants durent les forcer à retourner sur la ligne de front, où ils se retranchèrent par la suite. Rommel arriva en voiture pour relancer l'attaque de la division, mais sa petite force de 20 camions et véhicules blindés essuya aussitôt les tirs d'artillerie. « C'était terrible, nota Armbruster le soir même. Un obus éclata à seulement deux mètres de la voiture du commandant en chef. Sous le feu nourri de l'ennemi, nous creusâmes désespérément des trous et dûmes garder nos têtes baissées pendant les trois heures suivantes. Nous ne pûmes nous extirper de là qu'au crépuscule[48]. » Mais à la tombée de la nuit, la pluie se mit à tomber à seaux et les attaques aériennes britanniques reprirent de plus belle.

L'Afrikakorps, qui n'avait plus que 37 chars en état de combattre, se trouvait encore à une certaine distance, tandis que la 90e division légère, dont les forces étaient réduites à un peu moins de 20 %, dut reprendre son assaut sur l'ordre de Rommel. Ce dernier était encouragé par les informations provenant du quartier général de la Luftwaffe selon lesquelles la flotte britannique avait levé l'ancre à Alexandrie et se dirigeait vers le canal de Suez pour plus de sûreté. Rommel en déduisit que le moral de ses troupes était forcément meilleur que celui de l'ennemi.

Peu avant l'aube du 2 juillet, les hommes de la 90e division légère, morts de fatigue, lancèrent une nouvelle attaque, mais sans aucune préparation de l'artillerie. Après seulement 2 kilomètres, l'assaut tourna court par suite du feu nourri des mitrailleuses et de l'artillerie britanniques. Dans l'après-midi, Rommel, non découragé, ordonna à l'Afrikakorps d'engager ses deux divisions de panzers de manière à faire une percée dans les lignes adverses. À 16 h 30, la 90e division légère piétinait encore après une progression d'à peine 500 mètres. Pendant ce temps, les deux divisions de panzers de l'Afrikakorps se heurtèrent à deux brigades blindées britanniques jusqu'à la tombée de la nuit. À 22 heures, le général Nehring déplorait la perte de 11 chars : l'Afrikakorps n'alignait désormais plus que 26 chars.

Le lendemain, le 3 juillet, la poussée des forces de l'Axe fut définitivement arrêtée. Vers midi, Rommel parcourut le champ de bataille sous les attaques de la Royal Air Force afin d'exiger un ultime effort de ses troupes à bout de forces. Malgré un succès initial, l'Afrikakorps fut repoussé une nouvelle fois par l'adversaire. Le même jour, la division Ariete, chargée de protéger le flanc sud de l'armée de panzers Afrika, se désagrégea à la suite d'une contre-attaque des troupes néo-zélandaises. Celles-ci capturèrent presque tous les canons d'Ariete et firent 380 prisonniers, le reste des Italiens s'enfuyant, pris de panique. Cet effondrement était un signe évident d'épuisement.

Rommel admit son échec dans une lettre le 4 juillet : « Les choses ne vont malheureusement pas comme nous le voudrions. La résistance est trop forte et nos forces se sont épuisées. Toutefois, j'espère encore trouver un moyen d'atteindre notre objectif[49]. » Non seulement ses attaques avaient été repoussées par de foudroyantes ripostes, mais ses troupes étaient trop fatiguées et trop peu nombreuses pour faire de nouveaux efforts pour le moment. Il fut donc obligé d'interrompre l'offensive. Pour permettre à ses deux divisions de panzers de se reposer, de se réapprovisionner et de se réorganiser, il prit également la décision de les retirer du front et de les remplacer par des unités d'infanterie, pour la plupart italiennes. Après quoi il pourrait reprendre son offensive, assura-t-il à ses subordonnés.

Rommel était bien conscient de la gravité de la situation. Ses réserves de munitions et de carburant étaient presque épuisées, et les effectifs de ses unités n'étaient pas au complet, loin de là. En juin, 845 de ses hommes avaient été tués, des pertes auxquelles il fallait ajouter 3 318 blessés[50]. En outre, ses lignes de communication étaient démesurément étirées et vulnérables aux attaques de la Royal Air Force, tandis que celles des Britanniques étaient courtes et à l'abri des raids de la Luftwaffe. Même si elles étaient constamment à court d'effectifs et d'équipement, les troupes de Rommel avaient tenu bon jusqu'ici, en raison notamment d'une supériorité opérationnelle sur le plan tactique. Mais les récentes batailles avaient démontré que les Anglais avaient appris au contact des Allemands dans l'art de manœuvrer sur le champ de bataille.

La ligne de défense sur laquelle s'étaient retranchées les formations d'infanterie italiennes s'étendait de la côte méditerranéenne à El-Alamein jusqu'à la dépression de Kattara à 60 kilomètres à l'intérieur du désert. Rommel planifia une attaque qui serait lancée le 11 juillet par l'Afrikakorps au travers d'une trouée à l'extrémité sud de la ligne ennemie. Deux jours plus tôt, il avait capturé un point fortifié tout près, à Bad-el-Kattara, situé à mi-chemin entre El-Alamein et la dépression de Kattara. Constitué de nombreux passages souterrains, de bunkers en béton et de profondes tranchées, ce point fortifié avait été évacué par les Néo-Zélandais peu avant son arrivée. Après y avoir installé le quartier général avancé de l'armée de panzers Afrika, il s'entretint avec Bismarck, le commandant de la 21e division, de sa prochaine attaque.

À 4 heures du matin le 9 juillet, Rommel fut tiré de son sommeil par le grondement des canons à l'occasion de tirs de barrage plus fracassants que tout ce qu'il avait entendu depuis la Première Guerre mondiale. À une soixantaine de kilomètres au nord d'où il se trouvait, les Australiens venaient de lancer une attaque soudaine sur deux crêtes près de la côte, défendues par l'infanterie italienne. Sa principale force pouvant difficilement se trouver plus loin, Rommel se demanda s'il n'était pas tombé dans un piège tendu par Auchinleck. Le danger était celui d'une percée des assaillants qui leur donnerait l'occasion d'attaquer les arrières de son armée et de couper par le fait même ses lignes de communication.

À la tête de son groupe de combat et d'un autre provenant de la 15e division de panzers, il s'élança vers le nord. Dès son arrivée sur le champ de bataille, il donna des instructions aux deux groupes de combat. En son absence, Mellenthin, le chef des opérations par intérim, envoya de toute urgence des renforts pour colmater la brèche, les Australiens venant tout juste de culbuter la division d'infanterie italienne Sabratha et d'ouvrir une brèche d'une largeur de 6 kilomètres.

Le lendemain matin, le 10 juillet, les Australiens attaquèrent de nouveau Tel-el-Eisa et s'en emparèrent à midi. Pendant ce temps, une petite colonne de chars et d'infanterie australienne remporta un autre succès sur les Italiens à Deir-el-Abyada, provoquant la colère d'Armbruster : « Les Italiens devraient être critiqués vivement. Six chars britanniques viennent de mettre en déroute un bataillon entier de la division Trento, envoyant ses troupes en captivité dans leurs propres camions. Cette nation de merde *(Scheissvolk)* mérite d'être fusillée. Et nous devons encore combattre pour eux ! C'est vraiment inouï, juste avant la fin, ces types deviennent lâches. C'est tellement dommage, et nous plaignons le commandant en chef qu'il doive se contenter de telles troupes[51]. »

Ces attaques des Australiens eurent de graves conséquences pour Rommel. Pour les contrer, il avait épuisé les réserves de munitions et de carburant assignées préalablement aux deux divisions de panzers pour leur offensive prévue à l'extrémité sud de la ligne ennemie. En outre, il dut encaisser la mort du capitaine Seebohm, le chef de la compagnie du décryptage des messages radio qui lui avait donné si souvent un avantage tactique sur les Britanniques. Non seulement Seebohm avait trouvé la mort, mais son personnel compétent et irremplaçable avait été capturé, ainsi que tous les livres contenant les codes secrets et les ordres de bataille de l'ennemi. Rommel fut profondément contrarié par cette perte, car son armée devrait désormais se jeter aveuglément dans la bataille. Pis encore, il ne pouvait plus tirer profit du déchiffrement des messages radio de l'attaché militaire américain au Caire. L'ennemi, s'étant rendu compte qu'il y avait eu des fuites, avait rappelé le colonel Fellers à Washington. Un mémorandum du 29 juin faisait ainsi savoir à Berlin : « Nous ne pourrons plus compter sur le décodage de ces messages radio pendant longtemps, ce qui est regrettable étant donné qu'ils nous informaient immédiatement de tout ce que nous avions besoin de savoir au sujet de presque toutes les opérations de l'ennemi[52]. »

Forcé d'abandonner son avance au sud, Rommel décida le 13 juillet de lancer une attaque au nord avec la seule 21e division de panzers. Son intention était d'isoler la place forte d'El-Alamein, de percer ses défenses et de la contraindre à capituler. Il entendait donner l'assaut à midi, lorsque le relief du désert miroitait au soleil et se dissipait dans la chaleur pour ainsi empêcher l'artillerie ennemie d'atteindre l'objectif.

Le moment venu, les bombardiers en piqué de Waldau déversèrent des tonnes de bombes sur le secteur sud-ouest afin d'y éliminer les batteries britanniques. Pendant ce temps, les chars se mirent en branle à la faveur d'une tempête de sable qui les soustrayait quelque temps à la vue de l'adversaire. Confiant dans son succès, Rommel s'élança pour suivre le déroulement de la bataille.

Malgré des débuts prometteurs, la 21e panzers s'enlisa dans les fossés antichars et les fils de fer barbelés de l'ennemi, dont l'artillerie lourde pilonnait sans arrêt la ligne allemande. À 22 heures, Bismarck joignit par radio Rommel, qui était retourné au quartier général de l'armée de panzers Afrika, pour lui annoncer que son attaque avait échoué. Rommel lui intima alors l'ordre de se retirer sur sa ligne de départ. La division de panzers n'avait pu exploiter ni la tempête de sable, ni les attaques des Stukas, ni le soutien de l'artillerie.

La situation se détériora quand les lignes de deux divisions italiennes furent enfoncées par les Britanniques, puis lorsque les Australiens percèrent entre deux autres divisions italiennes. Rommel fut donc contraint de faire appel à ses toutes dernières réserves pour redresser la situation dans ces secteurs. « Les choses vont carrément mal pour moi en ce moment, à tout le moins d'un point de vue militaire, écrivit-il à son épouse le 17 juillet. L'ennemi se sert de sa supériorité, en particulier en infanterie, pour détruire les formations italiennes les unes après les autres, et les formations allemandes sont bien trop fragiles pour rester seules. Il y a de quoi pleurer[53]. » En dépit du fait qu'il eût réussi à rattraper une situation compromise, Rommel avait le moral très bas le lendemain quand il écrivit à Lucie : « La journée d'hier a été particulièrement éprouvante et critique. Nous nous sommes encore tirés d'affaire. Mais cela ne peut durer longtemps, sinon le front finira par céder. D'un point de vue militaire, c'est la période la plus difficile que j'aie eue à traverser. Il y a des renforts en vue, mais la question est de savoir si nous serons là pour les voir. Tu sais quel éternel optimiste je suis. Il y a cependant des situations comme celle-là où tout est noir[54]. » Le 21 juillet, il put faire l'inventaire de ses forces blindées : 42 chars allemands et 50 chars italiens. Mais il était conscient que la crise serait de longue durée, car l'ennemi pouvait reconstituer plus rapidement ses forces que son armée de panzers Afrika

Tard le soir du 21 juillet, Auchinleck déclencha une offensive de grande envergure avec les renforts qu'il venait tout juste de recevoir. Son intention était d'effectuer avec 400 chars une percée au centre du dispositif de Rommel afin de détruire ses divisions de panzers.

Après des attaques aériennes et des bombardements de l'artillerie lourde, une brigade néo-zélandaise avait progressé du sud jusqu'à la dépression d'El-Mreir, une vallée en forme de soucoupe dans le milieu du désert, au sud de l'arête de Ruweisat. Une brigade blindée britannique était chargée d'exploiter la percée à l'aube. Mais Nehring, qui avait surveillé avec vigilance ces développements, donna des instructions à son Afrikakorps trois heures à l'avance pour lancer une contre-attaque. Les Néo-Zélandais s'étaient installés en bivouac, ayant dressé des tentes dans la dépression. À 4 h 15 précisément, des fusées éclairantes décrivaient des arcs dans les airs, tandis que des obus explosifs et des mortiers pleuvaient sur les troupes néo-zélandaises bivouaquant dans le désert. Les chars allemands s'élancèrent et écrasèrent les positions ennemies. Des blindés britanniques, il n'y avait toujours aucune trace. À l'issue de la première phase de son attaque, Auchinleck avait perdu 1 000 hommes et du matériel de guerre en grande quantité.

Commença alors la seconde phase. Une centaine de chars britanniques en provenance de l'est se frayèrent un passage à travers les champs de mines, les engins de tête déferlant loin derrière les lignes de Rommel. Ses positions d'infanterie furent occupées. Rommel et Nehring eurent l'impression que c'en était fait de leur armée. À ce moment, le colonel Albert Bruer, qui avait pris provisoirement le commandement de la 21e division de panzers après que Bismarck eut été blessé la veille, arriva à la rescousse. Il ordonna aux bataillons d'artillerie qui battaient en retraite de se retourner pour faire face à l'ennemi et, après avoir laissé les chars britanniques avancer suffisamment, leur donna l'ordre d'attaquer sur les flancs des assaillants. La XXIIIe brigade blindée britannique perdit 146 chars et 1 200 hommes, contre 3 tanks côté allemand.

Le lendemain, c'était un Rommel de bonne humeur qui parcourait le champ de bataille pour féliciter ses troupes et distribuer des médailles à tous ceux s'étant distingués au combat : « Les difficultés que nous avons rencontrées ces derniers jours défient toute description, confia-t-il un brin soulagé dans une lettre à son épouse le 23 juillet. Bien entendu, le plus difficile n'est pas encore passé. L'ennemi jouit d'une énorme supériorité numérique. Mais les 146 chars que nous avons détruits au front et derrière nos lignes il y a deux jours ne seront pas remplacés de sitôt [...]. L'ennemi ne se permettra pas autant d'extravagances[55]. » De fait, les Britanniques demeurèrent dans l'expectative, alors que le rapport des forces motorisées était encore de un à six en leur faveur.

Au début d'août, Rommel estimait qu'il disposait d'au moins quatre semaines avant la prochaine offensive des Britanniques. Il passa outre aux réticences de son état-major en prenant la décision de jouer son va-tout dans une offensive de grand style. Il projetait de percer le front de l'ennemi à son extrémité sud, de le déborder et de le prendre à revers. Après quoi il envisageait de s'emparer des ponts traversant le Nil au Caire et à Alexandrie. Dans ses papiers, on trouve même une carte sur laquelle était planifiée l'avance de chacune de ses unités : depuis Le Caire, la moitié de celles-ci marcheraient sur le canal de Suez, tandis que l'autre moitié avanceraient vers le sud en remontant le Nil jusqu'au cœur de l'Afrique[56]. Des officiers égyptiens lui assurèrent même qu'ils organiseraient une insurrection militaire contre les Britanniques à l'approche de ses forces d'Alexandrie et du Caire. Mais il savait qu'en septembre la VIIIe armée serait trop puissante pour être vaincue. Son offensive aurait donc lieu en août. Et comme son attaque de nuit exigeait la pleine lune, il devait attendre la fin du mois pour la déclencher.

Dans l'intervalle, l'armée de panzers Afrika s'efforça de compenser les pertes qu'elle avait subies au cours des derniers combats. En juillet, elle avait reçu 5 400 hommes en renfort ainsi que les deux premiers régiments d'une nouvelle formation, en l'occurrence la 164e division légère. Cela portait à 13 300 le nombre des nouvelles troupes qui avaient été transportées par voie aérienne jusqu'en Afrique du Nord. D'autres devaient arriver, à raison de 1 000 par jour. Début août, l'une des unités d'élite de la Luftwaffe, la 1re brigade de parachutistes du lieutenant-général Hermann-Bernhard Ramcke, fut placée sous les ordres de Rommel. À cela venaient s'ajouter de nouvelles unités italiennes, dont une excellente formation de parachutistes, la division Folgore. Mais Rommel n'en tenait aucun compte, comme il l'expliquait dans une lettre à Gause : « Ce dont j'ai besoin ici, ce ne sont pas toujours davantage de divisions italiennes – sans parler de la Pistoia, qui n'a aucune expérience du combat –, mais des soldats allemands et de l'équipement allemand. Eux seuls me permettront par la suite de mener à bonne fin mon offensive. »

Les Italiens fournissaient pourtant la grande majorité des troupes, combattaient dans des conditions bien plus précaires que leurs alliés allemands, et de surcroît avec un matériel souvent vétuste ou insuffisant. Ainsi, le blindage des M11/39 (11 tonnes, canon de 37 mm) ou M13/40 (14 tonnes, canon de 47 mm) n'offrait aucune protection contre les canons antichars britanniques : « Il y a de quoi avoir les cheveux dressés sur la tête, notait Rommel, quand on voit avec quel armement le Duce envoie ses hommes se battre[57]. » Il y avait sans doute plus d'exaspération que de compassion dans ce propos.

Les préparatifs se déroulèrent sous une chaleur accablante qui décimait les soldats et jusqu'à leur feld-maréchal.

Après un léger malaise au début du mois, il fut pris de violentes douleurs deux semaines plus tard. De tous les officiers âgés de plus de 40 ans, c'était lui qui était resté sur le sol africain le plus longtemps. Non seulement il n'arrivait pas à se débarrasser d'un rhume de cerveau, mais il devait lutter contre un mal de gorge. Les membres de son état-major pensaient qu'il avait une vilaine grippe. Mais comme il restait cloué au lit, ses subordonnés firent venir de toute urgence son médecin, le professeur Hermann Horster. Celui-ci diagnostiqua une hypertension causée par des troubles gastriques et entériques persistants qui avaient été aggravés dans les dernières semaines par des efforts physiques et mentaux excessifs, et en particulier par le climat défavorable de l'Afrique du Nord. Un rétablissement complet impliquait un long séjour en Allemagne, où il pourrait recevoir des soins adéquats.

Le 21 août, Rommel envoya ce diagnostic à Berlin et recommanda Guderian pour le remplacer à la tête de l'armée[58]. Il expédia également un télégramme à Guderian. Cela lui laisserait le temps de revenir en Allemagne pour cinq à six semaines. Mais le 24 août, un message radio du feld-maréchal Keitel, le chef de l'OKW, l'informait que sa suggestion avait été rejetée, sous prétexte que Guderian avait une santé trop chancelante pour un commandement dans le désert nord-africain[59]. En réalité, Guderian était en disgrâce auprès du Führer, ce dernier l'ayant relevé de ses fonctions de commandant en chef de la 2e armée de panzers sur le front russe l'hiver précédent pour désobéissance. À la place de Guderian, Keitel proposa à Rommel de le remplacer par Nehring, mais cela ne l'enchantait guère. Deux jours plus tard, Rommel envoya un message radio à Keitel pour l'aviser que son médecin l'autorisait à assumer ses fonctions lors de la prochaine offensive s'il suivait un traitement ambulatoire. Ce qui laisserait du temps à l'OKW pour lui trouver un remplaçant. Ensuite, il rentrerait se soigner en Allemagne[60].

Dans la bataille qu'il entendait livrer, Rommel allait devoir se mesurer à un nouvel adversaire. Deux semaines auparavant, Churchill avait placé à la tête de la VIIIe armée le lieutenant-général Bernard Montgomery et remplacé le général Auchinleck par le général sir Harold Alexander à titre de commandant en chef des forces britanniques au Moyen-Orient. Dans l'esprit de beaucoup de gens, il était clair que le Premier ministre avait chargé Montgomery du commandement de la VIIIe armée dans l'espoir que le troisième général à faire face à Rommel réussirait enfin à vaincre le « Renard du désert ». À ses adjoints, Churchill avait d'ailleurs expliqué que « seule la nécessité de changer soudainement et radicalement le commandement opposé à Rommel et de restaurer la confiance dans l'armée de manière à permettre un nouveau commencement » l'avait incité à remanier le commandement sur le théâtre des opérations en Méditerranée[61].

Montgomery n'échappait pas davantage à la fascination Rommel : sa mission consistait à ses yeux en un affrontement entre lui et un adversaire qui, jusqu'à maintenant et malgré des ressources en hommes et en matériel largement inférieures, avait à maintes reprises tenu les forces britanniques en échec. Pour se rappeler constamment le défi qu'il devait relever, Montgomery avait même accroché une photographie de Rommel dans sa voiture de commandement. Il croyait qu'elle lui permettrait de mieux comprendre le caractère de l'homme qui avait pris une dimension héroïque jusque dans les rangs de sa propre armée[62].

Lorsque Montgomery s'envola pour Le Caire le 12 août afin d'y assumer ses nouvelles fonctions, il n'avait pas exercé de commandement au combat depuis le « miracle de Dunkerque » deux ans plus tôt. Petit et maigre, il avait une voix nasillarde, stridente et irritante. Mais à bien des égards, lui et Rommel se ressemblaient : ils étaient tous les deux des hommes solitaires qui comptaient beaucoup plus d'ennemis que d'amis parmi leurs collègues généraux ; très autoritaires et arrogants, ils étaient aussi tous les deux des officiers peu commodes et parfois même insubordonnés, mais des commandants capables et énergiques ; ils étaient également tous les deux des soldats professionnels n'ayant aucun passe-temps intellectuel, mais partageant la passion des sports d'hiver et de la forme physique. À l'instar de Rommel, Montgomery avait également du flair pour les relations publiques. Il était aux petits soins pour Churchill, lui dénichant un logement confortable à proximité des plages égyptiennes ou veillant à ce que son verre de brandy fût toujours rempli, exactement pour les mêmes raisons que Rommel cultivait l'admiration de Hitler et l'amitié de Goebbels. Et tout comme Rommel, Montgomery savait se mettre en valeur auprès des photographes. Son chapeau de brousse australien peu approprié à la guerre du désert et recouvert d'insignes régimentaires fut bientôt aussi célèbre que la casquette d'officier et les grosses lunettes de motocycliste de Rommel.

Mais tandis que le « Renard du désert » affectait un comportement chevaleresque, son adversaire était plutôt du genre pitbull : pour lui, l'important était de « tuer les Allemands peu, importe où ils se trouvent ». Montgomery était un commandant orthodoxe et peu imaginatif dans la conduite des opérations, tandis que Rommel se distinguait par son talent hors du commun pour l'improvisation et la manœuvre tactique. Le commandant en chef de l'armée de panzers Afrika se dépensait sans compter sur le champ de bataille, tandis que celui de la VIIIe armée ne serait jamais vu en train de conduire un convoi de camions de ravitaillement jusqu'à la ligne de front ou de diriger personnellement des tirs, ou en première ligne durant un assaut d'infanterie. Si les décisions du feld-maréchal allemand reposaient essentiellement sur son intuition, c'est-à-dire sur son flair pour la tactique, celles du lieutenant-général anglais dépendaient dans bien des cas du raisonnement de ses adjoints. En outre, Montgomery comptait sur sa supériorité en hommes et en équipement pour compenser ses erreurs de planification ou opérationnelles, de même que sur ses services de renseignements, désormais de loin supérieurs à ceux de Rommel grâce aux décryptages d'Ultra.

Surtout, l'année de panzers Afrika était incontestablement plus faible que la VIIIe armée. Non seulement il manquait 16 000 hommes, mais la maladie atteignait des proportions épidémiques : 9 418 hommes s'étaient fait porter malades durant le seul mois d'août. Il manquait 210 chars, 175 transporteurs de troupes et voitures blindés, et 1 500 autres véhicules. Au surplus, les quatre cinquièmes avaient été capturés à l'ennemi et un bon tiers étaient en réparation[63]. Le 30 août, le jour de son attaque, Rommel engageait dans la bataille 200 chars allemands, dont 71 Panzer III (J) Special dotés d'un canon de 50 mm long, 10 Panzer IV armés d'un canon de 75 mm court et 26 Panzer IV (J) Special munis du nouveau canon de 75 mm long. Il mettait aussi en ligne 243 chars italiens, toujours du même vieux modèle, maintenant plus démodé que jamais. À cette force blindée, Montgomery opposait 767 chars, dont 160 étaient du type Grant et dotés d'un canon de 75 mm[64].

Le plan de bataille de Rommel ne se distinguait guère de ses attaques précédentes sauf sur un détail, jugé mineur mais lourd de conséquences. L'habituel mouvement tournant à l'intérieur du désert pour déborder les défenses de l'ennemi n'était accompagné d'aucun stratagème ni aucune ruse dans l'intention de tromper ou de déjouer les Britanniques sur la direction de son attaque.

La principale difficulté que Rommel devait surmonter était celle du ravitaillement en carburant. Ses deux divisions de panzers en avaient à peine pour 160 kilomètres. Le 18 août, le maréchal Cavallero lui avait assuré que les 6 000 tonnes de carburant qu'il avait demandées arriveraient à temps pour le 30, le jour de l'attaque. Mais le 23 août, Rommel envoya un message radio au vice-amiral Eberhard Weichold, le commandant de la marine allemande en Italie, pour lui faire part de la situation logistique tendue. Il tenait aussi à s'assurer auprès de Weichold que les six navires ravitailleurs en carburant qui lui avaient été promis arriveraient bel et bien à la fin du mois, sans quoi il ne pourrait pas lancer son attaque. Son message radio ayant été décodé, il n'est pas étonnant que 4 des 6 navires ravitailleurs aient été coulés et que Montgomery ait été capable de déduire la date de son offensive. Au 27 août, aucun des deux derniers navires ravitailleurs n'étant arrivé à bon port, Kesselring s'envola pour le quartier général de l'armée de panzers Afrika et promit à Rommel de lui faire parvenir par pont aérien jusqu'à 400 tonnes de carburant par jour. Après lui avoir donné une poignée de main, Rommel s'exclama : « Le sort en est jeté[65]. »

Ce dernier s'était donc décidé après bien des hésitations à mettre en action son plan pour le 30 août – la date limite pour bénéficier de la pleine lune. Mais il ne pouvait s'agir désormais que d'une offensive limitée, compte tenu du manque de carburant. Rommel pouvait espérer au mieux couper les lignes de communication de la VIIIe armée et semer la confusion dans les rangs de celle-ci. Il n'avait tout simplement pas assez de carburant pour continuer jusqu'au Caire, à moins que ses troupes réussissent à capturer intacts les dépôts d'approvisionnement de l'ennemi.

Ses deux divisions de panzers s'étaient déjà mises en mouvement dans le désert à la faveur de la nuit, se dirigeant vers l'extrémité sud de la ligne d'El-Alamein, d'où il projetait de faire une percée. En deux nuits de marche, il fit roquer ses forces blindées de l'aile gauche à l'aile droite du front, en principe à l'insu de l'ennemi. En quittant son camion-lit au matin du 30 août, il confia à son médecin son appréhension : « Cette décision d'attaquer aujourd'hui est la plus difficile que j'aie jamais eue à prendre. Ou bien l'armée en URSS réussit à s'emparer de Grozny (dans le Caucase) et nous en Afrique parvenons à atteindre le canal de Suez, ou [...] », et il fit un geste de défaite[66]. Il écrivit ensuite une lettre à Lucie : « Le jour fatidique arrive enfin. L'attente a été longue à se faire tout le temps du souci pour savoir si je pourrais obtenir tout ce dont j'ai besoin pour attaquer une nouvelle fois. Plusieurs de mes soucis n'ont pas du tout été apaisés et nous avons encore de très graves pénuries. Mais je prends le risque d'aller de l'avant, car nous n'aurons pas de telles conditions favorables avant longtemps, que ce soit le clair de lune ou les forces relatives. [...] Si notre attaque réussit, elle aidera peut-être à gagner la guerre. Mais si elle échoue, j'espère au moins flanquer une bonne correction à l'ennemi[67]. »

Il s'agissait d'une entreprise risquée. Mais les Italiens lui avaient encore assuré dans un message radio codé qu'une grande quantité d'essence arriverait le lendemain. Lors des combats de Gazala en mai 1942, le succès de Rommel était incertain. Il avait pourtant remporté la bataille contre des forces supérieures. Pourquoi n'en serait-il pas de même cette fois-ci ? Pour se convaincre sans doute qu'il avait toutes les chances de réussir de nouveau, il rédigea une nouvelle proclamation pour ses troupes : « Aujourd'hui, notre armée se met en route encore une fois pour attaquer et détruire l'ennemi, cette fois-ci pour de bon. Je m'attends que chaque soldat fasse tout son possible au cours de ces jours décisifs. Longue vie à l'Italie fasciste ! Longue vie au Grand Reich allemand ! Longue vie à nos grands dirigeants[68] ! »

À 22 heures le 30 août, les forces blindées de Rommel s'ébranlèrent vers l'est en direction des champs de mines de l'ennemi. Le clair de lune éclairait le désert vallonné au nord de la dépression de Kattara. À gauche de l'Afrikakorps, il y avait les divisions blindées Ariete et Littorio, et à gauche de celles-ci la 90e division légère. De bonne heure le 31 août, le quartier général mobile de Rommel se mit en route dans le sillage de son armée pour Jebel-Kalakh. Il croyait que ce secteur ennemi n'était que faiblement miné et défendu. Mais ses services de renseignements l'avaient mal servi. Tout à coup, ses troupes butèrent contre des champs de mines de grande densité (ses soldats du génie allaient trouver plus tard 181 000 mines dans ce secteur). Ils étaient défendus par une infanterie équipée de mitrailleuses lourdes, de pièces d'artillerie et de mortiers. Pis encore, à 2 h 40 du matin, le secteur entier fut illuminé par des fusées éclairantes et une attaque aérienne massive fut déclenchée. Les éléments de tête de l'armée étaient coincés dans les champs de mines et exposés aux raids aériens dévastateurs, pendant que les soldats du génie s'affairaient fébrilement à dégager le chemin en avant. Des camions, des véhicules de transport de troupes et des chars étaient en flammes, certains avaient sauté sur des mines, d'autres avaient été atteints par les bombardements de l'aviation ou par les tirs d'artillerie. Les explosions et les fusées éclairantes illuminaient le champ de bataille comme la lumière du jour. De toute évidence, Montgomery s'attendait à l'attaque au bon endroit et au bon moment.

Rommel perdit deux de ses généraux. Le major-général von Bismarck, le commandant de la 21e division de panzers, fut tué par un tir au mortier, et un chasseur-bombardier toucha le véhicule de commandement du général Nehring. Le colonel Bayerlein, son chef d'état-major, prit temporairement le commandement de l'Afrikakorps.

Rommel n'apprit cela qu'à 8 heures ; il fut si ébranlé par ce revers inattendu qu'il songea à interrompre l'offensive. Mais quand il rencontra Bayerlein dix minutes plus tard, celui-ci lui annonça triomphalement que les deux divisions de panzers avaient fait une percée à travers les champs de mines – il n'y avait désormais plus devant elles que le grand désert. Rommel hésitant toujours, Bayerlein affirma que renoncer à poursuivre l'attaque maintenant rendrait vains tous les sacrifices que ses hommes avaient faits pour ouvrir une brèche dans les champs de mines. Rommel se décida alors à aller de l'avant, mais avec des objectifs différents et plus limités. Comme il était évident que les chars anglais avaient eu le temps de prendre leurs positions de bataille et pouvaient donc menacer le flanc d'une avance profonde, il donna l'ordre de tourner vers le nord plus tôt que prévu. Ainsi, au lieu d'avancer de 30 kilomètres tout droit vers l'est avec l'arête d'Alam-el-Halfa sur sa gauche et d'effectuer une conversion autour de celle-ci pour attaquer l'ennemi à revers, l'Afrikakorps tournerait beaucoup plus tôt pour tenter de franchir l'arête elle-même. Lorsque Kesselring s'envola pour rencontrer Bayerlein à son véhicule de commandement blindé une heure et demie plus tard, il fut stupéfait de trouver un Rommel mélancolique, comme doutant de son offensive.

À 13 heures le 31 août, les chars de Rommel roulèrent de nouveau vers l'est. Une tempête de sable se leva, leur procurant une couverture aérienne. Ils progressèrent à un bon rythme jusque vers 16 h 30, puis tournèrent vers le nord. Ils s'enfoncèrent aussitôt dans des sables mouvants et s'immobilisèrent à 18 heures, faisant face à la cote 132, le point culminant de l'arête d'Alam-el-Halfa. Sans le savoir, ils étaient tombés dans le piège mortel dressé par Montgomery.

Le temps redevenu clair, les chars et l'artillerie britanniques massés sur l'arête ouvrirent le feu. Au crépuscule, la Royal Air Force entra à son tour en action. Les colonnes de chars allemands se trouvèrent sous un déluge de feu. Mais avec des réserves de carburant qui permettaient de parcourir tout au plus une distance de 50 kilomètres, l'Afrikakorps était coincé, comme le fit remarquer son nouveau commandant, le major-général Gustav von Vaerst, à un Rommel démoralisé. L'Afrikakorps ne pouvait guère tenter de contourner l'arête par l'est, où l'état du terrain était plus favorable pour les manœuvres, à moins qu'il ne fût approvisionné en carburant durant la nuit.

Les combats se poursuivirent tout au long de la nuit. Rommel se rendit sur le champ de bataille à l'aube du 1er septembre pour en observer le déroulement. Le terrain était couvert de débris de ses chars calcinés et certains brûlaient encore. L'Afrikakorps se trouvait en fâcheuse posture et subissait des pertes de plus en plus lourdes. Et l'essence n'arrivait toujours pas. Deux jours plus tôt, les Italiens lui en avaient encore une fois promis 5 000 tonnes. Mais dans l'intervalle, un pétrolier italien avec 2 411 tonnes de carburant avait été envoyé par le fond à proximité de Tobrouk, puis un autre avec 1 100 tonnes.

Les attaques aériennes de l'ennemi se poursuivirent tout au long de la journée et s'intensifièrent même pendant la nuit. « Nous n'avions jamais connu auparavant un bombardement comme celui de la nuit dernière », raconta Armbruster. Le lendemain matin, le 2 septembre, Rommel donna l'ordre à son armée de se replier progressivement sur ses positions du 30 août.

Kesselring arriva au véhicule de commandement blindé de Rommel à 17 h 30, avec sa mine des mauvais jours. Il ne laissa pas Rommel dans le doute au sujet des conséquences fâcheuses que sa décision aurait pour la grande stratégie du Führer. Rommel lui expliqua les raisons qui l'avaient amené à interrompre l'attaque : la supériorité écrasante de l'ennemi, notamment ses raids aériens, ainsi que les problèmes de ravitaillement. Kesselring était persuadé que Rommel tirait prétexte de l'insuffisance du ravitaillement pour dissimuler sa démoralisation. Comme les divisions de panzers combattraient au cours des prochains jours pour retourner sur leur ligne de départ, il avait de la difficulté à comprendre pourquoi la même essence n'aurait pas pu être utilisée pour prolonger leur attaque, étant donné qu'ils auraient certainement capturé quelques-uns des dépôts de carburant de l'ennemi. « C'est cette volonté de fer de poursuivre jusqu'au bout qui manquait », écrivit Kesselring dans ses Mémoires. Dans son esprit, Rommel était trop épuisé par la maladie pour mener la bataille à sa fin : « J'étais convaincu à l'époque que cette bataille n'aurait posé aucun problème pour le "vieux" Rommel – il ne l'aurait jamais interrompue après avoir réussi à déborder le front de l'ennemi. Je sais aujourd'hui que ses troupes n'ont jamais compris son ordre de retraite. Après tout, il avait déjà débordé le "dernier espoir" dans la ligne de défense britannique [...][69]. »

Pourtant, les jeux étaient probablement faits avant même le déclenchement de la bataille d'El-Alamein. La principale raison de l'échec de son offensive tenait évidemment à Ultra, qui avait permis à Montgomery de préparer ses défenses en conséquence. Les combats d'Alam-el-Halfa s'étant transformés en une bataille d'usure, Rommel n'avait pas les forces et les ressources nécessaires pour sortir vainqueur d'une telle épreuve. Il avait perdu définitivement l'initiative et, étant donné le flot croissant des renforts britanniques, la prochaine bataille serait inévitablement pour lui une « bataille sans espoir » – comme il la baptiserait fort justement lui-même dans ses Mémoires[70]. El-Alamein marquait bien un tournant dans la guerre du désert[71].

À première vue, la victoire remportée par Montgomery était plus psychologique que matérielle. Rommel avait très légèrement amélioré sa propre ligne de défense en restant en possession des champs de mines capturés aux Britanniques et en dominant le haut plateau de Quaret-el-Himeimat qui lui donnait une très bonne vue générale du flanc méridional de la VIIIe armée. En outre, ses pertes étaient moins sévères qu'attendu : 570 tués, 1 800 blessés et 570 prisonniers, sur un total d'environ 3 000 hommes. À cela venait s'ajouter la perte de 50 chars, de 15 canons de campagne, de 35 canons antichars et de 400 camions. Les Britanniques avaient perdu pour leur part 1 640 hommes, 68 chars et 18 canons antichars[72]. Mais Montgomery avait largement les moyens de compenser ses pertes, ce qui n'était absolument pas le cas de Rommel. En particulier, cette bataille de six jours lui avait coûté 400 camions de transport qui lui manqueraient cruellement en novembre 1942. Enfin et surtout, les troupes britanniques avaient retrouvé leur moral et la confiance en leur chef.

Le 4 septembre, c'est un Rommel abattu qui rentra à son quartier général, plus impatient que jamais de se faire remplacer. Ce fut chose faite le 19 septembre. Le général Georg Stumme était un expert en blindés. Kesselring le trouvait d'humeur plus égale et placide que Rommel, et se réjouissait qu'il se fixât déjà pour tâche de réduire les tensions non seulement entre les Allemands et les Italiens, mais aussi entre les commandants et les troupes[73]. Rommel donna à Stumme des instructions explicites et lui montra ses lettres dans lesquelles il implorait des renforts et des approvisionnements avant que Montgomery ne lançât une offensive de grand style, probablement à la pleine lune en octobre. Il lui donna aussi des directives précises sur les défenses à mettre en place le long de la ligne de front d'El-Alamein. Comme celle-ci ne pouvait être débordée, Montgomery devrait forcément tenter de la percer par une attaque frontale. Dans l'intention de réduire l'effet des bombardements de l'artillerie et de l'aviation britanniques, Rommel avait conçu un système défensif échelonné en profondeur. Ainsi, pour faire obstacle à la progression de l'ennemi, il entendait déposer des milliers de mines et de pièges le long d'une ligne continue. Le front faisant face à cette ligne serait défendu par des avant-postes dans lesquels il prévoyait de mettre une compagnie issue de chaque bataillon d'infanterie. Deux kilomètres derrière ces avant-postes, il projetait de déployer les principales défenses d'infanterie et, en retrait de celles-ci, les canons antichars, les divisions blindées et motorisées ainsi que les unités de réserve mobiles.

La ceinture de mines mise en place par les forces de l'Axe serait bientôt appelée les « jardins du diable » de Rommel. La plupart des mines étaient assez puissantes pour briser une chenille de char ou détruire un camion. Une petite fraction étaient du type antipersonnel et se déclenchaient par des fils de détente ou en marchant dessus. Elles explosaient, projetées dans les airs comme un diable à ressort, puis éclataient en dispersant des plombs dans toutes les directions. Lorsque Montgomery déclencherait son offensive, les soldats allemands et italiens auraient déposé 249 849 mines antichars et 14 509 mines antipersonnel. Avec celles capturées dans les champs de mines britanniques dans le sud de la ligne d'El-Alamein, il y aurait plus de 445 000 mines le long de la ligne de défense[74].

Le plan de Rommel était de laisser l'attaque de l'ennemi s'enliser dans les champs de mines, puis de lancer une contre-attaque à partir des extrémités nord et sud de la ligne de défense afin de prendre au piège les troupes d'élite de Montgomery. Rommel affirma à Stumme que si la bataille devait commencer au moment où il faisait sa cure en Allemagne, il y mettrait un terme aussitôt et retournerait en Afrique du Nord.

Sur le chemin du retour vers l'Allemagne, Rommel rencontra Mussolini. Le Duce, qui était devenu critique à son égard depuis l'échec de son offensive à El-Alamein, considérait en privé sa maladie comme étant de nature purement psychologique. Le 27 septembre, Ciano nota avec une joie maligne : « Mussolini est convaincu qu'il ne reviendra pas. Il le trouve anéanti physiquement et moralement[75]. »

À Berlin, Rommel était l'invité des Goebbels, qui lui avaient fait l'honneur de l'inviter dans leur maison pendant plusieurs jours. Chaque soir, la famille Goebbels l'écoutait « raconter ses expériences de combat en Afrique du Nord avec un suspense et un éclat de la description qui sont admirables[76] ». Peu à peu, il en vint à évoquer d'un ton méprisant des anecdotes sur la lâcheté des officiers italiens et leur désertion dès que des troupes australiennes ou néo-zélandaises faisaient leur apparition sur le champ de bataille. Il relata également comment il avait lui-même si souvent échappé à la mort ou à la captivité. Le ministre de la Propagande, qui savait comment flatter la vanité du feld-maréchal et l'encourager à poursuivre la lutte, lui montra les actualités de ses batailles victorieuses en Afrique du Nord. Sous les yeux des Goebbels, le « général de panzers » revécut alors avec émotion la prise de Tobrouk et la poursuite de la VIIIe armée jusqu'à El-Alamein. Goebbels nota dans son journal que ce stratagème s'était avéré un franc succès.

Le 30 septembre, Rommel se rendit à la Chancellerie du Reich où Hitler lui remit un coffret en cuir noir qui contenait son bâton de feld-maréchal incrusté de joyaux étincelants. Derrière Hitler se tenaient le feld-maréchal Keitel, son principal officier d'ordonnance, le major-général Schmundt, et quelques autres officiers du commandement suprême de la Wehrmacht. Derrière Rommel se tenait le lieutenant Berndt, son propre aide de camp, qui avait revêtu pour l'occasion son uniforme du parti nazi et non pas de celui de la Wehrmacht.

Après cette cérémonie, Hitler s'efforça de remonter le moral de son général préféré en lui présentant le prototype du char lourd Panzer VI (E), surnommé le Tigre I, un mastodonte de 56 tonnes armé d'un canon de 88 mm et protégé par un blindage avant de 100 mm, ainsi que celui du lance-roquettes à six tubes sur affût, appelé le Nebelwerfer 41 (littéralement « lance-brouillard »). Le Führer lui assura que le théâtre des opérations méditerranéen aurait la priorité des livraisons et que l'armée de panzers Afrika recevrait tous les renforts possibles.

Rommel expliqua à Hitler qu'il avait dû interrompre sa dernière offensive à El-Alamein en raison de la supériorité aérienne écrasante de l'ennemi. Il se lança ensuite dans une longue diatribe contre les Italiens. « Les Italiens sont un boulet que je traîne avec moi, dit-il. Ils ne servent à rien, à l'exception de la défense, et encore ! Ils ne servent à rien si l'infanterie britannique charge à la baïonnette. » Rommel était persuadé de la traîtrise italienne. Sans savoir trop comment, l'ennemi avait appris qu'il était malade. « Sans doute par Rome », affirma-t-il. Des officiers britanniques capturés, souligna-t-il, avaient d'ailleurs parlé d'un Italien qui aurait trahi son attaque-surprise à Alam-el-Halfa. Il raconta aussi le torpillage de tous les navires devant ravitailler son armée en carburant, en insistant sur le fait que des traîtres en Italie devaient certainement avoir signalé à l'ennemi l'itinéraire des convois[77].

À 18 heures, Rommel était l'invité d'honneur d'un grand rassemblement au Sportpalast de Berlin, l'ancien lieu de réunion des nationaux-socialistes de la capitale du Reich. Les actualités montraient Rommel en train de marcher jusqu'à la tribune devant des rangs serrés de représentants du parti nazi et de la Wehrmacht, être ensuite accueilli chaleureusement par Hitler, puis agiter son bâton de feld-maréchal et lever son bras avec un geste de la main ressemblant étrangement au salut nazi. Toutes les stations de radio du Reich diffusèrent le discours du Führer dans lequel il faisait l'éloge de Rommel. Ce dernier était alors au zénith de sa gloire.

En rendant honneur à Rommel, Hitler le proposait pour ainsi dire en exemple, comme l'homme qui représentait sa vision de la prochaine génération de généraux révolutionnaires. Rommel avait de l'imagination et un talent d'improvisateur. Il était aussi l'un de ceux qui s'engageaient à poursuivre inconditionnellement leurs objectifs, ce type de commandants dont Hitler disait manquer dans la Wehrmacht. Il donnait à l'événement un air de triomphe très utile alors que la campagne d'été sur le front de l'Est ne procurait pas la victoire escomptée[78].

Hitler était absolument convaincu de l'importance historique de Rommel. Après la capture de Tobrouk, il avait d'ailleurs averti un représentant du ministère des Affaires étrangères qu'il ne vaudrait pas la peine « d'envoyer un ministre plénipotentiaire en Égypte pendant l'occupation d'Alexandrie et du Caire. Rommel est un généralissime qui est couvert d'une telle gloire immortelle et qui est déjà considéré de façon générale comme l'une des plus extraordinaires figures de l'histoire militaire qu'il serait absurde pour le ministère des

Affaires étrangères de vouloir s'ingérer dans les affaires de là-bas[79] ».

Goebbels présenta Rommel aux journalistes internationaux rassemblés pour une conférence de presse au ministère de la Propagande à Berlin le matin du 3 octobre. Au vu de la situation délicate en Afrique du Nord, Goebbels avait organisé cette conférence de presse en vue de faire valoir Rommel auprès des journalistes du reste du monde essentiellement pour deux raisons. En braquant les feux de l'actualité sur Rommel, il espérait que le vent serait de nouveau à l'optimisme, une nécessité absolue à cette époque de la guerre où les opérations de la Wehrmacht n'aboutissaient à rien sur aucun front. En le présentant au public, il souhaitait par le fait même contrer les rumeurs selon lesquelles sa maladie serait grave, rumeurs qui s'étaient propagées rapidement après le décryptage d'un message radio émis à cet effet par les services de renseignements de l'ennemi[80].

Goebbels n'aurait pas pu organiser plus efficacement la présentation de Rommel aux représentants de la presse internationale. Dès qu'il fit son entrée dans la salle, tous les yeux furent aussitôt braqués sur lui. Le feld-maréchal s'arrêta alors délibérément et tourna symboliquement la poignée de la porte pendant que les caméras filmaient la scène. Puis, d'un ton à la fois calme et convaincu, il annonça triomphalement : « Aujourd'hui, nous sommes à 100 kilomètres d'Alexandrie et du Caire. Nous tenons à la main la porte de l'Égypte, et avons bien l'intention d'agir ! Nous n'avons pas fait tout ce chemin juste pour nous laisser de nouveau repousser tôt ou tard. Vous pouvez me croire sur parole : ce que nous tenons, nous ne le lâcherons pas[81]. »

Après cette mise en scène, Rommel fit un bref discours. Tous les journalistes furent impressionnés. Le représentant du *Svenska Dagbladet* présenta ainsi Rommel dans son article du lendemain non pas comme un sabreur, mais plutôt comme un commandant supérieur, intelligent, réfléchi et prudent. Grâce à sa détermination exceptionnelle et à ses qualités d'athlète, Rommel était capable de pousser ses hommes à réaliser de véritables exploits et à endurer toutes les souffrances imaginables auxquelles il était lui-même exposé dans ses fonctions de commandant en chef d'une armée.

Habituellement très sensible aux critiques d'après lesquelles il était un général téméraire, Rommel ne pouvait que se réjouir d'un tel article le qualifiant plutôt de commandant circonspect. À une question de Goebbels sur son style de commandement, il avait répondu qu'il ne se mettait évidemment pas en danger inutilement, mais que la guerre moderne exigeait d'un commandant qu'il soit au centre de l'action durant la phase décisive de la bataille. La raison en était que les secondes comptaient quand il s'agissait de prendre les mesures qui s'imposaient, c'est-à-dire de donner les ordres appropriés en fonction du déroulement des combats. Par cette réponse, Rommel critiquait subtilement non seulement le style de commandement de ses adversaires britanniques, mais aussi celui de ses camarades de l'OKH et de l'OKW[82].

La propagande présenta cette conférence de presse comme « une rencontre avec l'une des personnalités les plus importantes de notre temps ». Durant la période de questions, le feld-maréchal avait trouvé du plaisir à répondre aux journalistes étrangers, voire à leur riposter et à croiser le fer avec eux. Goebbels lui-même fut fasciné par son « objet » de propagande, racontant au sujet de Rommel que « ses mimiques et son apparence respiraient la grandeur d'une véritable personnalité[83] ».

Après la conférence de presse, Rommel quitta Berlin pour Vienne, puis pour le col de Semmering dans les Alpes autrichiennes, tout près de Wiener-Neustadt, où il devait faire sa cure. S'il était impatient de retrouver sa famille, il n'était cependant pas pleinement satisfait de ce qu'il avait accompli jusqu'ici dans la guerre. Sa réussite n'était tout simplement pas à la mesure de ses ambitions. Il n'aspirait donc pas seulement à se rendre maître de l'Égypte. Son désir de réussite était tel qu'il avait l'ambition de devenir le commandant en chef de l'armée de terre.

Des rumeurs selon lesquelles Hitler songeait de temps à autre à lui confier la charge de commandant en chef de l'armée de terre avaient circulé maintes fois durant la dernière année. Lorsqu'il avait relevé le feld-maréchal Brauchitsch de ses fonctions le 19 décembre 1941 à la suite de l'échec de l'opération « Barbarossa », Hitler n'avait alors pas jugé bon de le remplacer par un autre haut gradé de la Wehrmacht, préférant assumer lui-même cette responsabilité. Mais en s'emparant de Tobrouk le 21 juin 1942, Rommel avait apparemment consolidé sa position pour occuper ce poste. L'officier de liaison de la marine auprès de l'OKH rapporta à ce moment-là au haut commandement de la Kriegsmarine que l'affectation imminente de l'arriviste impopulaire dans les échelons supérieurs de la Wehrmacht au poste de commandant en chef de l'armée de terre n'était un secret pour personne.

Même Goebbels, dont la propagande avait fait de Rommel un véritable héros national en Allemagne, faisait pression pour qu'il fût nommé à la tête de l'OKH. Le 29 septembre 1942, il en glissa un mot à Hitler, lui soulignant en particulier les traits de caractère de Rommel. Goebbels cita dans son journal la réponse de Hitler : « Il est solide d'un point de vue idéologique. Non seulement il est proche de nous les nationaux-socialistes, mais il est un national-socialiste, un commandant de troupes ayant un talent d'improvisateur, naturellement courageux et extraordinairement inventif. C'est de ce genre de soldat que nous avons besoin. Rommel est le prochain commandant en chef de l'armée de terre[84]. »

9

LE MYTHE DE L'INVINCIBILITÉ

Le 24 octobre 1942, la convalescence de Rommel prit fin par un appel téléphonique de Hitler lui demandant de retourner d'urgence en Afrique du Nord afin de reprendre le commandement de l'armée de panzers Afrika. À 17 h 30, le lendemain, il atterrissait sur l'aérodrome de Qasaba, où l'attendait son Storch. Direction l'est, jusqu'à ce que l'obscurité le contraignît à se poser dans la région de Fouka et à poursuivre son chemin en voiture le long de la route côtière. À l'horizon, il pouvait apercevoir l'éclat des tirs d'artillerie et des explosions d'obus. À 23 h 25, arrivé à son quartier général, il envoyait à ses soldats un message radio : « J'ai pris de nouveau le commandement de l'armée. – Rommel[1]. »

Il était plus que temps de rassurer les troupes, tant les lignes de défense de l'armée de panzers Afrika avaient été entamées par les Anglais. Montgomery avait déclenché deux jours auparavant son offensive de grand style et réussi à enfoncer les positions de défense des forces de l'Axe dans le secteur nord. Le général Stumme, qui s'était rendu au front le matin du 24 octobre, tombé dans une embuscade, était mort d'une crise cardiaque. La situation pour le moins critique des troupes germano-italiennes expliquait la décision du Führer, alors qu'il avait envisagé jusque-là de confier à Rommel le commandement d'un groupe d'armées dans le sud de la Russie, après son rétablissement définitif[2].

Si les deux camps semblaient être à égalité avec chacun 8 divisions d'infanterie et 4 blindées, les effectifs de Rommel n'étaient pas au complet, à la différence de ceux de Montgomery. Par exemple, la 15e division de panzers comptait dans ses rangs seulement 3 294 hommes au lieu de 9 178. Outre les blessés et les nombreux malades, on l'a vu, la ration distribuée aux troupes germano-italiennes avait été réduite depuis des semaines de moitié en raison de l'insuffisance du ravitaillement. Durant les jours précédant l'attaque de Montgomery, elles n'avaient reçu aucun aliment gras ou légume frais. Au total, l'armée de panzers Afrika alignait à peine 90 000 hommes, tandis que Montgomery en avait 195 000.

La supériorité britannique était encore plus marquante en matière d'équipement. Rommel disposait de 234 chars allemands – dont seulement 28 Panzer IV – et 323 chars italiens. Montgomery lui opposait 1 029 chars – dont 422 du type Grant et Sherman, deux modèles américains qui rivalisaient avec le Panzer IV aussi bien pour le canon, la vitesse ou le blindage. Enfin, la Royal Air Force avait 1 500 appareils prêts à appuyer l'offensive, alors que les Allemands et les Italiens réunis n'avaient guère plus de 500 appareils disponibles[3].

Le harcèlement presque sans relâche des artères maritimes de ravitaillement des troupes de Rommel résultant de la renaissance de Malte avait porté un coup terrible à ses moyens logistiques. Au cours du mois de septembre, près d'un tiers des navires de ravitaillement des forces de l'Axe avaient été coulés en traversant la Méditerranée. Le mois suivant, l'obstruction était devenue encore plus grande et moins de la moitié du ravitaillement envoyé en Afrique du Nord y était parvenu. Les obus manquaient pour contrer le bombardement ennemi. Aucun pétrolier n'ayant atteint le continent africain au cours des semaines précédant l'offensive britannique, l'armée n'avait plus que 3 rations de carburant en réserve au début de la bataille, au lieu des 30 considérées comme un minimum. Cette pénurie de carburant gênait les manœuvres des forces mobiles de bien des façons, notamment en empêchant leur concentration rapide aux points d'attaque et en les immobilisant au fur et à mesure des combats.

Face à la supériorité écrasante des forces de l'ennemi, même un commandant de l'envergure de Rommel n'avait rien d'autre à leur opposer que sa réputation. Mais à quoi pouvait bien servir le mythe de son invincibilité contre un adversaire qui engageait dans la bataille deux fois plus de combattants, cinq fois plus de chars et quatre fois plus d'avions ? « La bataille d'El-Alamein fut perdue avant qu'elle ne soit livrée », déclara le général Hans Cramer, qui allait prendre le commandement de l'Afrikakorps à partir du 28 février 1943. « Rommel ne pouvait rien faire, ajouta pour sa part le colonel Bayerlein. Il prit le commandement d'une bataille dans laquelle toutes ses réserves étaient déjà engagées. Aucune décision majeure qui aurait pu changer le cours des événements n'était possible[4]. »

Au soir du 25 octobre, Rommel rencontra le général Wilhelm von Thoma, le nouveau commandant de l'Afrikakorps. À la tête de la 20e division de panzers, ce Bavarois avait pris part à la bataille de Moscou et aux combats consécutifs à la grande contre-offensive soviétique de l'hiver 1941-1942. Rommel le jugea aussitôt hautain, pédant et peu sympathique. Thoma lui fit un exposé de l'état de la situation. Rommel fut surpris d'apprendre que l'artillerie n'avait pas ouvert le feu sur les forces britanniques au moment où elles s'étaient concentrées. Thoma et Westphal lui expliquèrent que Stumme avait interdit un tel bombardement en raison de la pénurie d'obus. Rommel était d'avis qu'il s'agissait d'une grave erreur, l'ennemi ayant pu ainsi déborder les avant-postes et s'engager dans les champs de mines sans peine.

Selon Thoma, les Britanniques concentraient le gros des forces de leur attaque dans le Nord, et les pertes qu'ils avaient essuyées à cause des tirs d'artillerie de la 15e division de panzers les amenaient à manœuvrer avec circonspection. Leur intention était d'employer l'infanterie pour ouvrir une brèche dans les champs de mines, derrière un rideau de fumée, de sorte que les chars puissent s'y engouffrer. La nuit précédente, ils avaient capturé un terrain élevé, la cote 28, d'une hauteur suffisante pour servir de poste d'observation à l'artillerie.

Rommel était lui aussi convaincu que la principale tentative de percée de Montgomery se trouvait dans le secteur nord. Dans l'après-midi du 26 octobre, il y envoya ainsi ses réserves du secteur sud, incluant la 21e division de panzers et la majorité de son artillerie. C'était une entreprise risquée, car l'armée était tellement à court d'essence qu'il ne pourrait pas les faire revenir si sa certitude devait se révéler fausse. En fait, il avait pris la bonne décision et réussirait le lendemain, le 27 octobre, à contrecarrer tous les assauts de l'ennemi pour faire une percée au nord du front.

À 15 heures le même jour, il lança ses chars et son infanterie dans une attaque contre la cote 28. Elle échoua et laissa les troupes d'assaut à découvert en rase campagne, où elles furent exposées aux terribles attaques aériennes. Après avoir observé la bataille, Rommel revint dans son camion de commandement extrêmement déçu et écrivit à Lucie : « C'est une bataille très dure. Personne ne peut concevoir le fardeau que je porte sur mes épaules. Tout est encore en jeu et nous combattons avec les plus grands handicaps possibles. J'espère néanmoins que nous pourrons nous tirer d'embarras[5]. »

Rommel aurait pu reculer ses forces de plusieurs kilomètres afin qu'elles soient hors de portée de l'artillerie britannique, et ensuite attirer les chars de l'ennemi dans une bataille où l'appui aérien de la Royal Air Force n'aurait pas pu être aussi décisif pour cause d'éloignement de ses bases. Mais il n'avait tout simplement pas assez d'essence pour recourir à cette solution tactique.

Au matin du 28 octobre, c'était un homme fatigué et découragé qui écrivait de nouveau à son épouse : « La bataille fait rage. Peut-être allons-nous encore réussir à tenir bon malgré le fait que tout soit contre nous. Cela pourrait toutefois mal tourner, ce qui entraînerait de graves conséquences pour tout le cours de la guerre. L'Afrique du Nord tomberait alors en quelques jours et presque sans combat entre les mains des Britanniques. Nous ferons évidemment tout ce que nous pouvons pour tenir bon. Mais la supériorité de l'ennemi est écrasante et nos ressources sont très limitées. Dieu seul sait si je survivrai ou non à la défaite. Le sort du vaincu est toujours lourd à porter. Autant que je sache, j'ai fait tout mon possible pour remporter la victoire. En outre, je ne me suis jamais ménagé. Si je ne devais pas revenir, j'aimerais du fond de mon cœur vous remercier, toi et notre fils, pour votre amour et le bonheur que vous m'avez fait. J'ai réalisé à quel point vous comptez pour moi durant ces quelques brèves semaines passées ensemble. Mes dernières pensées seront pour toi. Après ma mort, tu devras porter fièrement le deuil. Dans quelques années, Manfred sera un homme et j'espère qu'il fera toujours honneur à notre famille[6]. »

Dans un esprit à peine plus optimiste, il envoya peu après un message à tous ses commandants. Il leur souligna que c'était un combat à mort, que les ordres devaient être exécutés sans discussion et que tous sans exception devaient se battre jusqu'au bout. « Tout soldat qui manque à son devoir ou désobéit doit être traduit en cour martiale, peu importe son rang. » Les commandants reçurent pour instructions de mémoriser cet ordre, puis de le détruire[7].

Rommel était certain que Montgomery s'apprêtait à faire une nouvelle tentative de percée. Ainsi décida-t-il de transférer davantage d'unités allemandes dans le secteur nord, ne laissant dans le secteur sud que de faibles formations germano-italiennes. Dans l'après-midi, il jeta un coup d'œil à une carte prise aux Anglais confirmant que Montgomery avait bel et bien l'intention de percer la principale ligne de défense près de l'extrémité nord du front, puis de tourner vers le nord jusqu'à la côte à El-Daba. Quand Rommel se rendit dans le secteur nord du front, il observa les troupes de l'ennemi se masser dans le saillant qui avait été enfoncé à grands frais dans les champs de mines allemands. À 21 heures, des tirs de barrage furent dirigés dans le secteur nord de la ligne de défense et une heure plus tard, la grande offensive était déclenchée.

Les troupes d'assaut qui s'élancèrent au nord de la cote 28 étaient celles de la IXe division australienne, celle-là même qui avait tenu l'Afrikakorps en échec devant Tobrouk en avril 1941. Comme Rommel l'avait prévu, cette attaque fut dirigée à travers les champs de mines en direction du Nord jusqu'à la côte. Déployé sur ce flanc, le 2e bataillon du 125e régiment de Panzer-Grenadier opposa aux Australiens une résistance farouche durant toute la nuit. Rommel eut le temps de ramener la 90e division légère et d'installer un rideau de canons antichars. À l'aube, l'attaque des Australiens avait été arrêtée dans les champs de mines, ce qui contraignit Montgomery à reconsidérer sa stratégie.

Rommel n'avait pas pour autant retrouvé le moral : « La situation est toujours très grave. Le temps que cette lettre arrive, le sort aura sans doute décidé si nous pouvons tenir bon ou non. Il ne me reste guère plus d'espoir. La nuit, je reste allongé les yeux grands ouverts, incapable de dormir, accablé par le poids qui pèse sur mes épaules. Dans la journée, je suis mort de fatigue. Qu'arrivera-t-il si les choses tournent mal ici ? Cette pensée me tourmente jour et nuit. Je ne vois aucun moyen d'en sortir si cela devait se produire[8]. »

Curieusement, l'atmosphère au quartier général de Montgomery était presque aussi lugubre. Après cinq jours et presque 10 000 tués et blessés, l'assaut frontal des Britanniques ne leur avait toujours pas procuré la percée stratégique recherchée. À Londres, Churchill exprima son mécontentement : « Pourquoi Montgomery nous a-t-il dit qu'il réussirait en sept jours, si tout ce qu'il a l'intention de faire est de livrer une bataille sans conviction ? N'avons-nous pas un seul général qui peut remporter une seule bataille[9] ? »

Une chose était claire dans l'esprit de Rommel : si son armée restait là, elle serait en grande partie encerclée puis forcément anéantie, car il ne pourrait jamais replier à temps sur de nouvelles positions l'équipement lourd et les unités d'infanterie italiennes largement non motorisées. En fait, même si ses troupes venaient tout juste de gagner un moment de répit, il considérait que la bataille d'El-Alamein, qui avait tourné à l'usure, était pour ainsi dire déjà perdue. Il l'avoua sans fard à Bayerlein : la supériorité numérique des Britanniques était considérable, à un point tel que l'usure, même si elle leur coûtait de plus lourdes pertes qu'aux Allemands, devrait nécessairement faire pencher la balance en leur faveur si le processus de destruction était appliqué avec une détermination inflexible. Du reste, il n'avait plus que 230 chars contre plus de 800. Pour comble, il apprit quatre heures plus tard qu'un pétrolier italien transportant 1 459 tonnes de carburant avait été envoyé par le fond à proximité de Tobrouk.

Dans ces circonstances, Rommel traça au crayon rouge sur sa carte une nouvelle ligne de défense qui passait à 100 kilomètres à l'ouest du champ de bataille. Au cours du déjeuner, il s'étendit sur son intention de préparer une ligne de défense à Fouka et d'y replier son armée en temps utile, maintenant que le secteur nord de la ligne d'El-Alamein n'était plus entre ses mains. Au milieu de l'après-midi, il donnait l'ordre à toutes les troupes non combattantes de se replier jusqu'à Mersa-Metruh, c'est-à-dire encore plus à l'ouest que Fouka. Ainsi commença furtivement la retraite de l'armée de panzers Afrika.

Il profita des deux journées suivantes de relative accalmie pour élaborer son plan de retraite. Il en vint même à croire qu'il allait après tout se sortir d'embarras. Le 30 octobre, un navire de ravitaillement italien arriva à bon port et déchargea 600 tonnes de carburant – une ration d'une journée. Le même jour, Kesselring surgit à son quartier général pour lui apporter la promesse d'un pont aérien de soutien : les escadrilles de la Luftwaffe commençaient à arriver du front russe. Rommel exprima son amertume à Lucie le 1er novembre : « Il est tragique que ce genre de soutien arrive seulement lorsque la situation est pratiquement sans espoir[10]. »

La veille, son commandant d'artillerie, le major-général Fritz Krausse, était revenu d'une inspection secrète de la ligne de Fouka. Il lui confirma que celle-ci était idéale pour la défense : ses fortes déclivités à son extrémité sud, c'est-à-dire au bout de la dépression de Kattara, faisaient qu'il serait impossible pour Montgomery de la déborder. Un horaire de retraite fut alors élaboré, et des positions provisoires sur la ligne furent attribuées sur la carte.

Dans la nuit du 1er au 2 novembre, Montgomery déclencha une nouvelle offensive de grande envergure. Vers 22 heures, 200 canons ouvrirent le feu sur un secteur étroit des défenses de Rommel. Après ces tirs de barrage, des vagues de bombardiers lourds déversèrent des tonnes de bombes sur ce même secteur et sur des objectifs à l'arrière. Le quartier général de l'Afrikakorps fut endommagé par une bombe : ses lignes de téléphone furent coupées, ses postes de radio détruits, et le général Thoma légèrement blessé

À 5 heures, Rommel se rendit au front pour savoir ce qui arrivait. Il y apprit qu'à 1 heure des formations blindées et d'infanterie britanniques avaient enfoncé les défenses à l'ouest de la cote 28 sur une largeur de 3 kilomètres et qu'elles poussaient à travers les champs de mines. La bataille faisait encore rage à l'aube, mais l'infanterie germano-italienne tenant ce secteur était surpassée en nombre et en puissance de feu par l'adversaire.

Au lever du soleil, Rommel découvrit des dizaines de chars britanniques en flammes dans les champs de mines ; mais derrière ces carcasses, des centaines d'autres chars se mettaient en ligne et attendaient le signal pour s'engouffrer dans la brèche. À 11 heures, Rommel reçut le message téléphonique auquel il s'attendait : des tanks avaient percé à deux ou à trois kilomètres au sud-ouest de la cote 28 et avançaient en direction de l'ouest. « Les choses ne vont pas très bien pour nous, écrivit-il alors à Lucie. L'ennemi nous déloge peu à peu de nos positions par la force. C'est la fin à coup sûr. Tu peux imaginer l'état d'esprit dans lequel je suis. Raid aérien après raid aérien[11]. »

À 13 h 30, ses services de renseignements interceptèrent un message radio de l'ennemi révélant que Montgomery avait donné pour instructions à ses unités blindées de tourner vers le nord-est en direction de la côte à Ghazal (à mi-chemin d'El-Daba) afin de couper les arrières des forces de l'Axe au nord de cette poussée. Rommel décida aussitôt de dégarnir l'aile sud de l'armée de panzers Afrika de ses dernières réserves pour renforcer celle du nord en ordonnant à la division blindée Ariete et au reste de son artillerie de marcher vers le nord en direction de Tell-el-Aqqaqir, qui était manifestement l'objectif de Montgomery.

Deux heures plus tard, Rommel se trouva contraint de retirer vers l'arrière son armée pendant la nuit. Il réserva sa décision jusqu'à ce que le général Thoma lui téléphone. Celui-ci brossa un tableau on ne peut plus sombre : l'Afrikakorps n'avait plus que 35 chars en état de marche et n'avait plus de réserves. Rommel en resta saisi. En même temps, cela ne fit que l'affermir dans sa résolution. Il déclara à Thoma : « Mon plan est que toute l'armée se retire à l'ouest en combattant. Les unités à pied se mettront en marche ce soir. Votre tâche dans l'Afrikakorps sera de tenir bon jusqu'à demain matin, puis de reculer en combattant, mais aussi lentement que possible pour donner à notre infanterie la chance de s'échapper. » À 19 heures, Rommel s'enquit de la situation en munitions et en essence : « Je n'ai même pas assez d'essence pour transporter les munitions d'El-Daba au champ de bataille[12] », lui répondit Krausse, son commandant d'artillerie. Vingt minutes plus tard, l'état-major de Rommel donnait l'ordre de retraiter.

Dans son message radio envoyé au quartier général du Führer à Rastenburg, en Prusse-Orientale, Rommel avait dissimulé la retraite en termes voilés : « Sous la pression d'un ennemi supérieur, l'armée se prépare à reculer pas à pas tout en combattant à partir du 3 novembre. Les divisions d'infanterie seront ramenées vers l'arrière durant la nuit du 2 au 3 novembre pour soutenir cette action[13]. »

La retraite était déjà largement entamée quand, au matin du 3 novembre, l'OKW finit par saisir la subtilité de ce message radio. Keitel en avisa Hitler qui, sidéré par cette tournure inattendue des événements en Égypte, dicta aussitôt un message radio à l'intention de Rommel qui lui prescrivait de tenir la position d'El-Alamein à tout prix. Il lui fit ainsi savoir que ses troupes se trouvaient désormais dans une situation où il n'était que deux partis possibles, la victoire ou la mort : « C'est avec une confiance inébranlable dans la valeur de votre commandement et dans le courage de vos troupes allemandes et italiennes que la nation allemande tout entière et moi-même suivons de près votre héroïque bataille défensive en Égypte. Dans votre situation du moment, il ne peut y avoir d'autres considérations que celle de tenir bon, de ne pas reculer d'un pas, et d'engager dans la bataille tous les combattants et tous les canons disponibles. Des renforts aériens considérables seront acheminés au cours des prochains jours au commandant en chef du Sud [Kesselring]. Le Duce et le Commando Supremo feront également tout leur possible pour vous munir des moyens qui vous permettront de poursuivre la lutte. Votre ennemi, en dépit de sa supériorité, est forcément à bout de forces. Ce ne sera d'ailleurs pas la première fois dans l'Histoire que la volonté aura finalement triomphé des forces supérieures d'un ennemi. Vous devez donc montrer à vos troupes l'unique chemin à suivre : celui qui conduit à la victoire ou à la mort. – Adolf Hitler[14]. »

À 11 h 5, Jodl téléphona le message personnel du Führer à l'adjudant-major de Rintelen à Rome. À 11 h 30, il était en route pour l'Égypte, encodé par Enigma. Peu après, il fut envoyé de toute urgence à Londres et Churchill, enfin de bonne humeur, s'écria : « Hitler a ordonné à ses troupes de choisir entre la victoire et la mort ! »

Rommel n'avait pas dormi de la nuit et son pessimisme s'était accentué : « La bataille tourne très mal pour nous. Nous sommes tout simplement écrasés par le poids de l'ennemi. J'ai fait une tentative pour sauver au moins une partie de l'armée. Je me demande même si elle réussira. La nuit, je garde un œil ouvert, me creusant la tête pour trouver un moyen de sortir mes troupes de cette situation critique. Nous faisons face à des jours difficiles, probablement les plus difficiles qu'un homme peut traverser. Les morts sont heureux, car pour eux tout est fini. Je pense constamment à toi, avec l'amour et la gratitude qui viennent du fond du cœur. Peut-être que tout ira encore bien et que nous pourrons nous voir de nouveau[15]. »

Il insista auprès de son état-major sur le fait que l'armée devait combattre sans arrêt jusqu'à ce qu'elle occupe sa nouvelle ligne de défense. Elle avait tout juste assez de carburant pour cela, ajouta-t-il. Puis, à 9 heures, il partit en voiture le long de la route côtière pour se rendre à son poste de commandement, laissant Westphal veiller au grain. Des photos le montrent se tenant debout péniblement dans sa Volkswagen décapotée, tunique froissée, tête baissée, visage morose.

Pendant ce temps, les Britanniques ne s'étaient toujours pas aperçus que les forces de l'Axe avaient commencé à décrocher. Ainsi, l'artillerie de Montgomery pilonnait encore les positions du Xe corps d'infanterie italien sur l'arête d'Himeimat qui avaient été abandonnées plusieurs heures auparavant. Mais à 11 h 30, un raid aérien de l'ennemi fut lancé contre la route côtière qui, à ce moment-là, était embouteillée de convois de camions allemands et italiens roulant pare-chocs contre pare-chocs.

Rommel passa le reste de la matinée à son poste de commandement. Bayerlein rapporta que l'Afrikakorps n'avait plus que 32 chars ; ceux-ci livraient un combat acharné contre l'ennemi dans un demi-cercle en plein désert faisant face à l'est tout près du chemin de Rahman. Le général Thoma lui dit au téléphone qu'il y avait environ 100 chars ennemis, y compris d'excellents Sherman, qui gisaient devant ses canons, ce qui prouvait que l'Afrikakorps ne se retirait pas sans se battre.

À 13 h 30, le major Elmar Warning, l'un de ses officiers d'état-major, monta dans l'autobus en tenant dans sa main un papier et le remit à Rommel. Le message radio de Hitler était arrivé. S'il obéissait à cet ordre, Rommel condamnait l'armée de panzers Afrika à l'anéantissement à brève échéance. En prenant connaissance du message radio du Führer, Rommel aurait prétendument déclaré à ses officiers subalternes que s'il tenait bon, il n'y aurait plus d'armée dans trois jours. En réalité, rapporta plus tard Bayerlein, il se montra hésitant. Pour la première fois, il était déchiré entre sa loyauté inconditionnelle envers le Führer et les réalités du champ de bataille. Après une courte réflexion et en dépit des protestations véhémentes de Thoma, qui était résolu à se replier, il opta pour l'obéissance à son chef suprême.

Dans ses souvenirs de guerre, il s'en expliqua : « Cet ordre demandait l'impossible. Même le soldat le plus dévoué peut être tué par une bombe. Malgré nos rapports sans fard sur la situation, on ne semblait pas réaliser au quartier général du Führer où en étaient réellement les choses en Afrique. Des armes, de l'essence et des avions auraient pu nous aider, mais pas des ordres. Nous étions complètement stupéfaits et pour la première fois durant la campagne africaine, je ne savais pas quoi faire. Une sorte d'apathie s'était emparée de nous alors que nous donnions des ordres pour tenir bon toutes les positions actuelles conformément aux instructions de la plus haute autorité. Comme j'ai toujours exigé de mes soldats une obéissance aveugle, je me suis donc imposé à moi-même la fidélité à ce principe au nom duquel je me suis soumis à la décision du Führer[16]. » Contre son gré, il interrompit ainsi la retraite de ses troupes.

L'état-major de Rommel, tout particulièrement Bayerlein, s'éleva contre cette décision. Mais le feld-maréchal n'avait pas encore appris à désobéir à un ordre spécifique du Führer, celui-ci ne s'étant jamais auparavant immiscé dans la conduite opérationnelle ou tactique de la guerre sur le continent africain. D'autres heures précieuses s'écoulèrent avant que Rommel n'envoyât un message radio à Hitler dans lequel il dressait un état de la situation extrêmement critique. Il y indiquait que les pertes allemandes s'élevaient jusqu'ici à environ 50 % dans les unités antichars, de génie et d'infanterie, et à environ 40 % dans celles de l'artillerie. Il signalait aussi que l'Afrikakorps n'avait plus que 24 chars en état de marche et que les divisions Ariete et Littorio du XXe corps motorisé italien avaient été pratiquement anéanties.

Pour faire valoir son point de vue, il ordonna au lieutenant Berndt, son aide de camp, de s'envoler pour la Prusse-Orientale afin de persuader Hitler de révoquer son ordre désastreux. Berndt, membre du parti, aurait peut-être plus de chances d'avoir l'oreille du Führer qu'un officier d'état-major de l'armée. Il lui confia également une enveloppe qu'il devait remettre en mains propres à Lucie, son avion devant atterrir à Wiener-Neustadt en cours de route. Dans l'enveloppe, il y avait tout l'argent que Rommel avait mis de côté (25 000 lires italiennes) et une lettre qui exprimait un amer défaitisme : « Je ne crois plus ou j'ai peine à croire à une issue heureuse. [...] Dieu seul sait ce qu'il adviendra de nous. Adieu, à toi et à Manfred [...][17]. »

L'ironie de l'histoire, c'est que tout était calme sur le front depuis plusieurs heures. Si Rommel n'avait tenu aucun compte de l'ordre de Hitler, le gros de son armée aurait déjà été à ce moment-là bien installé sur sa nouvelle ligne de défense.

À 7 h 25 le 4 novembre, Kesselring arriva au quartier général de l'armée de panzers Afrika et insista sur la nécessité d'obéir à l'ordre de Hitler en le justifiant ainsi : « La réflexion du Führer est bien sûr guidée par la campagne de Russie, et son expérience dans celle-ci lui a appris que s'accrocher avec opiniâtreté à des positions existantes et bien fortifiées a toujours été la meilleure chose à faire. » Mais quand il apprit de Rommel que l'Afrikakorps n'avait désormais plus que 22 chars, Kesselring changea brusquement d'opinion : « Je serais enclin à considérer le message radio de Hitler comme un appel plutôt que comme un ordre ferme. » Rommel n'était pas du même avis : « Je considère la directive du Führer comme absolument ferme. » Kesselring tenta de le persuader du contraire : « Vous devez agir comme le réclame la situation. Le Führer ne peut certainement pas avoir eu l'intention que votre armée périsse ici. » Rommel se plaignit de la tournure des événements : « C'est arrivé comme un coup de tonnerre dans un ciel bleu. J'ai toujours pensé que le Führer avait confiance en moi. » Il entendait bien replier ses troupes tout en livrant des combats retardateurs, « mais seulement si Hitler modifie expressément son ordre ». Kesselring lui conseilla de joindre immédiatement Hitler par radio : « Dites-lui qu'avec vos forces décimées et infiniment surpassées en nombre, la ligne ne peut pas être tenue et que la seule chance de conserver au moins une partie de l'Afrique réside dans une retraite impliquant des combats retardateurs[18]. »

Rommel envoya effectivement un tel télégramme à Hitler. En attendant, pendant plusieurs heures, il exigea qu'on tienne à tout prix. Lorsqu'on l'informa que les divisions Trento et Bologna avaient pris la fuite, il ordonna aux officiers italiens d'obliger leurs troupes à retourner se battre. La reconnaissance aérienne découvrant que le Xe corps d'infanterie décrochait également, il répéta l'ordre de ne pas lâcher pied, puis à nouveau, au XXe corps motorisé. À ce moment-là, il s'était rendu en voiture jusqu'au poste de commandement de l'Afrikakorps installé dans une tranchée-abri près d'une dune. De là, il pouvait voir les énormes nuages de poussière qui s'amoncelaient dans le ciel au sud et au sud-est, où les derniers chars d'Ariete étaient à l'agonie.

À 12 h 55, Bayerlein arriva dans la tranchée-abri. Il raconta à Rommel que Thoma, après avoir qualifié l'ordre du Führer de pure folie, avait revêtu un uniforme neuf orné de toutes ses décorations, et était parti dans un char pour le front. Bayerlein s'y était rendu en voiture une heure plus tard et y avait trouvé un cimetière de soldats morts, de chars calcinés et de débris de canons antichars. À deux cents mètres de lui, il avait aperçu le général, le visage émacié, se tenant debout à côté de son char incendié, pendant qu'une patrouille ennemie convergeait sur lui. Rommel et Westphal n'eurent aucun doute : Thoma avait délibérément déserté. Westphal s'écria alors : « Pour l'amour du ciel, Bayerlein, gardez cela pour vous, sinon toute la famille de Thoma en subira les conséquences. » Peu après, les services de renseignements de Rommel interceptèrent un message radio d'une unité britannique annonçant : « Nous avons capturé un général allemand. Il dit qu'il est von Thoma. »

Montgomery avait toujours eu de l'estime pour les braves, et il n'y avait pas plus courageux que Thoma. Cet officier décoré de la Pour le Mérite avait en effet été blessé à quatorze reprises au cours de sa brillante carrière militaire. Montgomery l'invita donc à dîner le soir même, et tous deux s'entendirent à merveille. Thoma devait admettre plus tard avoir été absolument stupéfait d'apprendre que Montgomery « semblait en connaître autant sur nos positions que moi-même ». Chacun invita l'autre à venir lui rendre visite à son domicile après la guerre. Mais certaines agences d'information britanniques cherchèrent à mettre

Montgomery dans l'embarras en rapportant cette affaire et en se déclarant outrées que le commandant en chef de la VIIIe armée veuille divertir un général « nazi ». Churchill, loin d'être scandalisé, eut le mot de la fin : « Pauvre von Thoma, moi aussi j'ai dîné avec Montgomery[19] ! »

À 15 h 30 en cet après-midi du 4 novembre, l'état-major de Rommel capta le dernier message radio d'Ariete. Cette courageuse division blindée italienne s'était battue jusqu'à sa destruction. Une brèche d'une largeur de 20 kilomètres était désormais ouverte dans le dispositif défensif de l'Axe. Dans la foulée, le XXe corps motorisé italien fut complètement anéanti. Pour l'occasion, Rommel daigna enfin reconnaître le courage des soldats italiens : « La destruction de l'Ariete signifiait la perte de nos plus anciens camarades de combat italiens », écrivit-il plus tard, en ajoutant quand même une pique : « Nous leur avons probablement toujours demandé plus d'efforts qu'ils ne pouvaient en fournir avec leur armement défectueux[20]. »

Au risque d'être traduit en cour martiale pour désobéissance, Rommel décida de sauver ce qui subsistait de son armée et de battre en retraite jusqu'à Fouka. Conscient qu'il ne pouvait pas attendre plus longtemps une réponse de Hitler, il donna l'ordre à ses troupes de décrocher. Ses 70 000 hommes amorcèrent alors une odyssée de 3 300 kilomètres vers l'ouest. À 20 h 50, Hitler envoya à Rommel un message radio, qui ne lui parviendrait que le lendemain, dans lequel il donnait à regret son consentement à un repli sur la position de Fouka : « Étant donné la tournure des événements, j'approuve votre décision[21]. »

Dans l'adversité d'une telle retraite, Rommel se montra à nouveau un virtuose de la guerre de mouvement. Défaillant de fatigue, il mena les opérations avec brio et replia ses troupes germano-italiennes à travers le désert nord-africain en longeant la côte méditerranéenne. Les colonnes s'étiraient sur plus de 100 kilomètres et s'exposaient à des attaques aériennes. Pendant des jours, le mouvement de repli fut entièrement arrêté par le manque de carburant, contraignant les troupes aguerries de Rommel, harassées et mourant de soif et de faim, à livrer de durs combats d'arrière-garde. Au bout de trois mois, les collines et les forêts vertes de la Tunisie apparurent devant Rommel, qui avait de plus en plus la nostalgie de sa Souabe natale. « Votre retraite a été un véritable chef-d'œuvre, feld-maréchal ! » le félicita Mussolini[22].

Pourtant, Rommel commit une fois de plus l'erreur de surestimer les forces de l'ennemi. Il adressa ainsi avec frénésie de nombreuses requêtes pour obtenir des renforts sans se rendre compte du lien entre ses messages radio encodés par Enigma et le torpillage des navires de ravitaillement italiens. Il entra alors en conflit comme jamais auparavant avec la Luftwaffe et le Commando Supremo, blâmant leur incapacité à protéger les voies de communication. Pour leur part, les Italiens l'accusaient de sacrifier délibérément leurs divisions d'infanterie pour sauver uniquement les unités blindées et motorisées allemandes. Ils le soupçonnaient en même temps de préparer secrètement le retrait de ses troupes d'Afrique du Nord.

Le commandement suprême de la Wehrmacht lui reprochait son insubordination, son obstination et son défaitisme. Si Rommel rejetait ces allégations, ses lettres personnelles et confidentielles trahissaient pourtant un état affectif profondément troublé : « Nos efforts sur ce théâtre des opérations n'ont servi à rien. J'ai fait des efforts surhumains, c'est tout à fait vrai. Mais que tout cela se termine ainsi est vraiment décevant[23]. » Deux jours plus tard, il écrivit cette fois : « Je ne sais pas ce qui adviendra de la guerre si nous perdons l'Afrique du Nord. Comment prendra-t-elle fin ? Je souhaite juste me défaire de cette terrible pensée[24]. » Le 11 décembre, il n'était guère plus optimiste, écrivant à Lucie : « Je me demande si tu ne pourrais pas m'envoyer par la poste un dictionnaire anglais-allemand. Il pourrait me rendre service[25]. »

Une semaine s'écoula avant que la nouvelle de la retraite de l'armée de panzers Afrika fût officiellement annoncée en Allemagne. À ce moment-là, le « Renard du désert » avait déjà esquivé les premiers traquenards que Montgomery lui avait tendus, exploitant les excès de prudence, les hésitations, la lenteur de mouvement et les manœuvres étriquées de la VIIIe armée. Il repliait ses troupes à une telle vitesse que chaque fois que Montgomery tentait une manœuvre de débordement et d'encerclement, les Britanniques atteignaient la route côtière pour s'apercevoir que les colonnes germano-italiennes en retraite les avaient dépassées.

Rommel avait échappé aux coups de griffe de Montgomery, mais il était trop faible pour établir une nouvelle ligne de défense sur la frontière ou plus loin en Cyrénaïque. Au cours des récents combats, il avait essuyé de telles pertes que les effectifs de son armée étaient désormais négligeables[26]. Le Xe corps d'infanterie italien avait été abandonné à son triste sort sur la ligne d'El-Alamein sans camions, carburant ou eau ; le XXIe corps d'infanterie italien et le XXe corps motorisé italien également. L'Afrikakorps ne disposait plus que d'une douzaine de chars et d'un seul régiment. La 90e division légère était réduite à environ un bataillon et demi, tandis que seulement un tiers de la 164e division légère avait survécu à la bataille. Au total, 33 000 hommes avaient été tués, blessés, capturés ou étaient portés disparus

En Allemagne, le service de sécurité de la SS jugeait qu'il était inutile de déboulonner le « monument d'invincibilité ». Le 5 novembre, le chef de presse du Reich recommanda de toute urgence aux journalistes et aux correspondants de guerre de faire preuve de retenue dans le traitement des combats. Il leur conseilla de passer sous silence les communiqués officiels britanniques. Le lendemain, il interdit par décret « en ces jours critiques la divulgation de la moindre trace de pessimisme ». Il exprima aussi l'espoir que « le feld-maréchal Rommel se rendra[it] encore maître de la situation, comme si souvent par le passé[27] ».

En pratique, on put lire des articles de ce genre : « Pour les Arabes tunisiens, qui sont fatalistes et ne croient pas à la coïncidence, il n'y a donc aucun doute – Rommel, le Sable, le maître du désert tout-puissant, peut seulement remporter la victoire. Le nom éponyme de Rommel, qui permet de beaux élans de fantaisie, vient corroborer la pensée imagée de ces gens. Dans une certaine mesure, l'Arabe connaît "Rommel" et sa puissance depuis des milliers d'années. C'est maintenant Rommel qui tient le désastre à distance de la Tunisie et apporte la liberté au grand pays frère, l'Égypte. » Et ce n'était pas fini. De grand conquérant, Rommel devait devenir désormais, pour le peuple allemand, le rempart du Reich : « Tant que Rommel reste en Afrique, rien ne peut nous arriver[28]. » Cette formule allait revenir à plusieurs reprises dans les mois suivants.

En route vers la frontière libyenne, Rommel fut rejoint par Berndt, qui lui rapporta la teneur de son entrevue avec Hitler, le 4 novembre : « La seule chose qui importe est d'établir un nouveau front quelque part en Afrique. Où précisément, c'est sans importance. » Le Führer avait également promis de livrer à l'armée de panzers Afrika toute la production initiale de la plus récente version du canon antiaérien de 88 mm ainsi que la première douzaine du tout nouveau Panzer VI (E) (ou Tigre I).

Ces propos réconfortèrent Rommel. Une heure exactement. Jusqu'à ce qu'il apprenne, en ce 8 novembre, qu'un convoi d'une centaine de navires venait tout juste de débarquer plus de 100 000 soldats américains et anglais sur les plages marocaines et algériennes. Rommel se rendait compte de la menace qui pesait désormais sur ses arrières ; il lui paraissait d'autant plus nécessaire de se retirer rapidement d'Afrique du Nord. Il ordonna alors à Berndt de s'envoler de nouveau pour le Reich et lui confia la mission de dévoiler à Hitler son intention de tenir temporairement une position sur la côte de la Cyrénaïque afin de permettre l'évacuation par mer et par air de ses troupes.

Berndt rencontra Hitler à Munich le 12 novembre, mais celui-ci rejeta catégoriquement l'idée d'abandonner l'Afrique du Nord, une opération qui selon lui pourrait mener à la chute de Mussolini. Et une Italie non fasciste présenterait un danger majeur pour le Reich. Il était donc déterminé à ne pas laisser les troupes anglo-américaines exploiter leur invasion de l'Afrique du Nord. D'ailleurs, le 10 novembre, les premières troupes débarquaient par avion en Tunisie pour y établir une nouvelle tête de pont sous le commandement du général Nehring.

À son retour le 13 novembre, Berndt essaya de redonner du courage au feld-maréchal, en lui lisant cette lettre que lui avait dictée le Führer : « Je suis absolument convaincu que votre feld-maréchal et son armée ont fait tout leur possible à El-Alamein et que la conduite des opérations est sans reproche. En outre, je me suis persuadé que le repli de l'armée de panzers sur la ligne de Fouka a été planifié seulement après que tout le secteur nord de la ligne d'El-Alamein fut déjà entre les mains de l'ennemi. » Mais Rommel interpréta plutôt ces mots comme des réprimandes exprimées en termes voilés.

Rommel avait déjà abandonné la passe d'Halfaya et même

Tobrouk sans combat le 12 novembre. En fait, il n'avait ni troupes à mettre en garnison ni navires ou avions pour ravitailler la forteresse. Sa retraite fut interrompue pendant deux jours à cause de pluies diluviennes et du manque de carburant, avec le nouveau torpillage de deux navires transportant 500 et 4 000 tonnes d'essence. Kesselring fit alors le nécessaire pour lui en acheminer 80 tonnes par pont aérien, après quoi il put se retirer de Benghazi le 19 novembre, pour s'arrêter de nouveau, faute de carburant toujours. Ce ne fut que le 23 novembre qu'il put repartir, un pétrolier italien avec 1 200 tonnes d'essence ayant jeté l'ancre quelques jours auparavant dans le port de Tripoli. Il se replia alors d'Agedabia à Mersa-el-Brega, qui offrait *a priori* l'une des meilleures positions de défense sur la côte.

Rommel inspecta les lieux et conclut qu'il serait presque impossible de défendre cette nouvelle position. Il était donc impatient de se mettre de nouveau en marche vers l'ouest. Mais Mussolini lui avait donné l'ordre de défendre Mersa-el-Brega à n'importe quel prix et Hitler l'appuyait, afin d'empêcher les Britanniques d'entrer en Tripolitaine. D'un point de vue tactique, Rommel avait raison. La ligne de défense de Mersa-el-Brega était longue de 160 kilomètres, soit deux fois et demie la longueur de celle d'El-Alamein. Il n'avait ni l'essence ni les forces mobiles pour contrer une manœuvre de débordement de l'ennemi. Et seulement 32 000 mines. Il y avait bien pis : ses troupes avaient perdu la plupart de leurs armes lourdes et de leurs canons antichars. Derrière son armée, la grande route du désert jusqu'au port de Bouerat s'étendait sur 400 kilomètres et le ravitaillement en vivres, en munitions et en essence devrait être transporté à travers cette vaste étendue désertique aride. Selon lui, il valait mieux infliger plutôt à Montgomery cet étirement de 400 kilomètres en se repliant sur la position de Bouerat, voire jusqu'à celle d'Homs, qui était presque au seuil de Tripoli, et d'y résister pied à pied.

Pour exposer ses arguments, Rommel envoya le général Giuseppe de Stefanis, le commandant du XXe corps motorisé, à Rome. Cavallero refusa catégoriquement de lui donner carte blanche, et Keitel lui confirma l'ordre du Führer de tenir à tout prix en lui promettant des renforts en chars et en canons antichars. Pour renforcer cette exigence irréaliste, le chef de l'OKW le plaça de nouveau sous les ordres de Bastico, comme il l'avait été avant l'entrée en Égypte.

Pour Rommel, il était pourtant évident que la chance avait définitivement tourné en Afrique du Nord. Il était illusoire d'espérer que l'armée de panzers Afrika pût être reconstituée dans des proportions comparables à celles de la VIIIe armée, tandis que ses arrières étaient maintenant mis en péril par l'avance de la Ire armée anglo-américaine du Maroc et d'Algérie en direction de la Tunisie. Lorsqu'il rencontra Bastico le 22 novembre, il lui déclara sans ambages que l'ordre de résister jusqu'au bout à Mersa-el-Brega signifiait la destruction certaine de son armée : « Ou bien nous perdons la position quatre jours plus tôt et nous sauvons l'armée ou bien nous perdons à la fois la position et l'armée quatre jours plus tard[29]. »

Une conférence de trois heures entre Rommel, Kesselring, Cavellero et Bastico eut lieu à l'Arco dei Fileni le 24 novembre. Rommel était d'humeur noire, ratiocinant entre son jugement stratégique et l'obéissance affichée aux ordres. Il tint à mentionner que malgré l'arrivée récente de renforts, il n'avait que 35 chars et 57 canons antichars, tandis que Montgomery disposait de plus de 420 chars et de 300 véhicules blindés. « Si cette ligne de Mersa-el-Brega est perdue, il ne sera pas possible d'organiser une quelconque résistance devant Tripoli », souligna-t-il. Kesselring s'efforça de lui remonter le moral, essayant le truc habituel de la flatterie : « Nous sommes tous en admiration devant votre retraite amorcée à El-Alamein. Le fait d'avoir replié une armée le long d'une seule grande route sur une distance de plus de 1 300 kilomètres, et cela sans que l'ennemi ait été capable de vous en empêcher, est certainement unique dans l'histoire de cette guerre ! » Mais Rommel l'interrompit : « Qu'est-ce que je suis censé faire si l'ennemi fixe mon armée sur ce front dans un jour ou deux, puis me déborde avec de puissantes forces[30] ? » Il n'obtint aucune réponse.

Dans la soirée du 25 novembre, au cours d'une séance de cinéma donnée au quartier général, les actualités furent un calvaire pour lui. On y voyait Rommel à la conférence de presse du 3 octobre précédent. Lorsque celui-ci regarda la scène au cours de laquelle il tournait symboliquement la poignée de porte en annonçant triomphalement qu'il tenait à la main la porte de toute l'Égypte, il rougit de honte. Et comme des rires sardoniques étouffaient la bande sonore, il réalisa que ces mêmes rires devaient avoir forcément retenti dans des milliers de cinémas à travers le Reich. Son nom serait-il devenu un sujet de moquerie ? se demandait-il.

Le lendemain, il reçut un message radio de Bastico selon lequel Mussolini s'attendait maintenant à ce que l'armée de panzers Afrika lance des contre-attaques limitées sur les avant-gardes de la VIIIe armée. En aucun cas, insistait Mussolini, elle ne pouvait se replier sans son autorisation formelle ou celle de Bastico. Malgré ces nouvelles directives du Duce, qui ne pouvait manifestement pas supporter de voir s'effondrer l'Empire italien en Afrique, Rommel enjoignit au général Navarini de préparer la retraite stratégique de son armée de Mersa-el-Brega à Bouerat.

Il confia ensuite temporairement le commandement de l'armée de panzers Afrika au général Gustav Fehn, qui remplaçait Thoma, et s'envola pour le quartier général du Führer, à 2 500 kilomètres de la Libye, sans en informer préalablement Bastico. Lorsqu'il atterrit à l'aérodrome de Rastenburg peu après 15 heures, Keitel et Jodl l'accueillirent froidement et lui demandèrent sans détour la raison pour laquelle il voulait rencontrer le Führer. Un silence accueillit son entrée dans la salle de conférences vers 17 heures et Hitler lui déclara aussitôt d'un ton glacial : « Comment osez-vous quittez votre commandement sans mon autorisation ? »

Rommel ignorait à ce moment-là que Hitler avait des affaires plus importantes en tête que le théâtre des opérations nord-africain. Sur le front russe, la 6e armée du colonel-général Paulus avait été complètement encerclée à Stalingrad quatre jours auparavant. L'approvisionnement de la 6e armée par la voie des airs et la planification d'une contre-attaque sous le commandement du feld-maréchal Manstein pour rompre le siège retenaient toute l'attention du Führer. Dans ces circonstances, l'arrivée à l'improviste de Rommel exaspéra Hitler. Mais le feld-maréchal était déterminé à lui faire part en personne du danger que couraient ses troupes sur le continent africain : « La situation en Afrique du Nord exige que je vous l'expose bien clairement en personne et que je vous donne mon opinion sur ce qui va probablement se passer à partir de maintenant[31]. »

Il lui expliqua que compte tenu de la situation du ravitaillement, de la supériorité aérienne de l'ennemi et de la manœuvre en tenaille de la VIIIe armée à l'est et de la Ire armée anglo-américaine à l'ouest, il n'y avait qu'une seule possibilité : évacuer l'Afrique du Nord, sauver le gros de l'équipement et tenir en réserve les unités en état de combattre pour le conflit en sol européen. Hitler perdit tout contrôle de soi et, en présence des autres officiers de l'OKW, se mit à l'injurier. Rommel fit alors l'expérience de ce qui était déjà arrivé à de nombreux généraux. Dans une fureur noire, Hitler lui cria : « Vous suggérez exactement la même chose que mes généraux en Russie à l'hiver 1941-1942. Ils voulaient se retirer sur la frontière allemande. J'ai refusé d'autoriser une telle retraite et les événements m'ont donné raison. Je n'en autoriserai pas une non plus en Afrique. Il y a des raisons politiques qui nous obligent à retenir une tête de pont en Afrique du Nord. Si nous ne le faisons pas, il y aura des répercussions extrêmement graves sur l'Italie. Il n'est donc pas question d'abandonner la Tripolitaine[32]. »

Rommel riposta en lui signalant que son armée était vouée à la destruction complète si elle n'était pas évacuée à temps d'Afrique du Nord. Mais comme Hitler recommençait à l'accabler d'injures, Rommel lui répondit avec impertinence : « Vous feriez mieux de venir vous-même en Afrique, *mein Führer*, et montrer à mes hommes comment se défendre avec des fusils contre des chars britanniques[33]. » C'en était trop pour Hitler, qui le mit alors à la porte de la salle de conférences. Rommel était sidéré et quitta la pièce comme « un caniche noyé », écrivit plus tard Heinz Linge, l'officier de service du Führer[34]. Mais d'un pas rapide, Hitler rejoignit Rommel et lui marmonna des excuses : « Nous avons probablement tous les nerfs un peu tendus[35]. » La conférence put se poursuivre et Hitler, sans toutefois revenir sur sa décision, promit à Rommel de lui envoyer des troupes et du matériel en renfort.

Force est de constater que Rommel avait eu le courage de ses opinions, ce qui n'était pas une mince affaire pour quelqu'un qui avait toujours voué un culte à Hitler. En cela, il se distinguait de la plupart des officiers supérieurs, qui n'osaient pas prendre leur courage à deux mains et soutenir une opinion différente de celle exprimée par le Führer. Selon les proches de

Rommel, il changea peu à peu d'attitude à l'égard de Hitler à partir de cet épisode. Perdre le contrôle de soi et manquer de perspicacité, cela n'était pas digne du type d'homme d'État responsable que Rommel voulait voir diriger l'Allemagne : « Je commençais à réaliser qu'Adolf Hitler refusait tout simplement de voir la situation comme elle était véritablement et qu'il réagissait émotionnellement contre ce que son intelligence aurait dû lui montrer comme juste[36]. » Ce traumatisme ajoutait à sa mélancolie ; il déclara à Lucie, qui était venue le rejoindre le lendemain à la gare de Munich : « Ils ne voient pas le danger, et ils ne veulent pas le voir. Mais il arrive sur nous à grands pas. Ce danger s'appelle effondrement[37]. » Mais comme c'était dans sa nature de soldat d'obéir à son chef et de lui témoigner une loyauté à toute épreuve, Rommel obtempéra.

À 20 heures, après que Hitler lui eut promis des renforts, Rommel fut raccompagné jusqu'à la sortie du quartier général du Führer et se retrouva dans le luxueux train de Göring à destination de Rome. Pendant les deux jours suivants, il assista au spectacle du feld-maréchal du Reich paradant dans son uniforme gris perle, exhibant ses bagues incrustées de joyaux ou parlant à n'en plus finir de sa grandiose collection de peintures et de sculptures. Sa vanité était telle que cet ancien as de l'aviation de la Première Guerre mondiale bombait le torse pour montrer avec ostentation sa rangée de médailles, en particulier sa Pour le Mérite et sa grand-croix de l'ordre de la Croix de fer.

Pendant que le général à six étoiles se donnait en spectacle, Rommel conçut un nouveau plan pour rendre plus acceptable la perte inéluctable de la Libye. Il envisageait de se replier non pas à Bouerat ou à Tripoli, mais en Tunisie, où il pourrait joindre son armée de panzers aux nouvelles forces du général Nehring et lancer une attaque-surprise à l'ouest contre les troupes américaines non aguerries. Pour cela, il proposait de se retrancher sur la ligne de Mareth, construite avant la guerre par les Français derrière la frontière entre la Libye et la Tunisie. Elle était bien protégée au sud et à l'ouest par des marais salants. En outre, les principaux ports, ceux de Tunis et de Bizerte en particulier, étaient beaucoup plus près de l'Italie que ceux de la Libye. Et le pays était également plus riche en denrées alimentaires que son voisin oriental. Rommel et Nehring pourraient ainsi lancer une offensive combinée en Algérie et au Maroc.

Ce plan, Berndt fut chargé d'en glisser un mot à l'oreille de Göring, qui, contre toute attente, fut enthousiasmé. Il est vrai que Berndt lui avait fait miroiter tous les avantages que le Reich pourrait en tirer, notamment au point de vue de la propagande : « La retraite d'El-Alamein apparaîtra soudainement sous un jour nouveau, comme un mouvement astucieux conçu pour concentrer une force en Tunisie. Cela fera sensation dans le monde quand Rommel passera brusquement à l'offensive en Tunisie[38]. »

Lorsque le train arriva à Rome, il en parla également à Kesselring. Mais celui-ci le tourna en dérision, n'y voyant qu'une ruse de plus de Rommel pour prolonger sa retraite. À ses yeux, Rommel n'était plus à la hauteur des circonstances et il l'accusa de résistance passive et d'insubordination. Il essaya de lui faire comprendre que chaque nouveau repli rapprochait davantage les aérodromes de l'ennemi des bases de la Luftwaffe. Il s'ensuivit un débat houleux entre les deux hommes qui se poursuivit pendant la conférence de l'après-midi avec Mussolini et durant celle du lendemain avec les généraux italiens. Le 1er décembre, le Duce trouva un compromis : Rommel pourrait de nouveau se replier, mais jusqu'à Bouerat seulement, à environ 300 kilomètres à l'est de Tripoli, et s'il avait la certitude que Montgomery était sur le point d'attaquer à Mersa-el-Brega.

Göring changea brusquement de ton lors du déjeuner, à l'hôtel Excelsior, Via Veneto : « Durant le déjeuner, raconta Milch, présent ce jour-là, Göring a insulté Rommel qui en a été profondément blessé. Rommel m'a demandé par la suite de monter à sa chambre, dans laquelle j'ai passé plusieurs heures à le consoler. Il était tellement à bout de nerfs qu'il s'est mis à pleurer sur mon épaule droite pendant un long moment. Puis mes paroles réconfortantes ont fini par le consoler. Il ne pouvait tout simplement pas se remettre du fait que Hitler avait perdu confiance en son commandement[39]. »

C'était précisément ce qui avait motivé l'esclandre de Göring. D'ailleurs celui-ci expédia un télégramme à Hitler dans lequel il faisait part de ses doutes sur les facultés de Rommel. Après lecture, Hitler se tourna vers Jodl, son chef des opérations à l'OKW, et s'exclama : « Il dit que Rommel a absolument perdu le contrôle de lui-même. » Hitler en arriva à la conclusion que Rommel était devenu « le plus grand pessimiste » et en tira la leçon suivante : « On ne peut pas laisser un homme trop longtemps dans un poste à responsabilités très importantes. Cela ne peut manquer de le démoraliser avec le temps. C'est toutefois différent si on se trouve loin derrière les lignes de combat [...]. C'est la raison pour laquelle j'ai décidé de remplacer [...] toute une rangée de généraux, qui sont en fait très bons, et de leur ordonner tout simplement [...] de prendre plusieurs mois de congé afin qu'ils reviennent tout à fait rétablis[40]. »

C'est un Rommel abattu qui retourna en Afrique du Nord le 2 décembre. Lorsque Westphal le rejoignit à sa descente d'avion, il vit devant lui un homme brisé de fatigue. Armbruster était à l'unisson : « Le commandant en chef semble s'être bien fait sonner les cloches par Hitler. Pour le moment, nous devons rester là où nous sommes. » Rommel lui-même reconnut dans une lettre à Lucie qu'il n'était pas au mieux de sa forme : « Je ne me sens pas bien du tout. J'ai les nerfs qui sont sur le point de craquer[41]. »

Rommel se consacra à planifier le repli de ses troupes et survola les alentours de Bouerat pour reconnaître le terrain. Mais jusqu'à ce qu'elle fût ravitaillée en carburant, l'armée de panzers Afrika ne pouvait que rester sur sa position actuelle. Comme le remarquait le major-général Warlimont, l'adjoint de Jodl : « Le Führer voit pour le moment un avantage dans le fait que l'armée (Rommel) n'ait actuellement pas suffisamment de carburant pour s'esquiver de nouveau[42]. »

Quand Rommel eut réussi à rassembler assez de carburant, la 1re division d'infanterie du général Navarini se mit en branle après la tombée de la nuit du 6 décembre. La route du désert menant à Bouerat fut embouteillée par des centaines de camions, mais le mouvement ne fut pas remarqué par l'ennemi. Au point du jour, la route était de nouveau déserte. Une reconnaissance aérienne indiqua à Rommel que l'ennemi avait massé 5 000 camions et chars pour attaquer sa ligne de défense à Mersa-el-Brega. Aussi, la nuit suivante, la division blindée Giovanni Fascisti se replia à son tour sur la position de Bouerat. À la satisfaction de Rommel, les Britanniques n'avaient toujours rien remarqué. *Idem* la troisième nuit ; Rommel pressa le mouvement et les échelons d'approvisionnement se replièrent à leur tour.

Au matin du 10 décembre, le général Fehn l'avisa que les chasseurs-bombardiers et les avions de reconnaissance de la Royal Air Force avaient accru le nombre de leurs sorties, en particulier au-dessus du très vulnérable secteur méridional. Le lendemain, des forces anglaises furent repérées en train d'avancer vers le sud dans ce qui s'apparentait à une manœuvre de débordement classique, exactement ce que Rommel avait prévu. Vers minuit, et comme toujours avant une attaque britannique, commença l'habituel bombardement méthodique d'artillerie. Rommel donna aussitôt l'ordre aux dernières unités blindées allemandes et italiennes de se replier sur la ligne de Bouerat, ou du moins aussi loin que leurs réserves de carburant le leur permettraient. Au lever du jour, la ligne de Mersa-el-Brega était déserte. L'artillerie de Montgomery la pilonnait encore, mais le « Renard du désert » s'était de nouveau esquivé.

À nouveau, une pénurie de carburant entrava le mouvement de repli des deux divisions de panzers. Montgomery fut informé par Ultra des difficultés logistiques qui assaillaient l'Afrikakorps, mais il ne parvint pas une fois de plus à exploiter la situation. Seuls les bombardiers en piqué harcelaient les troupes de Rommel. La grande route côtière était très peu praticable en raison des innombrables trous d'obus, tandis que les accotements étaient jonchés de carcasses de transports en flammes. Maintes fois, Rommel dut se jeter dans le fossé pour s'abriter. La situation allait de mal en pis, 3 500 tonnes d'essence venaient d'être envoyées par le fond, sans parler des 1 500 véhicules ennemis qui avaient été repérés dans le désert. Comme il ne lui restait de l'essence que pour à peine 50 kilomètres, Rommel craignait que les deux divisions de panzers n'aient déjà été débordées.

L'Afrikakorps, qui fermait la marche de la retraite stratégique de Rommel avec ses 54 chars, était à nouveau dans une situation désespérée, l'après-midi du 15 décembre. Mais Fehn, son commandant, ordonna aux chars de la 21e de vider leurs réservoirs afin de remplir au maximum ceux de la 15e de manière à ce qu'au moins une division de panzers pût continuer le combat durant la nuit et protéger l'autre jusqu'à l'arrivée des camions. Les Allemands réussirent encore une fois à s'extraire des griffes de l'ennemi.

Le 17 décembre, Rommel vint expliquer à Bastico qu'il ne voyait aucune raison tactique de défendre plus longtemps Tripoli, son port se trouvant déjà sous les bombardements de la Royal Air Force. À quoi bon défendre un port si aucun navire ne pouvait y jeter l'ancre ? En fait, des huit derniers navires à destination de Tripoli, sept avaient été coulés. Le maréchal italien partageait son avis : Bouerat ne pouvait être défendue en raison du manque de munitions et d'essence. Il valait mieux se replier sur la ligne d'Homs, 200 kilomètres plus à l'ouest. Bastico se montra même réceptif à la suggestion de Rommel de joindre les forces de la Libye à celles récemment débarquées en Tunisie.

Mais à Rome son rapport suscita le mécontentement général, à un point tel que Mussolini envoya un message radio au feld-maréchal allemand dans lequel il lui ordonnait de « résister jusqu'au bout » sur la position de Bouerat. Peu après, le Commando Supremo lui donna des directives on ne peut plus explicites : en aucun cas, les 30 000 fantassins italiens sous ses ordres ne devaient être laissés aux mains des Britanniques comme à El-Alamein. Cette critique implicite selon laquelle il aurait sacrifié l'infanterie italienne le rendit furieux. Tout comme cet ordre de résister jusqu'au bout à Bouerat. Que devait-il faire, se demandait-il, si l'ennemi ignorait cette position qui était facile à contourner et continuait sa route vers l'ouest ? Rommel envisageait même une capitulation en Afrique du Nord et s'essayait à l'humour noir avec Lucie : « Tu ne m'as pas encore envoyé ce dictionnaire anglais[43] ? »

Son pessimisme éveillait évidemment la méfiance à Rome. Cavallero lui reprochait de vouloir constamment se replier et d'exagérer sans cesse ses difficultés : « Tous les jours, il "lutte désespérément", ce qui n'est pas vrai. » À Kesselring, il déclara : « À mon avis, Rommel cherche tout simplement des prétextes pour battre en retraite. Peu importe où il se trouvait, depuis Solloum-Halfaya, Rommel a parlé sans arrêt de la nécessité de se replier. » Kesselring partageait son opinion : « Rommel ne se rend pas compte qu'il a encore de bonnes cartes en main, si seulement il voulait les jouer[44]. »

Rommel refusait d'écouter Kesselring ; la Luftwaffe était désormais aussi responsable de ses déboires que les Italiens. Kesselring était incapable de tenir compte de la réalité du terrain ; de plus, Rommel l'accusait aussi d'envoyer l'essentiel du ravitaillement en chars, en munitions et en carburant, déchargé dans le port de Tunis, à la 5e armée de panzers en Tunisie. Si tel était le cas, Kesselring était difficilement blâmable. Le colonel-général Hans von Arnim, le commandant en chef de la 5e panzers, était agressif et optimiste, tout comme Rommel l'avait été en février 1941. Kesselring estimait sans doute qu'il était inutile d'envoyer par la route du désert en Libye les nouveaux chars Tigre I ou les Nebelwerfer 41 si Rommel avait pour seule intention de se replier vers l'ouest.

Tout cela aggravait le contentieux avec Rome. Car, de leur côté, Navarini et le général Gervasio Bitossi, le commandant de la division blindée Littorio, l'imploraient de replier plus à l'ouest les 45 000 troupes allemandes et italiennes non motorisées alors qu'il était encore temps. Mais le Commando Supremo continuait de voir la chose différemment. Rommel s'en plaignit à Bastico : « Si je suis censé assumer la responsabilité, alors ils doivent me laisser libre de décider de quelle manière je dois m'acquitter de ma tâche. » Bastico fit part de l'écœurement de Rommel à Cavallero, sans succès : « Je refuse absolument de donner à Rommel toute liberté d'action, expliqua-t-il à Kesselring. Regarde comment il a agi quand il l'a eue. C'est assez clair que tout ce qu'il veut c'est s'enfuir à toutes jambes jusqu'à Tunis. » C'est à ce moment-là qu'il exprima pour la première fois à Kesselring la possibilité de rapatrier Rommel en Allemagne et de remettre le commandement de l'armée de panzers Afrika à un général italien. Plus tard dans la journée, il en glissa également un mot à Mussolini. « Nous devons nous débarrasser de Rommel », nota Cavallero dans son journal.

Les messages radio de Rommel adressés à Rome et à Berlin étonnaient l'ennemi. Perplexe, le Joint Intelligence Committee fit parvenir depuis Londres à ses commandants du Moyen-Orient ce message ultra-secret : « Depuis la bataille d'El-Alamein, Rommel a eu tendance à regarder par-dessus son épaule [...]. Il montre de nouveau des signes de nervosité à la menace d'une manœuvre de débordement britannique, et semble surestimer l'empressement des Britanniques à attaquer[45]. »

Rommel ne savait pas ou refusait de croire que Montgomery se trouvait lui aussi aux prises avec de graves difficultés de ravitaillement. En fait, le commandant en chef de la VIIIe armée n'était pas en mesure d'attaquer Bouerat avant la mi-janvier 1943. À Rome, Kesselring s'impatientait contre Rommel qui refusait de contre-attaquer les maigres avant-gardes de Montgomery. Il insista également auprès de Cavallero sur la nécessité de réconforter Rommel. Diagnostic exact si l'on en juge par les lettres adressées à son épouse : « Notre sort se décide progressivement, écrivit-il le 28 décembre. Le ravitaillement a été insuffisant et ce sera un miracle si nous parvenons à tenir bon plus longtemps. Dieu seul sait ce qu'il va arriver ensuite[46]. » Deux jours plus tard, il n'avait guère plus confiance en l'avenir : « Je n'ai pas le moindre doute sur son issue, les forces en présence sont trop inégales. Les réserves sont presque complètement épuisées. Nous devons maintenant accepter l'inévitable et espérer que Dieu favorisera notre cause[47]. »

Le 31 décembre, Rommel et Kesselring eurent une entrevue orageuse avec Bastico. Celui-ci informa Rommel des nouvelles instructions de Mussolini : l'armée de panzers Afrika pourrait se replier progressivement sur la ligne d'Homs, à 125 kilomètres à l'est de Tripoli, seulement en cas de menace de destruction imminente. Rommel lui fit remarquer qu'il faudrait au moins huit jours à l'infanterie pour se replier sur la ligne d'Homs et qu'il était peu probable que Montgomery attendît ce délai avant d'attaquer. Bastico, qui s'en tenait aux ordres du Duce, refusa de considérer prématurément l'évacuation de l'infanterie. Rommel rétorqua qu'ils se trouvaient dans une situation dans laquelle il n'était que deux partis possibles : ou bien ils se faisaient anéantir sur la ligne de Bouerat, ou bien ils repliaient immédiatement l'infanterie. Une chose était sûre, ajouta-t-il, c'est qu'il ne s'exposerait pas à de nouvelles allégations selon lesquelles il aurait sacrifié les fantassins italiens. Bastico l'invita à mettre ses vues par écrit. Mais Rommel refusa, prétextant qu'il se devait d'agir maintenant ; il ne pouvait pas soumettre des propositions écrites et attendre qu'elles reçoivent l'approbation de Rome. Bastico se chargea alors de les signaler au Commando Supremo par radio.

Deux jours plus tard, Rommel reçut l'autorisation de retirer le gros de son infanterie de la ligne de Bouerat. Mais avec ses divisions mécanisées il devait empêcher Montgomery d'atteindre la ligne d'Homs avant au moins trois semaines, puis d'atteindre Tripoli avant au moins les trois semaines suivantes. Rommel trouva ces dispositions « insensées ». Pour comprendre dans quelle disposition d'esprit se trouvait alors Rommel, il faut avoir une vue d'ensemble du théâtre des opérations nord-africain. Ses actions étaient motivées essentiellement par la crainte qu'après la perte de Tripoli les Américains puissent attaquer la route par laquelle ses approvisionnements étaient transportés depuis Tunis. Des officiers de l'armée de l'air américaine capturés avaient d'ailleurs nourri cette crainte lorsqu'ils révélèrent à Rommel le 4 janvier que de puissantes forces se massaient en vue d'une telle attaque.

Ce travail de sape finit par porter ses fruits deux jours plus tard. Contre l'avis de Kesselring, Cavallero justifia l'abandon de la Tripolitaine en l'habillant d'un raisonnement fumeux sur le rôle de la Tunisie dans la victoire finale. Rommel n'en demandait pas plus. Mais lorsque Bastico proposa, non sans hésitation, que Rommel avance tout de suite une division en Tunisie pour contrer la menace d'une attaque américaine, ce dernier saisit la balle au bond. C'était un moyen supplémentaire d'accélérer sa retraite de la Tripolitaine. Le Commando Supremo lui suggéra d'envoyer la 164e division légère, mais il porta son choix sur la 21e division de panzers. C'était du Rommel tout craché. Mussolini s'enthousiasma pour cette proposition. Kesselring eut beau protester que le colonel-général von Arnim était tout à fait capable de défendre la Tunisie sans l'assistance d'un Rommel obnubilé par la retraite, l'affaire était entendue. Or, Rommel n'avait pas choisi la 21e panzers au hasard, il avait exigé que celle-ci lui rendît tous ses chars, tous ses canons et tout son équipement avant de quitter Bouerat, et qu'elle s'équipât de nouveau en Tunisie, au nez et à la barbe d'Arnim et de Kesselring.

À Rome cependant, la rumeur se répandit selon laquelle les jours de Rommel en sol africain étaient comptés et qu'un général italien le remplacerait à la tête de l'armée de panzers Afrika. Cavallero enjoignit à Kesselring d'informer le Führer de l'opinion du Duce selon laquelle Rommel devrait être rappelé.

Celui-ci eut vent de cette intrigue, puisque de très bonne heure le 10 janvier il donna l'ordre à Berndt de s'envoler pour le quartier général du Führer, à un moment où sur le front russe la crise de Stalingrad était à son paroxysme. Cette initiative fut concluante. Dès son retour en Afrique, son aide de camp lui raconta en détail la conversation de plus de trois heures qu'il avait eue avec Hitler. Première satisfaction, celui-ci lui avait assuré qu'il avait une confiance totale en Rommel. Il lui avait également fait part de son intention de confier à ce dernier le commandement suprême en Tunisie, à condition bien entendu que sa santé lui permette d'assumer une telle fonction. « Berndt m'a transmis les plus chaleureuses salutations du Führer, dont la confiance absolue me fait encore un grand plaisir », écrivit Rommel à son épouse quelques jours plus tard[48].

Dans son journal, Goebbels nota le 14 janvier : « Berndt est revenu du quartier général du Führer dans la soirée et m'a fait un rapport oral [de sa conversation avec Hitler]. Il a exposé au Führer très clairement les plans de Rommel. Même si toutes les forces disponibles doivent être envoyées à l'Est, le Führer reconnaît néanmoins que quelque chose de fondamental doit être fait pour l'Afrique du Nord [...]. Malheureusement, les feld-maréchaux Rommel et Kesselring sont en différend par suite d'une série de désaccords [...]. Par-dessus tout, Kesselring ne peut pas tenir ses promesses au moment décisif. Rommel se trouve par conséquent dans une situation très gênante, car c'est lui qui assume la responsabilité de la bataille terrestre. Pour sa part, Kesselring se la coule douce et se montre optimiste, sachant qu'il n'a pas à prendre la décision. Berndt a profité de l'occasion pour présenter au Führer toutes ces choses. Le Führer a été plein de compréhension envers ses explications et lui a assuré une fois de plus que Rommel a toute sa confiance[49]. »

Rommel fut averti par ses services de renseignements que Montgomery avait achevé ses préparatifs et qu'il serait fin prêt à passer à l'attaque le 15 janvier. Comme il n'avait que les 36 chars de la 15e Panzer et les 57 de la Centauro pour faire face aux 450 chars de Montgomery, Rommel n'avait pas l'intention de livrer une bataille sans espoir. Il entendait donc échapper encore une fois à l'encerclement.

Dès que les premières attaques furent déclenchées le

15 janvier dans le secteur sud par la VIIe division blindée et la IIe division néo-zélandaise, Rommel ordonna à la 15e division de panzers de livrer des combats d'arrière-garde. « Nous nous sommes mis en mouvement, écrivit-il à Lucie le jour même. La tension nerveuse est particulièrement intense en ce moment et je dois vraiment me maîtriser[50]. »

Rommel, qui s'attendait à ce que Montgomery revienne à la charge de nuit, ordonna à ses troupes de se replier sur la première ligne provisoire, à 80 kilomètres de distance. La nuit suivante, il recula encore de 80 kilomètres et récidiva le 17 janvier, craignant à juste titre une manœuvre de débordement de l'ennemi. Mais l'avance des forces de Montgomery fut entravée par les champs de mines, par les démolitions sur la Via Baldia et par le désert. Rommel ne ralentit pas pour autant l'allure, au motif savoureux de « la réduction importante de nos forces occasionnée par le fait que nous avons dû nous départir de la 21e division de panzers ».

Ainsi, trois jours seulement après le début de l'offensive de Montgomery, l'armée de panzers Afrika avait atteint la ligne de défense qui s'étendait de Tarhuna jusqu'à Homs sur la côte, celle dont Mussolini avait exigé qu'on attendît trois semaines avant de s'y replier. Mais il y avait une autre mauvaise surprise en réserve pour Rome. C'était la dernière ligne de défense avant Tripoli, et elle était peu fortifiée. Rommel déclara au chef d'état-major de Bastico qu'il ne pourrait tenir plus de deux jours : « Ils sont huit fois plus nombreux que nous. Et il ne nous reste plus beaucoup de provisions, particulièrement en essence[51]. » Son moral était à nouveau au plus bas : « Les temps sont devenus très durs (et à l'Est aussi) [...]. Il y aura une mobilisation totale pour l'effort de guerre de tous les Allemands sans exception et sans égard pour le lieu de résidence, le statut social, la propriété ou l'âge. Tu devrais essayer de trouver à temps quelque chose qui te conviendra. Manfred devra probablement lui aussi travailler bientôt dans une usine ou dans la défense antiaérienne. Comme tu le sais, c'est une question de vie ou de mort pour le peuple allemand[52]. »

Rommel savait d'instinct qu'il venait de contrer seulement une attaque de fixation conçue pour détourner son attention pendant qu'il se préparait quelque chose ailleurs. On lui fit parvenir à 14 heures un rapport de la reconnaissance aérienne sur la région montagneuse plus à l'intérieur des terres qui lui avait été décrite comme un obstacle infranchissable pour les chars. Or, les avions avaient repéré une force ennemie d'environ 1 400 camions et chars de combat avançant vers l'ouest à travers ce même terrain accidenté. La stratégie de Montgomery paraissait on ne peut plus claire aux yeux de Rommel, qui ordonna à 16 heures d'évacuer Tarhuna. Peu après, l'état-major de la 90e division légère lui téléphona pour l'informer que des documents secrets avaient été saisis sur un officier britannique de haut rang. Ils montraient que l'objectif stratégique de l'ennemi était Zauia. Rommel jeta un coup d'œil sur la carte : Zauia se trouvait à 50 kilomètres à l'ouest de Tripoli, sur la route côtière.

Il essaya de conserver son sang-froid, tandis que les Britanniques poussaient plus loin que ce qu'il avait imaginé et qu'ils menaçaient d'encercler l'ensemble de ses forces. Il ordonna d'abandonner aussi la ligne de Tarhuna-Homs. Il communiqua sa décision à Berlin par Enigma à 23 h 35 le 19 janvier. Même le verbiage de son message radio ne pouvait dissimuler son intention d'évacuer Tripoli, à peine cinq jours après avoir décroché de Bouerat.

De toute évidence, Montgomery fut informé par Ultra de ce qui se passait, car au matin du 20 janvier il changea complètement sa stratégie initiale en décidant de lancer son assaut principal le long de la route côtière plutôt que par voie de terre. Cela dit, en lui apportant le magnifique port de Tripoli sur un plateau, Rommel l'avait tiré d'un éventuel embarras. Montgomery avait en effet convenu que s'il n'occupait pas Tripoli moins de dix jours après son attaque contre la position de Bouerat, il lui aurait alors fallu y renoncer pendant un certain temps.

Tout au long de la nuit, les explosions se succédèrent à Tripoli, les Italiens y faisant sauter les installations portuaires. Les détonations se faisaient entendre jusqu'à la campagne. À peine moins bruyantes étaient les réprimandes adressées à Rommel par ses supérieurs italiens, qui, à l'instar de Bastico, lui reprochaient d'exagérer les risques d'encerclement et d'en prendre prétexte pour « changer la retraite en déroute ». Quant à Cavallero, il envoya une lettre par messager à Rommel : « Le Duce a déclaré que vos ordres d'hier soir pour une reprise de la retraite à l'ouest sont en infraction aux directives qu'il vous a données. Selon le Duce, la situation telle que connue hier soir et telle que présentée par la reconnaissance aérienne d'aujourd'hui ne justifie pas votre action[53]. »

À ce moment, Rommel avait également reçu le rapport de la reconnaissance aérienne du matin. Il donnait raison à ses supérieurs italiens : la force britannique progressant à l'intérieur des terres s'était immobilisée dans la région montagneuse. Il n'y avait pas de doute que son ordre de repli s'était avéré prématuré. Devant ses hommes de confiance, Rommel reconnut avoir commis une erreur, et celle-ci allait par la suite le tracasser pendant des semaines. Certes, ses commandants de corps italiens lui apportèrent leur soutien moral, Navarini lui assurant en particulier qu'il aurait agi de la même façon que lui. Mais avoir agi exactement comme l'aurait fait un général italien ne le réconfortait guère. D'ailleurs, il ne fit aucunement mention de cet impair dans ses souvenirs de guerre.

À 17 heures, il se rendit en voiture à Bianchi, où l'attendaient Cavellero, Bastico et Kesselring. L'accueil fut froid, Cavallero lui exprimant d'emblée la vive désapprobation de Mussolini. Rommel lui fit remarquer qu'en l'absence de tout renfort adéquat, ce délai dépendait uniquement de l'action de l'ennemi. La discussion prit rapidement un tour orageux. Et comme il y avait trop d'animosité de part et d'autre, Rommel chercha à y mettre fin. Dans les mêmes termes qu'il avait employés avec Bastico à la fin de novembre 1942 au sujet de la ligne de Mersa-el-Brega, il déclara d'un ton cassant : « Vous pouvez bien vous accrocher à Tripoli quelques jours de plus et perdre l'armée ou bien perdre Tripoli quelques jours plus tôt et sauver l'armée pour Tunis. Décidez-vous[54]. » Cavallero évita de donner une réponse claire, se bornant à mentionner à Rommel que l'armée devait évidemment être sauvée à tout prix, bien qu'il fallût tenir Tripoli aussi longtemps que possible.

Le lendemain, après un entretien avec Rommel qui s'était déroulé cette fois-ci dans une atmosphère beaucoup plus calme, Cavallero sollicita de façon confidentielle le soutien des commandants de corps italiens à propos d'un général italien convenable pour succéder à Rommel. À cette fin, il tira argument de la désobéissance répétée du feld-maréchal aux ordres de ses supérieurs. L'esprit d'insubordination de ce dernier ne tarda d'ailleurs pas à se manifester de nouveau. Interprétant à sa façon les directives de Cavallero, Rommel regroupa durant la nuit du 22 janvier l'ensemble de ses troupes à l'ouest de Tripoli et, dès l'aurore, donna l'ordre d'évacuer la ville. Vingt-quatre heures plus tard, les avant-gardes britanniques entrèrent dans la ville sans se heurter à la moindre opposition. Cette conquête couronnait une avance de 2 200 kilomètres depuis El-Alamein à la poursuite de Rommel. Elle avait été réalisée exactement trois mois, jour pour jour, après le déclenchement de l'offensive.

Rommel était dans un état d'épuisement extrême et se plaignait de terribles maux de tête et de troubles de la circulation. À cela venait s'ajouter une fatigue nerveuse. Non seulement il était à bout de nerfs, mais son moral était à zéro : « Je ne peux tout simplement pas te raconter combien c'est difficile pour moi de diriger cette retraite [...]. Je suis tourmenté jour et nuit par l'idée que les choses pourraient vraiment mal tourner en Afrique. Je suis tellement abattu qu'il m'est difficile de m'acquitter de ma tâche. Peut-être quelqu'un d'autre pourrait examiner la situation sous un jour plus favorable et nous sortir de ce mauvais pas. K[esselring], par exemple, fait toujours montre d'un bel optimisme. Il voit probablement en moi la raison pour laquelle notre armée n'a pas opposé une plus longue résistance à l'ennemi. Mais il n'a aucune idée de la véritable valeur de mes troupes [...] ou de la balance des forces qui penche toujours plus nettement en faveur de l'ennemi [...]. J'attends avec inquiétude de voir ce qu'il va arriver[55]. »

Alors que la pluie tombait à verse, Rommel entra en Tunisie le 26 janvier. Il devait donc dire adieu à la Libye, qui était non seulement le théâtre de ses plus grandes victoires en Afrique, mais aussi le tombeau de 10 000 soldats allemands et italiens. Six heures plus tard, à son nouveau quartier général, il reçut un message radio du Commando Supremo l'informant qu'en raison de sa mauvaise santé il serait relevé de son commandement une fois qu'il aurait consolidé sa nouvelle position sur la ligne de Mareth. Son armée de panzers Afrika, rebaptisée 1re armée italienne, passerait alors sous le commandement du général italien

Giovanni Messe, qui avait commandé le corps expéditionnaire italien en URSS. Le choix de la date de son départ était laissé à sa discrétion.

Sous la plume de Rommel, ce limogeage prit une allure plus présentable : « Après être passé par de dures épreuves lors de la retraite à travers le désert, je n'avais guère envie de jouer plus longtemps le bouc émissaire pour une bande d'incompétents. J'ai donc demandé au Commando Supremo d'envoyer le général Messe en Afrique aussitôt que possible afin qu'il puisse exercer son nouveau commandement[56]. » L'idée d'être remplacé par un général italien l'ulcérait : « Dans quelques jours, je vais devoir remettre le commandement de l'armée à un Italien pour la seule raison que "mon état de santé ne me permet pas d'assumer plus longtemps cette fonction". C'est bien sûr pour d'autres raisons qui sont principalement liées au prestige. J'ai fait tout ce que j'ai pu pour maintenir le théâtre des opérations, en dépit de difficultés indescriptibles dans tous les domaines. Je suis vraiment désolé pour mes hommes. Ils me sont très chers. » Il admit cependant qu'il était dans une mauvaise forme : « Physiquement, je ne me porte pas très bien [...]. Le professeur Horster me donne des soporifiques et m'aide dans la mesure du possible[57]. » L'état général de Rommel inquiétait ses officiers, au point que Berndt ressentit la nécessité d'écrire à Lucie le 8 février : « La condition du feld-maréchal le rend sujet aux dépressions, au cours desquelles il voit les choses différemment de ce qu'elles sont véritablement, se faisant ainsi un tableau de la situation beaucoup plus noir et défavorable[58]. »

Bien que son médecin lui eût conseillé de partir en cure au moins huit semaines aussitôt que possible, Rommel refusait désormais obstinément de prendre congé, du moins tant que le commandement suprême de la Wehrmacht ne lui en aurait pas donné l'ordre formel. Or, comme on lui avait laissé le choix de la date de son départ, il pouvait tirer parti de cette concession quand bon lui semblait. « J'ai décidé de quitter le commandement de l'armée seulement si on m'en donne l'ordre, peu importe l'état de ma santé, écrivit-il à son épouse le 8 février. Compte tenu de la situation actuelle, j'ai l'intention de tenir le coup jusqu'au bout, et cela, en dépit des conseils du médecin. Tu comprendras sûrement mon attitude. Celui que Rome a envoyé pour me succéder va devoir attendre son tour[59]. » À Berndt, il donna l'explication suivante : « Je ne peux abandonner mes soldats. Si je fixe la date de mon départ et que quelque chose tourne mal à peine quelques jours après celui-ci, on va m'accuser de ne pas avoir paré à cette éventualité et d'être parti au bon moment[60]. » Le « Renard du désert » resta donc à son poste de commandement.

Cette subite volte-face était motivée non seulement par sa réticence à laisser son commandement à un général italien, mais aussi par la répugnance qu'il éprouvait envers Arnim. Celui-ci était tout ce que Rommel n'était pas, c'est-à-dire un Silésien aristocrate, fils d'un général, discret et respecté au sein du haut commandement de l'armée de terre. S'il était plus âgé que Rommel, Arnim occupait toutefois un rang inférieur au sien. Or, ce n'était un secret pour personne que Hitler et Mussolini songeaient à constituer un groupe d'armées regroupant toutes leurs troupes en Tunisie et à en confier le commandement à Arnim dès que Rommel serait rentré en Allemagne pour suivre son traitement.

Ces diverses contrariétés ne l'empêchaient pas de songer à une offensive. Il avait même choisi sa cible : les Américains – que des officiers britanniques et français capturés qualifiaient de « nos Italiens[61] ». En attaquant les Américains inexpérimentés, Rommel voulait porter un coup à leur moral et montrer au monde entier que même après une retraite de 3 300 kilomètres, les soldats aguerris du IIIe Reich pouvaient défaire les GI du général Dwight D. Eisenhower, en dépit de la supériorité de leur matériel de guerre.

Arnim était en Afrique depuis décembre. Mais son état-major et celui de Rommel n'entrèrent en contact que le 31 janvier, quand le lieutenant-général Heinz Ziegler, son adjoint, rencontra Rommel pour se mettre d'accord sur une frontière commune. Ce dernier déclara alors à Ziegler que toute offensive de grand style à l'Ouest lui paraissait presque impossible, faute de provisions et de forces suffisantes. Il lui mentionna même que, dans ces circonstances, il était vain de tenir la tête de pont en Tunisie. Belle manière d'enfumer son rival, comme le confirma sa volte-face du 3 février. Ce soir-là, la 21e division de panzers avait lancé une attaque contre le col de Faïd et balayé la petite garnison française. Cette opération donnait aux forces de l'Axe l'occasion d'attaquer les Américains, d'autant plus que la division Centauro s'était déjà emparée d'un autre col important, celui de Maknassy. Voilà qui dégageait la voie vers Gafsa, là où Eisenhower rassemblait ses forces en vue d'une attaque ayant pour objectif de couper la retraite de Rommel à Sfax.

Au lieu de redouter l'approche des Américains vers sa ligne de retraite à travers le sud de la Tunisie, Rommel flairait une belle occasion de frapper avant que Montgomery ne l'ait de nouveau rattrapé, la VIIIe armée faisant une pause à Tripoli pour reconstituer ses forces et déblayer le port bloqué par les démolitions. Les défenses de la ligne de Mareth étaient faibles, mais elles représentaient un obstacle pour les chars pouvant tout au moins retarder les Britanniques. Son plan d'opérations, qui consistait en d'autres termes à profiter de sa position centrale entre deux forces ennemies convergentes pour attaquer l'une des deux avant que l'autre ne puisse venir à son aide, était particulièrement audacieux. Mais s'il pouvait défaire les Américains déployés derrière lui, Rommel aurait les mains libres pour s'occuper de la VIIIe armée, qui était maintenant étirée en raison de l'allongement de ses lignes de communication. Il s'agissait donc de mener une double attaque dans le style napoléonien pour exploiter les « lignes intérieures ».

Le plus gros handicap de Rommel pour mettre en application son plan était qu'il dépendait dans une large mesure de forces qui n'étaient pas sous son commandement. Il ne pouvait retirer au complet sa 15e division de panzers de la ligne de Mareth, où elle devait livrer des combats d'arrière-garde. Sa 21e division de panzers se trouvait exactement là où il désirait attaquer, mais elle était passée sous le commandement d'Arnim.

Or, celui-ci n'avait aucunement envie de se défaire de troupes au profit de Rommel, d'autant plus qu'il était dès le départ en désaccord avec celui-ci sur la meilleure manière d'infliger un sérieux revers aux Américains. Il avait élaboré un plan qui consistait à lancer une attaque convergente avec les 10e et 21e divisions de panzers par le col de Faïd en direction de Sidi-Bouzid afin de consolider sa position sur le versant est de la Dorsale tunisienne.

Compte tenu de l'insuffisance des forces, il allait de soi que Rommel et Arnim ne pouvaient pas exécuter simultanément leurs plans de bataille respectifs. Kesselring décida donc de donner la priorité au plan d'Arnim et convoqua ses deux commandants à Rhennouch, le 9 février, pour leur décrire à grands traits les objectifs des opérations : « Nous y allons pour la destruction complète des Américains. Ils ont retiré la plupart de leurs troupes à Sbeïtla et à Kasserine [...]. Nous devons exploiter la situation et attaquer rapidement. » Quand Arnim proposa de lancer son attaque sur Sidi-Bouzid de bonne heure le 12 février, Rommel répliqua : « Je pourrai alors déclencher mon attaque sur Gafsa deux jours plus tard, avant que l'ennemi ne puisse s'échapper. Ce qui importe, ce n'est pas de gagner du terrain, mais d'infliger des dommages à l'ennemi. »

Comme toujours, Kesselring envisageait les opérations avec optimisme et considérait même la possibilité d'attaquer jusqu'en Algérie afin de détruire le reste des forces américaines en Afrique du Nord. Aussi fut-il contrarié des doutes exprimés par Rommel, puisque dès l'entretien terminé il s'informa de la date probable de son départ auprès de son médecin. Le professeur Horster lui répondit avoir conseillé à son patient de partir autour du 20 février. Kesselring recommanda alors à Arnim de patienter jusque-là, puis il ajouta avec une pointe d'ironie : « Donnons cette dernière chance de gloire à Rommel avant qu'il fiche le camp d'Afrique[62]. »

La pluie diluvienne retarda l'attaque sur Sidi-Bouzid, qui fut finalement déclenchée le 14 février avec l'appui de la Luftwaffe. Trois heures plus tard, le Combat Command A, qui regroupait la Ire division blindée américaine, avait été mis en déroute, perdant 44 chars, 59 véhicules blindés et 26 canons. Eisenhower et son état-major avaient été pris par surprise, car les messages radio interceptés par Ultra les avaient amenés à croire que cette attaque était une feinte destinée à détourner les Américains du véritable point d'où serait lancée une offensive de grand style, sans doute plus au nord, près de Fondouk. Aussi avaient-ils gardé là-bas en réserve le Combat Command B, comprenant la moitié des blindés américains.

Le lendemain, le Combat Command C fut envoyé en toute hâte pour une contre-attaque. Pendant une vingtaine de kilomètres en rase campagne, il avança en ligne droite sur Sidi-Bouzid. Lorsqu'il arriva à portée de tir des canons allemands, une grêle d'obus s'abattit aussitôt sur lui. Une attaque en tenaille des 10e et 21e panzers compléta l'embuscade dressée par Ziegler. À la nuit tombante, les Américains avaient perdu cette fois 54 chars, 57 véhicules blindés et 29 canons.

Entre-temps, le groupe de combat de l'Afrikakorps amené par Rommel contre l'extrémité du flanc sud des Américains à Gafsa était entré dans ce centre routier après qu'il eut été évacué le 15 février. Le lendemain matin, le « Renard du désert » parcourut en voiture les rues engorgées de ses propres chars et camions, mais aussi de jeeps et de matériel de guerre américains capturés. Ce succès sans coup férir sembla le galvaniser et son esprit fertile ne fut pas long à concocter un nouveau « grand coup ». Si les forces de Ziegler et les siennes pouvaient s'emparer des cols du versant ouest de la chaîne de montagnes, les Allemands pourraient ainsi menacer par l'arrière l'ensemble des positions anglo-américaines en Tunisie.

Rommel insista auprès d'Arnim pour que les deux divisions de Ziegler se mettent en marche au crépuscule afin de capturer Sbeïtla – le prochain village à l'ouest de Sidi-Bouzid – durant la nuit. En poursuivant sa progression, Ziegler exploiterait à plein le succès tactique initial. « Les Américains n'avaient aucune expérience pratique des combats et il nous fallait leur donner dès le départ un profond complexe d'infériorité », devait-il expliquer dans ses Mémoires[63]. N'ayant ni son tempérament fougueux ni son intuition tactique, Arnim rechignait à se jeter dans une telle opération.

Ce n'est donc que le lendemain matin, 17 février, que les panzers avancèrent jusqu'à Sbeïtla, où les Américains s'étaient regroupés et offraient une solide résistance. Ainsi, le Combat Command B tint la 5e armée de panzers en échec jusqu'en fin d'après-midi et protégea la retraite des deux autres Combat Commands avant d'accompagner le mouvement de repli général de l'aile sud des Alliés jusqu'à la Dorsale tunisienne occidentale. Pendant ce temps, Rommel forçait l'allure en direction de Feriana, point de jonction de deux grandes voies. Il n'y avait alors que deux possibilités pour Rommel : attaquer au nord-ouest en direction de Tébessa en Algérie ou au nord-est par Thelepte jusqu'à Kasserine, où il pourrait joindre ses forces aux divisions de Ziegler arrivant de Sbeïtla.

Les Américains semblaient battre en retraite dans le plus grand désordre. Dans l'après-midi du 17 février, les forces de Rommel marchèrent de Feriana vers Thelepte, où se trouvait la principale base aérienne américaine dans le secteur sud. Celle-ci tomba rapidement entre les mains des Allemands, les Américains ayant laissé derrière eux les dépôts d'essence en flammes et 30 avions. Rommel apprit par la reconnaissance aérienne que les Anglo-Américains avaient également fait exploser leurs dépôts de carburant et de munitions de Tébessa en Algérie, pourtant de l'autre côté de la chaîne montagneuse. Il en déduisit que les Américains étaient pris de panique.

Une fois que son groupe de combat de l'Afrikakorps aurait opéré sa jonction avec les panzers de Ziegler, Rommel projetait d'exploiter la confusion de l'ennemi au moyen d'opérations combinées sur Tébessa. L'objectif était d'y capturer aussi bien l'importante base aérienne que le centre majeur de ravitaillement et de transport des Alliés de manière à attaquer par la suite leurs armées à revers. Rommel était convaincu qu'une telle avance en profondeur sur la principale ligne de communication des Anglo-Américains forcerait ceux-ci à replier le gros de leurs forces en Algérie.

Mais Arnim n'était pas disposé à donner suite à ce plan, d'autant plus qu'il avait déjà rappelé la 10e division de panzers vers le nord pour y préparer sa propre attaque. Rommel était d'autant plus furieux qu'il s'estimait en mesure d'infliger un sérieux revers à Eisenhower s'il avait eu le commandement sur les trois divisions de panzers. Après avoir remâché sa frustration pendant une matinée entière, il décida de jouer son va-tout en engageant tout ce qu'il avait dans une attaque sur Tébessa. À cet effet, il demanda par message radio à Rome que les 10e et 21e divisions de panzers soient placées sous ses ordres afin de pouvoir les déployer dans le secteur de Thelepte-Feriana pour y lancer son attaque sur Tébessa conjointement avec les éléments de sa 15e division de panzers. Deux longues heures plus tard, Kesselring lui donna le feu vert. Et Arnim reçut l'ordre de se conformer à cette décision.

Mais celui-ci était têtu, chipotant sur les axes d'attaque choisis par Rommel ou insistant sur sa propre offensive vers Tunis. Il réussit même à ébranler le Commando Supremo. Peu avant minuit le 18 février, un message radio arrivant de Rome donnait de nouvelles directives sur la poursuite de l'attaque. Tout porte à croire qu'elles étaient en fait le résultat d'un laborieux compromis. Certes, elles désignaient Rommel pour diriger l'offensive, mais elles stipulaient que l'attaque devait avoir lieu vers le nord, vers Thala et Le Kef, et non pas en direction du nord-ouest, en passant par Tébessa.

Exactement ce que Rommel voulait éviter. Car l'attaque se produirait là où Eisenhower l'attendait, puisqu'il avait concentré ses blindés devant Thala, estimant à tort que Rommel cherchait à remporter une victoire tactique plutôt que de poursuivre un objectif stratégique moins direct. Malgré cette erreur de calcul, la fortune tourna à l'avantage des Alliés grâce à l'intervention du Commando Supremo. Rommel déclencha son attaque le 19 février. Ce nouveau jour sous un ciel gris sombre était l'un des plus cruciaux de la carrière de Rommel. Il avait à peine dormi après avoir donné ses directives trois heures plus tôt. Il ne voulait pas s'engager irrévocablement. À Feriana, le groupe blindé italien devait se tenir prêt à avancer vers le nord-ouest en empruntant la route principale qui menait à Tébessa. Le groupe de combat de l'Afrikakorps, placé sous les ordres du major-genéral Karl Buelowius, devait se frayer un passage à travers le col de Kasserine, tandis que la 21ᵉ panzers du colonel Hildebrandt devait pousser vers Sbiba puis Le Kef. Il lui manquait la 10ᵉ panzers du général Broich qui n'arriverait pas à temps, par la faute d'Arnim. Rommel avait l'intention de prendre le commandement direct du groupe de combat qui aurait le plus progressé.

Côté américain, le temps perdu par Rommel à cause des palinodies d'état-major était une aubaine. Au col de Kasserine, les Américains avaient eu le temps d'occuper les hauteurs qui dominaient le village, et lorsque Buelowius attaqua dans la matinée, il ne parvint pas à forcer le passage par surprise, son groupe de combat étant ralenti par un pilonnage d'artillerie. Malgré l'arrivée de renforts, la défense américaine n'était pas très bien coordonnée, ce qui permit aux Allemands de s'infiltrer en plusieurs points dans la soirée et de pousser plus avant. Entre-temps, la progression de la 21ᵉ Panzer avait été arrêtée par un champ de mines et par les forces britanniques. Rommel décida alors d'abandonner toute poussée vers Sbiba et concentra ses efforts sur le col de Kasserine, où la défense semblait moins solide, dès que la 10e Panzer serait à pied d'œuvre. Celle-ci mit tout l'après-midi pour traverser la prairie depuis la Dorsale tunisienne orientale et, pour comble, il manquait plusieurs bataillons, dont celui regroupant les deux douzaines de chars Tigre I sur lesquelles Rommel comptait tout particulièrement. Ce sale tour était forcément signé Arnim.

Rommel eut beau diriger en personne la manœuvre, la prise de Kasserine puis les escarmouches aux abords de Thala n'avaient plus rien à voir avec le plan initial et les effets grandioses escomptés. Dans la matinée du 22 février, la reconnaissance aérienne allemande montra que d'importants renforts alliés étaient arrivés sur place et que d'autres étaient en chemin. Au lieu d'une percée victorieuse, c'était maintenant le flanc gauche des forces de l'Axe qui se trouvait en danger grandissant. Au cours de l'après-midi précédent, le groupe de combat de l'Afrikakorps avait déjà été arrêté par un tir convergent et nourri de l'artillerie américaine postée sur les hauteurs environnant Tébessa. Dans l'après-midi, Rommel et Kesselring décidèrent de retourner les forces de l'Axe vers l'est contre la VIIIe armée déployée face à la ligne de Mareth. Les troupes germano-italiennes reçurent donc l'ordre d'amorcer un mouvement de repli progressif, dans un premier temps jusqu'au col de Kasserine. Malgré la destruction de 260 tanks et la capture de 4 000 soldats, l'offensive de Rommel se soldait par un échec.

Avant de mettre fin à leur entretien, Kesselring demanda à Rommel s'il accepterait de prendre le commandement du groupe d'armées en Tunisie. Contre son attente, le très carriériste Rommel repoussa l'offre et s'en expliqua dans ses Mémoires : « Apparemment, en conséquence de l'offensive de Kasserine, je n'étais plus *persona non grata*. J'étais ainsi de nouveau bien considéré en dépit de mon défaitisme. Mais après tout ce que j'avais enduré dans les derniers mois et sachant de toute façon que le Führer avait déjà assigné le commandement du groupe d'armées au colonel-général von Arnim, je déclinai l'offre. En tout état de cause, je n'avais pas envie de prendre un commandement qui relèverait de la Luftwaffe et du Commando Supremo, et pour lequel j'aurais encore à subir leurs ingérences dans les questions tactiques. Le feld-maréchal Kesselring, ses mérites indubitables mis à part, n'avait aucune compréhension des véritables conditions tactiques et opérationnelles sur le théâtre africain. Il voyait tout en rose et nos succès contre les Américains le rendaient maintenant plus aveugle encore. Il est vrai que les troupes américaines n'étaient pas encore comparables aux troupes chevronnées de la VIIIe armée, mais elles compensaient jusque-là leur manque d'expérience par leur équipement à la fois bien meilleur et plus abondant, ainsi que par leur commandement plus flexible d'un point de vue tactique. En fait, leur matériel de guerre était tellement abondant en matière d'armes antichars et de véhicules blindés que nous ne pouvions envisager les prochaines batailles de mouvement qu'avec très peu d'espoir de remporter des succès[64]. »

L'ironie du sort voulut qu'un ordre du Commando Supremo plaçant toutes les forces de l'Axe en Tunisie sous les ordres de Rommel arrivât dans la soirée du 23 février. Résultat spectaculaire de l'offensive de Kasserine chez Hitler et Mussolini. Mais, au lendemain du début de la retraite, il était beaucoup trop tard pour rattraper l'occasion perdue : « J'ai éprouvé des sentiments mitigés en apprenant cette nouvelle, expliqua-t-il. D'une part, j'étais content de pouvoir encore avoir une grande influence sur le destin de mes hommes [...]. D'autre part, je n'étais pas très heureux à l'idée de continuer à jouer le bouc émissaire pour le quartier général du Führer, le Commando Supremo et la Luftwaffe[65]. » La pensée que cette promotion fût purement symbolique ne lui traversa pas l'esprit.

Dans une lettre adressée à Lucie, Berndt donnait une curieuse interprétation psycho-médicale de la décision : « Le professeur Horster a diagnostiqué une amélioration et n'a soulevé aucune objection à ce qu'il conduise encore les opérations pendant quelques semaines avant de suivre son traitement. Par conséquent – il ne faut pas que le feld-maréchal sache cela –, j'ai rencontré le Führer et le commandant en chef du Sud. Au beau milieu de nos opérations couronnées jusque-là de succès, on nous a informés de la décision d'établir un groupe d'armées "Rommel", avec les deux armées placées sous son commandement. C'est la preuve que le Führer et le Duce ont encore confiance en lui. J'ai œuvré en ce sens afin de le convaincre qu'il avait toujours la confiance de ses supérieurs, et cela même après une longue retraite, d'autant plus qu'il avait commencé à se persuader du contraire[66]. »

Sans surprise, Kesselring, Arnim et le Commando Supremo ne tinrent aucun compte de son nouveau commandement. C'est donc un Rommel en furie qui téléphona à Kesselring le 26 février pour éclaircir la situation de la chaîne de commandement en Afrique du Nord. Westphal était arrivé d'urgence de Rome peu auparavant pour lui demander de la part de Kesselring de laisser les 10e et 21e divisions de panzers occuper quelques jours de plus les cols de la Dorsale tunisienne orientale, jusqu'au déclenchement de l'attaque d'Arnim sur Béja. C'était la première fois que Rommel entendait parler d'une telle attaque et ses objectifs lui paraissaient disproportionnés pour les forces disponibles. Selon lui, il aurait fallu déclencher une telle opération le jour où les forces de l'Axe avaient lancé leur attaque vers Le Kef. Il convoqua Arnim, qui lui était maintenant subordonné, pour apprendre que celui-ci avait déjà été sommé de se rendre à Rome le matin même. Les manœuvres d'Arnim plus la convocation d'un général allemand par un Italien, le tout à son insu, c'était beaucoup plus que ne pouvait en supporter Rommel. Il décida de rendre la monnaie de sa pièce à Arnim et téléphona à la 10e division de panzers. Apprenant qu'elle avait déjà amorcé son mouvement de repli, il lui donna évidemment l'ordre de poursuivre.

Après quoi, Rommel prédit qu'Arnim échouerait en raison de la faiblesse de ses forces devant prendre part à l'opération. Et le 3 mars (après l'échec d'Arnim), il déclara d'un ton suffisant à son état-major qu'il avait eu raison, avant d'enfoncer le clou dans ses Mémoires : « Au mieux, elle n'aurait même pas pu se tailler un franc succès, et les pertes subies par nos forces étaient beaucoup plus lourdes que celles que nous étions en mesure d'infliger à l'ennemi. Elle ne se développa nulle part en une manœuvre tactique sans heurts ; ce fut, en fait, un simple gaspillage de forces. Je fus particulièrement en colère de voir comment nos quelques chars Tigre en Afrique, qui nous avaient été refusés pour notre offensive dans le Sud, avaient été employés pour attaquer à travers une vallée marécageuse, où ils ne pouvaient tirer profit de leur principal avantage – la longue portée de leurs canons lourds. Les chars lourds s'embourbèrent rapidement ou furent arrêtés par l'ennemi. Des 19 chars Tigre qui étaient entrés en action, 15 furent détruits. Ce fut la même chose avec les autres chars qui avaient attaqué par la vallée étroite, un grand nombre de ceux-ci furent détruits par les Britanniques[67]. »

Plus grave encore, cette offensive avortée entraîna un retard de deux jours dans l'envoi des divisions dont Rommel avait besoin pour son attaque contre Montgomery, qui, informé par Ultra de la direction et de la date précises de celle-ci, en profita pour établir ses défenses en conséquence.

Le plan initial de Rommel prévoyait d'anticiper l'assaut anglais : « Nous devons attaquer rapidement », avait-il dit à ses commandants. « Nous ne pouvons pas nous borner à de simples opérations défensives. Nous devons détruire les préparatifs de l'ennemi en vue d'une offensive de grande envergure [...]. Notre premier objectif sera Medenine », carrefour de routes et de petits chemins désertiques. Il savait cependant qu'il se heurterait à des combattants aguerris et que la topographie de la région ne lui donnait guère l'avantage d'une surprise offensive.

Dans la réunion d'état-major du 28 février, Rommel se décida pour la première fois contre l'habituel mouvement tournant visant à prendre l'ennemi à revers. Il proposa une attaque en tenaille, les 10e et 21e Panzer attaquant par le nord, près de la côte, et la 15e se frayant un chemin à travers les montagnes pour attaquer Medenine par le sud. Selon lui, une attaque par le nord serait bien la dernière chose à laquelle s'attendrait Montgomery. Un tollé s'éleva contre son plan d'opérations. Buelowius signala qu'ils avaient posé des milliers de mines dans le Nord. « Nous les avons piégés pour empêcher leur déplacement, expliqua-t-il. Si nous les faisons sauter, cela donnera à l'ennemi un avertissement que nous arrivons. » La contre-proposition de Messe reposait sur le franchissement de la chaîne de montagnes à Matmata. Rommel retoqua cette suggestion, car l'aviation ennemie pourrait facilement bloquer les routes étroites en mettant le feu aux camions transportant des munitions ou de l'essence. Il demanda à Messe à quel endroit Montgomery avait posté ses canons. Le général italien lui répondit que les photographies aériennes avaient révélé que la plupart de ceux-ci étaient déployés entre

Medenine et la côte, ce qui semblait un autre argument contre l'adoption de son plan. N'y renonçant pas pour autant, Rommel fit alors remarquer à ses subordonnés : « Nous en avions plein le dos de combattre les chars britanniques à une grande distance à El-Alamein. Mais notre expérience en Tunisie nous a montré que nos chars sont de loin supérieurs à ceux des Britanniques et des Américains à une faible distance. Nos chars ont donc besoin d'un terrain accidenté pour leur avance. » L'argument ne convainquit personne. Après cinq heures de discussions, on était toujours dans l'impasse. Rommel laissa à Messe le soin de concevoir un plan de bataille et déclina toute responsabilité pour la suite des événements. Celui-ci s'en tint à un simple mouvement tournant visant à déborder l'ennemi par les montagnes.

À 6 heures le 6 mars, l'artillerie allemande se mit à pilonner les lignes ennemies. Les Nebelwerfer, ces terrifiants lance-roquettes multiples, ouvrirent le feu depuis le secteur de la 90e division légère. Pendant les deux premières heures de la bataille de Medenine, Rommel peina pour voir le déroulement des combats à partir de la cote 713, le champ de bataille étant entièrement couvert de brume. Mais la lueur qui précéda le lever du soleil et les éclairs éblouissants jaillissant des canons à travers un brouillard plus ou moins épais offrirent une vue des plus spectaculaires. À 8 heures, le champ de bataille s'était éclairci suffisamment pour que Rommel pût enfin suivre les mouvements de ses troupes.

À ce moment, les choses commencèrent à se gâter. Suivies de l'infanterie transportée par camions, les trois divisions de panzers avancèrent jusqu'à une crête à environ 15 kilomètres de Medenine. À cet endroit, elles se heurtèrent à des champs de mines et à un rideau de canons antichars. Lorsque Rommel rencontra le commandant de l'Afrikakorps, quatre heures plus tard, ce dernier lui signala que « l'ennemi attendait manifestement cette attaque ». Des prisonniers britanniques et des documents capturés par un bataillon de reconnaissance confirmèrent que Montgomery connaissait à l'avance tous les détails de l'opération. À son habitude, Rommel soupçonna à tort une trahison d'officiers italiens. En réalité, il s'agissait encore une fois d'un succès d'Ultra.

Voyant la futilité de toute obstination, Rommel interrompit

l'attaque à 17 heures. Il avait déjà perdu 52 de ses 145 chars, contre aucun chez l'ennemi. Plus grave, il n'était pas parvenu à contrecarrer les préparatifs de Montgomery en vue de sa grande offensive : « Une attaque en tenaille aurait été plus susceptible de réussir », se lamentait-il.

Cet échec mit donc un terme à ses espoirs de battre l'une ou l'autre des deux armées alliées avant qu'elles opèrent leur jonction et soumettent les forces de l'Axe à une pression combinée. « Pour le groupe d'armées, rester plus longtemps en Afrique représentait dans ces circonstances un véritable suicide », écrivit-il dans ses Mémoires[68]. La semaine précédente déjà, il avait fait parvenir à Hitler par l'entremise de Kesselring un rapport à la fois sobre et sombre qui exprimait non seulement son opinion, mais également celle de ses deux chefs d'armée, Arnim et Messe. Il soulignait que la 5e armée de panzers et la 1re armée italienne tenaient un front dangereusement étiré sur près de 650 kilomètres face à des forces qui disposaient de deux fois plus de combattants et de six fois plus de chars. Il préconisait par conséquent que le front soit réduit à un arc de 150 kilomètres protégeant Bizerte, Tunis et Enfidaville, tout en spécifiant que celui-ci ne pourrait être tenu que si le ravitaillement était porté à 140 000 tonnes par mois. Certes, il reconnaissait que sa proposition entraînerait l'abandon de la plus grande partie du territoire tunisien et de plusieurs aérodromes importants, mais il estimait toutefois qu'elle permettrait de tenir une tête de pont en Afrique du Nord plus longtemps que dans la situation actuelle. À cet effet, la 1re armée italienne devait décrocher de la ligne de Mareth et se retrancher sur une nouvelle position établie à Enfidaville avant que Montgomery passe à l'attaque.

Kesselring formula avec juste raison une objection en annexe du rapport de Rommel selon laquelle les aérodromes qui tomberaient entre les mains de l'ennemi par suite d'un tel repli des forces de l'Axe rendraient dorénavant presque impossible toute opération de ravitaillement à Tunis ou à Bizerte. En outre, la demande de Rommel en ravitaillement pour tenir une tête de pont en Tunisie était irréaliste. En janvier, malgré des efforts héroïques de la marine marchande italienne, qui perdit 22 navires ravitailleurs sur un total de 51, 46 000 tonnes seulement étaient arrivées en Tunisie. Et le mois suivant, 53 000 tonnes.

Lorsque Jodl lut à haute voix le rapport de Rommel à Hitler, celui-ci entra dans une rage folle, rappelant tous les arguments rabâchés par Rommel depuis novembre 1942 sur les avantages stratégiques d'un repli des forces de l'Axe jusqu'en Tunisie. « C'est totalement le contraire de tout ce qu'il nous a dit auparavant, vociféra-t-il. Il est hors de question qu'il se replie jusque-là[69]. » Jodl s'empressa alors de rédiger une réponse.

En fin de soirée le 6 mars, quelques heures après avoir interrompu son attaque, Rommel reçut un message radio : « Le chef des opérations de la Wehrmacht affirme que le Führer désapprouve votre rapport sur la situation. » Kesselring avait annexé la réponse de Jodl à son message. Rommel fut stupéfait et consterné par le refus catégorique de Hitler de sa proposition. « L'évaluation de la situation du feld-maréchal Rommel diffère fondamentalement de celle qu'il a soumise au moment où il se trouvait encore à l'est de Tripoli, lorsqu'il considérait que seul un repli jusqu'à la présente ligne de Mareth lui permettrait de résoudre toutes les crises possibles, lui écrivait Jodl. Replier les deux armées dans une étroite tête de pont autour de Tunis et de Bizerte signifierait pour celles-ci le commencement de la fin. » Jodl ajoutait que le Führer recommandait avec insistance de lancer des attaques brusques et limitées contre l'ennemi afin de lui couper le souffle. En vue de cela, il promettait de doubler, puis de tripler la quantité de ravitaillement pour les forces de l'Axe en Tunisie[70].

Rommel se sentit soudainement trop malade et décida de laisser le commandement à Arnim, pour rentrer en Europe et y suivre son traitement. Prévenu de son départ, Arnim lui demanda d'user de son influence auprès de Hitler et de Mussolini pour leur faire comprendre la gravité de la situation pour les forces de l'Axe en Tunisie : « Nous ne pouvons pas nous permettre un second Stalingrad. Il est encore temps pour la marine italienne de nous sortir d'ici. » Rommel lui garantit qu'il ferait tout son possible et, bien sûr, qu'il reviendrait. C'était à qui serait le plus hypocrite.

En fait, Rommel quittait le continent africain pour toujours. Son état-major était déjà en route pour Semmering ainsi que tous les papiers dont il aurait besoin pour rédiger l'histoire de ses campagnes militaires. Lucie le rejoindrait également. À

7 h 50 le 9 mars, Rommel monta à bord d'un avion à Sfax et, accompagné du capitaine Berndt et du professeur Horster, s'envola pour Rome. Quatre heures plus tard, il s'entretenait avec Mussolini, mais il ne parvint pas à lui faire entendre raison : « Je dis à Mussolini rapidement et nettement tout ce que je pensais de la situation, puis je lui exposai les conclusions à en tirer. Mais lui aussi semblait dépourvu de tout sens de la réalité dans l'adversité et passa tout le temps de l'entretien à chercher des arguments pour justifier son opinion. L'un de ses principaux soucis était la crainte du choc considérable que la perte de la Tunisie produirait alors en Italie. Je déclinai son offre d'envoyer une division italienne supplémentaire à Tunis, lui suggérant qu'il devrait plutôt équiper celles qui se trouvaient déjà en Italie de sorte qu'elles puissent y livrer bataille contre les Britanniques comme c'était à prévoir. Au fil de la conversation qu'il conduisit en allemand, le Duce parla d'un ton cordial, quoique celui-ci devînt un peu plus acrimonieux vers la fin. En fait, j'appris plus tard de Berndt que le Duce avait eu l'intention ce jour-là de me décorer de la médaille d'or de la bravoure militaire de l'Italie. Mais il se retint, ayant apparemment été contrarié par mon attitude défaitiste. Cependant, il me remercia pour nos hauts faits dans la campagne africaine et m'assura de sa confiance inébranlable[71]. »

Le 10 mars, Rommel arrivait en Ukraine. Un officier le conduisit de l'aérodrome de Kalinovka au quartier général du Führer à Vinnitsa. C'est de ce simple baraquement militaire que Hitler avait dirigé sa grande offensive de l'été précédent dans le sud de la Russie qui s'était enrayée à Stalingrad. Il était passé récemment à la contre-attaque pour rétablir le front méridional de l'armée allemande en URSS. À l'arrivée de Rommel, le Führer se trouvait chez von Manstein, le responsable direct de la contre-attaque. À son retour, Hitler invita Rommel à prendre le thé en tête à tête : « Il avait l'air profondément bouleversé et déprimé à cause du désastre de Stalingrad, nota Rommel. Il déclara qu'on était bien souvent sujet à considérer le plus mauvais côté des choses après une défaite, tendance qui peut conduire à des conclusions fausses et dangereuses. » Rommel comprit très bien que Hitler faisait allusion à lui. Cette accusation de défaitisme l'insupportait. Pourtant, le lendemain, Hitler fit venir

Rommel à la conférence du midi et, alors que personne ne s'y attendait, ajouta les Brillants à sa Croix de fer. Rommel était le sixième officier de la Wehrmacht et le premier de l'armée de terre à porter les Brillants, une décoration qui ne serait remise que 27 fois durant la Seconde Guerre mondiale.

Hitler convia ensuite Rommel à se joindre à lui pour le dîner, puis à la conférence de guerre en fin de soirée. Durant celle-ci, Rommel réitéra sa demande d'une réduction du front en Tunisie. Hitler demanda à réfléchir et, contre toute attente, le convoqua le lendemain pour lui dire qu'il se rangeait à son avis, du moins partiellement. Les éléments d'infanterie de la 1re armée italienne se replieraient sur la position de Wadi-Akarit, qui se trouvait beaucoup plus au sud d'Enfidaville, tandis que les unités blindées défendraient la ligne de Mareth aussi longtemps que possible, ne devant l'évacuer que si l'ennemi était sur le point de la percer ou de la déborder. Une éventualité qui réduirait alors le front des forces de l'Axe d'un peu moins de 100 kilomètres. Goebbels, qui avait assisté à la conférence, tira la leçon politique du jour : « Il [Rommel] a fait un rapport qui a beaucoup plu au Führer. Rommel a de nouveau tous les atouts dans son jeu. L'entrevue avec le Führer s'est extrêmement bien déroulée[72]. »

Rommel, revigoré par la décision subite et inattendue de Hitler de raccourcir le front en Tunisie ainsi que par sa nouvelle décoration, croyait jouir de nouveau de la faveur du Führer. Il se préparait même à retourner en Afrique du Nord pour y organiser la défense des troupes germano-italiennes. Mais Hitler lui donna l'ordre de prendre quelques mois de congé pour se rétablir. Rommel était donc tout désappointé quand il reprit l'avion pour Wiener-Neustadt, où l'attendaient Lucie et Manfred. Il prit néanmoins le temps d'écrire à Arnim pour l'informer de l'heureux aboutissement de ses discussions avec Hitler.

Au même moment, Kesselring recevait le message radio suivant : « Le Führer a donné l'ordre au feld-maréchal Rommel de prendre un congé exceptionnel [...]. Il ne faut absolument pas révéler ce fait, même aux commandants et aux troupes. » Deux jours plus tard, le grand amiral Dönitz, qui rendait visite à Mussolini à Rome, lui remit une lettre de Hitler expliquant les dessous de sa décision : « Pour le moment, j'ai donné l'ordre au feld-maréchal de prendre un congé exceptionnel pour rétablir sa santé. C'est une conséquence qui était devenue inévitable selon les avis des médecins, mais aussi à en croire mes propres yeux. [...] Je dois vous demander de ne pas divulguer le fait que Rommel est en permission spéciale ni celui relatif au changement actuel de commandement en Afrique. [...] Quel que soit le jugement de la postérité sur le feld-maréchal Rommel, celui-ci a été aimé de ses troupes et en particulier des soldats allemands dans tous ses commandements. Comme adversaire, il a toujours été redouté par ses ennemis, et il l'est encore[73]. »

La raison pour laquelle Hitler n'avait pas autorisé Rommel à retourner en Tunisie en dépit de la gravité de la situation militaire a donné lieu à de nombreuses suppositions. Le « Renard du désert » était-il affaibli par la maladie au point de ne plus être en mesure d'assumer ses fonctions de commandant en chef du groupe d'armées Afrika ? Avait-il reçu l'ordre de faire sa cure sans plus attendre à cause de ses revers sur le champ de bataille ou tout simplement parce que Hitler ne supportait plus la contradiction ? Est-ce que le Führer voulait épargner à son général préféré le déshonneur de la reddition ? Craignait-il de voir un autre de ses feld-maréchaux tomber entre les mains de l'ennemi quelques semaines seulement après que Paulus eut capitulé à Stalingrad et été fait prisonnier par les Russes ?

Ce que Rommel ignorait, c'est que Hitler considérait la perte de l'Afrique comme inévitable depuis la fin de novembre 1942. S'il faut en croire le major-général Warlimont, l'adjoint de Jodl à l'OKW, Hitler lui aurait fait cette confidence le lendemain de la visite intempestive de Rommel à Rastenburg. D'après Warlimont, Hitler lui aurait alors expliqué que la seule chose qui importait était de gagner du temps pour interdire aux Alliés l'accès des détroits de la Sicile aussi longtemps que possible, une mission d'une importance primordiale afin de prévenir toute opération amphibie anglo-américaine dans le sud de l'Italie[74].

Par conséquent, Hitler avait sans doute voulu éviter que la réputation légendaire de son général ne fût ternie par une défaite en Afrique du Nord. Le statut de héros national du « général de panzers » avait une telle valeur pour la propagande que son mythe d'invincibilité devait être préservé à tout prix, d'autant plus que la guerre s'éternisait. Avant l'effondrement final et prévisible du front germano-italien en Tunisie, Rommel avait en quelque sorte été exfiltré, grâce à un prétexte médical plausible, afin que sa réputation intacte pût encore servir le Reich.

10

LE CONSEILLER DE HITLER

Au printemps 1943, Rommel était à Semmering. Pour ne pas éveiller les soupçons, il devait porter des vêtements civils et ne pas quitter sa résidence. Aussi tira-t-il profit de son congé pour écrire ses souvenirs de guerre. Le lieutenant Schmidt, son aide de camp, lui donnait un coup de main en classant les papiers militaires utiles pour la rédaction de ses Mémoires. Lucie les tapait à la machine, tandis que Manfred, maintenant âgé de 14 ans, traçait les courbes de niveau sur les cartes militaires. Cette rédaction suscitait autant de souvenirs que de questions. Environ 18 000 Allemands dont 9 généraux étaient morts en Afrique du Nord depuis février 1941. Les forces de l'Axe, qui avaient pourtant pénétré profondément à l'intérieur de l'Égypte à l'été 1942, couraient maintenant le danger de subir une défaite totale après une retraite éprouvante jusqu'en Tunisie. Comment avait-on pu en arriver là ?

Bientôt, l'inactivité pesa à Rommel : « Alors que la guerre continue, un feld-maréchal est prisonnier dans son propre pays », dit-il à son épouse d'un ton déprimé[1]. Sa convalescence le rendait pessimiste au point qu'il en vint à se demander s'il n'était pas en défaveur auprès du Führer. Cette hypothèse sembla se confirmer quand Hitler ne daigna pas répondre au télégramme qu'il lui avait envoyé pour son cinquante-quatrième anniversaire le 20 avril 1943. Pourtant, il n'avait pas lésiné sur les louanges : « Que cette nouvelle année vous apporte, *mein Führer*, la victoire sur tous les fronts[2]. » Plus humiliant encore, sa récente décoration avait été tenue secrète. Tous les jours, il cherchait dans la presse la mention de cette décoration ou celle de la lettre d'éloges du Führer qui l'accompagnait, mais en vain. « Je suis tombé en disgrâce, déclara-t-il à son fils d'un air dépité. Je ne peux m'attendre à aucune tâche importante pour le moment[3]. »

Même s'il était à mille lieues des combats qui se déroulaient en Afrique du Nord, Rommel avait l'esprit préoccupé par ce théâtre des opérations. Il était resté en contact avec Arnim, qui lui était encore théoriquement subordonné, jusqu'au moment où celui-ci lui écrivit pour s'excuser du fait que Kesselring lui avait dorénavant interdit de lui envoyer d'autres rapports. Rommel était angoissé et le sentiment de son impuissance l'écrasait. De toute façon, il apparaissait à la seule lecture des journaux, ceux-là mêmes qui avaient déjà par le passé proclamé le triomphe du « général de panzers » en Afrique du Nord, que la catastrophe était imminente. Mais Rommel n'avait pas besoin de lire les journaux. Il savait que les forces de l'Axe se trouvaient dans une situation désespérée : Arnim n'avait plus que 70 chars et faisait distiller de l'essence avec du vin de qualité inférieure et des alcools trouvés dans la ville de Tunis détruite par les bombardements.

Rommel écrivit une lettre au commandement suprême de la Wehrmacht dans laquelle il insistait sur la nécessité d'évacuer tout au moins par air les officiers et les experts allemands les plus compétents. Mais l'OKW fit la sourde oreille à sa proposition, d'autant plus que son rival Kesselring, optimiste comme toujours, était parvenu à convaincre Hitler et son état-major de la possibilité de tenir Tunis sans difficulté avec les renforts prévus.

Mais, à court de carburant et de munitions, surclassées en effectifs et en équipement, les troupes germano-italiennes, soumises à une offensive convergente des armées anglo-américaines, durent capituler, le 12 mai. Environ 130 000 soldats allemands et 180 000 soldats italiens furent faits prisonniers. C'était une défaite tout aussi désastreuse que celle de Stalingrad, car elle ouvrait directement la voie à l'invasion de l'Italie tout en privant les forces de l'Axe d'une partie importante de leurs combattants les plus aguerris. Ceux-ci auraient permis de défendre puissamment l'entrée de l'Europe par l'Italie, et les chances de réussite d'une opération amphibie alliée en auraient été du même coup réduites[4].

Le 8 mai, soit cinq jours avant la cessation définitive des combats en Tunisie, Rommel fut convoqué à Berlin. Le Führer croyait maintenant que le Duce pourrait survivre à la perte de la Tunisie, mais pas forcément à une invasion de l'Italie continentale. Rommel trouva Hitler pâle et inquiet, sa confiance en soi étant manifestement ébranlée. « J'aurais dû vous écouter plus tôt, mais je présume qu'il est désormais trop tard », lui confia d'emblée le Führer. Puis il lui déclara sans ambages : « Tout sera bientôt terminé en Tunisie[5]. » Après l'entretien, Rommel laissa percer sa déception dans son journal : « Toujours aucun poste en particulier. Le feld-maréchal Keitel a fait allusion à un emploi en Italie si la situation y devient délicate pour le Duce[6]. »

Mais le très dévoué feld-maréchal n'était pas qu'un simple prisonnier dans son propre pays, puisqu'il profita de l'opportunité offerte par le ministère de la Propagande pour se mettre une nouvelle fois en valeur peu avant la fin de la campagne nord-africaine. L'imminence de la défaite des forces de l'Axe en Tunisie n'amoindrissait en rien son besoin d'adulation, ni l'intérêt que lui portait Goebbels. Ce dernier l'avait choisi pour participer à un tout nouveau projet qui consistait à préserver pour la postérité les succès militaires de la Wehrmacht. En tant que porte-parole de Hitler, le ministre de la Propagande avait demandé à ses adjoints de réaliser une série de portraits filmés des généraux victorieux. Ces héros militaires du Führer devaient ainsi illustrer les exploits du régime nazi durant la guerre. Le vainqueur de Tobrouk, l'« Hannibal des temps modernes », le « Renard du désert », était évidemment le premier sur la liste. À ce moment-là, aucun autre général de la Wehrmacht ne jouissait d'une si grande réputation. Outre sa renommée, Rommel correspondait parfaitement aux stéréotypes de la propagande nazie : les cheveux blonds et les yeux bleus, il était l'archétype du soldat allemand ; ancien combattant du front durant la Première Guerre mondiale et l'un des rares officiers à avoir été décoré de la Pour le Mérite, la plus haute distinction militaire de l'Allemagne impériale, il était un commandant audacieux ayant réalisé de véritables exploits. Or, puisque la propagande de Goebbels avait fait de Rommel l'idole de la nation allemande au moyen de ses reportages filmés, radiodiffusés et dans la presse écrite, les instances dirigeantes du IIIe Reich voulaient maintenant exploiter l'image de son héros grâce bien entendu à la complicité de celui-ci.

C'est sans hésitation que le feld-maréchal accepta en effet de relater devant les caméras du ministère de la Propagande à Berlin ses faits d'armes pendant la guerre du désert. Dans son récit, il rendait hommage aux exploits accomplis par « le soldat allemand », qui avait usé les forces de l'ennemi par des « attaques éclairs » et par des « poursuites implacables » en vue de remporter la victoire finale, et cela sans jamais se reposer et en bravant les forces de la nature, comme les tempêtes de sable ou les nuages de mouches, pour finalement « pousser les Anglais dans le sable ». Il parlait également de la chaleur accablante, des souffrances provoquées par la soif ou la faim, de l'écrasante supériorité de l'ennemi en effectifs et en équipement. En somme, il racontait ce que les dirigeants du régime nazi voulaient entendre : « Le soldat allemand a réussi à passer au travers de cette période difficile de façon éclatante. » Du reste, il mettait l'accent sur la « victoire contre des forces supérieures » et insistait sur le fait que « malgré d'énormes difficultés, la tâche sera accomplie ». Pour conclure, il exposait son credo : « La seule chose qui importe est la volonté de remporter la victoire[7]. »

Comment expliquer que Rommel se fût prêté de la sorte à la propagande nazie ? Était-il un fervent patriote ou tout simplement un instrument naïf au service du régime nazi ? Certes, il savait très bien que se montrer bienveillant à l'égard de Goebbels ne pouvait que favoriser l'avancement de sa carrière. En revanche, il était indéniablement très naïf en matière de politique. À ses yeux, la politique voulait dire servir la patrie. Et puisque le dirigeant de la patrie se nommait Adolf Hitler, alors pour Rommel, *« Führer, Volk und Vaterland »* était une seule et même chose.

Au reste, l'idée de Goebbels était judicieuse, tant le mythe de l'invincibilité de Rommel était présent dans le camp des Alliés. Une caricature publiée dans le *Daily Mail* en mars montrait l'effet que Rommel continuait de produire sur les Britanniques, malgré le refoulement des troupes germano-italiennes dans une tête de pont en Tunisie qui allait en se rétrécissant. Dans cette caricature, quatre généraux alliés fort respectés joignaient leurs forces pour enlever Rommel qui s'accrochait fermement à la poignée de porte de l'« hôtel Tunis[8] ».

À ce moment-là, la population allemande ignorait toujours que Rommel avait déjà lâché cette poignée de porte. Mais Goebbels considérait qu'il n'était pas dans l'intérêt du régime nazi de passer ce fait sous silence plus longtemps. La campagne nord-africaine tirant à sa fin, il était temps à son avis de passer à l'action. Étant donné que tout le monde pensait que Rommel était encore à la tête du groupe d'armées Afrika, il appréhendait que le régime perdît sa crédibilité si la vérité finissait par se savoir après que la catastrophe militaire se fut produite[9]. Sur les instances du ministère de la Propagande, le commandement suprême de la Wehrmacht annonça ainsi au début de mai que Rommel était en congé de maladie depuis deux mois.

À l'instar de Hitler, Goebbels estimait qu'il était également important de distancier Rommel de la fin de la campagne nord-africaine. Il fallait éviter à tout prix que le « Renard du désert » soit associé à la défaite militaire, car « cela serait très préjudiciable à son nom ». Aux yeux du ministre de la Propagande, ce nom avait une « très grande valeur » non seulement en raison de son utilité pour l'effort de guerre, mais aussi à cause du fait qu'« une autorité militaire comme celle de Rommel ne peut pas être créée et supprimée à volonté[10] ».

Par conséquent, c'était quelqu'un d'autre qui avait envoyé le dernier message radio en provenance de Tunisie. Il s'agissait en fait du dernier commandant de l'Afrikakorps, le général Cramer. Peu après minuit le 12 mai, il avait fait parvenir ce télégramme : « Munitions épuisées. Armes et équipement détruits. Le D[eutsches] A[frika] K[orps] s'est battu, conformément aux ordres, jusqu'à ce qu'il ne soit plus capable de poursuivre la lutte. Le D[eutsches] A[frika] K[orps] renaîtra de nouveau. *Heia Safari* (joyeux safari, cri de guerre usuel des soldats de l'Afrikakorps)[11] *!* »

La propagande s'appliqua à présenter cette défaite comme une véritable victoire pour les Allemands. La campagne nord-africaine était décrite comme un stratagème qui avait eu pour but de fixer de puissantes forces de l'ennemi afin de le mettre dans l'impossibilité de débarquer des troupes sur le continent et de laisser aux puissances de l'Axe du temps pour transformer l'Europe en une forteresse imprenable. Et le « Renard du désert » était bien entendu celui qui était loué pour ce succès stratégique[12].

Rommel rencontra Goebbels et Berndt à plusieurs reprises au début de mai pour travailler les détails d'une émission de radio intitulée « 27 Monate Kampf in Afrika » (« 27 mois de batailles en Afrique »). Le 12 mai, Rommel lut avec satisfaction la longue histoire écrite par Berndt, son ancien officier d'ordonnance à qui avait été confiée de nouveau la charge de la censure de toute la presse écrite du Reich. Ce dernier raconta d'un ton dramatique à la radio comment Rommel avait pu résister, grâce à son génie militaire, à la puissance de l'Empire britannique ; comment le dieu de la Guerre avait écrit le nom de Rommel sur la première page de l'histoire de la guerre du désert ; comment le maître des ruses de guerre avait dupé l'adversaire sur ses positions ou sur la direction générale de ses attaques au moyen des « panzers de Rommel » – les chars factices en carton montés sur des châssis de Volkwagen ; comment il avait disposé les « jardins du diable » pour la défense ; comment il avait attaqué inopinément à travers les montagnes sous la pluie battante, comme un orage qui éclate soudainement, pour surprendre l'ennemi et mettre en déroute une division indienne avec seulement une centaine d'hommes, etc. La litanie des exploits se concluait ainsi : « La bataille est terminée. Le drapeau du glorieux Afrikakorps, le drapeau sous lequel les divisions se joignant à nous plus tard ont également combattu, ce drapeau n'a pas été mis en berne. De nouveaux bataillons et régiments ont déjà été levés. Ils poursuivent la vieille tradition. Et un jour viendra où nous pourrons encore chanter avec joie notre vieille chanson de bataille : "Les chaînes cliquettent, le moteur ronronne, les chars roulent en Afrique[13]." » Rommel, qui fit lui-même à la radio le récit de la partie qui lui avait été attribuée, nota que Berndt était une fois de plus dans son élément. Il lui en eut une vive reconnaissance et, en souvenir du passé, lui fit parvenir une boîte de cigares.

Les clichés relatifs à la guerre du désert évoquant les palmiers, les oasis, les dunes, les chameaux et les Bédouins, bref l'*Heia Safari*, se perpétuèrent de différentes façons bien après la capitulation du groupe d'armées Afrika. Par exemple, un beau livre grand format de photos sur l'Afrikakorps fut publié en 1943. Son titre était tout à fait dans le ton de l'émission de Berndt : *Balkenkreuz über Wüstensand* (*Svastika au-dessus du sable du désert*). En fait, c'est la capture de la forteresse de Tobrouk qui avait donné l'impulsion à sa publication. À l'instar des actualités, il se faisait l'écho de l'époque coloniale : un soldat allemand s'entretenant avec un commerçant noir assis à l'ombre d'un palmier ; un pilote allemand expliquant tout ce qu'il fallait savoir sur un Messerschmidt à une famille de Bédouins à dos de chameau ; des Arabes invitant des soldats allemands à boire un bol de café ; des enfants autochtones et fort curieux regardant un soldat allemand du service des transmissions à l'œuvre ou contemplant avec admiration des armes allemandes ; et évidemment le feld-maréchal Rommel, dans son uniforme kaki couvert de poussière, le bras levé, dirigeant ses chars au combat.

Wilhelm Wessel, peintre affecté à la propagande nazie, publia ses travaux sur le théâtre des opérations de l'Afrique du Nord dans deux ouvrages : *Mit Rommel in der Wüste* (*Dans le désert avec Rommel*) en 1943 et *Umkämpftes römisches Land* (*Le théâtre de combats romain*) en 1944. Les expériences de guerre du peintre y étaient présentées au fil des événements militaires comme une histoire d'aventures passionnante dans laquelle le « Renard du désert » tenait une place à la mesure de sa légende[14].

Ce Rommel-là n'existait plus que dans la propagande nazie. Le véritable Rommel était plutôt un homme déprimé : « C'est sûrement un homme profondément abattu en raison d'une longue période en Afrique, notait Goebbels dans son journal. Mais on doit absolument empêcher que ce fait soit porté à la connaissance du public, car Rommel est après tout l'idole de guerre des Allemands[15]. » Et dans cette guerre qui n'en finissait plus, l'espoir et la persévérance étaient pour bien des Allemands des termes encore fermement associés au nom de Rommel.

Étrangement, Rommel entra de nouveau dans les bonnes grâces de Hitler. C'est bien une chose qui ne lui était jamais venue à l'idée. À partir du 9 mai, il voyait Hitler fréquemment et assistait régulièrement aux conférences de guerre. Celles-ci portaient en grande partie sur les dispositions à prendre pour contrer l'éventuelle invasion alliée de l'Italie. Rommel prévenait Hitler et son état-major de s'attendre à tout, et au pire. Comme l'indiqua Goebbels dans son journal, après que Rommel fut venu prendre le thé dans son jardin à Berlin le 10 mai : « Rommel a la plus mauvaise opinion des Italiens. Il est convaincu que dès que les Britanniques ou les Américains débarqueront dans le sud de l'Italie, les Italiens n'offriront aucun simulacre de résistance [...]. Il décrit le Duce comme un vieil homme fatigué[16]. »

Un autre indice portant à croire que Hitler était de nouveau en bons termes avec Rommel fut son autorisation, début mai, de rendre publique l'attribution des fameux Brillants. Le communiqué se terminait ainsi : « La santé du feld-maréchal Rommel est pour le moment en voie de rétablissement. Le Führer lui confiera une nouvelle tâche après son rétablissement complet[17]. » Goebbels se réjouissait que Hitler eût encore « une si bonne opinion de Rommel ». Il considérait même qu'il « peut être assez content de l'annonce que le Führer lui a dictée ». Par-dessus tout, il se félicitait de voir le Führer manifester l'intention de confier à celui-ci une charge importante : « Le Führer garde pour le moment Rommel à portée de la main. Il veut se le réserver pour la prochaine tâche importante et difficile qui surgira, et l'affecter là où un commandement nettement défini, mais improvisé sera requis d'extrême urgence[18]. » Rommel se sentait de meilleure humeur à mesure que ses rapports avec Hitler devenaient de plus en plus suivis. Quand le Führer retourna à son quartier général à Rastenburg à la mi-mai, le feld-maréchal l'accompagna. De toute évidence, Hitler était content de pouvoir tirer profit de l'expérience du combat de Rommel durant les conférences de guerre. Il lui montrait les dernières nouveautés en matière de chars lourds, de canons d'assaut et de mortiers.

À ce moment, Hitler était préoccupé par la menace d'invasion alliée de l'Italie. Au terme de la conférence du 15 mai, il fit part de sa décision de prélever sur le front de l'Est 8 divisions de panzers et 4 d'infanterie pour les déployer précipitamment en Italie dans l'éventualité d'un débarquement anglo-américain sur les côtes de ce pays. Il entendait bien y envoyer ces forces, que cela plaise ou non au gouvernement italien et en confier le commandement à son général favori.

Deux jours plus tard, il donna ainsi l'ordre à Rommel de former un état-major en vue de la levée d'un nouveau groupe d'armées qui aurait pour mission d'occuper l'Italie en temps opportun, le nom de code étant « Alarich ». Le feld-maréchal était ravi que le Führer lui eût confié cette charge, ayant manifestement un compte à régler avec les Italiens. Il donna des instructions à son état-major et l'envoya s'installer à Vienne. À titre de chef d'état-major, Rommel avait fait appel au lieutenant-général Gause, qui avait déjà assumé cette fonction sous son commandement en Afrique du Nord. Les deux hommes en arrivèrent très tôt à la conclusion qu'il fallait occuper les cols des Alpes afin d'assurer le passage entre l'Italie et le Reich. Même sous Mussolini, les Italiens s'étaient appliqués avec ardeur à consolider leurs défenses frontalières contre le Reich. C'est d'ailleurs ce que Rommel avait remarqué à chaque fois qu'il prenait le train qui traversait le col du Brenner unissant l'Autriche à l'Italie : des bunkers avaient été construits, des équipes de démolition avaient été postées à proximité des nœuds ferroviaires et des ponts routiers. Si les cols des Alpes devaient être bloqués par les Italiens ou n'importe qui d'autre, le destin des forces allemandes en Italie serait dès lors scellé. Hitler avait déjà ordonné l'envoi de batteries antiaériennes pour protéger ces cols. Au cas où les Italiens s'y opposeraient, des raids aériens ennemis seraient simulés au moyen de bombes britanniques saisies. Rommel et Gause prirent les mesures qui s'imposaient.

Le 21 mai, en compagnie de Rommel, Hitler retourna à son fameux « nid d'aigle ». Le lendemain, il lui donna ses dernières directives sur sa nouvelle tâche. Rommel passa les jours suivants à dresser des plans pour infiltrer furtivement des troupes allemandes dans le nord de l'Italie dès que Hitler en donnerait l'ordre. Au moins 16 divisions emboîteraient le pas aux 4 qui seraient chargées de l'opération initiale.

Pendant les semaines suivantes, Rommel était constamment en compagnie de Hitler lors des conférences de guerre et s'entretenait avec lui « d'un ton animé » comme par le passé. Rommel remarquait d'ailleurs que le Führer était « tout à fait ravi de l'avoir à ses côtés » et qu'il lui accordait « toute sa confiance ». Il semblait même que l'optimisme de Hitler et ses nombreuses allusions aux conseils de Rommel avaient un effet bienfaisant sur celui-ci. « La force extraordinaire que respire Hitler, sa confiance inébranlable, son jugement prévoyant de la situation [...] ont fait apparaître très clairement ces jours-ci que nous sommes tous des pauvres types en comparaison du Führer », devait confier un Rommel tout revigoré à son épouse en août[19].

Le 1er juillet, Hitler s'envola pour Rastenburg afin de superviser l'opération « Citadelle », l'offensive contre le saillant de Koursk qui serait déclenchée quatre jours plus tard par les feld-maréchaux Manstein et Kluge. Rommel accompagna le Führer une fois de plus. Cette présence continuelle faisait jaser : le bruit courait que Hitler envisageait de promouvoir encore son général préféré. Hermann Kaiser, un capitaine de l'armée de terre, relatait les discussions entre officiers de l'OKH : « Ils disent que Hitler projette de nommer deux chefs d'état-major, avec Rommel en tant que commandant en chef de l'armée. » Un an plus tard, Rommel raconta justement à propos de sa présence aux conférences de guerre : « J'étais là comme conseiller, comme un genre de commandant en chef de l'armée. C'était l'idée, mais il n'en est pas résulté grand-chose, car le groupe des participants était toujours beaucoup trop nombreux pour s'attaquer efficacement aux problèmes[20]. »

Même s'il n'avait pas été formellement désigné pour remplir un tel rôle, Rommel se considérait lui-même comme étant *de facto* l'un des plus proches conseillers de Hitler pour les questions militaires. Il en était convaincu pour la simple raison que durant ces semaines, Hitler lui demandait souvent son opinion sur les toutes dernières nouveautés techniques des véhicules blindés. Lui qui n'était pas un produit de l'État-Major général de l'armée de terre croyait être enfin parvenu à passer devant cette clique d'officiers[21].

Le 10 juillet à midi, la nouvelle d'une opération amphibie des Anglo-Américains en Sicile fit l'effet d'une bombe au quartier général du Führer. Hitler eut une discussion privée de quatre heures avec Rommel, ce dernier lui recommandant vivement d'occuper sans plus attendre l'Italie continentale. Mais le Führer hésita pendant quelques jours sur ce qu'il devait faire. Kesselring et les diplomates à Rome lui assurant que la position de Mussolini n'était pas en danger, il voulait éviter de prendre des mesures qui pourraient déstabiliser le régime fasciste. Cependant, le 15 juillet, il signa le document qui désignait Rommel comme commandant en chef du nouveau groupe d'armées B et qui lui confiait la mission d'organiser la résistance en Italie centrale. Le feld-maréchal s'autorisa une interprétation personnelle de son nouveau poste, croyant qu'il ferait de lui le commandant suprême en Italie *de facto*, le moment venu.

Tous les soirs, Rommel rentrait en voiture, passant les fils de fer barbelés et les sentinelles à l'entrée du quartier général du Führer. Il regagnait ainsi la maison à colombages que Hitler avait mise à sa disposition, celle de Brauchitsch du temps où il était commandant en chef de l'armée de terre. Rommel savourait ces privilèges extraordinaires concédés par son Führer et les moments passés en sa compagnie. Tout cela lui rendait de la vitalité et de l'entrain. Il était plein d'idées et croyait avoir la solution à plusieurs des problèmes de Hitler.

Le 17 juillet, c'est un Rommel enthousiaste qui fit part de ses réflexions à son vieux camarade d'Afrique du Nord, le major-général Bayerlein, que le Führer avait fait venir à son quartier général le jour même. Après avoir favorisé la nomination du général Hans Hube, un vétéran de la bataille de Stalingrad, comme commandant de campagne en Sicile, Rommel avait ensuite proposé Bayerlein comme chef d'état-major de Hube. Assis dans le cabinet de travail de Rommel, Bayerlein écoutait à présent le feld-maréchal s'écrier : « Vous savez, Bayerlein, nous avons perdu l'initiative, il n'y a aucun doute. » Faisant allusion à l'opération « Citadelle », qui venait tout juste de se solder par un échec, Rommel déclara ensuite sur un ton passionné : « Nous venons d'apprendre en Russie que l'ardeur et la volonté ne suffisent pas. Ce dont nous avons besoin, c'est de nous y prendre d'une tout autre façon. Pour les prochaines années, il ne peut plus être question de reprendre l'offensive soit à l'Est soit à l'Ouest. Nous devons donc tirer le meilleur parti des avantages qui reviennent normalement à la défense. Dans les airs, nous devons construire des chasseurs et encore plus de chasseurs, et renoncer à toute idée de faire des bombardements quelconques. Il y a quelques jours, le Führer m'a dit qu'au début de la prochaine année nous produirons 7 000 avions et 2 000 chars par mois. Je ne vois plus les choses tout en noir comme en Afrique, bien qu'une victoire totale soit maintenant peu probable. »

Lorsque Bayerlein s'enquit de la façon dont Rommel envisageait la défense au sol, ce dernier s'exclama : « Vous vous souvenez combien nous trouvions difficile d'attaquer les écrans de canons antichars britanniques en Afrique. Eh bien, j'ai fait une étude approfondie de nos combats en Russie. Les Russes attaquent tout simplement de front et essaient de faire une percée uniquement grâce à la force du nombre. Mais si nous donnions à chacune de nos divisions d'infanterie d'abord 50, ensuite 100 et puis 200 canons antichars de 75 mm, nous serions en mesure d'arrêter les Russes. »

En cela, la stratégie de Rommel différait de celle de Guderian, le spécialiste de l'arme blindée allemande, qui recommandait avec insistance depuis 1942 un accroissement de la production des chars de combat. « Nous n'avons pas le moindre espoir de produire autant de chars que l'ennemi, fit remarquer Rommel. Mais nous le pouvons certainement dans le domaine des canons antichars. Supposez que l'ennemi nous attaque dans un secteur densément miné et que nous ayons installé un écran de canons antichars, disons sur une profondeur de 10 kilomètres. Il va s'y enliser et devra s'ouvrir un chemin petit à petit. Pendant ce temps, nous installerons toujours plus de canons derrière l'écran à l'endroit même où l'ennemi tente de percer [...]. Une fois que nos troupes s'apercevront que nous sommes capables de tenir ferme, leur moral montera de nouveau en flèche[22]. » Trois semaines plus tard, Rommel formula une demande pour obtenir 400 canons antichars pour chacune de ses divisions d'infanterie. Mais l'OKW ne put y répondre favorablement, faute de matériel.

L'étoile ravivée de Rommel indisposait fortement Göring. Et celui-ci savait comment s'y prendre pour faire revenir Hitler sur une décision. Le 18 juillet, Rommel notait dans son journal : « J'ai appris qu'on a conseillé au Führer de ne pas me confier le commandement en Italie parce que je suis hostile aux Italiens. Je suppose que la Luftwaffe est à l'origine de cela. Par conséquent, mon affectation en Italie est encore une fois retardée[23]. » Du coup, Rommel fut déçu quand le Führer le convoqua le 23 juillet pour l'informer de sa décision de déployer son groupe d'armées B à Salonique, dans le nord de la Grèce. Il le chargea ainsi de la mission de repousser toute tentative de débarquement des Alliés dans les Balkans. Outre la 11ᵉ armée italienne, il n'avait sous ses ordres qu'une division de panzers et trois divisions d'infanterie allemandes. Le retour à la réalité était rude.

C'est par une chaleur étouffante que Rommel atterrit à Salonique le 25 juillet. Accompagné de Gause, il prit les dispositions en vue de faire l'inspection des défenses de la région. « Le poste ne me plaît absolument pas », se plaignit-il à Lucie[24]. Douze heures précisément après que son avion se fut posé, il reçut un coup de téléphone du quartier général du Führer. C'était le major-général Warlimont qui l'appelait : « Le Duce a été arrêté ! Vous devez vous présenter immédiatement au quartier général du Führer. Personne ne sait ce qui se passe en Italie[25]. » À 7 heures le lendemain matin, Rommel s'envolait une fois de plus. Son commandement en Grèce aurait duré vingt-quatre heures...

Introduit dans la salle de conférences le 26 juillet, le feld-maréchal remarqua que Hitler était encore bouleversé et scandalisé par le traitement réservé à son allié Mussolini. Rome avait communiqué très peu de nouvelles. On rapportait cependant des émeutes antifascistes. Le roi Victor-Emmanuel III et le maréchal Pietro Badoglio avaient proclamé la loyauté de l'Italie envers l'Axe, mais Hitler n'en croyait pas un mot. Rommel nota ses premières impressions : « La situation en Italie est encore confuse. Nous ne savons rien jusqu'à présent des circonstances de la chute de Mussolini. Le maréchal Badoglio est entré dans ses fonctions de chef du gouvernement sur l'ordre du roi. Malgré la proclamation du roi et de Badoglio, nous devons nous attendre à ce que l'Italie sorte de la guerre ou tout au moins à ce que les Britanniques entreprennent de nouveaux débarquements majeurs en Italie du Nord. [...] J'espère que je serai envoyé en Italie bientôt[26]. »

Hitler avait en effet l'intention de tenter un coup de force et de s'emparer des membres du gouvernement italien. Voilà qui comblait le premier avocat de Rommel : « En sa qualité de soldat expérimenté, [il] est plus modéré dans son évaluation de nos possibilités, notait Goebbels. Il préférerait que notre opération soit préparée dans le détail afin d'accroître nos chances de réussir. Le Führer a confié à Rommel le commandement des premières opérations en Italie qui seront ordonnées par l'OKW. Keitel et Jodl se battent avec acharnement pour que Rommel ne reçoive pas aussi le commandement de nos troupes en Sicile. Ils ne veulent pas le voir obtenir trop de pouvoir et trop de troupes, car ils sont jaloux de lui[27]. »

Les discussions se prolongèrent, surtout après l'intervention du feld-maréchal Wolfram von Richthofen, commandant en chef de la 2e flotte aérienne en Italie : « Tout le monde se montre très dur à l'égard de Kesselring. J'ai contre-attaqué. Certaines de ses dépêches sont de l'aveu de tous peu diplomatiques psychologiquement, mais elles sont généralement parlant objectives et justes. Je suis d'accord avec celles-ci [...]. Rommel ne connaît rien. Dieu soit loué, il ne dit rien. Il ne laisse voir que sa soif de vengeance sur les Italiens pour lesquels il éprouve de la haine. Dönitz est modéré et raisonnable. Tous les autres, en particulier Ribbentrop, ne font que répéter tout ce que le Führer dit[28]. »

Le 28 juillet au matin, Rommel quitta Rastenburg pour Munich, où il devait établir le quartier général de son groupe d'armées B, le Führer lui ayant donné des instructions précises et secrètes pour préparer une invasion allemande de l'Italie. Lorsque l'OKW lui en donnerait l'ordre, il aurait pour mission d'occuper les cols des Alpes. Si les Italiens devaient opposer une résistance, il lui faudrait alors la vaincre en réduisant à néant leurs défenses. Entre-temps, pour ne pas inciter les Italiens à prendre des mesures préventives, on lui interdisait expressément de se montrer en Autriche, sans parler de l'Italie : « Ce poste me plaît beaucoup plus que celui dans le Sud-Est. Mais ce ne sera pas de la tarte. Il n'est pas difficile de deviner ce que les Italiens ont l'intention de faire maintenant que Mussolini n'est plus là – passer dans le camp ennemi avec armes et bagages[29]. » En fait, il ne se donnait même pas la peine de dissimuler son impatience de régler leur compte aux Italiens.

Ce même jour, le 29 juillet, Hitler fut informé par les services de renseignements de la SS que le nouveau régime italien était entré secrètement en contact avec l'ennemi. Le lendemain, il déclenchait l'opération « Alarich », l'invasion furtive de l'Italie ; Rommel donna alors l'ordre à la 26e division de panzers de franchir la frontière et d'occuper les cols des Alpes, suivie par les troupes austro-bavaroises de la 44e division d'infanterie et celles de la division blindée SS Leibstandarte Adolf Hitler. Officiellement, il s'agissait de protéger les routes de ravitaillement vers l'Italie contre des opérations de sabotage ou de troupes aéroportées. Les Italiens protestèrent et menacèrent même dans un premier temps de s'opposer par les armes au passage des troupes allemandes. Mais ils hésitèrent à ouvrir le feu contre leurs alliés. Rommel put ensuite étendre l'infiltration de son groupe d'armées B sous prétexte de soulager les Italiens de la défense du nord de leur pays afin de leur permettre d'envoyer des renforts au sud de la Péninsule où l'on attendait les Alliés d'un moment à l'autre. Cet argument était tellement solide d'un point de vue stratégique que le nouveau gouvernement italien ne pouvait guère le rejeter sans révéler son intention de changer de camp. Si bien que 8 divisions allemandes sous les ordres de Rommel furent bientôt prêtes à appuyer ou à renforcer les troupes de Kesselring au sud de la Péninsule.

Il n'était pas dans les habitudes de Rommel de se confiner dans son quartier général alors que ses troupes étaient en action. Mais c'étaient les ordres du Führer. Il attendait donc avec une impatience fébrile les rapports de ses commandants dans son train spécialement aménagé et arrêté dans une forêt au sud de Munich. Ses motifs étaient pour le moins divers : « D'une manière ou d'une autre, Kesselring a fait son temps en Italie[30]. » Et encore, trois jours plus tard : « Kesselring va probablement devoir quitter son poste bientôt – je suppose qu'il est fou de rage. Mussolini ne reviendra vraisemblablement pas. À ce qu'il paraît, le parti était vraiment corrompu et il fut rejeté en quelques heures. On dit que Mussolini n'aurait été bon à rien à tous les égards. Mais cela nous convient tout à fait d'avoir un seul grand homme pour diriger l'Europe[31]. »

Son optimisme fut conforté après un saut à Rastenburg le 11 août : « Au sujet de l'Italie, le Führer partage mon opinion, note-t-il avec satisfaction dans son journal. Le Führer semble avoir l'intention de m'y envoyer dans assez peu de temps. Tout comme moi, il ne croit pas que les Italiens sont de bonne foi. [...] Le Führer dit que les Italiens cherchent seulement à gagner du temps afin de sortir définitivement de la guerre. [...] Le Führer reste évidemment fidèle à son plan qui consiste à restaurer le pouvoir fasciste, parce que c'est la seule façon selon lui de garantir la loyauté inconditionnelle de l'Italie. Il a critiqué sévèrement le travail de [l'ambassadeur Hans-Georg] Mackensen, de Rintelen et de Kesselring, car ils interprètent encore mal la situation en Italie – particulièrement Kesselring – et font confiance aveuglément au nouveau régime[32]. »

Rommel se persuada d'autant mieux d'avoir gagné la partie que, durant la conférence du soir, Hitler donna pour instructions à Rommel et à Jodl de rendre visite aux dirigeants militaires italiens pour découvrir ce qu'ils pouvaient bien tramer contre l'Allemagne. Le 15 août, ils atterrissaient à Bologne. Un bataillon motorisé de la SS les y attendait, puis les conduisit dans une villa à l'extérieur de la ville où la rencontre avec leurs homologues italiens tourna au dialogue de sourds. Les deux Allemands en arrivèrent à la conclusion que la défection de l'Italie était imminente. Aussi Hitler décida-t-il d'évacuer rapidement la Sicile, soucieux de sauver le gros des troupes allemandes qui y étaient déployées.

Le retour de Rommel en Italie déclencha une tempête de protestations. Le général Vittorio Ambrosio, le commandant en chef de l'armée italienne, demanda même son rappel deux jours après la conférence de Bologne. Mais les Allemands firent la sourde oreille. L'OKW avait décidé unilatéralement de confier le commandement de toutes les troupes germano-italiennes dans le nord de l'Italie à Rommel et dans le sud à Kesselring.

Dans l'après-midi du 17 août, Rommel se rendit sur les bords du lac de Garde pour y établir son nouveau quartier général. Les Italiens ne se montrèrent aucunement coopératifs et refusèrent de lui donner la permission de poser une ligne téléphonique de là jusqu'à Munich. Sa division blindée SS lui signala que des pièges antichars avaient été dressés le long de l'autoroute reliant Florence à Pise, manifestement dans l'intention de contrer des mouvements de troupes allemandes. L'épreuve de force semblait désormais inévitable.

Pendant ce temps, Rommel se faisait du souci pour Lucie et Manfred qui habitaient toujours à Wiener-Neustadt, pas très loin d'usines d'aviation de la firme Messerschmidt. Berndt lui avait raconté comment 40 000 civils avaient péri lors du raid aérien sur Hambourg dans la nuit du 27 au 28 juillet. Quelques jours plus tard, dans l'hypothèse d'un raid sur la capitale du Reich, Goebbels avait enjoint aux Berlinois de quitter la ville s'ils n'étaient pas employés dans les industries de guerre.

De Munich, Rommel téléphona à Lucie le 23 août, jour du premier bombardement massif sur Berlin, pour lui dire de mettre en caisses tous leurs biens précieux et de les expédier en lieu sûr. Il lui adressa une liste des objets prioritaires : ses papiers personnels, l'argenterie, les tapis, les peintures à l'huile, ses appareils photo, la photographie dédicacée du Führer, un sabre de samouraï que lui avait envoyé l'ambassadeur nippon par la poste – il n'avait jamais trouvé le temps pour assister à la cérémonie –, et les fusils de chasse. L'ensemble fut transporté en camion chez un vieil ami de la Première Guerre mondiale, Oskar Farny, qui vivait dans la campagne wurtembergeoise à Wangen-im-Allgäu. Quand on lui fit savoir que la banque dans laquelle Gause avait déposé son argent avait été complètement détruite, il donna à Lucie de nouvelles instructions : « Fais attention de ne pas avoir trop d'argent dans ton compte d'épargne à Wiener-Neustadt. Renseigne-toi afin de savoir si les comptes sont transférés automatiquement à d'autres banques lorsqu'il y en a une qui est détruite par un bombardement. Je ne pense pas que la petite caisse d'épargne de Wiener-Neustadt le fait. »

Rommel ne sous-estimait pas la difficulté de sa mission en Italie, d'autant plus qu'il prévoyait une opération amphibie des Alliés dans le nord de la péninsule italienne, vers La Spezia, et la défection simultanée du nouveau régime italien, qui profiterait sans doute de l'occasion pour passer dans le camp ennemi. Ses troupes auraient alors à combattre sur deux fronts. En fait, la stratégie à laquelle il ne s'attendait vraiment pas fut justement celle que l'ennemi allait adopter : un débarquement dans le sud de la botte italienne, puis une avance difficile et pénible pour remonter la Péninsule.

Rommel croyait que les Britanniques lanceraient une opération amphibie tout droit sur La Spezia, où la flotte italienne était ancrée, afin d'établir une tête de pont derrière la dernière ligne facilement défendable, en l'occurrence celle qui traversait la chaîne de montagnes des Apennins de Livourne à Rimini. Il n'était donc pas d'accord avec Kesselring qui préconisait une concentration des forces allemandes dans le sud de l'Italie. Le feld-maréchal Richthofen rendit visite à Rommel le 17 août et se rangea du côté de Kesselring : « Si nous abandonnons le sud de l'Italie, ma Luftwaffe ne sera pas en mesure de tenir bon dans le Nord. » En fait, les meilleurs terrains d'aviation se trouvaient dans le Sud. Dans l'avion qui le ramenait à Munich, Richthofen nota dans son journal : « Nous partageons la même opinion sur la façon de traiter les Italiens. Mais il n'a pas une vue d'ensemble de la situation. Il ne voit les choses que du plus strict point de vue militaire, sans se soucier de la situation stratégique. Il est carrément entêté et ne pense qu'en termes tactiques, avec certains tics depuis l'Afrique à propos de ses problèmes de ravitaillement[33]. »

Le 3 septembre, deux divisions de la VIIIe armée britannique débarquèrent à l'extrémité sud du pays, à Reggio di Calabria. Rommel reçut l'ordre de se présenter le lendemain matin à Rastenburg : « Hitler me donne une impression d'assurance et de sérénité, nota Rommel dans son journal. Il a l'intention de m'envoyer voir le roi d'Italie bientôt. Il est d'accord avec moi pour la conduite des opérations en Italie qui prévoit une défense des côtes, malgré les objections de Jodl qui ne sont pas valables pour une guerre moderne. » Au cours du dîner, Hitler lui conseilla d'être circonspect dans ses relations avec le roi d'Italie. « Le Führer m'a interdit de toucher à la nourriture là-bas, écrivit Rommel. Il s'inquiète de ma santé[34]. »

Des événements en cascade se produisirent le 8 septembre. Rommel avait déjà envoyé ses bagages sur le lac de Garde dans le nord dc l'Italic, mais, pour ne pas compromettre l'opération « Achse », il était toujours à Munich. Dans la journée, le général Eisenhower avait rendu publique la capitulation sans condition de l'Italie, l'ancien allié du Reich. Deux heures plus tard, le maréchal Badoglio avait fait à la radio une déclaration similaire. À 19 h 50, l'OKW téléphona à Rommel et à Kesselring pour leur donner l'ordre de mettre en branle promptement l'opération « Achse ».

« La traîtrise de l'Italie est maintenant officielle, écrivait Rommel à Lucie le lendemain. Notre opinion sur les Italiens était finalement la bonne », ajoutait-il. Malgré tout, il tenait à la rassurer : « Mes opérations se déroulent bien jusqu'à maintenant[35]. » Les troupes allemandes occupèrent Rome, réprimèrent les soulèvements à Milan et à Turin, mirent hors de combat les chars italiens à Florence. Cependant, la flotte italienne parvint à gagner le large et à filer vers des ports occupés par l'ennemi. Le roi Victor-Emmanuel III, le maréchal Badoglio et le général Ambrosio réussirent à quitter Rome et à s'embarquer pour Brindisi, évitant ainsi d'être faits prisonniers par les Allemands.

À l'aube du 9 septembre, la Ve armée américaine débarquait dans le golfe de Salerne, à 50 kilomètres au sud de Naples. Kesselring avait reçu l'ordre du Führer de se replier si nécessaire en direction de Rome tout en livrant des combats retardateurs. Mais comme les forces du général Hube donnaient du fil à retordre aux troupes d'invasion américaines, Kesselring décida d'essayer de les défaire sur-le-champ.

Pendant ce temps, au nord de la ligne de démarcation qui passait en dessous de Florence, Rommel se mit à rassembler les unités italiennes, dans un état d'esprit qu'on imagine aisément : « Dans le Sud, les troupes italiennes luttent déjà contre nous à côté des Britanniques. Dans le Nord, elles sont actuellement désarmées et envoyées en Allemagne comme prisonniers. Quelle fin honteuse pour une armée[36] ! » Rommel appliquait les directives reçues de l'OKW qui répartissaient les soldats italiens en trois catégories : « 1) Les soldats italiens fidèles à l'alliance qui continuent à combattre ou à rendre service ; 2) les soldats italiens qui ne veulent pas continuer ; 3) les soldats italiens qui opposent de la résistance soit avec l'ennemi, soit en pactisant avec des bandes. » Les premiers « seront rassemblés sous surveillance discrète », tandis que les autres « seront internés ». Puis, l'OKW avait complété ses instructions : le personnel qualifié pour l'économie de guerre et les anciens fascistes seraient mis sans exception à « la disposition de la construction du mur de l'Est[37] ». En pratique, cela signifiait la déportation de plus de 600 000 soldats et officiers italiens dans le Reich, en Pologne et dans les territoires occupés de l'Union soviétique, où ils seraient contraints aux travaux forcés. Plus de la moitié allaient être faits prisonniers rien que dans la zone du groupe d'armées B. Pour de nombreux prisonniers de guerre italiens, qui seraient qualifiés de « militaires internés » – une notion impliquant la privation de tous les droits assurés par la convention de Genève de

1929 –, commencerait alors un pénible chemin de croix. Plus de 45 000 d'entre eux ne reverraient jamais leur pays[38].

Dans l'esprit de Rommel, ces déportations répondaient à des considérations purement militaires : non seulement il était impossible de surveiller un grand nombre de prisonniers de guerre dans leur propre pays, mais ceux-ci représentaient une menace pour la sécurité. Tout comme en Afrique du Nord, il se distinguerait par son comportement « correct ». Le 12 septembre, au lendemain d'un entretien avec Rommel sur ce sujet, le général Joachim Witthöft, chargé du commandement des troupes de sécurité, donna l'ordre « qu'un bon traitement et une alimentation suffisante des prisonniers italiens soient garantis quoi qu'il arrive [...]. Par conséquent, toutes les unités subordonnées, et en particulier les troupes de surveillance, en seront informées ». Witthöft rappela par la suite plusieurs fois que « l'alimentation des prisonniers de guerre doit être assurée à même les dépôts de la population civile allemande [...][39] ».

Tout indique que les prisonniers de guerre italiens n'ont subi aucun mauvais traitement. Il en irait autrement deux ou trois jours plus tard au cours du transport vers l'Est, alors que la chaleur dans les wagons à bestiaux deviendrait insupportable, et qu'on y souffrirait de la faim et de la soif. Mais cela se passerait hors de la juridiction de Rommel qui garderait ainsi intacte sa réputation de gentleman. Pourtant les indices devaient lui crever les yeux. Devant la résistance vigoureuse que les troupes allemandes avaient rencontrée en procédant au désarmement des Italiens dans le sud de la Péninsule, le Führer promulgua des dispositions encore plus draconiennes : « Là où des troupes italiennes ou d'autres porteurs d'armes opposent actuellement encore de la résistance, il faut leur lancer un bref ultimatum, si bien que les commandants en chef italiens responsables de la résistance seront fusillés comme miliciens s'ils n'ont pas donné l'ordre à leurs troupes de remettre leurs armes aux unités allemandes avant l'expiration du délai. » Deux jours plus tard, nouvelles instructions : « Sur l'ordre du Führer », commençait le décret signé par Keitel en date du 12 septembre, concernant « les unités italiennes qui laissent tomber leurs armes dans les mains des insurgés ou qui font vraiment cause commune avec les insurgés, il faut procéder après leur capture comme suit :

1) Les officiers seront fusillés par décision de la cour martiale ; 2) les sous-officiers et les troupes seront immédiatement transférés [...] vers l'Est [...] pour des travaux forcés[40]. »

Ces ordres du Führer des 10 et 12 septembre allaient avoir des conséquences sanglantes dans le secteur de Kesselring. Quant à celui du groupe d'armées B, les actes de violence auraient été beaucoup moins nombreux. Cela tient au fait que le désarmement des soldats italiens dans le secteur de Rommel s'était déroulé extrêmement rapidement, évitant ainsi bien des explications armées. À moins que Rommel n'ait pas transmis ces ordres criminels à ses troupes, mais aucun document n'en fait état[41].

Au cours de sa tournée d'inspection, Rommel n'avait pas tardé à réaliser à quel point ses troupes étaient trop peu nombreuses pour assurer une défense solide des côtes italiennes sur des centaines de kilomètres. Il avait donc établi les bases de ce qui deviendrait son obsession durant l'année 1944 : masser toutes les forces disponibles, incluant les réserves opérationnelles, le long des côtes afin de repousser toute tentative de débarquement directement sur les plages. Car en raison de sa supériorité aérienne, l'ennemi était en mesure d'entraver par des attaques incessantes tout mouvement de troupes ou de ravitaillement à l'intérieur des terres jusqu'au front.

En fin de soirée le 14 septembre, Rommel éprouva brusquement une vive douleur au côté droit de l'abdomen. Transporté d'urgence à l'hôpital militaire, il fut opéré de l'appendicite le lendemain matin. Le 23 septembre, il donna de l'hôpital un ordre qui est encore aujourd'hui interprété à tort dans le contexte du traitement des soldats italiens : « Tout scrupule sentimental du soldat allemand à l'égard de bandes soumises à Badoglio et portant l'uniforme de leurs anciens compagnons d'armes est totalement déplacé. Celui parmi ces derniers qui combat le soldat allemand a perdu tout droit d'implorer la clémence et doit être traité avec la plus grande dureté appropriée à une canaille qui utilise soudainement son arme contre son propre ami. Cet ordre doit être porté à la connaissance de toutes les troupes allemandes. Il doit également être rendu public aux Italiens par les stations de radio italiennes[42]. » En réalité, malgré sa formulation agressive, cet ordre ne représentait pas, contrairement aux directives du Führer, une invitation à recourir à des mesures contraires au droit de la guerre contre les soldats italiens qui s'étaient ralliés aux partisans et qui poursuivaient le combat derrière le front[43].

Rommel sortit de l'hôpital le 27 septembre. Dans l'après-midi, Keitel lui téléphona de l'OKW pour lui enjoindre de rallier le quartier général du Führer. Kesselring fut également convié à se rendre en Prusse-Orientale. Lorsque Rommel entra dans la salle de conférences peu après midi le 30 septembre, le Führer semblait fatigué et sans énergie. La tournure des événements des dernières semaines aussi bien en Italie qu'en Russie l'avait vraisemblablement beaucoup affecté.

Rommel et Kesselring commencèrent en signalant leurs captures dans le cadre de l'opération « Achse ». Ils avaient déjà désarmé 800 000 soldats italiens et transféré 268 000 d'entre eux en Allemagne. Ils s'étaient également emparés de 448 chars, de 2 000 canons et de 500 000 fusils. À cela venait s'ajouter une trouvaille ahurissante. Dans trois tunnels à La Spezia, les troupes de Rommel avaient découvert des réserves de mazout pour les sous-marins et les navires de guerre italiens – 38 000 barils, soit l'équivalent de 7 500 000 litres, cachés par le même haut commandement italien qui protestait de son incapacité à escorter les convois de ravitaillement de Rommel en Afrique du Nord à cause d'un manque de pétrole. Présent à la conférence, Göring mentionna pour sa part qu'il avait mis la main sur des centaines d'excellents avions. Hitler, qui avait réussi à enlever Mussolini dans une opération de commando périlleuse dans le massif du Gran Sasso deux semaines auparavant, jeta le blâme de cette perfidie préméditée sur le roi et ses généraux, une traîtrise planifiée selon lui à l'insu du Duce, son fidèle allié.

Hitler n'en était pas moins convaincu qu'il fallait gagner du temps en opposant une résistance opiniâtre à l'ennemi dans le sud de l'Italie. Dans son esprit, il viendrait un temps où l'Allemagne ne pourrait plus gagner la guerre par des moyens strictement militaires, mais seulement en la prolongeant jusqu'à ce que le camp adverse renonçât à la lutte. Du temps, Rommel était d'avis d'en gagner plus facilement dans le nord de l'Italie. Il suggérait en fait de replier rapidement les troupes allemandes sur la « ligne Albert », une solide ligne de défense tirant parti des Apennins à 150 kilomètres au nord de Rome. Toutefois, Kesselring, qui opposait une résistance opiniâtre à l'ennemi, se faisait fort d'offrir une défense énergique sur une ligne presque deux fois moins longue et située à 150 kilomètres au sud de Rome, la « ligne Gustave ». Il se targuait même de tenir bon sur cette ligne de défense, du moins pendant le prochain hiver. Qui plus est, il faisait valoir l'argument qu'en opposant une résistance farouche à l'ennemi sur la « ligne Gustave », les Allemands le priveraient de Rome, la capitale italienne, et d'un tremplin pour une opération amphibie dans les Balkans. Jodl était tout à fait d'accord avec lui. Rommel évoqua cependant la possibilité que les Alliés cherchent à contourner cette ligne de défense par un débarquement plus au nord, de part et d'autre de Rome par exemple, mais Hitler finit par se ranger à l'avis de Kesselring[44].

Rommel était furieux qu'on n'eût pas suivi ses conseils. En outre, il s'estimait floué, étant privé du poste qu'on lui avait promis : le commandement suprême en Italie. Pour sa part, Kesselring se plaignait de ne pouvoir se concentrer sur son théâtre des opérations alors que Rommel lui mettait des bâtons dans les roues. À Salerne, par exemple, Rommel avait refusé de lui prêter deux divisions de panzers qui, à ses yeux, se seraient peut-être révélées suffisantes pour faire pencher la balance en sa faveur en assurant le succès de la contre-attaque de Hube.

Les autres commandants allemands en Italie s'irritaient de plus en plus de l'opposition des deux rivaux. Le 13 octobre, le feld-maréchal Richthofen notait dans son journal : « On raconte que la prise de commandement de toute l'Italie par Rommel est maintenant imminente [...]. Espérons qu'il y aura alors une certaine uniformité dans la conduite des opérations. Entêté et épuisé comme Rommel l'est, ce ne sera aucunement facile de traiter avec lui et sa bande. Mais n'importe quoi sera mieux que la manière dont se déroulent les choses actuellement[45]. »

Même s'il s'était décidé pour la solution militaire de Kesselring, Hitler semblait néanmoins avoir une préférence marquée pour Rommel en matière de commandement. Le 17 octobre, il lui fit part de sa décision de tenir sa promesse en lui confiant le commandement de toute l'Italie. Quant à Kesselring, lui dit-il, il serait posté en Norvège, un commandement militaire de moindre importance. Cependant, Hitler souligna que l'OKW insistait pour défendre la « ligne Gustave » pendant tout l'hiver. En fait, Jodl lui avait assuré que cette ligne de défense était inexpugnable[46].

Mais Rommel compromit ses chances au dernier moment en émettant des réserves sans tact. Avant d'assumer la charge de « commandant suprême en Italie » – c'est le titre qu'il proposa à Hitler pour son nouveau poste –, il se proposait de faire une inspection des positions de Kesselring. En outre, il souhaitait pouvoir exercer un commandement flexible. « Dès que vous aurez annoncé mon affectation, je vous soumettrai une appréciation sans fard de la façon dont il faudra livrer la bataille », déclara-t-il à Hitler, non sans provoquer un malaise[47]. En effet, quand le lieutenant-général Schmundt, l'aide de camp de Hitler auprès de la Wehrmacht, rencontra par la suite le général Maximilian Hitzfeld, qui avait été l'officier d'ordonnance de Rommel en 1938, il s'exclama : « Chaque fois, il est toujours plus difficile de s'entendre avec Rommel[48]. »

Rommel quitta la Prusse-Orientale pour l'Italie le matin du 19 octobre. Dès son arrivée, il téléphona à Jodl. Ce dernier lui confirma que sa désignation était chose faite. Or, dans la soirée, Jodl le rappela pour lui dire que cet ordre du Führer avait été annulé pour le moment. Étonné, Rommel ne semblait pas se rendre compte qu'il avait lui-même provoqué ce retournement de situation en posant ses conditions pour accepter le commandement suprême en Italie lors de son entretien avec le Führer. Trois jours plus tard, Hitler conférait avec Kesselring puis l'invitait à déjeuner, avant de lui confier le commandement suprême en Italie.

Si celui-ci l'avait finalement emporté sur Rommel, ce n'était pas seulement en raison du fait qu'il était à la fois très accommodant et d'un caractère conciliant, mais en raison de son optimisme, ce que Hitler confirma plusieurs mois plus tard : « À ce moment-là, il [Rommel] avait prédit l'effondrement imminent de l'Italie. Cela n'est pas encore arrivé. Les événements lui ont donné tort et en même temps ils m'ont donné raison de laisser là le feld-maréchal Kesselring, un homme que je considère comme étant aussi bien un incroyable idéaliste politiquement qu'un optimiste militairement, et je crois qu'on ne peut pas être un commandant militaire sans optimisme[49]. »

Rommel, bouleversé par ce soudain revers de fortune, ne cachait plus sa détestation de l'OKW : « Au dire de tous, le Führer a finalement changé d'avis. En tout cas, il n'a pas signé l'ordre promulguant la nomination. Je n'en sais évidemment pas plus que cela. Peut-être que je n'ai pas suffisamment suscité l'espoir de pouvoir tenir notre position. Peut-être que les réserves que j'ai émises avant d'accepter le commandement en sont la cause. Il peut y avoir bien sûr des raisons totalement différentes. De toute façon, pour le moment, K[esselring] reste. Peut-être que je serai posté au loin. Dans tous les cas, je vais prendre les choses comme elles viendront[50]. »

Hitler n'était pas le seul à lui tenir rigueur de ses vues pessimistes. Par exemple, Andreas Hofer, le gauleiter du Tyrol, se plaignait du fait que Rommel était « pessimiste sur le déroulement de la guerre [...] et propage[ait] ce pessimisme dans son entourage au point où on a[vait] peu à peu le sentiment qu'il préférerait replier immédiatement toutes ses troupes sur la position du Brenner[51] ». Même Goebbels se faisait l'écho du point de vue de Hofer : « À son avis, Rommel est devenu malheureusement un peu faible et versatile. On peut déjà presque dire qu'il regarde la guerre du côté des défaitistes, ce qui me désole énormément. Cela confirmerait même l'opinion souvent exprimée selon laquelle Rommel ne serait plus qu'un général qui bat en retraite[52]. »

Il n'y a pas de doute que ce brusque revers de fortune de Rommel avait été tramé à l'OKW. Pour les hauts gradés qui y servaient, si la haine de Rommel pour les Italiens s'était avérée utile pour l'occupation de leur pays, son manque de diplomatie notoire l'aurait empêché de collaborer harmonieusement avec les Italiens alors que le régime fasciste de Mussolini avait été restauré à Salo, sur les bords du lac de Garde. Comme Schmundt l'observait dans son journal : « Malheureusement, le feld-maréchal Rommel est encore obsédé par la retraite d'Afrique. Un autre poste, qui n'a rien à voir avec l'Italie, serait mieux pour lui[53]. » Mais lequel ? Ce n'était pas une mince affaire, car il s'agissait après tout de l'idole de guerre des Allemands.

11

L'ESPOIR DE LA NATION

Il n'était pas question que Rommel fût mis sur la touche – le peuple allemand ne le comprendrait pas. Il restait à lui trouver un emploi. Voilà le dilemme dans lequel était enfermé Hitler. C'est Jodl qui trouva la solution. Le 30 octobre, il soumit au Führer un rapport du commandant en chef de l'Ouest, von Rundstedt, qui exposait la faiblesse du « mur de l'Atlantique ». Les fortifications côtières n'étaient pas assez nombreuses et puissantes pour contrer une invasion des Alliés comparable à leurs débarquements de Sicile et de Salerne. Il fallait donc travailler à la fortification des positions-clés et les munir d'ouvrages défensifs. Jodl estimait que cette tâche conviendrait très bien à Rommel et suggérait même de confier à celui-ci le commandement tactique de la bataille d'invasion, quel que soit le lieu où l'ennemi aurait finalement débarqué. Mais Hitler n'était pas disposé à aller aussi loin. Il redoutait de confier un commandement opérationnel à un feld-maréchal aussi entêté que Rommel. Il demanda au chef des opérations à l'OKW de rédiger un ordre approprié qui ferait seulement mention d'une « mission d'études », mais pas d'un « commandement tactique ».

Hitler annonça à Rommel sa mission le 5 novembre, en enrobant la nouvelle de considérations stratégiques, selon lesquelles l'invasion alliée à l'Ouest serait le moment décisif de la guerre, une bataille déterminante pour la Wehrmacht. Puis il lui expliqua sa tâche, qui consistait à inspecter les ouvrages défensifs ou fortifiés, à faire des propositions pour les renforcer et à dresser des plans d'urgence de contre-attaques contre un ennemi ayant réussi à prendre pied sur le continent. Pour réconforter un

Rommel désappointé, il lui laissa même entendre que le commandement tactique de la bataille d'invasion lui serait confié, quoiqu'il se gardât bien de lui en parler en des termes formels.

En fait, Hitler envoya Keitel en mission. Celui-ci se rendit secrètement à Paris afin d'assurer à Rundstedt que son poste de commandant en chef de l'Ouest n'était nullement remis en cause par les nouvelles responsabilités de Rommel. Il lui transmit surtout ce message du Führer : « Si jamais le moment devait venir où il faudrait vous remplacer pour cause de problèmes de santé, le Führer souhaite que vous sachiez que seul le feld-maréchal von Kluge est sur les rangs pour vous succéder. » Le Führer était conscient que Rommel n'était pas un grand stratège et qu'il n'avait pas l'étoffe d'un commandant suprême, mais il le considérait comme un soldat dynamique, lui dit Keitel. « Vous trouverez que Rommel est une personne agaçante, car il n'aime pas recevoir des ordres de quiconque. En Afrique, bien sûr, c'est lui qui a essentiellement fait la loi. Mais le Führer croit que vous êtes le seul pour qui même un Rommel témoignera du respect[1]. »

Pour inspecter le « mur de l'Atlantique », Hitler avait choisi le commandant ayant la plus longue expérience dans la lutte contre les Britanniques et les Américains. Et celui qui était le plus à même de donner un espoir aux Allemands, d'autant plus que le « mur de l'Atlantique » n'était qu'un « mur de propagande », au dire de Rundstedt[2]. En quelque sorte, Rommel servirait à la fois de thaumaturge pour les Allemands, de repoussoir pour les Britanniques et d'épouvantail pour les Français. Ceux-ci n'avaient pas oublié ses faits d'armes à la tête de la « division fantôme » durant la campagne de mai-juin 1940.

Rommel balançait entre la déception et sa confiance en Hitler : « On ne sait pas au juste si mon nouveau poste représente une rétrogradation. Il semble bien qu'on l'interprète ainsi dans certains quartiers. Je suis peu disposé à croire cela. Le Führer m'en a parlé d'une manière complètement différente. En fait, il y en a tellement qui sont jaloux. Et pourtant, le moment est si critique que toute jalousie ou discorde est vraiment inopportune[3]. » Les allusions de Hitler relatives à la « victoire finale » du Reich lui remontaient le moral. Quand Hitler prononça son discours annuel pour les anciens combattants à la

Löwenbräukeller de Munich, il nota : « Quelle force il respire ! Et quelle foi et quelle confiance il inspire à son peuple[4] ! » Il n'était manifestement pas en mesure de comprendre le monde d'illusions de Hitler, un monde dans lequel tous les moyens étaient bons pour mener l'Allemagne à la victoire qui lui permettrait d'établir sa domination sur tout le continent européen ou, dans le cas contraire, à la destruction totale du Reich.

Le 21 novembre, après avoir salué Mussolini et Kesselring séparément, Rommel quitta l'Italie et rentra chez lui en avion. Craignant qu'il n'arrive quelque chose à Lucie et à Manfred à Wiener-Neustadt, il avait pris toutes les dispositions nécessaires pour les installer dans un village tout près d'Ulm, dans sa Souabe natale. Lucie et Manfred avaient été logés dans la villa d'été de Frau Laibinger – la veuve d'un brasseur d'Ulm tué lors d'un raid aérien britannique – à proximité de Herrlingen, pendant que la ville d'Ulm s'affairait à préparer un domicile plus convenable pour ses invités d'honneur.

Conformément aux instructions du Führer, Rommel commença sa tournée par le Nord. Le 1er décembre, son état-major se réunit à la gare de chemin de fer de Munich et monta dans son train spécial en direction du littoral danois. Ni lui ni personne dans son état-major ne croyait sérieusement à une menace de débarquement sur les côtes danoises pour la simple raison que la balance de la puissance aérienne au Danemark penchait en faveur de l'Allemagne. Les seuls points d'appui défensifs étaient des batteries disposées isolément. Quant à la principale ligne de défense, elle se trouvait beaucoup trop en arrière de la côte. Rommel exposa de nouveau le principe qu'il avait posé dans le nord de l'Italie : c'était sur les plages qu'il y avait les meilleures chances de défaire les forces d'invasion. Il explicita ses propos le 14 décembre devant le général Wilhelm Meise, son nouvel expert du génie. « Au moment de l'invasion, les attaques aériennes de l'ennemi contre nos lignes de ravitaillement empêcheront l'envoi au front de tout avion, essence, roquette, char, fusil ou obus. Cette seule raison exclut la possibilité de balayer l'ennemi dans une bataille terrestre. Nous ne pouvons opposer une défense énergique que sur les plages – c'est là où l'ennemi est toujours le plus vulnérable. »

Puis il lui décrivit le système défensif qu'il avait imaginé pour faire échec à l'opération amphibie des Alliés. Il s'agissait d'un ensemble de moyens militaires constitués de champs de mines et de bunkers, d'une profondeur de 10 kilomètres, tout le long de la côte atlantique, un peu comme sa ligne de défense à El-Alamein mais cinquante fois plus longue. « Je veux des mines antipersonnel, des mines antichars, des mines antiparachutistes ; je veux des mines pour couler des navires et des chalands de débarquement. » Rommel prit ensuite une feuille de papier pour dessiner les idées qu'il avait dans la tête et s'exclama : « Je veux quelques champs de mines conçus de sorte que notre infanterie puisse les traverser, mais pas les chars ennemis. Je veux des mines qui explosent quand le fil de détente est touché ; des mines qui explosent quand le fil de détente est coupé ; des mines qui peuvent être télécommandées et des mines qui sautent quand le faisceau lumineux est interrompu. Quelques-unes d'entre elles doivent être enchâssées dans des métaux non ferreux afin que les détecteurs ennemis ne puissent les déceler. » Les idées de Rommel enchantèrent Meise, qui écrivit par la suite : « Mis à part l'excellence de Rommel comme soldat, à mon avis il était le plus grand ingénieur de la Seconde Guerre mondiale. Il n'y avait rien que je pouvais lui apprendre. Il était mon maître[5]. »

La nouvelle maison de la famille Rommel allait bientôt être prête. L'État avait confisqué en 1942 une villa à Herrlingen qui était en fait une maison de retraite juive dont les derniers occupants avaient été déportés peu auparavant. La ville d'Ulm avait accepté volontiers de la louer au célèbre feld-maréchal. En décembre 1943, des prisonniers russes y creusaient encore un abri antiaérien d'une profondeur de plus de 6 mètres.

Pendant un bref congé avec sa famille à la mi-décembre, Lucie lui parla de sa récente conversation avec le maire de Stuttgart, le Dr Karl Strölin – qui assumait cette fonction parce qu'il avait adhéré très tôt au parti nazi –, et de la note qu'il avait laissée à son intention. Strölin avait combattu brièvement dans la même unité que Rommel durant la Première Guerre mondiale. Depuis cette époque, les deux hommes entretenaient des relations d'amitié. Même s'il existait entre eux un climat de confiance, Rommel ignorait que Strölin faisait partie d'une conjuration contre Hitler. Aussi, quand il lut la note dans laquelle Strölin mentionnait la persécution des Juifs et les conséquences que ses critiques contre celle-ci avaient entraînées pour lui, il ne lui vint pas à l'idée que son vieil ami sondait son opinion sur le régime nazi[6].

En fait, les conspirateurs qui gravitaient autour du colonel Claus Schenk von Stauffenberg avaient décidé de tenir compte de Rommel dans leurs plans. Même s'ils le considéraient comme le protégé de Hitler, les comploteurs croyaient que le feld-maréchal n'en était pas moins l'incarnation du conformiste militaire enchaîné à un régime moralement sans scrupules. À leur avis, s'ils pouvaient gagner à leur cause le soldat le plus populaire du Reich, le coup d'État pourrait obtenir un plus large appui dans la population allemande. Si Rommel se ralliait à leur façon de voir, il leur serait également plus facile d'entamer des négociations avec les Alliés occidentaux pour conclure une paix séparée, ou encore mieux pour les convaincre de s'unir à eux afin de s'opposer avec succès à la progression de l'Armée rouge en Europe centrale. Le Dr Carl Goerdeler, l'ancien maire de Leipzig et l'un des principaux cerveaux de la conjuration, qui devait devenir chancelier du Reich à la suite du renversement de Hitler, avait mis sur sa liste de noms celui de Rommel. Et c'était à Strölin qu'on avait confié la charge de sonder celui-ci.

Rommel avait tiré au moins une conclusion de sa lecture de la note de Strölin : lorsque son fils l'informa par la suite de son intention de s'engager comme volontaire dans la Waffen SS, il s'y opposa catégoriquement. Manfred obtempéra et relata cet épisode après la guerre : « Il y avait à cette époque une grande campagne de propagande qui se déroulait partout en Allemagne pour persuader les jeunes hommes d'opter pour la Waffen SS plutôt que pour l'armée. Des affiches colorées avec éclat étaient placardées à tous les coins de rue. Il était bien connu que les troupes de la SS étaient beaucoup mieux équipées que celles de l'armée et qu'elles avaient de plus beaux uniformes. Ainsi, je décidai un jour d'opter pour la Waffen SS et d'informer mon père de ma décision afin de recevoir son consentement. Il réagit vivement. “C'est hors de question, dit-il. Tu vas t'engager dans la même force que celle dans laquelle je sers depuis trente ans.” Mon père ayant normalement l'habitude de me laisser beaucoup de liberté pour ce genre de choses, je continuai à maintenir mon point de vue. Mais cette fois, il me coupa la parole. Bien qu'il reconnût parfaitement bien la qualité des troupes de la SS, dit-il, en aucun cas il ne voulait que je sois sous les ordres d'un homme qui, selon ses informations, était responsable de massacres. "Veux-tu dire Himmler ?" demandai-je. "Oui", répondit-il, et il me donna pour instructions de garder le silence sur toute cette affaire. La guerre n'allait pas du tout bien et il avait entendu que des gens comme Himmler essayaient, par des actions de ce genre, de brûler les ponts du peuple allemand à son insu[7]. »

Le 18 décembre, Rommel retourna en France pour la première fois depuis qu'il avait quitté le commandement de la 7e division de panzers en février 1941. Il établit son quartier général à Fontainebleau, dans le château habité jadis par la marquise de Pompadour. On était loin de la voiture de commandement ou de la tente dans le désert libyen, mais il ne s'en extasiait pas moins devant la beauté des lieux : « Le vieux château est un endroit absolument charmant. Les Français d'il y a deux siècles voyaient très grand lorsqu'ils construisaient pour la classe aristocratique. En comparaison, nous sommes des provinciaux[8]. »

Le lendemain, comme il se rendait à Paris pour présenter ses respects à Rundstedt, les journaux ne parlèrent que de son arrivée. « Ils n'ont pas tardé à annoncer aux Britanniques et aux Américains que je suis ici », écrivit-il avec la satisfaction de constater que son nom comptait encore pour beaucoup dans la presse étrangère[9]. Après le déjeuner, Rundstedt lui fit un exposé sur la situation à l'Ouest. Avec ses manières d'aristocrate, le feld-maréchal prussien âgé de 68 ans ne lui cacha pas son pessimisme en concluant que les choses se présentaient très mal. Rommel était consterné que Rundstedt et son état-major fussent atteints de léthargie. Il se rappelait trop bien comment les Britanniques l'avaient tenu en échec en Afrique du Nord au début de 1942 en déposant plus d'un million de mines en deux mois. Or, jusqu'ici, en trois ans, seulement 1 700 000 mines avaient été installées dans le nord de la France, c'est-à-dire dans un territoire infiniment plus grand que le champ de bataille tout autour de Tobrouk, et ce chiffre n'augmentait que de 40 000 par mois. Cela n'entamait pas pour autant sa détermination : « Je vais m'atteler à cette nouvelle tâche de toutes mes forces et faire en sorte qu'elle se révèle un succès[10]. »

Dès le début, Rommel était convaincu que le débarquement

des Alliés interviendrait dans le secteur de la 15e armée, qui s'étendait de la Belgique jusqu'à l'estuaire de la Somme en France. Aussi, se proposait-il d'en faire immédiatement l'inspection. Le 20 décembre, il arriva en voiture au quartier général du colonel-général Hans von Salmuth, établi tout près de Tourcoing. Salmuth était un Prussien qui avait livré de durs combats sur le front de l'Est. Il se montra condescendant envers Rommel et admit plus tard qu'il ressentait de l'aversion pour les généraux de son genre. Mais étant donné que Rommel avait l'oreille de Hitler et qu'il semblait vouloir faire tout ce qui était humainement possible pour repousser l'invasion alliée, Salmuth était disposé à écouter ses suggestions.

Rommel lui exposa ses vues sur la stratégie défensive à adopter pour contrer un débarquement. Selon lui, les forces défensives devaient être déployées beaucoup plus près des côtes de manière à ce qu'elles puissent intervenir sans délai. Il en allait de même pour les réserves, qui devaient être jetées dans une contre-attaque immédiate. Si les Anglo-Américains réussissaient à prendre pied sur les plages, ils ne pourraient être rejetés à la mer, soutenait-il. Mais il y avait encore 600 000 mines qui attendaient d'être installées, et l'expérience nord-africaine lui avait montré que même les mines factices étaient un bon moyen pour entraver l'ennemi. Salmuth, qui s'enthousiasmait peu à peu pour cette stratégie défensive, insista sur la nécessité de compter au début de l'invasion sur des chasseurs à la fois puissants et véloces. Rommel lui assura qu'il en serait ainsi : « On m'a promis 1 000 avions de chasse. »

Rommel et Salmuth parcoururent le secteur de la 15e armée, inspectant les ports fortifiés, les champs de mines, les casemates de béton, les blockhaus blindés pour les torpilleurs à Dunkerque et le canon allemand K5, une pièce ferroviaire d'un calibre de 280 mm et d'une portée maximale de 86 kilomètres installée sur le cap Gris-Nez, à une trentaine de kilomètres seulement de la côte anglaise.

La veille de Noël, Rommel visita un lieu « top secret » : les bases de lancement en construction pour les nouvelles « armes miraculeuses » du Führer. C'étaient des fusées à longue portée, des bombes volantes sans pilote, qui pleuvraient sur Londres quand Hitler en donnerait l'ordre. Rommel fut abasourdi d'apprendre que le régime nazi avait véritablement développé de telles armes secrètes et que la propagande sur celles-ci n'était pas que du bluff. À Wizernes, il y avait un impressionnant complexe souterrain de lance-fusées, le précurseur des silos de lancement de missiles qui verraient le jour durant la guerre froide. À Mimoyecques, les ingénieurs allemands avaient construit un canon souterrain d'un calibre de 150 mm et mesurant 130 mètres de long qui était braqué en permanence sur Londres, à une distance de 150 kilomètres. Selon Rommel, ces bases de missiles étaient une raison de plus pour l'ennemi de prendre d'assaut la « forteresse Europe » en tentant un débarquement dans le secteur de la 15ᵉ armée.

Rommel discuta de sa stratégie défensive avec Rundstedt le 27 décembre. Celui-ci approuvait la stratégie envisagée sauf sur un point important : il n'était guère disposé à permettre le déploiement des divisions de panzers près des côtes, car si le débarquement avait finalement lieu ailleurs que dans le secteur prévu par Rommel – Rundstedt était lui aussi d'avis qu'il interviendrait probablement de part et d'autre de l'estuaire de la Somme –, les chars ne pourraient pas le traverser assez rapidement pour intervenir au moment opportun.

Rommel passa les fêtes de fin d'année à Fontainebleau à rédiger un rapport sur ses inspections des défenses côtières. Il trouva néanmoins un moment pour écrire à Lucie : « Je me creuse jour et nuit la tête relativement à ma nouvelle tâche. J'ai bon espoir que nous allons mener à bien celle-ci[11]. » Ayant appris que Manfred, âgé maintenant de 15 ans, avait été fraîchement recruté dans la défense antiaérienne, il lui écrivit : « Dans quinze jours, tu vas quitter la maison pour t'engager dans les troupes auxiliaires de la Luftwaffe. [...] Un nouveau style de vie commence pour toi. Tu devras apprendre à obéir aux ordres de tes supérieurs sur-le-champ et sans discussion. Il y aura souvent des ordres que tu n'aimes pas ou ne comprends pas. Obéis sans poser de questions. Un supérieur ne peut perdre son temps en palabres avec ses subordonnés. Il n'a tout simplement pas le temps de donner des explications pour chacun de ses ordres[12]. » Quatre jours plus tard, Rommel écrivit à Lucie pour le nouvel an : « Amour et chance pour 1944 ! Que cette nouvelle année puisse nous apporter la victoire et une longue paix[13]. »

Du 2 au 5 janvier 1944, Rommel procéda à l'inspection du secteur qui s'étendait le long du littoral de la Hollande et de la Belgique. Il ne s'attendait pas à ce que l'ennemi coure le risque d'y débarquer, car la campagne regorgeait d'innombrables voies navigables qui pouvaient tout aussi bien déborder facilement.

L'état des troupes allemandes lui causait de l'inquiétude. Un grand nombre des divisions côtières n'étaient que des unités ayant été envoyées sur la côte atlantique pour prendre du repos et récupérer leurs forces après avoir livré de durs et exténuants combats sur le front russe. D'autres divisions avaient très peu de transports motorisés ou d'armes et de munitions, et elles manquaient d'entraînement. Dans la plupart des divisions, l'âge moyen était de 37 ans. Les brèches étaient colmatées avec des troupes russes qui s'étaient engagées initialement comme volontaires dans la Wehrmacht pour combattre l'Armée rouge de Staline, mais qui se trouvaient désormais sur le point de lutter sur le territoire français contre les Américains, les Britanniques, les Canadiens et les Polonais.

La défense aérienne préoccupait également Rommel. Berlin lui avait en effet laissé espérer 1 000 avions de chasse dans l'éventualité d'une invasion alliée. Mais il savait d'expérience que les promesses extravagantes de Göring n'étaient jamais tenues. Seuls 500 avions opérationnels étaient disponibles, et la 3e flotte aérienne, postée dans le nord de la France, n'avait que 70 chasseurs et 90 bombardiers. Quand Rommel rendit visite au feld-maréchal Hugo Sperrle, le commandant en chef de la Luftwaffe en France, ce dernier lui affirma sans ambages que la Luftwaffe ne pourrait opposer virtuellement aucune résistance au premier jour de l'invasion. Pis encore, certains escadrons n'arriveraient du Reich que quelques jours après le début de l'invasion. Rommel nota alors : « Les perspectives ici ne sont pas bonnes du tout. En considération de tout ce que j'avais entendu précédemment, je me serais attendu à beaucoup plus de cette branche des forces armées[14]. »

Quelques jours plus tard, il reçut la visite de son vieil ami de l'école de guerre de Potsdam, le colonel Kurt Hesse, désormais posté tout près de Paris. Rommel confia à Hesse qu'il allait demander plusieurs changements parmi les commandants des échelons inférieurs qu'il avait rencontrés jusqu'alors. Selon lui, certains d'entre eux n'avaient pratiquement rien fait pour la défense de la France. Puis, le fixant d'un regard sérieux, il déclara : « Si nous ne parvenons pas à repousser l'ennemi à la mer au plus tard au quatrième jour, alors l'invasion aura réussi[15]. »

Le 15 janvier, Rommel était nommé commandant en chef du groupe d'armées B et relevait directement du feld-maréchal von Rundstedt, le commandant en chef de l'Ouest. À la tête des 7e et 15e armées, Rommel exerçait ainsi le commandement tactique de toutes les troupes déployées le long du littoral faisant face à l'Angleterre, c'est-à-dire de la Hollande à la Bretagne. Ce commandement tactique se limitait cependant à la région côtière qui s'étendait de 1 kilomètre au-dessous du niveau des hautes eaux jusqu'à 10 kilomètres derrière le littoral. Toute grande manœuvre opérationnelle impliquant en particulier les divisions de panzers devait préalablement recevoir l'approbation de Rundstedt. Celles-ci étaient d'ailleurs placées sous le commandement du général Leo Geyr von Schweppenburg, lui-même subordonné à Rundstedt.

Il n'empêche, Rommel retrouvait sa vitalité : « Je suis convaincu que nous allons remporter la bataille défensive à l'Ouest, pourvu que nous ayons cependant suffisamment de temps pour nous préparer[16]. » Il s'empressa de donner des directives à ses subordonnés. Au large, des mines seraient mouillées, tandis que sur la plage des rangées de pieux et d'obstacles, immergés à marée haute, constitueraient des pièges mortels pour les chalands de débarquement. Derrière la plage, des champs densément minés ainsi que des points d'appui fortifiés d'infanterie et d'artillerie entraveraient la progression des unités ennemies ayant réussi à prendre pied. Enfin, derrière cette « zone mortelle », les divisions de panzers entreraient en action au moment opportun pour refouler ces unités ennemies à la mer grâce à l'appui de l'artillerie lourde installée sur des positions fortifiées.

Restait à imposer ses façons de voir sur l'emploi des divisions de panzers à un Schweppenburg, pur produit de l'école de guerre supérieure de Berlin et de l'État-Major général, et très critique sur le « manque de formation stratégique » de Rommel[17]. Schweppenburg était partisan de manœuvrer les divisions de panzers à travers champs dans une puissante contre-attaque pour annihiler l'ennemi après qu'il eut débarqué. Utiliser les divisions de panzers comme une artillerie fixe, déployée derrière une « zone mortelle » constituée de champs de mines et de blockhaus lui paraissait hérétique. On se souvient que Rommel était d'avis que cela interviendrait trop tard, étant donné la domination aérienne des Alliés et la possibilité qu'ils avaient de retarder, voire d'empêcher la concentration des réserves allemandes. Au surplus, il refusait de tenir compte de la longue expérience du champ de bataille en Russie de Schweppenburg, estimant qu'elle n'avait rien à voir avec la prochaine campagne à l'Ouest. Les deux hommes restèrent ainsi sur leurs positions.

Le 22 janvier, Rommel se rendit au quartier général du général Friedrich Dollmann, chef de la 7e armée, au Mans. Rommel était convaincu que l'opération amphibie de l'ennemi n'interviendrait pas dans ce secteur occidental car l'ennemi aurait à parcourir une trop grande distance pour atteindre la Ruhr, la région industrielle vitale à l'économie de guerre allemande. Dollmann, qui était âgé de 62 ans, commandait la 7e armée depuis 1940. Les récentes mesures le subordonnant à Rommel, qui était son cadet de dix ans, ne lui plaisaient guère. Il attira cependant l'attention de Rommel sur les avantages que pourrait retirer l'ennemi en tentant de débarquer en Normandie. Le bocage, avec ses haies et ses champs, était propice aux opérations aéroportées. Il en allait de même pour la péninsule du Cotentin et son port – Cherbourg – en eau profonde. Qui plus est, tout le littoral du secteur était faiblement fortifié. Outre les ouvrages défensifs, il manquait de canons et d'obus. En Bretagne par exemple, une division défendait un front de 250 kilomètres et une autre, un front de 300 kilomètres.

Le 29 janvier, Rommel parcourut les plages de Normandie et visita Caen et Falaise, Cherbourg et Sainte-Mère-Église, Saint-Lô et Avranches ainsi que des villages reculés et des hameaux insoupçonnés. À Saint-Lô, il avait rencontré le commandant du LXXXIVe corps d'armée défendant le secteur de la Normandie. Le général Erich Marcks était un dur à cuir, qui était également reconnu pour ses qualités de stratège depuis qu'il avait conçu à l'été 1940 la première ébauche du plan d'invasion de l'URSS. Rommel lui avait fait une grande impression lors de cette rencontre : « Rommel a le même âge que moi, mais a l'air plus vieux – peut-être parce que l'Afrique et ses nombreuses épreuves ont laissé leurs marques sur lui. Il est très franc et sérieux. Il n'est pas un feu de paille, mais un véritable chef militaire. C'est une bonne chose qu'A.H. [Adolf Hitler] pense le plus grand bien de lui [...] et qu'il lui ait confié ces tâches importantes[18]. »

Avec ingéniosité, Rommel concevait de nouvelles techniques de défense. Il faisait preuve d'esprit inventif et d'organisation pour réaliser des projets sous la forme d'obstacles sous l'eau, de réseaux de barbelés, d'artilleries côtières munies de canons de gros calibres, et surtout de ce qui serait connu sous le nom des « asperges de Rommel ». Il s'agissait de ficher sur les plages de longues perches pour créer des difficultés aux troupes de débarquement ennemies. De plus, il fit installer des centaines de ces longues perches à intervalles irréguliers dans les champs pour mettre les planeurs des Alliés dans l'impossibilité d'atterrir tout en entravant le ravitaillement de leurs troupes par la voie des airs. Il suggéra d'injecter les lourds pieux de bois dans le sol grâce au jet des tuyaux d'incendie. Et cette idée fit merveille : le pieu était enfoncé profondément dans le sable en trois minutes, en comparaison des quarante-cinq minutes habituelles. Il ordonna également à ses troupes de munir certains obstacles de charges explosives et d'autres de pointes de fer et de plaques d'acier dentelées afin de déchirer les coques des chalands de débarquement comme un ouvre-boîte. De même, il compensa le manque de mines par les quelque 1 200 000 obus obsolètes qui étaient à sa disposition. La mine mortelle en « casse-noisette » était en quelque sorte un obus enfoncé dans un bloc en béton avec une planche servant de détente de fortune pour la faire exploser, pourvu que le navire la frôle en passant. Pour venir à bout d'autres insuffisances, il fit aussi installer des tétraèdres en béton et en acier, des haies dentelées en acier assemblées à des poutres à angle droit et bien d'autres inventions astucieuses pour déchirer ou transpercer la coque des chalands de débarquement.

Cette grande activité contribua à remonter le moral des troupes à l'Ouest. Peu à peu, elles eurent le sentiment qu'il y avait après tout des chances de gagner la bataille d'invasion.

Mais il restait encore beaucoup à faire, et Rommel entendait forcer la cadence. Ainsi, lorsqu'il visita de nouveau le secteur de la 15e armée le 16 janvier, il exprima son mécontentement à Salmuth, car ses hommes étaient incapables de poser assez rapidement des mines tout en se préparant simultanément pour les combats à venir. L'objectif que Salmuth avait déjà fixé pour ses hommes était de miner 15 kilomètres de côtes par jour. « Faites que ce soit trente ! » le coupa Rommel. Ce dernier, qui considérait Salmuth comme un peu léthargique, fut averti par celui-ci que son programme intensif rendait les commandants complètement fous[19].

Rommel ne vivait à présent que pour sa mission. Il refusait de se laisser distraire de celle-ci, pas même pour inspecter le Mont-Saint-Michel lors de sa première visite dans la grande baie sablonneuse. Il était beaucoup plus préoccupé par la vaste étendue de sable, propice à un débarquement de troupes aéroportées. « Il faut installer deux batteries antiaériennes sur le sommet », dit-il en indiquant du doigt la grandiose abbaye. Le colonel Hans-Georg von Tempelhoff, son nouveau chef des opérations, en était fort marri : « Lors de nos tournées d'inspection avec le feld-maréchal, nous passons toujours tout droit devant les monuments et les merveilles d'architecture. Il est complètement absorbé par son travail au point qu'il est totalement indifférent à tout sauf aux besoins militaires du moment. Nous le remarquons en particulier au cours des repas que nous prenons ensemble. » C'était la même chose en Italie : ils étaient passés tout droit devant la tour de Pise sans s'arrêter, malgré les protestations indignées des officiers de son état-major. « Depuis combien de temps déjà la tour penche-t-elle ? s'était écrié Rommel. Alors, poursuivons la route, elle penchera encore quand la guerre sera finie[20]. »

Du 7 au 11 février, il parcourut près de 2 400 kilometres pour visiter les 1re et 9e armées sur les côtes du golfe de Gascogne et de la Méditerranée. Mais ce voyage n'avait pour but que de faire croire à l'ennemi qu'il était partout. Durant sa tournée d'inspection des côtes de la France occupée, il était toujours accompagné d'une unité du ministère de la Propagande. Et il savait à quel point il lui était redevable. Aux correspondants de guerre qui l'accompagnaient, Rommel lançait : « Vous pouvez écrire sur moi ce que vous voulez, si cela peut nous faire ainsi gagner du temps, ne serait-ce que huit jours[21]. » Sa présence ne passait donc pas inaperçue. Sa silhouette râblée, vêtue du nouveau manteau de cuir qu'il avait acheté à Paris, était vue en tout lieu. Comme il parcourait souvent dans sa Horch les côtes françaises, c'était une chose fréquente d'entendre des paysans ou des villageois s'écrier : « C'est Rommel[22] ! »

Le 22 février, Rommel prit dix jours de congé. En dépit du fait que les vols privés étaient explicitement interdits en raison de la pénurie d'essence dans le Reich, il s'envola dans son Heinkel pour le sud de l'Allemagne afin d'y retrouver sa famille. Il était exténué de fatigue. Au cours de la dernière semaine, il avait encore une fois inspecté les secteurs des 7e et 15e armées, et assisté à des manœuvres sur cartes organisées par Geyr von Schweppenburg à Paris le 17 février. Il y avait eu de nombreuses divergences d'opinions entre les généraux qui y prirent part. Marcks avait insisté sur le fait que l'invasion alliée aurait probablement lieu sur les côtes de la Normandie et peut-être aussi sur celles de la Bretagne afin de mettre la main sur Cherbourg. Mais Rommel avait rétorqué que ses conseillers de la marine écartaient une telle possibilité à cause des hauts-fonds semés de récifs au voisinage des côtes. Une nouvelle fois, Schweppenburg et lui s'étaient querellés sur l'emploi des panzers.

À son arrivée à Herrlingen, Lucie lui avait ménagé une surprise : Strölin, le maire de Stuttgart, l'attendait dans la maison. Rommel n'avait aucunement envie de parler de la situation militaire ou de politique. Il voulait tout simplement être en compagnie de Lucie et de Manfred et se promener dans la campagne souabe.

En présence du feld-maréchal, de Lucie, de Manfred et de son ancien adjudant-major Aldinger, Strölin prit des papiers dans son porte-documents et se lança dans une longue diatribe contre le régime criminel de Hitler. Documents à l'appui, il parla des crimes nazis à l'Est, de massacres de Juifs, d'exécutions sommaires et de tueries. Puis il caressa l'espoir que Rommel prêtât son nom à un mouvement de « salut du Reich ». Comme il le dit : « Si Hitler ne meurt pas, alors nous sommes tous perdus ! » Rommel se leva à l'instant même et rejeta catégoriquement ces propos : « *Herr* Strölin, je vous serais reconnaissant si vous vous absteniez d'exprimer une telle opinion en présence de mon jeune garçon[23] ! » Strölin ramassa ses papiers et s'en alla.

Strölin n'avait manifestement eu aucune influence sur Rommel. Quant au feld-maréchal, il ne parlerait pas de Strölin hors de sa famille et ne le verrait pas avant les dernières semaines de sa vie. De toute évidence, Rommel était loin d'accepter l'idée que la défaite était inévitable. Quand il rencontra le général Alexander von Falkenhausen, le gouverneur militaire de Belgique, à Bruxelles le 23 mars, Rommel exaspéra ce haut gradé aristocratie assez âgé qui faisait partie du cercle des conjurés en lui confiant sa certitude de pouvoir infliger un sérieux revers à l'ennemi dans sa tentative de débarquement sur les plages du nord-ouest de la France. Du reste, il y avait peu de chances pour qu'un feld-maréchal de sa trempe, qui jouait toute sa réputation militaire sur la victoire à venir, accordât son patronage à un coup d'État.

L'obéissance est ce qui permet de comprendre le caractère de Rommel, aussi bien l'homme que le soldat. Que ce soit à la maison ou au travail, l'obéissance était son premier commandement. Dans une lettre à Manfred, il écrivait : « Je me réjouis de voir ton attitude à l'égard du devoir et des autres choses dans la vie. Continue et fais honneur au nom de Rommel [...]. Seul celui qui a appris à obéir – même en dépit de ses meilleurs instincts et de ses meilleures convictions – fera un officier capable et saura comment maîtriser l'art suprême de commander d'autres hommes[24]. »

D'ailleurs, Rommel acceptait à tout moment de réitérer sa loyauté inconditionnelle envers le commandant suprême des forces armées. Le 4 mars, le général Schmundt lui apporta à Fontainebleau un document à signer. Il lui expliqua que le Führer était furieux contre la traîtrise de certains hauts gradés allemands qui avaient été capturés par les Russes ou qui avaient fait défection à Stalingrad. Ces officiers supérieurs avaient fondé une association de propagande antifasciste sous la direction du général Walther von Seydlitz-Kurzbach, porteur de l'un des noms les plus illustres de l'histoire militaire prussienne. Dans le cadre de cette organisation, ils faisaient parvenir clandestinement des lettres séditieuses aux commandants de campagne de la Wehrmacht qui les exhortaient à cesser le combat en tirant argument des vains sacrifices consentis dans cette guerre. Une douzaine de généraux avaient déjà reçu de telles lettres. Comme le mentionna Schmundt à Rommel, il importait par conséquent d'assurer au Führer qu'il pouvait avoir confiance en ses feld-maréchaux et que ceux-ci ne manqueraient pas à leur loyauté absolue envers lui. Von Rundstedt, le doyen des feld-maréchaux, avait déjà signé le texte. Rommel s'exécuta volontiers pour se dissocier de ces traîtres, bien qu'il considérât le fait de réaffirmer son serment d'allégeance au Führer comme superflu, car selon lui la loyauté inconditionnelle d'un officier allait de soi. Après Rundstedt et Rommel, d'autres feld-maréchaux apposèrent leur signature sur le document en question, tels Erich von Manstein, Ewald von Kleist, Ernst Bush, ou Maximilian von Weichs.

Le 19 mars, tous ces feld-maréchaux furent convoqués au Berghof pour assister à une cérémonie au cours de laquelle Rundstedt lut à haute voix le manifeste d'allégeance qu'ils avaient tous signé et le remit au Führer. Ce dernier parut touché par la cérémonie et particulièrement satisfait de voir que les plus hauts gradés de la Wehrmacht lui avaient de nouveau juré foi et loyauté à toute épreuve. C'est Goebbels qui avait eu l'idée de cette déclaration en réponse à la création du comité de propagande antifasciste. Puis, à l'insu de Hitler, Schmundt avait recueilli la signature des feld-maréchaux au cours d'une tournée sur les divers fronts.

Le seul contenu de la déclaration de fidélité était suffisant pour réjouir le Führer et lui inspirer confiance : « Nous, les feld-maréchaux de l'armée, avons à présent acquis la certitude, avec une profonde inquiétude et affliction, que le général d'artillerie Walther von Seydlitz-Kurzbach a commis une trahison abjecte contre notre cause sacrée [...]. Il a perdu le droit de porter l'uniforme d'officier dans lequel approximativement 50 000 officiers de l'armée ont sacrifié leur vie dans cette guerre pour vous, vos idéaux et le peuple allemand uni derrière vous [...]. Il a foulé aux pieds la sacro-sainte tradition de l'héroïsme allemand. Il a souillé la mémoire de tous ceux qui sont tombés dans cette guerre [...]. Plus que jamais il sera de notre devoir d'inculquer dans l'armée les hauts idéaux de votre idéologie, à tel point que chaque soldat de l'armée puisse devenir un guerrier plus fanatique pour l'avenir national-socialiste de notre peuple. Nous savons que seule une armée imprégnée du national-socialisme survivra à l'épreuve d'endurance qui nous sépare aujourd'hui encore de la victoire finale. Veuillez accepter, *mein Führer*, cette déclaration de vos feld-maréchaux à titre de témoignage de notre loyauté inébranlable[25]. » Hitler souligna à juste titre à Goebbels que le manifeste était « très catégorique, très explicite et totalement national-socialiste[26] ». Sur son ordre, il serait par la suite lu à haute voix à tous les commandants de division pour qu'ils sachent que la loyauté des feld-maréchaux envers le Führer n'était pas en doute. Il serait également publié dans la presse nazie pour les mêmes raisons quelques mois plus tard.

Le lendemain, Rommel assista à une conférence de guerre qui eut lieu à quelques kilomètres de distance dans un château baroque à Klessheim. Salmuth était très étonné de voir en Hitler un homme qui n'était plus que l'ombre de lui-même. À ses yeux, il était devenu un vieil homme d'une pâleur maladive, qui avait l'air abattu, épuisé et malade. Mais il semblait n'avoir rien perdu de son acuité d'esprit, puisque Rommel considérait que le Führer avait prononcé un discours d'une heure avec « une clarté extraordinaire et un calme suprême ». C'étaient des propos comme ceux-ci qui amenèrent Hans Bernd Gisevius, un membre de la résistance antinazie, à dénoncer plus tard « le manque de caractère de ce nazi, le plus convaincu parmi les feld-maréchaux de Hitler[27] ».

Si Rommel avait encore de la déférence pour Hitler en ce printemps 1944, c'est entre autres choses parce qu'il s'était avéré à maintes reprises dans le passé que le Führer avait eu raison contre ses généraux. Mais en France, Rommel doutait du jugement de Hitler sur la question cruciale de l'endroit probable de l'invasion ennemie. Depuis la mi-février, Hitler avait plusieurs fois exprimé le point de vue selon lequel l'opération amphibie anglo-américaine interviendrait sur les côtes de la Normandie et peut-être aussi sur celles de la Bretagne avec pour objectif stratégique Cherbourg.

À la conférence de guerre du 4 mars, Hitler avait de nouveau fait part de son intuition en soulignant que la Normandie et la

Bretagne étaient particulièrement menacées. Selon lui, la topographie de ces régions était propice à l'établissement de têtes de pont qui pouvaient par la suite être élargies systématiquement par l'utilisation massive de la puissance aérienne. Il avait donc exigé une étude immédiate des défenses normandes et bretonnes, contraignant Rommel à partir au matin du 6 mars pour l'estuaire de la Seine.

Puis, à la conférence de guerre du 20 mars à Klessheim, Hitler avait encore une fois exposé sa conviction que l'ennemi essaierait de débarquer sur les côtes de la Normandie et de la Bretagne pour les raisons précitées. Mais il avait surtout insisté sur la nécessité de vaincre l'opération amphibie des Alliés en quelques heures ou tout au plus en quelques jours, citant l'exemple de Dieppe. Une fois défait, l'ennemi ne pourrait vraisemblablement plus faire une nouvelle tentative d'invasion à cause de ses pertes élevées en effectifs et en matériel de guerre. Et cela ne tenait pas compte du fait que l'échec d'un débarquement saperait sévèrement le moral des Britanniques et des Américains. C'est pourquoi Hitler était convaincu qu'un succès remporté sur les troupes de débarquement anglo-américaines conduirait à la victoire totale du Reich en Europe, car les divisions allemandes tenant le front de l'Ouest seraient par la suite aussitôt transférées à l'Est pour y arracher la victoire aux Russes. L'issue de toute la guerre dépendait donc de la prochaine bataille à l'Ouest[28].

Rommel, qui n'avait jamais envisagé la situation sous cet angle auparavant, allait invoquer cet argument plusieurs fois au cours des semaines suivantes : d'une certaine manière, le sort du Reich reposait sur lui. Devant Hitler et Jodl, il se dit certain de battre l'ennemi, d'autant plus que dès la fin avril tout le littoral serait pratiquement saturé d'ouvrages défensifs et d'obstacles. Avec son penchant pour les affirmations audacieuses, il ajouta que « l'ennemi ne poserait pas le pied sur la terre ferme », argument déguisé pour que toutes les forces blindées et motorisées à l'Ouest fussent placées sous son commandement. Sur l'instant, il réussit à convaincre Hitler de la nécessité de concentrer les divisions de panzers près des côtes. Mais à peine vingt-quatre heures plus tard, le Führer revenait sur sa décision, ce qui lui valut ce commentaire désabusé : « Le dernier à sortir de son bureau a toujours raison[29]. »

Les chefs de l'OKW n'entendaient certes pas laisser Hitler honorer sa promesse du 20 mars, d'autant plus qu'ils faisaient appel aux divisions de panzers en France comme réserves opérationnelles pour la guerre à l'Est. À ce concert de récriminations s'ajoutaient les avis circonstanciés de Guderian, l'inspecteur général des unités blindées et conseiller de Hitler en la matière, Dollmann, le commandant en chef de la 7e armée en Normandie et en Bretagne, et bien sûr Schweppenburg. Aussi leur entretien du 29 mars fut-il orageux : « Écoutez ! Je suis un commandant de chars de combat expérimenté. Vous et moi ne voyons pas les choses du même œil sur rien. Je refuse de travailler avec vous plus longtemps. Je vous propose d'en tirer les conclusions opportunes. » Geyr von Schweppenburg, cavalier jusqu'à la moelle, lui fit un salut rapide, tourna les talons et sortit, déterminé à ne plus jamais s'exposer à une telle insolence de Rommel[30]. Quant à ce dernier, il venait de se faire un nouvel ennemi parmi les généraux de la Wehrmacht.

Entre-temps, Rommel avait établi de manière permanente le quartier général du groupe d'armées B dans le château de La Roche-Guyon, entre Mantes-la-Jolie et Vernon : « Le paysage autour de La Roche-Guyon, avec ses grandes cavernes et ses falaises qui s'élèvent de la vallée de la Seine comme des tuyaux d'orgue, tient du labyrinthe et de l'énigme », écrivait le capitaine Ernst Jünger dans son journal du 30 avril 1944[31]. Le château, qui appartenait à la vénérable famille La Rochefoucauld, avait été érigé sur une falaise que dominait un donjon partiellement en ruine du XIIe siècle. Rommel avait fait creuser par ses ingénieurs des tunnels supplémentaires dans la falaise pour y loger son personnel, composé de 20 officiers d'état-major et de 80 autres hommes afin que celui-ci ne fût pas dérangé par les bombardements aériens. Pour sa part, le feld-maréchal s'était installé dans un appartement au rez-de-chaussée qui donnait sur une roseraie. Son bureau de travail se trouvait dans une salle ducale grandiose, ornée d'une collection de tapisseries et de peintures. Il s'agissait sans aucun doute du plus opulent de tous ses quartiers généraux. Des batteries antiaériennes surveillaient en permanence le ciel au-dessus de la région, tandis qu'un bataillon de chars était fréquemment en manœuvres dans les alentours.

Tard dans la soirée du 15 avril, une voiture militaire passa les hautes portes en fer forgé du château ; un officier peu familier descendit de la voiture sous la pluie. Ses bagages déposés dans la chambre située dans la tourelle, il se présenta à Rommel. C'était Hans Speidel, son nouveau chef d'état-major après le remplacement imprévu de Gause dont l'épouse avait commis l'impair de se brouiller avec Lucie. Cette dernière avait fini par demander à son mari de remplacer Gause comme chef d'état-major. Il s'était conformé tout simplement à ses désirs, lui écrivant le 17 mars : « Tirons un trait sur toute cette affaire [...]. C'est ce que je vais faire. Gause trouvera peut-être un autre poste. C'est évidemment une décision difficile pour moi d'avoir à changer mon chef [d'état-major] à un moment comme celui-ci[32]. » Rommel avait par la suite envoyé une lettre à Schmundt dans laquelle il lui demandait de faire le nécessaire pour confier à son ancien chef d'état-major le commandement de la prochaine division de panzers disponible.

Le successeur de Gause était d'une tout autre envergure. Chef d'état-major du général Otto Wöhler, Speidel avait été récemment décoré par Hitler en personne pour les combats retardateurs héroïques livrés par la 8e armée sur le front russe. Il était l'un des deux remplaçants proposés par l'OKW. Rommel se souvint probablement de ce compatriote souabe qu'il avait rencontré en 1915 dans la forêt d'Argonne, puis durant l'entre-deux-guerres au 13e régiment d'infanterie du Wurtemberg. Toujours est-il qu'il avait choisi comme d'habitude le Souabe. Âgé de 46 ans, Speidel avait six ans de moins que Rommel. Titulaire d'un doctorat en philologie classique, il était intellectuellement très supérieur à Rommel et beaucoup plus astucieux. En l'informant de sa nouvelle affectation au Berghof le 30 mars, Jodl lui avait donné des instructions, mais surtout son point de vue sur la situation en France. Il n'avait laissé planer aucun doute sur le fait que Rommel était un défaitiste : « Faites ce que vous pouvez pour le guérir de ses accès de pessimisme. Il en souffre depuis l'Afrique[33]. » Cependant, Speidel avait d'autres idées en tête. La journée précédant son arrivée au château de La Roche-Guyon, il avait discuté avec Strölin de la nécessité d'amener Rommel à reconnaître le bien-fondé d'un coup d'État.

Speidel trempait dans la conspiration depuis la tragédie de Stalingrad où il avait rencontré les principales personnalités militaires de la résistance antinazie. Il était notamment présent quand les majors-généraux Helmut Stieff et Henning von Tresckow, respectivement chef de la branche organisationnelle de l'OKH et chef d'état-major de la 2e armée sur le front de l'Est, avaient mis le général Wöhler au courant de leurs plans pour renverser Hitler. Beck, l'ancien chef de l'État-Major général de l'armée de terre, avait mis au point un plan qui consistait à arrêter Hitler et à ouvrir le front de l'Ouest aux Alliés après leur invasion attendue. L'Allemagne pourrait ensuite concentrer toutes ses forces sur le front de l'Est afin d'y remporter la guerre contre l'URSS et sauver l'Europe du bolchevisme. Speidel, qui avait jadis travaillé dans l'État-Major général de Beck, était en accord avec ces projets. Il était d'ailleurs censé profiter de l'occasion offerte par sa nouvelle affection à l'Ouest pour persuader le feld-maréchal le plus populaire du Reich d'adhérer à la résistance. Dans le cas contraire, il devait à tout le moins le convaincre de la nécessité de conclure une paix séparée avec les Alliés. Cette mission lui avait été confiée en dépit du fait que les conjurés étaient conscients des relations privilégiées entre Hitler et Rommel[34].

À la fin de mars, le feld-maréchal avait rencontré le général von Falkenhausen, le gouverneur militaire de Belgique, à Bruxelles. Ce dernier, qui restait constamment en contact avec les conspirateurs à Berlin, avait essayé de déterminer l'attitude de Rommel à l'égard de Hitler. Pendant le dîner, il avait cité cette célèbre maxime de lord Acton : « Le pouvoir amène la corruption, le pouvoir absolu amène la corruption absolue. » Le feld-maréchal n'ayant pas répondu, le gouverneur militaire n'avait pas eu l'impression que celui-ci se laisserait embrigader dans une conjuration[35].

Speidel devait donc procéder avec circonspection. Une précaution qui s'avérait indispensable non seulement parce que Rommel maudissait souvent la clique aristocratique dominant la Wehrmacht, mais aussi en raison du respect que celui-ci portait à Hitler. Les efforts de Speidel devaient se limiter à rencontrer discrètement des hommes de la même opinion provenant du quartier général à Paris et rassemblés autour du général Karl-Heinrich von Stülpnagel, le gouverneur militaire de la France et le chef des conspirateurs à l'Ouest. Ces réunions auraient habituellement lieu quand Rommel serait parti faire l'inspection du « mur de l'Atlantique » ou lorsqu'il serait sur la route pendant des journées entières entre Brest et Calais.

De son côté Rommel fit pression tout au long d'avril pour obtenir ses fameux panzers. Sans succès, à en juger par ce commentaire du 10 avril : « Les choses ne se sont pas passées de la manière dont je pensais qu'il avait été convenu le 20 mars[36]. » Cette déconvenue avait réjoui Rundstedt : « Rommel est comme un louveteau mal léché – il n'est pas du tout un renard. Il est trop ambitieux. En Afrique, les choses ne se sont pas trop bien passées pour lui, et maintenant il veut infiniment devenir quelqu'un ici[37]. »

Rommel était certes ambitieux, mais il n'était pas moins sûr de son opinion selon laquelle dans toute opération de débarquement la bataille décisive devait forcément se produire pendant les tout premiers jours. Et rien ne pouvait l'en faire démordre : « À El-Alamein, nous avons eu suffisamment l'occasion d'observer les effets des tactiques de bombardement anglo-américaines sur nos formations motorisées. En France, nous pouvons nous attendre à ce que les forces aériennes déployées par les Alliés le jour de l'invasion soient plusieurs fois supérieures à celles dont ils disposaient en Afrique du Nord. Par opposition au désert africain, il n'y a que quelques routes en France qui peuvent être empruntées pour les troupes en marche, et de surcroît ces routes traversent des rivières et des villes. C'est pourquoi l'efficacité des forces aériennes alliées sera considérablement plus grande ici que dans le désert[38]. »

C'est aussi la raison pour laquelle Rommel voulait déployer les divisions de panzers directement sur les côtes. Il espérait ainsi pouvoir attaquer les troupes de l'ennemi au moment le plus vulnérable de l'invasion. Lorsqu'elles approcheraient du littoral dans leurs péniches. Les forces se trouvant dans le secteur du débarquement ou à proximité de celui-ci auraient la tâche d'empêcher les envahisseurs d'établir une tête de pont. Pendant ce temps, les unités blindées et motorisées des autres secteurs seraient envoyées et rassemblées derrière le nouveau front afin de balayer les troupes de débarquement dans le cadre d'une contre-attaque.

Il tenta à nouveau de convaincre Jodl le 23 avril : « Si, en dépit de la supériorité aérienne de l'ennemi, nous réussissons à engager une grande partie de nos forces mobiles dans le secteur de défense côtière menacé, et cela dans les premières heures, je suis convaincu que l'attaque ennemie sur la côte sera entièrement repoussée le premier jour. » À cette fin, il demandait derechef d'avoir la main sur les forces mobiles. « Contrairement à ce qui avait été décidé à la conférence du 20 mars, elles n'ont toujours pas été placées sous mon commandement. Certaines d'entre elles sont dispersées sur un grand territoire dans l'arrière-pays, ce qui veut dire qu'elles arriveront trop tard pour prendre part à la bataille sur la côte. À cause de la supériorité aérienne de l'ennemi à laquelle nous sommes en droit de nous attendre, tout mouvement d'unités motorisées de grande ampleur vers la côte sera exposé à des attaques aériennes d'une force terrible et de longue durée. Mais sans une assistance rapide des divisions blindées et motorisées, nos garnisons côtières auront beaucoup de mal à contrer des attaques provenant simultanément de la mer et des troupes aéroportées de l'intérieur. » Après avoir évoqué son désaccord avec Geyr von Schweppenburg, il concluait : « À défaut d'un commandement ferme dans une seule main de toutes les forces disponibles pour la défense et à défaut de l'engagement dès le début de toutes nos forces mobiles dans la bataille sur la côte, la victoire sera vraiment incertaine. Si je dois attendre que le débarquement de l'ennemi ait eu lieu avant de pouvoir demander le commandement et l'envoi des forces mobiles en passant par la filière habituelle, des délais seront inévitables. Par conséquent, elles arriveront trop tard pour intervenir avec succès dans la bataille de la côte et empêcher le débarquement de l'ennemi[39]. »

Le 28 avril, Schweppenburg lui rendit visite au château, accompagné de Guderian, en tournée d'inspection sur le front de l'Ouest. Les trois hommes s'écharpèrent, particulièrement quand les deux visiteurs apprirent que Rommel proposait maintenant d'enfouir tous les chars sur le littoral. Il s'agissait d'une suggestion complètement insensée pour deux spécialistes des blindés, pas moins convaincus que la force des divisions de panzers reposait dans la combinaison de leur puissance de feu et de leur mobilité. Guderian insista sur le fait qu'il fallait absolument tenir les chars hors de portée des canons des vaisseaux de guerre, comme l'avaient démontré les débarquements successifs en Italie. Rommel, interloqué par ce qu'il tenait pour un contresens sur la bataille à venir, réexpliqua que les tanks seraient refoulés par les avions ennemis. Ce à quoi Geyr von Schweppenburg répondit que les chars pouvaient se déplacer la nuit, voire le jour s'ils maintenaient entre eux 150 mètres d'intervalle. Rommel rétorqua de façon non moins péremptoire que l'ennemi disposait de fusées éclairantes qui illuminaient le ciel de nuit d'une manière aussi claire que la lumière du jour et ainsi de suite...

Rétrospectivement, les arguments s'équilibraient de part et d'autre. Mais étant donné la puissance aérienne de l'ennemi, on peut avancer que si la stratégie de Rommel ou bien celle de Geyr von Schweppenburg avait été adoptée à fond, le résultat serait revenu au même[40].

Hitler refusa de suivre le conseil de Guderian et imposa un compromis entre les parties. Seule une partie des divisions de panzers serait placée sous les ordres de Rommel et déployée à proximité des côtes, tandis que l'autre partie serait maintenue comme réserve opérationnelle dans l'arrière-pays sous le commandement de l'OKW. La raison pour laquelle il n'avait pas consenti à accorder toutes les divisions de panzers à Rommel était relative à l'incertitude quant à l'endroit où interviendrait le débarquement des troupes alliées. Si Rommel et Rundstedt restaient convaincus que celui-ci aurait lieu par le pas de Calais, Hitler continuait de penser qu'il se produirait plutôt en Normandie.

Conformément à un ordre du commandement suprême de la Wehrmacht daté du 7 mai, les 2e, 21e et 116e Panzer étaient confiées à Rommel. Les quatre autres divisions de panzers (les 1re et 12e Panzer SS, la 17e Panzer-Grenadier et la Panzer Lehr) étaient désignées comme réserves opérationnelles de l'OKW et restaient bien à l'intérieur du pays. Ce compromis ne satisfaisait ni Guderian ni Schweppenburg, qui déploraient l'absence de toute concentration des réserves opérationnelles, ni Rommel, pour qui les divisions de panzers étaient beaucoup trop loin du littoral. Le jour même, Jodl adressa une lettre à Rommel pour lui assurer qu'il pourrait disposer des divisions de panzers en réserve une fois que l'OKW serait certain de la direction de l'attaque des forces d'invasion anglo-américaines[41].

Le sort en était jeté. « Qu'est-ce que l'Histoire dira lorsqu'elle se prononcera sur moi ? écrivait Rommel dans son journal le 15 avril. Si je réussis ici, alors tous les autres revendiqueront toute la gloire – tout comme ils revendiquent déjà le mérite pour les défenses et les obstacles que j'ai élevés sur la plage. Mais si j'échoue ici, alors tout le monde voudra ma peau. » Une semaine plus tard, il confia au capitaine Helmuth Lang se soucier du jugement de la postérité et du sort de l'Europe à la fin de la guerre. Le Reich et par extension l'Europe se trouvaient dans une situation dans laquelle il n'était que deux partis possibles à l'issue de cette guerre : le national-socialisme ou le bolchevisme.

À l'instar du Führer, Rommel espérait qu'à la suite d'une victoire décisive à l'Ouest, la Wehrmacht pourrait concentrer toutes ses forces à l'Est afin de résister aux assauts de l'Armée rouge. Cette analyse semble partagée par Eisenhower, commandant suprême des forces expéditionnaires alliées, même si ses Mémoires sont reconstruits après guerre : « Un échec [du débarquement] aurait sans doute des conséquences presque fatales. Que se produise une telle catastrophe, et il faudrait de nouveau transférer toutes les troupes américaines entassées en Grande-Bretagne vers d'autres théâtres des opérations. Le contrecoup sur le moral allié et sur son esprit de décision serait tel qu'une hypothèse semblable était inconcevable. Enfin, pareil échec aurait de terribles répercussions sur la situation en Russie, et il n'était pas insensé de croire que ce dernier pays, s'il estimait ses alliés absolument incapables de fournir en Europe un effort de première grandeur, pourrait fort bien envisager la signature d'une paix séparée[42]. »

À mesure que les semaines passaient, Hitler était de plus en plus convaincu que le débarquement des Alliés se ferait en Normandie. En l'absence de Rommel, Speidel avait reçu tard dans la soirée du 1er mai un coup de téléphone de l'OKW exigeant des informations sur les chances du LXXXIVe corps d'armée de Marcks de défendre avec succès la Normandie. Sans même attendre la réponse, Hitler avait pris la décision durant la conférence de guerre du lendemain d'y déployer une unité d'élite, la 91e division aéroportée.

L'amiral Theodor Krancke, le commandant en chef du

groupe de la marine Ouest, avait lui aussi déduit que Le Havre et Cherbourg seraient vraisemblablement les principaux objectifs stratégiques de l'invasion anglo-américaine. Il en était arrivé à cette conclusion à la suite d'une étude des opérations de bombardement et de mouillage de mines de l'ennemi, et des photographies de la reconnaissance aérienne dans le sud de l'Angleterre. Mais l'assistant de Rommel pour la marine, le vice-amiral Friedrich Ruge, était à couteaux tirés avec Krancke, si bien qu'au château de La Roche-Guyon on ne tint aucun compte des vues de ce dernier. Rommel ne quittait donc pas le pas de Calais des yeux.

Il téléphona néanmoins à l'OKW le 6 mai pour s'enquérir de la raison pour laquelle on avait ordonné le renforcement de la Normandie. Jodl expliqua que le Führer détenait « certaines informations » selon lesquelles Cherbourg serait le premier objectif stratégique de l'ennemi. « Par ailleurs, ajouta-t-il, nous avons des rapports de nos services de renseignements qui indiquent que les essais des Britanniques pour franchir vos espèces d'obstacles sur la plage ont été couronnés de succès. » Cela fit sursauter Rommel, qui s'empressa d'appeler Marcks pour l'aviser de sa venue à Saint-Lô trois jours plus tard.

Le 9 mai, il se mit en route pour la Normandie, toujours aussi dubitatif quant à une opération amphibie dans cette région. Il remarqua qu'il y avait beaucoup moins d'activité aérienne dans le secteur de la 7e armée que dans celui de la 15e armée, ce qui renforça son scepticisme. Au surplus, il y avait surtout des forêts de pieux et d'autres obstacles à perte de vue sur chacune des plages. Sur son ordre, la campagne du Cotentin avait été inondée sur des kilomètres. Les routes avaient également été minées et barricadées. C'est un Rommel rasséréné qui reprit la route au matin du 11 mai pour inspecter à nouveau la 15e armée. « Le vieux combattant », comme l'appelait Goebbels à cette époque, était ragaillardi par l'imminence du danger et, conséquence très appréciable pour lui, l'amélioration de ses rapports avec Hitler : « Je suis content d'être celui qui a reçu ce commandement, surtout après avoir déjà été considéré comme un homme malade dans plusieurs cercles. Mais le Führer a confiance en moi, et cela me suffit[43]. »

« Nous sommes pleinement sûrs de remporter la victoire à

l'Ouest. [...] nous devenons plus forts jour après jour [...]. J'attends la bataille avec une entière confiance[44]. » Pour l'occasion, Rommel cédait à un optimisme de circonstance. Il avait abattu une telle besogne en six mois qu'il s'attirait désormais le respect de plusieurs de ses détracteurs. Aménager 12 250 fortifications supplémentaires relevait du tour de force. Accompli d'ailleurs par 158 000 travailleurs de l'organisation Todt, dont seuls 18 000 étaient allemands. Même Salmuth devait reconnaître que son commandant avait apporté un élan décisif dans les travaux de fortification à l'Ouest : « Une nouvelle phase a commencé lorsque le feld-maréchal Rommel est arrivé[45]. » C'est en ces termes qu'il avait fait l'éloge de son commandant dans un discours de félicitations prononcé après le déjeuner dans un immense bunker de lance-missiles souterrain en construction à proximité du Chatel, le 11 mai. Rommel n'avait évidemment pas manqué de lui retourner des louanges pour ses fortifications le long des côtes de la Manche. Un commandant de division avait déjà fiché 98 000 pieux et un autre, 96 000. Au total, 517 000 obstacles avaient été élevés sur les côtes, et 31 000 étaient déjà munis de charges explosives. En outre, plus de 4 193 167 mines avaient été déposées[46]. Curieusement pour Rommel, les résultats étaient moins impressionnants en Normandie. Les bombardements de l'aviation ennemie avaient entravé le transport par route et par chemin de fer du ciment et des matériaux nécessaires aux travaux de fortification. Dans ce secteur, l'édification des obstacles au débarquement de troupes aéroportées venait à peine de commencer, tandis que ceux sur la plage n'avaient été achevés que le long du niveau des hautes eaux. Or, l'amiral Krancke avait prévenu, renseignements à l'appui, que l'ennemi changerait probablement sa tactique d'invasion et tenterait plutôt un débarquement à marée basse.

Rommel regardait toujours au nord. Devant des délégations de la Wehrmacht et de l'organisation Todt rassemblées devant les gros canons d'un point d'appui fortifié près du Touquet il se montra confiant : « Je suis convaincu que tous les soldats allemands apporteront leur contribution aux représailles contre l'esprit anglo-américain qu'il a bien méritées pour sa guerre aérienne criminelle et bestiale contre notre patrie[47]. » Les caméras enregistrèrent consciencieusement pour les actualités son discours de propagande qui fit l'effet désiré dans le Reich. S'il faut en croire les rapports du Service de sécurité de la SS sur le moral de la population, les Allemands attendaient avec impatience l'invasion : « L'idée qu'un retournement décisif en notre faveur doit absolument se produire prochainement dans le déroulement de la guerre amène la majorité de la population à attendre l'invasion avec de grands espoirs. On parle de celle-ci comme de la dernière occasion pour renverser la situation. Il n'y a pratiquement aucune crainte visible de l'invasion[48]. »

Le 16 mai, Rommel téléphona à Hitler pour lui faire un exposé de l'état de la situation et il était encore au comble de la joie quand il raconta à Lucie la réaction du Führer : « Il était d'excellente humeur et n'a pas tari d'éloges sur le travail que nous avons accompli à l'Ouest[49]. »

Pendant la dernière semaine de mai, il y eut 246 raids aériens sur des cibles au nord de la Seine contre 32 au sud de ce fleuve. L'intuition géographique de Rommel se vérifia ; il pressa Jodl, le 23 mai, d'intervenir auprès du Führer pour qu'il déclenchât ses attaques de missiles sur Londres aussitôt que possible, non seulement pour porter un coup très dur aux préparatifs de l'ennemi, mais aussi pour lui fournir une raison supplémentaire de privilégier le secteur de la 15e armée – celui des bases secrètes de lance-missiles. Les Anglo-Américains s'activaient, mais comme la météo annonçait une période de mauvais temps, Rommel sauta sur l'occasion pour retourner en Allemagne, le 4 juin, célébrer l'anniversaire de son épouse en sa compagnie. Par la suite, il espérait rencontrer le Führer au Berghof afin de lui demander des divisions de panzers supplémentaires. Rendez-vous fut pris pour le matin du 6 juin. Mais à 10 h 15 ce jour-là, le coup de téléphone ne concernait pas son entretien avec Hitler ; l'invasion avait débuté, sur les côtes de Normandie. La bataille décisive de la guerre avait donc commencé sans lui.

Pour la deuxième fois de sa carrière – après El-Alamein – Rommel n'était pas à son poste de commandement au moment décisif. Lorsque son chef d'état-major l'informa de l'opération amphibie des Alliés, le feld-maréchal partit immédiatement pour La Roche-Guyon afin de reprendre l'initiative des opérations qui avait été perdue pendant les premières heures de l'invasion.

12

LA DERNIÈRE BATAILLE

Dans le sud de l'Angleterre, plus de 2 800 000 soldats se tenaient prêts à prendre d'assaut la « forteresse Europe » ; une flotte aérienne de plus de 3 400 bombardiers et de plus de 5 400 chasseurs s'apprêtait à entrer en action ; une armada de plus de 6 000 navires de guerre et péniches de débarquement attendait de recevoir l'ordre pour transporter d'abord 185 000 hommes et environ 20 000 véhicules à travers la Manche sur un front large de 80 kilomètres.

L'ironie du sort voulut que, au moment crucial, la plupart des principaux commandants allemands en France brillent par leur absence. Rommel, qui avait toujours insisté sur la nécessité de contrer l'invasion ennemie dès les premières heures, était en permission en Allemagne. Salmuth venait tout juste de rentrer de deux jours de chasse dans les Ardennes. Dollmann avait quitté le quartier général de la 7e armée pour Rennes, où il avait fait venir tous ses commandants pour des manœuvres sur cartes prévues le lendemain. Edgar Feuchtinger, le chef de la plus puissante force d'assaut en Normandie – la 21e division de panzers –, s'était absenté de son poste pour rejoindre à Paris sa maîtresse française. Seul le général Marcks était à son poste.

Pendant ce temps, Speidel, le chef d'état-major du groupe d'armées B, avait invité ses compères résistants à La Roche-Guyon pour la soirée du 5 juin. L'occasion était belle, compte tenu de l'absence du « Vieux », comme les conspirateurs avaient l'habitude d'appeler Rommel dans leurs réunions secrètes. Parmi les conjurés attablés se trouvait Ernst Jünger. Celui-ci avait rédigé une proclamation de paix, une déclaration en faveur d'une Europe chrétienne unifiée qui était censée être régie par les idées de liberté humaine, de tolérance et d'une manière plus générale de justice sociale. Le manifeste exigeait également la condamnation des responsables de la guerre et des tueries dans les camps de concentration. Il devait être mis en circulation en grand nombre en Allemagne et dans tous les pays occupés par la Wehrmacht à l'« heure H ».

Durant cette soirée, où le cognac coula à flots, l'état-major de Speidel ignora les messages radio indiquant que l'invasion alliée était imminente. Les services de renseignements de la 15e armée avaient capté dans une émission de la BBC la deuxième strophe d'un poème de Paul Verlaine dont on savait depuis quelque temps qu'elle devait donner le signal à la Résistance de commencer une campagne de sabotage en guise de complément à l'opération des troupes de débarquement alliées. Peu de temps après que les conjurés s'étaient dispersés, vers 1 heure du matin le 6 juin, des opérations de troupes aéroportées alliées étaient signalées dans le Cotentin, en Normandie. Lorsqu'il en fut informé, Speidel, à qui incombait la responsabilité de la coordination d'une action défensive à l'Ouest en l'absence de Rommel, fut plongé dans un abîme de perplexité. Il présuma que ce n'était qu'une manœuvre de diversion, convaincu que la principale opération de débarquement des Anglo-Américains aurait lieu plus au nord. Quand il téléphona finalement à Rommel chez lui à Herrlingen dans la matinée du 6, quelque 100 000 soldats des forces alliées avaient déjà débarqué sur les plages normandes et livraient des combats acharnés contre des troupes allemandes prises au dépourvu et surpassées en nombre.

Surprise pour les soldats des plages certes, mais pas pour tout le monde. La Wehrmacht détenait des informations non divulguées. Depuis la fin mai, aussi bien la section des armées étrangères Ouest que le service de sécurité de la SS avaient des indices sérieux portant à croire que l'invasion des Alliés serait déclenchée au cours des deux semaines suivantes. Le quartier général régional du SD à Paris avait d'ailleurs signalé le 2 juin que, la veille, la BBC avait diffusé 125 messages, dont 28 étaient identifiés (suite à des arrestations de résistants ou des informations) comme des codes chargés de déclencher des sabotages à grande échelle. Tout le problème est de savoir si l'information fut bloquée (et par qui) ou bien si une erreur (routine, absence, inattention) explique le cafouillage. Si responsable il y a – mais aucune source nazie, ni alliée, aucun écrit privé d'un résistant allemand ne le prouve –, Speidel est le plus plausible, à tel point que des soupçons (mais rétrospectifs) convergent vers lui.

Ce qui est certain toutefois, c'est que le chef d'état-major avait une opinion complètement différente de celle de son commandant sur la bataille défensive à l'Ouest. Speidel croyait que les hostilités en France cesseraient après le renversement de Hitler, quand Rommel était déterminé à donner le coup de grâce aux Alliés.

Les fortifications et les obstacles construits sur les plages à l'instigation de Rommel avaient été détruits ou démantelés en grand nombre au point du jour par les commandos et les soldats du génie ennemis qui avaient été parachutés ou qui étaient arrivés à bord de planeurs sur les arrières des troupes côtières allemandes. À peine quelques minutes après le débarquement des premières unités d'infanterie, les premiers chars de combat roulaient déjà sur les plages. Les troupes de choc se lançaient à l'assaut des bunkers subsistants avec des lance-flammes et des explosifs. Là où il y avait des falaises, elles étaient escaladées au moyen d'échelles de corde dressées par des fusées lancées depuis des chalands de débarquement. Les bombardements aériens et navals intensifs ouvraient de grandes brèches dans la « zone mortelle » de Rommel. Comme Rundstedt devait le faire remarquer après guerre, avec une ironie grinçante : « L'ennemi avait déjoué tous les gadgets de Rommel [...]. L'invasion des Alliés commença à marée basse et non à marée haute comme l'avait présupposé notre marine de guerre. Leurs chars roulèrent simplement à travers le terrain inondé, et les pieux n'empêchèrent pas l'atterrissage des troupes aéroportées[1]. » Et pour cause, tous les obstacles sur la plage de Rommel avaient été dressés en supposant que le débarquement s'effectuerait à marée haute.

Aucune contre-attaque allemande n'avait encore été déclenchée en fin de matinée. Trois divisions de panzers étaient pourtant à portée des troupes de débarquement. La 21e, déployée au sud de Caen, aurait pu intervenir en moins de deux heures, mais Speidel avait refusé de l'engager dans la bataille en dépit des protestations véhémentes de Marcks. Toujours l'obsession du pas de Calais. À Paris, Rundstedt était du même avis, conforté dans cette analyse par Alexis von Roenne, le responsable de la section des armées étrangères Ouest. Par conséquent, Jodl n'avait pas cru bon d'envoyer en Normandie les divisions gardées en réserve par l'OKW. « Si on m'avait écouté », devait écrire, douze jours plus tard, Rommel à sa femme, « nous aurions contre-attaqué la première nuit avec trois divisions de panzers et probablement repoussé l'attaque ennemie[2]. » Cela aurait sans doute permis de remporter des succès locaux, mais quant à changer le résultat final, c'était une autre affaire.

Depuis six heures, le chauffeur de Rommel conduisait pied au plancher, lorsque celui-ci fit brièvement halte à Reims à 16 h 55 afin de téléphoner au château pour avoir les dernières nouvelles. Speidel lui présenta la situation comme désespérée, l'ennemi ayant ouvert une brèche de 30 kilomètres dans le « mur de l'Atlantique », une tête de pont dans laquelle s'engouffraient déjà 7 divisions. En outre, deux divisions aéroportées britanniques s'étaient posées aux alentours de Caen, et deux autres divisions américaines avaient fait de même dans la péninsule du Cotentin. Après dix longues heures, Hitler avait enfin consenti à ce que la 12e division Hitler Jugend et la Panzer Lehr fussent engagées dans une contre-attaque. Mais la première n'arriverait pas avant le lendemain matin, et la seconde, pas avant le 8 juin.

Rommel demanda alors : « Où en sommes-nous avec notre contre-attaque ? » Le lieutenant-général répondit que la 21e division de panzers attendait des renforts supplémentaires. Hors de lui, le feld-maréchal cria : « Faites en sorte que la division passe à l'attaque à l'instant même ! N'attendez pas d'autres renforts – attaquez tout de suite[3] ! » Marcks conduisit lui-même la contre-attaque en hurlant ses ordres, debout dans sa BMW décapotée. Les chars réussirent à s'ouvrir un chemin étroit à travers les forces d'invasion britanniques et à atteindre la côte à Luc-sur-Mer. Mais l'opération manquait de cohésion et lorsque des centaines d'avions ennemis volèrent à basse altitude peu après 19 heures, larguant des milliers de parachutes sur les arrières de la division de panzers, le général Feuchtinger, rentré de Paris, fut pris de panique et annula brusquement la contre-attaque. En fait, les parachutes en question étaient seulement du ravitaillement, qui fut récupéré rapidement par l'ennemi. Il ne s'agissait aucunement de soldats ayant la mission de couper les lignes de communication.

Rommel arriva à La Roche-Guyon à 22 heures. À ce moment-là, 155 000 soldats alliés avaient établi cinq têtes de pont totalisant plus de 130 kilomètres carrés et par lesquelles ils avaient pu débarquer 16 000 véhicules motorisés[4]. Certes, les troupes allemandes avaient infligé à l'ennemi des pertes qui s'élevaient à environ 10 500 hommes, soit approximativement 4 000 de plus que leurs propres pertes. Mais Marcks avait raison : le débarquement anglo-américain avait bel et bien réussi, là et pas ailleurs. Pourtant, quand Rommel s'enquit de l'état de la situation auprès de son état-major, on lui dit qu'il fallait s'attendre à une nouvelle opération amphibie de grand style dans le pas de Calais, d'autant plus qu'un écran de fumée cachait désormais complètement la ville de Douvres. Il n'avait rien à redire à cela. D'ailleurs, il allait rester convaincu pendant les cinq semaines suivantes que le débarquement de Normandie n'était qu'une feinte pour détourner l'attention des Allemands[5].

En se trompant sur le véritable endroit du débarquement, Rommel avait compromis, sans doute de manière décisive, les chances déjà bien minces des Allemands de défendre avec succès la « forteresse Europe ». Conscient de cette erreur et craignant d'en être tenu pour responsable devant l'Histoire, il allait par la suite essayer de cacher la vérité. Dans le dernier chapitre de ses Mémoires, écrit peu avant sa mort, on peut lire : « [...] Ni le quartier général du Führer ni le commandant en chef de l'Ouest ne voulaient admettre la menace qui pesait sur la Normandie, puisque l'un et l'autre pensaient que les meilleures possibilités stratégiques offertes par l'établissement d'une tête de pont dans le pas de Calais amèneraient forcément les Alliés à débarquer dans ce secteur. Mais l'exécution des objectifs stratégiques de l'ennemi dépendait absolument du succès de son débarquement. Alors que celui-ci avait peu de chances de réussir dans le pas de Calais, un secteur solidement défendu, c'était tout le contraire dans la région de la Normandie à peine fortifiée. Ce qui comptait avant tout pour les Alliés, c'était de réussir leur opération de débarquement ; les désavantages stratégiques de la Normandie en comparaison du pas de Calais étaient de moindre importance. Du reste, ils avaient du temps et du matériel de guerre en quantité suffisante[6]. »

Rommel passa la plus grande partie de la nuit du 6 au 7 juin à préparer une contre-attaque, conduite par le Ier corps de panzers SS de Sepp Dietrich. Mais la 21e division de panzers n'avait plus qu'environ 70 chars en état de marche et il fallut attendre une heure et demie l'arrivée de la 12e division de panzers SS Hitler Jugend, victime d'une attaque aérienne. En dépit d'une visite de Rommel au cours de la journée, Sepp Dietrich se décida après bien des hésitations à ajourner la contre-attaque, puis à interrompre les opérations pour la nuit.

Ce même jour, peu avant midi, Rommel avait téléphoné à Jodl, qui était avec Hitler au Berghof, pour se plaindre de la faiblesse de l'appui aérien et naval. Fait révélateur, il l'avait mis en garde contre l'idée que l'invasion des Alliés se limiterait à la Normandie : « Mon impression générale est que nous devons supposer que l'ennemi va faire une autre invasion ailleurs. » Malgré cela, l'état-major du Führer restait optimiste. Schweppenburg et Hitler entendaient lancer une contre-attaque décisive le lendemain.

La population allemande écoutait avec attention les dernières nouvelles de la bataille d'invasion à la radio. Les rapports de la Gestapo sur le moral à Breslau, à Berlin, à Kiel et à Coblence indiquaient que « la confiance en Rommel [était] grande[7] ». Enfin, le choc décisif était arrivé et, grâce à la propagande nazie, le « rempart du Reich » faisait bonne garde : « Là où s'arrêtent le savoir et la compétence [...], commence l'intuition – cet instinct extrasensoriel, cette inspiration et cette perspicacité innées. C'est en cela qu'on peut voir les véritables qualités d'un chef militaire. Et Rommel les a toutes[8]. » Des photographies le montrent ces jours-là arpenter avec confiance les champs de bataille, marcher devant des débris d'un bombardier B-17 s'étant écrasé au sol ou inspecter des planeurs de transport de troupes enchevêtrés dans les haies du bocage normand. Ce n'est donc pas étonnant si trois semaines après le début du débarquement anglo-américain, des agents de la Gestapo rapportaient qu'il y avait encore des « manifestations de confiance en notre commandement, en particulier à l'égard du feld-maréchal Rommel[9] ».

Le 8 juin, la division Panzer Lehr était enfin arrivée de Chartres, mais elle avait perdu en cours de route 85 véhicules blindés, 5 chars et 123 camions, dont 80 tenders à essence, à la suite de plusieurs raids aériens. Pendant qu'elle reconstituait ses forces près de Tilly-sur-Seulles, un village situé à une quinzaine de kilomètres à l'ouest de Caen, Rommel fondait ses espoirs sur une contre-attaque avec les trois divisions encore intactes pour réduire la tête de pont de l'ennemi. Mais lorsqu'il téléphona à la 7ᵉ armée très tôt le matin, on lui dit que Sepp Dietrich hésitait à déclencher une telle opération. Si l'ennemi s'était déjà emparé de Bayeux, les Allemands tenaient toujours Carentan, qui était le verrou du Cotentin. Rommel ordonna néanmoins que le Iᵉʳ corps de panzers SS, avec ses trois divisions, lançât une attaque, avec le centre de gravité de ses forces sur la gauche.

Mais quand il arriva au poste de commandement de Sepp Dietrich dans l'après-midi, la situation était devenue précaire. Un millier de planeurs ennemis s'étaient posés directement dans le sillage de l'attaque de la 21ᵉ division de panzers, déversant des milliers de parachutistes qui anéantirent presque complètement les troupes d'infanterie de soutien de Feuchtinger. Au crépuscule, celui-ci n'avait plus que 55 chars opérationnels. Rommel envoya un groupe de bataille, constitué de la moitié de la 21ᵉ division de panzers et de la moitié de la 12ᵉ division de panzers SS Hitler Jugend, vers le nord-ouest dans l'intention de reprendre Bayeux. Non seulement le groupe de bataille se trouva à cet endroit à portée de tir des canons des cuirassés de l'ennemi, mais le regroupement nécessaire pour cette attaque avait fait perdre plusieurs heures précieuses.

Dans l'intervalle, l'OKW était très inquiet de l'absence de mesures décisives en Normandie. Il était plus que temps, pensait-il, de jeter dans la bataille le gros des forces de la 15ᵉ armée. Dans la soirée du 8 juin, le colonel Bodo Zimmermann, le chef des opérations de Rundstedt, passa un coup de fil à Speidel pour demander si Rommel croyait être en mesure de remporter un succès décisif avec les forces dont il disposait. Il lui confia que Rundstedt était d'un tout autre avis, ce dernier étant persuadé qu'il faudrait nécessairement dégarnir les autres fronts pour envoyer en Normandie des forces supplémentaires. Quand

Speidel transmit ce message à Rommel plus tard dans la soirée, tout juste après son arrivée au château, celui-ci fut très contrarié par ce qu'il considérait comme une ingérence dans son commandement. À Jodl, il déclara au téléphone : « Mon intention est de diviser les deux grandes concentrations de forces ennemies en deux, avec le centre de gravité de l'attaque sur la gauche. Nous ne pouvons attaquer avant demain. L'ennemi essaie de percer en direction de Cherbourg [...]. Nous devons empêcher ses deux principales têtes de pont d'opérer leur jonction. » Au bout du fil, Jodl exprima son désaccord sur la possibilité d'un nouveau débarquement ailleurs : « Je ne pense pas que nous devons craindre une seconde invasion à l'Ouest. » Mais Rommel ne voulait pas en démordre : « Puis-je vous faire remarquer que l'ennemi n'a engagé jusqu'ici qu'un seul de ses deux groupes d'armées, et c'est justement pourquoi nous ne pouvons pas nous permettre de prélever des forces du secteur de la 15e armée, et certainement pas de Calais ? » Jodl répéta calmement : « Il n'y aura pas de seconde invasion. » Rommel lui raccrocha au nez[10].

Ironie de l'Histoire ; celui-là même qui, par le passé, s'était brûlé les doigts chaque fois qu'il avait ignoré les renseignements avait maintenant appris à écouter. Il ne se rendait cependant pas compte que ses espions étaient cette fois-ci trompés par les manœuvres de diversion des Alliés, connues sous le nom d'opération « Fortitude ». Rommel passa la journée du 9 juin au Mans. Les Américains étaient sur le point de percer depuis leur tête de pont à Sainte-Mère-Église, en direction du Cotentin. Rommel essaya de leur opposer des troupes d'élite, mais leurs mouvements furent longuement retardés par le manque de camions de transport et d'essence ainsi que par les raids aériens. Par conséquent, il donna l'ordre de rester sur la défensive.

Le lendemain matin, il repartit pour le front de Normandie. Mais les raids aériens ennemis furent si nombreux ce jour-là qu'il ne put rencontrer Sepp Dietrich. Dans l'après-midi, il se rendit au quartier général du groupe de panzers Ouest installé dans une pommeraie à La Caine, à environ 30 kilomètres au sud de Caen. Avec Schweppenburg, ils étudièrent les cartes éparpillées sur la table du véhicule de commandement, mais ils eurent beau faire : faute d'essence, de munitions, d'espace, Sepp Dietrich devait reporter sa contre-attaque sur Bayeux.

Sitôt rentré à son quartier général, Rommel téléphona à Jodl et devant les refus réitérés de l'OKW, décida de se rendre à Paris en compagnie de Speidel pour tenter de convaincre von Rundstedt de vive voix. Le résultat fut que l'un et l'autre expédièrent des rapports pessimistes – mais en partie divergents – sur le déroulement de la bataille de Normandie à l'intention de Hitler : Rommel y développait les arguments de ses précédents textes, en appuyant sa démonstration au vu des premières heures de la bataille : « Nos propres opérations sont rendues extraordinairement compliquées et en partie impossibles, principalement à cause de la supériorité énorme et à certains égards écrasante de l'aviation ennemie. [...] Il en résulte que nos troupes ne peuvent exécuter aucune manœuvre sur le champ de bataille pendant la journée, alors que l'adversaire opère librement. [...] Ni notre DCA, ni notre aviation ne paraissent capables de mettre un terme à cette action paralysante et destructrice des avions ennemis. Les troupes se protègent du mieux qu'elles peuvent avec les moyens dont elles disposent, mais les munitions sont rares et ne peuvent être apportées que dans les conditions les plus difficiles[11]. » À 10 heures, le 12 juin, Rommel téléphona à Keitel au Berghof pour évoquer les deux télégrammes. Keitel lui assura qu'il avait mis Hitler au courant de leurs vues sur le déroulement de la bataille à l'Ouest, puis l'informa de l'arrivée prochaine des 9e et 10e divisions de panzers, rapatriées du front Est. Pendant ce temps, Hitler donnait pour instructions à Rommel de contre-attaquer à l'extrémité est du front normand, contre les Britanniques. Le feld-maréchal, lui, considérait que les plus grands ennuis se profilaient à l'extrémité ouest du front et envisageait de lancer ses panzers contre les troupes américaines encore inexpérimentées avant que la péninsule du Cotentin tombe.

Mais comme ses troupes furent incapables de reprendre Carentan, tombée le 12 juin, Rommel se retrouva devant un dilemme : devait-il engager ses forces disponibles pour défendre le Cotentin ou empêcher les Américains de faire une percée vers le sud, dans l'arrière-pays ? Réflexion faite, il donna la priorité à la seconde tâche. Lors d'une discussion avec le général Günther Blumentritt, le chef d'état-major de Rundstedt, dans l'après-midi du 15 juin, il soutint le point de vue que se replier vers le nord de la péninsule en livrant des combats retardateurs pourrait bien ralentir l'avance de l'ennemi sur Cherbourg, mais une telle action userait les forces allemandes au point où il n'en resterait plus assez pour tenir le port très longtemps.

Le lendemain matin, Speidel téléphona au major-général Max Pemsel, le chef d'état-major de la 7e armée, et lui enjoignit d'amorcer un repli partiel vers le nord. Speidel téléphona de nouveau à Pemsel, cette fois pour l'aviser que Hitler avait interdit tout mouvement de recul dans la péninsule du Cotentin. Du coup, au quartier général de la 7e armée, la confusion régnait, d'autant plus que la manœuvre de repli avait déjà commencé. De son propre chef, Rommel permit alors au général Dollmann de retirer des forces de la péninsule pour se donner les moyens de contenir la percée américaine à Saint-Sauveur-le-Vicomte en direction de l'ouest. « Si nous interprétons l'ordre du Führer dans son sens littéral et que toutes nos forces dans la péninsule restent exactement où elles sont, dit-il à Rundstedt au téléphone, alors, l'ennemi poussera vers le nord, le long de routes complètement dégagées, derrière nos propres troupes, et atteindra Cherbourg avant la fin de la journée. Nous devons donner à nos troupes mobiles la liberté de mouvement[12]. »

Son exaspération contre le commandement suprême de la Wehrmacht croissait : « Je me demande si là-bas on se rend compte de la gravité de la situation et si on sait tirer les bonnes conclusions[13]. » Il avait également réitéré sa demande qu'on lui envoie un officier pour que celui-ci puisse jauger de près la situation. « J'ai encore parcouru le front hier, et la situation ne s'améliore pas. Nous devons nous attendre au pire. Les troupes, la SS tout comme l'armée, se battent avec le plus grand courage, mais la balance des forces penche de jour en jour davantage en faveur de l'ennemi[14]. »

La situation aurait été tout autre si Rommel et Rundstedt n'avaient pas redouté une invasion imminente du groupe d'armées du général Patton dans le pas de Calais. La 15e armée aurait pu se départir de divisions d'infanterie pour les envoyer sur le front de Normandie. Les divisions de panzers, qui se confinaient jusque-là dans un rôle purement défensif, auraient pu se redéployer. Mais à Berlin, le colonel Roenne attendait l'attaque de Patton. La Luftwaffe soulignait pourtant que l'ennemi engageait toutes ses formations aériennes tactiques disponibles en Normandie. L'officier de renseignements de Rundstedt, le colonel Wilhelm Meyer-Detring, attirait l'attention de Roenne sur le fait que les meilleures unités de l'ennemi avaient déjà été débarquées en cet endroit. Ce dernier demeurait néanmoins inflexible. Le 15 juin, il estimait les forces placées sous le commandement de Patton à 25 divisions.

Le chef des opérations de Rundstedt, le colonel Zimmermann, appela son officier de renseignements et lui dit avec inquiétude : « Nous devons carrément aborder cette question et, si besoin est, retirer encore davantage de forces des autres secteurs. » Cela souleva une tempête de protestations au quartier général du groupe d'armées B. Le colonel Anton Staubwasser, l'officier de renseignements de Rommel, téléphona à Meyer-Detring pour lui exprimer son mécontentement : « J'ai appris que l'idée qui fait son chemin est celle selon laquelle nous devrions faire appel à toutes nos forces disponibles, puisqu'une seconde invasion serait peu probable avant août. Qui dit cela ? » Meyer-Detring lui répondit : « L'ennemi a déjà engagé ses unités les plus aguerries. Nous devons prendre notre courage à deux mains. Nous ne pouvons pas continuer à nous laisser mener en bateau par un risque hypothétique, et cela jusqu'en août[15] ! »

S'il y avait un fait certain à ce moment-là, c'était bien le succès de l'opération de débarquement anglo-américain et par conséquent l'ouverture d'un second front en Europe. Rommel s'était rendu à l'évidence : non seulement son plan pour rejeter les forces d'invasion à la mer avait échoué, mais la défense de la « forteresse Europe » était désormais sérieusement compromise. Déjà le 13 juin, dans une lettre à Lucie, il avait laissé entendre que le Reich ne pouvait plus espérer remporter militairement la guerre à l'Ouest : « Il est temps pour la politique d'entrer en jeu. Nous nous attendons à ce que la prochaine invasion, probablement d'une envergure encore plus grande, se produise ailleurs dans les jours qui viennent. Les forces longtemps ménagées de deux puissances mondiales entrent maintenant en action. Tout va se décider rapidement[16]. »

En fait, il en était arrivé à la conclusion que pour prévenir l'effondrement du Reich, il fallait absolument mettre fin à cette guerre sur deux fronts ; pour cela, Berlin devait nécessairement négocier un cessez-le-feu sur l'un de ces deux fronts. Il privilégiait une solution politique avec les puissances de l'Ouest : son expérience en temps de guerre contre celles-ci en Afrique du Nord l'amenait à croire que les Britanniques en particulier étaient des adversaires corrects. Il était d'avis notamment que le maréchal Montgomery était un interlocuteur valable pour entrer en contact avec les Alliés occidentaux. À l'instar des dirigeants nazis et de ses camarades de la Wehrmacht, il considérait le bolchevisme comme un danger pour la civilisation européenne. Aussi estimait-il essentiel d'empêcher les Soviétiques de remporter la guerre, espérant que les Anglo-Américains trouveraient leur intérêt à s'allier avec les Allemands pour s'opposer à ce danger.

Rommel allait bientôt avoir l'occasion d'aborder la nécessité d'entamer des négociations sur un cessez-le-feu à l'Ouest. Hitler, qui devinait que Rommel était dans une disposition similaire à celle qui l'avait incité à battre en retraite à El-Alamein, décida d'intervenir personnellement. Puisque le feld-maréchal voulait que quelqu'un de l'OKW se rende sur le front de l'Ouest, Hitler irait en personne.

À 9 heures le 17 juin, Rundstedt et Rommel, accompagnés de leurs chefs d'état-major respectifs, attendaient ainsi Hitler et son entourage à Margival, au nord de Soissons – à quelque 400 kilomètres du front de Normandie –, où l'ancien quartier général du Führer construit en 1940 avait été installé à grands frais, massivement renforcé et pourvu d'un nouveau matériel de communication. Ce matin-là, les discussions se déroulèrent dans un tunnel de chemin de fer voisin à l'épreuve des bombes. L'air pâle et fatigué, assis le dos voûté sur un tabouret, Hitler tripotait nerveusement ses lunettes et jouait avec des crayons de couleur en s'adressant à ses généraux, debout.

Hitler donna la parole d'abord à Rommel, qui ne chercha aucunement à lui dissimuler la gravité de la situation. Les divisions d'infanterie fondaient comme neige au soleil, le ravitaillement et les renforts ne parvenaient pas au front, les attaques aériennes et les bombardements navals avaient un effet dévastateur. Mais il assura au Führer que tous ses hommes se battaient comme des furies ; ses jeunes soldats de 17 et 18 ans en particulier se comportaient sur le champ de bataille comme des vétérans. Mais Montgomery, observa-t-il, employait la même force brutale en Normandie que naguère en Afrique du Nord : la tactique de saturation par bombardement, suivie d'un assaut d'armes sophistiquées et de véhicules blindés.

Rundstedt prit ensuite la parole. Il demanda carrément à Hitler l'autorisation d'abandonner la défense rigide et coûteuse de la péninsule du Cotentin et de permettre plutôt un repli méthodique jusqu'au port et à la forteresse de Cherbourg. Hitler était dans une disposition à prendre des décisions réalistes et ne souleva aucune objection à cette proposition, bien qu'il n'ignorât pas qu'elle permettrait inévitablement aux Américains de couper complètement la péninsule. Mais il ordonna au groupe de bataille du Nord de se battre pour chaque pouce de terrain pendant que celui-ci se retirerait lentement vers Cherbourg. La garnison de la forteresse, ajouta-t-il, devait tenir bon devant l'ennemi aussi longtemps que possible. Pour cela, il chargea Rommel de désigner un commandant particulièrement capable pour Cherbourg.

Hitler conservait une prodigieuse puissance d'envoûtement, parvenant une fois de plus durant l'entretien à exercer sur Rommel un attrait, voire une domination irrésistible. Lang devait observer avec perspicacité dans une lettre que le feld-maréchal « ne peut pas se soustraire de l'influence du Führer ». Hitler avait à dessein invité le général Erich Heinemann, le commandant responsable du lancement des bombes volantes V1, à lui faire un exposé de l'état de la situation en présence de Rommel. Ce dernier avait demandé pendant des semaines un déclenchement hâtif des attaques de cette nouvelle arme sur Londres. Maintenant, il apprenait que des centaines de ces bombes volantes, propulsées par un moteur à réaction et transportant chacune une tonne d'explosifs, avaient été lancées du pas de Calais sur la capitale et sur le sud-est de l'Angleterre au cours des derniers jours. Avec un petit sourire satisfait, Hitler lui montra les rapports d'agents allemands en Angleterre sur les destructions causées dans ce pays par les V1.

Mais Rommel était probablement encore assailli par le doute. Après que les klaxons eurent sonné l'alerte aérienne, les officiers s'attroupèrent dans l'abri antiaérien de Hitler. Lorsque Rommel remarqua l'absence temporaire des sténographes, il se risqua à jouer cartes sur table : « La politique devra bientôt entrer en jeu, sinon la situation à l'Ouest finira vite par se détériorer au point qu'il sera trop tard pour la sauver. » D'un ton qui n'admettait pas de réplique, Hitler riposta du tac au tac : « C'est une affaire qui ne vous concerne pas. Vous devez me laisser cela à moi. » Ce récit que Jodl rapporta au Tribunal militaire international de Nuremberg en juin 1946 fut corroboré notamment par Speidel[17].

Hitler, qui était généralement entouré d'officiers d'état-major flagorneurs, n'était pas habitué à un tel franc-parler de la part de ses généraux. Jodl témoigna à Nuremberg que « Rommel avait exposé la gravité de la situation en France d'une manière totalement sans équivoque[18] ». Mais que le feld-maréchal eût osé demander à Hitler de rechercher une solution politique à l'Ouest en raison de l'impossibilité de tenir ce front bien longtemps, c'en était trop. S'il faut en croire toutefois son aide de camp pour la Luftwaffe, le colonel Nicolaus von Below, Hitler fit par la suite volte-face et déploya « toute son habileté pour persuader Rommel du contraire[19] ». Il revint sur les V1, une arme qui, dit-il, allait décider de la guerre et pousser les Anglais à réclamer la paix. De plus, il lui promit que le Reich disposerait bientôt de chasseurs à réaction pour prendre le contrôle du ciel.

Le temps que l'alerte aérienne eût fini de sonner, la 7e armée avait redressé la situation pourtant fort critique en Normandie. Quand Rommel passa un coup de fil à Dollmann pour lui donner l'ordre d'amorcer un mouvement de repli tout en livrant des combats retardateurs jusqu'à la forteresse de Cherbourg, ce dernier lui annonça une bonne nouvelle : la 7e armée avait contrecarré la tentative des Américains de faire une percée jusqu'à Saint-Lô ; elle les avait mis en déroute tout en leur faisant subir de lourdes pertes, précisa-t-il.

Lorsqu'il regagna le Berghof dans la soirée, Hitler, insatisfait des délibérations de la journée, confia à son entourage : « Rommel a perdu le contrôle de soi, il est devenu un pessimiste. Aujourd'hui, seuls les optimistes peuvent réussir quoi que ce soit[20]. » Il avait pourtant bel et bien réussi à lui remonter le moral.

C'est en effet un nouveau Rommel, plein d'entrain, qui retourna à La Roche-Guyon : « J'ai vu le Führer hier [...].

J'envisage l'avenir avec beaucoup moins d'inquiétude qu'il y a une semaine. L'attaque des V1 nous a apporté beaucoup de soulagement. [...] Une percée rapide de l'ennemi en direction de Paris n'est guère possible maintenant. Nous allons prochainement recevoir beaucoup de renforts. Le Führer était très cordial et de bonne humeur. Il réalise la gravité de la situation [...][21]. »

Rommel était en quelque sorte en état d'hypnose post-Hitler. Le vice-amiral Ruge, qui eut plusieurs conversations avec lui durant ces jours fatidiques, nota dans son journal : « Rommel est là de nouveau. [...] Il a fait une petite promenade avec moi. [...] Il est visiblement soulagé. [...] Le Führer est très optimiste, calme et voit la situation différemment de nous. » S'interrogeant ensuite sur les sautes d'humeur de Rommel, Ruge en vint à la conclusion que le Führer « doit avoir tout simplement un magnétisme[22] ».

Ce brusque changement d'humeur de Rommel frustra Speidel, qui dut se rendre à l'évidence : le temps n'était pas encore venu de lui faire des ouvertures. Le feld-maréchal était tout revigoré, comme en témoigna en particulier le tableau de la situation qu'il brossa à l'intention de l'OKW le 19 juin. Il rapportait avec fierté que non seulement l'ennemi n'avait remporté aucun succès à Caen ou à Saint-Lô, mais qu'il avait même perdu du terrain à Caumont-l'Éventé. Selon lui, les Anglo-Américains avaient pris du retard dans leur progression, ce qui les contraignait à envoyer plus de forces que prévu en Normandie. Ils avaient d'ailleurs perdu jusqu'ici plus de 500 chars et 1 000 avions. En outre, insistait-il, la population dans sa zone de commandement sympathisait avec lui, particulièrement depuis le commencement du bombardement ennemi. Quant aux sabotages exécutés par la Résistance depuis le début de l'invasion alliée, concluait-il, ils avaient été négligeables.

Bien entendu, la guerre des nerfs continuait. Rommel était résolu à maintenir la 15e armée au nord de la Seine. C'était là qu'il attendait la seconde invasion et espérait remporter son plus grand succès. Il se rendait même régulièrement sur place afin de prévoir le lieu exact où interviendrait le débarquement de Patton.

Hitler était sceptique sur cette éventualité. À Margival, il s'était fait l'écho de l'argument de Meyer-Detring selon lequel l'ennemi avait déjà engagé toutes ses divisions aguerries en Normandie. Mais Rommel n'était pas de cet avis et retourna le 19 juin faire l'inspection des défenses du secteur délimité par les estuaires de la Somme et de la Seine. C'était là, fit-il savoir le même jour au général Schwerin, le commandant de la 116e division de panzers, qu'il attendrait l'ennemi. Il donna pour instructions à Salmuth de déployer les principales réserves de sa 15e armée encore plus près des côtes. « J'ai beaucoup appris de la Normandie, lui dit-il. Il sera impossible de les faire avancer une fois que la nouvelle invasion aura commencé, à cause de la supériorité aérienne de l'ennemi[23]. »

Le 22 juin, Rommel et Lang se rendirent de nouveau en voiture dans le secteur de la 15e armée. Toute la journée, les moteurs à réaction des bombes volantes V1 retentirent dans le ciel au-dessus d'eux. Le feld-maréchal tressaillait de joie rien qu'à regarder le spectacle de ces longues fusées aux ailes courtes volant à toute vitesse et à basse altitude en direction de Londres, laissant derrière elles un jet de flammes. Les rampes de lancement des V1 dans le secteur de la 15e armée lui donnaient de bonnes raisons de penser que le groupe d'armées de Patton tenterait de le prendre d'assaut. Rommel attendait Patton, obsédé par la menace potentielle d'un groupe d'armées purement théorique au point de sous-estimer la véritable et actuelle menace en Normandie.

Pendant qu'il parcourait les défenses au nord de la Seine, la situation militaire avait pris une mauvaise tournure dans la péninsule du Cotentin. Le 18 juin, les Américains avaient atteint Carteret sur la côte ouest, coupant de ce fait les troupes allemandes au nord de la péninsule des renforts de la Wehrmacht. Celles-ci retraitaient vers Cherbourg, la Kriegsmarine ayant assuré à l'OKW que le port était suffisamment approvisionné en vivres et en munitions pour une guerre de siège d'au moins huit semaines. Au 22 juin cependant, la garnison se trouvait dans une position critique.

Rommel considérait déjà Cherbourg comme perdue, ayant quelques jours plus tôt donné secrètement l'ordre à la 77e division d'infanterie de se retirer de la péninsule du Cotentin avant qu'elle ne fût coupée par l'ennemi. Le commandant de la forteresse désigné par Rommel lui-même, le lieutenant-général Karl von Schlieben, n'avait que les restes de trois divisions sous son commandement. Hitler lui avait enjoint de conduire la bataille pour la défense de Cherbourg « tout comme Gneisenau avait combattu pour défendre Kolberg ». Or, il apprenait maintenant que quelqu'un avait défié ses propres ordres en retirant la 77e. L'OKW ordonna l'ouverture d'une enquête sur cette affaire, mais Rommel garda le silence, si bien qu'il mit l'état-major de Rundstedt dans l'embarras. Comme le groupe d'armées B ne semblait pas dire toute la vérité sur cette affaire, Zimmermann appela Meyer-Detring au téléphone et lui confia : « Ils n'ont pas [...] soufflé un mot au sujet de la sortie de la 77e division. Nous n'avons pas ici donné l'ordre pour cela. Mais quelqu'un doit l'avoir fait [...] et lorsque nous avons demandé des copies des ordres de Rommel, on nous a répondu : "Rommel ne donne des ordres qu'oralement." »

À cause de cette affaire, une inquiétude vague envahissait non seulement l'état-major de Rundstedt à Paris, mais également celui de Hitler. Schmundt téléphona du Berghof à La Roche-Guyon : « Je me fais du souci pour Schlieben. Je n'ai pas l'impression qu'il a une volonté de fer. L'honneur et la réputation de tout le corps des officiers allemand dépendent de la durée de notre résistance à Cherbourg. S'il y a le moindre doute, alors vous devez envoyer en avion dans la forteresse l'homme le plus rude et le plus dur. Le monde entier regarde Cherbourg. » Rommel lui assura que Schlieben avait toute sa confiance[24].

Le charme que le Führer exerçait sur lui depuis bientôt une semaine se dissipait : « Sur le plan militaire, les choses ne vont pas du tout bien. L'aviation de l'ennemi porte des coups très durs à nos approvisionnements, et en ce moment même elle les étrangle complètement. S'il devait y avoir une bataille décisive, nous serions à court de munitions. Tu ne peux pas imaginer à quel point je me tourmente. Même Cherbourg ne sera pas en mesure de tenir bon très longtemps dans ces circonstances. Nous devons nous préparer à des moments graves[25]. »

Le lendemain, Rommel parcourut le front de Normandie pendant toute la journée. Partout où il allait, il rencontrait des camions de ravitaillement en flammes et des armes détruites. À cause de la menace permanente de raids aériens, son jeune chauffeur, le caporal Karl Daniel, devait se tenir à distance des principales grandes routes rapides et emprunter les petites routes sinueuses bordées de grands arbres et de haies.

À son retour à La Roche-Guyon, il prit connaissance d'un ordre donné plus tôt dans la journée par l'OKW. Il devait étudier les possibilités d'une contre-attaque dans le but de prendre à revers les troupes américaines qui assiégeaient Cherbourg. Il repoussa cette proposition. Selon lui, il était illusoire d'espérer lancer une attaque quelconque alors que le groupe d'armées B réussissait à peine à colmater les brèches dans sa ligne de défense.

Le 25 juin, considérant que toute poursuite de la lutte à Cherbourg serait vaine, Schlieben demanda à Rommel l'autorisation de se rendre. Celui-ci s'y opposa formellement. Se refusant à lui donner pour instructions de se « battre jusqu'au dernier homme », il lui intima plutôt cet ordre : « Vous êtes tenu, par ordre du Führer, de vous battre jusqu'à la dernière cartouche. » Par la suite, Schlieben demanda instamment un appui aérien, et la Luftwaffe se prépara pour une opération majeure. Mais Rommel l'en empêcha. Pour lui, Cherbourg était une cause perdue et il ordonna que la Lufwaffe fît une sortie ailleurs sur le front de Normandie.

Dans la soirée, à l'occasion d'une promenade avec le vice-amiral Ruge sur les hauteurs qui dominaient le château, Rommel lui confia : « J'ai dressé un état de la situation parfaitement clair [...]. Mais là-haut, ils refusent de tirer les conclusions. Ils refusent de voir que leurs méthodes sont tombées à l'eau. » Contemplant le coucher de soleil, il lui dit ensuite franchement : « Le Führer exerce une sorte d'effet magnétique sur tout le monde autour de lui – ils sont toujours en transe. Cependant, il va devoir bientôt tirer les conclusions, mais il élude toujours les problèmes. Il continue tout simplement d'ordonner : "Combattez jusqu'au dernier homme[26]." »

Même s'il reconnaissait que la bataille ne pouvait plus être gagnée à l'Ouest, Rommel était peu disposé à abandonner tout espoir. Au fil de la conversation, Ruge et lui-même s'accordaient à dire que le Reich pouvait toujours « s'en tirer d'une façon ou d'une autre ». À cette fin, ils pariaient moins sur leurs forces armées que sur les différends entre les Alliés occidentaux et l'Union soviétique. Ils étaient ainsi d'avis qu'il valait la peine d'en tirer parti dans l'espoir que les puissances anglo-saxonnes joignent leurs forces à celles de l'Allemagne pour endiguer le « raz-de-marée bolchevique » qui menaçait de déferler sur l'Europe pour la seconde fois [*sic*] depuis la fin de la Première Guerre mondiale. Bien entendu, la condition préalable à une telle alliance était la conclusion d'une paix séparée avec l'Ouest. Or, il s'agissait d'un vain espoir, du simple fait que les adversaires de l'Allemagne s'étaient mis d'accord pour exiger du Reich une reddition sans condition[27].

À ce moment-là, Rommel avait la même opinion que le conspirateur Speidel. Tous les deux reconnaissaient que l'invasion des Alliés ne pouvait plus être repoussée et qu'il était temps de rechercher une solution politique à l'Ouest. Cependant, ils différaient sur un point. Speidel était d'avis que les puissances occidentales ne feraient jamais la paix avec Hitler. Il jugeait donc essentiel de renverser le régime nazi en liquidant Hitler, bien qu'il n'exprimât jamais sans détour cette idée à Rommel. Pour sa part, le feld-maréchal comptait toujours sur l'« habileté politique du Führer » et ne voulait pas imaginer que celui-ci refuserait de prendre les mesures nécessaires pour conclure une paix séparée avec l'Ouest.

Rommel croyait en fait pouvoir ramener Hitler à la raison en l'incitant à cesser les hostilités sur le front de l'Ouest. Mais il semblait ignorer deux facteurs. Premièrement, il ne tenait pas compte que les Alliés exigeaient une reddition sans condition de l'Allemagne. Deuxièmement, il ne comprenait pas que la véritable force d'impulsion de cette guerre était l'obsession de Hitler d'une conspiration mondiale de nature idéologique et raciale. Le dictateur nazi croyait en effet depuis le tout début que la guerre était une lutte des races à l'issue de laquelle il n'était que deux partis possibles : l'existence ou l'annihilation. Dans son monde, l'alternative à la victoire ultime était l'effondrement total, et cela pas seulement pour l'Allemagne. Par le passé, il avait écrit dans *Mein Kampf* : « Si les Juifs devaient triompher des peuples de ce monde avec l'aide de leurs credo marxistes, alors leur couronne serait la danse funèbre de l'humanité, et cette planète parcourrait une fois de plus son orbite à travers l'éther sans aucune vie humaine sur sa surface, comme autrefois, il y a de cela des millions d'années[28]. »

Pendant ce temps, Rommel et Montgomery, les deux vieux adversaires, disputaient en Normandie une course contre la montre. Les Alliés s'étaient établis solidement sur le territoire européen, mais sans pour autant avoir réussi à progresser bien au-delà de leurs positions. Les Allemands, en revanche, étaient parvenus à contenir tant bien que mal l'ennemi tout en établissant de nouvelles lignes de défense. Dans ces circonstances, une question restait ouverte : qui attaquerait le premier ?

Rommel n'avait aucun indice lui permettant de prévoir les objectifs stratégiques des Américains, mais ses services de renseignements et la disposition des troupes de Montgomery indiquaient que les Britanniques avaient l'intention de s'emparer de Caen, puis de pousser vers le sud-est à travers la campagne – un terrain propice aux manœuvres des blindés – en direction de Falaise et de Paris, le cœur de la France. Rommel avait donc déployé ses meilleures divisions dans les environs de Caen, c'est-à-dire à l'extrémité est du front, car il s'attendait à ce que la véritable menace se manifeste dans ce secteur. « Une invasion majeure entre Le Havre et la Somme pourrait bien s'ajouter à une telle poussée », dit-il le 26 juin, le jour même où la garnison de Cherbourg se rendait aux Américains[29]. Il avait également donné pour instructions aux 9e et 10e divisions de panzers de lancer une attaque contre la tête de pont de l'ennemi en direction de Bayeux et de couper le littoral près d'Arromanches. Le succès d'une telle opération aurait ainsi pour résultat de couper les forces britanniques de leurs lignes de communication.

Les messages radio des Allemands interceptés grâce à Ultra avaient cependant appris aux Britanniques les intentions de Rommel. Par conséquent, Montgomery avait décidé de parer le plan de celui-ci en passant à l'attaque le premier. Peu après l'aube, le 26 juin, à la suite d'une journée de bombardements aériens et de pilonnages d'artillerie, ses chars et son infanterie se lancèrent à l'assaut des troupes allemandes du côté ouest de Caen. Ce secteur était défendu par le Ier corps de panzers SS de Sepp Dietrich. Bien qu'elle essuyât de lourdes pertes, la 12e division de panzers SS Hitler Jugend parvint à ralentir cette attaque jusqu'à un arrêt momentané au sud de Cheux, tout en détruisant 60 chars de Montgomery, souvent à bout portant.

Pour Dollmann, il était évident que l'ennemi était sur le point de percer les lignes de sa 7e armée et d'envelopper Caen. À 21 heures, alors que la pluie commençait à tomber sur le champ de bataille et que Sepp Dietrich implorait des renforts, Dollmann téléphona à Rommel et lui demanda instamment d'utiliser ses forces blindées rassemblées pour l'attaque contre Bayeux dans une opération pour défendre Caen. D'un ton acerbe, Rommel lui ordonna de donner pour instructions au général SS Paul Hausser, le commandant du IIe corps de panzers SS regroupant les 9e et 10e divisions de panzers SS, de rassembler tout ce qu'il pouvait. Mais seule la 9e SS se trouvait à proximité de Caen.

Dollmann, qui n'avait jamais été un homme d'action, commença à flancher au moment crucial et Pemsel, son chef d'état-major, avec lui. « Dollmann était une nullité », au dire de Bayerlein, commandant de la division Panzer Lehr et Pemsel était à bout de nerfs. Les deux hommes savaient probablement que leurs jours étaient comptés depuis que l'OKW avait ordonné à Rundstedt d'ouvrir une enquête pour faire comparaître en cour martiale les responsables de la perte de Cherbourg. Mais Rommel, comme on pouvait s'y attendre, soutenait ses subordonnés dès lors que ceux-ci essuyaient des reproches de la part de l'OKW. Qu'il eût commencé à tolérer des incompétents était cependant un signe qu'il n'était plus que l'ombre de lui-même.

Par deux fois Dollmann passa un coup de fil à Hausser pour lui donner l'ordre d'envoyer son IIe corps de panzers SS porter secours à Sepp Dietrich afin d'assurer la défense de Caen ; puis par deux fois il changea d'avis. À vrai dire, Sepp Dietrich semblait avoir repoussé l'attaque des Britanniques, mais ceux-ci la relancèrent de bonne heure le 28 juin, capturant même un pont intact sur l'Odon, la dernière rivière qui faisait obstacle devant l'Orne, le principal cours d'eau traversant Caen. Dollmann paniqua et détourna le IIe corps de panzers SS vers la brèche dans laquelle s'engouffrait l'ennemi. Hausser protesta et demanda plutôt un délai pour élaborer soigneusement une opération en vue d'attaquer les flancs de la colonne britannique. Mais Dollmann passa outre à cette objection. Deux heures plus tard, on le retrouva mort.

On a longtemps pensé que Dollmann était décédé d'une crise cardiaque. Mais Pemsel révéla plusieurs années après la guerre que Dollmann s'était en fait empoisonné. Pemsel avait d'abord gardé la mort de Dollmann secrète pendant deux heures, avant d'aviser enfin l'état-major de Rommel que son commandant avait succombé à un arrêt du cœur. L'ancien chef d'état-major de la 7e armée relata également que Hitler avait téléphoné à Dollmann dans la nuit du 27 au 28 juin, le rendant responsable de la chute de Cherbourg et le menaçant de la cour martiale. Dollmann avait par la suite rédigé un télégramme dans lequel il se disculpait, attribuant la faute à d'autres plus haut placés.

Sans doute la vérité sur la mort de Dollmann avait-elle traversé l'esprit de Rommel. Tout porte à croire qu'il approuvait la préférence d'un général pour le suicide avec les honneurs militaires au résultat incertain d'une enquête menée en bonne et due forme. En tout état de cause, il ordonna des funérailles en grande tenue militaire à Paris pour l'ancien commandant en chef de la 7e armée.

À peine une heure et demie après cette nouvelle, le téléphone sonna de nouveau à son quartier général : Rundstedt et Rommel devaient se présenter au Berghof le lendemain.

Hitler avait convoqué ses principaux commandants du front de l'Ouest pour faire le point sur ce théâtre des opérations. Alors que le front en Normandie menaçait de rompre à tout moment sous la pression des forces anglo-américaines, Rundstedt, en sa qualité de commandant en chef de l'Ouest, avait demandé des « directives pour les prochains combats ». Hitler savait ce que cela voulait dire. Rundstedt demandait en fait la permission de se replier – de décrocher d'abord afin d'être hors de portée des canons des navires de guerre ennemis, de reculer ensuite pour être hors de portée des bombardiers anglo-saxons, de retraiter enfin pour se retrancher derrière le « mur de l'Ouest » à la frontière du Reich. C'était justement ce qui exaspérait le Führer. À ses yeux, ses commandants ne pouvaient jamais voir au-delà de leur propre théâtre des opérations. Ils réclamaient une « guerre de mouvement » à cor et à cri, bien que la plupart des unités d'infanterie n'aient aucun camion de transport et soient menacées d'être rapidement encerclées par l'ennemi. La stratégie de Hitler était de livrer ses batailles le plus loin possible des villes allemandes – dans les Balkans, en Russie, en Italie et en France. Il essayait de gagner du temps afin de pouvoir introduire dans la guerre ses nouvelles armes qui lui permettraient de retourner la situation en sa faveur – les fusées, les sous-marins électriques et les avions à réaction que seule l'Allemagne avait jusque-là développés. Dans son esprit, ses commandants ne cherchaient qu'à conjurer la défaite, qu'à prolonger l'agonie, alors que lui voulait saisir sa chance de continuer le combat pour la victoire finale. C'était la raison pour laquelle il avait ordonné une nouvelle contre-attaque en Normandie.

Le 28 juin, en fin d'après-midi, la Mercedes de Rommel allait à toute vitesse vers l'est. Quelque part au nord de Paris, il rejoignit la voiture de von Rundstedt. L'officier d'état-major de Rommel, le major Eberhard Wolfram, entendit des fragments de la conversation entre les deux feld-maréchaux qui parlaient à voix basse. « *Herr* Rundstedt, déclara Rommel, nous sommes tous les deux d'avis qu'il faut mettre fin à cette guerre. J'ai l'intention de ne pas y aller par quatre chemins lorsque nous discuterons avec le Führer. » Après avoir chuchoté d'autres mots à l'oreille de Rundstedt, Rommel remonta dans sa voiture et reprit sa route.

La cloison vitrée était levée, si bien que le chauffeur ne pouvait pas entendre. Le feld-maréchal pensait tout haut quand il se tourna brusquement vers Wolfram : « Écoutez, voici ce que je vais dire au Führer demain. Étant donné que je me trouve ici, je me considère comme responsable envers le peuple allemand. J'ai une lourde responsabilité en tant que commandant militaire, et cela me dit comment je dois agir. La situation politique est claire comme de l'eau de roche : le monde entier s'est dressé contre nous et par conséquent nous n'avons pas la moindre chance de gagner la guerre. De surcroît, l'ennemi a réussi à prendre pied à l'Ouest[30]. »

Rommel passa les dernières heures de la nuit à Herrlingen avec Lucie et Manfred, qui avait été libéré de sa batterie antiaérienne pour la journée. De très bonne heure le matin, il repartit pour Berchtesgaden. Durant le trajet, le feld-maréchal fit savoir à Wolfram qu'il se proposait de voir en premier lieu Goebbels et Himmler pour leur parler brièvement de ses intentions. À leur arrivée, il rencontra d'abord Goebbels et lui en toucha un mot. Il l'implora ensuite d'un ton sérieux : « J'aurais besoin sans délai de votre appui. » Le ministre de la Propagande écouta attentivement, manifesta son assentiment par un ou deux signes de tête, mais ne dit rien. Rommel était néanmoins optimiste à l'issue de ce bref entretien : « Je pense que nous avons trouvé en lui un puissant allié », dit-il à Wolfram. Mais le major n'en était pas si sûr. La même chose se produisit avec Himmler. Rommel profita de l'occasion pour citer au chef de la SS les rapports très sombres de ses généraux SS en Normandie, Sepp Dietrich et Hausser. Et une fois de plus il fut satisfait à la fin de cette brève discussion.

La conférence de guerre avec Hitler eut lieu à 18 heures dans la grande salle de la villa. Hitler, Rommel, Rundstedt et les autres commandants militaires se tenaient du même côté de la longue table de marbre rouge, couverte de cartes militaires. En face d'eux, de l'autre côté de la table, siégeaient les ministres du Reich, quelques diplomates et autres personnages officiels. Le Führer commença la conférence en faisant passer de main en main des photographies aériennes des dommages causés à la ville de Londres par les bombes volantes V1. Des milliers de bâtiments étaient détruits tous les jours. Hitler présenta ensuite deux jeunes officiers d'un régiment de lancement de V1 en France et leur demanda de lui exposer le bilan de ces fusées en Angleterre. Il s'agissait d'un coup de maître typique du Führer, et leur compte rendu enthousiaste ne manqua pas de faire une vive impression sur les gens dans la salle. Rommel et Rundstedt étaient étonnés par la présence du feld-maréchal von Kluge. Celui-ci avait eu un accident de voiture sur le front russe à l'automne 1943 et n'avait pas exercé de commandement depuis ce moment-là.

Puis survint le drame. Hitler invita Rommel à prendre la parole. Le feld-maréchal s'éclaircit la voix et dit : « *Mein Führer*, je suis ici en tant que commandant du groupe d'armées B. Je crois qu'il est grand temps que je vous expose – au nom du peuple allemand envers lequel je suis aussi responsable – l'état de la situation à l'Ouest. J'aimerais bien commencer par notre situation politique. Le monde entier se dresse maintenant contre l'Allemagne, et la balance des forces... » Hitler donna alors un coup de poing sur la table et lui coupa la parole : « Feld-maréchal, veuillez vous en tenir à la situation militaire. » Rommel s'obstina à reprendre là où il avait été interrompu : « *Mein*

Führer, l'Histoire me demande que je parle d'abord de notre situation générale. » Hitler l'interrompit brusquement : « Vous allez traiter de votre situation militaire, et rien d'autre. » Rommel ne pouvait pas cette fois-ci ne tenir aucun compte de cette objection et il obtempéra.

Hitler exprima sa grande déception que Rommel et Rundstedt ne fussent pas à même de contre-attaquer dans la péninsule du Cotentin. Il expliqua exactement quels auraient été les avantages de prendre l'ennemi à revers. Il lui était donc très douloureux de devoir renoncer à une attaque sur Cherbourg. Il ne restait maintenant plus qu'à contenir l'ennemi à Caen et à préparer une contre-attaque dans ce secteur. Hitler rappela à ses commandants militaires que la victoire sur le terrain serait remportée par l'armée qui recevrait le plus fréquemment des renforts. Puisque le ravitaillement de Montgomery transporté par mer était beaucoup plus vulnérable que celui de Rommel, la stratégie tout indiquée était de contenir l'ennemi en Normandie, le contraindre à gaspiller son essence et ses munitions tout en étranglant ses lignes de communication.

Hitler se tourna de nouveau vers Rommel. Cette fois, le feld-maréchal lança un appel aux autres présents dans la salle pour qu'ils exposent leurs vues, jetant un coup d'œil en particulier vers Goebbels et Himmler. Les deux fuirent son regard, de sorte qu'un silence glacial accueillit son appel. Il prit néanmoins son courage à deux mains et lança : « *Mein Führer*, je dois parler sans ambages : je ne peux partir d'ici sans avoir parlé de l'Allemagne. » C'est alors que la voix de Hitler résonna : « Feld-maréchal, voudriez-vous avoir l'obligeance de quitter cette salle ? Je crois qu'il en vaudrait mieux ainsi[31]. »

La conférence se poursuivit sans Rommel, qui quitta le Berghof à 21 h 15 ce soir du 29 juin. Sans le savoir, il venait de voir le Führer pour la dernière fois. Il était encore dans un état d'abattement profond quand il rentra à La Roche-Guyon tard le lendemain. Il ne fut pas très loquace sur sa vaine discussion avec Hitler, si bien que Ruge put la résumer en deux lignes : « Le Führer est apparemment plutôt calme et estime que la situation n'est pas si mauvaise que cela[32]. »

Malgré un goût d'amertume, une sensation de désenchantement, Rommel était bien décidé encore une fois à accomplir la volonté de Hitler quelles que soient les conséquences. À son arrivée, son état-major l'informa des combats sanglants à Caen. Il n'avait aucune intention d'abandonner la ville. Comme il l'expliqua à Schweppenburg, les directives données par le Führer étaient on ne peut plus claires : « L'ennemi a été contraint de bouger à cause du lancement de nos armes V1. Ce qui importe maintenant est d'user ses forces au moyen du feu d'artillerie et de coups donnés à toutes les occasions. Caen sera le principal pivot de la poussée de l'ennemi en direction de Paris. Nous devons donc y masser davantage de forces[33]. »

Le Ier corps de panzers de Sepp Dietrich s'était fait malmener par l'attaque de Montgomery le 29 juin. Pendant ce temps, la contre-attaque cruciale avait été différée en raison des raids des chasseurs-bombardiers et des tirs d'artillerie et de marine. Mais ne voulant pas laisser passer sa chance, Geyr von Schweppenburg ordonna d'aller de l'avant durant la nuit. Le lendemain à midi, ses chars avaient encaissé des coups terribles de la part des canons et des navires de guerre. Déprimé, le commandant du groupe de panzers Ouest manifesta son intention de soumettre le soir même un rapport qui ne cacherait rien de la situation, car il y allait « de l'intérêt des troupes et de notre cause ». Dans la soirée, ses chars renouvelèrent leur attaque, mais celle-ci fut définitivement arrêtée vers minuit, bien loin d'avoir atteint son objectif tactique. Il s'agissait en fait de la dernière contre-attaque allemande en Normandie.

Le rapport en question, porté à la connaissance de Speidel et de Rundstedt, recommandait l'évacuation immédiate de la tête de pont de Caen afin de donner aux Allemands la possibilité de tenir un nouveau front hors de portée des canons de la marine. Le temps que la Mercedes de Rommel rentrât au château, Speidel avait déjà approuvé la recommandation de Schweppenburg, l'autorisant ainsi à entamer l'évacuation de Caen. Mais Rommel n'avait aucune intention d'abandonner maintenant la ville, et Speidel dut annuler l'ordre. Lorsqu'il se rendit en voiture au poste de commandement de Geyr von Schweppenburg à midi, Rommel insista pour que les divisions de panzers restassent où elles étaient, près du champ de bataille. Pour bien se faire comprendre de celui-ci, il le sermonna en répétant les directives du Führer.

Dans l'intervalle, Rundstedt avait avalisé et envoyé le rapport de Schweppenburg au Berghof. Cela mit Hitler en rage. Au retour de Rommel à son quartier général dans la soirée du 1er juillet, Blumentritt, le chef d'état-major de Rundstedt, eut Speidel au téléphone et, très agité, lui dit : « Le Führer a interdit catégoriquement un quelconque retrait de Caen. Les lignes de défense actuelles doivent être tenues. Toute nouvelle pénétration de l'ennemi doit être arrêtée par une défense résolue ou par des contre-attaques limitées. » Du Berghof, Jodl appela Blumentritt et lui laissa entendre que Geyr von Schweppenburg ne s'était pas montré à la hauteur de la situation.

Rommel était pourtant bien résolu à défendre Caen aussi longtemps que possible. À 22 heures, il répétait à Schweppenburg les directives de Hitler, ce qui lui permit sans doute de conserver son poste de commandant en chef. À 23 h 30, Blumentritt lui annonçait en effet que le Führer avait ordonné la destitution de Schweppenburg. Plus tard dans la nuit, l'état-major de Rommel apprit qu'un message de Hitler était déjà en route pour Paris, porteur d'une haute distinction pour Rundstedt et d'une lettre cachetée dans laquelle le Führer s'inquiétait de l'état de santé du vieux feld-maréchal. Rundstedt comprit l'allusion et démissionna de son commandement des forces de l'Ouest dès le lendemain.

Le rappel de Rundstedt était dû en partie à l'écart de langage qu'il avait eu avec Keitel la nuit précédente. Ce dernier l'avait appelé au téléphone pour s'informer de la situation à l'Ouest et avait conclu le panorama par un : « Qu'allons-nous faire ? » Le doyen des feld-maréchaux avait rétorqué : « Faites la paix, pauvres imbéciles ! Que pouvez-vous faire d'autre ? » Il semble bien que Keitel, surnommé *Lakeitel* (le « laquais ») par la plupart des généraux du front, se soit empressé d'aller raconter cet entretien à Hitler, qui décida aussitôt de démettre Rundstedt de son poste[34].

Rommel espérait bien succéder à Rundstedt, mais une mauvaise surprise l'attendait : Hitler désigna le feld-maréchal Kluge et s'expliqua devant celui-ci des raisons de la mise à l'écart de Rommel : « Le feld-maréchal Rommel est un grand et enthousiaste commandant dans la victoire, mais à la moindre difficulté il devient un parfait pessimiste. Il n'a aucune persévérance. »

Dans l'esprit du Führer, Rommel ne lui était plus d'aucune utilité militaire sur le champ de bataille. Mais eu égard à son importance pour la propagande de guerre nazie, l'idole de guerre du IIIe Reich échappa à un destin similaire à celui de Rundstedt. Au moment de prendre congé de Kluge, Hitler lui dit : « Lorsque vous serez à l'Ouest, faites-moi le plaisir d'avoir notre ami Rommel à l'œil. Il doit vous obéir[35] ! »

Rommel éprouvait une amère déception de ne pas avoir été désigné comme le successeur de Rundstedt. Ruge nota dans son journal à la suite d'une conversation avec son commandant : « Rommel prend très mal la pression exercée sur lui et la défiance éprouvée à son égard. » Rommel lui avait sans doute parlé derechef de la nécessité de conclure un armistice avec les Anglo-Américains, car Ruge ajouta ceci : « Rommel est partisan d'un règlement avec l'Ouest. Mais il est grand temps pour nos politiciens d'agir pendant que nous avons tous les atouts dans notre jeu[36]. »

Peu après le retour de Rommel d'une tournée d'inspection sur le front le lendemain après-midi, le 3 juillet, Kluge lui rendit visite au château. De neuf ans plus âgé que Rommel, Kluge était un vétéran du front russe, où il avait commandé d'abord la 4e armée, puis le groupe d'armées Centre. Réputé pour être un dur à cuire, cet aristocrate prussien avait un esprit alerte et un jugement sagace. Il était considéré comme l'un des commandants les plus capables de la Wehrmacht ; on disait de lui qu'il méritait bien son nom – *klug* veut dire en allemand « intelligent ». Robuste et d'esprit combatif, après avoir passé la dernière semaine au Berghof il était arrivé en Normandie avec la détermination bien arrêtée d'exécuter les ordres de Hitler. De ses cheveux lisses gris fer à ses bottes reluisantes, Rommel détestait tout de lui.

Les premiers mots de Kluge n'arrangèrent rien : « La première chose, c'est que vous devez vous habituer à obéir aux ordres comme les autres », lui dit-il d'emblée d'un ton brusque. Voyant qu'il y avait de l'orage dans l'air, Rommel fit aussitôt sortir de la pièce son chef d'état-major. D'une manière absolue, sans tolérer de discussion, Kluge demanda alors à Rommel de jeter un coup d'œil sur les rapports pessimistes qu'il prétendait avoir reçus de ses commandants. Réprimant sa colère, celui-ci répondit : « Vous semblez oublier que vous parlez à un feld-maréchal. » « J'en suis bien conscient », lui rétorqua Kluge, avant de déclarer de façon non moins péremptoire : « Mais vous avez pris des positions très indépendantes jusqu'ici, et vous êtes toujours arrivé à vos fins au mépris de vos supérieurs immédiats en les court-circuitant pour parler au Führer. » Kluge voulait lui faire comprendre qu'il ne traiterait plus directement avec Hitler. Mais le « Renard du désert » trouva encore un moyen de se faire entendre auprès du Führer. Le jour même, il rédigea un rapport de dix pages sur la bataille de Normandie, soulignant que chacune de ses requêtes adressées à l'OKW avant et après le début du débarquement anglo-américain avait été rejetée par Jodl. Il cherchait évidemment à se justifier au cas où une cour martiale serait tenue sur le déroulement de cette bataille catastrophique. Il envoya une copie de ce rapport au général Schmundt, le principal aide de camp du Führer auprès de la Wehrmacht. « Je l'ai envoyé à "l'apôtre Jean", dit-il à Ruge. Il transmet toujours tout à son chef. » Il envoya également une copie à Kluge, avec une lettre explicative : « Le reproche que vous m'avez fait au début de votre visite, "Maintenant, vous aussi allez devoir apprendre à exécuter les ordres", m'a fait très mal. Je vous prie de me dire les raisons pour lesquelles vous m'avez fait ce reproche[37]. » Kluge ne daigna même pas répondre.

Pendant ce temps, les forces américaines, qui s'étaient rassemblées dans le Cotentin, lancèrent une offensive vers Saint-Lô et Coutances, au sud de la péninsule, le 3 juillet. La difficulté du terrain due aux vallées alluviales, aux marais et aux collines boisées et la forte résistance allemande ralentirent considérablement l'avance des Américains, au point que leur offensive s'enlisa. Rommel envoya la division Panzer Lehr de Bayerlein sur une position au nord-ouest de Saint-Lô le 7 juillet, tenant ainsi compte des avertissements de la 7e armée selon lesquels les commandants américains se révélaient beaucoup plus experts dans la guerre de mouvement que les Britanniques, ces derniers avançant généralement lentement et avec une prudence excessive.

Rommel tenait encore une solide tête de pont à l'ouest de l'Orne à Caen. Un mois après le début de l'invasion, les Britanniques ne s'étaient toujours pas emparés de cette ville. Mais le 7 juillet, ils déclenchèrent une nouvelle opération au moyen d'un bombardement massif des positions de défense allemandes. Les canons des navires de guerre et l'artillerie de campagne firent pleuvoir 80 000 obus sur les lignes de défense de Rommel au cours de la nuit, tandis que les bombardiers de la Royal Air Force déversaient 2 560 tonnes de bombes sur la ville médiévale durant un raid de quarante minutes. La 16e division de campagne de la Luftwaffe, qui tenait les faubourgs au nord de Caen, essuya de lourdes pertes après que les troupes d'assaut britanniques furent entrées en action.

Les trous d'obus et les décombres firent obstacle à l'avancée des chars britanniques pendant une journée entière et quand ils purent enfin pousser jusqu'à la rivière, ils s'aperçurent que les troupes allemandes avaient fait sauter les ponts et qu'elles s'étaient déjà déployées en profondeur le long de l'autre rive. Rommel parla à juste titre d'une victoire tactique. Mais il savait que ce succès serait éphémère si on ne remédiait pas rapidement à la situation catastrophique du ravitaillement.

Dans ses entretiens privés, Rommel rejetait la responsabilité de la fâcheuse posture dans laquelle se trouvaient ses forces sur l'OKW, et tout particulièrement sur Jodl. Or, son état-major et lui-même méritaient tout autant le blâme du fait qu'ils persistaient à croire que les Alliés étaient sur le point de déclencher une seconde invasion de grande envergure. C'est d'ailleurs cette certitude qui motivait les décisions stratégiques de Rommel. « Vous devez tenir en arrière deux divisions de panzers, qui seront transférées au nord s'il y a une nouvelle invasion ou à la 7e armée s'il y a une percée majeure », dit-il à Hans Eberbach, le nouveau commandant du groupe de panzers Ouest[38]. Du reste, il était parti de bonne heure le matin du 4 juillet pour Rouen, c'est-à-dire dans le secteur où il escomptait d'un jour à l'autre le débarquement de Patton.

Le remplacement inattendu de Rundstedt par Kluge avait ravivé les espoirs des conspirateurs à Paris. Kluge, s'étaient-ils persuadés, avait accueilli leur projet avec sympathie après la tragédie de Stalingrad. Quant à Rommel, Speidel avait informé Stülpnagel, le chef des conjurés à l'Ouest et le gouverneur militaire de la France, de la façon dont Hitler avait récemment traité le feld-maréchal et de l'intérêt de celui-ci pour la conclusion d'une paix séparée avec les puissances occidentales.

Alors que Rommel rendait visite au quartier général du groupe de panzers Ouest, Speidel passa la journée du 8 juillet dans la capitale française à comploter avec Stülpnagel. Les deux hommes convinrent que c'était le moment ou jamais de gagner Rommel à leur cause. Ils arrangèrent ainsi une rencontre entre celui-ci et le lieutenant-colonel Caesar von Hofacker, aide de camp de Stülpnagel. Cousin de Stauffenberg et descendant de Gneisenau, Hofacker devait faire entrer Rommel dans la conspiration. Ce Wurtembergeois avait étudié le droit et les sciences politiques, et en raison de son intérêt particulier pour la politique étrangère, il avait été affecté à l'administration militaire à Paris. Il avait reconnu très tôt la nature criminelle du régime nazi, dénonçant les persécutions subies par les Juifs dans une lettre à son épouse en décembre 1941 : « Demain, 100 autres otages seront fusillés et 1 500 Juifs déportés à l'Est [...]. C'est à désespérer[39]. » Il se serait persuadé de la nécessité d'éliminer le Führer et de renverser son régime l'année suivante, et il en aurait discuté avec Goerdeler en janvier 1944. Au début de juillet de cette même année, il aurait déclaré au sujet de l'attentat planifié contre Hitler que « laisser passer seulement quelques heures pour rien serait commettre un péché contre le Saint-Esprit et une offense à mon devoir comme être humain [...][40] ».

Hofacker, qui était attendu à Berlin par Stauffenberg le 11 juillet, fit un exposé de la situation à Rommel et à son état-major. Ils étaient tous d'accord sur la nécessité de trouver rapidement une solution politique à la guerre sur le front de l'Ouest afin d'éviter un effondrement militaire. Selon toute vraisemblance, Hofacker ne fit pas mention de la nécessité d'éliminer Hitler, même lorsqu'il parla ensuite à Rommel seul à seul.

Personne ne sait ce qu'il se dit exactement au cours de cet entretien privé. Cependant, tout porte à croire que Hofacker ne fit aucune allusion à un mouvement d'opposition particulier, et encore moins à un plan visant à assassiner Hitler. Ils discutèrent du déroulement de la guerre en s'en tenant à des considérations générales. Malgré la disparition des interrogatoires de Hofacker et de ceux de Speidel des dossiers de la Gestapo, l'inquisiteur de la police secrète d'État, le Dr Georg Kiessel, écrivit sur ce sujet alors qu'il était lui-même en prison : « Hofacker parla environ une demi-heure avec Rommel, expliquant que la situation nécessitait de prendre rapidement des mesures et que si Hitler refusait d'agir, alors celui-ci devrait y être contraint. Il ne fut aucunement question d'un assassinat. » Le silence était tout à fait conséquent avec l'approche des conjurés, comme devait l'établir plus tard l'enquête d'Ernst Kaltenbrunner, le chef de la Gestapo et du service de sécurité. Dans ce rapport, on pouvait lire que seul un petit cercle de conjurés était dans le secret du complot pour assassiner Hitler ; un cercle un peu plus large était au courant du fait qu'il y aurait un coup d'État, mais la question restait ouverte de savoir si Hitler serait éliminé ; enfin, il existait un cercle de personnes avec lequel il y avait eu des conversations sur la gravité de la situation et sur la nécessité d'un état d'urgence militaire[41].

En raison des règles relatives à la discrétion des conspirateurs, Rommel n'avait pas à être mis au courant de l'attentat projeté contre Hitler, et il ne le fut sûrement pas. Même si Hofacker avait parlé d'un coup d'État violent à Berlin, il ne serait pas nécessairement venu à l'esprit de Rommel que cela impliquait l'élimination de Hitler. Cette myopie intellectuelle s'expliquait d'une part par la naïveté politique du soldat, de l'autre par l'enthousiasme qu'il continuait de manifester pour le national-socialisme auquel il devait sa carrière militaire.

L'attitude de Rommel était très répandue dans le corps des officiers de la Wehrmacht. Les conspirateurs s'en rendaient bien compte et rédigèrent ainsi une déclaration devant être publiée après le coup d'État dans laquelle ils se présentaient en tant que « soldats et nationaux-socialistes ». Ils soulignaient que l'armée était « jusqu'à présent la plus grande réalisation du national-socialisme dans l'histoire allemande ». Dans une « vie bien remplie, en particulier comme soldat au front durant la [Première] Guerre mondiale », ils avaient « connu et vécu le nationalisme comme un devoir altruiste envers l'État et le socialisme comme un devoir altruiste envers la nation[42] ». Afin de rassembler le plus grand nombre possible de partisans, les conjurés essayaient de donner l'impression qu'ils étaient les représentants des idéaux de Hitler et qu'ils voulaient en fait sauver les Allemands du mal, c'est-à-dire de la SS et des bonzes du parti nazi qui étaient généralement vus comme les responsables des crimes du régime. Rommel avait également fait cette distinction depuis assez longtemps et la faisait encore à l'été 1944. Pour lui, Hitler était la personnification du national-socialisme. Par conséquent, l'élimination de l'homme auquel il avait prêté par deux fois serment d'allégeance en tant que soldat était tout simplement impensable[43].

Quant à Hofacker, il s'était parfaitement acquitté de sa mission, Rommel lui ayant déclaré durant leur entretien privé du 9 juillet qu'il était tout à fait disposé à participer à la conclusion d'une paix séparée avec les Alliés occidentaux. Dans l'esprit du lieutenant-colonel, cette déclaration du feld-maréchal était décisive et faisait de lui un membre à part entière de la conspiration contre Hitler. Alors que Speidel affirma jusqu'à la fin de sa vie qu'il n'y avait eu aucune discussion sur un éventuel attentat contre Hitler lors de la visite de Hofacker à La Roche-Guyon, celui-ci rapporta un tout autre récit à ses camarades de la conjuration à son retour à Paris, se targuant fièrement d'avoir convaincu Rommel de la nécessité de supprimer Hitler[44].

En réalité, Hofacker n'avait pas produit une vive impression sur Rommel. Ce dernier ne le revit jamais, et tout laisse à penser qu'il ne fit aucun cas de sa rencontre avec lui. Mais il n'en était pas de même pour Hofacker. Rentrant rapidement en voiture à Paris et se précipitant aussitôt dans son appartement à l'hôtel Royal Monceau, il annonça triomphalement au baron Gotthard von Falkenhausen, un membre de la conspiration : « Je viens tout juste de passer l'heure la plus intéressante de ma vie. J'ai joué cartes sur table – j'ai tout dit au feld-maréchal ! » Hofacker était un romantique, un rêveur. Au cours des heures suivantes, il ne cessait d'embellir le récit de sa discussion avec Rommel chaque fois qu'il le racontait à ses collègues. Il dit ensuite au baron Friedrich von Teuchert, un fonctionnaire de l'état-major de Stülpnagel : « J'ai réussi beaucoup plus que je ne l'espérais. On peut à peine retenir Rommel, il veut agir immédiatement. Et même si le complot dans le Reich échoue ! » Enfin, à Stülpnagel, il confia : « Rommel se met entièrement à notre disposition[45]. » Sans le savoir, le feld-maréchal avait fait cette nuit-là les frais de la conversation des conjurés à Paris.

Au cours de la même nuit, Hofacker demanda à Teuchert de rédiger une lettre pour Rommel que celui-ci remettrait en temps et lieu à Montgomery dans l'intention de traiter une paix séparée avec l'Ouest. Teuchert délégua cette tâche au conseiller juridique de Stülpnagel, Walter Bargatzky. Celui-ci rédigea la lettre avant l'aube. Mais Rommel ne la vit jamais.

Le lendemain matin, Hofacker se dépêcha d'aller à Berlin. Le Dr Elmar Michel, un autre conjuré du cercle de Stülpnagel, relata après la guerre sa discussion avec Hofacker lorsqu'il le conduisit en voiture de Paris à la gare de chemin de fer de Metz. Durant tout le trajet, Hofacker lui parla du plan pour assassiner Hitler, Göring et Himmler lors d'une conférence de guerre. « Stülpnagel m'envoie à Berlin pour leur demander d'agir immédiatement, dit-il à voix basse en dépit du fait qu'ils étaient seuls dans la voiture. J'ai parlé à Rommel. Il se met entièrement à notre disposition, et il se déclare prêt à engager des pourparlers d'armistice avec les puissances occidentales. » Michel manifesta son approbation par un signe de tête sans détourner son regard de la route, et répondit : « Nous avons besoin d'une personnalité comme celle de Rommel pour que notre révolution réussisse sans diviser toute la nation[46] ! »

Le 11 juillet, à Berlin, Hofacker rencontra comme prévu son cousin Stauffenberg. Le soir même, il s'entretint avec Beck, lui annonçant triomphalement qu'il avait persuadé Rommel d'entamer des pourparlers de paix avec l'Ouest. Leur camarade de la conjuration Hans Bernd Gisevius, qui était présent à cette rencontre et qui n'avait que faire de Rommel, apprit à cette occasion que ce dernier allait participer au coup d'État. Cela ne l'enchantait guère, puisqu'il avait toujours vu en Rommel le « type même du général de parti[47] ». Beck, qui avait du mal à croire cette nouvelle, attribuait la conversion tardive de Rommel à « un manque total de principes ». Les conspirateurs étaient bien sûr disposés à fermer les yeux sur ce manque de principes du feld-maréchal étant donné qu'il devait jouer un rôle de premier plan pour mettre fin à la guerre à l'Ouest. C'est ce qui amena Beck à conclure à la fin de cette soirée « que des négociateurs importants doivent être envoyés à Londres aussitôt après la prise du pouvoir [...][48] ». Que les conspirateurs aient pu sérieusement penser que les Britanniques et les Américains seraient prêts à renoncer à leurs buts de guerre, tout en laissant à l'Allemagne ses conquêtes à l'Est, démontre à quel point ils se berçaient d'illusions.

Pendant ce temps, Rommel avait fort à faire avec la bataille qui se poursuivait en Normandie. Les Américains avaient renouvelé leur offensive au sud du Cotentin et menaçaient de percer à Saint-Lô. Rommel ne voyait pas comment, le 11 juillet, renverser la situation militairement. Depuis le 6 juin, premier jour du débarquement anglo-américain, il avait perdu 97 000 hommes, dont 2 360 officiers, mais n'avait reçu que 6 000 remplaçants. Il dénombrait également la perte de 225 chars, « remplacés » par 17. Les troupes d'infanterie non aguerries qui arrivaient désormais au front n'étaient pas de taille à lutter contre les attaques massives de l'ennemi déclenchées après des heures de bombardements aériens et de pilonnages d'artillerie. Les raids aériens contre le système des transports avaient réduit au goutte-à-goutte le ravitaillement en munitions. Mais Rommel s'obstinait à ne pas affaiblir la 15e armée. Ruge lui suggéra le 12 juillet d'inviter Jodl en personne à venir jauger la situation. « On m'a interdit de jamais téléphoner à quiconque, répliqua Rommel. Kluge devra le faire[49]. »

Kluge vint au château plus tard dans la journée. Cette fois, il avait un air de chien battu. Rommel lui fit un exposé de la situation. Compte tenu de la menace d'une percée imminente des Américains à Saint-Lô, expliqua-t-il, il fallait absolument envoyer en toute hâte des renforts à la 7e armée. Kluge demanda alors à Rommel de lui soumettre un rapport sur les combats en perspective. Tempelhoff fit remarquer à Ruge, alors qu'ils regar daient Kluge prendre congé de Rommel : « Sur les principaux points, Kluge voit maintenant les choses du même œil que Rommel. » Lors d'une promenade sur les hauteurs qui dominaient le château le lendemain soir, Rommel déclara à Ruge d'un air de triomphe : « Le ton hargneux sur lequel je lui ai répondu le premier jour a fait merveille. Quand il est arrivé ici, ses instructions étaient très différentes. Mais il a vu lui-même qu'il n'y a maintenant rien à faire[50]. »

La loyauté de Rommel envers Hitler à ce moment-là ne peut être mise en doute, quelle que soit la haine qu'il ait éprouvée pour Jodl et l'OKW. Pour preuve, ces propos tenus par Rommel le 13 juillet : « La tragédie de notre situation est que nous sommes obligés de combattre jusqu'au bout, alors que pendant ce temps-là nous sommes persuadés qu'il est beaucoup plus essentiel d'empêcher les Russes de percer jusqu'en Allemagne que les Anglo-Américains. » Tablant sur un effondrement militaire du Reich d'ici quatre semaines, il escomptait une décision politique très bientôt : « Nous devons exploiter les différends entre nos ennemis. Le mieux serait que le Führer prenne lui-même les dispositions nécessaires. Mais à en juger d'après toutes ses déclarations, il est peu probable qu'il le fasse. D'autre part, prétend Rommel, le Führer est un grand homme dont l'instinct politique est solide. Ainsi, il devrait trouver lui-même la bonne solution[51]. »

Le lendemain, Rommel observa le combat désespéré à Saint-Lô. À son retour à La Roche-Guyon, Speidel dressa un rapport accablant à l'intention de Kluge sur l'état de la situation sur le front de l'Ouest. Ce rapport, que Rommel devait signer, fut prêt le 15 juillet. Son contenu était d'une grande lucidité, comme en faisait foi sa conclusion : « Dans ces circonstances, nous devons nous attendre à ce que dans un avenir prévisible l'ennemi réussisse à percer notre front ténu, particulièrement dans le secteur de la 7ᵉ armée, et à pousser très profondément à l'intérieur de la France [...]. À part les réserves du groupe de panzers qui sont engagées actuellement dans les combats sur leur propre front [à Caen] et qui ne peuvent se déplacer que de nuit à cause de la supériorité aérienne de l'ennemi, nous ne disposons d'aucune réserve mobile pour empêcher une telle percée dans le secteur de la 7ᵉ armée. » Rommel prit sa plume et ajouta de sa main en post-scriptum : « Les troupes combattent héroïquement sur tout le front, mais la lutte inégale touche à sa fin. À mon avis, il est nécessaire de tirer sans délai les conclusions politiques de cette situation. Il est de mon devoir de commandant en chef du groupe d'armées de le déclarer clairement. »

Rommel sortit de son bureau de travail, retrouva Speidel et Tempelhoff qui l'attendaient, et leur annonça : « Voici – voici la signature dont vous aviez besoin ! » Son post-scriptum interloqua Speidel et Tempelhoff, qui durent le persuader de rayer le mot « politiques ». Le rapport fut retapé à la machine, puis envoyé à Kluge le lendemain, accompagné d'une brève note explicative signée par Rommel : « À la suite de notre discussion du 12 juillet, veuillez trouver ci-joint mes observations qui sont issues de ma contribution au jugement de la situation[52]. »

Rommel avait donc décidé d'agir en mettant son nom et sa réputation en jeu. Ainsi avait-il enjoint à Kluge d'envoyer de sa propre autorité à Hitler le rapport qu'il considérait comme un ultimatum. « Je suis curieux de savoir ce qu'il adviendra de tout cela, dit-il à Ruge. Cela m'est égal s'ils me sacquent ou me virent – non pas que je croie qu'ils vont véritablement faire cela. Mais on devrait permettre aux commandants qui occupent des positions de haute responsabilité de dire ce qu'ils pensent[53]. »

Le 16 juillet, le jour où il envoya son document à Kluge, Rommel partit pour le front inspecter une fois de plus le secteur de la 15e armée, en particulier celui de la 17e division de campagne de la Luftwaffe à proximité du Havre. Le poste de commandement de la division se trouvait dans une cave en pierre à chaux sur une colline couverte de hêtres tout près de Fécamp. Après la conférence, l'officier de la division chargé des opérations, le lieutenant-colonel Elmar Warning, raccompagna Rommel. Il avait servi dans l'état-major du feld-maréchal à El-Alamein et voulait s'enquérir de la situation réelle auprès de lui. Rommel lui répondit avec une franchise saisissante : « Je vais vous dire tout au moins ceci : le feld-maréchal von Kluge et moi-même avons envoyé un ultimatum au Führer, lui disant que la guerre ne peut plus être gagnée militairement et lui demandant de tirer les conclusions. » Warning ne put s'empêcher de lui poser cette question : « Et si le Führer refuse ? » Rommel répliqua aussitôt : « Je vais alors ouvrir le front de l'Ouest, car il n'y a plus qu'une seule chose qui importe maintenant – les Britanniques et les Américains doivent arriver à Berlin avant les Russes[54] ! »

Tous les jours, Rommel parcourait 250 kilomètres et plus dans sa Horch pour rencontrer ses commandants du front. Les archives militaires ne révèlent rien de son débat de conscience durant ses tournées d'inspection. Elles rapportent plutôt que tous ses efforts étaient concentrés en vue de défaire la prochaine offensive de Montgomery. Celui-ci allait sûrement d'un jour à l'autre tenter une percée en direction de Falaise et de Paris. Mais des documents d'après guerre indiquent clairement que certaines conférences entre Rommel et ses généraux contenaient également une partie qui n'est pas mentionnée dans les archives et dans laquelle il faisait allusion à ses velléités de conclure un armistice avec l'Ouest.

Il y a par exemple cet entretien confidentiel avec le général Eberbach, le commandant en chef du groupe de panzers Ouest. « Nous ne pouvons pas continuer comme ça », lui dit Rommel. Eberbach resta réservé : « Croyez-vous que l'ennemi pourrait entamer des pourparlers préliminaires avec nous alors qu'Adolf Hitler est au pouvoir ? » Rommel secoua la tête, puis déclara : « Je compte sur votre appui. Nous devons coopérer, ne serait-ce que par égard pour le peuple allemand qui a été si brave tout au long de cette guerre. » Eberbach exprima ses craintes d'une guerre civile en Allemagne consécutivement à l'exécution du plan de Rommel. Mais celui-ci ne chercha pas à les dissiper, préférant plutôt se demander quelle serait la réponse de Hitler à son ultimatum.

Une autre discussion de ce genre eut lieu le lendemain, le 17 juillet, lorsque Rommel rendit visite au Ier corps de panzers SS. Les récentes opérations de Sepp Dietrich avaient révélé que les préparatifs de Montgomery pour son nouvel assaut étaient presque achevés. Sepp Dietrich était connu comme l'une des personnes les plus dévouées à Hitler. Rommel lui lança en présence de Lang : « Allez-vous continuer à exécuter mes ordres, même s'ils sont en contradiction avec ceux du Führer ? » Le feld-maréchal, qui jouait gros, sembla avoir gagné, puisque le lieutenant-général SS lui tendit la main tout en lui disant : « *Herr Feldmarschall*, vous êtes mon commandant en chef. Je n'obéis qu'à vous, quels que soient vos ordres. » Il s'ensuivit entre les deux hommes une discussion privée à laquelle Lang ne put participer. Après celle-ci, Rommel monta dans sa Horch. En cette fin d'après-midi, le temps était chaud et humide. Le trajet fut silencieux jusqu'à ce que Rommel se tourne vers Lang pour lui adresser la parole : « J'ai convaincu Sepp Dietrich[55]. »

Comme d'habitude, les grandes routes principales étaient jonchées de camions et d'automobiles en flammes qui avaient été attaqués par des chasseurs-bombardiers de l'ennemi. Rommel, qui était assis à côté de son chauffeur, avait une carte routière sur les genoux. À l'arrière de la voiture, à côté de Lang, il y avait le caporal Holke, qui faisait office de sentinelle aérienne. Après deux heures de route, le nombre de camions détruits se multipliait et comme il y avait encore des morts et des blessés dans certains véhicules, il devait forcément y avoir encore des avions alliés qui survolaient le secteur. À l'approche de Livarot, le guetteur aperçut au loin dans le ciel huit appareils de l'ennemi. Rommel cria à Daniel de prendre une petite route secondaire bordée d'arbres feuillus et parallèle à la grande route principale afin de se mettre à l'abri. Mais après quelques kilomètres, la petite route convergea de nouveau sur la grande route. La voiture du feld-maréchal prit alors celle qui allait de Livarot à Vimoutiers. Aussitôt après, le guetteur vit dans le ciel deux autres avions qui descendaient en piqué à grande vitesse dans leur direction. Rommel hurla à son chauffeur de prendre une petite route transversale très étroite à environ 300 mètres droit devant. Mais avant que la Horch pût l'atteindre, le premier Spitfire, volant en rase-mottes à la hauteur de la cime des arbres, ouvrit le feu derrière eux. Rommel, qui s'était retourné pour regarder l'appareil fondre sur eux en tenant de la main droite la poignée de la porte, put voir les éclairs jaillir des mitrailleuses. Les premières rafales percutèrent la route derrière eux, puis les suivantes déchirèrent le flanc gauche de la Horch d'un bout à l'autre. Un projectile perça l'épaule gauche de Daniel, tandis que des éclats de métal et de vitre blessaient Rommel au visage. Daniel se battit pour garder le contrôle de la voiture, mais elle descendit la pente à toute allure et percuta un arbre du côté droit de la route, projetant ses occupants en se retournant, puis capotant de nouveau du côté gauche pour finalement s'immobiliser dans un fossé. Lorsque le second Spitfire ouvrit le feu, Rommel gisait inconscient sur le sol, à une vingtaine de mètres derrière la voiture, sa tête ayant heurté violemment le pare-brise quand elle s'était retournée.

L'attaque des deux Spitfire eut lieu vers 18 heures le 17 juillet. Trois heures plus tard, Speidel apprit la nouvelle de l'accident de Rommel et téléphona immédiatement à Kluge. Celui-ci trouva l'hôpital où Rommel avait été transporté, et le chirurgien responsable le rappela peu après. Rommel était encore dans le coma et ne serait vraisemblablement pas en état de reprendre le service avant 1945, lui dit-il. Pour Kluge, il s'agissait d'une véritable bénédiction, car il n'avait toujours pas envoyé à Hitler l'ultimatum de Rommel. Maintenant, il exercerait un commandement absolu dans les opérations tactiques en Normandie et n'aurait plus à tolérer l'ingérence d'un Rommel têtu et impétueux. Peut-être parviendrait-il ainsi à stabiliser le front, alors que Rommel n'était disposé qu'à battre en retraite. Il contacta par téléphone l'OKW et annonça sa décision d'assumer lui-même le commandement en Normandie jusqu'à ce qu'un remplaçant fût trouvé à Rommel. « J'ai besoin ici d'un dur, insista-t-il. Il n'est pas question de quelque chose d'autre. »

Hitler comprit l'allusion à peine voilée de Kluge et lui confia le commandement du groupe d'armées B. Kluge cumulait ainsi deux fonctions, puisqu'il continuait d'assumer celle de commandant en chef de l'Ouest.

13

LA VICTIME

Rommel reprit connaissance le 18 juillet, dans une chambre au deuxième étage de l'hôpital de la Luftwaffe de Bernay. À son chevet, Lang lui raconta que des Français de la région avaient emmailloté de bandelettes sa tête couverte de meurtrissures et comment un dénommé Marcel Lescene, un pharmacien de Livarot, lui avait injecté deux ampoules d'huile camphrée, ce qui lui avait probablement sauvé la vie. Il s'agissait certes d'une manière de faire ancienne, mais ô combien efficace pour prévenir un arrêt subit du cœur. Lang lui raconta enfin qu'il avait été couché sur un brancard et ensuite dans les coussins d'une Mercedes, le dossier du siège à l'avant ayant été incliné à plat et un infirmier tenant sur ses genoux sa tête enveloppée de bandages.

Les examens radio montraient que Rommel avait subi trois fractures à la base du crâne ainsi que diverses contusions à la tempe gauche et aux pommettes. Les chirurgiens étaient tout simplement stupéfaits qu'il eût survécu à un tel accident. « Après ce cas, ils devront récrire tous les manuels scolaires », déclara même l'un d'eux. Rommel était un patient agité. Ses médecins lui donnaient des sédatifs à la morphine, à l'hydrate de chlorate ou aux barbituriques. Il ne souffrait d'aucun problème de motricité et répondait d'une manière satisfaisante aux stimulus sensoriels. Mais une grave lésion des nerfs moteurs oculaires gauches l'empêchait d'ouvrir ou de bouger son œil gauche, et il était sourd de l'oreille gauche.

Le jour même, Rommel gagna une autre bataille. Ses troupes firent échouer la nouvelle tentative de Montgomery à Caen. Dès l'aube, en provenance du sud de l'Angleterre, 2 000 bombardiers anglo-américains se déployèrent en éventail et déversèrent près de 8 000 tonnes de bombes sur la ville normande, tuant 2 000 civils français, en blessant 1 300 autres. Déployées sur la première ligne de défense de Rommel, la 16e division de campagne de la Luftwaffe et la 272e division d'infanterie furent anéanties. Les premiers des 700 chars alliés entrèrent en action à 7 h 45, à travers les nuages de fumée et de poussière.

Mais le front allemand était peu ordinaire, puisqu'il était constitué de 5 lignes de défense. Sur la deuxième, des canons antiaériens de 88 mm et plusieurs excellents et redoutables chars Tigre avaient survécu au bombardement. Celui-ci n'avait pas éliminé non plus la troisième ligne de défense, essentiellement des bourgades tenues par l'infanterie. Ce n'est que tard dans l'après-midi que des chars de Montgomery réussirent à s'approcher de la quatrième ligne de défense, constituée de canons massés sur la crête de Bourguébus, au sud de la ville en ruine. À cet endroit, Rommel avait placé environ 80 canons antiaériens de 88 mm, une douzaine de canons antiaériens d'un calibre encore plus gros, 194 canons de campagne et 272 Nebelwerfer, ces lance-roquettes à six tubes sur affût – pour un total de 1 632 canons. Les officiers de renseignements de Montgomery ne lui avaient rien dit au sujet de ces lignes de défense. Derrière la crête de Bourguébus, des unités d'infanterie de la SS défendaient les villages. En réserve, à environ 10 kilomètres en arrière, Rommel avait posté ce qui restait de la 12e panzers SS Hitler Jugend, répartie en deux groupes de bataille, chacun avec 40 chars lourds du type Panthère (45 tonnes, canon de 75 mm long, blindage avant de 110 mm). Avant la tombée de la nuit, après avoir perdu 126 chars, Montgomery, sans avoir atteint son objectif de prendre Falaise et encore moins celui de se rendre maître de la crête de Bourguébus, dut replier la XIe division blindée derrière l'Orne.

Pendant six semaines de combats sanglants, Rommel avait contenu les troupes ennemies dans le bocage normand. « Les Allemands réussissent à tenir bon grâce au courage de leurs soldats », faisait remarquer le major général américain Raymond Barton à la mi-juillet. « Nous les surpassons en nombre de 10 contre 1 pour l'infanterie, de 50 contre 1 pour l'artillerie et par un nombre infini dans les airs[1]. » Comme en Afrique du Nord, Rommel avait soutiré le maximum d'efforts à ses hommes. Mais comme en Afrique du Nord, ce n'était pas assez. Même si ses succès tactiques forçaient l'admiration, ils ne pouvaient empêcher la rupture stratégique de se produire tôt ou tard.

Rommel venait néanmoins de remporter sa dernière victoire contre son vieux rival Montgomery. Sur le moment, personne ne voulut l'admettre. Kluge s'attendait à ce que l'ennemi renouvelât immédiatement son attaque et, sans consulter Speidel, téléphona à l'OKW à minuit pour demander le transfert de la 116e division de panzers, restée sur la côte du pas de Calais pour y repousser la fameuse seconde invasion. Mais Kluge refusait d'être aveuglé par les avertissements de Speidel – celui-ci assurait qu'il y avait encore 56 divisions dans le sud-est de l'Angleterre prêtes à déferler sur le pas de Calais. Contrairement à Rommel, Kluge avait ainsi conjuré le spectre du groupe d'armées de Patton. Jodl avait accédé à sa requête, et les réserves de la 15e armée se mirent enfin en route pour la Normandie.

Toujours le 18 juillet, Hofacker quitta Berlin et retourna en France. Le lendemain, à Paris, il annonça aux conjurés que Stauffenberg était sur le point de perpétrer son attentat contre Hitler, car il avait été convoqué au quartier général du Führer pour le 20 juillet. De bonne heure, ce jour-là, les conspirateurs apprirent que Hitler serait assassiné vers midi. L'un des leurs, Eberhard Finckh, l'intendant général à l'Ouest, recommanda de ne pas avertir Kluge, pour le cas où il ne se passerait rien. Peu après 12 h 30, pendant la conférence de guerre qui se déroulait dans une baraque en bois, Stauffenberg déposa une bombe dissimulée dans sa serviette sous la table des cartes, autour de laquelle se trouvaient 25 personnes, dont Hitler, Keitel et Jodl. Prétextant un appel téléphonique, il sortit de la salle et assista quelques minutes plus tard à l'explosion. Convaincu que le Führer était mort, il réussit à sortir de l'enceinte du camp, à gagner le terrain d'aviation et à s'envoler pour Berlin. Après s'y être posé peu après 15 h 30, il téléphona à ses camarades à Paris. Finckh avisa Blumentritt, le chef d'état-major de Kluge, que Hitler avait été assassiné. Blumentritt essaya alors de joindre Kluge au château, mais Speidel l'informa que celui-ci était au front et ne reviendrait pas avant la soirée. Speidel demanda à

Blumentritt de venir immédiatement au château. Hofacker et Stülpnagel – qui venait de donner des directives pour faire arrêter tous les membres de la SS, du SD et de la Gestapo à Paris – se hâtèrent également de gagner La Roche-Guyon.

Le feld-maréchal rentra au château à 18 h 15. Speidel lui apprit aussitôt la nouvelle. Kluge hésita, ne sachant pas au juste s'il devait interrompre les combats, comme le lui conseillaient vivement les conspirateurs, afin de faire demi-tour pour combattre les Russes. Il se rappela alors les ouvertures que lui avaient faites l'année précédente des émissaires du feld-maréchal Erwin von Witzleben et du colonel-général Beck. Il les avait envoyés paître. « Messieurs, avait-il dit, je veux que vous me laissiez en dehors de votre petit jeu. » Par deux fois le téléphone sonna pour lui au château. Il s'agissait d'appels anonymes en provenance de Berlin : « *Herr Feldmarschall*, vous devez vous décider maintenant. » Chaque fois, Kluge raccrocha le combiné du téléphone sans avoir prononcé un seul mot. À l'instar de Rommel, il avait signé le manifeste d'allégeance à Hitler en mars 1944 et pouvait difficilement se joindre maintenant à la conspiration.

Les programmes de la radio allemande furent interrompus vers 18 h 30 par la nouvelle de l'attentat auquel aurait survécu Hitler : « Mis à part des brûlures mineures et des ecchymoses, le Führer est sorti indemne. » Staubwasser, l'officier de renseignements, se pressa d'informer Tempelhoff, mais celui-ci refusa de le croire. « Le Führer est mort, insista-t-il. Le feld-maréchal, Speidel et moi-même sommes au courant. C'était planifié depuis quelque temps. »

Kluge et Speidel reçurent plusieurs télégrammes et messages téléphoniques contradictoires. Hofacker et Stülpnagel conjurèrent le feld-maréchal de forcer la main à Hitler en capitulant sur le front de l'Ouest. Kluge repoussa catégoriquement leur suggestion : « Si le cochon est encore vivant, j'ai les mains liées. Je dois obéir aux ordres. »

À 20 h 40, l'adjoint de Jodl, le général Warlimont, téléphona à Kluge du quartier général du Führer : « Un misérable attentat a été commis contre Hitler ce matin. Le Führer en est sorti indemne. » Kluge raccrocha, se retourna vers son état-major et déclara, impassible : « Eh bien, messieurs, la tentative d'assassinat a échoué. » Hofacker demanda alors la permission au feld-maréchal de lui donner des détails sur le complot. Kluge écouta silencieusement, puis se leva en se dissociant totalement de la conspiration. Stülpnagel frémit de désespoir quand il lui vint tout à coup à l'esprit que l'affirmation de Hofacker selon laquelle il avait gagné à sa cause Rommel et Kluge était fausse. « *Herr Feldmarschall*, s'exclama-t-il, je croyais que vous étiez au courant. » « *Nein*, répliqua-t-il. Pas la moindre idée[2]. »

Peu après minuit, Hitler s'adressa à la nation. À la radio, on ne pouvait pas ne pas reconnaître sa voix. Maintenant, il n'y avait plus aucun doute que le complot avait lamentablement échoué. Il fallait s'attendre à des représailles terribles contre les conspirateurs. Le Führer annonça qu'il réglerait leur compte aux traîtres « à la façon dont nous, les nationaux-socialistes, sommes habitués[3] ».

Rommel se trouvait toujours à l'hôpital de Bernay quand il apprit la nouvelle de l'attentat. Lang le vit alors blêmir et exprimer une désapprobation vive et sévère. Le feld-maréchal lui demanda des détails – Lang en déduisit alors qu'il n'avait rien su du projet. Pas une seule fois, même en présence de ses plus proches confidents, Rommel n'allait excuser Stauffenberg. Non seulement il avait toujours été le général du Führer, mais il avait toujours fait l'éloge de la loyauté. Il considérait ainsi la tentative d'assassinat comme le déshonneur des officiers aristocrates ayant pris part au complot. En présence de Lang, un ami intime de longue date, il témoigna sa reconnaissance à la « Providence » pour avoir épargné la vie de Hitler, et par le fait même une terrible épreuve à la nation allemande[4]. Nul doute qu'il était sincère quand il manifesta son indignation contre les conjurés et lorsqu'il se tourna vers Lang pour lui dire qu'il avait enfin compris ce que Hofacker avait vraiment dans la tête lors de sa visite à La Roche-Guyon le 9 juillet.

Le 23 juillet à l'aube, une voiture spécialement aménagée transporta Rommel à l'hôpital militaire du Vésinet : « Je dois bien sûr me tenir tranquille avant de pouvoir être transporté à la maison, probablement d'ici quatorze jours, fit-il dire à Lucie. Mon œil gauche est toujours fermé et enflé, mais les médecins disent qu'il va aller mieux. Je souffre encore de violents maux de tête la nuit, bien que je me sente beaucoup mieux le jour. » Il lui fit également savoir que la nouvelle de l'attentat contre Hitler l'avait consterné : « En plus de mon accident, l'attentat contre Hitler m'a fait un terrible choc. Nous devons remercier Dieu que tout se soit bien passé. J'ai envoyé mes vues sur la situation peu avant que cela se produise[5]. » Le jour de son arrivée à l'hôpital militaire du Vésinet, il avait reçu la visite de Kluge. Celui-ci avait enfin envoyé son rapport sur la situation à l'Ouest à Hitler, après y avoir annexé une note datée du 21 juillet dans laquelle il se disait – à regret – être d'accord avec ses conclusions. Le contenu de la discussion entre les deux hommes demeure inconnu, Kluge déclara juste par la suite à Blumentritt : « Rommel s'est dit surpris que quelqu'un ait tenté de tuer Hitler, ce qui est totalement différent d'exercer une pression sur lui pour qu'il demande la paix[6]. »

Le lendemain, Rommel discuta avec Ruge et lui annonça son intention de rencontrer Hitler aussitôt que possible afin de lui demander l'autorisation d'entamer des pourparlers de paix avec Montgomery. Il allait d'ailleurs répéter cette intention plusieurs fois. Lui qui était toujours resté loyal à Hitler n'avait pas renoncé à l'idée de persuader son Führer de la nécessité de traiter la paix avec l'Ouest. « À mon avis, notre seul espoir est de faire la paix sur un front de manière à pouvoir engager toutes nos forces sur l'autre front[7] », dit-il à Ruge en ce 24 juillet.

À l'instar de l'écrasante majorité des généraux, Rommel était resté loyal envers son Führer. D'ailleurs, des 3 500 généraux et amiraux de la Wehrmacht au soir du 20 juillet, 5 seulement avaient appuyé Stauffenberg et à peine une quinzaine d'autres avaient sympathisé avec lui[8]. Et les plus âgés étaient en fait ceux qui avaient été limogés depuis déjà un bon moment, comme Ludwig Beck, Erich Hoepner et Erwin von Witzleben – des hauts gradés dont les noms ne disaient rien au public et à la majeure partie de la Wehrmacht, et qui par conséquent avaient peu de chances de gagner de nombreux partisans[9]. Somme toute, la fidélité de Rommel à son serment de soldat était la règle et non l'exception.

Sa loyauté ne l'empêchait toutefois pas de donner ouvertement son point de vue à Hitler, comme on l'a vu à Margival, au Berghof et dans le rapport du 15 juillet. Pourquoi se serait-il donné toute cette peine s'il avait connu à l'avance le plan des conspirateurs ? Même après le 20 juillet, il sollicitait encore un entretien avec le Führer pour lui faire comprendre la nécessité de cesser les hostilités à l'Ouest[10]. Les deux serments d'allégeance d'août 1934 et de mars 1944 exerçaient une inhibition suffisante pour empêcher un homme de convictions comme Rommel de comploter contre Hitler. Que des généraux de haut rang aient pu être tyrannisés par leur serment d'allégeance peut être une chose difficile à comprendre de nos jours. Mais ils le furent bel et bien, du fait que toute leur carrière militaire avait été dominée par celui-ci et par l'éthique selon laquelle les ordres d'un supérieur devaient être obéis. Des victoires en étaient résultées, et des défaites avaient pu été évitées, leur avait-on répété avec insistance. Rommel exigeait de ses subordonnés une obéissance immédiate, et aimait bien croire qu'il était lui-même obéissant envers ses supérieurs. N'avait-il pas écrit à son commandant en chef, le feld-maréchal Brauchitsch, en juillet 1941 : « Par-dessus tout, je dois exiger de mes officiers qu'ils donnent l'exemple et obéissent[11]. » N'avait-il pas aussi conseillé rigoureusement à son fils en décembre 1943 : « Tu devras apprendre à obéir aux ordres de tes supérieurs sur-le-champ et sans discussion[12] » ?

Les hauts gradés de la Wehrmacht avaient obéi. Et comment ! Durant la Grande Guerre, l'Allemagne avait perdu environ deux millions d'hommes sur les champs de bataille, dont une dizaine de généraux. Lors de la Seconde Guerre mondiale, elle avait dénombré un peu plus de trois millions et demi de morts dans les combats, incluant plusieurs centaines de généraux. Dans la guerre de Hitler, tous les généraux exerçant un commandement sur le front jusqu'à l'échelon de groupe d'armées se rendaient eux-mêmes sur le champ de bataille, en volant dans un Storch, en roulant dans un char de combat ou dans un véhicule blindé, ou encore en rampant à quatre pattes. C'est ainsi que plusieurs centaines d'entre eux avaient été tués au combat non seulement par bravoure ou par patriotisme, mais aussi par fidélité à leur serment d'allégeance à Hitler. La majorité des généraux avaient poussé l'esprit d'obéissance jusqu'à la soumission aveugle, même lorsque la situation était désespérée.

Le débat intérieur entre la voix de la conscience et l'allégeance à Hitler qui avait dû tirailler bien des généraux était encore perceptible des années après la guerre. En 1947,

Blumentritt, l'ancien chef d'état-major de Rundstedt, nota par écrit sa réaction lorsqu'il avait appris de Speidel pour la première fois que celui-ci avait pris part à la conspiration de Stauffenberg : « Je ne peux pas changer mon opinion, écrivit-il. Un serment est un serment et reste un serment, particulièrement dans des situations "désespérées" ou "impossibles" – c'est à ce moment-là qu'on en a le plus besoin [...]. Les troupes qui combattent pour leur vie sont en droit de s'attendre à ce que leurs commandants soient loyaux, même lorsque les circonstances deviennent très défavorables[13]. »

Rommel aurait sans doute été d'accord avec ce point de vue. Briser un serment d'allégeance et commettre un acte de trahison contre l'homme qui l'avait élevé à la dignité de feld-maréchal ne cadrait tout simplement pas avec sa conception personnelle de l'honneur et de la loyauté. À l'automne 1944 encore, plusieurs semaines après la tentative d'assassinat, il allait affirmer à ses proches que Hitler était le commandant suprême et que lui – Rommel –, en sa qualité d'officier, devait lui obéir.

Une lettre écrite par Rommel à la veille de la Première Guerre mondiale, le 31 juillet 1914, met en lumière sa conception du devoir : « Le risque de guerre imminente contre l'Allemagne est très inquiétant. Partout, les visages sont sérieux [...] étant donné que l'ordre de mobilisation a été donné. Le commandant suprême a appelé les citoyens sous les drapeaux. Ce que nous avons promis solennellement, nous pourrons et voudrons le prouver dans l'action – la fidélité jusqu'à la mort. » Cette conception du devoir que se faisait Rommel du temps qu'il était sous-lieutenant ne serait jamais remise en question par la suite : le feld-maréchal allait rester « fidèle jusqu'à sa mort[14] ».

Entre-temps, Rommel continuait d'être un patient indiscipliné, refusant de reconnaître à quel point ses blessures étaient graves. À maintes reprises, il se hissa péniblement hors du lit, au grand déplaisir de ses médecins. Il voulait en fait sortir de l'hôpital, rencontrer Hitler et, pourquoi pas, reprendre le commandement en Normandie avant qu'il ne fût trop tard. Speidel l'avait tenu au courant de la situation militaire à l'Ouest en lui rendant visite le 22 juillet. À Caen, les Britanniques avaient été tenus en échec le 18 juillet, bien que l'infanterie allemande y ait essuyé de lourdes pertes. Les Américains avaient pris Saint-Lô le même jour, mais avaient été depuis lors incapables de faire une percée à partir de cette tête de pont. L'étonnant est que Speidel soutenait toujours qu'une seconde invasion était imminente.

Rommel se souciait en fait d'autre chose. La presse nazie n'avait toujours pas annoncé qu'il avait été grièvement blessé, si bien que le monde entier continuait de croire qu'il dirigeait encore les opérations en France. Eu égard à l'impact positif qu'il continuait d'avoir sur la population allemande, aux avantages psychologiques et militaires que son nom semblait encore procurer sur le champ de bataille, il n'était pas étonnant que le ministère de la Propagande cachât ses graves blessures. À ses yeux, ce silence semblait plutôt indiquer qu'on allait jeter sur lui le blâme de l'effondrement inéluctable du front de l'Ouest. Certes, il avait reçu le 24 juillet un bref télégramme du Führer : « Veuillez accepter, *Herr Feldmarschall*, tous mes vœux de prompt rétablissement[15]. » Puis rien du tout.

Goebbels craignait depuis longtemps que Rommel tombât sous le feu de l'ennemi à cause de son style de commandement exercé en première ligne. Au début de mai 1942, après que Rommel eut failli être capturé dans un raid de commandos britanniques, Goebbels avait noté : « Rommel est très imprudent avec sa vie et sa sécurité. Ce serait indiscutablement une catastrophe nationale s'il tombait entre les mains des Anglais. Il ferait bien de se déplacer en faisant plus attention. En tout cas, je vais m'assurer qu'une telle possibilité ne soit pas portée à la connaissance de la nation allemande ; cela causerait une grande inquiétude[16]. »

Malgré tous les efforts pour garder ce secret, la presse britannique colporta la rumeur que Rommel aurait été grièvement blessé, voire aurait succombé à ses blessures. Pour dissiper ces bruits, le ministère de la Propagande demanda à Rommel d'apparaître en public. Lors d'une conférence de presse le 1er août à Paris, Rommel s'exposa aux ampoules de flash des photographes – après s'être démené pour enfiler son uniforme de feld-maréchal par-dessus son pyjama d'hôpital. « Les Britanniques me tiennent pour mort, annonça-t-il au correspondant de guerre Esebeck. Mais ce n'est pas la première fois qu'ils m'ont déclaré mort. Je ne suis pas encore mort – pas avant un long moment[17]. »

Le 3 août, la presse allemande annonça que Rommel avait été grièvement blessé dans un accident de voiture. Celui-ci était très étonné que la propagande continuât à donner de lui une image d'invulnérabilité. Il écrivit dans son journal qu'il était apparemment impossible de croire qu'un commandant en chef d'un groupe d'armées pût tomber sous le feu d'un avion volant à basse altitude. Il est vrai que jusque-là, Rommel n'avait pratiquement vu qu'un seul côté de l'effort de la propagande de guerre, celui qui avait favorisé son ascension rapide jusqu'à la dignité de feld-maréchal, qui l'avait aidé à s'attirer les bonnes grâces de l'homme fort du IIIe Reich, ou contribué à ce qu'il fût tenu en haute estime non seulement par son propre peuple, mais aussi par ceux des autres pays. En cet été 1944, il réalisa à quel point la machine de propagande nazie s'était tout bonnement servie de lui. Un feld-maréchal blessé et abattu n'étant plus utile comme symbole de la persévérance allemande et de la confiance en la victoire finale, elle le laissa tomber. L'ironie du sort voulut que la propagande de Goebbels, qui avait fait de lui le général de haut rang le plus populaire aussi bien dans le Reich qu'à l'étranger, le laissât devenir un facteur des plans de résistance militaire à Hitler.

Le 1er août, le Führer poussa un soupir, ôta ses lunettes et envoya chercher Jodl. Quand le chef des opérations de l'OKW entra dans le bunker, Hitler tenait encore dans ses mains le document qu'il venait de lire attentivement. Il s'agissait du rapport de Kaltenbrunner, qui contenait un témoignage accablant contre Kluge et Rommel. Jodl nota dans son journal : « À 17 heures, le Führer m'a demandé de lire le rapport de Kaltenbrunner sur le témoignage du lieutenant-colonel Hofacker concernant les entretiens qu'il a eus avec K[luge] et R[ommel]. [...] Il veut interroger Rommel après sa guérison et le mettre ensuite à la retraite discrètement[18]. »

Voici ce qui était arrivé. Après leur entretien à La Roche-Guyon le soir du 20 juillet, Kluge avait relevé Stülpnagel de ses fonctions et lui avait conseillé de s'enfuir. Stülpnagel et Hofacker étaient rentrés en voiture à Paris, tous les deux déprimés. Stülpnagel, pour qui Rommel avait toujours eu de l'affection, fut convoqué à Berlin par Keitel le lendemain. Il tenta de se suicider, mais manqua son coup. Dans l'accès de délire qui en résulta, on l'entendit murmurer le nom de Rommel. Pendant ce temps, Falkenhausen conseilla à Hofacker de prendre également la fuite. Cela aurait été beaucoup mieux pour Rommel si Hofacker avait suivi ce conseil. Mais il décida de rester et de crâner.

Kluge se sentit obligé de constituer une commission d'enquête devant laquelle les officiers de l'état-major de Stülpnagel furent interrogés à tour de rôle, y compris Hofacker. Les raisons pour lesquelles ce dernier fit tant de révélations, d'abord à la commission d'enquête de Kluge, ensuite à la Gestapo, ne peuvent être établies avec certitude. Mais la clef se trouve peut-être dans cette remarque qu'il fit à Falkenhausen le 22 juillet : « Pourquoi n'irais-je pas voir Kluge pour lui demander protection ! Je pourrais le menacer de révéler son comportement ambivalent face à la tentative d'assassinat. »

La tentation du menu fretin de s'abriter derrière les noms de deux feld-maréchaux populaires et puissants était très forte. Selon toute vraisemblance, Hofacker n'avait pu y résister. Devant la Gestapo, il ne trahit pas une seule fois les véritables conspirateurs, ses amis intimes Speidel, Falkenhausen, Teuchert et Michel. Il ne dénonça que les deux feld-maréchaux. C'était de toute évidence une tentative désespérée pour échapper lui-même au peloton d'exécution.

Le 30 juillet, la Gestapo interrogea également le colonel Georg Hansen, le nouveau chef des renseignements de Hitler. Hansen admit qu'à Berlin, à la veille de l'attentat, Stauffenberg et Hofacker avaient rapporté à leurs camarades de la conjuration que Kluge et Rommel croyaient tous les deux que le front de l'Ouest céderait sous le poids des forces alliées en moins de deux semaines.

Hitler fut bouleversé par ces diverses révélations, à en croire Goebbels : « On vient de me remettre les documents relativement à la conspiration à l'Ouest du 20 juillet. Ils révèlent que le général Stülpnagel était totalement impliqué dans cette trahison et qu'il avait également tenté de rallier Kluge et Rommel. Ni Kluge ni Rommel n'opposèrent la résistance nécessaire à ses insinuations[19]. » Goebbels faisait référence tout particulièrement à la tentative de Hofacker de convaincre Rommel de joindre la résistance, une démarche prise à l'initiative de Stülpnagel. Rien ne portait à croire que le feld-maréchal aurait pris une part active dans la conspiration. Mais Hitler, qui n'avait plus confiance en ses généraux depuis le 20 juillet, soupçonnait que les conjurés avaient informé Rommel à l'avance de l'attentat. Goebbels confirma cela dans son journal le même jour : « Le Führer est lui aussi convaincu que Rommel n'a pas pris part aux préparatifs de l'attentat, mais qu'il en a été informé. Je dois avouer que c'est [...] la plus grosse déception humaine pour moi. Mais j'étais conscient depuis longtemps que Rommel n'était pas un “stayer”. Politiquement, il a des idées fantastiques. Il est incroyablement utile quand les choses avancent bien. Mais aussitôt qu'une crise sérieuse surgit, Rommel est dépourvu de toute énergie[20]. »

Le 12 août, le fugitif Goerdeler, l'ancien maire de Leipzig et l'un des chefs de file de la conspiration, fut arrêté par la Gestapo. À l'instar de Hofacker, Goerdeler dérouta celle-ci par ses nombreuses révélations – dans son cas avec des documents et des listes de membres présumés de la conspiration, dont l'une contenant le nom de Rommel. Le 14 août, l'officier de liaison de Himmler Hermann Fegelein, remettait à Hitler un rapport sur les informations obtenues à la suite de l'arrestation de Goerdeler. Quelques heures plus tard, le Reichsführer SS Himmler sortait de sa serviette un bloc-notes sur lequel il était écrit : « À l'Ouest : Kluge – Rommel. » Mais on ne sait ce qu'il dit par la suite à Hitler.

Évidemment, Kluge avait eu vent de ces accusations malveillantes. Le 15 août, il s'était rendu au front et avait disparu. En fait, il avait été immobilisé par les chasseurs-bombardiers de l'ennemi jusqu'à la tombée de la nuit, tous ses véhicules, y compris son camion radio, ayant été détruits. Comme son quartier général était resté sans nouvelles de lui, Hitler soupçonnait son feld-maréchal d'engager secrètement des pourparlers avec les généraux ennemis. Au soir du 16 août, il le releva de ses fonctions et le somma de se présenter à Berlin. Kluge, qui savait trop bien ce que cela voulait dire, n'avait aucunement l'intention de braver l'orage. Le 19 août, alors qu'il était en route pour l'Allemagne, il s'arrêta tout près de Metz, descendit de sa voiture, puis avala une capsule de cyanure.

Entre-temps, Hofacker avait été emmené au quartier général

de la Gestapo à Berlin, où il maintenait toujours sa version des faits. Quelqu'un – probablement le colonel Finckh – déclarait maintenant que le lieutenant-général Speidel était également au courant du complot pour assassiner Hitler. Le 25 août, le Führer demanda son arrestation à grands cris. Le feld-maréchal Walter Model, un dur à cuir que Hitler avait envoyé d'urgence en France pour succéder à Kluge, refusait catégoriquement de se séparer de Speidel comme chef d'état-major. Il lui semblait être la victime d'une machination diabolique de la Gestapo. Mais le Führer demeurait inflexible. Il choisit le général Hans Krebs pour « nettoyer à fond l'état-major infecté » du groupe d'armées B.

À peu près au même moment, Hitler apprit que Tempelhoff, le chef des opérations de Rommel, était marié à une Anglaise. En outre, il fut informé que le colonel Hans Lattmann, le chef d'artillerie de Rommel, était le frère du major-général Martin Lattmann qui avait été fait prisonnier par les Russes à Stalingrad et qui à présent participait régulièrement à des émissions de radio de propagande antifasciste émises depuis Moscou. Pour un Hitler enclin aux soupçons, ces influences étrangères étaient probablement la raison fondamentale du pessimisme incurable de Rommel. Elles expliquaient peut-être aussi son rapport extrêmement alarmiste du 15 juillet.

Rommel ne savait rien de toutes les présomptions qui pesaient sur lui. Il se préoccupait de s'assurer que ses récentes blessures lui donnaient droit aux galons d'une sixième blessure et par conséquent au très convoité insigne de la Blessure d'or. Ses dossiers personnels indiquent qu'il la reçut le 7 août, à l'hôpital du Vésinet ; il était pâle, son œil gauche était toujours fermé, et il avait une large entaille sur le front. Le colonel Lattmann, qui lui avait rendu visite la veille, écrivit : « Comme soldat, cela me réjouit de voir comment le cœur de cet homme ne bat que pour sa nation et sa patrie, et à quel point il est conscient de ses responsabilités envers le Führer et ses troupes [...]. Il n'a qu'une seule pensée, se remettre aussitôt que possible et nous revenir. »

À cette occasion, Rommel avait chuchoté à l'oreille de Lattmann : « Dès que je me sentirai bien, j'irai voir le Führer et lui dirai carrément qu'il est temps de mettre fin aux hostilités – les Allemands ont trop souffert[21]. » Le lendemain, il tint à son vieil ami le colonel Hesse à peu près les mêmes propos. Il lui parla de l'accident, de son ultimatum du 15 juillet et de la bataille de Normandie : « Il n'y a qu'une solution en France. Nous devons battre en retraite. Mais le Führer refuse tout simplement de voir les choses ainsi – il n'a tiré aucune leçon de Stalingrad, il veut toujours combattre pour chaque pouce carré de terrain. Cela nous fera perdre la guerre[22]. »

Le 8 août, Rommel était conduit chez lui, ses médecins l'ayant déclaré suffisamment remis pour être transporté de Paris jusqu'à sa Souabe natale. Marchant d'un pas chancelant dans sa villa à Herrlingen, il retrouva Lucie et le valet de chambre Rudolf Loistl. Il remarqua aussitôt qu'ils regardaient sa tête meurtrie avec une expression d'horreur, ce qui l'amena à faire cette remarque : « Tant que je n'ai pas à transporter ma tête sous l'un de mes bras, les choses ne peuvent pas aller si mal que cela. » Les spécialistes de l'université de Tübingen étaient contents de ses progrès, mais ils l'avaient prévenu qu'il ne pourrait reprendre du service avant au moins huit semaines.

Ses premières promenades à pied à l'extérieur de la maison lui avaient causé de terribles maux de tête. Les voisins le voyaient se balader dans le jardin, s'appuyant péniblement sur le bras de Manfred, avec son nouvel insigne de la Blessure d'or cousu sur son uniforme. Quelquefois, il parlait du coup d'État manqué en hochant douloureusement la tête avec incrédulité à l'idée selon laquelle les conjurés à Berlin auraient réussi à se faire obéir de quiconque. « Hitler serait beaucoup plus dangereux mort que vivant », dit-il à Manfred.

Il était tenu au courant quotidiennement des opérations de son groupe d'armées, mais peu d'officiers pouvaient venir le voir.

Quant aux procès des conspirateurs, Rommel n'en savait pas plus que ce que la presse rapportait, notamment la condamnation à mort de Stülpnagel, de Hofacker et de leurs camarades de la conspiration à Paris, le 30 août.

En cette fin d'été 1944, Rommel arriva à mieux connaître Manfred, âgé maintenant de 15 ans, notamment lors de leurs nombreuses promenades à pied dans le jardin. Il causait parfois des premières années de son mariage : « Mes triomphes n'ont pas donné grand-chose, devait-il admettre candidement. Mais je peux revendiquer au moins un succès : j'ai empêché ta mère d'apporter un piano dans notre maison. » Manfred avait reçu un congé de son unité antiaérienne, si bien qu'il pouvait lire à haute voix les communiqués officiels à son père. En France, le général Patton avait enfin fait son entrée – mais en Normandie et non dans le pas de Calais, et à la tête d'une armée (la IIIe) et non pas d'un groupe d'armées. Il avait fait une percée à Avranches, sur la côte atlantique, et Rommel savait que rien ne pouvait désormais sauver la 7e armée allemande.

Hans Seitz, le beau-frère de Lucie et un ami d'enfance de Rommel, leur rendit visite. Au fil de la conversation, Seitz, qui portait son uniforme en sa qualité de représentant officiel du ministère de la Propagande, demanda carrément au feld-maréchal quelle était son attitude envers Hitler. Rommel lui répondit qu'il avait bonne conscience. Mais craignant que la Gestapo eût installé des microphones derrière le papier peint, il invita Seitz à faire une balade en sa compagnie dans le jardin. Là, il aurait évoqué la serviette de Goerdeler et ses inquiétudes pour sa vie.

Il est vrai que des choses étranges se produisaient à Herrlingen. Loistl, son valet de chambre, entendit une fois quelque chose gratter à la porte d'entrée et, après s'être précipité vers la fenêtre, vit quelqu'un s'enfuir dans l'obscurité. Le maire de la municipalité locale rapporta que *Frau* Wolfel, une voisine, avait vu des types curieux prendre Rommel en filature. Ils étaient probablement de la Gestapo. Après cela, Rommel avait obtenu une sentinelle de l'armée, et il ne sortait jamais plus de chez lui sans un pistolet dans sa poche. Il conseilla à Manfred de faire comme lui, étant donné qu'il ne pouvait pas garantir être capable de tirer juste. Ils virent eux-mêmes des personnes qui les filaient, d'abord au cours d'une petite promenade dans les bois avoisinants, puis lors d'une cueillette de champignons autour de la chapelle de Herrlingen. Un soir, sa sentinelle ouvrit le feu sur un intrus. La Gestapo le surveillait-il vraiment ? se demandait Rommel, et si c'était le cas, pourquoi ?

Il décida de faire encore plus attention. Il avait appris la mort subite de Kluge et fait probablement le rapprochement. Quand la mère du colonel Lattmann, une infirme de 65 ans, fut arrêtée par la Gestapo en représailles à la défection de son autre fils, le colonel écrivit à Rommel pour lui demander d'intervenir. Ce dernier refusa mais il lui assura qu'il serait de retour à son poste dans quelques semaines. À peine trois jours plus tard, le 4 septembre, Rommel était officiellement relevé de sa charge de commandant de groupe d'armées...

Une autre mauvaise surprise l'attendait. Le lieutenant-général Speidel arriva à l'improviste le 5 septembre. Il se plaignit au feld-maréchal que son successeur, le général Krebs, était arrivé inopinément à La Roche-Guyon avec une lettre qui le destituait et lui ordonnait de rentrer en Allemagne ; aucune explication ne lui avait été donnée. Speidel lui raconta ensuite que Keitel et Jodl l'avaient étiqueté [Rommel] comme « défaitiste », et lui conseilla pour cette raison de faire attention[23].

Rommel savait qu'il s'était fait beaucoup d'ennemis dans la Wehrmacht en raison de son ascension rapide et de sa très grande popularité, et surtout parce qu'il avait été jadis le protégé de Hitler. Ses ennemis n'avaient toujours pas accepté qu'un officier ne venant pas de l'État-Major général ait pu gravir les échelons de la hiérarchie militaire jusqu'au grade de feld-maréchal. De tous les feld-maréchaux allemands de la Seconde Guerre mondiale, Rommel était en fait le seul à ne pas être un produit de l'État-Major général[24]. Les généraux de l'OKW se vengeaient de lui. Quand Rommel avait attiré l'attention de Hitler sur la gravité de la situation, Keitel lui avait dit : « Vous devez mieux vous battre ! » Warlimont, l'adjoint de Jodl, l'accusa même de lâcheté. Lorsque Rommel retrouva Hitler, Warlimont dut présenter des excuses au feld-maréchal « sur l'ordre du Führer[25] ». Rommel n'ignorait pas que les « gens très froids là-haut », comme il avait l'habitude de décrire Keitel, Jodl et les autres à l'OKW, n'attendaient que leur heure pour se débarrasser de lui. Il eut l'esprit préoccupé par cette pensée pendant la bataille de Normandie, au point de garder ses dossiers les plus importants, ceux qui le disculperaient, à portée de main. Ruge nota dans son journal le 13 juillet une autre mesure de protection : « Rommel demande désormais toujours la permission, si bien que le haut commandement de la Wehrmacht ne peut plus rejeter la responsabilité sur lui comme il a toujours cherché à le faire[26]. »

Malgré tout, Rommel avait encore quelqu'un qui protégeait

ses intérêts, le lieutenant-général Schmundt, le chef du personnel de l'armée, le principal aide de camp de Hitler pour la Wehrmacht et l'un des confidents les plus intimes du Führer. « L'apôtre Jean » était intervenu auprès de Hitler en sa faveur pendant des années. Il avait présenté plusieurs de ses demandes directement au Führer, sans passer par Keitel et Jodl ou par Bormann, le secrétaire de Hitler et le chef de la Chancellerie du Reich. Peu avant le putsch manqué du 20 juillet, alors que les relations entre Rommel et Hitler se détérioraient à cause des vues pessimistes du premier sur l'issue des combats à l'Ouest, Schmundt avait écrit au feld-maréchal : « N'oubliez pas que vous pouvez toujours compter sur moi[27]. » Mais Schmundt, blessé par la bombe de Stauffenberg, n'aiderait plus jamais Rommel puisqu'il devait succomber à ses blessures le 1er octobre 1944.

Après que Speidel lui eut rendu visite, Rommel était certain qu'il se tramait quelque chose. Que son ancien chef d'état-major fût relevé de ses fonctions en était une indication. Quand Ruth Speidel lui téléphona de son domicile à Freudenstadt le lendemain soir pour l'informer que son mari avait été arrêté par la Gestapo et emmené à Berlin, ses craintes furent confirmées. Mais il continuait à fixer son attention sur la situation militaire. Il ne lui venait pas encore à l'esprit que l'arrestation de Speidel avait un quelconque rapport avec les événements du 20 juillet. Il supposait qu'une chasse aux sorcières avait été entreprise contre les commandants à l'Ouest tenus pour responsables de l'effondrement du front en France. Dans son esprit, le jour ne tarderait pas où il aurait besoin des dossiers qu'il gardait à portée de main, ceux-là mêmes qui justifiaient ses décisions militaires à la tête du groupe d'armées B.

Dans un geste de camaraderie pour son compatriote souabe, il écrivit une longue lettre à Hitler le 1er octobre. Il y exprimait d'emblée le regret de ne pas pouvoir assumer de nouvelles responsabilités en raison de sa santé. « La quadruple fracture du crâne, la tournure défavorable des événements à l'Ouest depuis cette blessure, sans parler de la destitution et de l'arrestation de mon ancien chef d'état-major, le lieutenant-général Speidel – que je n'ai apprises que par hasard –, ont fait peser sur mes nerfs un poids insupportable. Je ne me sens donc plus la force de subir d'autres épreuves. »

Ensuite, dans sa lettre, il ne tarissait pas d'éloges sur Speidel, rappelant à Hitler qu'il l'avait lui-même décoré de la croix de chevalier de l'ordre de la Croix de fer. « Dès ses premières semaines à l'Ouest, Speidel s'est révélé un chef d'état-major remarquablement compétent et appliqué. Il a imposé son autorité sur l'état-major, s'est montré plein de compréhension à l'égard des troupes, et m'a loyalement aidé à achever les défenses du mur de l'Atlantique aussi vite que possible avec les moyens disponibles. Lorsque je me rendais au front, ce qui arrivait presque tous les jours, je pouvais compter sur Speidel [...]. » Après cela, il mentionnait son incapacité à imaginer ce qui avait bien pu mener au renvoi et à l'arrestation de Speidel. « Malheureusement, il a été impossible de conduire la bataille de Normandie de telle sorte que l'ennemi puisse être anéanti pendant qu'il était encore en mer ou au plus tard alors qu'il posait le pied sur la terre ferme. J'en ai exposé les raisons dans le rapport du 3 juillet que le général Schmundt vous a sans doute remis à ce moment-là. »

Il concluait sa lettre par ces mots : « Vous, *mein Führer*, savez que j'ai fait tout ce qui était en mon pouvoir, que ce soit dans la campagne de l'Ouest en 1940, ou en Afrique en 1941-1943, ou en Italie en 1943, ou encore à l'Ouest en 1944. Je n'ai constamment qu'une seule pensée en tête : combattre et gagner pour votre nouvelle Allemagne. *Heil, mein Führer !* E. Rommel[28]. »

Quand Rommel apposa sa signature au bas de la page, Speidel l'avait apparemment déjà impliqué dans le complot du 20 juillet. Hofacker avait accusé le lieutenant-général d'avoir été « un accessoire » dans l'attentat contre Hitler. Pour se sortir de cette impasse et éviter ainsi d'être envoyé à la potence, Speidel aurait admis devant la Gestapo avoir appris la date de la tentative d'assassinat de Hofacker, tout en ajoutant cependant avoir par la suite communiqué cette information à son supérieur, le feld-maréchal Rommel. En agissant ainsi, Speidel rejetait sur Rommel la responsabilité d'avoir omis d'informer l'OKW. Mais c'était à la cour d'honneur de l'armée de décider si la déclaration de Speidel était crédible ou non, bien que Hitler fût convaincu qu'il était coupable.

Avant que cette cour d'honneur pût statuer sur cette affaire, Rommel avait été dénoncé. Lorsque Wilhelm Maier, le chef du district d'Ulm, rendit visite à Rommel, cette huile du parti nazi fut offusquée de voir le feld-maréchal sombrer dans un amer défaitisme. À cette occasion, Rommel exprima l'opinion selon laquelle la guerre était perdue et que Hitler n'était entouré que de dilettantes. Choqué par de tels propos, Maier le réprimanda : « Si nous ne pouvons avoir confiance en notre Führer, alors en qui pouvons-nous avoir confiance ? » Rommel lui répliqua alors : « Depuis que j'ai vu le Führer en novembre 1942, j'ai fini par me rendre compte que ses facultés mentales avaient progressivement décliné. » Ces paroles de Rommel parvinrent par des voies détournées aux oreilles de Kronmüller, un autre membre du parti nazi du district d'Ulm, qui crut pouvoir se faire remarquer en rédigeant un rapport sur cette histoire à Bormann[29].

Cela apportait de l'eau au moulin du chef de la Chancellerie du Reich, qui avait également une dent contre Rommel. Il l'avait longtemps envié d'être si bien vu du Führer. Par-dessus tout, il n'avait pas oublié la rebuffade qu'il avait essuyée de Rommel en public pendant la campagne de Pologne. Maintenant, Bormann avait l'occasion de se venger : « [...] L'ancien général Stülpnagel, comme l'ancien colonel von Hofacker ou comme le neveu de Kluge qui a déjà été exécuté, le lieutenant-colonel Rathgens, ou encore comme plusieurs autres accusés toujours en vie [ont déclaré] que le feld-maréchal Rommel était certainement au courant ; Rommel aurait déclaré qu'il serait à la disposition du nouveau gouvernement après un attentat couronné de succès[30]. »

Le même jour, Bormann présenta l'affaire Kronmüller/Rommel à son Führer. Dans une note qu'il rédigea après l'entretien, il critiqua sévèrement la « publicité exceptionnelle » que Rommel avait laissé faire sur lui, soulignant : « Je n'ai jamais considéré Rommel comme le génie militaire qui nous était présenté. » Puis il explicita sa pensée : « J'ai toujours tenu Rommel pour un homme vaniteux qui adorait se faire photographier du matin au soir. Cependant, comme l'expérience le prouve, de telles personnes vaniteuses ne sont jamais les plus compétentes, car un véritable homme de talent ne juge pas nécessaire de se mettre continuellement devant les caméras. » Bormann éprouvait une telle haine pour Rommel qu'il commenta même la myopie de ce dernier : « [...] Rommel ne porte même pas de lunettes à cause de sa vanité ; et pourtant, il ne peut lire l'écriture en lettres d'imprimerie que s'il tient réellement la feuille de papier au bout de son nez. » Pour conclure, il notait avec satisfaction : « J'ai présenté [...] le rapport de Kronmüller à Hitler, qui a discuté de son contenu avec le feld-maréchal Keitel, le R[eichsführer] SS Himmler et le général Burgdorf. Cette affaire dépend désormais du feld-maréchal Keitel[31]. »

Le 4 octobre, Keitel présidait la cour d'honneur de l'armée qui devait statuer sur le cas de Speidel, les interrogatoires de la Gestapo sur celui-ci ayant été complétés. En plus de Keitel, cinq autres généraux de l'armée y siégeaient comme membres du jury. L'ironie du sort voulut que parmi ces six hauts gradés, au moins trois aient un compte à régler avec Rommel – Keitel, Guderian et Kirchheim. Deux ans après la fin de la Seconde Guerre mondiale, Kirchheim et Guderian furent appelés tous les deux à faire une déclaration sous serment à propos du déroulement de cette séance.

Dans une certaine mesure, ce n'était pas seulement Speidel qui était jugé, mais aussi Rommel. Les membres du jury devaient décider en fait lequel des deux serait envoyé à la potence. Selon la déclaration de Kirchheim, Kaltenbrunner exposa les arguments de la poursuite ainsi : « Speidel a admis sous interrogatoire qu'il fut informé du plan de la tentative d'assassinat par un émissaire de Stülpnagel [ici sans doute Hofacker]. Mais Speidel prétend avoir dûment rapporté cela à son supérieur immédiat, le feld-maréchal Rommel, et soutient que ce n'est pas de sa faute si le feld-maréchal n'avait pas transmis cet avertissement. En fait – c'est le cas de Speidel –, il ne s'est pas rendu compte que Rommel avait gardé l'avertissement pour soi. »

Kaltenbrunner doutait de l'explication avancée par Speidel : « Si nous supposons que ce que prétend Speidel est en fait ce qui s'est passé, Rommel n'aurait-il vraiment pas révélé à son propre chef d'état-major qu'il avait l'intention de garder l'avertissement sous le boisseau ? Toujours est-il que si Speidel avait lui-même rapporté le complot au haut commandement, la tentative d'assassinat aurait alors pu être étouffée dans l'œuf. » Par conséquent, Kaltenbrunner affirma que Speidel était à tout le moins complice d'une tentative d'assassinat.

« Sur ce, il y a eu un silence absolu, écrivit par la suite

Kirchheim. Les autres membres du jury ont probablement pensé la même chose que moi – que les arguments présentés incriminaient non seulement Speidel, mais aussi Rommel, et à un degré beaucoup plus grave. » Kirchheim détestait bien sûr Rommel, et Guderian était dans les mêmes dispositions. Tous les deux comprenaient très bien que la cour d'honneur avait le choix entre deux partis : elle pouvait décider que le témoignage de Speidel, lorsqu'il prétendait avoir rapporté l'attentat planifié à son supérieur, n'était qu'un prétexte, ce qui disculperait alors Rommel ; ou elle pouvait croire le témoignage de Speidel et rejeter ainsi sur Rommel l'entière responsabilité. Tous les deux se décidèrent pour la seconde possibilité. Quand Keitel annonça d'un ton autoritaire que « le Führer a exprimé l'opinion qu'il n'y a pas de doute que Speidel est coupable », Kirchheim fit vigoureusement remarquer que la charge de la preuve incombait à l'accusation, et que si Speidel disait qu'il avait rapporté le complot à Rommel, c'était à l'accusation de prouver le contraire. Guderian se rangea à l'avis de Kirchheim. Keitel avança alors que Speidel aurait dû s'assurer lui-même que son supérieur avait transmis l'information au quartier général du Führer, ce à quoi Kirchheim répliqua que Speidel pouvait présumer que Rommel, à cause de ses relations particulièrement étroites avec le Führer, avait transmis l'information.

Comme se le rappela Kirchheim, Guderian « fut sans aucun doute le principal responsable du verdict de “non-culpabilité” auquel en étaient finalement venus les juges ». Kirchheim décrivit le déroulement de cette séance de la cour d'honneur dans une lettre à Speidel le 18 août 1945 : « J'ai parlé en faveur de votre acquittement, mais votre étroite relation avec Rommel fut invoquée comme un fait particulièrement accablant, puisqu'il semblait être hors de question que Rommel vous ait caché quelque chose d'aussi important que cela – en l'occurrence de ne pas avoir transmis votre information. Guderian vous a défendu à la fin avec énergie et habileté. » Non seulement Speidel n'allait pas contredire la version des événements de Kirchheim, mais il devait confirmer des années après cette version des faits. Speidel ne fut pas expulsé de la Wehrmacht et le Tribunal du peuple ne put mettre la main sur lui. En revanche, l'étau se resserra davantage autour de Rommel, car la haute trahison ne signifiait pas simplement une participation active au coup d'État contre Hitler. C'était le crime de toute personne qui ne croyait plus en la « victoire finale » ou qui était soupçonnée de traiter avec l'ennemi, ou encore qui détenait des informations sur la tentative d'assassinat préméditée, mais qui ne les avait pas transmises.

Speidel, futur commandant en chef des forces terrestres de l'OTAN en Europe centrale, nierait fermement tout le restant de sa vie l'accusation qu'il aurait impliqué Rommel pendant les interrogatoires de la Gestapo. À chaque fois qu'on lui demanderait pour quelle raison il avait pu se tirer d'affaire et non pas Rommel, il répondrait que Hofacker avait rétracté les propos qui l'impliquaient. Keitel soutint Speidel après la guerre, bien qu'il eût précédemment plaidé pour sa culpabilité. Sa palinodie s'expliquait sans doute par le fait qu'il craignait Speidel maintenant que les Alliés avaient rétabli la réputation de celui-ci comme résistant. À Nuremberg, Keitel parla d'autres moments compromettants, dont il ne pouvait plus se souvenir (il s'agissait probablement des documents de Goerdeler ou de la dénonciation de Kronmüller) ; il ne pouvait se souvenir que de Hofacker. Selon Keitel, ce dernier aurait déclaré que Rommel était tellement enthousiasmé par le plan d'assassinat – qu'il lui avait exposé le 9 juillet – que le feld-maréchal lui aurait crié à son départ de La Roche-Guyon : « Dites aux messieurs à Berlin qu'ils peuvent compter sur moi quand le moment viendra. » Keitel prétendit en outre que la transcription de cet interrogatoire qui impliquait sans équivoque Rommel ne fut pas remise à l'OKW et à Hitler avant la deuxième semaine d'octobre. Or, Hofacker avait déjà été interrogé en juillet et la transcription de cet interrogatoire avait été remise à Hitler dès le 1er août. Il semble que Keitel cherchait, quelles que fussent ses raisons, à disculper Speidel et à détourner l'attention de sa coresponsabilité dans le destin de Rommel[32].

Le 7 octobre 1944, Keitel convoqua le feld-maréchal à Berlin : « Nous enverrons un train spécial à Ulm pour l'amener », dit-il à l'assistant de Rommel. Il spécifia également une date : le 10 octobre. Rommel en discuta avec sa famille. « Je ne vais pas rendre cela facile à ces messieurs », dit-il. Il rappela donc Keitel, mais il fut mis en communication avec le général

Wilhelm Burgdorf, qui avait succédé à Schmundt comme chef du personnel de l'armée et comme principal aide de camp du Führer pour la Wehrmacht. « Quel est le but de cette rencontre ? » demanda Rommel. Burgdorf répondit d'un ton bourru : « Le Führer a chargé le feld-maréchal Keitel de discuter avec vous de votre avenir. » Burgdorf et Rommel étaient de vieux camarades de l'époque de l'école d'infanterie de Dresde, mais le feld-maréchal se montrait toujours peu accommodant. « Je crains de ne pas pouvoir venir, expliqua-t-il. J'ai un rendez-vous avec mes spécialistes le 10, et ils m'ont recommandé de ne pas parcourir de longs trajets dans mon état actuel. »

Rommel semblait surtout préoccupé par des questions insignifiantes. Par exemple, bien que son grade de feld-maréchal lui donnât droit à une voiture à vie, le bureau de Keitel lui avait récemment fait savoir que sa grosse Horch lui serait retirée à la mi-octobre, le laissant ainsi avec une petite BMW qui avait été convertie à l'essence au bois. Le 11 octobre, le vice-amiral Ruge lui rendit visite et nota dans son journal : « Le feld-maréchal n'est pas aussi fringant que je m'y attendais. Il se plaint d'incessantes migraines et d'un manque de vitalité. Pour le moment, il a rejeté l'offre de Keitel concernant un nouveau poste. Il est très fâché que sa voiture lui soit retirée et qu'on ne le laisse pas garder sa sentinelle devant sa maison. Mais à part cela, il est de bonne humeur. Sa paupière s'ouvre de nouveau, mais son œil ne voit pas aussi bien qu'avant. »

Le lendemain, Rommel et Ruge firent ensemble 90 kilomètres en motocyclette jusqu'à Augsbourg, avec le feld-maréchal au volant. Ce dernier commit peut-être une erreur en déployant une telle vigueur, car il démentait ainsi sa répugnance à se rendre à Berlin pour cause de mauvaise santé. Cette information et bien d'autres transmises par les agents de la Gestapo n'allaient pas manquer d'éveiller une fois de plus les soupçons au quartier général du Führer. Un agent rapporta que le conspirateur Karl Strölin, le maire de Stuttgart, avait visité Rommel, et indiqua la durée exacte de l'entretien. Un autre décrivit les promenades de Rommel avec son fils. Mais plus préjudiciables à Rommel étaient les rapports provenant des interrogatoires de la Gestapo et du Tribunal du peuple. Hofacker venait de signer une longue déclaration spécifiant que Rommel avait en fait assuré les conjurés de son appui dans l'éventualité où la tentative d'assassinat aurait été couronnée de succès.

Après une conférence de guerre le 12 octobre, Hitler donna pour instructions à Keitel de mettre le témoignage de Hofacker à la disposition de Rommel. Il lui dicta également une lettre à remettre en main propre à Rommel et qui devait placer celui-ci devant cette affreuse alternative : s'il déclarait être innocent des allégations de Hofacker, il devait se présenter au quartier général du Führer ; dans le cas contraire, il serait arrêté et jugé – mais en tant qu'officier et gentleman, il devait éviter cela en prenant les dispositions appropriées. D'ailleurs, combien de fois dans l'histoire de la Prusse un officier n'avait-il pas apporté un pistolet à un camarade ayant entaché son honneur ou celui de l'armée, et ne l'avait-il placé sur la table devant lui ?

Keitel chargea Burgdorf d'aller à Herrlingen pour remettre en main propre à Rommel la lettre du Führer et les rapports des interrogatoires de la Gestapo. Il lui mentionna en même temps qu'il vaudrait mieux offrir à Rommel du poison plutôt qu'un pistolet si celui-ci choisissait bien entendu la seconde option. La véritable cause de sa mort pourrait alors être cachée « par une mort naturelle ». Burgdorf ordonna à son tour au major-général Ernst Maisel, le chef de la section légale de la branche Personnel de l'armée, de l'accompagner comme témoin officiel.

Hitler avait ainsi accordé une dernière faveur à son ancien protégé, une décision indulgente qu'il n'avait jusque-là prise pour aucun des conspirateurs qu'il avait fait pendre au moyen d'une corde de piano. La nation allemande ne devait jamais apprendre que Rommel s'était joint aux traîtres. Hitler cacha aussi la vérité aux responsables nazis et militaires comme Göring et Dönitz. Les dossiers personnels de Rommel ne devaient contenir aucune allusion à cette tache sur sa carrière d'officier. À Nuremberg, Keitel en donna l'explication : « Cela aurait fait un scandale épouvantable en Allemagne si ce feld-maréchal aussi connu et aussi apprécié avait été arrêté et traduit devant le Tribunal du peuple[33]. »

De bonne heure le 13 octobre, des agents de la Gestapo virent Rommel, Lucie et Aldinger, son ancien adjudant-major, monter dans la Horch et partir chez Oskar Farny, le vieil ami de Rommel. Vers 11 heures, le quartier général du Führer téléphona à la villa. Le valet de chambre Rudolf Loistl répondit que le feld-maréchal était sorti. Lorsque Burgdorf appela lui-même, Loistl lui répondit la même chose. Burgdorf dit alors à Loistl : « Veuillez avoir l'amabilité d'informer le feld-maréchal qu'il va recevoir un autre général et moi-même demain entre midi et 13 heures. » Avant que Burgdorf et Maisel se mettent en route depuis Berlin dans une petite Opel noire provenant du parc de voitures de la Chancellerie du Reich, Maisel avait passé un coup de fil à son principal adjoint, le major Anton Ehrnsperger, pour organiser une rencontre sur l'autoroute près de Leipzig à 15 heures. Plus tard dans la journée, la garnison d'Ulm reçut un message demandant l'envoi d'un officier à la gare de chemin de fer pour recevoir le train de Berlin le lendemain matin afin d'y prendre livraison d'une grande couronne funéraire. En fait, depuis plusieurs jours, un « groupe de travail F » dirigé par l'un des adjoints de Burgdorf, avait dressé un programme intitulé « La suite des funérailles nationales (R) ». Il ne restait plus qu'à en préciser la date et le lieu.

Quand Rommel rentra à sa villa ce soir-là, il se sentait très fatigué du long trajet. Craignant toujours une attaque aérienne, il avait confié à Farny ses derniers objets de valeur, dont ses appareils photo et les bijoux de Lucie. Lorsque le valet de chambre lui répéta le message téléphonique de Burgdorf, Rommel ne douta aucunement du véritable objet de la visite prochaine des deux généraux. Pendant un moment, il envisagea cette situation avec optimisme. Il se mit même à espérer qu'on lui confierait un nouveau commandement, peut-être celui de la défense de la Prusse-Orientale, l'Armée rouge attaquant déjà justement les frontières orientales du Reich. Il nota ainsi quelques points qu'il se proposait de discuter avec Burgdorf en vue de la prise d'un nouveau commandement. Puis il fut soudainement rongé par le pessimisme. Après tout, se disait-il, on allait peut-être le questionner sur les raisons de l'effondrement militaire en France. Il ordonna alors à Aldinger de lui préparer les cartes et les esquisses du déroulement des opérations en Normandie.

Se promenant à pied avec Manfred le lendemain matin, le 14 octobre, il se tourna pour bien regarder son fils qui portait fièrement l'uniforme gris-bleu des troupes auxiliaires de la

Luftwaffe, et lui expliqua clairement : « Il y a deux possibilités aujourd'hui. Ou bien il n'arrive rien du tout, ou bien je ne serai plus là ce soir. »

À la gare de chemin de fer d'Ulm, la couronne funéraire était déjà arrivée. Sur l'autoroute, pas très loin de là, l'Opel de Burgdorf s'arrêta tout près d'une limousine dans laquelle s'entassaient des officiers de la Gestapo en civil. Des fragments de conversation qu'il avait entendus par hasard, le major Ehrnsperger put comprendre que leur chef était responsable de la surveillance des activités de Rommel.

À la villa, Rommel enfila sa tunique à col ouvert de l'Afrikakorps, mit ses décorations, et dit à Loistl : « Ouvrez le portail du jardin – les deux messieurs arriveront bientôt de Berlin. »

À midi commença le dernier acte du drame. Le général Burgdorf entra, flanqué de son bras droit, le major-général Maisel. Ils avaient reçu tous les deux l'ordre d'agir courtoisement et correctement. Ils saluèrent de la main. Lucie les invita aussitôt à rester pour le déjeuner, mais Burgdorf déclina l'invitation · « Ce sont des affaires officielles. » Il demanda s'ils pouvaient parler à *Herr Feldmarschall* en privé. Sans raison, Rommel éprouva un vif soulagement – les deux généraux remarquèrent d'ailleurs l'expression de son visage – et, tout en se dirigeant vers son bureau de travail, il lança : « Aldinger, veuillez préparer le dossier sur la Normandie ! »

Pendant ce temps, le major Ehrnsperger attendait dans le jardin. Aldinger l'y rejoignit quelque temps après, et causa de l'école d'infanterie de Dresde, où Rommel avait été instructeur, et de la bataille du mont Kuk en 1917. Loistl sortit à son tour, marcha jusqu'à la petite Opel noire et invita le chauffeur à la rentrer par le portail. Le chauffeur fit non de la tête, et devant l'incompréhension de Loistl, lui lâcha : « Camarade, vous faites ce qu'on vous dit, et moi je fais ce qu'on me dit. » Un peu plus loin, Loistl vit une autre voiture, celle-là beaucoup plus grosse, qui attendait.

Dans le bureau de travail, Burgdorf regarda son vieil ami d'un air grave, puis lui adressa la parole. Ses premiers mots anéantirent tous les espoirs de Rommel. « Vous avez été accusé de complicité dans le complot contre Hitler », déclara-t-il. Il lui remit ensuite la lettre de Keitel, puis lut à haute voix les témoignages écrits des officiers de la Wehrmacht qui avaient été arrêtés par la Gestapo – Hofacker, Speidel, Stülpnagel. C'était des accusations accablantes, particulièrement celles de Hofacker. Burgdorf remit les témoignages à Rommel et vit celui-ci prendre un regard étonné, inquiet, puis angoissé. Comment celui-ci pouvait-il expliquer qu'il n'avait joué aucun rôle dans la tentative d'assassinat ? Qu'il n'eût même rien su là-dessus ? Que tout ce qu'il avait envisagé était de traiter une paix séparée avec Montgomery – avec ou sans l'assentiment du Führer ? Même s'il admettait que telle avait été son intention, cela serait suffisant pour qu'il finisse à la potence. D'une manière ou d'une autre, il allait le payer de sa vie. Mais peut-être pourrait-il au moins sauver celle de Speidel ? S'il faut en croire les souvenirs de Maisel, Rommel annonça après avoir hésité : « *Jawohl.* Je vais accepter les conséquences. »

Après avoir fait cet aveu, Rommel ne pouvait plus se dédire. Il posa une question à Burgdorf : « Est-ce que le Führer est au courant ? » Burgdorf fit un signe de tête affirmatif. Les yeux de Rommel s'embuèrent de larmes, et Burgdorf demanda à Maisel de les laisser seuls pendant quelques minutes. Il exposa alors ce qui n'était pas écrit dans la lettre : la promesse du Führer que si Rommel se suicidait, on ne révélerait pas le secret de sa trahison au peuple allemand, on lui ferait des funérailles nationales et on lui érigerait un monument commémoratif. De plus, on ne prendrait pas les mesures habituelles contre sa famille ; au contraire, Lucie aurait droit à une pleine pension de veuve de feld-maréchal. « C'est en reconnaissance de vos services rendus au Reich », expliqua Burgdorf.

Rommel, qui était encore assommé par ce qu'il venait d'entendre, demanda quelques minutes pour réfléchir à tout cela. Il était fatigué et étourdi de surprise. Lui, qui avait survécu aux bombes des avions et au feu de leurs mitrailleuses, aux obus des chars et aux tirs d'artillerie, aux projectiles des fusils et aux rafales des mitrailleuses lourdes, devait désormais mourir à cause d'un coup d'État manqué dont il n'avait jamais été complice.

« Puis-je prendre votre voiture et partir paisiblement quelque part ? demanda-t-il à Burgdorf. Mais je ne suis pas certain que je peux manier un pistolet correctement. » Burgdorf lui répondit : « Nous vous avons apporté une préparation. Elle agit en trois secondes[34]. » Puis il sortit rejoindre Maisel et Ehrnsperger pendant que Rommel montait l'escalier pour retrouver Lucie dans sa chambre.

« Dans quinze minutes, je serai mort, dit-il à Lucie d'un ton détaché. Sur l'ordre du Führer, on m'a laissé le choix entre m'empoisonner ou être traduit devant le Tribunal du peuple. Stülpnagel, Speidel et Hofacker m'ont impliqué dans la conspiration du 20 juillet. Et il paraît que sur la liste du maire Goerdeler, j'étais désigné en tant que nouveau président du Reich. J'ai répondu à Burgdorf et à Maisel que je n'en croyais rien, que c'était une pure invention, que c'était probablement le résultat de méthodes de chantage courantes[35]. » Puis il dit adieu à Lucie. Elle ne pleura pas ; elle ne versa des larmes qu'après coup, lorsqu'elle fut seule.

Après cela, Rommel demanda à Loistl d'aller chercher son fils. Il expliqua à Manfred d'une voix calme ce qui allait arriver. Ses dernières paroles réconfortantes étaient qu'après sa mort, sa famille serait laissée en paix. « Hitler les a chargés de me dire que, dans le cas où je me suiciderais, rien ne vous arriverait ; au contraire, on s'occupera bien de vous[36]. » En choisissant de se donner la mort, Rommel voulait ainsi préserver sa famille de la *Sippenhaft*, une pratique courante dans l'Allemagne nazie qui consistait à infliger un châtiment à l'ensemble de la famille d'un « traître ».

Il envoya ensuite Manfred chercher Aldinger. Ce dernier monta à toutes jambes l'escalier, ayant le dossier sur la Normandie en main. Rommel l'écarta d'un geste : « Je n'en aurai pas besoin. Ils sont venus pour une tout autre affaire. » Après lui avoir expliqué de quoi il retournait, Rommel lui confia : « Je n'ai joué aucun rôle dans la tentative d'assassinat. J'ai servi ma patrie toute ma vie et fait de mon mieux. Transmettez mon bon souvenir à mon peuple souabe et en particulier à mes chers vieux chasseurs alpins[37]. » Aldinger avait servi avec lui dans le bataillon de montagne royal du Wurtemberg durant la Grande Guerre.

Le ciel s'étant dégagé, c'était une belle journée d'automne. Le temps de descendre l'escalier, Rommel avait retrouvé son sang-froid. Loistl l'aida à mettre son manteau, et lui remit sa casquette d'officier et son bâton de feld-maréchal. Rommel lui serra la main, puis marcha à grands pas vers la voiture immobile, accompagné de Manfred et d'Aldinger. Dès qu'il arriva à la petite Opel noire, les deux généraux levèrent leur main droite pour le saluer. « *Herr Feldmarschall* », lui murmura Burgdorf. Le chauffeur, un caporal de la SS portant le nom de Heinrich Doose, ouvrit la porte et se mit au garde-à-vous. Rommel mit son bâton de feld-maréchal sous son bras gauche, se retourna et, avec un air impassible, serra la main à Aldinger et à Manfred. Il monta ensuite dans la voiture, prenant place à l'arrière entre Burgdorf et Maisel. La porte se referma en claquant, et le chauffeur embraya.

À 200 mètres au-delà de la lisière du village, Burgdorf ordonna au chauffeur de garer la voiture sur le bas-côté. Ce dernier relata plus tard la suite des événements : « Je dus descendre de la voiture, et le général Maisel marcha avec moi le long de la route. Au bout de quelque temps, environ cinq ou dix minutes, Burgdorf nous rappela à la voiture. Je vis Rommel assis à l'arrière, mourant visiblement. Il était inconscient, affaissé et sanglotait – il ne râlait pas ou ne gémissait pas, mais sanglotait. Sa casquette était tombée. Je le redressai et remis sa casquette sur sa tête[38]. » Il y eut ensuite un silence profond. Rommel était mort.

Comme convenu à l'avance, Burgdorf et Maisel amenèrent aussitôt le corps de Rommel au service des urgences de l'hôpital militaire d'Ulm. Dès leur arrivée, les deux généraux expliquèrent que durant la journée Rommel s'était soudainement senti « indisposé », probablement à cause d'une « embolie ». Ils mentaient avec la plus grande conviction. Le médecin responsable du feld-maréchal annonça plus tard à la famille que des mesures immédiates avaient été prises pour le ranimer, mais en vain. « Arrêt du cœur », tel fut le verdict officiel émis à la hâte sur l'acte de décès. Le médecin-chef responsable, qui ne vit le corps que le lendemain après-midi, c'est-à-dire environ vingt-quatre heures après l'heure établie de sa mort, affirma après la guerre que, vu les symptômes, il avait exprimé un doute sur la cause de la mort et demandé l'autorisation de pratiquer une autopsie. Il avait apparemment essuyé un refus : « On me dit de n'avoir rien de plus à faire avec le cas de Rommel. Je fus déchargé de mes obligations. Peu après, je fus informé que Berlin avait refusé une autopsie[39]. » Le régime tenait absolument à cacher la vérité et s'assura qu'il n'en restât plus trace. Le corps de Rommel devait donc être incinéré.

Pendant ce temps, Burgdorf avait téléphoné à Keitel pour lui signaler : « Mission accomplie. » Hitler fut informé au cours de la conférence de guerre du soir que Rommel était décédé des suites de ses graves blessures, conséquence de son accident d'automobile en Normandie trois mois auparavant. Il resta sans expression, déclarant tout simplement : « Encore un parmi les vieux[40]. » Le suicide par poison de Rommel apparaissait aux yeux de Hitler comme la preuve que celui-ci s'était retourné contre lui. Il était cependant hors de question d'admettre publiquement un tel échec personnel. Hitler s'appliqua donc à maintenir la fiction de l'embolie de Rommel, même devant son entourage immédiat. Au quartier général du Führer, plusieurs avaient cependant du mal à croire les rumeurs de la soi-disant participation de Rommel à la résistance antinazie : « Nous étions tous d'accord que Rommel ne pouvait s'être retourné contre Hitler que sous l'influence d'une tierce personne, certainement pas de son plein gré[41]. » Et Berndt, l'ami et le confident de Rommel, écrivit à Lucie quelques jours plus tard que le Reichsführer-SS n'était pas complice de la mort de son époux : « Celui-ci est très profondément bouleversé. » Quant à Hitler, il aurait été trompé. « Tout cela est l'œuvre de Keitel et de Jodl[42]. »

Hitler tint sa promesse de protéger la réputation de Rommel. Voici ce que disait son ordre du jour daté du 15 octobre : « Le feld-maréchal Rommel est mort des suites de ses graves blessures subies dans un accident de la route en allant au front, pendant qu'il servait comme commandant en chef d'un groupe d'armées à l'Ouest. Sa mort nous prive de l'un de nos meilleurs commandants de l'armée[43]. » L'ordre du jour du Führer se terminait par la glorification du soldat Rommel : « Dans la bataille décisive en cours, son nom représente pour la nation allemande le courage exceptionnel et l'audace intrépide [...]. L'armée abaisse le drapeau de guerre du Reich en l'honneur de ce grand soldat. »

Hitler organisa une cérémonie funèbre, qui eut lieu le 18 octobre et dont les images furent présentées sur les écrans des cinémas du Reich qui tenaient encore debout. Cette journée de deuil national à laquelle Hitler ne daigna pas assister aurait été digne de la réputation du feld-maréchal si elle n'avait pas été aussi hypocrite. Toutes les troupes disponibles dans la région d'Ulm furent mobilisées pour l'occasion. Quatre compagnies d'honneur formèrent les rangs devant la mairie de la petite ville souabe. Un corps de musique jouait continuellement des marches funèbres, donnant des frissons à ceux qui assistaient à la cérémonie. Parmi les généraux de l'armée qui s'étaient déplacés pour l'occasion, quatre montaient la garde d'honneur, sabre au clair, devant le cercueil drapé du svastika. Le casque de Rommel et son bâton de feld-maréchal avaient été déposés sur le cercueil. Devant celui-ci, il y avait un coussin de velours sur lequel étaient exposées ses décorations. Lorsque Lucie et Manfred entrèrent dans la salle, on joua le *Götterdämmerung* (*Le Crépuscule des dieux*) de Wagner.

Le panégyrique, rédigé par le ministère de la Propagande à l'intention de l'OKW, fut prononcé par Rundstedt, « au nom du Führer, qui, en sa qualité de commandant suprême, nous a convoqués en ce lieu pour prendre congé de son feld-maréchal qui est tombé au champ d'honneur [...]. La nation allemande a aimé et célébré le feld-maréchal Rommel d'une manière vraiment extraordinaire ». C'est un « grand commandant militaire, comme il n'en est que rarement donné à une nation, qui nous a quittés. Bien enraciné dans l'esprit militaire allemand, il a consacré sa vie exclusivement au travail et à la lutte pour le Führer et le Reich ». Il était « imprégné de l'esprit du national-socialisme ». Cet esprit lui donnait sa force et le mobile de ses actions. Rundstedt termina par les mots : « Son cœur appartenait au Führer », et déposa l'énorme couronne funéraire de Hitler sur le cercueil, juste avant que fût joué le cynique et en même temps si véridique *Ich hatt' einen Kameraden* (*J'avais un camarade*)[44].

Lucie et Manfred avaient ménagé les apparences et toléré cette mise en scène hypocrite jusqu'au bout par égard pour le feld-maréchal. Ils avaient reçu des lettres de condoléances par centaines, y compris un télégramme du Führer : « Veuillez agréer mes condoléances pour la douloureuse perte que vous avez subie avec la mort de votre mari. Le nom du feld-maréchal Rommel restera à jamais associé aux batailles héroïques de l'Afrique du Nord. Adolf Hitler[45]. »

En mars 1945, des plans furent soumis à Lucie Rommel pour un monument que le Führer projetait d'ériger au-dessus du tombeau du feld-maréchal afin de préserver la légende du « Renard du désert ». La veuve du défunt feld-maréchal gagna du temps en tardant à prendre une décision. La défaite militaire du Reich et la mort de Hitler eurent raison du projet. La légende de Rommel n'allait pas moins être préservée, mais d'une tout autre manière.

CONCLUSION

LA LÉGENDE

La mort de Rommel donna lieu à bien des conjectures en Allemagne avant même la fin de la guerre. Certains doutaient que cette « idole de guerre » fût réellement passée de vie à trépas par suite de complications relatives à ses blessures. Parmi ceux-ci, il y avait Armbruster, l'un de ses anciens interprètes en Afrique : « Rommel avait écrit à un officier d'état-major : "Je me sens beaucoup mieux : je retournerai au front dans les jours ou les semaines à venir." Et puis soudainement, nous avons appris à la radio que Rommel avait succombé à ses blessures. Nous nous sommes dit : Ça ne doit pas être ça – il vient juste d'écrire pour dire qu'il serait de retour à son poste. Cela nous a rendus soupçonneux. Rommel était le seul officier qui avait toujours reçu des louanges. Le fait que Hitler n'ait pas assisté à ses funérailles [...] nous a beaucoup surpris. Nous étions d'avis qu'il y avait quelque chose qui n'allait pas [...][1]. » Rudolf Weckler, un ami de longue date de Rommel – tous deux avaient servi dans le même bataillon durant la Grande Guerre –, disait pour sa part au sujet de la cérémonie funèbre de Rommel : « Ce furent en fait des funérailles nationales de second ordre. Pas un seul des grands représentants politiques n'y avait assisté. Ni Hitler, ni Himmler, ni Göring, ni Goebbels. Ce fut notre premier soupçon que la mort de Rommel n'était peut-être pas imputable à ses blessures[2]. »

Le fils de Rommel mit fin aux conjectures à la suite d'une déposition faite sous serment dès la fin de la guerre et dans laquelle il révélait que son père s'était suicidé sur ordre du Führer après avoir reçu la visite des généraux Burgdorf et

Maisel à Herrlingen. Il n'en dit pas plus, mais c'était assez pour que les gens en tirent la conclusion que Rommel faisait partie de la conjuration de Stauffenberg. Après tout, certains officiers de haut rang s'étaient suicidés après avoir été associés au complot. Mais pour la famille Rommel, qui considérait encore l'attentat contre Hitler comme ignoble et la loyauté d'un feld-maréchal envers le Führer comme la seule cause légitime, cette association avec Stauffenberg était de la diffamation.

Le 9 septembre 1945, Lucie rédigea une déclaration « pour rectifier les nombreux communiqués à la radio et dans la presse, et les tout aussi nombreuses rumeurs afin de protéger la réputation de Rommel et de sauver l'honneur du feld-maréchal comme fils du Wurtemberg ». Elle était catégorique sur le point suivant : « J'aimerais bien préciser que mon mari n'a pas pris part aux préparatifs et à l'exécution du complot du 20 juillet 1944, parce qu'il refusait en sa qualité de soldat de prendre un tel chemin. Mon mari avait toujours exprimé franchement ses opinions, ses intentions et ses plans aux plus hauts échelons du commandement [...], même si ces hauts échelons et la direction ne les trouvaient pas réconfortants. Durant toute sa carrière, il a toujours été un soldat et jamais un politicien [...][3]. »

La veuve du feld-maréchal s'assura que rien ne ternirait la réputation de celui-ci, notamment par une quelconque association au complot, d'autant plus que le sentiment général en Allemagne dans les premières années d'après-guerre était qu'il valait mieux n'avoir rien à voir là-dedans. Aux yeux de la majorité des gens, les conspirateurs étaient des traîtres et des réprouvés. Les Allemands n'avaient encore saisi ni la nature ni l'importance du génocide des Juifs ou des autres crimes commis en leur nom par le régime nazi, et jusqu'à un certain point ils n'avaient guère envie de comprendre cette réalité. Ils avaient l'impression qu'ils appartenaient à une communauté d'infortune. Ils avaient perdu la guerre et, consécutivement à l'occupation de l'Allemagne par les vainqueurs, devaient en assumer collectivement les conséquences. Par ailleurs, tout sentiment favorable à la résistance était étouffé parce que des millions d'Allemands avaient également souffert durant la guerre par suite des bombardements, des expulsions et des déportations.

Compte tenu de la nouvelle réalité de la guerre froide, les

idées que les Alliés occidentaux se faisaient désormais de l'ennemi communiste coïncidaient à certains égards avec la vieille conception des Allemands de l'ennemi bolchevique, celle-là même qui était diffusée par la propagande nazie du temps de la guerre. Eu égard à leurs réflexions sur la création d'un État ouest-allemand démocratique et libéral, ainsi que sur la contribution de celui-ci à la défense de l'Europe de l'Ouest, les Alliés occidentaux durent par conséquent déclarer que la Wehrmacht avait été un adversaire honorable, et cela en dépit de sa participation à la guerre d'anéantissement de Hitler en Europe de l'Est. L'ostracisme moral qui avait frappé ses complices dès la cessation des hostilités prit alors rapidement fin après que le Rideau de fer fut descendu en plein cœur du continent européen.

Hans Speidel, l'ancien chef d'état-major de Rommel à l'Ouest, fut l'un des premiers généraux de la Wehrmacht à reconnaître ces nouveaux signes des temps. En tant que membre de la résistance contre Hitler, il jouissait d'une certaine autorité auprès des vainqueurs et en profita pour rédiger un mémorandum pour promouvoir le réarmement allemand. À ses yeux, celui-ci exigeait cependant comme condition préalable une « vraie paix ». La justice devait tenir compte de tous les gens, « même les soldats vaincus et les millions qui sont tombés au champ d'honneur », écrivit-il en faisant référence à Karl Jasper : « La conscience de l'honneur militaire n'est pas concernée par toutes ces discussions de culpabilité. Celui qui était loyal en camaraderie, inébranlable devant le danger, et qui s'était distingué par son courage et son objectivité peut considérer sa conscience comme irréprochable[4]. »

C'est dans cet esprit que Speidel œuvra avec succès pour la réhabilitation de la Wehrmacht et de ses commandants militaires, dont plusieurs étaient en prison, tels Manstein et Kesselring. En outre, il créa un rôle bien particulier pour Rommel, qui, grâce à son excellente réputation, même auprès de l'ennemi, devait devenir le symbole de la meilleure tradition militaire allemande. Speidel rencontra Geyr von Schweppenburg, l'ancien commandant du groupe de panzers Ouest, qui rédigeait avec quelques autres officiers de la Wehrmacht un compte rendu de la bataille d'invasion pour les Américains. Speidel lui déclara qu'il projetait « de faire de Rommel le héros national du peuple allemand[5] ». Et pour jouer un tel rôle dans une société démocratique et libérale en construction, Rommel devait absolument avoir appartenu à la résistance contre Hitler.

Évidemment, Speidel n'ignorait pas que, dans cette nouvelle Allemagne, seuls ceux qui avaient trempé dans la conspiration de Stauffenberg seraient tenus pour des antinazis dignes de confiance et pourraient ainsi se voir confier de hautes responsabilités. En présentant Rommel comme un conspirateur honorable et reconnu comme tel, Speidel pourrait ainsi mettre davantage en relief son propre rôle dans la conjuration. En d'autres termes, si Rommel devenait une figure de proue susceptible d'être exaltée dans cette nouvelle Allemagne, Speidel serait probablement glorifié lui aussi.

Speidel eut donc l'initiative d'un article publié dans le journal *Christ und Welt* en septembre 1948 qui honorait Rommel en sa qualité de soldat tout en donnant pour la première fois des détails sur les activités de celui-ci dans la résistance. Ainsi, on y mentionnait que les remarques de Rommel sur Hitler étaient des plus cinglantes dans les semaines précédant le débarquement anglo-américain en Normandie. On y soulignait aussi que des « réunions se tenaient avec le gouverneur militaire de la France Stülpnagel – qui fut plus tard exécuté –, sur les préparatifs de négociations d'un armistice avec Eisenhower et Montgomery, sans tenir compte de Hitler [...]. Rommel se raccrochait à l'idée d'arrêter Hitler, si nécessaire en utilisant des unités de panzers sur lesquelles on pouvait compter. Il ne voulait pas créer un martyr ; il préférait plutôt que Hitler soit condamné par un tribunal allemand[6] ».

Cet article annonçait un livre à paraître dans lequel Speidel devait raconter le rôle de Rommel dans la résistance dans ses moindres détails. Cet ouvrage fut publié à la fin de 1949 sous le titre *Invasion 1944. Ein Beitrag zu Rommel und des Reiches Schicksal* (*L'Invasion de 1944 : une contribution au destin de Rommel et du Reich*). Speidel y présentait le feld-maréchal comme l'un des chefs de file de la résistance : « La prise de conscience et la décision de Rommel arrivèrent tard. Sa conscience militaire ne s'était élargie à la politique que progressivement et tenta de faire une incursion dans le religieux : avec le fruit des idées de paix de Jünger, qui lui permettait d'entrevoir un territoire vierge dans la relation mutuelle mystérieuse de la foi et de la réalité. Mais le sort frappa alors qu'il était prêt à passer à l'action[7]. »

Il n'y a aucune preuve à l'appui du récit de Speidel. Au contraire, les lettres privées de Rommel et les propos que nous avons cités confirment sa loyauté. La manœuvre de Speidel fut couronnée de succès. La légende du résistant qu'il avait créée de toutes pièces fut établie dans la première biographie de Rommel publiée en 1950 sous le titre *Rommel, the Desert Fox* (*Rommel, le Renard du désert*). Son auteur était Desmond Young, un major-général britannique capturé par les troupes de Rommel pendant la guerre du désert. Il décrivait non seulement la prétendue participation de Rommel à la conspiration contre Hitler, mais expliquait les raisons pour lesquelles Speidel avait pu échapper à la potence. Selon lui, Hofacker avait rétracté son témoignage qui impliquait Speidel. Pour étayer cet argument, il citait les paroles du chef d'état-major de Rommel : « Je crois que [...] c'est parce que je suis resté parfaitement calme et que j'ai discuté logiquement avec eux en ne trahissant aucune émotion. Je leur ai donné l'impression que je ne me préoccupais pas de mon propre sort, mais seulement des faits. » Young allait jusqu'à conclure que Speidel avait presque réussi à convaincre la Gestapo que Rommel n'avait rien eu à voir dans les événements du 20 juillet 1944[8].

En ce qui concernait les qualités de Rommel comme commandant de campagne, l'ouvrage de Young n'était rien de moins qu'un hommage posthume rendu au vaincu par le vainqueur. La préface renchérissait dans l'admiration. Écrite par l'ancien commandant en chef des forces britanniques au Moyen-Orient, le maréchal sir Claude Auchinleck, elle commençait ainsi : « Dans ce livre est reproduite une lettre que j'ai cru nécessaire d'envoyer à mes commandants de campagne lorsque le nom de Rommel acquérait des propriétés presque magiques dans l'esprit de nos soldats. Un commandant ennemi n'acquiert pas une telle réputation à moins d'être hors du commun et Rommel était sans aucun doute exceptionnel. L'Allemagne a produit plusieurs généraux impitoyablement compétents : Rommel les surclassait tous parce qu'il était venu à bout de la rigidité innée de la pensée militaire allemande et qu'il était un maître de l'improvisation[9]. » Il était plus facile de glorifier le commandement de Rommel en Afrique du Nord, du fait que ce théâtre des opérations n'était pas celui de la guerre d'extermination de nature raciale et idéologique conduite par Hitler et la Wehrmacht ; celui de millions de morts et de la misère absolue dans les populations civiles des territoires occupés par le Reich.

Le livre de Young fut un succès de librairie non seulement en Grande-Bretagne et aux États-Unis, mais aussi en République fédérale d'Allemagne. La même année, Churchill publia ses souvenirs de la Seconde Guerre mondiale dans lesquels il honorait Rommel, aussi bien l'homme que le soldat : « Tout au long de la campagne africaine, Rommel s'est révélé un maître pour manœuvrer des formations mobiles, surtout pour les regrouper rapidement après une opération afin d'exploiter le succès. Il était un excellent joueur militaire, dominant les problèmes de ravitaillement et faisant fi de l'opposition. [...] Son ardeur et son audace nous ont fait subir de cuisants revers. Mais il mérite le salut que je lui ai fait – et non sans reproche de la part du public – à la Chambre des communes en janvier 1942, lorsque j'ai déclaré à son sujet : "Nous avons contre nous un adversaire très audacieux et habile, et, puis-je ajouter, malgré les horreurs de la guerre, un grand général." Il mérite aussi notre respect, car, bien qu'il fût un soldat allemand loyal, il finit par détester Hitler et toute son œuvre, et participa à la conspiration de 1944 pour sauver l'Allemagne en renversant le tyran fou à lier. Il le paya d'ailleurs de sa vie. Dans les guerres sombres de la démocratie moderne, il n'y a pas de place pour la chevalerie. Les massacres sur une grande échelle et leurs conséquences sur les masses suppriment tout sentiment détaché. Néanmoins, je ne regrette pas ou ne rétracte pas l'hommage que j'ai rendu à Rommel, malgré le fait que cela fût considéré comme démodé[10]. »

Le célèbre historien militaire britannique sir Basil Liddell Hart traita lui aussi de Rommel avec beaucoup d'égards. Dès 1948, il avait publié *The Other Side of the Hill. Germany's Generals : Their Rise and Fall, with their own Account of Military Events, 1939-1945* (*L'Autre Versant de la colline. Les généraux allemands : leur ascension et leur chute, avec leurs récits des événements militaires, 1939-1945*). Dans cet ouvrage, Liddell

Hart accordait la parole aux anciens subordonnés de Rommel en Afrique du Nord d'une manière grotesquement disproportionnée avec la véritable importance de ce théâtre des opérations dans l'issue de la Seconde Guerre mondiale. En outre, il attribuait au « Renard du désert » une place parmi les « grands capitaines » de l'Histoire et faisait de lui un membre de la résistance allemande. « Quand Rommel finit par voir que la survie de Hitler était incompatible avec celle de l'Allemagne, écrivait-il, il se décida pour son pays et se retourna contre son chef[11]. » En 1953, Liddell Hart publia les notes du feld-maréchal allemand sur les campagnes de l'Ouest, d'Afrique du Nord, d'Italie et de Normandie, ainsi que les lettres de celui-ci sous le titre *The Rommel Papers* (*Les Papiers de Rommel*). Dans l'introduction, Liddell Hart élevait Rommel au rang des grands chefs de guerre de l'Histoire. À l'instar de Rommel, soulignait-il, « Hannibal, Napoléon et Lee ont été battus, et pourtant ils se sont élevés au-dessus de leurs vainqueurs dans l'échelle de l'Histoire[12] ».

La raison pour laquelle les Britanniques en particulier témoignaient de l'intérêt à ce feld-maréchal pourtant issu de ces « maudits Allemands » est si évidente que les cinq premières biographies de Rommel furent écrites par des Anglais. Après avoir été chassés du continent européen, les Britanniques n'avaient plus que l'Afrique du Nord comme théâtre des opérations terrestres pour croiser le fer avec la Wehrmacht. Cependant, plus la guerre se prolongeait, plus leur poids politique et militaire dans la coalition anglo-américano-soviétique diminuait. Afin de mettre en relief leur propre contribution à la victoire finale sur l'Allemagne, ils devaient nécessairement accroître l'importance de la guerre en Afrique du Nord, d'où la glorification de leurs commandants d'armée qui y furent affectés. Par exemple, en 1946 Montgomery devint « vicomte Montgomery d'El-Alamein » en reconnaissance de sa victoire sur le « Renard du désert » en novembre 1942. Pourtant, Montgomery avait eu à ce moment-là sur son adversaire une telle supériorité en nombre et en matériel que l'issue de la bataille n'avait laissé planer aucun doute. Évidemment, la propagande des Britanniques avait présenté Rommel comme un « surhomme » dans le but de minimiser leurs revers en Afrique du Nord en 1941-1942. Et comme Rommel gardait après la guerre l'image d'un commandant de campagne hors du commun, il allait de soi que l'homme qui l'avait vaincu sur le continent africain était encore plus exceptionnel.

Dans son célèbre et monumental ouvrage *History of the Second World War* (*Histoire de la Seconde Guerre mondiale*), publié peu après sa mort en 1970, Liddell Hart attribuait une part démesurée au théâtre des opérations d'Afrique du Nord. Sur quelque 700 pages, plus de 160 traitent de la campagne nord-africaine. Or, non seulement ce théâtre des opérations était secondaire pour le Reich, mais la Wehrmacht n'y avait engagé que 3 divisions lors de la conquête de Tobrouk par Rommel en juin 1942, tandis qu'elle alignait au même moment pas moins de 179 divisions sur le front russe. Point n'est besoin de rappeler que le sort de la guerre s'est joué à l'Est, où la Wehrmacht a engagé la plus grande partie de son effort de guerre et subi approximativement 85 % de ses pertes, faisant ainsi de la Russie bolchevique le « tombeau de l'armée allemande[13] ».

Les vainqueurs rétablirent la réputation du soldat allemand, voire de l'Allemagne dans son ensemble, en partie grâce au mythe de Rommel. Du point de vue des Alliés occidentaux, cela était inévitable pour la simple raison que les soldats ouest-allemands de la toute nouvelle Bundeswehr devaient servir à côté de leurs propres soldats dans la défense de l'Europe de l'Ouest. Ainsi, le plan de Speidel fut un succès, et celui-ci en tira d'ailleurs profit sur le plan personnel. L'ancien chef d'état-major de Rommel, qui était devenu le conseiller militaire en chef du chancelier Konrad Adenauer, entra à l'*Amt Blank* (le nom donné au service administratif ayant précédé le ministère allemand de la Défense) en 1951, et servit par la suite comme délégué militaire en chef de la République fédérale dans les négociations sur une contribution ouest-allemande à la Communauté européenne de défense (CED). En décembre 1955, il fut officiellement réactivé en tant que lieutenant-général de la Bundeswehr et fit fonction de chef du Département des forces armées au ministère de la Défense à Bonn. Puis, en avril 1957, il succéda au maréchal Montgomery et aux généraux français Jean de Lattre de Tassigny et Marcel-Maurice Carpentier comme commandant en chef des forces terrestres de l'OTAN en Europe centrale.

Pendant ce temps, la légende du « Renard du désert » se tissait. En 1950 toujours, la veuve du feld-maréchal, avec le concours de l'ancien chef d'état-major de l'Afrikakorps, le lieutenant-général Fritz Bayerlein, publia les notes de son défunt époux sur la campagne d'Afrique sous le titre *Krieg ohne Hass. Afrikanische Memoiren* (*La Guerre sans haine. Les Mémoires d'Afrique*) – celles-là mêmes que Liddell Hart ferait paraître dans *The Rommel Papers* trois ans plus tard. De même, l'ancien correspondant de guerre Esebeck publia une histoire de l'Afrikakorps intitulée *Afrikanische Schicksalsjahre. Geschichte des Deutschen Afrikakorps unter Rommel* (*Les Années du destin africain. Une histoire de l'Afrikakorps allemand sous Rommel*).

Rommel avait été porté à l'écran depuis déjà un certain temps dans des productions américaines. Après *Five Graves to Cairo*, tourné en 1943, un second film avait suivi en 1951 qui reflétait la littérature historique publiée sur le feld-maréchal, notamment l'ouvrage de Young. Même s'il était intitulé *The Desert Fox* et non *Sieg in Afrika* (*Victoire en Afrique*) – le titre que Rommel avait annoncé aux officiers italiens peu après son arrivée à Tripoli en 1941 –, ce film n'en était pas moins une sorte de victoire tardive. Il y eut beaucoup de monde à sa première à Stuttgart, dont des membres de la famille du feld-maréchal, d'anciens généraux de l'Afrikakorps, de même que Speidel, bien que celui-ci fût impopulaire auprès des « Afrikaners » – c'est ainsi que les vétérans de la campagne d'Afrique étaient appelés.

The Desert Fox, du réalisateur américain Henry Hathaway, avec le célèbre acteur britannique James Mason dans le rôle-titre (ce dernier devait interpréter une fois de plus Rommel en 1953 dans le film *The Desert Rats* du réalisateur américain Robert Wise) fut un film à succès. En traitant en particulier des désillusions éprouvées par Rommel vis-à-vis de Hitler et de l'attentat du 20 juillet 1944, ce film conforta la plupart des gens dans l'opinion selon laquelle non seulement le « Renard du désert » aurait été un homme honorable, mais que la plupart des généraux allemands se seraient comportés en gentlemen pendant la guerre. Et cette idée reçue s'avéra remarquablement tenace en Grande-Bretagne[14].

La propagande de Goebbels et la presse alliée avaient initialement peint la campagne d'Afrique et le feld-maréchal Rommel ; ce portrait était maintenant reproduit sans la rhétorique nazie. L'image de la guerre du désert qui était le plus souvent évoquée par la majorité des gens était celle des batailles chevaleresques et épiques que s'étaient livrées le « Renard du désert » et les « Rats du désert », une image qui fut immortalisée par ces mots inscrits sur un mémorial érigé à quelques kilomètres du champ de bataille d'El-Alamein en l'honneur des soldats allemands qui y étaient tombés : « Ami, ennemi ou frère, fils de l'Allemagne, de l'Italie ou de l'Angleterre – votre conduite fut chevaleresque, et votre loi ici fut humaine[15]. »

Les vétérans de la campagne d'Afrique allaient pouvoir s'organiser sans éveiller la défiance des forces d'occupation des puissances de l'Ouest, qui deviendraient bientôt des alliées et des amies. En 1950, le journal de campagne *Die Oase*, fondé pendant la guerre, reparaissait pour la première fois. Il était maintenant publié par le « *Verband Deutsches Afrikakorps e.V.* » et le « *Rommel Sozialwerk e.V.* ». Les « Afrikaners » commençaient à se réunir de nouveau dans plusieurs villes de République fédérale et d'Autriche. Les derniers vétérans encore en vie de l'armée coloniale qui avaient servi dans l'ancienne colonie allemande d'Afrique de l'Est se retrouvaient lors de ces mêmes réunions des années 1950. Le grand moment était la réunion annuelle. Au premier rang, il y avait leur ancien commandant, le vénérable et très âgé Lettow-Vorbeck, vêtu de l'uniforme kaki et coiffé du casque colonial, et portant la Pour le Mérite. Ils partageaient des souvenirs ou projetaient de partir en voyage pour se recueillir sur les tombes de leurs vieux camarades avant de se mettre à chanter. Ils ne chantaient pas les chansons de l'Afrikakorps, mais plutôt celles de la vieille armée coloniale de la Grande Guerre : « Combien de fois avons-nous marché sur l'étroit sentier de nègre [*sic*] au beau milieu des steppes, quand le petit matin se levait ; comment nous écoutions les sons des chansons familières des porteurs et des Askaris, *Heia, Heia Safari* [...][16]. »

La Bundeswehr envoya bientôt des délégations à ces réunions et aussi à la commémoration annuelle de l'anniversaire de la mort de Rommel au cimetière de Herrlingen. Après tout, le feld-maréchal était un modèle pour les forces armées de la République fédérale. En novembre 1961, une plaque commémorative fut dévoilée à Goslar, où Rommel avait servi comme commandant de bataillon pendant dix-huit mois. Le chef d'état-major de la Bundeswehr, le général Friedrich Foertsch, inaugura cette plaque en déclarant : « La Bundeswehr allemande honore Rommel le feld-maréchal, le remarquable soldat et le grand homme. Il sera toujours pour nous, les jeunes soldats, un modèle et une obligation[17]. » Le discours commémoratif fut prononcé par le colonel-général Hoth, qui avait été condamné à quinze ans de prison à Nuremberg en 1948, puis libéré six ans plus tard à la faveur du changement de climat politique. Hoth parla de Rommel qui avait personnifié l'honneur du soldat allemand, mais non de sa prétendue participation à la résistance avec laquelle il ne pouvait toujours pas se réconcilier une quinzaine d'années après la fin de la guerre.

Rommel était devenu l'archétype du soldat allemand, au point que même certains de ses anciens subordonnés de l'Afrikakorps avec qui il avait eu maille à partir maintes et maintes fois n'osaient guère le critiquer de nombreuses années après la guerre. Le lieutenant-général Kirchheim était l'un de ceux qui ne voulaient pas porter publiquement un jugement défavorable sur Rommel. Dans un échange de lettres avec le lieutenant-général Streich en 1959, il donna des explications très instructives sur la légende de Rommel : « En ce qui concerne Rommel, je pense que grâce à la propagande, d'abord celle de Goebbels, puis celle de Montgomery, et enfin – après qu'il eut été empoisonné – celle de toutes les anciennes puissances ennemies, il est devenu le symbole des meilleures traditions militaires. Ses qualités de chef sont glorifiées, tout comme le sont celles de son caractère, particulièrement sa conduite chevaleresque, sa bonté et sa modestie [...]. Toute critique publique de cette personnalité déjà légendaire porterait atteinte à la haute estime en laquelle on tient le soldat allemand[18]. »

L'image de Rommel, du résistant de la dernière heure, dont le nom apparaissait sur plusieurs casernes et sur un contre-torpilleur de la Bundeswehr, contribua à perpétuer la légende du « Renard du désert » dans les années 1960. C'est à partir de cette époque-là, avec la nouvelle génération, que le passé nazi commença à soulever de véritables discussions. Par suite du procès à Jérusalem d'Adolf Eichmann, le cerveau de la Solution finale, ou de celui des gardes SS d'Auschwitz à Francfort-sur-le-Main, les Allemands de l'Ouest avaient plus que jamais le poids de l'héritage du régime nazi sur la conscience. Ils examinaient la question de la culpabilité et analysaient avec un esprit critique le rôle des élites, de l'industrie et en particulier de la Wehrmacht dans la guerre d'anéantissement de Hitler. Devant cet examen de conscience démoralisant, la résistance à Hitler, qui incluait un petit groupe d'officiers pour la plupart aristocrates, apparaissait désormais sous un jour nouveau. La conspiration du 20 juillet 1944, qui avait fait partie intégrante de la légitimité de la République fédérale, était maintenant reconnue et honorée par la majorité de la population comme un acte moral symbolisant une meilleure Allemagne. Cela concluait le débat que le corps des officiers avait longtemps tenu sur l'importance du serment militaire.

Au fil du temps, le souvenir que Rommel avait laissé de lui à la postérité devint idyllique. Il avait loyalement servi son Führer, et ne s'était guère préoccupé de politique. Mais à la onzième heure, il avait reconnu la nature criminelle du régime et tourné le dos à l'homme auquel il avait prêté serment d'allégeance. Homme intègre, admiré par ses propres troupes et respecté par l'ennemi, il s'était déclaré prêt à sauver la patrie. Non seulement il connaissait les plans pour assassiner le tyran, mais il avait appuyé activement les conspirateurs qui voulaient faire de lui le président de l'Allemagne si leur coup d'État était couronné de succès. Lorsque le plan pour renverser le régime avait mal tourné, il en avait pris lui-même la responsabilité, avait protégé les conjurés et s'était suicidé afin de préserver sa famille de la vengeance des nazis. C'était l'histoire que beaucoup de gens voulaient croire. Tout cela n'est qu'une légende. Des théories sur le renversement du régime nazi venaient même hanter l'historiographie, par exemple celle d'un plan de Rommel pour arrêter Hitler et le faire passer en jugement. Et puis il y avait ce soi-disant plan que Rommel et Manstein auraient conçu ensemble en juillet 1943 pour occuper le quartier général du Führer[19].

En 1977, l'historien révisionniste britannique David Irving publia une biographie de Rommel de grande envergure intitulée

The Trail of the Fox. The Life of Field-Marshal Erwin Rommel (*La Piste du Renard. La vie du feld-maréchal Rommel*). Pour la première fois, un ouvrage présentait Rommel comme un fervent admirateur du Führer qui était resté loyal à son serment de soldat à Hitler jusqu'à la fin. Voilà qui tranchait avec les hagiographies antérieures d'autant qu'Irving avait pu recueillir de précieux témoignages d'anciens compagnons d'armes de Rommel, aujourd'hui décédés et qui avaient parlé de confiance à Irving. Ce qui pose, on s'en doute, un problème délicat à l'historien, contraint d'arbitrer sans cesse entre des données brutes souvent intéressantes, des épisodes « arrangés » et une pente idéologique aussi dangereuse qu'habilement présentée. Ainsi, en caricaturant l'attitude de Rommel à l'égard du national-socialisme au point de le dépeindre comme un véritable « officier nazi », Irving réhabilitait par ricochet un régime capable de produire de tels individus. En dépit de ces réserves de taille, il n'y a pas de doute cependant que son interprétation des rapports de Rommel avec la résistance représentait un changement brusque et complet dans l'historiographie[20].

Si une interprétation plus critique de Rommel se dégageait peu à peu au cours des deux dernières décennies du XXe siècle, c'est entre autres choses parce que les Allemands abordaient de front leur passé nazi. Dans les années 1980, les historiens allemands discutèrent de la question controversée de la place des crimes nazis dans l'Histoire, à savoir s'ils étaient uniques ou pas. Ce débat donna lieu à toute une polémique par voie de presse qu'on appela la « querelle des historiens ». Dans les années 1990, les Allemands discutèrent de nouveau de la question de la culpabilité collective de l'après-guerre. Ce débat avait pour toile de fond les controverses soulevées par la parution en 1996 de l'ouvrage du politologue américain Daniel Jonah Goldhagen *Hitler's Willing Executioners. Ordinary Germans and the Holocaust* (*Les Bourreaux volontaires de Hitler. Les Allemands ordinaires et l'Holocauste*), ainsi que par l'exposition itinérante *Vernichtungskrieg. Verbrechen der Wehrmacht 1941-1944* (*Guerre d'anéantissement. Les crimes de la Wehrmacht 1941-1944*). L'instrumentalisation politique et l'« autoflagellation », et non pas tant la réflexion sur le IIIe Reich d'un point de vue historique, déterminaient en partie le discours dans la société allemande, dont la conscience historique semblait parfois analyser le passé nazi en fonction des valeurs et des principes moraux du présent.

Le journaliste allemand Ralph Giordano qualifiait Rommel de « criminel de guerre » dans son ouvrage publié en 2000 sous le titre *Die Traditionslüge. Vom Kriegerkult in der Bundeswehr* (*Le Mensonge de la tradition. Du culte du guerrier dans la Bundeswehr*). Giordano accusait Rommel de porter une part de responsabilité dans la destruction de la moitié de l'Italie et dans la mort de millions d'Allemands après le coup d'État manqué du 20 juillet 1944[21]. Il exigeait du ministère de la Défense qu'il rebaptisât les quatre casernes de la Bundeswehr portant le nom de Rommel. En fin de compte, la plaque commémorative fut enlevée de l'ancien mess des officiers du bataillon de Goslar en mai 2001 au motif que Rommel était représentatif d'un régime criminel.

Mais le balancier continuait sa course. Guido Knopp, le célèbre journaliste allemand, produisit en 1998 un documentaire ayant pour titre *Rommel : Das Idol* (*Rommel : l'idole*), tiré de son ouvrage intitulé *Hitlers Krieger* (*Les Guerriers de Hitler*) paru la même année. Knopp y décrivait le feld-maréchal comme un fidèle partisan du Führer qui, après avoir réalisé très tardivement que celui-ci conduisait l'Allemagne à sa perte, avait amorcé une conversion pour le salut de sa patrie qui ne fut cependant jamais accomplie[22]. En 2002, le cinéaste allemand Maurice Philip Remy produisit un autre documentaire intitulé *Mythos Rommel* (*Le Mythe de Rommel*), extrait de son ouvrage du même titre publié la même année. Cette fois, la légende du feld-maréchal créée de toutes pièces par Speidel après la guerre revenait dans l'argumentation de Remy. Rommel devenait le héros de la résistance, bien qu'il ait aussi été un national-socialiste convaincu pendant très longtemps. Rommel avait donc été l'un et l'autre, concluait Remy[23].

En réalité, Rommel n'avait été ni un héros de la résistance ni un national-socialiste convaincu. C'est d'ailleurs ce que l'historien et journaliste allemand Ralf Georg Reuth écrivait avec justesse dans sa biographie intitulée *Rommel. Das Ende einer Legende* (*Rommel. La fin d'une légende*) publiée en 2004. Rommel n'avait pas compris l'essence même du national-socialisme, ni de la résistance à celui-ci. À cet égard, il personnifiait d'une manière exemplaire le destin de millions d'Allemands : la tragédie allemande se reflétait à merveille dans la personne du feld-maréchal. Il avait suivi le Führer, qui avait restauré l'amour-propre d'une nation humiliée par la défaite de 1918 dans un destin funeste en croyant qu'il ne faisait que son devoir[24].

Tout compte fait, la tragédie de Rommel est que, n'ayant jamais appris toute l'étendue du génocide des Juifs et des crimes nazis en Europe de l'Est, il personnifiait les vertus militaires dans leur forme la plus prononcée, tout en étant au service d'un régime criminel. C'est une chance que Rommel n'ait pas eu de groupes de tueries mobiles du SD massacrant les populations civiles dans le sillage de son Afrikakorps, quoique des plans à cet effet eussent été conçus dans leurs moindres détails – un groupe d'intervention spécial du SD devait être envoyé en Afrique du Nord après la conquête de l'Égypte par Rommel pour y exterminer les populations juives ainsi que celles de la Palestine consécutivement à une progression des troupes allemandes en Syrie et en Irak[25]. Rommel n'avait donc pas eu à porter la culpabilité de nombreux généraux de la Wehrmacht ayant servi sur le front de l'Est. Mais il s'était rendu coupable d'une faute, bien qu'elle ne soit pas criminelle dans une certaine mesure. Il partageait la tragédie allemande non seulement parce qu'il était resté loyal à Hitler, mais aussi parce que, convaincu qu'il faisait son devoir militaire, il avait ignoré les conséquences non militaires de ses actes. Après la guerre, son épouse déclara : « Ainsi se termina la vie d'un homme qui, durant toute sa vie, s'était entièrement mis au service de la patrie[26]. » C'est dans cet aveuglement que se trouve plus précisément la tragédie de Rommel. Selon lui, il servait la patrie. Selon le jugement de l'Histoire, il servait un despote – le Führer, à qui il avait prêté par deux fois serment d'allégeance. Comme bien d'autres Allemands, Rommel s'était laissé tromper par la propagande nazie qui présentait les buts de Hitler comme étant identiques aux intérêts du Reich.

Il est possible que Rommel eût reconnu à la toute fin cette identité comme une tromperie. Il avait d'ailleurs commencé à se distancier du Führer, se montrant parfois même très critique à son égard, mais pas au point de remettre en question sa loyauté envers celui qu'il avait auparavant tant idolâtré. Ainsi, jamais il ne lui vint à l'idée de risquer la résistance active. « Les feld-maréchaux prussiens ne se mutinent pas », avait déclaré le feld-maréchal Erich von Manstein au lieutenant-colonel et baron Rudolf-Christoph von Gersdorff qui s'efforçait de le persuader de se joindre à la conspiration contre Hitler à l'été 1943[27]. À vrai dire, Manstein aurait pu tout aussi bien parler pour Rommel : les feld-maréchaux prussiens ne se mutinent pas, même s'ils viennent de Souabe !

Manfred Rommel a fini par accepter la vérité sur son père : « Les vertus secondaires comme l'obéissance, le courage et la discipline sont merveilleuses, pourvu qu'elles servent une vertu première : l'amour de la vérité ou l'amour de l'humanité. Mais si elles ne servent que le Führer, Adolf Hitler, et sa curieuse notion de la patrie, alors ces vertus changent du tout au tout[28]. »

NOTES

1. Un jeune officier très prometteur

1. Desmond Young, *Rommel, the Desert Fox*, New York, Harper & Brothers, 1950, p. 12.
2. David Irving, *The Trail of the Fox. The Life of Field-Marshal Erwin Rommel*, Londres, Weidenfeld and Nicolson, 1977, p. 9. On trouvera dans la conclusion p. 469 les raisons pour lesquelles l'auteur fait référence à l'ouvrage de David Irving.
3. *Ibid.*, p. 10.
4. Maurice Philip Remy, *Mythos Rommel*, Munich, List, 2004, p. 18.
5. Celles-ci ont fourni la matière à un documentaire, *The Real Rommel*, diffusé le 2 août 2001 sur Channel 4.
6. Remy, *Mythos Rommel...*, p. 18.
7. Kenneth Macksey, *Rommel : Battles and Campaigns*, New York, Da Capo Press, 1997, pp. 10-11.

2. Pour le mérite

1. Erwin Rommel, *Infanterie greift an. Erlebnis und Erfahrung*, Potsdam, Voggenreiter, 1941, p. 8.
2. BA-MA, N 117/14 (Theodor Werner, « Der General », *Deutsche Allgemeine Zeitung*, sans date).
3. David Fraser, *Knight's Cross. A Life of Field-Marshal Erwin Rommel*, New York, Harper Perennial, 1995, p. 43.
4. Ralf Georg Reuth, *Rommel. Das Ende einer Legende*, Munich, Piper, 2004, p. 22-23.
5. Irving, *The Trail of the Fox...*, p. 14.
6. Guido Knopp et Rudolf Gültner, « Das Idol », dans Guido Knopp (dir.) *Hitler's Krieger*, Munich, Goldmann, 2000, p. 24.
7. Irving, *The Trail of the Fox...*, p. 17.

3. Un officier apolitique ?

1. Dominique Lornier, *Rommel. La fin d'un mythe*, Paris, Le Cherche Midi, 2003, p. 43.
2. Friedrich Ruge, *Rommel und die Invasion : Erinnerungen*, Stuttgart, K.F. Koehler, 1959, p. 215.
3. Young, *Rommel...*, pp. 28-29.
4. Irving, *The Trail of the Fox...*, p. 20.
5. Young, *Rommel...*, p. 30.

6. Samuel W. Mitcham, *Rommel's Lieutenants. The Men who Served the Desert Fox, France, 1940*, Westport, Praeger Security International, 2007, p. 13-14.

7. Macksey, *Rommel...*, p. 22.

8. Reuth, *Rommel...*, p. 31.

9. Rommel, *Infanterie greift an...*, p. 400.

10. Remy, *Mythos Rommel...*, p. 29.

11. John Grimston et Michael Woodhead, « Rommel lettres reveal secret second family », *The Sunday Times*, le 22 juillet 2001.

12. Irving, *The Trail of the Fox...*, pp. 20-21.

13. Kurt Hesse, *Der Geist von Potsdam*, Mayence, Hase & Koehler, 1967, p. 134.

14. BA-MA, N 558/77 (Kurt Hesse, *Wandlung eines Mannes und eines Typus*, manuscrit dactylographié, le 7 juillet 1948).

15. Irving, *The Trail of the Fox...*, pp. 21-22.

4. Le général du Führer

1. Lormier, *Rommel...*, pp. 49-50.

2. Macksey, *Rommel...*, p. 23.

3. Benoît Lemay, *Erich von Manstein. Le stratège de Hitler*, Paris, Perrin, 2006, pp. 38-43 et 53-59.

4. Irving, *The Trail of the Fox...*, p. 22.

5. Macksey, *Rommel...*, p. 25.

6. Lormier, *Rommel...*, p. 55.

7. Remy, *Mythos Rommel...*, p. 36.

8. BA-MA, N 558/77 (Kurt Hesse, *Wandlung eines Mannes...*).

9. Irving, *The Trail of the Fox...*, p. 23.

10. Jürgen Busche, *Heldenprüfung. Das verweigerte Erbe des Ersten Weltkriegs*, Munich, Deutsche Verlags-Anstalt, 2004, p. 82.

11. Reuth, *Rommel...*, pp. 39 et 204.

12. Knopp et Gültner, « Das Idol... », p. 57.

13. Nicolaus von Below, *Als Hitler Adjutant 1937-1945*, Mayence, Hase & Koehler, 1980, pp. 13 et 239.

14. BA-MA, N 558/77 (Kurt Hesse, *Wandlung eines Mannes...*).

15. Baldur von Schirach, *Ich glaubte an Hitler*, Hambourg, Mosaik, 1967, p. 232-234.

16. Hesse, *Der Geist von Potsdam...*, pp. 135-136.

17. Irving, *The Trail of the Fox...*, pp. 28-29.

18. Reuth, *Rommel...*, p. 44.

19. Lormier, *Rommel...*, p. 63.

20. NA RG 242 T 84/275 (Lettre de Rommel à Lucie, le 2 décembre 1938).

21. Ralf Georg Reuth, « Erwin Rommel – Die Propagandaschöpfung », dans Ronald Smelser et Enrico Syring (dir.), *Die Militärelite des Dritten Reiches*, Berlin, Ullstein, 1995, p. 463.

22. Irving, *The Trail of the Fox...*, p. 29.

23. Knopp et Gültner, « Das Idol... », p. 31.

24. BA-MA, N 558/77 (Kurt Hesse, *Wandlung eines Mannes...*).

25. Reuth, *Rommel...*, pp. 45-48.

26. NA RG 242 T84/273 (Lettre de Rommel à Lucie, le 23 août 1939).

27. Young, *Rommel...*, pp. 43-44.

28. Heinz Linge, *Bis zum Untergang. Als Chef des Persönlichen Dienstes bei Hitler*, Munich, Herbig, 1980, p. 177.

29. NA RG 242 T84/273 (Lettre de Rommel à Lucie, le 23 août 1939).
30. NA RG 242 T84/273 (Lettre de Rommel à Lucie, le 26 août 1939).
31. NA RG 242 T84/273 (Lettre de Rommel à Lucie, le 31 août 1939).
32. NA RG 242 T84/274 (Lettre de Rommel à Lucie, le 31 août 1939).
33. NA RG 242 T84/274 (Lettre de Rommel à Lucie, le 2 septembre 1939).
34. NA RG 242 T84/273 (Lettre de Lucie à Rommel, le 4 septembre 1939).
35. Young, *Rommel...*, pp. 44-45.
36. Lormier, *Rommel...*, p. 70.
37. Linge, *Bis zum Untergang...*, pp. 175-176.
38. NA RG 242 T84/273 (Lettre de Rommel à Lucie, le 6 septembre 1939).
39. NA RG 242 T84/273 (Lettre de Rommel à Lucie, le 10 septembre 1939).
40. NA RG 242 T84/273 (Lettre de Rommel à Lucie, le 12 septembre 1939).
41. NA RG 242 T84/273 (Lettre de Rommel à Lucie, le 9 septembre 1939).
42. Irving, *The Trail of the Fox...*, p. 34.
43. Fraser, *Knight's Cross...*, p. 149.
44. NA RG 242 T84/273 (Brief an « Herrn General Frommel [*sic !*] », Reichssicherheitshauptamt Amt IV B2, le 20 juillet 1940).
45. NA RG 242 T84/273 (Lettre de Rommel à Lucie, le 19 septembre 1939).
46. NA RG 242 T84/273 (Lettre de Rommel à Lucie, le 23 septembre 1939).
47. Reuth, *Rommel...*, p. 50.
48. Walter Warlimont, *Im Hauptquartier der deutschen Wehrmacht 1939-1945*, Francfort-sur-le-Main, Athenäum, 1964, pp. 51-52.
49. NA RG 242 T84/273 (Lettre de Rommel à Lucie, le 27 septembre 1939).
50. NA RG 242 T84/273 (Lettre de Rommel à Lucie, le 2 octobre 1939).
51. Reuth, *Rommel...*, pp. 54-55.
52. Hans-Ulrich Thamer, « Die Erosion einer Säule. Wehrmacht und NSDAP », dans Rolf-Dieter Müller et Hans-Erich Volkmann (dir.), *Die Wehrmacht : Mythos und Realität*, Munich, Oldenbourg, 1999, p. 421.
53. NA RG 242 T84/273 (Lettre de Rommel à Lucie, le 8 octobre 1939).
54. NA RG 242 T84/273 (Lettre de Rommel à Lucie, le 9 octobre 1939).
55. NA RG 242 T84/273 (Lettre de Rommel à Lucie, le 9 novembre 1939).
56. NA RG 242 T84/273 (Lettre de Rommel à Lucie, le 24 novembre 1939).
57. NA RG 242 T84/273 (Lettre de Rommel à Lucie, le 13 février 1940).
58. Mitcham, *Rommel's Lieutenants...*, p. 23.
59. NA RG 242 T84/273 (Lettre de Rommel à Lucie, le 17 février 1940).
60. Irving, *The Trail of the Fox...*, p. 37.

5. La « Division fantôme »

1. NA RG 242 T84/273 (Lettre de Rommel à Lucie, le 27 février 1940).

2. NA RG 242 T84/273 (Lettre de Rommel à Lucie, le 3 mars 1940).

3. Ralf Georg Reuth, *Erwin Rommel. Des Führers General*, Munich, Piper, 1987, p. 31.

4. NA RG 242 T84/273 (Lettre de Rommel à Lucie, le 9 mai 1940).

5. Basil Henry Liddell Hart (dir.), *The Rommel Papers*, New York, Da Capo Press, 1953, p. 7.

6. *Ibid.*, p. 8.

7. *Ibid.*, p. 10.

8. *Ibid.*, p. 12.

9. Karl-Heinz Frieser, *Le Mythe de la guerre-éclair. La campagne de l'Ouest de 1940*, Paris, Belin, 2003, p. 250.

10. *Ibid.*

11. Liddell Hart (dir.), *The Rommel Papers*..., p. 20.

12. Irving, *The Trail of the Fox*..., p. 41.

13. Frieser, *Le Mythe de la guerre-éclair*..., p. 290.

14. BA-MA, N 558/77 (Kurt Hesse, *Wandlung eines Mannes*...).

15. Liddell Hart (dir.), *The Rommel Papers*..., p. 22.

16. Fraser, *Knight's Cross*..., p. 178.

17. NA RG 242 T84/273 (Lettre de Rommel à Lucie, le 14 juin 1940).

18. NA RG 242 T84/273 (Lettre de Rommel à Lucie, le 16 juin 1940).

19. Liddell Hart (dir.), *The Rommel Papers*..., p. 25.

20. Irving, *The Trail of the Fox*..., p. 44.

21. NA RG 242 T84/273 (Lettre de Rommel à Lucie, le 26 mai 1940).

22. Frieser, *Le Mythe de la guerre-éclair*..., p. 294-295.

23. *Ibid.*, p. 297.

24. Hasso von Manteuffel, *Die 7. Panzer-Division im Zweiten Weltkrieg : Einsatz und Kampf der "Gespenster-Division" 1939-1945*, Friedberg, Podzun-Pallas-Verlag, 1986, p. 78.

25. Young, *Rommel*..., p. 114.

26. BA-MA, N 558/77 (Kurt Hesse, *Wandlung eines Mannes*...).

27. James Lucas, *Hitler's Enforcers. Leaders of the German War Machine 1933-1945*, Londres, Arms and Armour, 1996, p. 152.

28. Liddell Hart (dir.), *The Rommel Papers*..., p. 517.

29. Pour le rapport d'opérations de la 7e division de panzers du 21 mai 1940 : BA-MA, RH 27-7/44. Pour le *Rommel-Album :* BA-MA, RH 27-7/220.

30. Frieser, *Le Mythe de la guerre-éclair*..., pp. 308-312 ; Fraser, *Knight's Cross*..., pp. 187-188 ; Dennis Showalter, *Patton and Rommel*, New York, Berkley Caliber, 2005, p. 191 ; Macksey, *Rommel*..., p. 38 ; Richard Humble, *Hitler's Generals*, Londres, Arthur Barker, 1973, p. 64.

31. Liddell Hart (dir.), *The Rommel Papers*..., p. 34.

32. Irving, *The Trail of the Fox*..., p. 47.

33. NA RG 242 T84/273 (Lettre de Rommel à Lucie, le 29 mai 1940).

34. *Ibid.*

35. *Ibid.*

36. NA RG 242 T84/273 (Lettre de Rommel à Lucie, le 3 juin 1940).

37. Irving, *The Trail of the Fox*..., p. 46 et 48.

38. Julien Fargettas, « Les massacres de mai-juin 1940 », dans Chris-

tine Levisse-Touzé (dir.), *La Campagne de 1940*, Paris, Tallandier, 2001, p. 454-455 ; Lormier, *Rommel...*, p. 96-98.

39. Raffael Scheck, *Hitler's African Victims. The German Army Massacres of Black French Soldiers in 1940*, Cambridge, Cambridge University Press, 2006, pp. 23-28. À Hangest-sur-Somme, quelques tirailleurs sénégalais et un sous-lieutenant français capturés auraient été fusillés le 5 ou le 6 juin par des Allemands en uniforme noir, très probablement des membres de la 7e division de panzers – le personnel des unités blindées portant un uniforme noir. Cependant, les documents et les témoignages ne permettent pas de savoir si Rommel a eu vent de cette affaire.

40. Irving, *The Trail of the Fox...*, p. 49.

41. *Ibid.*, pp. 50-51.

42. NA RG 242 T84/273 (Lettre de Rommel à Lucie, le 20 juin 1940).

43. Liddell Hart (dir.), *The Rommel Papers...*, p. 84.

44. NA RG 242 T84/273 (Lettre de Kluge à Rommel, le 30 novembre 1940).

45. Irving, *The Trail of the Fox...*, pp. 51-52. Pour l'ouvrage en question : Alfred Tschimpke, *Die Gespenter-Division*, Munich, F. Eher, 1941.

46. Reuth, *Rommel...*, p. 59.

47. Young, *Rommel...*, p. 67.

48. NA RG 242 T84/273 (Lettre de Rommel à Lucie, le 26 décembre 1940).

49. *Ibid.*

50. Mitcham, *Rommel's Lieutenants...*, p. 55.

51. BA-MA, N 117/13 (*Wirtschaftsbläter für den Gau Thüringen*, le 19 juillet 1940 ; *Der Gebirgler*, mai-juin 1940).

52. Irving, *The Trail of the Fox...*, p. 45.

53. Reuth, *Rommel...*, p. 155.

54. BA-MA, N 117/13 (Hermann Aldinger, « Es gibt nur einen Rommel », *Der Gebirgler*, mai-juin 1940).

55. BA-MA, N 117/17 (« Auf der Rommelbahn ») ; NA RG 242 T84/273 (« Auf der Rommelbahn »).

56. Reuth, *Rommel...*, pp. 156-157.

57. BA-MA, N 117/14 (Theodor Werner, « Der General », *Deutsche Allgemeine Zeitung*, sans date).

58. Hanns Gert Freiherr von Esebeck, *Afrikanische Schicksalsjahre. Das deutsche Afrika-Korps unter Feldmarschall Rommel*, Wiesbaden, Limes, 1950, p. 16.

59. BA-MA, N 117/13 (Hermann Aldinger, « Es gibt nur einen Rommel », *Der Gebirgler*, mai-juin 1940).

60. BA-MA, N 117/14 (Theodor Werner, « Der General », *Deutsche Allgemeine Zeitung*, sans date).

61. BA-MA, N 117/13 (« Liebe Soldaten ! », Heidenheim, décembre 1940).

62. BA-MA, N 117/13 (Lettre sans nom et sans date).

63. Irving, *The Trail of the Fox...*, p. 55.

64. BA-MA N 558/77 (Kurt Hesse, *Wandlung eines Mannes...*).

65. NA RG 242 T84/273 (Lettre de Rommel à Lucie, le 27 août 1940).

66. NA RG 242 T84/273 (Lettre de Rommel à Lucie, le 9 septembre 1940).

67. *Ibid.*

68. BA-MA N 558/77 (Kurt Hesse, *Wandlung eines Mannes...*).

69. NA RG 242 T84/273 (Lettre de Rommel à Lucie, le 6 janvier 1941).

6. L'Hannibal des temps modernes

1. NA RG 242 T84/274 (Lettre de Rommel à Lucie, le 6 février 1941).

2. NA RG 242 T84/274 (Lettre de Rommel à Lucie, le 7 février 1941).

3. Reuth, *Rommel...*, pp. 60-61.

4. *Ibid.*, p. 34.

5. *Ibid.*, p. 61.

6. Ronald Lewin, *Rommel as Military Commander*, Londres, Batsford, 1968, p. 31.

7. Irving, *The Trail of the Fox...*, p. 61.

8. NA RG 242 T84/276 (Message de Schmundt à Rommel, le 19 février 1941).

9. *Ibid.*

10. Knopp et Gültner, « Das Idol... », p. 37-38.

11. NA RG 242 T84/274 (Lettre de Rommel à Lucie, le 3 mars 1941).

12. NA RG 242 T84/274 (« Sieg in Afrika »).

13. Heinz Werner Schmidt, *With Rommel in the Desert*, Londres, G.G. Harrap, 1951, p. 11.

14. Irving, *The Trail of the Fox...*, pp. 66-67.

15. Below, *Als Hitlers Adjutant...*, p. 264.

16. Irving, *The Trail of the Fox...*, p. 67.

17. NA RG 242 T84/274 (Lettre de Rommel à Lucie, le 6 février 1941).

18. Liddell Hart (dir.), *The Rommel Papers...*, p. 107.

19. Irving, *The Trail of the Fox...*, p. 69.

20. NA RG 242 T84/274 (Lettre de Rommel à Lucie, le 3 avril 1941).

21. Irving, *The Trail of the Fox...*, p. 71.

22. Bernd Stegemann, « The Italo-German conduct of the war in the Mediterranean and North Afrika », dans Gerhard Schreiber, Bernd Stegemann et Detlef Vogel, *Germany and the Second World War*, vol. III : *The Mediterranean, South-East Europe, and North Afrika, 1939-1941. From Italy's Declaration of Non-Belligerence to the Entry of the United States into the War*, Oxford, Clarendon Press, 1995, p. 676.

23. NA RG 242 T84/274 (Lettre de Rommel à Lucie, le 4 avril 1941).

24. Irving *The Trail of the Fox*, p. 72-73.

25. NA RG 242 T84/274 (Lettre de Rommel à Lucie, le 5 avril 1941).

26. NA RG 242 T84/274 (Lettre de Rommel à Lucie, le 8 avril 1941).

27. Irving, *The Trail of the Fox...*, pp. 75-76.

28. Liddell Hart (dir.), *The Rommel Papers...*, p. 121.

29. Irving, *The Trail of the Fox...*, p. 77.

30. Heinz-Dietrich Aberger, Adalbert von Taysen et Kurt Ziemer, *... nur ein Bataillon...*, Essen, Walter Borchardt, 1972, p. 101.

31. Irving, *The Trail of the Fox...*, p. 77-78.

32. Liddell Hart (dir.), *The Rommel Papers...*, p. 119.

33. Irving, *The Trail of the Fox...*, pp. 79-80.

34. *Ibid.*, pp. 81-82.

35. NA RG 242 T84/274 (Lettre de Rommel à Lucie, le 14 avril 1941).

36. Irving, *The Trail of the Fox...*, pp. 83-84.

37. *Ibid.*, p. 84.

38. Franz Halder, *Kriegstagebuch*, vol. II : *Von der geplanten Landung in England bis zum Beginn des Ostfeldzuges*, Stuttgart, W. Kohlhammer, 1963, le 15 avril 1941, p. 368.

39. NA RG 242 T84/274 (Lettre de Rommel à Lucie, le 15 avril 1941).

40. NA RG 242 T84/274 (Lettre de Rommel à Lucie, le 16 avril 1941).

41. Irving, *The Trail of the Fox...*, p. 85.

42. Aberger, Taysen et Ziemer, *... nur ein Bataillon...*, p. 120.

43. Irving, *The Trail of the Fox...*, p. 85.

44. Halder, *Kriegstagesbuch...*, le 23 avril 1941, p. 377.

45. Stegemann, « The Italo-German conduct of the war... », pp. 684-688.

46. Halder, *Kriegstagebuch...*, le 23 avril 1941, p. 377-378.

47. NA RG 242 T84/274 (Lettre de Rommel à Lucie, le 25 avril 1941).

48. Reuth, *Rommel...*, pp. 109-110.

49. Irving, *The Trail of the Fox...*, pp. 86-87.

50. NA RG 242 T84/274 (Lettre de Rommel à Lucie, le 30 avril 1941).

51. Halder, *Kriegstagebuch...*, le 9 mai 1941, p. 405.

52. Martin van Creveld, *Supplying War. Logistics from Wallenstein to Patton*, Cambridge, Cambridge University Press, 1978, p. 190.

53. Irving, *The Trail of the Fox...*, pp. 88-89.

54. Macksey, *Rommel...*, p. 61.

55. Schmidt, *Mit Rommel in Afrika...*, p. 51.

56. Halder, *Kriegstagebuch...*, le 11 mai 1941, p. 407.

57. Guido Knopp et Henry Köhler, « Der Gefangene », dans Guido Knopp (dir.), *Hitlers Krieger...*, p. 262.

58. Irving, *The Trail of the Fox...*, p. 93.

59. *Ibid.*, p. 94.

60. NA RG 242 T84/274 (Lettre de Rommel à Lucie, le 26 mai 1941).

61. NA RG 242 T84/274 (Lettre de Rommel à Lucie, le 2 juin 1941).

62. Knopp et Gültner, « Das Idol... », p. 40.

63. Reuth, *Rommel...*, pp. 161-162.

64. Esebeck, *Afrikanische Schicksalsjahre...*, p. 13-14.

65. BA-MA, N 117/15 (fragment d'un journal du 14 novembre 1942).

66. BA-MA, N 117/14 (Alfred Tschimpke, « Begegnungen mit General Rommel. "Noch weiter vorne !" Der Kommandeur des Deutschen Afrikakorps – Porträt einer Führerpersönlichkeit », *Westfälische Tageszeitung*, le 18 avril 1941).

67. BA-MA, N 117/14 (« Zwei Generale – zwei Welten », *Neues Wiener Tagblatt*, le 15 avril 1941).

68. Harald Kuhn, *Viel Steine gab's und wenig Brot ! Die Ereignisse im Frühjahr und Sommer 1941 in Libyens Wüste*, s.l.n.d., p. 33.

69. *Ibid.*, p. 55.

70. Reuth, *Erwin Rommel...*, p. 85.

71. Reuth, *Rommel...*, p. 168.

72. Liddell Hart (dir.), *The Rommel Papers...*, p. 131.

73. Young, *Rommel...*, pp. 10-11.

74. Knopp et Gültner, « Das Idol... », p. 50.

75. NA RG 242 T84/274 (Lettre de K. Richarda à Rommel, le 21 juin 1941).

76. Irving, *The Trail of the Fox...*, p. 95.

77. Stegemann, « The Italo-German Conduct of the War... », p. 693.

78. NA RG 242 T84/274 (Lettre de Rommel à Lucie, le 13 juin 1941).

79. Samuel W. Mitcham, *Rommel's Desert Commanders. The Men who served the Desert Fox, North Africa, 1941-1942*, Westport, Praeger Security International, 2007, p. 59.

80. NA RG 242 T84/274 (Lettre de Rommel à Lucie, le 16 juin 1941).

81. Liddell Hart (dir.), *The Rommel Papers...*, pp. 145-146.

82. NA RG 242 T84/274 (Lettre de Rommel à Lucie, le 23 juin 1941).

83. Irving, *The Trail of the Fox...*, p. 100.

84. Liddell Hart (dir.), *The Rommel Papers...*, p. 519.

85. Young, *Rommel...*, p. 115.

86. Halder, *Kriegstagebuch...*, le 19 mai 1941, p. 420.

87. Franz Halder, *Kriegstagebuch*, vol. III : *Der Rußlandfeldzug bis zum Marsch auf Stalingrad*, Stuttgart, W. Kohlhammer, 1964, le 6 juillet 1941, p. 48.

88. NA RG 242 T84/274 (Lettre de Rommel à Lucie, le 7 juillet 1941).

89. Reuth, *Rommel...*, p. 111.

90. Gerhard Schreiber, « Politics and Warfare in 1941 », dans Schreiber, Stegemann et Vogel, *Germany and the Second World War...*, pp. 630-631.

91. Stegemann, « The Italo-German Conduct of the War », pp. 706-707.

92. NA RG 242 T84/274 (Lettre de Rommel à Lucie, le 30 juin 1941).

93. Irving, *The Trail of the Fox...*, pp. 102-103.

94. Kuhn, *Viel Steine gab's und wenig Brot !...*, p. 68-69.

95. Irving, *The Trail of the Fox...*, p. 103.

96. NA RG 242 T84/276 (Lettre de Brauchitsch à Rommel, le 9 juillet 1941).

97. NA RG 242 T84/276 (Lettre de Rommel à Brauchitsch, le 12 juillet 1941).

98. NA RG 242 T84/274 (Lettre de Rommel à Lucie, le 21 août 1941).

99. NA RG 242 T84/274 (Lettre de Rommel à Lucie, le 25 juillet 1941).

7. Le héros national

1. F.W. von Mellenthin, *German Generals of World War II : As I Saw Them*, Norman, University of Oklahoma Press, 1977, p. 82-83.

2. Knopp et Gültner, « Das Idol... », pp. 29 et 40.

3. *Ibid.*, p. 41-42.

4. Hesse, *Der Geist von Potsdam...*, p. 135.

5. Stegemann, « The Italo-German Conduct of the War... », p. 726.

6. NA RG 242 T84/274 (Lettre

de Rommel à Lucie, le 28 août 1941).

7. Irving, *The Trail of the Fox...*, p. 110.

8. NA RG 242 T84/274 (Lettre de Rommel à Lucie, le 29 août 1941).

9. NA RG 242 T84/274 (Lettre de Rommel à Manfred, le 30 août 1941).

10. NA RG 242 T84/274 (Lettre de Rommel à Manfred, le 24 octobre 1941).

11. NA RG 242 T84/274 (Lettre de Rommel à Lucie, le 20 septembre 1941).

12. Reuth, *Rommel...*, pp. 145-146.

13. Irving, *The Trail of the Fox...*, p. 97.

14. Liddell Hart (dir.), *The Rommel Papers...*, p. 147.

15. Elke Fröhlich (dir.), *Die Tagebücher von Joseph Goebbels*, Munich, K.G. Saur, 1998, vol. II, tome 3, le 31 mars 1942, p. 602.

16. *Ibid.*, vol. II, tome 8, le 11 mai 1943, p. 274.

17. Irving, *The Trail of the Fox...*, p. 115.

18. Galeazzo Ciano, *Tagebücher 1939-1943*, Bern, Krüger, 1947, p. 387.

19. Irving, *The Trail of the Fox...*, p. 112.

20. Creveld, *Supplying War...*, p. 189.

21. Irving, *The Trail of the Fox...*, p. 115-116.

22. Stegemann, « The Italo-German Conduct of the War... », pp. 726-728.

23. Irving, *The Trail of the Fox...*, pp. 120-121.

24. Basil Henry Liddell Hart, *History of the Second World War*, Londres, Cassell, 1970, p. 185.

25. NA RG 242 T84/274 (Lettre de Rommel à Lucie, le 23 novembre 1941).

26. Irving, *The Trail of the Fox...*, p. 126.

27. Mellenthin, *German Generals...*, p. 68.

28. Young, *Rommel...*, p. 91.

29. Irving, *The Trail of the Fox...*, p. 127-128.

30. *Ibid.*, p. 130.

31. Siegfried Westphal, *Erinnerungen*, Mayence, Hase & Koehler, 1975, p. 138.

32. Irving, *The Trail of the Fox...*, p. 132.

33. Young, *Rommel...*, p. 90.

34. NA RG 242 T84/274 (Lettre de Rommel à Lucie, le 27 novembre 1941).

35. NA RG 242 T84/274 (Lettre de Rommel à Lucie, le 30 novembre 1941).

36. Mitcham, *Rommel's Desert Commanders...*, p. 43.

37. NA RG 242 T84/274 (Lettre de Rommel à Lucie, le 29 novembre 1941).

38. NA RG 242 T84/274 (Lettre de Rommel à Lucie, le 30 novembre 1941).

39. NA RG 242 T84/274 (Lettre de Rommel à Lucie, le 2 décembre 1941).

40. Liddell Hart (dir.), *The Rommel Papers...*, p. 170.

41. NA RG 242 T84/274 (Lettre de Rommel à Lucie, le 3 décembre 1941).

42. Irving, *The Trail of the Fox...*, p. 136.

43. Matthew Cooper, *The German Army, 1933-1945 : Its Political*

and Military Failure, New York, Stein & Day, 1978, p. 374.

44. NA RG 242 T84/274 (Lettre de Rommel à Lucie, le 23 décembre 1941).

45. NA RG 242 T84/274 (Lettre de Rommel à Lucie, le 12 décembre 1941).

46. L'Afrikakorps disposait de 30 chars contre 200 à la VIIIe armée. Irving, *The Trail of the Fox...*, p. 139.

47. NA RG 242 T84/274 (Lettre de Rommel à Lucie, le 25 décembre 1941).

48. Irving, *The Trail of the Fox...*, p. 140.

49. NA RG 242 T84/274 (Lettre de Rommel à Lucie, le 10 janvier 1942).

50. Stegemann, « The Italo-German Conduct of the War... », pp. 747 et 750-751 ; Reinhard Stumpf, « The War in the Mediterranean Area 1942-1943 : Operations in North Afrika and the Central Mediterranean », dans Horst Boog, Werner Rahn, Reinhard Stumpf et Bernd Wegner, *Germany and the Second World War*, vol. VI : *The Global War. Widening of the Conflict into a World War and the Shift of the Initiative, 1941-1943*, Oxford, Clarendon Press, 2001, pp. 652-653.

51. NA RG 242 T84/274 (Lettre de Rommel à Lucie, le 10 janvier 1942).

52. BA-MA, N 117/3 (Lettre de Hitler à Rommel, le 1er janvier 1942) ; NA RG 242 T84/274 (Lettre de Hitler à Rommel, le 1er janvier 1942).

53. Reuth, *Rommel...*, p. 66.

54. NA RG 242 T84/274 (Lettre de Rommel à Lucie, le 19 janvier 1942).

55. Stumpf, « The War in the Mediterranean Area... », p. 636.

56. Albert Kesselring, *Soldat bis zum letzten Tag*, Bonn, Athenäum, 1953, p. 162.

57. NA RG 242 T84/274 (Lettre de Rommel à Lucie, le 17 janvier 1942).

58. Irving, *The Trail of the Fox...*, p. 144.

59. NA RG 242 T84/274 (Lettre de Rommel à Lucie, le 21 janvier 1942).

60. Liddell Hart (dir.), *The Rommel Papers...*, p. 182.

61. Max Domarus (dir.), *Hitler – Reden und Proklamationen, 1932-1945*, Munich, Süddeutscher Verlag, 1965, vol. II, p. 1831.

62. Walter K. Nehring, « Begleitwort », dans Charles B. Burdick, *Unternehmen Sonnenblume. Der Entschluss zum Afrika-Feldzug*, Neckargmünd, K. Vowinckel, 1972, p. 9.

63. NA RG 242 T84/274 (Lettre de Rommel à Lucie, le 25 janvier 1942).

64. NA RG 242 T84/273 (Lettre de Lucie à Rommel, le 31 janvier 1942).

65. NA RG 242 T84/274 (Lettre de Rommel à Lucie, le 10 février 1942).

66. Liddell Hart (dir.), *The Rommel Papers...*, pp. 511-515.

67. Reuth, *Rommel...*, pp. 111-115.

68. *Ibid.*, p. 66-67.

69. NA RG 242 T84/274 (Lettre de Rommel à Lucie, le 10 avril 1942).

70. NA RG 242 T84/274 (Lettre de Rommel à Lucie, le 13 avril 1942).

71. Fröhlich (dir.), *Die Tage-*

bücher von Joseph Goebbels..., vol. II, tome 2, le 28 novembre 1941, p. 385.

72. BA-MA, N 117/15 (« Denn Rommel ist ein grosser General... », *Adler im Süden*, date illisible).

73. BA-MA, N 117/15 (« Kein Siegesjubel über Libyen. “Daily Expreß” über das deutsche Afrikakorps », *Westfälische Tageszeitung*, le 16 janvier 1942).

74. BA-MA, N 117/15 (Les informations de *United Press* le 23 janvier 1942).

75. Winston S. Churchill, *The Second World War*, vol. 4 : *The Hinge of Fate*, Boston, Houghton Mifflin Company, 1950, p. 28.

76. *Ibid.*, p. 67. Voir aussi : BA-MA, N 117/15 (« Churchill gibt jetzt die Krise des Empires zu. Er verlangt vom Unterhaus ein Vertrauensvotum – Ein durchsichtiges Manöver », rapport de la direction de la presse écrite de Berlin, le 28 janvier 1942).

77. Esebeck, *Afrikanische Schicksalsjahre...*, p. 123.

78. *Ibid.*, p. 132.

79. NA RG 242 T84/273 (Traduction de l'ordre du général Auchinleck, le 30 mars 1942).

80. Knopp et Gültner, « Das Idol... », p. 50.

81. NA RG 242 T84/274 (Lettre de Rommel à Lucie, le 25 janvier 1942).

82. Fröhlich (dir.), *Die Tagebücher von Joseph Goebbels...*, vol. II, tome 3, le 7 février 1942, p. 265.

83. *Ibid.*, vol. II, tome 3, le 30 mars 1942, pp. 580-581.

84. Knopp et Gültner, « Das Idol... », p. 48.

85. Lutz Koch, *Rommel, der « Wüstenfuchs ». Eine Biographie*, Bielefeld, W. Goldmann, 1978, p. 218 ; Fraser, *Knight's Cross...*, pp. 435-436 ; Gerd R. Ueberschär et Winfried Vogel, *Dienen und Verdienen. Hitlers Geschenke an seine Eliten*, Francfort-sur-le-Main, S. Fischer, 1999, p. 88.

86. Willi A. Boelcke (dir.), *Wollt ihr den totalen Krieg ? Die geheimen Goebbels-Konferenzen, 1939-1943*, Stuttgart, Deutsche Verlags-Anstallt, 1967, le 29 janvier 1942, pp. 210-211.

87. Reuth, *Rommel...*, p. 181.

88. Karl Hoffmann, *Erwin Rommel*, Londres, Brassey's, 2004, p. 112.

89. BA-MA, N 117/14 (voir en particulier les articles de Fritz Lucke).

90. Boelcke, *Wollt ihr den totalen Krieg ?...*, le 5 février 1942, p. 214.

91. BA-MA, N 117/15 (« ... gegen England », *Marine Frontzeitung*, le 25 janvier 1942).

92. Irving, *The Trail of the Fox...*, p. 150.

93. *Ibid.*, p. 150-151.

94. Reuth, *Rommel...*, p. 124.

95. NA RG 242 T84/274 (Lettre de Rommel à Lucie, le 12 mai 1942).

96. Irwing, *The Trail of the Fox...*, pp. 154-155.

97. NA RG 242 T84/274 (Lettre de Rommel à Manfred, le 16 mai 1942).

8. Au zénith de la gloire

1. Stumpf, « The War in the Mediterranean Area... », p. 668.

2. Westphal, *Erinnerungen...*, pp. 161-162.

3. Irving, *The Trail of the Fox...*, p. 158.

4. Kesselring, *Soldat...*, p. 171.

5. Irving, *The Trail of the Fox...*, p. 162.

6. *Ibid.*, p. 164.

7. Samuel W. Mitcham, *Rommel's Greatest Victory : The Desert Fox and the Fall of Tobruk, Spring 1942*, Novato, Presidio Press, 1998, pp. 114-115 ; Paul Carell, *The Foxes of the Desert*, New York, Dutton, 1961, p. 181 ; Bryan Mark Rigg, *Hitler's Jewish Soldiers. The Untold Story of Nazi Racial Laws and Men of Jewish Descent in the German Military*, Lawrence, University Press of Kansas, 2002, p. 132 ; Remy, *Mythos Rommel...*, pp. 90-91.

8. Westphal, *Erinnerungen...*, p. 181.

9. Remy, *Mythos Rommel...*, p. 96.

10. Gerhard Schreiber, *Deutsche Kriegsverbrechen in Italien. Täter – Opfer-Strafverfolgung*, Munich, C.H. Beck, 1996, p. 31.

11. Liliana Picciotto Fargion, « Italien », dans Wolfgang Benz (dir.), *Dimension des Völkermords. Die Zahl der jüdischen Opfer des Nationalsozialismus*, Munich, Oldenbourg, 1991, pp. 199-228.

12. Remy, *Mythos Rommel...*, p. 96.

13. Liddell Hart (dir.), *The Rommel Papers...*, p. 292.

14. Knopp et Gültner, « Das Idol... », pp. 60-62.

15. Martin Blumenson, « Rommel », dans Correlli Barnett (dir.), *Hitler's Generals*, Londres, Weidenfeld and Nicolson, 1989, p. 293.

16. Westphal, *Erinnerungen...*, p. 173.

17. NA RG 242 T84/274 (Lettre de Rommel à Lucie, le 15 juin 1942).

18. NA RG 242 T84/274 (Lettre de Rommel à Lucie, le 20 juin 1942).

19. Irving, *The Trail of the Fox...*, pp. 168-169.

20. *Ibid.*, p. 169.

21. Stumpf, « The War in the Mediterranean Area... », p. 699.

22. Liddell Hart (dir.), *The Rommel Papers...*, p. 232.

23. NA RG 242 T84/273 (Lettre de Lucie à Rommel, le 20 juin 1942).

24. NA RG 242 T84/273 (Lettre de Lucie à Rommel, le 21 juin 1942).

25. Creveld, *Supplying War...*, p. 196.

26. Knopp et Gültner, « Das Idol... », p. 47.

27. Ciano, *Tagebücher...*, le 22 juin 1942, p. 450.

28. BA-MA, N 117/15 (« Rommels herrlicher Sieg : Tobruk ! », *Völkischer Beobachter*, le 22 juin 1942).

29. BA-MA, N 117/15 (« Generalfeldmarschall Rommel : Der Held von Acroma und Tobruk », *Chemnitzer Zeitung*, le 23 juin 1942).

30. BA-MA, N 117/15 (« Rommels Faustschlag nimmt England der Akten. Die Öffentlichkeit ist fassungslos – Was wird Churchill tun ? », fragment d'un journal du 23 juin 1942).

31. Churchill, *Second World War...*, vol. 4, p. 383.

32. NA RG 242 T84/273 (Lettre de Lucie à Rommel, le 23 juin 1942).

33. Henry Picker (dir.), *Hitlers Tischgespräche im Führerhauptquartier*, Stuttgart, Saewald, 1976, le 22 juin 1942, p. 373.

34. *Ibid.*, le 22 juin 1942, p. 374.

35. Domarus (dir.), *Hitler...*, vol. II, p. 1893.

36. Young, *Rommel...*, p. 110.

37. NA RG 242 T84/274 (Lettre de Rommel à Lucie, le 23 juin 1942).

38. BA-MA, N 117/3 (Lettre de Rommel à Hitler, le 23 juin 1942).

39. BA-MA, N 117/15 (« Wie es zur Einnahme von Tobruk kam. Der letzte Eckpfeiler des britischen Verteidigungssystems in der Nordafrikanischen Wüste ist gefallen », *Nationalblatt*, le 22 juin 1942).

40. Boelcke (dir.), *Wollt ihr den totalen Krieg ?...*, le 25 juin 1942, p. 252.

41. Irving, *The Trail of the Fox...*, p. 174.

42. NA RG 242 T84/274 (Lettre de Rommel à Lucie, le 27 juin 1942).

43. NA RG 242 T84/274 (Lettre de Rommel à Lucie, le 29 juin 1942).

44. NA RG 242 T84/274 (Lettre de Rommel à Lucie, le 30 juin 1942).

45. Picker (dir.), *Hitlers Tischgespräche...*, le 9 juillet 1942, p. 434.

46. Churchill, *The Second World War...*, vol. 4, p. 468.

47. Reuth, *Rommel...*, p. 190.

48. Irving, *The Trail of the Fox...*, p. 177.

49. NA RG 242 T84/274 (Lettre de Rommel à Lucie, le 4 juillet 1942).

50. Stumpf, « The War in the Mediterranean Area... », p. 766.

51. Irving, *The Trail of the Fox...*, p. 181.

52. *Ibid.*, p. 180.

53. NA RG 242 T84/274 (Lettre de Rommel à Lucie, le 17 juillet 1942).

54. NA RG 242 T84/274 (Lettre de Rommel à Lucie, le 18 juillet 1942).

55. NA RG 242 T84/274 (Lettre de Rommel à Lucie, le 23 juillet 1942).

56. NA RG 242 T84/273 ; NA RG 242 T84/275 ; Liddell Hart (dir.), *The Rommel Papers...*, p. 258.

57. Liddell Hart (dir.), *The Rommel Papers...*, p. 127.

58. NA RG 242 T84/277 (copie d'un message radio de Rommel à l'OKW, le 21 août 1942).

59. NA RG 242 T84/277 (copie d'un message radio de l'OKW à Rommel, le 24 août 1942).

60. NA RG 242 T84/277 (copie d'un message radio de Rommel à l'OKW, le 26 août 1942).

61. Churchill, *The Second World War...*, vol. 4, p. 462.

62. Alun Chalfont, *Montgomery. Rommel Gegenspieler*, Wiesbaden, Limes, 1976, p. 180.

63. Liddell Hart (dir.), *The Rommel Papers...*, pp. 266 et 269.

64. Stumpf, « The War in the Mediterranean Area... », pp. 750 et 758.

65. Westphal, *Erinnerungen...*, p. 168.

66. Liddell Hart (dir.), *The Rommel Papers...*, p. 275.

67. NA RG 242 T84/274 (Lettre de Rommel à Lucie, le 30 août 1942).

68. Irving, *The Trail of the Fox...*, p. 191.

69. Kesselring, *Soldat...*, p. 177.

70. Liddell Hart (dir.), *The Rommel Papers...*, p. 287.

71. Heinz Magenheimer, *Hitler's War. Germany's Key Strategic Decisions, 1940-1945*, Londres, Arms and Armour, 1998, p. 172.

72. Liddell Hart (dir.), *The Rommel Papers...*, p. 283.

73. Kesselring, *Soldat...*, p. 181.

74. Stumpf, « The War in the Mediterranean Area... », pp. 771-772.

75. Ciano, *Tagebücher...*, le 27 septembre 1942, p. 472.

76. Fröhlich (dir.), *Die Tagebücher von Joseph Goebbels...*, vol. II, tome 5, le 30 septembre 1942, p. 599.

77. Irving, *The Trail of the Fox...*, p. 196-198.

78. Reuth, *Rommel...*, pp. 68-69.

79. Picker (dir.), *Hitlers Tischgespräche...*, le 9 septembre 1942, p. 433.

80. Reuth, *Rommel...*, pp. 186-187.

81. BA-MA, N 117/15 (« Rommel und seine Soldaten. Der Feldmarschall berichtet vor der Presse », *Völkischer Beobachter*, le 4 octobre 1942).

82. Reuth, *Rommel...*, pp. 187-188.

83. Fröhlich (dir.), *Die Tagebücher von Joseph Goebbels...*, vol. II, tome 6, le 16 décembre 1942, p. 453.

84. *Ibid.*, vol. II, tome 4, le 4 octobre 1942, p. 65.

9. Le mythe de l'invincibilité

1. NA RG 242 T313/471 (Message radio de Rommel à ses commandants, le 25 octobre 1942).

2. Fraser, *Knight's Cross...*, p. 365 ; Samuel W. Mitcham, *Hitler's Field Marshals and their Battles*, Londres, Leo Cooper Ltd., 1988, p. 184.

3. Stumpf, « The War in the Mediterranean Area... », pp. 772 et 775-776.

4. Young, *Rommel...*, p. 149.

5. NA RG 242 T84/274 (Lettre de Rommel à Lucie, le 27 octobre 1942).

6. NA RG 242 T84/274 (Lettre de Rommel à Lucie, le 28 octobre 1942).

7. Irving, *The Trail of the Fox...*, p. 204.

8. NA RG 242 T84/274 (Lettre de Rommel à Lucie, le 29 octobre 1942).

9. Irving, *The Trail of the Fox...*, p. 205.

10. NA RG 242 T84/274 (Lettre de Rommel à Lucie, le 1er novembre 1942).

11. NA RG 242 T84/274 (Lettre de Rommel à Lucie, le 2 novembre 1942).

12. Irving, *The Trail of the Fox...*, p. 209.

13. Percy Ernst Schramm (dir.), *Kriegstagebuch des Oberkommandos der Wehrmacht (Wehrmachtführungsstab), 1940-1945*, Francfort-sur-le-Main, Bernard & Graefe, 1965, vol. II, le 3 novembre 1942, p. 895 (note 2).

14. NA RG 242 T84/276 (copie d'un message radio de l'OKW à Rommel, le 3 novembre 1942).

15. NA RG 242 T84/274 (Lettre de Rommel à Lucie, le 3 novembre 1942).

16. Liddell Hart (dir.), *The Rommel Papers...*, p. 321.

17. NA RG 242 T84/274 (Lettre de Rommel à Lucie, le 3 novembre 1942).

18. Kesselring, *Soldat...*, p. 183.

19. Mitcham, *Rommel's Desert Commanders...*, p. 152.

20. Liddell Hart (dir.), *The Rommel Papers...*, p. 325.

21. NA RG 242 T84/276 (copie

d'un message radio de l'OKW à Rommel, le 4 novembre 1942).

22. Liddell Hart (dir.), *The Rommel Papers*..., p. 367.

23. NA RG 242 T84/274 (Lettre de Rommel à Lucie, le 12 novembre 1942).

24. NA RG 242 T84/274 (Lettre de Rommel à Lucie, le 14 novembre 1942).

25. NA RG 242 T84/274 (Lettre de Rommel à Lucie, le 11 décembre 1942).

26. Liddell Hart (dir.), *The Rommel Papers*..., p. 358.

27. Boelcke (dir.), *Wollt ihr den totalen Krieg ?*..., le 6 novembre 1942, p. 299.

28. BA-MA, N 117/15 (fragment d'un journal, le 14 novembre 1942).

29. Liddell Hart (dir.), *The Rommel Papers*..., p. 362.

30. Irving, *The Trail of the Fox*..., p. 223.

31. Knopp et Gültner, « Das Idol... », p. 54.

32. Ruge, *Rommel*..., p. 230.

33. Westphal, *Erinnerungen*..., pp. 185-186.

34. Linge, *Bis zum Untergang*..., p. 21.

35. Remy, *Mythos Rommel*..., p. 150.

36. Liddell Hart (dir.), *The Rommel Papers*..., p. 366.

37. Koch, *Rommel*..., p. 99.

38. Irving, *The Trail of the Fox*..., p. 226.

39. Remy, *Mythos Rommel*..., pp. 153-154.

40. Warlimont, *Im Hauptquartier*..., (fragment # 8, le 12 décembre 1942), pp. 316-317.

41. NA RG 242 T84/274 (Lettre de Rommel à Lucie, le 3 décembre 1942).

42. Warlimont, *Im Hauptquartier*..., p. 324 (note # 11).

43. NA RG 242 T84/274 (Lettre de Rommel à Lucie, le 21 décembre 1942).

44. Irving, *The Trail of the Fox*..., p. 231.

45. *Ibid.*

46. NA RG 242 T84/274 (Lettre de Rommel à Lucie, le 28 décembre 1942).

47. NA RG 242 T84/274 (Lettre de Rommel à Lucie, le 30 décembre 1942).

48. NA RG 242 T84/274 (Lettre de Rommel à Lucie, le 19 janvier 1943).

49. Fröhlich (dir.), *Die Tagebücher von Joseph Goebbels*..., vol. II, tome 7, le 14 janvier 1943, p. 111.

50. NA RG 242 T84/274 (Lettre de Rommel à Lucie, le 15 janvier 1943).

51. NA RG 242 T84/274 (Lettre de Rommel à Lucie, le 18 janvier 1943).

52. NA RG 242 T84/274 (Lettre de Rommel à Lucie, le 19 janvier 1943).

53. Irving, *The Trail of the Fox*..., p. 238.

54. Liddell Hart (dir.), *The Rommel Papers*..., p. 389.

55. NA RG 242 T84/274 (Lettre de Rommel à Lucie, le 25 janvier 1943).

56. Liddell Hart (dir.), *The Rommel Papers*..., p. 391.

57. NA RG 242 T84/274 (Lettre de Rommel à Lucie, le 28 janvier 1943).

58. NA RG 242 T84/275 (Lettre de Berndt à Lucie, le 8 février 1943).

59. NA RG 242 T84/274 (Lettre de Rommel à Lucie, le 8 février 1943).

60. Irving, *The Trail of the Fox...*, p. 242.

61. James J. Sadkovich, « Of Myths and Men : Rommel and the Italians in North Africa, 1940-1942 », *The International History Review*, vol. 13, n° 2 (mai 1991), p. 312.

62. Irving, *The Trail of the Fox*, p. 243.

63. Liddell Hart (dir.), *The Rommel Papers...*, p. 398.

64. *Ibid.*, p. 407.

65. *Ibid.*, p. 408.

66. NA RG 242 T84/275 (Lettre de Berndt à Lucie, le 26 février 1943).

67. Liddell Hart (dir.), *The Rommel Papers...*, p. 410.

68. *Ibid.*, p. 416.

69. Irving, *The Trail of the Fox...*, p. 257.

70. NA RG 242 T313/416 (Message radio du commandant en chef du Sud au commandant en chef du groupe d'armées Afrika, le 9 mars 1943).

71. Liddell Hart (dir.), *The Rommel Papers...*, p. 418.

72. Fröhlich (dir.), *Die Tagebücher von Joseph Goebbels...*, vol. II, tome 7, le 12 mars 1943, p. 535.

73. Irving, *The Trail of the Fox...*, pp. 260.

74. *Ibid.*, p. 262-263.

10. Le conseiller de Hitler

1. Knopp et Gültner, « Das Idol... », p. 56.

2. Irving, *The Trail of the Fox...*, p. 261.

3. Liddell Hart (dir.), *The Rommel Papers...*, p. 425.

4. Depuis le début des combats en septembre 1940, 18 594 Allemands, 13 748 Italiens, 35 476 Britanniques et 16 500 Américains étaient tombés au champ d'honneur. En tout, cette guerre en Afrique avait coûté la vie à quelque 85 000 hommes. Voir Volkmar Kühn, *Mit Rommel in der Wüste. Kampf und Untergang des Deutschen Afrika-Korps, 1941-1943*, Stuttgart, Motorbuch, 1975, p. 206.

5. Liddell Hart (dir.), *The Rommel Papers...*, p. 426.

6. Remy, *Mythos Rommel...*, p. 174.

7. Knopp et Gültner, « Das Idol... », pp. 20-21 et 56-57.

8. Reuth, *Rommel...*, p. 193.

9. Fröhlich (dir.), *Die Tagebücher von Joseph Goebbels...*, vol. II, tome 8, le 7 mai 1943, p. 224.

10. *Ibid.*, vol. II, tome 8, le 10 mai 1943, p. 266.

11. Janusz Piekalkiewicz, *Der Wüstenkrieg in Afrika, 1940-1943*, Munich, Südwest, 1985, p. 268.

12. Reuth, *Rommel...*, p. 195.

13. BA-MA, N 117/20 (« 27 Monate Kampf in Afrika. – Rundfunkvortrag von Alfred-Ingemar Berndt » – 1943) ; NA RG 242 T84/276 (« 27 Monate Kampf in Afrika »).

14. Wolfgang Schmidt, « "Maler an der Front". Zur Rolle der Kriegsmaler und Pressezeichner der Wehrmacht im Zweiten Weltkrieg », dans Müller et Volkmann (dir.), *Die Wehrmacht...*, p. 642.

15. Fröhlich (dir.), *Die Tagebücher*

von Joseph Goebbels..., vol. II, tome 10, le 27 octobre 1943, p. 180.

16. *Ibid.*, vol. II, tome 8, le 11 mai 1943, p. 274.

17. Domarus (dir.), *Hitler...*, vol. II, p. 2014.

18. Fröhlich (dir.), *Die Tagebücher von Joseph Goebbels...*, vol. II, tome 8, le 10 mai 1943, p. 266.

19. Reuth, *Erwin Rommel...*, pp. 45-46.

20. Ruge, *Rommel...*, p. 191.

21. Reuth, *Rommel...*, pp. 71-72.

22. Liddell Hart (dir.), *The Rommel Papers...*, pp. 451-453.

23. *Ibid.*, p. 430.

24. NA RG 242 T84/275 (Lettre de Rommel à Lucie, le 25 juillet 1943).

25. Remy, *Mythos Rommel...*, p. 181.

26. Liddell Hart (dir.), *The Rommel Papers...*, p. 432.

27. Fröhlich (dir.), *Die Tagebücher von Joseph Goebbels...*, vol. II, tome 9, le 26 juillet 1943, p. 174.

28. Irving, *The Trail of the Fox...*, p. 269.

29. NA RG 242 T84/275 (Lettre de Rommel à Lucie, le 29 juillet 1943).

30. NA RG 242 T84/275 (Lettre de Rommel à Lucie, le 3 août 1943).

31. NA RG 242 T84/275 (Lettre de Rommel à Lucie, le 6 août 1943).

32. Liddell Hart (dir.), *The Rommel Papers...*, p. 440.

33. Irving, *The Trail of the Fox...*, p. 276.

34. Liddell Hart (dir.), *The Rommel Papers...*, p. 444.

35. NA RG 242 T84/275 (Lettre de Rommel à Lucie, le 9 septembre 1943).

36. NA RG 242 T84/275 (Lettre de Rommel à Lucie, le 10 septembre 1943).

37. Schramm (dir.), *Kriegstagebuch...*, vol. III, pp. 1085 et 1107.

38. Gerhard Schreiber, *Die italienischen Militärinternierten im deutschen Machtbereich, 1943 bis 1945. Verraten. Verachtet. Vergessen*, Munich, R. Oldenbourg, 1990, p. 235.

39. *Ibid.*, pp. 242-243.

40. *Ibid.*, pp. 110-112.

41. Remy, *Mythos Rommel...*, p. 191.

42. NA T311/276 ; BA-MA, RM 7/1333.

43. Remy, *Mythos Rommel...*, pp. 191-193 ; Gerhard Schreiber, *Deutsche Kriegsverbrechen...*, pp. 49-50.

44. Warlimont, *Im Hauptquartier...*, p. 395.

45. Irving, *The Trail of the Fox...*, p. 280.

46. Westphal, *Erinnerungen...*, p. 233.

47. Irving, *The Trail of the Fox...*, p. 280.

48. BA-MA, N 558/V133 (Lettre de Maximilian Hitzfeld à Kurt Hesse, le 21 février 1965).

49. Warlimont, *Im Hauptquartier...* (fragment 46, le 31 août 1944), p. 482.

50. NA RG 242 T84/275 (Lettre de Rommel à Lucie, le 26 octobre 1943).

51. BA-MA, N 117/29 (Lettre de Martin Bormann à Heinrich Himmler, le 27 septembre 1944).

52. Fröhlich (dir.), *Die Tagebücher von Joseph Goebbels...*, vol. II, tome 10, le 27 octobre 1943, p. 180.

53. Irving, *The Trail of the Fox...*, p. 283.

11. L'espoir de la nation

1. Irving, *The Trail of the Fox...*, p. 284.
2. Richard Brett-Smith, *Hitler's Generals*, Londres, Osprey, 1976, p. 267.
3. NA RG 242 T84/275 (Lettre de Rommel à Lucie, le 9 novembre 1943).
4. Reuth, *Rommel...*, p. 87.
5. Irving, *The Trail of the Fox...*, pp. 285-286.
6. Remy, *Mythos Rommel...*, pp. 228-229.
7. Liddell Hart (dir.), *The Rommel Papers...*, p. 429.
8. NA RG 242 T84/275 (Lettre de Rommel à Lucie, le 19 décembre 1943).
9. *Ibid.*
10. *Ibid.*
11. NA RG 242 T 84/275 (Lettre de Rommel à Lucie, le 27 décembre 1943).
12. NA RG 242 T84/275 (Lettre de Rommel à Manfred, le 25 décembre 1943).
13. NA RG 242 T84/275 (Lettre de Rommel à Lucie, le 29 décembre 1943).
14. Irving, *The Trail of the Fox...*, p. 291.
15. BA-MA, N 558/77 (Kurt Hesse, *Wandlung eines Mannes...*).
16. NA RG 242 T84/275 (Lettre de Rommel à Lucie, le 19 janvier 1944).
17. Remy, *Mythos Rommel...*, p. 213.
18. Irving, *The Trail of the Fox...*, p. 297.
19. Knopp et Gültner, « Das Idol... », p. 68.
20. Irving, *The Trail of the Fox...*, p. 298.
21. Ruge, *Rommel...*, p. 138.
22. Fraser, *Knight's Cross...*, p. 457.
23. Irving, *The Trail of the Fox...*, p. 300.
24. NA RG 242 T84/275 (Lettre de Rommel à Lucie, le 31 janvier 1944).
25. Alexander Stahlberg, *Die verdammte Pflicht. Erinnerungen 1932 bis 1945*, Berlin, Ullstein, 2002, p. 409.
26. Lemay, *Erich von Manstein...*, p. 427.
27. Knopp et Gültner, « Das Idol... », p. 74.
28. Ruge, *Rommel...*, pp. 267-268.
29. NA RG 242 T84/275 (Lettre de Rommel à Lucie, le 27 mars 1944).
30. Irving, *The Trail of the Fox...*, pp. 307-308.
31. Ernst Jünger, *Auswahl aus dem Werk in fünf Bänden*, vol. 2 : *Das zweiter Pariser Tagebuch*, Stuttgart, Klett-Cotta, 1994, p. 522.
32. NA RG 242 T84/275 (Lettre de Rommel à Lucie, le 17 mars 1944).
33. Hans Speidel, *Aus unserer Zeit : Erinnerungen*, Berlin, Propyläen, 1977, p. 162.
34. Reuth, *Rommel...*, p. 209.
35. Wilhelm von Schramm, *Aufstand der Generale. Der 20. Juli in Paris*, Munich, Kindler, 1964, p. 48.
36. NA RG 242 T84/275 (Lettre

de Rommel à Lucie, le 10 avril 1944).

37. Irving, *The Trail of the Fox...*, p. 313.

38. Liddell Hart (dir.), *The Rommel Papers...*, p. 508-509.

39. *Ibid.*, pp. 468-470.

40. Albert Seaton, *The German Army, 1933-1945*, New York, Meridian, 1982, p. 226-227.

41. Ruge, *Rommel...*, p. 270.

42. Dwight D. Eisenhower, *Crusade in Europe*, Garden City, Doubleday & Company, Inc., 1948, p. 222.

43. Remy, *Mythos Rommel...*, p. 218.

44. NA RG 242 T84/275 (Lettre de Rommel à Lucie, le 12 mai 1944).

45. Knopp et Gültner, « Das Idol... », p. 69.

46. Liddell Hart (dir.), *The Rommel Papers...*, pp. 457-459.

47. Reuth, *Rommel...*, pp. 198-199.

48. Remy, *Mythos Rommel...*, p. 211.

49. NA RG 242 T84/275 (Lettre de Rommel à Lucie, le 19 mai 1944).

12. La dernière bataille

1. Irving, *The Trail of the Fox...*, p. 337.

2. NA RG 242 T84/275 (Lettre de Rommel à Lucie, le 18 juin 1944).

3. Irving, *The Trail of the Fox...*, p. 338.

4. Detlef Vogel, « German and Allied Conduct of the War in the West », dans Horst Boog, Gerhard Krebs et Detlef Vogel, *Germany and the Second World War*, vol. VII : *The Strategic Air War in Europe and the War in the West and East Asia, 1943-1944/45*, Oxford, Clarendon Press 2006, p. 594.

5. Warlimont, *Im Hauptquartier...*, p. 458.

6. Liddell Hart (dir.), *The Rommel Papers...*, p. 510.

7. Reuth, *Rommel...*, p. 199.

8. Irving, *The Trail of the Fox...*, p. 340.

9. Reuth, *Rommel...*, p. 199.

10. Irving, *The Trail of the Fox...*. p. 343.

11. Masson, *Histoire de l'armée allemande 1939-1945,* Paris, Perrin, 1994, pp. 379-380.

12. Irving, *The Trail of the Fox...*, p. 350.

13. NA RG 242 T84/275 (Lettre de Rommel à Lucie, le 14 juin 1944).

14. NA RG 242 T84/275 (Lettre de Rommel à Lucie, le 15 juin 1944).

15. Irving, *The Trail of the Fox...*, pp. 351-352.

16. NA RG 242 T84/275 (Lettre de Rommel à Lucie, le 13 juin 1944).

17. IMT, vol. XV, le 5 juin 1946, p. 441 ; Hans Speidel, *Invasion 1944. Ein Beitrag zu Rommels und des Reiches Schicksal*, Tübingen, Wunderlich, 1949, p. 118.

18. IMT, vol. XV, le 5 juin 1946, p. 441.

19. Below, *Als Hitlers Adjutant...*, p. 375.

20. Albert Speer, *Erinnerungen*, Francfort-sur-le-Main, Ullstein, 1969, p. 366.

21. NA RG 242 T84/275 (Lettre de Rommel à Lucie, le 18 juin 1944).

22. Ruge, *Rommel...*, p. 184.

23. Irving, *The Trail of the Fox...*, pp. 354-355.

24. *Ibid.*, pp. 355-356.

25. NA RG 242 T84/275 (Lettre de Rommel à Lucie, le 23 juin 1944).

26. Ruge, *Rommel...*, pp. 190-191.

27. Reuth, *Rommel...*, p. 215.

28. Adolf Hitler, *Mein Kampf*, Munich, F. Eher, Nachf., 1942, p. 73.

29. Irving, *The Trail of the Fox...*, p. 358.

30. *Ibid.*, pp. 361-362.

31. *Ibid.*, pp. 362-364.

32. Ruge, *Rommel...*, p. 197.

33. Irving, *The Trail of the Fox...*, p. 364.

34. William L. Shirer, *The Rise and Fall of the Third Reich. A History of Nazi Germany*, New York, Fawcett Crest, 1992, p. 1352.

35. Schramm, *Aufstand der Generale...*, p. 65.

36. Ruge, *Rommel...*, p. 199.

37. *Ibid.*, p. 276.

38. Irving, *The Trail of the Fox...*, p. 369.

39. Ulrich Heinemann, « Ceasar von Hofacker – Stauffenbergs Mann in Paris », dans Klemens von Klemperer, Enrico Syring et Rainer Zitelmann (dir.), *Für Deutschland. Die Männer des 20. Juli*, Francfort-sur-le-Main, Ullstein, 1993, p. 115.

40. Manfred Schmidt, « Ceasar von Hofacker. Der 20. Juli in Paris », dans Michael Bosch et Wolfgang Niess (dir.), *Der Widerstand im deutschen Südwesten 1933-1945*, Stuttgart, W. Kohlhammer, 1984, p. 213.

41. « Kaltenbrunner-Bericht vom 12.12.1944 », dans Hans Adolf Jacobsen (dir.), *Spiegelbild einer Verschwörung. Die Opposition gegen Hitler und der Staatstreich vom 20. Juli 1944 in der SD-Berichterstattung. Geheime Documente aus dem ehemaligen Reichssicherheitshauptsamt*, Stuttgart, Seewald, 1984, vol. 1, p. 521.

42. *Ibid.*, vol. 1, p. 529.

43. Reuth, *Rommel...*, p. 220.

44. Remy, *Mythos Rommel...*, p. 277.

45. Irving, *The Trail of the Fox...*, p. 372.

46. *Ibid.*, p. 373.

47. IMT, vol. XII, le 25 avril 1946, p. 269.

48. « Kaltenbrunner-Bericht vom 4.8.1944 », dans Jacobsen (dir.), *Spiegelbild einer Verschwörung...*, vol. 1, p. 136.

49. Ruge, *Rommel...*, p. 211.

50. *Ibid.*, pp. 212 et 214.

51. *Ibid.*, pp. 214-215.

52. Irving, *The Trail of the Fox...*, pp. 375-376.

53. Ruge, *Rommel...*, p. 215.

54. Remy, *Mythos Rommel...*, pp. 284-285.

55. Irving, *The Trail of the Fox...*, p. 380.

13. La victime

1. Mitcham, *Hitler's Field-Marshals...*, p. 189.

2. Irving, *The Trail of the Fox...*, pp. 384-385.

3. Reuth, *Rommel...*, p. 224.

4. *Ibid.*, p. 97-98 ; Remy, *Mythos Rommel...*, pp. 294-295.

5. NA RG 242 T84/275 (Lettre de Rommel à Lucie, le 24 juillet 1944).

6. Basil Henry Liddell Hart, *The Other Side of the Hill. Germany's Generals : Their Rise and Fall, with their own Account of Military Events, 1939-1945*, Londres, Cassell, 1951, p. 277.

7. Ruge, *Rommel...*, pp. 228-229.

8. Carl Dirks et Karl-Heinz

Janßen, *Der Krieg der Generäle. Hitler als Werkzeug der Wehrmacht*, Berlin, Propyläen, 1999, p. 190.

9. Macksey, *Rommel...*, p. 197.

10. Reinhard Stumpf, « Erwin Rommel und der Widerstand », *Militärgeschichte*, vol. 3 (1991), p. 49.

11. NA RG 242 T84/276 (Lettre de Rommel à Brauchitsch, le 12 juillet 1941).

12. NA RG 242 T84/275 (Lettre de Rommel à Manfred, le 25 décembre 1943).

13. Irving, *The Trail of the Fox...*, p. 409.

14. Dieter Ose, « Erwin Rommel », dans Rudolf Lill et Heinrich Oberreuter (dir.), *20. Juli. Portraits des Widerstands*, Düsseldorf, Econ, 1984, pp. 255 et 267-268.

15. Liddell Hart (dir.), *The Rommel Papers...*, p. 493.

16. Fröhlich (dir.), *Die Tagebücher von Joseph Goebbels...*, vol. II, tome 4, le 5 mai 1942, p. 241.

17. Irving, *The Trail of the Fox...*, pp. 389-390.

18. Warlimont, *Im Hauptquartier...*, p. 478.

19. Fröhlich (dir.), *Die Tagebücher von Joseph Goebbels...*, vol. II, tome 13, le 3 août 1944, p. 208.

20. *Ibid.*, vol. II, tome 13, le 3 août 1944, p. 210.

21. Irving, *The Trail of the Fox...*, p. 392.

22. BA-MA, N 558/77 (Kurt Hesse, *Wandlung eines Mannes...*).

23. Reuth, *Erwin Rommel...*, p. 154.

24. Geoffrey P. Megargee, *Inside Hitler's High Command*, Lawrence, University Press of Kansas, 2000, p. 97.

25. Reuth, *Rommel...*, p. 233.

26. Ruge, *Rommel...*, p. 214.

27. Reuth, *Rommel...*, p. 234.

28. BA-MA, N 117/32 (Lettre de Rommel à Hitler, le 1er octobre 1944).

29. BA-MA, N 117/29 (Lettre de Kronmüller à Bormann, le 19 septembre 1944).

30. BA-MA, N 117/29 (Martin Bormann, « Aktenvermerk », le 28 septembre 1944).

31. *Ibid.*

32. Reuth, *Rommel...*, pp. 241-242.

33. Remy, *Mythos Rommel...*, p. 316.

34. Irving, *The Trail of the Fox...*, pp. 402-404.

35. *Südkurier*, le 16 octobre 1945.

36. Knopp et Gültner, « Das Idol... », p. 94.

37. Reuth, *Rommel...*, p. 248.

38. BA-MA, N 117/29 (Heinrich Doose, déclaration du 30 mai 1945).

39. Knopp et Gültner, « Das Idol... », p. 95-96.

40. Reuth, *Erwin Rommel...*, p. 128.

41. Below, *Als Hitlers Adjutant...*, p. 390.

42. Reuth, *Rommel...*, p. 251.

43. Knopp et Gültner, « Das Idol... », p. 92.

44. NA RG 242 T84/277 (Copie du panégyrique prononcé par Rundstedt).

45. Liddell Hart (dir.), *The Rommel Papers...*, pp. 505-506.

Conclusion : La légende

1. Knopp et Gülnter, « Das Idol... », p. 90.

2. Charles F. Marshall, *Discovering the Rommel Murder. The Life and Death of the Desert Fox*, Mechanicsburg, P.A. Stockpole Books, 1994, p. 191.

3. BA-MA, N 558/77 (Déclaration de Lucie Rommel du 9 septembre 1945).

4. Speidel, *Invasion 1944...*, p. 144.

5. Reuth, *Rommel...*, p. 264.

6. *Christ und Welt*, le 25 septembre 1948.

7. Speidel, *Invasion 1944...*, p. 133.

8. Young, *Rommel...*, p. 221.

9. *Ibid.*, p. XI.

10. Winston S. Churchill, *The Second World War*, vol. 3 : *The Grand Alliance*, Boston, Houghton Mifflin Company, 1950, p. 200.

11. Liddell Hart, *The Other Side of the Hill...*, pp. 76 et 85.

12. Liddell Hart (dir.), *The Rommel Papers...*, p. XV.

13. Masson, *Histoire de l'armée allemande...*, p. 474.

14. Hew Strachan, « Die Vorstellungen der Anglo-Amerikaner von der Wehrmacht », dans Müller et Volkmann (dir.), *Die Wehrmacht...*, p. 99.

15. Reuth, *Rommel...*, p. 270.

16. *Ibid.*, p. 271.

17. Remy, *Mythos Rommel...*, pp. 7-8.

18. Wolf Heckmann, *Rommels Krieg in Afrika. Wüstenfüchse gegen Wüstenratten*, Bergisch Gladbach, G. Lübbe, 1976, pp. 120-121.

19. Knopp et Gültner, « Das Idol », pp. 71-72. Dans ses Mémoires, le lieutenant Alexander Stahlberg, aide de camp du feld-maréchal Manstein, raconta un épisode qui eut lieu à Rastenburg, en Prusse-Orientale, le 13 juillet 1943. À la fin d'un dîner avec Manstein, Kluge et Rommel se seraient à tour de rôle déclarés prêts à servir sous les ordres de Manstein après un coup d'État réussi. Or, il n'y a rien qui corrobore ce témoignage de Stahlberg. Ce dernier, qui donna crédit à la thèse de la guerre préventive contre l'URSS dans ses Mémoires, voulait probablement embellir son rôle de sympathisant à la résistance – il était le cousin du major-général Henning von Tresckow, l'un des chefs de file de la conspiration. Cela laisse à penser que Kluge et Rommel se seraient plutôt déclarés prêts à servir sous les ordres de Manstein si celui-ci était nommé chef d'état-major général de l'armée de terre par Hitler. Stahlberg, *Die verdammte Pflicht...*, pp. 335-339. L'auteur du présent ouvrage relate également cet épisode dans sa biographie de Manstein. Lemay, *Erich von Manstein...*, pp. 418-420.

20. À ce sujet, voir : Heinz Höhne, « Rommel : Ende einer Legende », *Der Spiegel*, n° 34 (1978), pp. 62-75 ; Gerd R. Ueberschär, « Rommel zwischen Loyalität und militärischem Widerstand », *Wissenschaftliche Rundschau*, vol. 29, n° 6 (1980), pp. 188-192.

21. Ralph Giordano, *Die Traditionslüge. Vom Kriegerkult in der Bundeswehr*, Cologne, Kiepenheuer & Witsch, 2000, p. 317.

22. Knopp et Gültner, « Das Idol... », p. 9.

23. Remy, *Mythos Rommel...*, p. 10.

24. Reuth, *Rommel...*, p. 275.

25. Klaus-Michael Mallmann et

Martin Cüppers, *Halbmond und Hakenkreuz. Das Dritte Reich, die Araber und Palästina*, Darmstadt, Wissenschaftliche Buchgesellschaft, 2006, en particulier les pages 137-164.

26. Knopp et Gültner, « Das Idol... », p. 98.

27. Lemay, Erich von Manstein..., p. 415.

28. Knopp et Gültner, « Das Idol... », p. 98.

SÉLECTION BIBLIOGRAPHIQUE

SOURCES PRIMAIRES

Bundesarchiv-Militärarchiv, Freiburg (BA-MA)

N 117 – Erwin Rommel : Der Nachlass

Les documents d'archives N 117 présentent une collection de 32 dossiers qui servent de fondement à toute étude importante sur Rommel. On y retrouve entre autres choses une partie de sa correspondance privée et divers documents militaires et papiers personnels ainsi que des coupures de journaux.

National Archives, Washington (NA)

RG 242 T84/Rommel Collection Roll 272-284

Après la Seconde Guerre mondiale, les troupes d'occupation américaines ont saisi les documents personnels de Rommel qui étaient en la possession de son épouse. Il s'agit en fait de l'ensemble de sa correspondance privée, de papiers militaires personnels et d'une riche collection de photographies. Ces documents ont plus tard été retournés à la famille Rommel. Des copies de ces documents sont disponibles sur microfilms.

SOURCES SECONDAIRES

Monographies

BELOW, Nicolaus von, *Als Hitlers Adjutant 1937-1945*, Mayence, Hase & Koehler, 1980.

BOELCKE, Willi A. (dir.), *Wollt ihr den totalen Krieg ? Die geheimen Goebbels-Konferenzen, 1939-1943*, Stuttgart, Deutsche Verlags-Anstalt, 1967.

BOOG, Horst, RAHN Werner, STUMPF Reinhard et WEGNER Bernd, *Germany and the Second World War*, vol. VI : *The Global War. Widening of the*

Conflict into a World War and the Shift of the Initiative, 1941-1943, Oxford, Clarendon Press, 2001.

BOOG, Horst, KREBS Gerhard et VOGEL Detlef, *Germany and the Second World War*, vol. VII : *The Strategic Air War in Europe and the War in the West and East Asia, 1943-1944/45*, Oxford, Clarendon Press, 2006.

BOSCH, Michael et NIESS Wolfgang (dir.), *Der Widerstand im deutschen Südwesten, 1933-1945*, Stuttgart, W. Kohlhammer, 1984.

CHURCHILL, Winston S., *The Second World War*, vol. 3 et 4, Boston, Houghton Mufflin Company, 1950.

CIANO, Galeazzo, *Tagebücher 1939-1943*, Bern, Krüger, 1947.

CREVELD, Martin van, *Supplying War. Logistics from Wallenstein to Patton*, Cambridge, Cambridge University Press, 1978.

DOMARUS, Max (dir.), *Hitler – Reden und Proklamationen, 1932-1945*, 2 vol., Munich, Süddeutscher Verlag, 1965.

ESEBECK, Hanns Gert Freiherr von, *Afrikanische Schicksalsjahre. Das deutsche Afrika-Korps unter Feldmarschall Rommel*, Wiesbaden, Limes, 1950.

FRASER, David, *Knight's Cross. A Life of Field Marshal Erwin Rommel*, New York, HarperPerennial, 1995.

FRIESER, Karl-Heinz, *Le Mythe de la guerre-éclair. La campagne de l'Ouest de 1940*, Paris, Belin, 2003.

FRÖHLICH, Elke (dir.), *Die Tagebücher von Joseph Goebbels*, 3 vol., Munich, K.G. Saur, 1987-1996.

HALDER, Franz, *Kriegstagebuch*, vol. II et III, Stuttgart, W. Kohlhammer, 1963.

HECKMANN, Wolf, *Rommels Krieg in Afrika. Wüstenfüchse gegen Wüstenratten*, Bergisch Gladbach, G. Löbbe, 1976.

HESSE, Kurt, *Der Geist von Potsdam*, Mayence, Hase & Koehler, 1967.

IRVING, David, *The Trail of the Fox. The Life of Field-Marshal Erwin Rommel*, Londres, Weidenfeld and Nicolson, 1977.

JACOBSEN, Hans-Adolf (dir.), *Spiegelbild einer Verschwörung. Die Opposition gegen Hitler und der Staatsstreich vom 20. Juli 1944 in Reichssicherheitshauptamt*, 2 vol., Stuttgart, Seewald, 1984.

KESSERLING, Albert, *Soldat bis zum letzten Tag*, Bonn, Athenäum, 1953.

KLEMPERER, Klemens von, SYRING Enrico et ZITELMANN Rainer (dir.), *Für Deutschland. Die Männer des 20. Juli*, Francfort-sur-le-Main, Ullstein, 1993.

KOCH, Lutz, *Rommel, der « Wüstenfuchs ». Eine Biographie*, Bielefeld, W. Goldmann, 1978.

KUHN, Harald, *Viel Steine gab's und wenig Brot ! Die Ereignisse im Frühjahr und Sommer 1941 in Libyens Wüste*, s.l.n.d.

KÜHN, Volkmar, *Mit Rommel in der Wüste. Kampf und Untergang des Deutschen Afrika-Korps, 1941-1943*, Stuttgart, Motorbuch, 1975.

LEMAY, Benoît, *Erich von Manstein. Le stratège de Hitler*, Paris, Perrin, 2006.

LEWIN, Ronald, *Rommel as Military Commander*, Londres, Batsford, 1968.

LIDDELL HART, Basil Henry, *The Other Side of the Hill. Germany's Generals : Their Rise and Fall, with their Own Account of Military Events, 1939-1945*, Londres, Cassell, 1951.
— (dir.), *The Rommel Papers*, New York, Da Capo Press, 1953.
—, *History of the Second World War*, Londres, Cassell, 1970.
LINGE, Heinz, *Bis zum Untergang. Als Chef des Persönlichen Dienstes bei Hitler*, Munich, Herbig, 1980.
LORMIER, Dominique, *Rommel. La fin d'un mythe*, Paris, Le Cherche Midi, 2003.
MACKSEY, Kenneth, *Rommel : Battles and Campaigns*, New York, Da Capo Press, 1997.
MARSHALL, Charles F., *Discovering the Rommel Murder. The Life and Death of the Desert Fox*, Mechanicsburg, P.A. Stockpole Books, 1994.
MELLENTHIN, F.W. von, *German Generals of World War II : As I Saw Them*, Norman, University of Oklahoma Press, 1977.
MITCHAM, Samuel W., *Hitler's Field Marshals and their Battles*, Londres, Leo Cooper Ltd., 1988.
—, *Rommel's Lieutenants. The Men who Served the Desert Fox, France, 1940*, Westport, Praeger Security International, 2007.
—, *Rommel's Desert Commanders. The Men who Served the Desert Fox, North Africa, 1941-1942*, Westport, Praeger Security International, 2007.
MÜLLER, Rolf-Dieter et Hans-Erich VOLKMANN (dir.), *Die Wehrmacht. Mythos und Realität*, Munich, R. Oldenbourg, 1999.
PICKER, Henry (dir.), *Hitlers Tischgespräche im Führerhauptquartier*, Stuttgart, Seewald, 1976.
REMY, Maurice Philip, *Mythos Rommel*, Munich, List, 2004.
REUTH, Ralf Georg, *Erwin Rommel. Des Führers General*, Munich, Piper, 1987.
—, *Rommel. Das Ende einer Legende*, Munich, Piper, 2004.
ROMMEL, Erwin, *Infanterie greift an. Erlebnis und Erfahrung*, Potsdam, Voggenreiter, 1941.
RUGE, Friedrich, *Rommel und die Invasion : Erinnerungen*, Stuttgart, K.F. Koehler, 1959.
SCHIRACH, Baldur von, *Ich glaubte an Hitler*, Hambourg, Mosaik, 1967.
SCHMIDT, Heinz Werner, *With Rommel in the Desert*, Londres, G.G. Harrap, 1951.
SCHRAMM, Wilhelm von, *Aufstand der Generale. Der 20. Juli in Paris*, Munich, Kindler, 1964.
SCHRAMM, Percy Ernst (dir.), *Kriegstagebuch des Oberkommandos der Wehrmacht (Wehrmachtführungsstab), 1940-1945*, 4 vol., Francfort-sur-le-Main, Bernard & Graefe, 1965.
SCHREIBER, Gerhard, *Die italienischen Militärinternierten im deutschen Machtbereich, 1943 bis 1945. Verraten – Verachtet – Vergessen*, Munich, R. Oldenbourg, 1990.

—, *Deutsche Kriegsverbrechen in Italien. Täter – Opfer – Strafverfolgung*, Munich, C.H. Beck, 1996.

SCHREIBER, Gerhard, STEGEMANN Bernd et VOGEL Detlef, *Germany and the Second World War*, vol. III : *The Mediterranean, South-East Europe, and North Afrika, 1939-1941. From Italy's Declaration of Non-Belligerence to the Entry of the United States into the War*, Oxford, Clarendon Press, 1995.

SHOWALTER, Dennis, *Patton and Rommel*, New York, Berkley Caliber, 2005.

SPEIDEL, Hans, *Invasion 1944. Ein Beitrag zu Rommels und des Reiches Schicksal*, Tübingen, Wunderlich, 1949.

—, *Aus unserer Zeit : Erinnerungen*, Berlin, Propyläen, 1977.

WARLIMONT, Walter, *Im Hauptquartier der deutschen Wehrmacht 1939-1945*, Francfort-sur-le-Main, Athenäum, 1964.

WESTPHAL, Siegfried, *Erinnerungen*, Mayence, Hase & Koehler, 1975.

YOUNG, Desmond, *Rommel, the Desert Fox*, New York, Harper & Brothers, 1950.

Articles

BLUMENSON, Martin, « Rommel », dans Barnett CORRELLI (dir.), *Hitler's Generals*, Londres, Weidenfeld and Nicolson, 1989, pp. 293-316.

DOUGLAS-HOME, Charles, « Field-Marshal Erwin Rommel », dans CARVER Michael (dir.), *The War Lords. Military Commanders of the Twentieth Century*, Londres, Weindenfeld and Nicolson, 1976, pp. 275-284.

FRASER, David, « Generalfeldmarschall Erwin Rommel », dans Gerd R. Veberschär (dir.), *Hitlersmilitärische Elite*, vol. 2 : *Vom Kriegsbeginn bis zum Weltkriegsende*, Darmstadt, Primus, 1998, pp. 185-193.

GRIMSTON, Jack et WOODHEAD, Michael, « Rommel letters reveal secret second family », *The Sunday Times*, le 22 juillet 2001.

HAMMOND, Keith, « Rommel : Aspects of the Man », *Army Quarterly and Defence Journal*, vol. 112, n° 4 (1982), pp. 472-476.

HÖHNE, Heinz, « Rommel : Ende einer Legende », *Der Spiegel*, n° 34 (1978), pp. 62-75.

KNOPP, Guido et GÜLTNER, Rudolf, « Das Idol », dans KNOPP Guido (dir.), *Hitlers Krieger*, Munich, Goldmann, 2000, pp. 17-98.

OSE, Dieter, « Erwin Rommel », dans LILL Rudolf et OBERREUTER Heinrich (dir.), *20. Juli. Portraits des Widerstands*, Düsseldorf, Econ, 1984.

REUTH, Ralf Georg, « Erwin Rommel – Die Propagandaschöpfung », dans SMELSER Ronald et SYRING Enrico (dir.), *Die Militärelite des Dritten Reiches*, Berlin, Ullstein, 1995, pp. 461-475.

ROBINSON, James R. « The Rommel myth », *Military Review*, vol. 77, n° 5 (1997), pp. 81-89.

SADKOVICH, James J. « Understanding defeat : reappraising Italy's role in World War II », *Journal of Contemporary History*, vol. 24 (janvier 1989), p. 27-61.

—, « Of myths and men : Rommel and the Italians in North Africa, 1940-

1942 », *The International History Review*, vol. 13, n° 2 (mai 1991), pp. 285-313.

STUMPF, Reinhard, « Erwin Rommel und der Widerstand », *Militärgeschichte*, vol. 3 (1991), pp. 45-50.

UEBERSCHÄR, Gerd R., « Rommel zwischen Loyalität und militärischem Widerstand », *Wehrwissenschaftliche Rundschau*, vol. 29, n° 6 (1980), pp. 188-192.

CARTES

LA PROGRESSION DES PANZERS VERS LA MER (MAI-JUIN 1940)

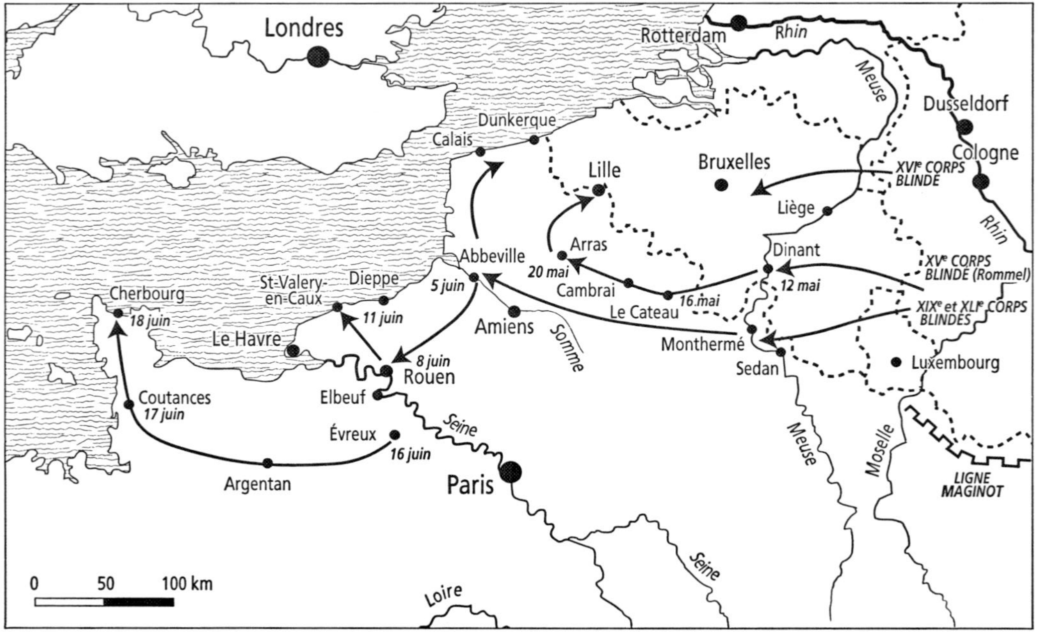

LA BATAILLE D'ARRAS (21 MAI 1940)

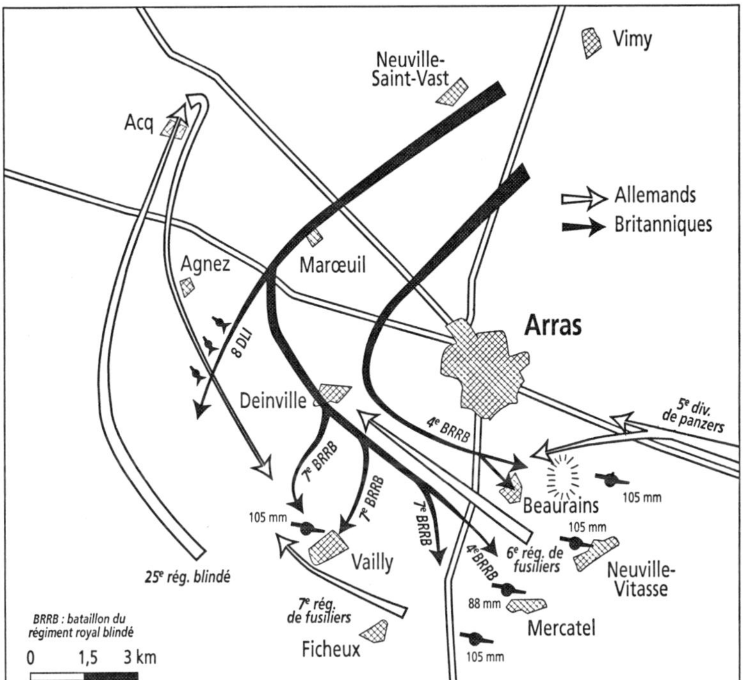

L'OPÉRATION « BATTLEAXE » (JUIN 1941)

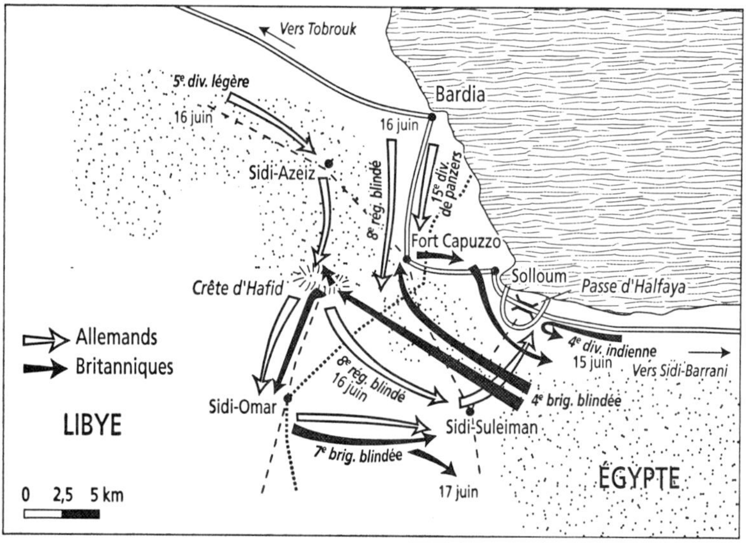

L'OPÉRATION CRUSADER (NOVEMBRE 1941)

LES PREMIÈRES OPÉRATIONS

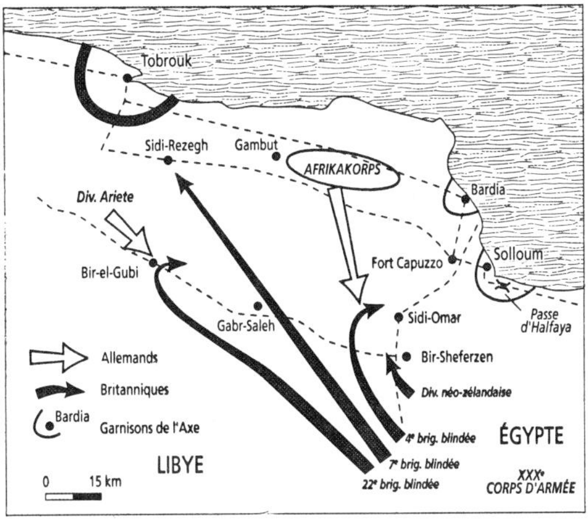

LA PERCÉE DE TOBROUK

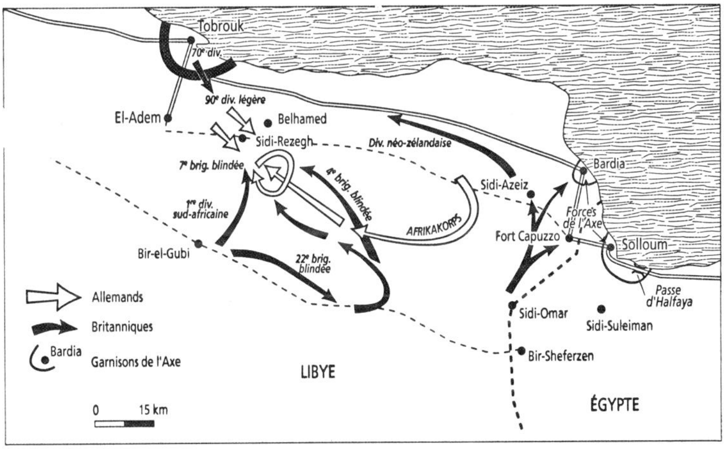

VERS LA FRONTIÈRE

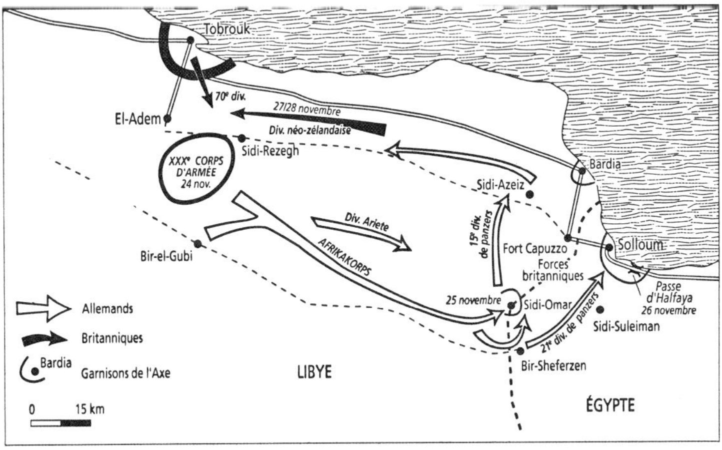

LA RETRAITE DE ROMMEL (DÉCEMBRE 1941-JANVIER 1942)

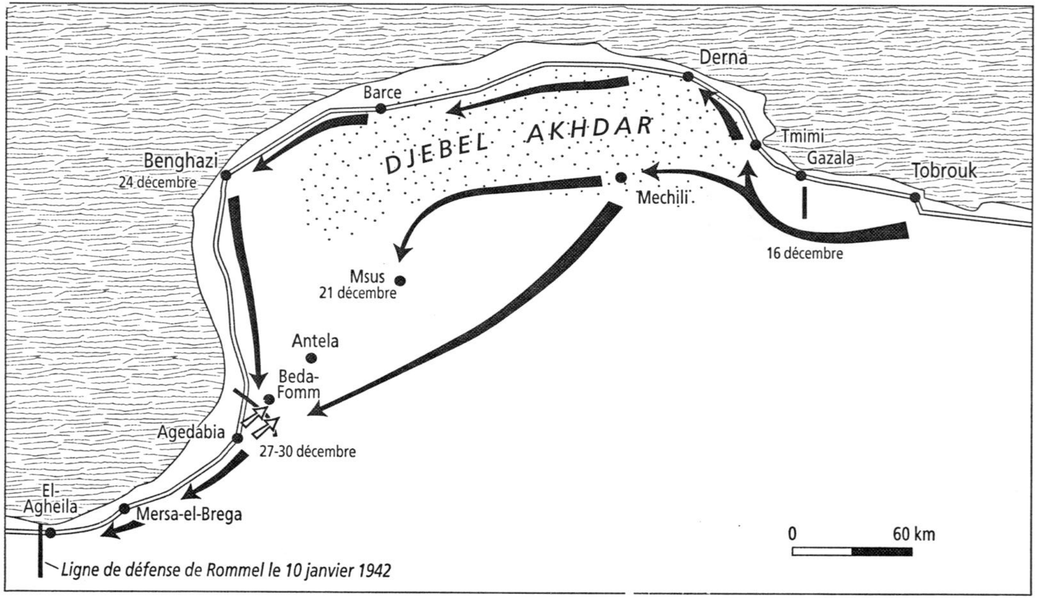

LA LIGNE DE GAZALA (MAI-JUIN 1942)

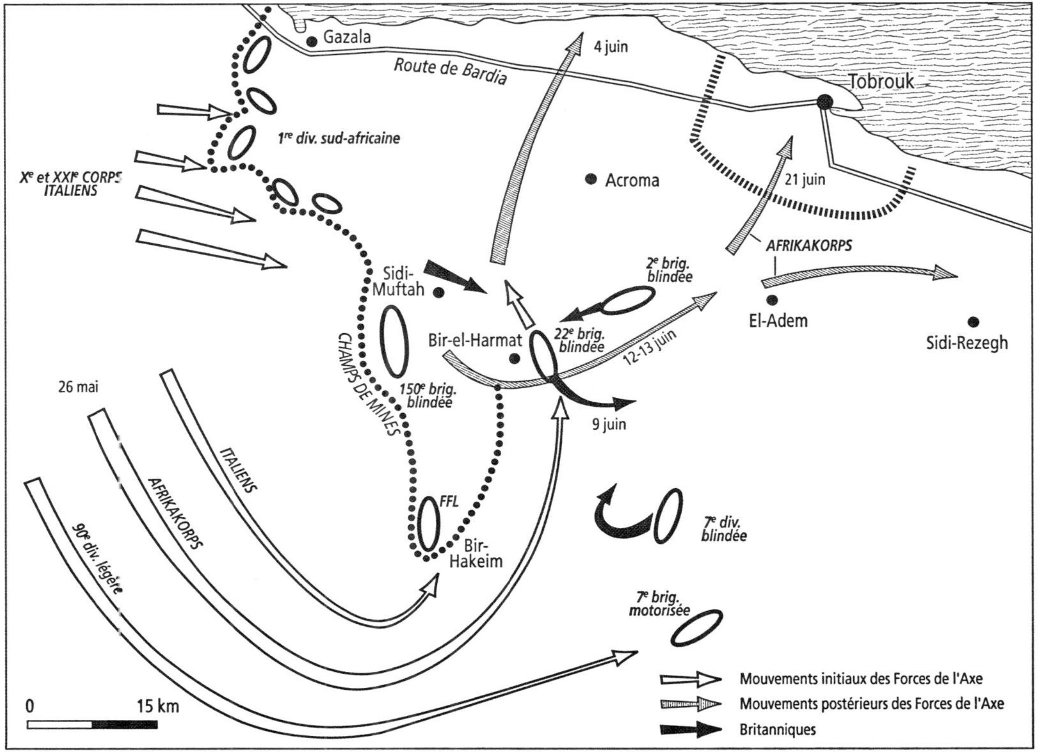

EL-ALAMEIN (23 OCTOBRE-4 NOVEMBRE 1942)

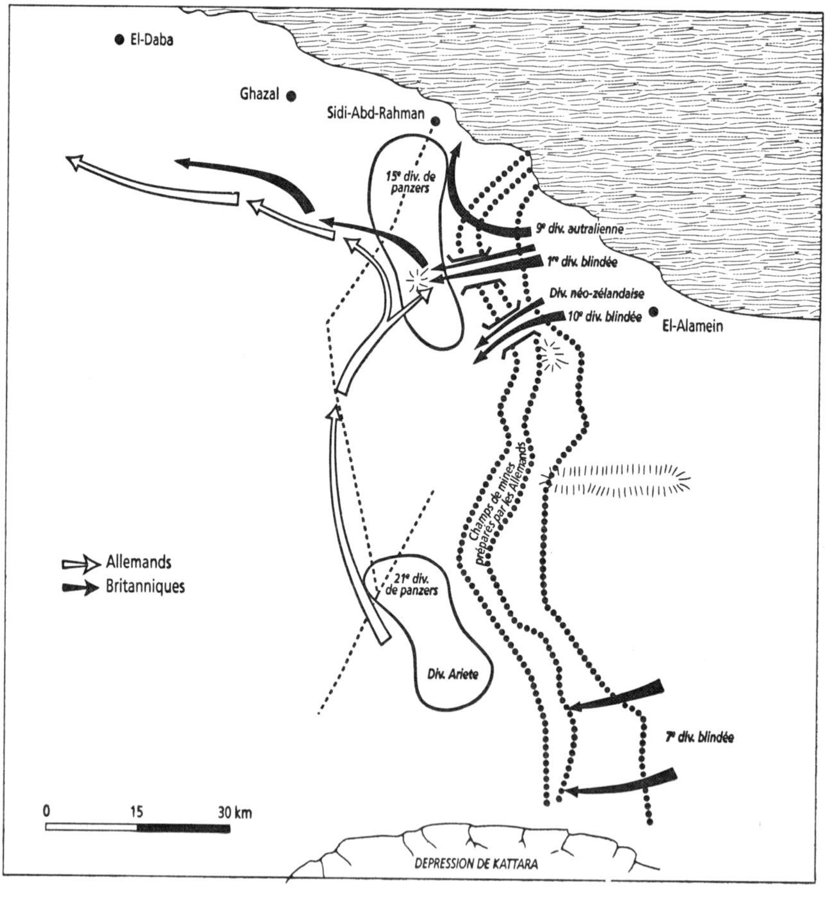

LE DÉPLOIEMENT DU GROUPE D'ARMÉES B LE 6 JUIN 1944

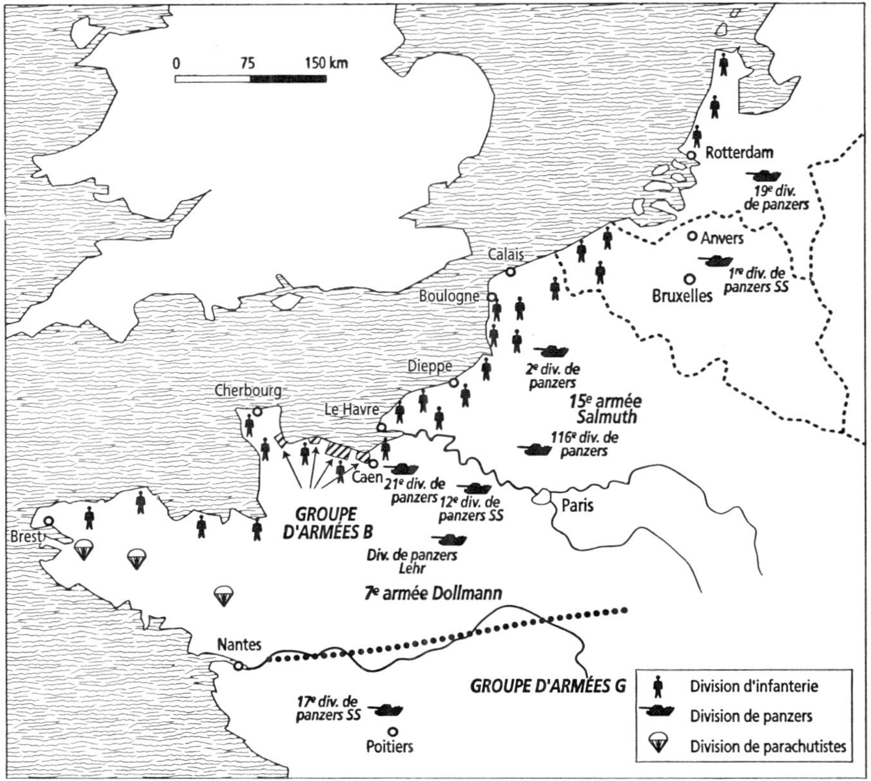

INDEX

TABLE

La photocomposition de cet ouvrage
a été réalisée par
GRAPHIC HAINAUT
59163 Condé-sur-l'Escaut

Cet ouvrage a été imprimé en France par

CPI
Firmin Didot

Mesnil-sur-l'Estrée

en mars 2009

N° d'édition : 2460 – N° d'impression : 94377
Dépôt légal : janvier 2009